Vorläufigkeit und Vorfinanzierung
bei kommunalabgabenrechtlichen Vorzugslasten

DRESDNER SCHRIFTEN ZUM ÖFFENTLICHEN RECHT

Herausgegeben von Jochen Rozek

Band 12

PETER LANG
Frankfurt am Main · Berlin · Bern · Bruxelles · New York · Oxford · Wien

Barbara Helmert

Vorläufigkeit und Vorfinanzierung bei kommunalabgabenrechtlichen Vorzugslasten

PETER LANG
Internationaler Verlag der Wissenschaften

Bibliografische Information der Deutschen Nationalbibliothek
Die Deutsche Nationalbibliothek verzeichnet diese Publikation in der Deutschen Nationalbibliografie; detaillierte bibliografische Daten sind im Internet über http://dnb.d-nb.de abrufbar.

Zugl.: Dresden, Techn. Univ., Diss., 2011

Umschlaggestaltung:
© Olaf Glöckler, Atelier Platen, Friedberg

88
ISSN 1439-0132
ISBN 978-3-631-63010-5

www.peterlang.de

Vorwort

Um die existierenden interimistischen Verwaltungsakte und Ansprüche des Kommunalabgabenrechts - die Abgabenfestsetzung unter dem Vorbehalt der Nachprüfung, die vorläufige Abgabenfestsetzung und die Vorausleistung - ranken sich mannigfaltige und zum Teil überaus komplexe Probleme, die vielfach auf dogmatische Prinzipien nicht nur des Kommunalabgabenrechts, sondern desgleichen des Steuerrechts zurückzuführen sind. Die vorliegende Arbeit gab mir Gelegenheit, diesen Problemen in einer grundsätzlich angelegten Untersuchung nachzugehen, die sowohl die allgemeinen Sachgesetzlichkeiten vorläufiger Entscheidungen, wie vor allem auch die steuerrechtlichen Normbezüge in die Überlegungen einbezieht.

Diese Arbeit wurde im Jahr 2011 von der Juristischen Fakultät der Technischen Universität Dresden als Dissertation angenommen.

Besonderer Dank gilt meinem Doktorvater, Herrn Professor Dr. Jochen Rozek, für seine engagierte Betreuung während der Entstehung der Arbeit. Des Weiteren danke ich Herrn Professor Dr. Arnd Uhle für seine wertvollen Anregungen und die Erstellung des Zweitgutachtens.

Für Motivation und Denkanstöße möchte ich mich auch bei meinen Freunden, insbesondere bei Dr. Sylvia Arnold, herzlich bedanken.

Nicht zuletzt danke ich meiner Familie - vor allem meinen Eltern und meinem Ehemann Marc - die mir stets zur Seite standen und mich mit Rat und Tat unterstützt haben. Ihnen ist diese Arbeit gewidmet.

Dresden, im Dezember 2011 *Barbara Helmert*

Inhaltsverzeichnis

A. Einleitung

Wenn in den vergangenen Jahrzehnten der Typus der vorläufigen Verwaltungsentscheidung diskutiert wurde, dann bildeten die drei gesetzlich geregelten vorläufigen Verwaltungsakte des Abgabenrechts - der Abgabenbescheid unter dem Vorbehalt der Nachprüfung, der vorläufige Abgabenbescheid und der Vorauszahlungsbescheid - häufig einen dogmatischen Fixpunkt. Dabei wurde allerdings deren vorgefundene Ausformung, die sie weitgehend durch einen spezifisch steuerrechtlich oder - im Kommmunalabgabenrecht - erschließungsbeitragsrechtlich geprägten Blickwinkel erhalten haben, überwiegend als selbstverständlich vorausgesetzt. Eine grundsätzliche dogmatische Auseinandersetzung namentlich mit den vorläufigen Entscheidungen des Kommunalabgabenrechtes hat in der Rechtsliteratur hingegen kaum stattgefunden. Diese Zurückhaltung erscheint bei näherem Hinsehen indes nicht gerechtfertigt. Denn obwohl die fraglichen Normen zum Teil bereits seit mehreren Jahrzehnten gelten, können die damit verbundenen Rechtsprobleme bei Weitem nicht als geklärt betrachtet werden. Die Ursache hierfür ist zum einen in den tiefgreifenden Meinungsverschiedenheiten zur Auslegung derjenigen steuerrechtlichen Vorschriften zu suchen, die auch für das kommunalabgabenrechtliche Verfahrensrecht weitgehend Pate standen - zumal der steuerrechtliche Diskussionsstand für das Kommunalabgabenrecht nur partiell rezipiert wird. Erschwerend kommt zudem noch die Gemengelage zwischen den sachgesetzlichen Anforderungen der Beitrags- oder Gebührenerhebung und den diese Besonderheiten nur unzureichend erfassenden steuerrechtlichen Normbezügen hinzu. Dies alles trägt dazu bei, dass eine grundlegende, systematisch folgerichtige Auseinandersetzung mit Wesen und Eigenart dieser vorläufigen Entscheidungen bislang unterblieben ist.

Mit dieser Arbeit sollen deshalb die *kommunalabgabenrechtlichen „provisorischen" Entscheidungen* näher untersucht werden. Dabei wird sich zeigen, dass in diesem Zusammenhang auch einige grundlegende dogmatische Fragen zum Verständnis von Abgabenanspruch und Abgabenbescheid neu beantwortet werden müssen. Im Einzelnen wurden folgende inhaltliche Schwerpunkte gewählt:

Für die Beschreibung der eigentümlichen Natur einer Interiumsentscheidung ist es unerlässlich, sich vorab (hierzu unter B.) mit der Frage auseinanderzusetzen, was im Allgemeinen eine von vorläufigen Entscheidungen geprägte Verfahrenssituation kennzeichnet. Ziel ist es, die maßgeblichen Leitprinzipien zu ermitteln, die über den Erlass einer vorläufigen Entscheidung und ihre Wirkungen entscheiden. Weil davon ausgegangen werden kann, dass bei der Entwicklung des Rechtsregimes anderer einstweiliger Entscheidungen grundsätzlich gleichartige Interessenkonstellationen und allgemeingültige Rechtsprinzipien leitend waren, bietet sich als Erkenntnismittel eine rechtsvergleichende Analyse an.

Den zweiten Schwerpunkt der Arbeit bildet die Untersuchung der allgemeinen Grundlagen von „provisorischen" Entscheidungen des Kommunalabgabenrechts (hierzu unter C.). Da die Verfahrensregelungen, die für die Erhebung von Kommunalabgaben maßgeblich sind, in der Mehrzahl der Bundesländer weitestgehend der Abgabenordnung entstammen, ist für die Bestimmung der Wesensart kommunalabgabenrechtlicher vorläufiger Entscheidungen dabei vor allem auch die Kenntnis der Rechtsgrundlagen entsprechender Steuerbescheide und die Interpretation dieser Normen in Rechtsliteratur und Rechtsprechung unerlässlich. Hierzu gehört insbesondere auch das grundlegende Problem des Wesens der Steuerfestsetzung als *deklaratorischer Anspruchsfestsetzung*. Das sich danach ergebende Wesensbild der Steuerfestsetzung als konkretisierende Erkenntnis der gesetzlichen Steuerschuld hat grundlegende Auswirkungen auf das Verständnis aller einstweiligen Abgabenfestsetzungen.

Im Anschluss hieran (dazu unter D. bis F.) werden die einzelnen kommunalabgabenrechtlichen interimistischen Entscheidungstypen im Lichte ihrer steuerrechtlichen Vorbilder und der allgemeinen Grundsätze vorläufiger Entscheidungen untersucht - hierbei werden insbesondere auch die präjudiziellen steuerrechtlichen Fragestellungen einer Überprüfung unterzogen:

Einen besonderen Schwerpunkt der Arbeit stellt in diesem Zusammenhang die Untersuchung der - für die Praxis besonders bedeutsamen - Vorausleistungen des Kommunalabgabenrechts dar (hierzu unter E.). Insoweit werden unter anderem Korrekturen zur üblichen Bestimmung der Reichweite des Vorteilsprinzips insbesondere für Vorausleistungen des Erschließungs- und Ausbaubeitragsrechts, zu den gängigen Anforderungen an die Prognose der künftigen Abgabe, zur nachträglichen Änderung von Vorausleistungsbescheiden sowie zum herrschenden Verständnis des Verhältnisses von Vorausleistungsanspruch und endgültiger Abgabenforderung, der Wirkungen erbrachter Vorausleistungen und des Verhältnisses von Vorausleistungsbescheid und endgültigem Abgabenbescheid vorgenommen.

Für die Entscheidungstypen der Festsetzung unter dem Vorbehalt der Nachprüfung (dazu unter D.) und der vorläufigen Abgabenfestsetzung (dazu unter F.) ergibt sich hingegen im Kommunalabgabenrecht nicht generell, sondern nur ein Einzelfällen ein Anwendungsbereich. Sie können insbesondere mit dem Ziel einer rationellen Verfahrensgestaltung, der Verringerung des kommunalen Prozessrisikos oder der Vermeidung von Massenrechtsbehelfen bei Zweifeln an der Wirksamkeit kommunaler Abgabensatzungen eingesetzt werden. Die Arbeit zeigt die besonderen tatbestandlichen Voraussetzungen, Korrekturmöglichkeiten und -pflichten sowie die spezifischen Aspekte des Rechtsschutzes dieser administrativen „Eil"-Enscheidungen des Abgabenrechts auf.

Abschließend werden die Ergebnisse der Untersuchung thesenartig zusammengefasst (dazu unter G.).

B. Allgemeine Prinzipien der vorläufigen und einstweiligen Entscheidung

Um die Sachgesetzlichkeiten der vorläufigen Entscheidungen des Kommunalabgabenrechts besser in rechtsgebietsübergreifende Zusammenhänge einordnen zu können, bietet sich der Vergleich mit anderen vorläufigen Entscheidungen an, die die Rechtsordnung kennt. Von praktischer Bedeutung sind dabei vornehmlich die gerichtlichen Verfahren des vorläufigen Rechtsschutzes (hierzu unter I.), an denen sich wegen ihrer umfassenden Geltung für verschiedenste Lebensbereiche besonders deutlich Zwecke und *modi operandi* vorläufiger Maßnahmen erkennen lassen, die Anspruch auf Allgemeingültigkeit erheben können. Hieran anknüpfend soll anhand eines Vergleiches mit Abschlagszahlungen im Werkvertragsrecht (dazu unter II.) untersucht werden, welche Auswirkungen ein (auch im Kommunalabgabenrecht bei Gebühren und Beiträgen vorzufindendes) Gegenseitigkeitsverhältnis von Leistungen auf Voraussetzungen und Art der vorläufigen Entscheidungen hat. Schließlich sollen auch die verwaltungsverfahrensrechtlichen Besonderheiten des vorläufigen Verwaltungsaktes behandelt werden (dazu unter III.).

I. Vergleich mit den Verfahren des vorläufigen Rechtsschutzes

Gegenstand der Untersuchung ist zunächst der vorläufige Rechtsschutz des Zivilprozessrechtes - d. h. Arrest und einstweilige Verfügung - der Grundlage und Vorbild auch für andere Prozessordnungen ist.

1. Der vorläufige Rechtsschutz im Zivilprozess

Das zivilprozessuale Verfahren des einstweiligen Rechtsschutzes ist funktional mit dem Zeitmoment des ordentlichen Prozesses verknüpft[1]. In dem Maße, in dem die zeitliche Dimension der Rechtserkenntnis und Rechtsdurchset-

1 *Drescher*, in: MünchKommZPO, 3. Aufl. 2007, Vor § 916 Rn. 1; *Grunsky*, in: Stein/Jonas, ZPO, 22. Aufl. 2002, Vor § 916 1 ff. m. w. N.

zung - also die Dauer des gerichtlichen Erkenntnis- und Vollstreckungsverfahrens - neben der inhaltlichen Dimension an Gewicht gewinnt, steigt auch das Bedürfnis der Prozessparteien, den Rechtsstreit von Veränderungen der Verhältnisse freizuhalten, die Rechtsverwirklichung vereiteln oder erschweren könnten. Nichts Geringeres als die Legitimation rechtsprechender Gewalt und damit das Gewaltmonopol des Staates wäre in Frage gestellt, würde der zeitliche Ablauf des gerichtlichen Verfahrens selbst für die Verwirklichung eines Rechtes eine Gefahr darstellen, ohne dass die Rechtsordnung Abhilfe böte[2]. Die Vorschriften des einstweiligen Rechtsschutzes in den §§ 916 ff. ZPO finden ihre verfassungsrechtliche Rechtfertigung mithin im Justizgewährungsanspruch[3].

Die Betonung des prozesssichernden Charakters der Verfahren des vorläufigen Rechtsschutzes kann allerdings nicht den Blick darauf verstellen, dass auch jede sichernde Maßnahme in die Handlungsfreiheit des Anspruchsgegners eingreift. Sie mutet dem Schuldner bereits vor der verbindlichen gerichtlichen Feststellung des Anspruches zu, sein Verhalten an der Möglichkeit des Bestehens des von ihm - mit mehr oder weniger guten Gründen - nicht anerkannten Rechtsverhältnisses auszurichten. Damit wird ihm etwas abverlangt, was dem Schuldner grundsätzlich nach den für das ordentliche Erkenntnisverfahren der Zivilprozessordnung geltenden Regeln zu diesem Zeitpunkt noch nicht angesonnen werden kann. Die Eingriffe in seine Rechtstellung können dabei sehr weitgehend sein (- exemplarisch sei hier auf die Möglichkeit der Inhaftierung des Schuldners im Arrestverfahren [§ 933 ZPO] verwiesen), sie vermögen seine wirtschaftliche Position im Extremfall zu vernichten! Es ist die Aufgabe der Verfahrensordnung, diese gegenläufigen Interessen des Rechtsschutzsuchenden und des Anspruchsgegners schonend auszugleichen. Die Prozessordnung bedient sich hierbei einerseits inhaltlicher Vorgaben für die vorläufige gerichtliche Entscheidung selbst, sieht aber andererseits vor allem auch besondere Regelungen für das Verfahren vor, mittels derer man eine weitestgehende Sicherung der Rechtsverwirklichung des Rechtsschutzsuchenden bei gleichzeitigem Schutz sachlich gerechtfertigter Belange Anspruchsgegners zu erreichen trachtet.

2 *Drescher*, in: MünchKommZPO, 3. Aufl. 2007, Vor § 916 Rn. 3; vgl. hierzu auch die Ausführungen von *Schilken*, in: 50 Jahre Bundesgerichtshof - Festgabe aus der Wissenschaft, Bd. 3, 2000, S. 593.

3 *Grunsky*, in: Stein/Jonas, ZPO, 22. Aufl. 2002, Vor § 916 Rn. 1; *Drescher*, in: MünchKommZPO, 3. Aufl. 2007, Vor § 916 Rn. 3.

aa. Verfahrenssichernde, unselbstständig-dienende Funktion Dem Verfahren des vorläufigen Rechtsschutzes ist als sicherndem Verfahren eine ausschließlich prozessuale Funktion zugedacht, die ihrem Wesen nach unselbstständig-dienend ist. Die Bedeutung des vorläufigen Rechtsschutzes besteht idealtypisch allein in der *Ermöglichung eines sinnvollen Hauptverfahrens.* Er ist damit insbesondere seiner Bestimmung nach nicht dazu gedacht, eine eigenständige materiell-vorläufige Rechtsposition zu sichern oder vorläufig festzustellen[4].

Diese dienende Funktion des vorläufigen Rechtsschutzes äußert sich zum Ersten darin, dass das Ergehen einer Eilentscheidung nur statthaft ist, wenn das Bestehen des Hauptsacheanspruches glaubhaft gemacht wurde (§ 920 Abs. 2 ZPO, § 936 ZPO) und damit überwiegend wahrscheinlich ist[5]. Greifbarer Ausdruck der vorgenannten Sicherungsfunktion ist weiter das Postulat, dass eine gerichtliche Entscheidung des vorläufigen Rechtsschutzes grundsätzlich nicht zur Erfüllung des Hauptanspruches führen darf. Der um vorläufigen Rechtsschutz Nachsuchende darf nur zu einstweiligen Maßnahmen berechtigt werden, die keine vollendeten Tatsachen schaffen[6].

Ein weiterer Aspekt des Sicherungsprinzips manifestiert sich in dem Grundsatz, dass das Verfahren des vorläufigen Rechtsschutzes wegen seiner begrenzten Akzessorietät das Hauptverfahren nicht ersetzen darf[7].

bb. Nothilfefunktion Zum Teil tritt für einstweilige Verfügungen zu der Sicherungsfunktion die Nothilfefunktion hinzu. Diese Funktion erlaubt es,

4 Zu alledem: *Drescher*, in: MünchKommZPO, 3. Aufl. 2007, Vor § 916 Rn. 7; *Schlosser*, in: Festschrift für W. Henckel, 1995, S. 738 ff.; *Grunsky*, in: Stein/Jonas, ZPO, 22. Aufl. 2002, vor § 916 Rn. 8 und vor § 935 Rn. 4.

5 *Hartmann*, in: Baumbach/Lauterbach/Albers/Hartmann, ZPO, 69. Aufl. 2011, § 294 Rn. 1.

6 *Drescher*, in: MünchKommZPO, 3. Aufl. 2007, Vor § 916 Rn. 7. Dem wird im Arrestverfahren bereits von Gesetzes wegen dadurch Rechnung getragen, dass der Vollzug eines Arrestes nur zum Zwecke der Sicherung, nicht der Befriedigung des Gläubigers statthaft ist (§§ 928 ff. ZPO). Neben dieser sachlichen Einschränkung ist die Vollziehung überdies auch zeitlich an die Monatsfrist des § 929 Abs. 2 ZPO geknüpft. Für die Sicherungs- und Regelungsverfügungen können hingegen wegen der Vielgestaltigkeit der denkbaren Regelungsgegenstände keine vergleichbaren einheitlichen Bestimmungen für den Inhalt der gerichtlichen Entscheidung und die Grenzen der Zwangsvollstreckung getroffen werden (*Drescher*, in: MünchKommZPO, 3. Aufl. 2007, Vor § 916 Rn. 7 m. w. N.).

7 *Grunsky*, in: Stein/Jonas, ZPO, 22. Aufl. 2002, Vor § 935 Rn. 31; *Drescher*, in: MünchKommZPO, 3. Aufl. 2007, Vor § 916 Rn. 7 m. w. N.

einen für die Beteiligten untragbaren Zustand vorläufig unter schonendem Ausgleich ihrer Interessen zu regeln und im Extremfall dem Hauptanspruch sogar jedenfalls vorläufig zur vollständigen Befriedigung zu verhelfen[8]. Kann die Einstweiligkeit des vorläufigen Rechtsschutzes in derartigen Ausnahmefällen der sogenannten Befriedungsverfügung nicht mehr dadurch gewahrt werden, dass der zugesprochenen vorläufigen Rechtsstellung der Charakter eines „Weniger“ zum Hauptanspruch selbst eigen ist, so ist dem Gebot der Einstweiligkeit wenigstens durch eine Befristung der Maßnahme Rechnung zu tragen[9].

b. Verfahrensrechtliche Vorgaben für die vorläufige gerichtliche Entscheidung

Die verfahrensrechtlichen Besonderheiten des vorläufigen Rechtsschutzes zeichnen sich auf der einen Seite durch eine Absenkung von (zeitaufwändigen) Verfahrensstandards, auf der anderen Seite durch besondere Schutzinstrumente vor im Ergebnis ungerechtfertigten Eilverfahren aus.

aa. Absenkung der Verfahrensgarantien Das Verfahren des vorläufigen Rechtsschutzes verfügt nicht über vergleichbare Richtigkeitsgarantien wie das Hauptsacheverfahren[10] und birgt damit die strukturell angelegte Gefahr in sich, dass die getroffene Entscheidung sich im nachhinein als nicht mit der materiellen Rechtslage in Einklang stehend erweist. Dies betrifft alle wesentlichen Bestandteile des Prozessrechts:

Das Verfahren des vorläufigen Rechtsschutzes begnügt sich zum einen mit einem reduzierten Beweismaß. Nicht der Vollbeweis, d. h. gemäß § 286 Abs. 1 ZPO die gerichtliche Überzeugung von der Richtigkeit einer rechtserheblichen Tatsache, ist gemäß § 920 Abs. 2, § 936 ZPO nötig, um antragsgemäß zu erkennen. Vielmehr ist die Glaubhaftmachung (§ 294 ZPO) der Tatsachen, die den sichernden gerichtlichen Ausspruch tragen, ausreichend. Zum Teil[11] wird darüber hinaus eine Reduzierung der Anforderungen an die Rechtsprüfung bejaht.

Einschränkungen unterliegen auch die Beteiligungsmöglichkeiten der Parteien. An die Stelle der im Hauptverfahren grundsätzlich obligatorischen

---

8 *Heinze*, in: MünchKommZPO, 2. Aufl. 2001, Vor § 916 Rn. 59 ff.; *Grunsky*, in: Stein/Jonas, ZPO, 22. Aufl. 2002, Vor § 935 Rn. 31 ff., insbesondere Rn. 38 ff.

9 *Heinze*, in: MünchKommZPO, 2. Aufl. 2001, Vor § 916 Rn. 64.

10 *Drescher*, in: MünchKommZPO, 3. Aufl. 2007, Vor § 916 Rn. 7.

11 Vgl. *Schilken*, in: 50 Jahre Bundesgerichtshof - Festgabe aus der Wissenschaft, Bd. 3, S. 595.

mündlichen Verhandlung kann das schriftliche Verfahren mit der Entscheidung durch Beschluss treten[12], bei dem unter Umständen dem Antragsgegner vorab noch nicht einmal rechtliches Gehör gewährt werden muss.

Dabei bedingen sich die eingeschränkte Geltung der zivilprozessualen Verfahrensgarantien auf der einen Seite und die Begrenzung der Tragweite des gerichtlichen Ausspruches auf der anderen Seite gegenseitig. Hierbei gilt: Je mehr sich die durch eine vorläufige gerichtliche Entscheidung zuerkannte Rechtsstellung oder die durch die Entscheidung herbeigeführte Sachlage derjenigen nähert, die der Betroffene mit dem Hauptverfahren erreichen will, umso bedeutender muss der dem Antragsteller drohende Schaden sein, umso größere Anforderungen sind an die Rechtfertigung der Beschränkung von Verfahrensrechten des Antragsgegners zu stellen und umso höher muss die Wahrscheinlichkeit des Bestehens eines Anspruches in der Hauptsache sein[13].

bb. Verfahrensrechtliche Schutzinstrumente Der Gesetzgeber hat demgegenüber aber auch Verfahrenssicherungen vorgesehen, die den Schuldner vor einer Überziehung mit ungerechtfertigten einstweiligen Maßnahmen schützen sollen:

Er gibt dem Schuldner bei einer Entscheidung des Gerichtes im Beschlusswege neben dem „klassischen“ Rechtsmittel der Beschwerde mit dem Widerspruch gemäß § 924 ZPO einen besonderen Rechtsbehelf an die Hand, mit dem er sich gezielt - wenn auch nur nachträglich - rechtliches Gehör in einer mündlichen Verhandlung verschaffen kann, ohne das Verfahren sogleich in eine höhere Instanz zu heben. Der von einer einstweiligen Verfügung oder einem Arrest betroffene Schuldner kann überdies den Gläubiger zwingen, wegen des zu sichernden Anspruches binnen einer vom Arrest- oder Verfügungsgericht gesetzten Frist Klage zu erheben (§ 926 Abs. 1 ZPO). Der Gesetzgeber mutet dem Schuldner mithin weder zu, Sicherungsmaßnahmen zeitlich unbegrenzt hinzunehmen, ohne dass der umstrittene Anspruch einer verbindlichen gerichtlichen Feststellung zugeführt wird, noch ist es nach der gesetzgeberischen Wertung an dem von einstweiligen Maßnahmen Betroffenen, diese abschließende Klärung des streitigen Rechtsverhältnisses in einem

12 Im Arrestverfahren ist die Entscheidung ohne mündliche Verhandlung in das Ermessen des Gerichtes gestellt (§ 921 Abs. 1 ZPO), wohingegen bei dem Erlass einer einstweiligen Verfügung die Entscheidung ohne mündliche Verhandlung nur in dringenden Fällen erfolgen darf (§ 937 Abs. 2 ZPO).

13 Zum Ganzen: *Hartmann* in: Baumbach/Lauterbach/Albers, Hartmann, ZPO, 69. Aufl. 2011, Grundz § 916 Rn. 6 f.; *Heinze*, in: MünchKommZPO, 2. Aufl. 2001, Vor § 916 Rn. 69; *Grunsky*, in: Stein/Jonas, ZPO, 22. Aufl. 2002, Vor § 935 Rn. 36 f.

Hauptsacheverfahren herbeizuführen und das damit verbundene Prozessrisiko zu übernehmen.

Vor der Gefahr des Missbrauchs des vorläufigen Rechtsschutzes schützt den Schuldner überdies die Erlassvoraussetzung der besonderen Eilbedürftigkeit der Sache, d. h. der akuten Gefährdung des zu sichernden Anspruches[14]. Nur wenn die begründete Besorgnis der Vereitelung oder der wesentlichen Erschwerung der Vollstreckung aus einem Urteil besteht (§ 917 Abs. 1 ZPO) oder zu befürchten steht, dass durch die Veränderung eines Zustandes die Verwirklichung eines Rechtes einer Partei vereitelt oder wesentlich erschwert wird (§ 935 ZPO) oder die gerichtliche Entscheidung zur Abwendung wesentlicher Nachteile oder zur Verhinderung drohender Gewalt oder aus anderen Gründen nötig ist (§ 940 ZPO), darf das Gericht über ein Gesuch des Gläubigers auf Gewährung vorläufigen Rechtsschutzes in der Sache befinden.

Eine weitere Verfahrenssicherung zugunsten des Schuldners besteht in dem mit § 945 ZPO zuerkannten verschuldensunabhängigen Schadensersatzanspruch gegen den Antragsteller. Er greift in dem Fall Raum, dass ersterer durch den Vollzug einer sich als ungerechtfertigt erweisenden Maßnahme des vorläufigen Rechtsschutzes geschädigt wird. Gleiches gilt im Fall einer Schädigung des Schuldners, sofern der Gläubiger seiner Obliegenheit nach § 926 Abs. 2 ZPO oder § 942 Abs. 3 ZPO nicht nachkommt. Damit trägt der Gesetzgeber dem Umstand Rechnung, dass beim Erlass vorläufiger gerichtlicher Entscheidungen aufgrund eines nur summarischen Verfahrens eine qualifizierte Gefahr besteht, dass der richterliche Ausspruch mit der materiellen Rechtslage nicht in Einklang steht. Nimmt der Gläubiger einen derart fehleranfälligen Rechtsbehelf für seine Zwecke in Anspruch, so trägt er damit zugleich auch das Haftungsrisiko eines alsbald zu gewährenden Schadensausgleichs[15].

Der Schuldner kann schließlich jederzeit beantragen, dass der Arrest oder die einstweilige Verfügung „wegen veränderter Umstände“ aufgehoben wird, wenn sich nach Erlass oder Bestätigung des Arrestes oder der Verfügung die Sachlage derart ändert, dass die Fortgeltung der gerichtlichen Eilentscheidung nun nicht mehr gerechtfertigt ist (§ 927 ZPO). Der Arrest oder die Verfügung sind demnach aufzuheben, wenn das Eilbedürfnis entfallen, oder wenn der Arrest- bzw. Verfügungsanspruch erloschen ist - also sicher fest-

14 *Schellhammer*, Zivilprozess, 12. Aufl. 2007, Rn. 1904.

15 Zum Ganzen: *Schilken*, in: 50 Jahre Bundesgerichtshof - Festgabe aus der Wissenschaft, Bd. 3, S. 598 ff.

gestellt werden kann, dass der Hauptanspruch nicht mehr existiert[16]. Das gleiche gilt indes nach den Beweismaßstäben des Verfahrens des vorläufigen Rechtsschutzes, wenn aufgrund einer Änderung der Umstände die *Glaubhaftmachung* des Anspruches in Fortfall geraten ist[17]. Der Grund hierfür können neue oder neu bekanntgewordene Tatsachen sein. Im Einzelfall kann jedoch auch eine neue *rechtliche Bewertung* der bekannten Tatsachen mit besserer Richtigkeitsgewähr zum Entfallen der Glaubhaftigkeit des Anspruches führen[18].

c. *Bindungswirkung*

Einen besonderen Schutz zugunsten des Schuldners bewirkt auch der Umstand, dass der vorläufigen Gerichtsentscheidung nur eine eingeschränkte Stabilisierungswirkung zukommt. Der vorläufige gerichtliche Ausspruch ist zwar, da er ein gerichtliches Verfahren abschließt, auch der formellen und materiellen Rechtskraft fähig[19]. Allerdings ist seine Bindungswirkung auf das Verfahren des vorläufigen Rechtsschutzes beschränkt, mangels Übereinstimmung der Streitgegenstände kommt ihm keine präjudizielle Wirkung für das Hauptverfahren zu[20].

Zudem ist die materielle Rechtskraft gerichtlicher Entscheidungen des vorläufigen Rechtsschutzes in ihrer Tragweite bei Weitem nicht mit der Bindungswirkung eines rechtskräftigen Urteils im Hauptverfahren vergleichbar[21], da hier in weitaus größerem Maße als dort Änderungen der Sachlage oder neue Kenntnisse der Beteiligten über entscheidungs- oder beweiserhebliche Umstände zu der Aufhebung eines rechtskräftigen Beschlusses oder Urteils führen

16 *Hartmann* in: Baumbach/Lauterbach/Albers, Hartmann, ZPO, 69. Aufl. 2011, § 927 Rn. 3 f.; *Grunsky*, in: Stein/Jonas, ZPO, 22. Aufl. 2002, § 927 Rn. 6 ff.

17 *Drescher*, in: MünchKommZPO, 3. Aufl. 2007, § 927 Rn. 4.

18 Hierunter fällt etwa die Abweisung der Klage im Hauptprozess als unbegründet (*Hartmann*, in: Baumbach/Lauterbach/Albers/Hartmann, ZPO, 69. Aufl. 2011, § 927 Rn. 3) oder die Änderung der Rechtsprechung (*Hartmann*, in: Baumbach/Lauterbach/Albers/Hartmann, ZPO, 69. Aufl. 2011, § 927 Rn. 7; *Drescher*, in: MünchKommZPO, 3. Aufl. 2007, § 927 Rn. 4; *Grunsky*, in: Stein/Jonas, ZPO, 22. Aufl. 2002, § 927 Rn. 4).

19 H. A.: *Drescher*, in: MünchKommZPO, 3. Aufl. 2007, Vor § 916 Rn. 27 ff., *Grunsky*, in: Stein/Jonas, ZPO, 22. Aufl. 2002, vor § 916 Rn. 12 ff.; *Hartmann*, in: Baumbach/Lauterbach/Albers/Hartmann, ZPO, 69. Aufl. 2011, § 322 Rn. 29; *Vollkommer*, in: Zöller, ZPO, 28. Aufl. 2010, Vor § 916 Rn. 13; *Reichold*, in: Thomas/Putzo, ZPO, 32. Aufl. 2011, § 922 Rn. 8 ff.

20 *Heinze*, in: MünchKommZPO, 2. Aufl. 2001, Vor § 916 Rn. 64.

21 *Drescher*, in: MünchKommZPO, 3. Aufl. 2007, Vor § 916 Rn. 29; *Vollkommer*, in: Zöller, ZPO, 28. Aufl. 2010, Vor § 916 Rn. 13.

können. Die inhaltlich weitreichende Abänderungsmöglichkeit des § 927 ZPO fand bereits Erwähnung. Vergleichbares gilt auch für die Bindung des Antragstellers an eine materiell rechtskräftige ablehnende Entscheidung. Nach dem Prinzip der Waffengleichheit ist es nur folgerichtig, dem Gläubiger unter den Umständen, unter denen der Schuldner gemäß § 927 ZPO um Abänderung der vorläufigen Entscheidung nachsuchen könnte, die Berechtigung zuzubilligen, ein bereits abgelehntes Gesuch auf Gewährung vorläufigen Rechtsschutzes zu wiederholen[22].

Der Grund für diesen weitgehenden Ausschluss einer Bestandsgewähr für rechtskräftige Entscheidungen des vorläufigen Rechtsschutzes besteht in dessen dienender Funktion gegenüber dem Hauptverfahren. Diese funktionale Unterordnung gebietet es, auf Änderungen bei der Beurteilung Obsiegenswahrscheinlichkeit im Hauptverfahren ohne die Fesseln der Bindungswirkung einer ersten vorläufigen Entscheidung zu reagieren. Ist doch die Gewährung vorläufigen Rechtsschutzes kein Selbstzweck, an dessen Fortbestand die Parteien unter dem Aspekt der Rechtssicherheit ein gesteigertes Interesse haben könnten, sondern vermittelt nur einem Hauptverfahren die diesem notwendige Effektivität. Erweist sich nachträglich, dass der geltend gemachte Hauptanspruch voraussichtlich nicht gerichtlich zuerkannt werden wird, besteht kein Anlass, gleichwohl für eine mutmaßlich überflüssige Sicherung weiter in die Dispositionsfreiheit des vermeintlichen Schuldners einzugreifen[23].

Diese Flexibilität des vorläufigen gerichtlichen Ausspruches trägt überdies dem Umstand Rechnung, dass es sich bei dem Verfahren des vorläufigen Rechtsschutzes um ein nur summarisches Erkenntnisverfahren handelt, an dessen Ergebnis die Parteien schon wegen des Fehlens der Richtigkeitsgarantien des Hauptsacheverfahrens nicht ohne Rücksicht auf Fortschritte in der Rechtserkenntnis oder Sachverhaltsermittlung festgehalten werden dürfen, zumal in aller Regel weder dem Gläubiger noch dem Schuldner hinreichend Zeit bleibt, den entscheidungserheblichen Sachverhalt gründlich zu ermitteln und die notwendigen Beweismittel vorab sorgfältig zusammenzutragen[24]. Auch unter dem Gesichtspunkt der Vermeidung einer übermäßigen Inanspruchnahme der Gerichte besteht daher häufig kein Grund, den Antrag-

22 *Heinze*, in: MünchKommZPO, 2. Aufl. 2001, Vor § 916 Rn. 52 f.; *Grunsky*, in: Stein/Jonas, ZPO, 22. Aufl. 2002, vor § 916 Rn. 14 ff.; im Ergebnis ebenso *Drescher*, in: MünchKommZPO, 3. Aufl. 2007, Vor § 916 Rn. 31; *Vollkommer*, in: Zöller, ZPO, 28. Aufl. 2010, Vor § 916 Rn. 13.

23 Zum Ganzen: *Grunsky*, in: Stein/Jonas, ZPO, 22. Aufl. 2002, § 927 Rn. 4.

24 *Grunsky*, in: Stein/Jonas, ZPO, 22. Aufl. 2002, vor § 916 Rn. 16 f., m. w. N.

steller oder den Antragsgegner wider besseren Wissens unwiderruflich auf die erste vorläufige gerichtliche Bewertung des Sachverhaltes zu verweisen.

2. Der vorläufige Rechtsschutz im Verwaltungsgerichtsprozess und im Finanzgerichtsprozess

Im Unterschied zum zivilprozessualen vorläufigen Rechtsschutz stellen die Verfahren des vorläufigen Rechtsschutzes im Verwaltungs- und Finanzgerichtsprozess nicht ein aus dem Gewaltmonopol des Staates resultierendes Surrogat der Selbsthilfe dar, sondern sind vielmehr Ausdruck der Rechtsschutzgarantie des Art. 19 Abs. 4 GG in Bezug auf Akte hoheitlicher Gewalt[25]. Neben dieser sich grundlegend unterscheidenden verfassungsrechtlichen Einbettung liegt eine weitere Besonderheit der Ausgestaltung des vorläufigen gerichtlichen Rechtsschutzes im Verwaltungsgerichts- und Finanzgerichtsprozess in der begrenzten „Rechtserkenntnisprärogative", dem sogenannten „Selbsttitulierungsrecht"[26], der Verwaltung begründet. Während nämlich Private, die sich auf der Stufe der Gleichrangigkeit im Rechtsverkehr begegnen, nicht einseitig verbindlich feststellen können, was unter den konkreten Umständen ihres Einzelfalles Recht ist, sondern hierfür stets der Gerichte bedürfen, kommt der Verwaltung in einer Vielzahl der von ihr wahrgenommenen Angelegenheiten mit der Kompetenz zum Erlass eines Verwaltungsaktes eine begrenzte, eigene „Rechtserkenntnismacht" zu. Sie wird hierdurch in die Lage versetzt, selbst eine mit - allerdings angreifbarer - Verbindlichkeit ausgestattete Regelung zu treffen, die ihre Rechtsauffassung zunächst als die für die Beteiligten maßgebliche festschreibt[27].

Diesen Besonderheiten des Verwaltungsverfahrens folgend wird bei Verfahrensarten des vorläufigen Rechtsschutzes des Verwaltungsgerichtsprozesses und des Finanzgerichtsprozesses nicht zwischen Arrest und einstweiliger Verfügung differenziert, sondern zwischen den Regelungen zur Suspendierung der Vollziehung eines Verwaltungsaktes der §§ 80 bis 80b VwGO und § 69 FGO einerseits und den Regelungen zum Erlass einstweiliger Anordnungen der § 123 VwGO und § 114 FGO andererseits. Die Unterteilung richtet sich mithin nicht nach der Art des zu sichernden materiellen Anspruches, sondern

25 St. Rspr., siehe nur BVerfG v. 12. 5. 2005, 1 BvR 569/05, NVwZ 2005, 927 (928); v. 13. 6. 1979, 1 BvR 699/77, BVerfGE 51, 268 (284).

26 *Schoch*, in: Schoch/Schmidt-Aßmann/Pietzner, VwGO, § 80 Rn. 22.

27 Zum Ganzen: *U. Stelkens* in: Stelkens/Bonk/Sachs, VwVfG, 7. Aufl. 2008, § 35 Rn. 3 und 31; *Henneke* in: Knack, VwVfG, 8. Aufl. 2004, Vor § 35 Rn. 26.

nach der verfahrensrechtlichen Differenzierung in Anfechtungs- und Vornahmesachen.

a. Die Herstellung der aufschiebenden Wirkung von Rechtsbehelfen gegen Verwaltungsakte

Als Kompensation für das oben erläuterte „Selbsttitulierungsrecht"[28] der Verwaltung legt der Gesetzgeber dem Widerspruch und der Anfechtungsklage gegen Verwaltungsakte in § 80 Abs. 1 VwGO grundsätzlich aufschiebende Wirkung bei[29]. Häufig greift der automatische Suspensiveffekt des § 80 Abs. 1 VwGO allerdings nicht Raum, weil - wie insbesondere im Steuer- und Abgabenrecht - bereits durch Gesetz die sofortige Vollziehbarkeit des Verwaltungsaktes vorgeschrieben ist (vgl. § 80 Abs. 2 Satz 1 Nr. 1 bis 3 und Satz 2 VwGO, § 361 Abs. 1 AO und § 69 Abs. 1 FGO)[30] oder weil die Behörde den Sofortvollzug nach § 80 Abs. 2 Satz 1 Nr. 4 VwGO oder nach § 361 Abs. 4 Satz 2 AO bzw. § 69 Abs. 5 Satz 2 FGO angeordnet hat. In diesen Fällen bedarf der Adressat, der sich gegen einen belastenden Verwaltungsakt zur Wehr setzt, also weiterhin eines gesonderten Verfahrens des vorläufigen Rechtsschutzes. Rechtsschutz gegen die sofortige Vollziehbarkeit von Verwaltungsakten kann dabei entweder durch die Behörde (§ 80 Abs. 4 VwGO, § 361 Abs. 2 AO, § 69 Abs. 2 FGO) oder - und dies interessiert hier - durch das Gericht (§ 80 Abs. 5 VwGO, § 69 Abs. 3 und Abs. 5 Satz 3 FGO) gewährt werden.

aa. Inhaltliche Vorgaben für die gerichtliche Aussetzungsentscheidung

aaa. Funktion Die aufschiebende Wirkung seines Rechtsbehelfs bietet dem Betroffenen die Gewähr, dass nicht zu seinen Lasten durch den Vollzug des Verwaltungsaktes bereits vor Abschluss der Rechtsprüfung im Hauptsacheverfahren vollendete Tatsachen geschaffen werden und damit der gerichtliche Rechtsschutz seinen Sinn verliert[31]. Das vorläufige Rechtsschutzverfahren hat damit ebenfalls Sicherungsfunktion im Hinblick auf das Hauptsacheverfahren; anders als andere Verfahren des vorläufigen Rechtsschutzes be-

28 *Schoch*, in: Schoch/Schmidt-Aßmann/Pietzner, VwGO, § 80 Rn. 22.
29 *Schoch*, in: Schoch/Schmidt-Aßmann/Pietzner, VwGO, § 80 Rn. 22.
30 Vgl. *Sommermann*, in: Festschrift für W. Blümel, 1999, S. 537 ff.
31 *Schmidt*, in: Eyermann, VwGO, 13. Aufl. 2010, § 80 Rn. 1.

schränkt es sich aber nicht auf die sicherungsbedürftigen, für den Betroffenen dringlichen Sachverhalte[32], sondern erfasst unabhängig hiervon alle Anfechtungsfälle, in denen ein sofort vollziehbarer Verwaltungsakt inmitten steht.

Damit kommt diesem Verfahren darüber hinaus auch die, das „Selbsttitulierungsrecht" der Verwaltung kompensierende, Funktion einer gerichtlichen Vorabkontrolle zu. Für voraussichtlich rechtswidrige Verwaltungsakte soll jeglicher auch nur zeitweiliger Vollzug - unabhängig vom konkreten Ausmaß der Nachteile für den Betroffenen und von der Dringlichkeit ihrer Abwendung - verhindert werden[33].

Des Weiteren hat das Verfahren nach § 80 Abs. 5 VwGO bzw. nach § 69 FGO auch den Zweck, mit Rücksicht auf den unwiederbringlichen Zeitablauf eine Entscheidung über die Anwendbarkeit des materiellen Rechts bis zur Entscheidung der Hauptsache zu treffen, um eine vorläufige Befriedigung der sich gegenüberstehenden Interessen zu ermöglichen[34].

bbb. Inhalt Das Gericht trifft im Rahmen von § 80 Abs. 5 VwGO eine eigene Interessenabwägung[35], die - neben der gesetzgeberischen Entscheidung, dass in den Fällen des gesetzlichen Ausschlusses der Suspensivwirkung grundsätzlich das öffentliche Vollzugsinteresse gegenüber dem individuellen Aussetzungsinteresse überwiegt[36] - berücksichtigt, ob Zweifel an der Rechtmäßigkeit des angegriffenen Verwaltungsaktes bestehen und welche Interessen durch die Vollziehung betroffen wären[37].

Die gerichtliche Eilentscheidung ist danach materiell-rechtlich akzessorisch: Einerseits kann kein schutzwürdiges öffentliches Interesse an der Vollziehung eines rechtswidrigen Verwaltungsaktes bestehen, andererseits existiert regelmäßig ein starkes öffentliches oder privates Interesse am Vollzug eines of-

32 Vgl. hierzu auch *Puttler*, in: Sodan/Ziekow, VwGO, 3. Aufl. 2010, § 80 Rn. 9.

33 *Puttler*, in: Sodan/Ziekow, VwGO, 3. Aufl. 2010, § 80 Rn. 158 m. w. N.; *Schoch*, in: Schoch/Schmidt-Aßmann/Pietzner, VwGO, § 80 Rn. 264; *Schmidt*, in: Eyermann, VwGO, 13. Aufl. 2010, § 80 Rn. 73.

34 *Seer*, in: Tipke/Kruse, AO, § 69 FGO Rn. 3.

35 *Schmidt*, in: Eyermann, VwGO, 13. Aufl. 2010, § 80 Rn. 68 ff.; einschränkend *Puttler*, in: Sodan/Ziekow, VwGO, 3. Aufl. 2010, § 80 Rn. 138.

36 *Redeker*, in: Redeker/v. Oertzen, VwGO, 15. Aufl. 2010, § 80 Rn. 48; *Schoch*, in: Schoch/Schmidt-Aßmann/Pietzner, VwGO, § 80 Rn. 255; *Puttler*, in: Sodan/Ziekow, VwGO, 3. Aufl. 2010, § 80 Rn. 140.

37 *Puttler*, in: Sodan/Ziekow, VwGO, 3. Aufl. 2010, § 80 Rn. 140 ff.; *Finkelnburg/Dombert/Külpmann*, Vorläufiger Rechtsschutz im Verwaltungsstreitverfahren, 5. Aufl. 2008, Rn. 983 ff.

fensichtlich rechtmäßigen Verwaltungsaktes[38]. Lässt diese Rechtmäßigkeitsprüfung keine eindeutige Beurteilung zu, wird sie mit einer Bewertung der Eilbedürftigkeit zu einer einheitlichen Abwägungsentscheidung kombiniert. Die Erfolgsaussichten des Rechtsbehelfs sind mit den Folgen, die sich für den Betroffenen aus einem Vollzug ergeben, also mit dem Gewicht der ihm auferlegten Belastung und mit dem Ausmaß, in dem Unabänderliches geschaffen wird, zu gewichten. Grundsätzlich dürfen dabei ohne eine verlässliche Klärung der Rechtmäßigkeit des Verwaltungsaktes keine vollendeten Tatsachen geschaffen werden[39].

Die Entscheidung kann mit Nebenbestimmungen, insbesondere der Leistung einer Sicherheit, verbunden werden (§ 80 Abs. 5 Satz 4 VwGO, vgl. auch § 69 Abs. 3 Satz 2 i.V.m. Abs. 2 Satz 3 FGO), wenn den berechtigten Belangen des Antragsgegners so Rechnung getragen werden kann. Wurde der Verwaltungsakt bereits vollzogen, so hat das Gericht bei einem erfolgreichen Antrag nach § 80 Abs. 5 VwGO oder § 69 Abs. 3 FGO zudem die Vollziehungshandlungen rückgängig zu machen (§ 80 Abs. 5 Satz 3 VwGO, § 69 Abs. 3 Satz 3 FGO).

Jedenfalls kann der Betroffene im Wege der Aussetzung der Vollziehung aber nicht mehr erreichen, als er mit der Hauptsacheklage gegen den Bescheid erreichen könnte. Beschränkungen der Anfechtbarkeit von Verwaltungsakten wie § 42 FGO[40] sind daher auch im Rahmen des Aussetzungsverfahrens zu beachten[41].

---

38 *Schmidt*, in: Eyermann, VwGO, 13. Aufl. 2010, § 80 Rn. 69 ff.; differenzierend *Redeker*, in: Redeker/v. Oertzen, VwGO, 15. Aufl. 2010, § 80 Rn. 49; *Schoch*, in: Schoch/Schmidt-Aßmann/Pietzner, VwGO, § 80 Rn. 254. Für Steuerbescheide gilt dies hingegen nur in modifizierter Form. Dort ist die Aussetzbarkeit der Höhe nach auf den Differenzbetrag beschränkt, der sich aus der festgesetzten Steuer vermindert um die anzurechnenden Steuerabzugsbeträge, die Körperschaftssteuer und die festgesetzten Vorauszahlungen ergibt, soweit nicht die Aussetzung zur Abwendung wesentlicher Nachteile nötig erscheint (§ 69 Abs. 3 Satz 4 i.V.m. Abs. 2 Satz 8 FGO). Diese Einschränkung wurde aus fiskalischen Gründen vorgenommen. Sie soll verhindern, dass infolge der Aussetzung der Vollziehung des Jahressteuerbescheides u. A. Vorauszahlungen zu erstatten sind (*Seer*, in: Tipke/Kruse, AO, § 69 FGO Rn. 181 und *Birkenfeld*, in: HHSp, AO, § 69 FGO Rn. 543 f.).

39 Zu alledem: *Schmidt*, in: Eyermann, VwGO, 13. Aufl. 2010, § 80 Rn. 70, 75 ff.; *Redeker*, in: Redeker/v. Oertzen, VwGO, 15. Aufl. 2010, § 80 Rn. 49, 52; *Puttler*, in: Sodan/Ziekow, VwGO, 3. Aufl. 2010, § 80 Rn. 159 ff.

40 Nach § 42 FGO können aufgrund der Abgabenordnung erlassene Änderungs- und Folgebescheide nicht in weiterem Umfang angegriffen werden, als sie in dem außergerichtlichen Vorverfahren angefochten werden können.

41 *Seer*, in: Tipke/Kruse, AO, § 69 FGO Rn. 52.

Zeitlich wird die mit der gerichtlichen Entscheidung nach § 80 Abs. 5 VwGO ausgelöste aufschiebende Wirkung in § 80b Abs. 1 VwGO im Höchstfall auf die Unanfechtbarkeit des Verwaltungsaktes befristet. Sofern die Anfechtungsklage keinen Erfolg hat, soll die aufschiebende Wirkung vorbehaltlich einer anderweitigen gerichtlichen Entscheidung hingegen bereits drei Monate nach Ablauf der gesetzlichen Begründungsfrist für das Rechtsmittel enden. Demgegenüber entscheidet im Verfahren nach § 69 Abs. 3 und 5 FGO grundsätzlich das Gericht selbst nach eigenem Ermessen, auf welche Dauer die Aussetzung zeitlich begrenzt sein soll[42].

bb. Verfahrensrechtliche Vorgaben Bei den gerichtlichen Verfahren auf Gewährung vorläufigen Rechtsschutzes nach § 80 Abs. 5 VwGO und § 69 Abs. 3 und 5 FGO handelt es sich um selbstständige Verfahren neben dem Hauptsacheverfahren[43]. Kennzeichnend für diese Eilverfahren, die nur eine Zwischenregelung bis zum rechtskräftigen Abschluss des Hauptsacheverfahrens treffen, ist die geringere Prüfungsdichte, die sowohl die Pflicht zur Sachverhaltsermittlung als auch die rechtliche Prüfungstiefe einschränkt[44]. Im Ausnahmefall kann allerdings nach den Vorgaben des Bundesverfassungsgerichts eine abschließende Sach- und Rechtsprüfung - soweit in der zur Verfügung stehenden Zeit möglich - geboten sein, „wenn ohne die Gewährung vorläufigen Rechtsschutzes schwere und unzumutbare, anders nicht abwendbare Beeinträchtigungen entstehen können, die durch das Hauptsacheverfahren nicht mehr zu beseitigen wären. Dies gilt insbesondere, wenn das einstweilige Rechtsschutzverfahren die Bedeutung des Hauptsacheverfahrens vollständig übernimmt und eine endgültige Verhinderung der Grundrechtsverwirklichung eines Beteiligten droht“[45].

Prozessrechtlich gelten im Vergleich zum Hauptsacheverfahren viele Gemeinsamkeiten, aber auch einige Besonderheiten. Auch ein Antrag nach § 80 Abs. 5 VwGO und § 69 Abs. 3 oder 5 FGO setzt ein Rechtsschutzinteresse des

42 *Seer*, in: Tipke/Kruse, AO § 69 FGO Rn. 84.

43 *Schmidt*, in: Eyermann, VwGO, 13. Aufl. 2010, § 80 Rn. 68; *Seer*, in: Tipke/Kruse, AO, § 69 FGO Rn. 121; *Schenke*, in: Kopp/Schenke, VwGO, 17. Aufl. 2011, § 80 Rn. 124 m. w. N.

44 H. M.; *Schmidt*, in: Eyermann, VwGO, 13. Aufl. 2010, § 80 Rn. 81; *Schenke*, in: Kopp/Schenke, VwGO, 17. Aufl. 2011, § 80 Rn. 125 ff., m. w. N.; *Seer*, in: Tipke/Kruse, AO, § 69 FGO Rn. 121 ff.; einschränkend *Schoch*, in: Schoch/Schmidt-Aßmann/Pietzner, VwGO, § 80 Rn. 276 f.

45 BVerfG v. 12. 5. 2005, 1 BvR 569/05, NVwZ 2005, 927 (928); siehe auch *Schenke*, in: Kopp/Schenke, VwGO, 17. Aufl. 2011, § 80 Rn. 127.

Antragstellers und seine Antragsbefugnis voraus. Hingegen ist ein behördliches Vorverfahren im Rahmen von § 80 Abs. 5 VwGO nur für Abgaben und Kosten sowie für Anträge nach § 69 Abs. 3 FGO vorgeschrieben (§ 80 Abs. 6 Satz 1 VwGO, § 69 Abs. 4 FGO). Sofern der Schutz gewichtiger Interessen eine sofortige Entscheidung erfordert, kann zudem auf die eigentlich gleichfalls gebotene Wahrung rechtlichen Gehörs verzichtet werden[46]. Die Durchführung einer mündlichen Verhandlung ist dem Gericht freigestellt[47].

cc. Bindungswirkung Beschlüsse nach § 80 Abs. 5 VwGO und § 69 Abs. 3 und 5 FGO können zwar formell in Rechtskraft erwachsen[48]. Das Gericht kann jedoch auch außerhalb eines Rechtsmittelverfahrens von Amts wegen oder auf Antrag der Beteiligten seinen Beschluss jederzeit ändern oder aufheben (§ 80 Abs. 7 VwGO, § 69 Abs. 6 FGO). Dies erlaubt insbesondere eine Reaktion auf nachträglich eintretende Änderungen der Sach- und Rechtslage, das Bekanntwerden neuer Tatsachen und Änderungen der Beweislage, aber auch auf Änderungen der rechtlichen Prognose[49].

b. Die einstweilige Anordnung

Als Auffangtatbestand[50] neben den §§ 80 bis 80b VwGO und § 69 FGO sehen die Verwaltungsgerichtsordnung und die Finanzgerichtsordnung in Anlehnung an die einstweilige Verfügung nach §§ 935, 940 ZPO des Zivilprozessrechtes übereinstimmend die Möglichkeit des Erlasses einer einstweiligen Anordnung (§ 123 VwGO, § 114 FGO) vor. Die konkrete Ausgestaltung der einstweiligen Anordnung entspricht dabei weitestgehend der einstweiligen Verfügung.

Insbesondere hat auch die einstweilige Anordnung nur eine unselbstständig dienende, prozessuale Funktion; ihr Ziel ist wiederum die Sicherung des Hauptsacheanspruches, die Lage soll offen gehalten werden, um die Durchsetzbarkeit des materiellen Rechts im Hauptsacheverfahren zu ermöglichen[51].

46 *Schmidt*, in: Eyermann, VwGO, 13. Aufl. 2010, § 80 Rn. 58 ff.; *Redeker*, in: Redeker/v. Oertzen, VwGO, 15. Aufl. 2010, § 80 Rn. 56b; *Seer*, in: Tipke/Kruse, AO, § 69 FGO Rn. 60 f., Stand März 2003.

47 *Redeker*, in: Redeker/v. Oertzen, VwGO, 15. Aufl. 2010, § 80 Rn. 59.

48 *Kilian*, in: Sodan/Ziekow, VwGO, 3. Aufl. 2010, § 121 Rn. 37.

49 *Schmidt*, in: Eyermann, VwGO, 13. Aufl. 2010, § 80 Rn. 103; *Redeker*, in: Redeker/v. Oertzen, VwGO, 15. Aufl. 2010, § 80 Rn. 66 ff.; *Puttler*, in: Sodan/Ziekow, VwGO, 3. Aufl. 2010, § 80 Rn. 184.

50 *Schenke*, in: Kopp/Schenke, VwGO, 17. Aufl. 2011, § 123 Rn. 1.

51 *Happ*, in: Eyermann, VwGO, 13. Aufl. 2010, § 123 Rn. 1 ff.

Anders als eine einstweilige Verfügung[52] steht eine einstweilige Anordnung im Sinne von § 123 VwGO allerdings sogar unter dem Vorbehalt der Hauptsacheentscheidung. Sie entfällt ohne besonderen Ausspruch rückwirkend, wenn der Antragsteller im Hauptsacheverfahren unterliegt[53].

Die Kriterien für den zulässigen Inhalt der Entscheidung und die Ausformung des Verfahrens stimmen nahezu vollständig mit dem einstweiligen Verfügungsverfahren der Zivilprozessordnung überein. Auch hier gilt, dass das Anordnungsverfahren wegen seiner dienenden Funktion und wegen der verringerten Richtigkeitsgewähr der Entscheidung das Hauptsacheverfahren grundsätzlich weder zulasten des Antragstellers noch zulasten der Behörde vorwegnehmen oder ersetzen darf[54].

Das einstweilige Anordnungsverfahren als selbstständiges Verfahren neben dem Hauptsacheverfahren ist ebenfalls durch eine nur summarische Tatsachenprüfung[55] und - soweit die zur Verfügung stehende Zeit hierfür ausreicht - nach herrschender Meinung durch eine strikte Rechtsprüfung gekennzeichnet[56]. Die gebotene Prüfungstiefe korrespondiert wiederum mit dem Maß, in dem die einstweilige Anordnung die Hauptsache vorwegnimmt oder vollendete Tatsachen schafft[57].

Die Interessen des Anordnungsschuldners, also regelmäßig des Hoheitsträgers, nicht zu Unrecht einstweilige Maßnahmen hinnehmen zu müssen, werden auch hier gewahrt, indem

- der Erlass der einstweiligen Anordnung von einer besonderen Dringlichkeit der Angelegenheit abhängt[58],

52 *Vollkommer*, in: Zöller, ZPO, 28. Aufl. 2010, § 927 Rn. 4; BGH v. 1. 4. 1993, I ZR 70/91, BGHZ 122, 172 (178).

53 *Happ*, in: Eyermann, VwGO, 13. Aufl. 2010, § 123 Rn. 75.

54 *Happ*, in: Eyermann, VwGO, 13. Aufl. 2010, § 123 Rn. 66a; *Redeker*, in: Redeker/v. Oertzen, VwGO, 15. Aufl. 2010, § 123 Rn. 11 ff.; *Loose*, in: Tipke/Kruse, AO, § 114 FGO, Rn. 38 f.

55 Die Tatsachen sind nach § 123 Abs. 3 VwGO bzw. § 114 Abs. 3 FGO i. V. m. § 920 Abs. 2 ZPO lediglich glaubhaft zu machen (*Happ*, in: Eyermann, VwGO, 13. Aufl. 2010, § 123 Rn. 51).

56 *Happ*, in: Eyermann, VwGO, 13. Aufl. 2010, § 123 Rn. 48; *Redeker*, in: Redeker/v. Oertzen, VwGO, 15. Aufl. 2010, § 123 Rn. 17; a. A. *Schenke* in: Kopp/Schenke, VwGO, 17. Aufl. 2011, § 123 Rn. 24.

57 *Schenke* in: Kopp/Schenke, VwGO, 17. Aufl. 2011, § 123 Rn. 24; *Redeker*, in: Redeker/v. Oertzen, VwGO, 15. Aufl. 2010, § 123 Rn. 18, jeweils m. w. N.; *Loose*, in: Tipke/Kruse, AO, § 114 FGO Rn. 41.

- ihm nach § 123 Abs. 3 VwGO bzw. § 114 Abs. 3 FGO i. V. m. § 926 ZPO die Möglichkeit eingeräumt wird, die Klageerhebung zu erzwingen,
- die einstweilige Anordnung unbeschadet ihres Erwachsens in Rechtskraft bei Änderungen der Umstände abänderbar bleibt[59] und
- ihm bei ungerechtfertigten einstweiligen Anordnungen ein verschuldensunabhängiger Schadensersatzanspruch zusteht (§ 123 Abs. 3 VwGO bzw. § 114 Abs. 3 FGO i.V.m. § 945 ZPO).

Nicht übernommen wurde lediglich die Möglichkeit, mittels Einlegung eines Widerspruches nach § 924 ZPO eine Verhandlung über die einstweilige Anordnung zu erreichen.

3. Zusammenfassung

Die beschriebenen Grundsätze lassen sich zu folgenden Leitgedanken bündeln, die den Unterschied zwischen vorläufigen Rechtsschutz und Hauptverfahren kennzeichnen:
Der vorläufige Rechtsschutz hat:

- als isoliertes Verfahrensziel die Sicherung der Durchsetzungsmöglichkeit eines dem Verhältnis der Parteien entspringendem Rechts in einem gerichtlichen Hauptverfahren und
- in Ausnahmefällen Nothilfefunktion.

Aus dieser Zielbestimmung folgt:

- eine begrenzte materiell-rechtliche Akzessorietät der vorläufigen Entscheidung; sie darf nur ergehen, wenn der Hauptsacheanspruch hinreichend wahrscheinlich ist,
- das Gebot der Einstweiligkeit der Entscheidung im Sinne eines Offenhaltens der Entscheidungsfähigkeit der Hauptsache,

58 Sogenannter Anordnungsgrund, vgl. *Happ*, in: Eyermann, VwGO, 13. Aufl. 2010, § 123 Rn. 53; *Loose*, in: Tipke/Kruse, AO, § 114 FGO Rn. 21 und 27.

59 Zwar verweisen § 123 Abs. 3 VwGO und § 114 Abs. 3 FGO nicht auf § 927 ZPO. Die Änderungsbefugnis folgt jedoch aus der analogen Anwendung von § 80 Abs. 7 VwGO oder § 927 ZPO (*Redeker*, in: Redeker/v. Oertzen, VwGO, 15. Aufl. 2010, § 123 Rn. 26 ff.; *Happ*, in: Eyermann, VwGO, 13. Aufl. 2010, § 123 Rn. 77 ff.; *Loose*, in: Tipke/Kruse, AO, § 114 FGO Rn. 88 ff. jeweils m. w. N.).

- das Gebot des inhaltlichen Zurückbleibens hinter der Hauptsache,
- grundsätzlich das Gebot der Begrenzung des Rahmens gerichtlicher Entscheidungsbefugnis durch das Sicherungsbedürfnis des Antragstellers.

Für die Verfahren nach § 80 Abs. 5 VwGO und § 69 Abs. 3 und 5 FGO ist hingegen zusätzlich die Ausgestaltung als gerichtliche materielle Vorabkontrolle kennzeichnend, die häufig unabhängig vom konkreten Sicherungsbedürfnis des Antragstellers ist.

Für die Wirkung einer Entscheidung des vorläufigen Verfahrens gilt, dass die Entscheidung:

- zwar formell und materiell rechtskraftfähig ist, aber
- keine Präjudizwirkung für das Hauptverfahren hat,
- durch die Hauptsacheentscheidung überholt werden kann und
- vorläufig im Sinne einer weitgehenden Aufhebbarkeit und Abänderbarkeit bei Überholung der Sach- und Rechtserkenntnisse bleibt.

Das Verfahren weist zudem folgende Besonderheiten auf:

- besondere Beschleunigung durch Einschränkung der Verfahrensgarantien und Reduzierung des Beweismaßes,
- mit Einschränkungen für die Verfahren nach § 80 Abs. 5 VwGO und § 69 Abs. 3 und 5 VwGO das Erfordernis der Anspruchsgefährdung,
- weitreichende Befugnisse des Antragsteller und Antragsgegners, eine Überprüfung und Anpassung der Entscheidung bei Überholung der rechtlichen und sachlichen Ausgangsbeurteilung zu verlangen, die nur in geringem Maße im Interesse der Vermeidung einer übermäßigen Inanspruchnahme des Gerichts eingeschränkt werden,
- soweit tatsächlich relevant, die Befugnis des Antragsgegners, den Antragsteller zur verbindlichen Klärung des Rechtsverhältnisses im Hauptverfahren binnen einer gerichtlichen Frist zu zwingen und

- zum Teil einen verschuldensunabhängigen Schadensersatzanspruch des Antragsgegners bei einer sich als ungerechtfertigt erweisenden Eilentscheidung oder bei einem Verstoß des Antragstellers gegen Verfahrensobliegenheiten.

Unterschiedlich gelöst ist die Frage der Verknüpfung von vorläufiger und endgültiger Entscheidung. Während zum Teil die vorläufige gerichtliche Entscheidung mit Rechtskraft oder Bestandskraft der Hauptsacheentscheidung automatisch hinfällig wird, ist in anderen Fällen eine ausdrückliche Aufhebung erforderlich.

II. Vergleich mit den Abschlagszahlungen des Werkvertragsrechts

Betrifft der gerichtliche vorläufige Rechtsschutz die *prozessuale* Sicherung schon entstandener oder künftig entstehender Ansprüche vor tatsächlichen Veränderungen, welche die Anspruchs*durchsetzung* in einem gerichtlichen Verfahren vereiteln oder erschweren können, so beinhaltet demgegenüber der Anspruch auf Abschlagszahlungen des Werkvertragsrechts einen *materiell-rechtlichen* interimistischen Anspruch zur Überbrückung des Schwebezustandes während eines sich über einen gewissen Zeitraum erstreckenden Vertragserfüllungsprozesses. Derartige Ansprüche sind im Rahmen dieser Abhandlung von besonderem Interesse, da sie verschiedene Merkmale in sich vereinigen, welche sich auch bei Vorausleistungen im Gebühren- und Beitragsrecht wiederfinden. Der Gesetzgeber hat es zum einen insoweit nicht bei dem prozessualen Forderungssicherungsinstrument des gerichtlichen vorläufigen Rechtsschutzes belassen, sondern hat dem Gläubiger unter bestimmten Voraussetzungen einen eigenständigen materiell-rechtlichen *Vorschussanspruch* eingeräumt, der vor dem eigentlichen Werklohnanspruch zum Entstehen kommt[60]. Dieser Vorschussanspruch beschränkt sich zudem auch inhaltlich nicht auf die

60 Der Terminus des „Entstehens“ wird dabei hier nicht mit seinem an der Unterteilung nach Entstehen, Erlöschen und Durchsetzbarkeit eines Anspruches orientierten, rechtstechnischen Wortverständnis verwendet. Er umfasst über den Anspruch als solchen hinaus auch seine Eigenschaft als durchsetzbare, erzwingbare Forderung. Der Anspruch auf Werklohnzahlung „entsteht“ gemäß § 631 Abs. 1 BGB mit Abschluss des Werkvertrages (BGH v. 14. 12. 1983, VIII ZR 352/82, BGHZ 89, 189 [192]). Das Abnahmeerfordernis des § 641 Abs. 1 BGB ist nur von Bedeutung für seine Fälligkeit. Abschlagszahlungen werden also mit Blick auf einen bereits bestehenden, betagten Werklohnanspruch erbracht (BGH v. 19. 3. 2002, X ZR 125/00, NJW 2002, 2640 f.).

reine Sicherung der Werklohnforderung, er wirkt vielmehr faktisch wie ihre (partielle) Vorab-Erfüllung.

1. Die rechtliche Ausgangslage

a. Rechtsgrundlagen

Der Anspruch auf Abschlagszahlungen ergibt sich in seinem praktisch bedeutsamsten Anwendungsfall der Werkverträge über Bauleistungen vornehmlich aus der Vereinbarung der Geltung der VOB/B, insbesondere des § 16 Abs. 1 Nr. 1 VOB/B. Nach dieser Vorschrift hat der Besteller auf Antrag des Unternehmers Abschlagszahlungen in Höhe des Wertes der jeweils nachgewiesenen vertragsgemäßen Leistung in möglichst kurzen Zeitabständen zu gewähren, sofern die Leistung durch prüfbare Aufstellung nachgewiesen wurde. Für andere Werkverträge hat der Gesetzgeber unabhängig von der Vereinbarung der Vertragsparteien in § 632a BGB einen gesetzlichen Anspruch auf Abschlagszahlungen normiert[61]. Diese Bestimmung lehnt sich an § 16 Abs. 1 Nr. 1 VOB/B an[62]. Der Unternehmer kann hiernach Abschlagszahlungen für eine vertragsgemäß erbrachte Leistung in Höhe des Wertzuwachses sowie für die angelieferten oder eigens angefertigten Stoffe und Bauteile verlangen, sofern dem Besteller das Eigentum an den Stoffen oder Bauteilen übertragen oder Sicherheit geleistet wird.

b. Interessenlage

aa. Refinanzierungsinteresse des Werkunternehmers Die Einführung eines gesetzlichen Anspruches auf Abschlagszahlungen trägt unter Abkehr vom gesetzlichen Leitbild der Vorleistungspflicht des Werkunternehmers[63] dessen Bedürfnis Rechnung, im Interesse der Erhaltung seiner Liquidität nicht über einen langen Zeitraum erhebliche Leistungen vorfinanzieren zu müssen und auf diese Weise Außenstände in potentiell existenzbedrohender Höhe aufzubauen, ohne dass deren zeitnahe Realisierung gesichert ist[64].

---

61 Eingeführt durch das „Gesetz zur Beschleunigung fälliger Zahlungen“ vom 30. 3. 2000, BGBl. I 330.
62 BT-Drs. 14/1246 S. 6.
63 *Sprau*, in: Palandt, BGB, 70. Aufl. 2011, § 641 Rn. 2.
64 BT-Drs. 14/1246, S. 1 und 6.

aaa. Inhaltlich Die Abschlagszahlungen dienen dem Ausgleich der wirtschaftlichen Nachteile, die die gesetzlichen Vorleistungspflicht für den Auftragnehmer nach sich zieht[65]. Diesem Interesse wäre mit der bloßen Einräumung von Sicherheiten nur unzureichend gedient, da diese Sicherheiten vom Werkunternehmer vor Vollendung des Werkes und vor der verbindlichen Klärung der Höhe seines Werklohnanspruches, die tatsächlich nicht selten Jahre in Anspruch nimmt, nicht zur Refinanzierung der erbrachten Vorleistungen eingesetzt werden können und damit die Liquidität des Unternehmens faktisch nicht zu gewährleisten vermögen[66].

bbb. Zeitlich Die Berechtigung zur Forderung von Abschlagszahlungen bezweckt in einem doppelten Sinne die Überwindung eines verfahrensbezogenen Zeitmomentes: Zunächst überbrückt sie die wegen des Vorfinanzierungsaufwandes des Werkunternehmers wirtschaftlich problematisch werdende *zeitliche Dauer des Vollzuges des Vertrages* bis zum Fälligwerden der eigentlichen Werklohnforderung[67]. Hieran anschließend erstreckt sich die Dauer der vorläufigen Befriedigungswirkung dieses Rechtsinstitutes - wenn nicht nach seiner gesetzlichen Intention, so doch nach seiner rechtspraktischen Ausgestaltung - aber auch auf den *für die (gerichtliche) Klärung* der Höhe des eigentlichen Werklohnanspruches *benötigten Zeitraum* und ersetzt damit augenfällig das prozessuale Sicherungsinstrument des Arrestes durch eine weitergehende materiell-rechtliche Regelung. Der Empfänger von Abschlagszahlungen kann zwar während des Rechtsstreites über die Berechtigung der erhobenen Schlusszahlungsforderung keine weiteren noch ausstehenden Abschlagszahlungen verlangen[68], gleichwohl ist er aber berechtigt, die bereits geleisteten Abschläge bis zum vollstreckbaren Abschluss des gerichtlichen Verfahrens einzubehalten, mit dem die Höhe des Werklohnanspruches fest-

---

65 BGH v. 4. 5. 2000, VII ZR 203/98, NJW 2000, 2818 (2819); v. 21. 2. 1985, VII ZR 160/83, NJW 1985, 1840 m. w. N.

66 Diese Gesichtspunkte waren für den Gesetzgeber bei der Entscheidung ausschlaggebend, die Anwendbarkeit des Rechtsinstituts der Abschlagszahlung mit der Einführung des § 632a BGB auch auf diejenigen Werkverträge auszudehnen, für die die Abschlagszahlungserhebung - etwa über die Geltung der VOB/B - von den Vertragsparteien nicht autonom vereinbart wurde (BT-Drs. 14/1246 S. 1 und 6).

67 Die Fälligkeit tritt nach endgültiger Herstellung des Werkes, nach Abnahme bzw. Abnahmesurrogat sowie z.T. nach der prüffähigen Schlussrechnungslegung ein (*Sprau*, in: Palandt, BGB, 70. Aufl. 2011, § 641 Rn. 2 ff. und 20 ff.).

68 H. A., BGH v. 21. 2. 1985, VII ZR 160/83, NJW 1985, 1840; *Locher*, in: Ingenstau/Korbion, VOB, 17. Aufl. 2010; § 16 Abs. 1 VOB/B Rn. 51 m. w. N.; kritisch hierzu *Schreiber/Neudel*, BauR 2002, 1007 ff.

gestellt wird. Er wird folglich auch für diesen Zeitraum, obschon das Ob und die Höhe des Entstehens eines Vergütungsanspruches noch nicht feststeht, so gestellt, als ob insoweit sein für sich reklamierter Werklohnanspruch erfüllt ist, und kann mit dieser Summe seinen Refinanzierungsbedarf decken.

ccc. Verfahren Soll das Refinanzierungsinteresse praktikabel und zeitnah durchsetzbar sein, müssen schließlich die nur unter erheblichem Zeitaufwand einhaltbaren Garantien für die „Richtigkeit" der Abschlagsforderung - das heißt ihre Übereinstimmung mit dem auf diese Teilleistung rein rechnerisch entfallenden künftigen Werklohnanspruch - Einschränkungen unterworfen sein.

bb. Sicherungsinteresse des Bestellers

aaa. „Synallagmatische" Verknüpfung Die Belange des Bestellers hingegen werden nach der gesetzlichen Konzeption dadurch gewahrt, dass die Berechtigung des Werkunternehmers, Abschlagszahlungen zu fordern, quasi synallagmatisch mit dem Wert desjenigen Werkteils verknüpft ist, welches er bereits fertiggestellt hat[69]. Dem Besteller wächst mithin idealiter in der Höhe der von ihm erbrachten Abschlagszahlungen der Vermögenswert der bereits erbrachten Teilleistung zu, sodass ihm nach der Vorstellung des Gesetzgebers kein wirtschaftlicher Nachteil[70] entsteht. Die aufgrund dieser tatsächlichen Eigenart der vorläufigen Leistungsbeziehungen gewährleistete vergleichsweise fundierte Gewissheit über das Entstehen und die Höhe des eigentlichen Werklohnanspruches unterscheidet den zu Abschlagszahlungen verpflichteten Besteller auch graduell von dem Antragsgegner eines Verfahrens des vorläufigen gerichtlichen Rechtsschutzes. Während in Arrest- und Verfügungsverfahren die Existenz eines Anspruches nur möglich erscheinen muss, um Maßnahmen zu dessen Sicherung zu rechtfertigen, eröffnet dem Besteller hier das stetige Wachsen eines werthaltigen Werkes, das für ihn objektiv verifizierbar ist, trotz der fehlenden Möglichkeit einer endgültigen Überprüfung der Vertragsmäßigkeit des Werkes und des Ausstehens einer verbindlichen Abrechnung der Leistung doch eine relativ hohe Gewissheit,

69 *Sprau*, in: Palandt, BGB, 70. Aufl. 2011, § 632a Rn. 9.
70 In der Begründung des Gesetzgebungsentwurfes für die Einführung des § 632a BGB wird der Gesichtspunkt des Empfangs einer werthaltigen Leistung ausdrücklich in den Vordergrund gerückt (BT-Drs 14/1246 S. 6).

wegen einer in dieser Höhe tatsächlich bestehenden, betagten Schuld Zahlungen zu leisten, die sich nicht nachträglich als unberechtigt erweisen werden. Die vergleichsweise hohe Wahrscheinlichkeit, dass die vorläufig berechneten Abschlagszahlungen mit dem auf den jeweiligen Teil des Werkes entfallenden Anteil der schlussendlich berechneten Vergütung übereinstimmen werden, rechtfertigt es auch, dem Besteller nicht nur die Stellung von Sicherheiten abzuverlangen, sondern ihm bereits vor Fälligkeit des Werklohnanspruches zuzumuten, den Werkunternehmer faktisch so zu stellen, als ob der Anspruch zum jeweiligen Teil bereits erfüllt wäre.

bbb. Keine Einschränkung der Gegenrechte Das Sicherungsinteresse des Bestellers wird darüber hinaus wesentlich durch die Möglichkeit gewahrt, auf Leistungsstörungen weiterhin mit dem einzig effektiven Druckmittel der Zurückbehaltung des Werklohns reagieren zu können und Vermögensverluste wegen Mängeln, Mängelbeseitigungskosten oder der Schädigung sonstiger Rechtsgüter im Zuge der Werkherstellung durch Einbehaltung entsprechender Abzüge vom Werklohn selbst ausgleichen zu können, ohne darauf angewiesen zu sein, diese Forderungen nachträglich einzuklagen[71].

ccc. Strikter Hilfscharakter Da die Erbringung vorläufiger Zahlungen auf noch nicht verbindlich festgestellter tatsächlicher und rechtlicher Grundlage für den Auftraggeber gleichwohl im Vergleich zur grundsätzlich bestehenden Vorleistungspflicht des Auftragnehmers ein erhöhtes Risiko darstellt, wurde mit der Statuierung einer strikten Abhängigkeitsbeziehung zwischen Abschlagszahlung und Werklohnforderung auch dafür Sorge getragen, dass die Leistung der Abschläge die eigentliche Werklohnforderung nicht gegen den Willen des Auftraggebers ersetzen kann. Die Regelungen für Fälligkeit und Bemessung der Höhe des Werklohnanspruches, die die Interessen beider Vertragsparteien ausgewogen berücksichtigen, dürfen nicht durch eine Verselbstständigung des Instruments der Abschlagszahlungen vom Werkunternehmer einseitig ausgehebelt werden können[72].

---

71 *Sprau*, in: Palandt, BGB, 70. Aufl. 2011, § 632a Rn. 7 m. w. N.; *Locher*, in: Ingenstau/Korbion, VOB, 17. Aufl. 2010; § 16 Abs. 1 VOB/B Rn. 12.

72 In diesem Sinne auch OLG Hamm v. 29. 10. 1998, 17 U 38/98, NJW-RR 1999, 528.

2. *Der Rechtscharakter der Abschlagszahlungen*

Der besondere Rechtscharakter von Abschlagszahlungen hat trotz ihrer weiten Verbreitung bislang keine abschließende Klärung erfahren.

a. *Inhaltliche Nähe zum Werklohnanspruch*

Als bestimmend wird einerseits gemeinhin die besondere inhaltliche Nähe der Abschlagsforderung zum Werklohnanspruch angesehen. Sie kommt zum einen in der Zuschreibung eines finalen, dienenden Charakters der Abschlagszahlung mit Blick auf den „eigentlichen" Vergütungsanspruch zum Ausdruck: Weil es sich bei der Abschlagszahlung ihrem funktionellen Charakter nach nur um einen Hilfsanspruch handelt, bedarf die Anforderung und die Zahlung der endgültigen Rechtfertigung durch den sich nach der Schlussrechnung ergebenden Hauptanspruch[73]. Abschlagsforderungen stellen ihrem Wesen nach lediglich eine vorläufige Vergütung bis zur Feststellung der entsprechenden endgültigen Vergütung dar[74]. Zum anderen manifestiert sich diese Nähebeziehung in der Herausstellung der Gleichartigkeit des Schuldgrundes beider Forderungen. Beiden Ansprüchen ist gemeinsam, dass sie sich aus der Errichtung des Werkes ergeben, auf das sich der Vertrag bezieht, sie gründen damit auf dem selben Lebenssachverhalt[75]. Der Anspruch auf Abschlagszahlung wird im weiten Sinne als dem Werklohnanspruch *zugehörig* begriffen, wobei von Einzelnen sogar von einer Identität mit diesem oder seinen „Teilen" gesprochen wird[76].

b. *Selbstständige Forderung*

Auf der anderen Seite wird freilich auch die Selbstständigkeit der Abschlagsforderung als für ihren Charakter konstituierend betont. Vor der Vornahme der Gesamtabrechnung bilden die Abschlagsforderungen anerkanntermaßen *eigenständige* schuldrechtliche Ansprüche im Sinne von § 241 BGB[77],

---

73 *Motzke*, in: Beck´scher VOB-Kommentar, 1. Aufl. 1997, § 16 Nr. 1 Rn. 3 u. 5.

74 BGH v. 11. 2. 1999, VII ZR 399/97, NJW 1999, 1867 (1869); *Locher*, in: Ingenstau/Korbion, VOB, 17. Aufl. 2010; § 16 Abs. 1 VOB/B Rn. 1.

75 *Motzke*, in: Beck´scher VOB-Kommentar, 1. Aufl. 1997, § 16 Nr. 1 Rn. 3.

76 *Motzke*, in: Beck´scher VOB-Kommentar, 1. Aufl. 1997, § 16 Nr. 1 Rn. 3; *Sprau*, in: Palandt, BGB, 70. Aufl. 2011, § 632a Rn. 5; *Mansel*, in: Jauernig, BGB, 13. Aufl. 2009, § 632a Rn. 19: verselbstständigter Teil; a. A. wohl BGH v. 5. 11. 1998, VII ZR 191/97, NJW 1999, 713.

77 BGH v. 5. 11. 1998, VII ZR 191/97, NJW 1999, 713; v. 15. 4. 2004, VII ZR 471/04, NJW-RR 2004, 957 (958); *Kandel*, in: Beck´scher VOB-Kommentar; 2. Aufl. 2008,

die zum Gegenstand von Klagen gemacht werden und selbstständig verjähren[78] können. Zum Teil wird sogar ein *Ausschlussverhältnis* zwischen Abschlagsforderung und Werklohnanspruch angenommen[79], das sich dadurch auszeichnet, dass noch nicht erfüllte Abschlagszahlungsansprüche nicht mehr durchsetzbar sind bzw. erlöschen, sobald die Leistung schlussrechnungsfähig ist[80]. Demgegenüber stellt der Bundesgerichtshof nicht auf ein striktes *rechtstechnisches Abhängigkeitsverhältnis* zur Werklohn*forderung*, sondern auf das Entfallen des spezifischen *Abschlagszahlungsinteresses* im Sinne eines Vorfinanzierungsbedürfnisses als Voraussetzung für Abschlagszahlungen ab: Der selbstständige Anspruch auf Abschlagszahlung geht nach Ansicht des Bundesgerichtshofes unter, sobald der mit der Abschlagszahlung verfolgte Zweck, den vorleistungspflichtigen Auftragnehmer zu entlasten und die Nachteile durch die Vorfinanzierungspflicht auszugleichen, auf andere Weise erreicht werden kann - namentlich durch Erteilung einer Schlussrechnung und Verfolgung des Werklohnanspruches[81]. Zur Begründung verweist der Bundesgerichtshof darauf, dass das Interesse des Auftragnehmers es in diesen Fällen nicht erfordere, für seine Leistung erst eine - ohnehin im Rahmen der Schlussrechnung auszugleichende - Abschlagszahlung zu erheben, wenn kein weiterer Vorfinanzierungsaufwand anfalle.

Der Ansatz des Bundesgerichtshofs, das Entlastungs- und Ausgleichsinteresse für Abschlagszahlungen in den Mittelpunkt der Betrachtung zu rücken, überzeugt, denn er eröffnet rechtsdogmatisch die Möglichkeit, die Abschlagsforderung nicht nur dem Eintritt der Fälligkeit der Werklohnforderung als einzig greifbarem rechtlichem Faktum unterzuordnen, sondern bereits im Vorgriff hierauf rechtsdogmatisch widerspruchsfrei den absoluten Vorrang der *Verwirklichung* dieser Werklohnforderung schon *vor* ihrer Fälligkeit zu sichern. Zugleich gewinnt der Bundesgerichtshof mit der Zweckbetrachtung aber auch Raum dafür, in Einzelfällen der fehlenden Verwirklichungsfähigkeit der Werklohnforderung ein potentielles Nebeneinander von Werklohn

---

§ 16 Nr. 1 Rn. 63.

78 H. Rspr.; BGH v. 5. 11. 1998, VII ZR 191/97, NJW 1999, 713; so auch *Kandel*, in: Beck´scher VOB-Kommentar; 2. Aufl. 2008, § 16 Nr. 1 Rn. 63; a. A. *Locher*, in: Ingenstau/Korbion, VOB, 17. Aufl. 2010, § 16 Abs. 1 VOB/B Rn. 58; Nachweise zum Diskussionsstand bei *Otto*, BauR 2000, 351 ff.

79 *Motzke*, in: Beck´scher VOB-Kommentar, 1. Aufl. 1997, § 16 Nr. 1 Rn. 4; *Sprau*, in: Palandt, BGB, 70. Aufl. 2011, § 632a Rn. 12.

80 *Sprau*, in: Palandt, BGB, 70. Aufl. 2011, § 632a Rn. 12.

81 BGH v. 21. 2. 1985, VII ZR 160/83, NJW 1985, 1840; v. 4. 5. 2000, VII ZR 203/98, NJW 2000, 2818 (2819).

und Abschlagsforderung ohne Systembruch zuzulassen[82], wo dies den Stimmen der Rechtsliteratur, die den Ansatz eines gegenseitigen Ausschlusses von Abschlagsforderung und Werklohnanspruch vertreten, bei einem konsequenten Vorgehen erhebliche Probleme bereiten würde.

c. Synthese durch Verrechnungsabrede

Die Synthese dieser konträren Wesenszüge ist nur mittels der Verrechnungsabrede möglich, der folgerichtig eine zentrale Bedeutung für die Vorläufigkeitsvereinbarung beigemessen wird. Sie „verklammert"[83] den Abschlagszahlungsanspruch und den Vergütungsanspruch miteinander. Die Abschlagszahlung wird auch gerade als eine „*Zahlung in Erwartung* der später nachfolgenden *endgültigen Feststellung* des Vergütungsanspruches durch die Schlussrechnung" begriffen[84].

aa. Keine formale Zweckabrede Vereinzelt wurde hierbei der Abschlagszahlung der besondere, *rein formal* verstandene Zweck der späteren Legitimation durch die Schlussrechnung beigelegt[85]. Für die Vertreter dieser Ansicht ist bereits das (Nicht-)Erstellen einer möglichen Schlussrechnung als solches ausschlaggebend dafür, ob der Abschlagsforderung hinsichtlich des Behaltendürfens der Zahlung noch Rechtfertigungskraft zukommt. Dies bedeutet, dass nach Beendigung des Vertrages die Nichtvorlage einer (prüffähigen) Schlussrechnung durch den Werkunternehmer genügt, um wegen der Zweckverfehlung einen bereicherungsrechtlichen Anspruch auf Rückgewähr der Abschlagszahlung entstehen zu lassen[86]. Ähnliche Überlegungen wurden im Übrigen auch für den Verrechnungszweck von steuerrechtlichen Vorauszahlungen angestellt[87].

---

82 Kann die Fälligkeit des Vergütungsanspruches nicht nachgewiesen werden, soll nach Auffassung des BGH die hilfsweise Geltendmachung der Abschlagsforderung statthaft sein (BGH v. 4. 5. 2000, VII ZR 203/98, NJW 2000, 2818 [2819]).

83 *Motzke*, in: Beck´scher VOB-Kommentar, 1. Aufl. 1997, § 16 Nr. 1 Rn. 4.

84 *Motzke*, in: Beck´scher VOB-Kommentar, 1. Aufl. 1997, § 16 Nr. 1 Rn. 6, Hervorhebung nur hier.

85 OLG Düsseldorf v. 7. 9. 1993, 20 U 216/92, BauR 1994, 272 (273), so wohl auch OLG Köln v. 17. 9. 1993, 19 U 190/92, BauR 1995, 583.

86 OLG Düsseldorf v. 7. 9. 1993, 20 U 216/92, BauR 1994, 272 (273), so wohl auch OLG Köln v. 17. 9. 1993, 19 U 190/92, BauR 1995, 583.

87 Vgl. hierzu Kap. E Ziffer VI Nr. 3 Buchst. a Doppelbuchst. cc Dreifachbuchst. eee, S. 321.

bb. Inhaltlicher Abrechnungsvorbehalt Demgegenüber folgert der Bundesgerichtshof aus dem beschriebenen provisorischen Charakter von Abschlagszahlungen zu Recht nur, dass zum Gegenstand der Vereinbarung von Abschlagszahlungen zwingend die inhaltliche Verpflichtung des Auftragnehmers gehört, eine Abrechnung über die Abschlagszahlungen und die ihnen gegenüberstehende endgültige Gesamtvergütung zu erteilen. Danach stellt nicht der formale Akt der Feststellung der endgültigen Vergütung die übergeordnete Bestimmung der Abschlagszahlung dar, sondern vertragliche Grundlage der Leistung ist vielmehr die Abrede, dass im Ergebnis eine Verrechnung mit der Gesamtvergütung stattfindet und zu diesem Zweck die Abschlusszahlungen mit den materiell-rechtlich bestehenden Vergütungsansprüchen abgeglichen werden[88]. Kommt der Werkunternehmer der Verpflichtung zur Rechnungslegung nicht nach, kann der Auftraggeber die Abrechnung deshalb selbst vornehmen und eine von ihm ermittelte *Überzahlung* geltend machen, er kann jedoch nicht wegen der ausgebliebenen Abrechnung die Abschlagszahlungen insgesamt zurückfordern[89].

cc. Verrechnungstechnik Mit Erstellung der Schlussrechnung beurteilt sich die Rechtfertigung der erbrachten Leistungen nicht mehr nach Maßgabe der Abschlagsrechnung, sondern nur noch anhand des Vergütungsanspruches für das Werk insgesamt. Die einzelnen Abschlagszahlungen - obgleich zunächst eigenständige schuldrechtliche Ansprüche - bilden im Rahmen einer derartigen Abrechnung nur noch Rechnungsposten[90]. Der Ausgleich von Überzahlungen auf Abschlagsforderungen ist demnach wegen ihres vorläufigen Charakters nur durch Verrechnung mit späteren Abschlagszahlungen oder im Zuge des vorzunehmenden Gesamtausgleiches mit Schlussrechnungslegung statthaft[91]. Gegenstand eines klagbaren schuldrechtlichen Anspruches ist allein der sich ergebende Rechnungssaldo, der eine verbleibende Schlusszahlungsforderung des Werkunternehmers begründen oder bei sich erweisender Überzahlung einen vertraglichen Anspruch des Auftraggebers auf Überschussauskehr beinhalten kann[92].

88 BGH v. 11. 2. 1999, VII ZR 399/97, NJW 1999, 1867 (1869 f.).
89 BGH v. 11. 2. 1999, VII ZR 399/97, NJW 1999, 1867 (1869 f.).
90 BGH v. 19. 3. 2002, X ZR 125/00, NJW 2002, 2640 (2641); *Kandel*, in: Beck´scher VOB-Kommentar, 2. Aufl. 2008, § 16 Nr. 1 Rn. 15.
91 BGH v. 19.3.2002, X ZR 125/00, NJW 2002, 2640 (2641).
92 BGH v. 19.3.2002, X ZR 125/00, NJW 2002, 2640 (2641).

d. Tilgungswirkung von Abschlagszahlungen

Die Tilgungswirkung von Abschlagszahlungen wird zwar nicht ausdrücklich thematisiert, unausgesprochen werden jedoch gemeinhin folgende Eckpunkte vorausgesetzt: Den vom Besteller erbrachten Zahlungen auf Abschlagsforderungen wird nach einhelliger Meinung zunächst *keine* Tilgungswirkung hinsichtlich der eigentlichen Werklohnforderung beigemessen[93], wiewohl diese Werklohnforderung bereits tilgungsfähig besteht[94]. Vielmehr wird der Eintritt der Befriedigungswirkung auf den Zeitpunkt der Erteilung der Schlussrechnung verschoben, in die sie als Rechnungsposten gegenüber dem Vergütungsanspruch mit der Folge eingestellt werden, dass die Werklohnforderung in dieser Höhe erlischt[95].

Dass die vorläufigen Zahlungen die Werklohnforderung nicht sofort tilgen, ist dabei keine Selbstverständlichkeit. Ist diesen Zahlungen doch anerkanntermaßen nicht nur der Zweck der Befriedigung der vorläufigen Abschlagsforderung eigen, sondern man spricht ihnen im Gegenteil gemeinhin darüber hinaus auch Anzahlungscharakter hinsichtlich des eigentlichen Vergütungsanspruchs zu[96]. Da dieser Vergütungsanspruch bereits besteht, läge es auf den ersten Blick nahe, der Anzahlung sogleich Tilgungswirkung beizulegen. Dies gilt umso mehr, soweit Abschlagszahlungen als Teile der eigentlichen Werklohnforderung betrachtet werden[97]. Die einhellige Ablehnung einer sofortigen Tilgung der eigentlichen Werklohnforderung widerspiegelt unausgesprochen die aus dem vorläufige Charakter von Abschlagszahlungen abgeleitete Prämisse, sie sollten nur vorläufige Befriedigung, nicht endgültige Erfüllung vermitteln[98].

93 In diesem Sinne *Kandel*, in: Beck´scher VOB-Kommentar, 2. Aufl. 2008, § 16 Nr. 1 Rn. 65 f.; *Locher*, in: Ingenstau/Korbion, VOB, 17. Aufl. 2010, VOB/B § 16 Abs. 1 Rn. 1, 10, 51, 58; *Sprau*, in: Palandt, BGB, 70. Aufl. 2011, § 632a Rn. 5; BGH v. 19. 3. 2002, X ZR 125/00, NJW 2002, 2640 (2641).

94 Eine Zahlung auf eine betagte Schuld ist durchaus möglich - auch eine noch nicht fällige Forderung ist in der Regel bereits erfüllbar, wenn dem Gläubiger durch die vorzeitige Befriedigung seines Leistungsinteresses keine Nachteile entstehen können (*Grüneberg*, in: Palandt, BGB, 70. Aufl. 2011, § 271 Rn. 11); vgl. allgemein zur Frage der Erfüllungswirkung von Vorauszahlungen auch die Ausführungen von *Singer*, JR 1983, 356 ff.

95 BGH v. 19. 3. 2002, X ZR 125/00, NJW 2002, 2640 (2641); *Kandel*, in: Beck´scher VOB-Kommentar, 2. Aufl. 2008, § 16 Nr. 1 Rn. 15.

96 *Locher*, in: Ingenstau/Korbion, VOB, 17. Aufl. 2010, VOB/B § 16 Abs. 1 Rn. 1; *Kandel*, in: Beck´scher VOB-Kommentar, 2. Aufl. 2008, § 16 Nr. 1 Rn. 15.

97 Vgl. oben Kap. B Ziffer II Nr. 2 Buchst. a, S. 25.

98 Vgl. nur *Locher*, in: Ingenstau/Korbion, VOB, 17. Aufl. 2010, VOB/B § 16 Abs. 1 Rn. 1 und 10; *Kandel*, in: Beck´scher VOB-Kommentar, 2. Aufl. 2008, § 16 Nr. 1

Rechtsdogmatisch lässt sich dieses Phänomen wohl nur dadurch erklären, dass stillschweigend von einem Nebeneinander von unbedingter Tilgungsbestimmung hinsichtlich der vorläufigen Abschlagsforderung und *vorbehaltlicher* Tilgungsbestimmung hinsichtlich der Werklohnforderung unter der aufschiebenden Bedingung der Rechtfertigung durch die Schlussrechnung ausgegangen wird. Da sich die einstmals selbstständigen Abschlagsforderungen im Rahmen dieser Schlussrechnung zu unselbstständigen Rechnungsposten wandeln, wird mit der Abrechnung von Werkleistung und Abschlagszahlungen der Weg bereitet für eine Umwidmung der vorläufigen „Anzahlungen" zu Zahlungen auf die Werklohnforderung.

3. Die gesetzlichen Vorgaben für die Erhebung von Abschlagszahlungen

Abschlagszahlungen stehen in einem Abhängigkeitsverhältnis zu einer tatsächlich erbrachten, vertraglich geschuldeten Leistung. Ihre Höhe bemisst sich nach dem Wertzuwachs beim Besteller (§ 632a Abs. 1 Satz 1 BGB und § 16 Abs. 1 Nr. 1 Satz 1 VOB/B).

Überhöhte Abschlagszahlungen können nicht isoliert außerhalb der Endabrechnung zurückgefordert werden, sie können jedoch mit später entstehenden Abschlagsforderungen verrechnet werden[99].

Anders als Teilzahlungen auf die Schlussrechnung stellen Abschlagszahlungen überdies keine endgültige Vergütung der nachgewiesenen Leistung dar, sondern bewirken, wie bereits angesprochen wurde, nur eine *einstweilige Befriedigung* des Leistungsinteresses des Werkunternehmers[100]. Ihre Ausgestaltung als vorläufiger Anspruch verbietet es vorbehaltlich einer anderweitigen Übereinkunft der Vertragsparteien, die geleisteten Abschlagszahlungen unwiderruflich an die Stelle der eigentlich zu erbringenden Werklohnforderung treten zu lassen. Über die Frage, ob der Werkunternehmer erhaltene Abschlagszahlungen unter Anrechnung auf die Schlussforderung endgültig behalten darf, ist deshalb mit Erbringung der Abschlagszahlungen noch nichts gesagt. Da die Abschlagszahlungen das Leistungsinteresse des Werkunternehmers nur vorläufig befriedigen sollen, hat ihre Erbringung namentlich keinerlei Einfluss auf die Beurteilung der Frage, inwieweit ein Werklohnanspruch entstanden ist. Die Abschlagszahlung ist insbesondere nicht als Abnahme des

---

Rn. 15.

99 BGH v. 19. 3. 2002, X ZR 125/00, NJW 2002, 2640 (2641).

100 *Locher*, in: Ingenstau/Korbion, VOB, 17. Aufl. 2010, VOB/B § 16 Abs. 1 Rn. 10: vorläufige Erledigung der Gegenforderung des Werkunternehmers.

Werkes oder seiner Teile oder als Anerkenntnis des Vergütungsanspruches des Werkunternehmers anzusehen[101].

Für das Entstehen der Abschlagszahlung ist zwar der Nachweis der bisher erbrachten Leistung durch eine prüffähige Aufstellung zu führen (§ 632a Abs. 1 Satz 4 BGB; § 16 Abs. 1 Nr. 1 Satz 2 VOB/B). Wegen der Vorläufigkeit der Aufstellung sind hieran jedoch geringere Anforderungen zu stellen als an eine prüffähige Schlussrechnung, eine überschlägige Darstellung unter Vernachlässigung von Einzelheiten genügt insoweit[102].

Gegenüber den beantragten Abschlagsforderungen können jedoch die gleichen Gegenrechte geltend gemacht werden wie gegenüber der Werklohnforderung. Insbesondere kann aus der (nicht nur unwesentlichen) Mangelhaftigkeit der bislang erbrachten Werkleistung ein Leistungsverweigerungsrecht gemäß § 320 BGB hergeleitet werden (§ 632a Abs. 1 Satz 2 und 3 BGB; § 16 Abs. 1 Nr. 2 VOB/B)[103].

4. Zusammenfassung

Abschlagsforderungen sind ihrer rechtlichen Ausgestaltung nach instrumentale, *sekundäre* Hilfs-Ansprüche. Sie stellen das rechtstechnische Werkzeug dar, um den *primären* Werklohnanspruch zu verwirklichen und die wirtschaftlichen Risiken zu bewältigen, die aus dem Vorfinanzierungsaufwand des Werkunternehmers und der zeitlichen Dauer des Vertragsvollzugs resultieren. Von besonderem Interesse für die Analyse von öffentlich-rechtlichen Vorausleistungen ist dabei die (dort wiederkehrende) Annahme einer doppelten Tilgungsbeziehung der Abschlagszahlung, die einerseits zu der eigenständigen Abschlagsforderung und andererseits - unter Vorbehalt der Schlussabrechnung - zu der Werklohnforderung besteht. Zusammenfassend lässt sich die Eigenart der Abschlagszahlungen mit folgenden Wesenszügen beschreiben:

- vorläufige Vergütung in Erwartung der Feststellung des endgültigen Werklohnes,

- Anzahlung auf die Vergütung mit endgültiger Tilgungsbestimmung unter Abrechnungsvorbehalt,

101 BGH v. 9. 1. 1997, VII ZR 69/96, NJW 1997, 1444; *Locher*, in: Ingenstau/Korbion, VOB, 17. Aufl. 2010, VOB/B § 16 Abs. 1 Rn. 10 m. w. N.

102 Zu alledem: *Locher*, in: Ingenstau/Korbion, VOB, 17. Aufl. 2010, VOB/B § 16 Abs. 1 Rn. 20; BGH v. 9. 1. 1997, VII ZR 69/96, NJW 1997, 1444.

103 *Sprau*, in: Palandt, BGB, 70. Aufl. 2011, § 632a Rn. 7 m. w. N.

- eigenständige, klagbare, schuldrechtliche Forderung, die zunächst neben dem betagten Werklohnanspruch besteht.

Die Besonderheit der Abschlagszahlung besteht darin, dass sie dem Auftragnehmer zwar bereits eine wirtschaftliche Position verschafft, „als ob“ seine Werklohnforderung jedenfalls teilweise erfüllt ist, dass sie dabei zugleich aber den Besteller auch vor Vermögensnachteilen schützt und ihn wiederum nicht so stellt, als ob er endgültig auf die Werklohnforderung gezahlt und ihre Berechtigung bejaht hätte. Gewährleistet wird dies, indem die Abschlagsforderung:

- einen Zahlungs- (nicht nur einen Sicherungs-)anspruch begründet, der zur vorläufigen Einverleibung des Geleisteten in das eigene Vermögen berechtigt,
- an ein striktes Gegenseitigkeitsverhältnis zwischen Abschlagsforderung und bereits erbrachter Werkleistung geknüpft ist,
- einen kursorischen Nachweis der erbrachten Werkleistung voraussetzt,
- die Beachtlichkeit der Gegenrechte gegen die eigentliche Werklohnforderung nicht ausschließt,
- für nachträgliche Korrekturen aufgrund besserer Erkenntnisse begrenzt offen ist und
- nur eine einstweilige Befriedigung des Gläubigers herbeiführt.

Schutz gegen rückblickend nicht gerechtfertigte Abschlagsforderungen gewährt der Gesetzgeber neben der Bindung der Forderungshöhe an den Wert der Werkleistung im Wesentlichen, indem er eine Verselbstständigung der provisorischen Zahlung verhindert und damit die Beachtlichkeit der Rechtsgarantien für die eigentliche Werklohnforderung festschreibt. Der Gefahr einer Umgehung der Regelungen für die endgültige Werklohnforderung wird dabei durch folgende Grundsätze begegnet:

- Jede Abschlagsforderung bedarf als Anzahlung auf die Vergütung der endgültigen Rechtfertigung durch Schlussabrechnung;
- die Verfolgung von Abschlagsansprüchen ist zu der Verfolgung des Werklohnanspruches subsidiär (Erfordernis eines „Abschlagszahlungsinteresses“);

- nicht beglichene Abschlagsforderungen erlöschen, sobald der Vergütungsanspruch berechnet und geltend gemacht werden kann;

- die Schlussabrechnung wandelt beglichene Abschlagsforderungen in unselbstständige Rechnungsposten;

- die Tilgung des Werklohnanspruches tritt erst mit Forderungsausgleich durch Schlussrechnung ein und

- Abschlagsforderungen haben keine Präjudizwirkung hinsichtlich des Werklohnanspruches.

III. Der vorläufige Verwaltungsakt im allgemeinen Verwaltungsverfahrensrecht

Auch im allgemeinen Verwaltungsverfahrensrecht ist der vorläufige Verwaltungsakt seit langem bekannt. Obwohl dieses Rechtsinstitut in zahlreichen spezialgesetzlichen Rechtsgrundlagen geregelt wird, hat eine intensive rechtssystematische Auseinandersetzung mit dieser Verwaltungsaktform erst, angestoßen durch einige Gerichtsentscheidungen, vor etwa 30 Jahren begonnen. Im Zuge dieser Diskussion hat sich bislang allerdings weder ein einheitliches Verständnis dieser Handlungsform herausgebildet, noch können die rechtlichen Grundlagen derartiger Entscheidungen, soweit das Fachrecht keine speziellen Regelungen enthält, als geklärt angesehen werden[104]. Hierzu haben vor allem das Fehlen einer allgemeinen gesetzlichen Regelung des vorläufigen Verwaltungsaktes und die Vielgestaltigkeit seines Erscheinungsbildes beigetragen[105]. Beides hat eine typisierende dogmatische Erfassung deutlich erschwert und Zweifel an seiner rechtlichen Zulässigkeit nicht verstummen lassen. Hier interessieren allerdings mit Rücksicht auf die ausdrückliche gesetzliche Verankerung von kommunalabgabenrechtlichen vorläufigen Verwaltungsakten weniger die Fragen des „Ob“, als die faktische Ausformung vorläufiger Verwaltungsakte. Im Einzelnen ist hierzu Folgendes zu bemerken:

104 Vgl. zuletzt *Schröder*, JURA 2010, 255 ff.; *Beaucamp*, JA 2010, 247 ff. und *Eschenbach*, DVBl. 2002, 1251 ff., jeweils mit einem Überblick zum Meinungsstand.
105 Vgl. *Beaucamp*, JA 2010, 248.

1. Allgemeines

a. Anwendungsbereich

Vorläufige Verwaltungsakte sehen die Fachgesetze in nahezu allen verwaltungsrechtlichen Bereichen vor[106], besondere Prominenz haben allerdings mit den §§ 164, 165 AO die nachfolgend noch intensiver beleuchteten vorläufigen Entscheidungen des Steuerrechts erlangt. Ohne eine solche ausdrückliche gesetzliche Normierung werden vorläufige Regelungskompetenzen der Verwaltung vor allem im Bereich der Geldleistungsverwaltungsakte diskutiert[107].

Der Anwendungsbereich vorläufiger Verwaltungsakte zeichnet sich regelmäßig durch die Eilbedürftigkeit der Entscheidung aus. Vorbehaltlich anderweitiger fachgesetzlicher Regelungen fallen hierein vor allem solche Sachverhalte, in denen sich die Verwaltung durch die Umstände gezwungen sieht, bereits dann Regelungen zu treffen, sobald sie die Voraussetzungen des Verwaltungsakterlasses mit hoher Wahrscheinlichkeit als gegeben ansieht, ohne zuzuwarten, bis sie abschließende Gewissheit über die Beurteilungsgrundlage erlangt[108]. Je schwerwiegender dabei jeweils Grundrechte betroffen sind, desto eher kann ein vorläufiger Verwaltungsakt erlassen werden, der als Zwischenlösung die Verwaltung vom Zeitdruck entlastet[109].

Daneben zielen einige spezialgesetzlich geregelte, vorläufige Verwaltungsakte auch vorrangig darauf ab, eine möglichst effiziente Verfahrensgestaltung zu erreichen[110]. Durch die Möglichkeit, nur vorläufig über zeitnah festzusetzende Subventions- oder Steueransprüche zu befinden, erlangt die Verwaltung zum Beispiel den Spielraum, eine gründliche Prüfung der Anspruchsgrundlagen, etwa im Rahmen einer Betriebsprüfung, für mehrere Bescheide gebündelt durchführen und so ihre Ressourcen besser ausnutzen zu können[111].

---

106 Eine detaillierte Übersicht findet sich bei *Schimmelpfennig*, Vorläufige Verwaltungsakte, 1989, S. 3 ff., aktuelle Nachweise bei *Beaucamp*, JA 2010, 248, und *Schröder*, JURA 2010, 255 f.

107 *Erfmeyer*, DÖV 1998, 459.

108 *F. J. Kopp*, Vorläufiges Verwaltungsverfahren und vorläufiger Verwaltungsakt, 1992, S. 3 f.

109 *F. J. Kopp*, Vorläufiges Verwaltungsverfahren und vorläufiger Verwaltungsakt, 1992, S. 5 und 30; *Ramsauer*, in: Kopp/Ramsauer, VwVfG, 11. Aufl. 2010, § 9 Rn. 18.

110 Dies gilt etwa für §§ 164, 165 AO, vgl. auch *F. J. Kopp*, Vorläufiges Verwaltungsverfahren und vorläufiger Verwaltungsakt, 1992, S. 108; *Schimmelpfennig*, Vorläufige Verwaltungsakte, 1989, S. 89.

111 *Schimmelpfennig*, Vorläufige Verwaltungsakte, 1989, S. 89.

b. *Funktion*

Der vorläufige Verwaltungsakt ermöglicht es, die maßgeblichen Rechtswirkungen *zeitgerecht* - wenn auch nur vorübergehend und mit eingeschränkter Intensität - eintreten zu lassen[112]. Die Unsicherheit über die Sach- und Rechtslage wird durch die Vorläufigkeit der Entscheidung kompensiert; diese Vorläufigkeit soll die Verwaltung von dem für sie nicht vollständig abschätzbaren Risiko, das mit einer Unterwerfung unter die Aufhebungserschwernisse endgültiger Entscheidungen verbunden wäre, befreien[113]. Bei einem vorläufigen Verwaltungsakt geht es danach im Grunde immer um das Offenhalten des Entscheidungsgegenstandes für eine zweite, endgültige Entscheidung nach Beseitigung der Unsicherheit[114].

Auch der vorläufige Verwaltungsakt soll demnach häufig eine effektive, sachrichtige, endgültige Entscheidung erst ermöglichen. Anders als insbesondere die einstweilige Anordnung nach § 123 VwGO erweist er sich aber nicht ausschließlich nur als Mittel der *Sicherung* einer effektiven Hauptsacheentscheidung oder zur Abwendung wesentlicher Nachteile[115], sondern *nimmt die Hauptsache* nicht selten auch in sonstigen Fällen *einstweilen vorweg*. Die Verwaltung und die Betroffenen sollen in einigen Lebensbereichen bereits aufgrund des bestehenden Anspruchsverdachtes einstweilen so gestellt werden, als ob die noch unsichere Rechtsposition tatsächlich besteht und durchgesetzt wird[116]. Der Verfügungssatz vorläufiger Verwaltungsakte orientiert sich dementsprechend häufig am Verfügungssatz des Endbescheides[117].

c. *Wesen und Rechtsnatur*

Das Begriffsverständnis des vorläufigen Verwaltungsaktes wurde ausgehend von diesem Anwendungsbereich in Abgrenzung zum „Normalfall" des endgül-

112 *Schimmelpfennig*, Vorläufige Verwaltungsakte, 1989, S. 90; *U. Stelkens*, in: Stelkens/Bonk/Sachs, VwVfG, 7. Aufl. 2008, § 35 Rn. 243 ff.

113 *F. J. Kopp*, Vorläufiges Verwaltungsverfahren und vorläufiger Verwaltungsakt, 1992, S. 31.

114 *Schimmelpfennig*, Vorläufige Verwaltungsakte, 1989, S. 23.

115 Die Vergleichbarkeit vorläufiger Verwaltungsakte mit der Sicherungs- und Regelungsanordnung des § 123 VwGO betont allerdings *F. J. Kopp*, Vorläufiges Verwaltungsverfahren und vorläufiger Verwaltungsakt, 1992, S. 5 und 23 f.; vgl. auch *U. Stelkens*, in: Stelkens/Bonk/Sachs, VwVfG, 7. Aufl. 2008, § 35 Rn. 244.

116 Vgl. hierzu auch *Erfmeyer*, DÖV 1998, 462; *Stelkens*, in: Stelkens/Bonk/Sachs, VwVfG, 7. Aufl. 2008, § 35 Rn. 245 und zu Beispielsfällen *Schimmelpfennig*, Vorläufige Verwaltungsakte, 1989, S. 3 ff., 63 ff. und 34 ff.

117 Zur Leistungsverwaltung *Erfmeyer*, DÖV 1998, 462.

tigen Verwaltungsaktes entwickelt. Der vorläufige Verwaltungsakt ist gemessen hieran durch zwei Besonderheiten gekennzeichnet: Die Prüfung, ob die Voraussetzungen für den Erlass eines End-Verwaltungsaktes vorliegen, bleibt zunächst defizitär. Hiermit korrespondiert auf der Rechtsfolgenseite das weitgehende Entfallen der Stabilisierungsfunktion des Verwaltungsaktes, was sich insbesondere darin manifestiert, dass der vorläufige Verwaltungsakt darauf angelegt ist, durch einen endgültigen Verwaltungsakt abgelöst zu werden[118].

Ein weiteres Merkmal stellt die Akzessorietät der vorläufigen Entscheidung zum „Hauptverfahren" dar[119]. Der vorläufige Verwaltungsakt darf regelmäßig nur erlassen werden, wenn ein „Anspruchsverdacht" besteht, bzw. wenn der vorläufige hypothetisch als endgültiger Verwaltungsakt rechtmäßig wäre.

Schließlich sind neben den Fällen unvollständiger Sachverhaltsprüfung auch die Entscheidungen in den Anwendungsbereich vorläufiger Verwaltungsakte einzubeziehen, die auf der Grundlage nicht abgeschlossener Sachverhaltsentwicklungen ergehen[120]. Dies betrifft namentlich materiell-rechtliche Voraus-Ansprüche, wie die Vorausleistungen des Abgabenrechtes, die vor der eigentlichen Abgabenforderung entstehen.

Nicht abschließend geklärt ist bislang, welche Rechtsnatur die oben dargestellte Vorläufigkeitsregelung hat. Die Meinungen[121] reichen von der Einordnung als Nebenbestimmung[122] bis zur Annahme eines modifizierten Regelungsinhalts des Verwaltungsaktes[123] oder eines Verwaltungsaktes *sui generis*[124].

---

118 Zum Ganzen: *F. J. Kopp*, Vorläufiges Verwaltungsverfahren und vorläufiger Verwaltungsakt, 1992, S. 3 und 41; ähnlich *Peine*, DÖV 1986, 849 und *ders.*, JA 2004, 419; *Kemper*, DVBl. 1989, 982; *Henneke*, DÖV 1997, 779; *Schröder*, JURA 2010, 256, 259 f.; *Beaucamp*, JA 2010, 247 f.; besonders den Vorbehalt der endgültigen Entscheidung als charakterbildend betonend *König*, BayVBl. 1989, 33; ähnlich *Tiedemann*, DÖV 1981, 787; *Martens*, DÖV 1987, 994; *Axer*, DÖV 2003, 273 und das OVG Münster, das von einer inhaltlich begrenzten Regelungswirkung des vorläufigen Verwaltungsaktes spricht (OVG Münster v. 29. 9. 1990, 15 A 708/88, DVBl. 1991, 1365).

119 *F. J. Kopp*, Vorläufiges Verfahren und vorläufiger Verwaltungsakt, 1992, S. 41.

120 *Schimmelpfennig*, Vorläufige Verwaltungsakte, 1989, S. 90, *Peine*, JA 2004, 419; *U. Stelkens*, in: Stelkens/Bonk/Sachs, VwVfG, 7. Aufl. 2008, § 35 Rn. 244; a. A. *Kemper*, DVBl. 1989, 982.

121 Vgl. die detaillierten Nachweise bei *Eschenbach*, DVBl. 2002, 1251 f.

122 *F. J. Kopp*, Vorläufiges Verwaltungsverfahren und vorläufiger Verwaltungsakt, 1992, S. 79; *Kemper*, DVBl. 1989, 983; *Erfmeyer*, DÖV 1998, 464; *U. Stelkens*, in: Stelkens/Bonk/Sachs, VwVfG, 7. Aufl. 2008, § 35 Rn. 246; *Beaucamp*, JA 2010, 250; hierzu tendierend auch BVerwG v. 19. 11. 2009, 3 C 7/09, NVwZ 2010, 643 (645).

123 *Eschenbach*, DVBl. 2002, 1254; *Schröder*, JURA 2010, 261.

124 *König*, BayVBl. 1989, 37; *Tiedemann*, DÖV 1981, 787; *Henneke*, DÖV 1997, 781;

Damit sind bereits die Besonderheiten der Erlassvoraussetzungen und des Verfahrens dieser vorläufigen Entscheidungsform angesprochen:

2. Anforderungen und Verfahren des Erlasses

Soweit die vorläufigen Verwaltungsakte spezialgesetzlich geregelt sind, ergeben sich die konkreten materiellen Anforderungen und das Verfahren ihres Erlasses aus den jeweiligen Fachgesetzen. Allgemein ist dabei eine Abschwächung der Bindung an die materiell-rechtlichen Voraussetzungen und/oder an die verfahrensrechtlichen Vorgaben zu verzeichnen, die für die endgültige Regelung gelten[125]. Die Verkürzung des pathologisch gewordenen Zeitaufwandes wird in diesen Fällen für die vorläufige Entscheidung erreicht, indem das Verfahren vereinfacht, der zu prüfende materielle Tatbestand beschnitten oder bereits vor dem Abschluss der Sachverhaltsentwicklung entschieden wird[126].

Welche *inhaltlichen Anforderungen* im Übrigen an nicht spezialgesetzlich geregelte, vorläufige Verwaltungsakte zu stellen sind, soweit man diese für zulässig hält[127], ist nicht frei von Zweifeln.

Soweit die Rechtsliteratur die vorläufige Regelung als Nebenbestimmung interpretiert, oder § 36 VwVfG für entsprechend anwendbar hält, wird angenommen, dass die Voraussetzungen erfüllt sein müssen, unter denen ein Verwaltungsakt nach § 36 VwVfG mit einer Nebenbestimmung versehen werden darf[128]. Das bedeutet, dass die Vorläufigkeit der Regelung dem Zweck des

---

Martens, DÖV 1987, 999; offen gelassen von VGH Mannheim v. 19. 7. 2005, 9 S 2278/03, NVwZ-RR 2006, 154 (155).

125 *Schimmelpfennig*, Vorläufige Verwaltungsakte, 1989, S. 85; *Schröder*, JURA 2010, 256 f.

126 *Schimmelpfennig*, Vorläufige Verwaltungsakte, 1989, S. 90.

127 Die herrschende Ansicht lehnt dies für belastende Verwaltungsakte ab (*Eschenbach*, DVBl. 2002, 1256; *Henneke*, DÖV 1997, 781; *Kemper*, DVBl. 1989, 985; *U. Stelkens*, in: Stelkens/Bonk/Sachs, VwVfG, 7. Aufl. 2008, § 35 Rn. 246; a. A. *F. J. Kopp*, Vorläufiges Verwaltungsverfahren und vorläufiger Verwaltungsakt, 1992, S. 116, 129), lässt vorläufige Verwaltungsakte aber bei begünstigenden Verwaltungsakten zu (*Henneke*, in: Knack, VwVfG, 8. Aufl. 2004, § 35 Rn. 11; *Peine*, JA 2004, 419, jeweils m. w. N.; grundsätzlich einschränkend auf Ermessensentscheidungen *U. Stelkens*, in: Stelkens/Bonk/Sachs, VwVfG, 7. Aufl. 2008, § 35 Rn. 246; a. A. *Eschenbach*, DVBl. 2002, 1257; *Axer*, DÖV 2003, 275).

128 *F. J. Kopp*, Vorläufiges Verwaltungsverfahren und vorläufiger Verwaltungsakt, 1992, S. 114; *Eschenbach*, DVBl. 2002, 1257; *U. Stelkens*, in: Stelkens/Bonk/Sachs, VwVfG, 7. Aufl. 2008, § 35 Rn. 246; *Beaucamp*, JA 2010, 250; *Kemper*, DVBl. 1989, 986, der allerdings die Auslegung von § 36 VwVfG den Bedürfnissen der Verwaltung nach vorläufigen Verwaltungsakten anpassen will.

Verwaltungsaktes nicht zuwiderlaufen darf, und dass eine vorläufige Entscheidung bei gebundenen Verwaltungsakten nur ergehen darf, wenn dies durch Rechtsvorschrift zugelassen ist oder wenn so sichergestellt werden soll, dass die gesetzlichen Voraussetzungen des Verwaltungsaktes erfüllt werden.

Im Übrigen orientiert sich die Rechtsliteratur bei der Bestimmung der Erlassvoraussetzungen von vorläufigen Verwaltungsakten an den Tatbestandsmerkmalen, die für die endgültigen Verwaltungsakte gelten. Allerdings soll der vorläufige im Vergleich zum endgültigen Verwaltungsakt geringeren Maßstäben unterworfen werden. Der Erlass vorläufiger (begünstigender) Verwaltungsakte soll namentlich dann zulässig sein, wenn

- der Verwaltungsakt als endgültige Regelung rechtmäßig wäre,
- ein „Anspruchsverdacht" besteht, das heißt, eine endgültige Gewährung der Leistung zu erwarten ist,
- dem Antragsteller ein Abwarten auf die endgültige Entscheidung nicht zuzumuten ist und
- eine endgültige Entscheidung entweder noch nicht möglich ist oder sich das Entscheidungsermessen der Behörde auch auf den Erlass einer vorläufigen Entscheidung erstreckt[129].

In diesem Zusammenhang ist zweifelhaft, ob nicht nur an die Sachverhaltsaufklärung, sondern auch an die Rechtsprüfung verminderte Maßstäbe angelegt werden dürfen[130].

Auf den Erlass vorläufiger Verwaltungsakte finden nur, soweit sich aus den Besonderheiten der vorläufigen Entscheidung wie ihrer Eilbedürfigkeit, ihrer Vorläufigkeit und der Summarität der Prüfung nichts anderes ergibt, die allgemeinen Verfahrensvorschriften für das „Hauptsacheverfahren" Anwendung. Soweit diese Verfahrensvorschriften nicht ohnehin schon entsprechende Einschränkungen zum Beispiel für eilbedürftige Entscheidungen ausdrücklich zulassen, folgt ihre Unanwendbarkeit auch aus dem Wesen des Verfahrens als

129 *Henneke*, DÖV 1997, 781; ähnlich *Peine*, JA 2004, 422 und *Kemper*, DVBl. 1989, 987; *U. Stelkens*, in: Stelkens/Bonk/Sachs, VwVfG, 7. Aufl. 2008, § 35 Rn. 246; *Schröder*, JURA 2010, 262; differenzierend *F. J. Kopp*, Vorläufiges Verwaltungsverfahren und vorläufiger Verwaltungsakt, 1992, S. 97 ff.

130 Bejahend *U. Stelkens*, in: Stelkens/Bonk/Sachs, VwVfG, 7. Aufl. 2008, § 35 Rn. 243; einschränkend *F. J. Kopp*, Vorläufiges Verwaltungsverfahren und vorläufiger Verwaltungsakt, 1992, S. 4; *Peine*, JA 2004, S. 422; *Erfmeyer*, DÖV 1998, S. 462; *Martens*, DÖV 1987, S. 997; *Beaucamp*, JA 2010, 247 f.

Eilverfahren und vorläufiges Verfahren[131]. Geringere Anforderungen können danach namentlich an die Anhörung Beteiligter und an die Mitwirkung anderer Behörden und Dritter zu stellen sein.

3. Rechtsfolgen

a. Zulässiger Entscheidungsinhalt

Die vorläufige Entscheidung beinhaltet stets einen „Vorgriff" auf die endgültige Entscheidung. Von Fall zu Fall verschieden ist lediglich die Intensität, mit der die endgültige Entscheidung zeitweilig vorweggenommen wird[132].

Kennzeichnend für vorläufige Entscheidungen ist weiter, dass der Sachverhalt nicht endgültig, abschließend geregelt wird, sondern dass für eine solche Regelung vielmehr Raum gelassen werden soll.

Der vorläufige Verwaltungsakt darf deshalb keine Verfestigung der Entscheidungssituation, weder in tatsächlicher noch in rechtlicher Hinsicht, herbeiführen[133]. Vorläufige Verwaltungsakte sind daher - soweit spezialgesetzlich nichts anderes geregelt ist - nur insoweit zulässig, als nicht vollendete Tatsachen geschaffen werden. Dies muss dem endgültigen Verwaltungsakt vorbehalten bleiben[134].

Einem vorläufigen Verwaltungsakt kann darüber hinaus auch keine Bindungswirkung hinsichtlich der Neubescheidung zukommen[135]. Hieraus folgt

131 *F. J. Kopp*, Vorläufiges Verwaltungsverfahren und vorläufiger Verwaltungsakt, 1992, S. 100 ff.; ähnlich *Peine*, JA 2004, 421.

132 *Schimmelpfennig*, Vorläufige Verwaltungsakte, 1989, S. 85; *U. Stelkens*, in: Stelkens/Bonk/Sachs, VwVfG, 7. Aufl. 2008, § 35 Rn. 244 f. Soweit es die nicht spezialgesetzlich geregelten, vorläufigen Leistungsverwaltungsakte anbelangt, wird etwa davon ausgegangen, dass die Behörde dem Antragsteller einen vorläufigen Anspruch Leistungsgewährung und ein vorläufiges Recht zum Behaltendürfen der Leistung vermitteln will (*Kemper*, DVBl. 1989, 982; BVerwG v. 14. 4. 1983, 3 C 8.82, BVerwGE 67, 99 [103] u. v. 19.11.2009, 3 C 7/09, NVwZ 2010, 643 [644]; VGH Mannheim v. 19. 7. 2005, 9 S 2278/03, NVwZ-RR 2006, 154 [156]). Ein vorläufiger Geldleistungsverwaltungsakt enthält selbst die - insoweit „endgültige" - Regelung, eine bestimmte Leistung vorläufig zu bewilligen; er bildet damit den Rechtsgrund der Leistung im Sinne des Bereicherungsrechts (*Peine*, DÖV 1986, 859).

133 *F. J. Kopp*, Vorläufiges Verwaltungsverfahren und vorläufiger Verwaltungsakt, 1992, S. 93.

134 *Schimmelpfennig*, Vorläufige Verwaltungsakte, 1989, S. 89; *Peine*, DÖV 1986, 856 und JA 2004, 421; *König*, BayVBl. 1989, 33; *Kemper*, DVBl. 1989, 988; *F. J. Kopp*, Vorläufiges Verwaltungsverfahren und vorläufiger Verwaltungsakt, 1992, S. 93; *Schröder*, JURA 2010, 262.

135 Dies gilt selbst dann, wenn sich mit Abschluss der Ermittlungen zum entscheidungserheblichen Sachverhalt keine abweichenden Erkenntnisse ergeben (*P. Stelkens/U. Stelkens*, in: Stelkens/Bonk/Sachs, VwVfG, 6. Aufl. 2001, § 35 Rn. 181).

zugleich, dass der vorläufige Verwaltungsakt rechtlich leicht zu beseitigen sein muss[136].

b. Ausschluss von Änderungsschranken

Dem ist Rechnung getragen, indem die Behörde bei der Ablösung des vorläufigen durch den endgültigen Bescheid nicht an die Beschränkungen der §§ 48, 49 VwVfG gebunden ist[137]. Umstritten ist in diesem Zusammenhang allerdings, ob ein vorläufiger Verwaltungsakt ohne Weiteres auch durch einen neuen vorläufigen Verwaltungsakt ersetzt werden kann[138], oder ob insoweit die Vorgaben der §§ 48, 49 VwVfG zu beachten sind[139].

Werden vorläufige Verwaltungsakte nachträglich nicht bestätigt, sondern zeigt sich, dass die vorläufige Regelung tatsächlich der Rechtslage nicht entsprochen hat, so zieht dies typischerweise Rückerstattungsansprüche, Schadensersatzansprüche oder Rechtsfolgenbeseitigungsansprüche nach sich[140].

c. Rechtsbehelfe

Gegen den vorläufigen Verwaltungsakt kann mit dem Ziel Widerspruch eingelegt werden, dass ein endgültiger Verwaltungsakt erlassen wird[141]. Denn während die Behörde von einer solchen vorläufigen Entscheidung nur profitiert[142], erweist sich der vorläufige Verwaltungsakt für den Betroffenen als ambivalentes Entscheidungsinstrument.

Einerseits kann der Adressat eines vorläufigen Verwaltungsaktes zwar die begehrte Leistung schnell(er) empfangen, andererseits birgt die Unsicherheit

136 *Henneke*, DÖV 1997, 780.

137 *Peine*, DÖV 1986, 859; *Eschenbach*, DVBl. 2002, 1251 f.; *Schröder*, JURA 2010, 259 f.; *U. Stelkens*, in: Stelkens/Bonk/Sachs, VwVfG, 7. Aufl. 2008, § 35 Rn. 244 f.; *Sachs*, in: Stelkens/Bonk/Sachs, VwVfG, 7. Aufl. 2008, § 43 Rn. 39; BVerwG v. 19. 11. 2009, 3 C 7/09, NVwZ 2010, 643 [644].

138 *Peine*, DÖV 1986, 859.

139 *F. J. Kopp*, Vorläufiges Verwaltungsverfahren und vorläufiger Verwaltungsakt, 1992, S. 85.

140 Vgl. hierzu *F. J. Kopp*, Vorläufiges Verwaltungsverfahren und vorläufiger Verwaltungsakt, 1992, S. 132; BVerwG v. 19.11.2009, 3 C 7/09, NVwZ 2010, 643 [645].

141 *Peine*, DÖV 1986, 859; *F. J. Kopp*, Vorläufiges Verwaltungsverfahren und vorläufiger Verwaltungsakt, 1992, S. 140; Schröder, JURA 2010, 262.

142 Der zeitliche Entscheidungsdruck wird verringert. Zugleich wird durch die einstweilige Regelung kein Vertrauensschutz des Betroffenen begründet. Ihre Korrektur ist nicht nach § 48 Abs. 4 Satz 1 VwVfG fristgebunden, auch wenn die Entscheidung sich als fehlerhaft erweist. Es findet keine Umkehr der Beweislast zulasten der Behörde statt.

über die endgültige behördliche Entscheidung jedoch ein schwer kalkulierbares Risiko für seine Dispositionen[143].

4. *Verhältnis der vorläufigen zur endgültigen Verwaltungsentscheidung*

Auch hinsichtlich der Frage, wie das Nebeneinander von vorläufiger und endgültiger Verwaltungsentscheidung rechtskonstruktiv zu bewältigen ist, hat sich keine gemeinsame Meinung herausgebildet.

a. *Vorläufiger Verwaltungsakt - vorläufiger materieller Anspruch oder vorläufige Verfahrensentscheidung?*

So ist bereits weitgehend unklar, ob es sich bei den vorläufigen Verwaltungsakten - vergleichbar den Abschlagszahlungen des Werkvertragsrechts - um Regelungen von *vorläufigen materiell-rechtlichen Rechtspositionen* handelt, die neben den primären endgültigen materiell-rechtlichen Rechtspositionen bestehen, oder ob sie - vergleichbar den Entscheidungen des vorläufigen Rechtsschutzes - nur *Produkte* eines besonderen, kursorischen, *vorläufigen Verfahrens* sind. Da das Verwaltungsrecht - anders als das rein materiell-rechtliche Zivilrecht oder das ausschließlich verfahrensrechtliche Regelungen enthaltende Prozessrecht - sowohl materiell-rechtliche als auch prozessuale Komponenten in sich vereinigt, lässt sich eine trennscharfe Zuordnung der (zumal der nicht spezialgesetzlich geregelten) vorläufigen Verwaltungsakte zu einem der beiden Typen häufig nicht vornehmen[144]. Soweit zur Beschleunigung der Entscheidung - wie dies häufig der Fall ist - auf das Mittel zurückgegriffen wird, die Anforderungen an die Rechtsanwendung zu reduzieren oder das Normprogramm zu verkürzen, kann eine solche Beschneidung der Erlassvoraussetzungen eines Verwaltungsaktes nämlich sowohl eine zusätzli-

143 *Eschenbach*, DVBl. 2002, 1252; *Erfmeyer*, DÖV 1998, 460; *Martens*, DÖV 1987, 996 f.

144 Eine eindeutige Klassifizierung als vorläufiger materiell-rechtlicher Anspruch einerseits ist etwa für die Ansprüche auf Vorausleistungen möglich, die bereits vor der Entstehung des endgültigen, eigentlichen Anspruches begründet werden können. Zweifelsfrei um ein vorläufiges Verfahren handelt es sich andererseits bei den §§ 164, 165 AO, mit denen nicht der materiell-rechtliche Steueranspruch modifiziert, sondern nur eine kursorische Festsetzung ermöglicht werden soll (vgl. hierzu auch Kap. D Ziffer VII Nr. 1 Buchst. b Doppelbuchst. ee, S. 181). Hingegen ist zum Beispiel für § 42 SGB I umstritten, ob die darin enthaltene Regelung eines Vorschusses eine Verfahrensvorschrift darstellt, oder einen eigenständigen (vorläufigen) Leistungsanspruch begründet (vgl. hierzu *Schellhorn*, GK SGB I, 3. Aufl. 1996, § 42 Rn. 19 m. w. N. und *F. J. Kopp*, Vorläufiges Verwaltungsverfahren und vorläufiger Verwaltungsakt, 1992, S. 10 f.).

che vorläufige materiell-rechtliche Rechtsposition, wie auch ein bloßes kursorisches Verfahren der Entscheidungsfindung widerspiegeln. Worum es sich im Einzelnen handelt, kann demnach nur durch Auslegung der einschlägigen Ermächtigungsgrundlagen ermittelt werden.

b. Gemeinsames oder getrennte Verwaltungsverfahren?

Kontrovers diskutiert wird schließlich auch die Frage, ob der vorläufige und der endgültige Verwaltungsakt in ein und demselben Verwaltungsverfahren im Sinne von § 9 VwVfG ergehen[145], oder ob die Behörde vielmehr zwei parallele Verwaltungsverfahren[146] - ein vorläufiges und ein endgültiges - durchführt. Nach der letztgenannten Auffassung ähnelt das Verhältnis des vorläufigen Verwaltungsverfahrens zum endgültigen Verwaltungsverfahren dem Verhältnis des Verfahrens des vorläufigen Rechtsschutzes zum Hauptsacheverfahren[147], beide Verfahrensarten werden durch den jeweiligen Verwaltungsakt abgeschlossen[148]. Nach der Gegenauffassung ergeht der vorläufige Verwaltungsakt hingegen in ein und demselben Verwaltungsverfahren wie der endgültige Verwaltungsakt. Anders als der endgültige Bescheid schließt er aber dieses Verwaltungsverfahren nicht ab, sondern hält es in der Schwebe[149].

Mit beiden Ansichten ist jedoch sichergestellt, dass die vorläufige Verwaltungsentscheidung gegenüber dem endgültigen Verwaltungsakt nachrangig ist.

c. Unter-/Überordnungsverhältnis

Was das konkrete Unter-Überordnungsverhältnis von vorläufigem und endgültigem Verwaltungsakt anbelangt, so besteht Einigkeit, dass mit Erlass des endgültigen Verwaltungsaktes der vorläufige Verwaltungsakt rückwirkend außer Kraft tritt und sich *ex tunc* auf sonstige Weise erledigt[150].

---

145 *Peine*, DÖV 1986, 857, 859; *Tiedemann*, DÖV 1981, 790.

146 So *F. J. Kopp*, Vorläufiges Verwaltungsverfahren und vorläufiger Verwaltungsakt, 1992, S. 92, ebenso *Ramsauer*, Kopp/Ramsauer, VwVfG, 11. Aufl. 2010, § 9 Rn. 21; *Kemper*, DVBl. 1989, 984 f.

147 *F. J. Kopp*, Vorläufiges Verwaltungsverfahren und vorläufiger Verwaltungsakt, 1992, S. 17, 94.

148 *Kemper*, DVBl. 1989, 984 f.

149 *Peine*, DÖV 1986, 857, 859; *Tiedemann*, DÖV 1981, 790.

150 *Beaucamp*, JA 2010, 248; *Schröder*, JURA 2010, 259; *Eschenbach*, DVBl. 2002, 1251; *Peine*, DÖV 1986, 859; *Tiedemann*, DÖV 1981, 790; *Erfmeyer*, DÖV 1998, 460; *Axer*, DÖV 2003, 273; BVerwG v. 19. 11. 2009, 3 C 7/09, NVwZ 2010, 643 (645); OVG

Nach herrschender Ansicht reicht diese Unterordnung des vorläufigen unter den endgültigen Bescheid zudem generell soweit, dass in jedem Fall - also auch dann, wenn es nach abschließender Prüfung endgültig bei der schon vorläufig getroffenen Regelung verbleiben soll - ein End-Verwaltungsakt erforderlich ist[151]. Wegen des besonderen Interesses des Betroffenen an einer abschließenden Regelung des Sachverhaltes und angesichts der Akzessorietät des vorläufigen Verwaltungsaktes zur Entscheidung im Hauptverfahren ist die Behörde jedoch auch nach der Gegenauffassung zumindest verpflichtet, die verbleibenden Prüfungsdefizite zu beseitigen und zu untersuchen, ob die vorläufig getroffene Regelung tatsächlich der Gesetzeslage entspricht[152]. Hierbei handelt es sich zudem nicht nur um eine objektive Verpflichtung, sondern um einen subjektiven Anspruch des Betroffenen.

Unklar ist, welche Folgerungen sich ergeben, wenn die Behörde zu Unrecht das schutzwürdige Interesse des Adressaten des vorläufigen Verwaltungsaktes an der Überführung des unsicheren in einen stabilen Rechtszustand[153] missachtet. Zum einen wird angenommen, dass vorläufige Verwaltungsakte als Verwaltungsakte mit Dauerwirkung rechtswidrig werden können, wenn eine endgültige Entscheidung von der Behörde nicht mehr angestrebt wird[154]. Zum Teil wird demgegenüber vertreten, der Ungewissheit des Betroffenen über die endgültige Entscheidung werde durch das Institut der Verwirkung Grenzen gesetzt[155]. Zögere die Behörde übermäßig mit der endgültigen Überprüfung oder ziehe sie aus einer erfolgten Überprüfung keine Konsequenzen,

Münster v. 28. 9. 1990, 15 A 708/88, DVBl. 1991, 1365 (1366); es handelt sich hierbei insbesondere nicht um eine - an den §§ 48, 49 VwVfG zu messende - Aufhebung, sondern um eine *Ablösung* des vorläufigen durch den endgültigen Bescheid (*Sachs*, in: Stelkens/Bonk/Sachs, VwVfG, 7. Aufl. 2008, § 43 Rn. 39; VGH Mannheim v. 19. 7. 2005, 9 S 2278/03, NVwZ-RR 2006, 154 [156]).

151 *Tiedemann*, DÖV 1981, 790; *Schröder*, JURA 2010, 262; *Eschenbach*, DVBl. 2002, 1252; *Kemper*, DVBl. 1989, 983; differenzierend zwischen vorläufigen Verwaltungsakten, die eine Einschränkung gegenüber der endgültigen Regelung beinhalten, und Verwaltungsakten, bei denen sich die Behörde eine abschließende Prüfung lediglich vorbehält, aber nicht zwingend vorsieht *U. Stelkens*, in: Stelkens/Bonk/Sachs, VwVfG, 7. Aufl. 2008, § 35 Rn. 244 f.; differenzierend nach der konkreten Ausgestaltung der Vorläufigkeitsregelung wohl auch *F. J. Kopp*, Vorläufiges Verwaltungsverfahren und vorläufiger Verwaltungsakt, 1992, S. 136, tendenziell bejahend aber S. 71; a. A. *Erfmeyer*, DÖV 1998, 464.

152 *F. J. Kopp*, Vorläufiges Verwaltungsverfahren und vorläufiger Verwaltungsakt, 1992, S. 41, 142; *Erfmeyer*, DÖV 1998, 461, 464.

153 *Peine*, DÖV 1986, 858; *Tiedemann*, DÖV 1981, 791.

154 *U. Stelkens*, in: Stelkens/Bonk/Sachs, VwVfG, 7. Aufl. 2008, § 35 Rn. 244.

155 *F. J. Kopp*, Vorläufiges Verwaltungsverfahren und vorläufiger Verwaltungsakt, 1992, S. 65 f.

so verwirke sie ihr Recht auf Rückforderung des Geleisteten[156], oder es werde die vorläufige Begünstigung nach Ablauf der entsprechend geltenden Fristen aus § 48 Abs. 4 VwVfG oder § 75 Satz 1 VwGO „bestandskräftig“[157].

5. *Zusammenfassung*

Vorläufige Verwaltungsakte sind Verwaltungsakte, die aufgrund summarischer Prüfung der Sach- und Rechtslage die Rechte und Pflichten innerhalb eines Verwaltungsrechtsverhältnisses unter dem Vorbehalt späterer genauerer, endgültiger Prüfung regeln. In ihrer konkreten Ausprägung sind sie äußerst vielgestaltig. Sie werden sowohl eingesetzt, um eilbedürftige Entscheidungen zu treffen, als auch um eine effiziente Gestaltung des Verwaltungsverfahrens zu erreichen. Ihr Zweck kann ebenso darin bestehen, den „Hauptanspruch“ lediglich zu sichern, wie auch darin, bereits vor Erlass der endgültigen Entscheidung einen Zustand herbeizuführen, als ob dieser Hauptanspruch bereits erfüllt wurde. Rechtskonstruktiv können vorläufige Verwaltungsakte darüber hinaus nicht nur eine Regelung vorläufiger materiell-rechtlicher Rechtspositionen darstellen, sondern auch bloße vorläufige Verfahrensentscheidungen beinhalten. Die Zeitgerechtheit der Entscheidung wird durch einen Dispens von zeitaufwendigen Verfahrensgarantien und durch die Abschwächung der Bindung an die materiell-rechtlichen Vorgaben, die für endgültige Regelung gelten, erreicht. Um sicherzustellen, dass die im materiellen Recht und im Verfahrensrecht verkörperten Allgemein- und Individualinteressen im Ergebnis gleichwohl beachtet werden, werden folgende Instrumente eingesetzt:

- der Erlass eines vorläufigen Verwaltungsaktes ist davon abhängig, dass der „Hauptanspruch“ wahrscheinlich besteht;
- zum Teil wird die Verwaltung darüber hinaus als verpflichtet angesehen, die Angelegenheit soweit abschließend zu prüfen, als ihr dies bereits möglich ist;
- der vorläufige hat keine Präjudizwirkung für den endgültigen Verwaltungsakt, die §§ 48, 49 VwVfG sind auf das Verhältnis dieser Verwaltungsakte nicht anwendbar;

---

156 *F. J. Kopp*, Vorläufiges Verwaltungsverfahren und vorläufiger Verwaltungsakt, 1992, S. 65 f.

157 *Schröder*, JURA 2010, 259 und 262.

- der vorläufige Verwaltungsakt darf nicht zu irreparablen Maßnahmen ermächtigen;
- der vorläufige Verwaltungsakt berechtigt - jedenfalls zunächst - nur zu einem vorläufigen Behaltendürfen erbrachter Leistungen;
- zum Teil wird die Verwaltung für berechtigt gehalten, den vorläufigen Verwaltungsakt auch ohne Anwendung der §§ 48, 49 VwVfG durch eine neuerliche vorläufige Entscheidung zu ersetzen, die an bessere Erkenntnisse angepasst ist.

Eine Umgehung der materiell-rechtlichen und der Verfahrensgarantien für den endgültigen Verwaltungsakt wird verhindert, indem

- zwei getrennte Verwaltungsverfahren bejaht werden, wobei das vorläufige nur akzessorisch zum „eigentlichen“ endgültigen, die richtige Rechtsanwendung gewährleistenden Verfahren ist, oder
- davon ausgegangen wird, dass nur ein einziges Verwaltungsverfahren durchgeführt wird, das allerdings nicht durch den vorläufigen, sondern nur durch einen endgültigen Verwaltungsakt abgeschlossen werden kann und muss;
- generell das Erfordernis besteht, eine endgültige Sach- und Rechtsprüfung durchzuführen oder sogar einen endgültigen Verwaltungsakt zu erlassen;
- ein Unterbleiben der endgültigen Prüfung den vorläufigen Verwaltungsakt rechtswidrig werden lassen kann;
- die vorläufigen Entscheidungen grundsätzlich gegenüber dem Erlass eines endgültigen Verwaltungsaktes subsidiär sind, sie dürfen nur ergehen, wenn eine endgültige Entscheidung noch nicht möglich ist, oder wenn der Gesetzgeber der Verwaltung die vorläufige Entscheidung sonst erlaubt;
- der vorläufige Verwaltungsakt *ex tunc* mit Erlass des endgültigen Verwaltungsaktes außer Kraft tritt und
- die Frage, ob die vorläufig erbrachte Leistung letztlich behalten werden darf, erst aufgrund der endgültigen Prüfung der Sach- und Rechtslage beantwortet wird.

Zum Schutz des Betroffenen vor den Unwägbarkeiten einer nur vorläufigen Regelung wird

- zum Teil ein Antragserfordernis für vorläufige begünstigende Verwaltungsakte bejaht;
- dem Adressaten ein subjektives Recht auf Durchführung der abschließenden Prüfung zugebilligt;
- die Möglichkeit einer Verwirkung einer abweichenden endgültigen Entscheidung angenommen.

IV. Ergebnis

Die oben dargestellten verschiedenen Typen interimistischer Ansprüche und Entscheidungen sind übereinstimmend durch die Funktion gekennzeichnet, die Sicherung oder die effektive bzw. eine effiziente Durchsetzung des Hauptanspruches zu gewährleisten. Sie haben damit ausnahmslos eine dienende Rolle inne; die interimistischen Entscheidungen ergehen nicht um ihrer selbst willen, sondern um die endgültige Verwirklichung von Rechten und Ansprüchen zu ermöglichen bzw. um sie ökonomisch oder zeitgerecht zu gestalten.

Dieses Ziel wird im Regelfall dadurch erreicht, dass die materiell-rechtlichen und/oder die Verfahrensstandards für die Entscheidungen abgesenkt werden (summarische Prüfung). Die interimistischen Entscheidungen sind zwar in begrenztem Maße materiell-rechtlich akzessorisch; ihr Ergehen setzt regelmäßig einen Anspruchsverdacht voraus. Weitgehend bleibt zudem auch schon vor der abschließenden Prüfung eine Anpassung interimistischer Entscheidungen an bessere Sach- und Rechtserkenntnisse möglich. Weil sie auf einer unzulänglichen Grundlage getroffen werden, haben sie jedoch keine rechtliche Präjudizwirkung für die Hauptsacheentscheidung. Die tatsächliche Schaffung vollendeter Tatsachen oder die Vorwegnahme der Hauptsache ist regelmäßig ebenfalls nicht oder jedenfalls nur in besonders dringenden Ausnahmefällen statthaft.

Soweit sich die interimistischen Entscheidungen oder Ansprüche nicht auf die bloße Sicherung des Hauptanspruches beschränken, sondern bereits vorab einen Zustand herbeiführen sollen, „als ob“ der Hauptanspruch erfüllt würde, wird dies erreicht, indem zunächst nur ein vorläufiger Rechtsgrund für die fraglichen Leistungen geschaffen wird. Ob die Leistungen endgültig behalten werden dürfen, bestimmt sich hingegen allein nach der endgültigen Anspruchs- bzw. Entscheidungslage. Die notwendige Verknüpfung zwischen dem interimistischen und dem endgültigen Rechtsgrund wird dabei gewährleistet, indem die endgültige Tilgungswirkung unter Verrechnungsvorbehalt gestellt wird, oder indem ein Vorbehalt abschließender Prüfung postuliert wird.

Dass auf die summarische eine abschließende Prüfung folgt, ist aufgrund der einschlägigen Normen entweder unmittelbar zwingend oder für den Betroffenen jedenfalls erzwingbar. Zum Teil wird angenommen, dass die interimistische Entscheidung rechtswidrig wird, wenn keine endgültige Entscheidung mehr beabsichtigt ist. Entspricht die endgültige Entscheidung nicht der Interimsregelung, zieht dies unabhängig von Vertrauensschutzerwägungen Schadensersatzansprüche oder Ansprüche auf Beseitigung des rechtswidrigen Zustandes nach sich.

Wegen des außerordentlichen Charakters interimistischer Entscheidungen und Ansprüche wird ihr Einsatz weitgehend von der Voraussetzung einer besonderen Dringlichkeit abhängig gemacht. Häufig werden sie als subsidiär zur endgültigen Entscheidung bzw. zur Verwirklichung des Hauptanspruches angesehen.

Rechtstechnisch ist sowohl die Ausgestaltung als *sekundärer* materiellrechtlicher Voraus-Anspruch als auch die Schaffung einer vorläufigen Verfahrensentscheidung üblich. Auch die Art und Weise der Verschränkung von interimistischen und endgültigen Entscheidungen ist variabel. Zum Teil soll sich die interimistische Regelung mit Ergehen der abschließenden Regelung von selbst erledigen oder ihn ihr aufgehen. Zum Teil kommt es hingegen zu einem Nebeneinander beider; die interimistische Entscheidung bedarf dann einer besonderen Aufhebung.

C. „Provisorische" Verwaltungsakte des Kommunalabgabenrechtes - allgemeine Grundlagen

I. Die kommunalabgabenrechtlichen Bestimmungen

Kommunalabgaben sind öffentliche Abgaben, die von einer Kommune in Ausübung hoheitlicher Gewalt zur Erzielung von Einnahmen erhoben werden und der Kommune zufließen[1]. Hierzu zählen vor allem Steuern, Gebühren und Beiträge, darüber hinaus aber auch Kommunalabgaben eigener Art[2]. Die Hauptbedeutung kommt dabei den Beiträgen und Gebühren zu, welche das Bild der Kommunalabgaben prägen[3]. Diese werden daher auch allein Gegenstand dieser Untersuchung sein. Bei kommunalen Steuern handelt es sich hingegen im Wesentlichen um Bagatellsteuern[4].

Die auch - in Abgrenzung zu den Steuern als Gemeinlasten[5] - als Vorzugslasten oder Entgeltabgaben bezeichneten[6] Gebühren und Beiträge unterscheiden sich von den Steuern in spezifischer Weise: Während Steuern auch im Kommunalabgabenrecht nach dem verfassungsgewohnheitsrechtlich gesicherten und in § 3 AO bundesrechtlich festgeschriebenen Steuerbegriff Geldleistungen sind, die keine Gegenleistung für eine besondere Leistung darstellen und die von einem öffentlich-rechtlichen Gemeinwesen zur Erzielung von Einnahmen allen auferlegt werden, bei denen der Tatbestand zutrifft, an den das Gesetz die Leistungspflicht knüpft[7], werden unter den Begriff der

1 *Gern*, Sächsisches Kommunalrecht, 2. Aufl. 2000, Rn. 1077; *Driehaus*, in: Driehaus, Kommunalabgabenrecht, § 1 Rn. 33.

2 *Gern*, Sächsisches Kommunalrecht, 2. Aufl. 2000, Rn. 1078 ff.; *Driehaus*, in: Driehaus, Kommunalabgabenrecht, § 1 Rn. 32.

3 *Driehaus*, in: Driehaus, Kommunalabgabenrecht, § 1 Rn. 2.

4 *Driehaus*, in: Driehaus, Kommunalabgabenrecht, § 1 Rn. 2.

5 *Isensee*, Festschrift für W. Flume, Bd. 2, 1978, S. 132.

6 *Driehaus*, in: Driehaus, Kommunalabgabenrecht, § 1 Rn. 40; *Katz*, in: Kuntze/Bronner/Katz, Gemeindeordnung BW, § 78 Rn. 12 f.

7 *Gern*, Sächsisches Kommunalrecht, 2. Aufl. 2000, Rn. 1078 f.; *Katz*, in: Kuntze/Bronner/Katz, Gemeindeordnung BW, § 78 Rn. 17; *Schmid*, in: Quecke/Schmid, Gemeindeordnung SN, § 73 Rn. 3.

kommunalen Gebühren solche öffentlichen Abgaben gefasst, die die Kommunen als *Entgelt für Tätigkeiten der Verwaltung* (Verwaltungsgebühren) oder als *Entgelt für die tatsächliche Inanspruchnahme öffentlicher Einrichtungen* (Benutzungsgebühren) erheben[8]. Unter kommunalen Beiträgen versteht man wiederum gemeinhin öffentliche Abgaben, die die Kommunen *zur Deckung ihrer Kosten* als *Gegenleistung für den* - nicht nur vorübergehenden - *Vorteil* erheben, der dem Beitragsschuldner durch die *Möglichkeit der Benutzung einer hergestellten oder ausgebauten öffentlichen Anlage oder Einrichtung* zuwächst[9].

1. Bundes- und landesrechtliche Vorgaben

Die Erhebung von Kommunalabgaben findet ihre einfachgesetzlichen Grundlagen im Wesentlichen im jeweiligen Landesrecht, da dieser Regelungsbereich - nunmehr ausschließlich - der Landesgesetzgebungskompetenz unterfällt. Lediglich für das Erschließungsbeitragsrecht bestand vormals eine konkurrierende Gesetzgebungskompetenz des Bundes aus Art. 74 Abs. 1 Nr. 18 GG, die allerdings seit längerem[10] ebenfalls auf die Länder übergegangen ist.

Den gesetzlichen Rahmen für die kommunale Steuer-, Gebühren- und Beitragserhebung geben in fast allen Bundesländern die Kommunalabgabengesetze vor. Gegenstand der - inhaltlich von Land zu Land unterschiedlichen - Regelungen sind dabei inbesondere die generellen Veranlagungsbedingungen und Erhebungszwecke von Vorzugslasten, Vorgaben für die Ermittlung der umlagefähigen Kosten, zur Person des Beitragsschuldners und zu den Voraussetzungen des Entstehens einer Abgabenschuld sowie das Verwaltungsverfahren.

Die Erhebung von Kommunalabgaben setzt in allen Flächenbundesländern eine Konkretisierung des parlamentsgesetzlichen Rahmens durch eine satzungsrechtliche Grundlage voraus - dies folgt aus dem Gesetzesvorbehalt und der Satzungsautonomie der Kommunen[11]. Die Satzung muss den Ab-

8 *Gern*, Sächsisches Kommunalrecht, 2. Aufl. 2000, Rn. 1080; *Katz*, in: Kuntze/Bronner/Katz, Gemeindeordnung BW, § 78 Rn. 18; *Schmid*, in: Quecke/Schmid, Gemeindeordnung SN, § 73 Rn. 4.

9 *Gern*, Sächsisches Kommunalrecht, 2. Aufl. 2000, Rn. 1081; *Schmid*, in: Quecke/Schmid, Gemeindeordnung SN, § 73 Rn. 5; *Katz*, in: Kuntze/Bronner/Katz, Gemeindeordnung BW, § 78 Rn. 18.

10 Diese Kompetenz wurde dem Bund durch das 42. Gesetz zur Änderung des Grundgesetzes vom 27. 10. 1994, BGBl. I. S. 3146, entzogen.

11 *Gern*, Sächsisches Kommunalrecht, 2. Aufl. 2000, Rn. 1088 f.

gabenschuldner, den forderungsauslösenden Sachverhalt sowie Abgabenmaßstab, -satz, -entstehung und -fälligkeit festlegen[12].

Darüber hinaus gelten länderübergreifend auch die allgemeinen Grundsätze des Abgabenrechts. Diese haben, soweit hier relevant, folgende spezifische kommunalabgabenrechtliche Ausprägung erfahren:

Der Grundsatz der Tatbestandsmäßigkeit der Abgabenerhebung findet auch im Kommunalabgabenrecht Anwendung. Danach kann ein Abgabenschuldverhältnisses nur entstehen, wenn ein gesetzlicher oder gesetzlich abgeleiteter Abgabentatbestand erfüllt ist. Deshalb muss sich aus einer Abgabensatzung der Abgabentatbestand und die Berechnung der Abgabe für alle in Betracht kommenden Anwendungsfälle eindeutig ergeben[13]. Darüber hinaus beansprucht auch der Verhältnismäßigkeitsgrundsatz mit dem hieraus abgeleiteten Äquivalenzprinzip und dem Erdrosselungsverbot Beachtung[14]. Weiter gebietet der Grundsatz der Abgabengleichheit, dass die einzelnen Abgabenforderungen bei einem Vergleich der Abgabenschuldner untereinander dem Grunde und der Höhe nach durch sachliche Gründe gerechtfertigt sind und nicht willkürlich festgesetzt werden[15].

Eine Besonderheit des Gebühren- und Beitragsrechtes ist hingegen das einfachgesetzliche Kostendeckungsprinzip, das von den Landesgesetzgebern mit verschiedenen Inhalten ausgestattet wurde. In der Regel fordert es, dass bei der Kalkulation der Gebühren- oder Beitragshöhe der Verwaltungsaufwand berücksichtigt wird; es kann insbesondere in Gestalt eines Kostendeckungsgebotes, eines Kostenüberschreitungsverbotes oder eines bloßen Kostenorientierungsgebotes auftreten[16]. Schließlich gilt im Beitragsrecht und zum Teil im Gebührenrecht das Vorteilsprinzip. Es besagt grob gesprochen, dass sich die Beiträge oder Gebühren dem Grunde und der Höhe nach an den Vorteilen zu orientieren haben, die dem Abgabenpflichtigen nicht nur vorübergehend aus der Nutzungsmöglichkeit der betreffenden Einrichtung oder Anlage erwach-

---

12 *Schmid*, in: Quecke/Schmid, Gemeindeordnung SN, § 73 Rn. 228.

13 Zum Ganzen: *Gern*, Sächsisches Kommunalrecht, 2. Aufl. 2000, Rn. 1094 m. w. N.; *Driehaus*, in: Driehaus, Kommunalabgabenrecht, § 2 Rn. 62; *Patt*, in: Büchel/Patt, SächsKAG, § 3 Rn. 101.

14 *Schmid*, in: Quecke/Schmid, Gemeindeordnung SN, § 73 Rn. 213; *Gern*, Sächsisches Kommunalrecht, 2. Aufl. 2000, Rn. 1095; *Lichtenfeld*, in: Driehaus, Kommunalabgabenrecht, § 4 Rn. 6.

15 *Gern*, Sächsisches Kommunalrecht, 2. Aufl. 2000, Rn. 1097 m. w. N.; *Lichtenfeld*, in: Driehaus, Kommunalabgabenrecht, § 4 Rn. 7; *Brüning*, in: Driehaus, Kommunalabgabenrecht, § 6 Rn. 49a; *Schmid*, in: Quecke/Schmid, Gemeindeordnung SN, § 73 Rn. 215 ff.

16 Zum Ganzen: *Gern*, Sächsisches Kommunalrecht, 2. Aufl. 2000, Rn. 1099.

sen, oder die er aus der tatsächlichen Inanspruchnahme einer kommunalen Einrichtung oder einer Verwaltungshandlung konkret zieht[17]. Dabei kann ein und derselbe Vorteil nur einmal als Grundlage einer Beitragsveranlagung dienen (Grundsatz der Einmaligkeit der Beitragserhebung). Ist die sachliche Beitragspflicht für ein Grundstück im Hinblick auf eine Einrichtung einmal entstanden, so kann sie nicht später ein weiteres Mal mit einem anderen Inhalt zum Entstehen gelangen[18]. Entsprechendes gilt auch für das kommunale Gebührenrecht[19].

2. Anwendbarkeit der Abgabenordnung

Zur Regelung des Kommunalabgabenverfahrens greifen die Landesgesetzgeber, die ein umfassendes Kommunalabgabengesetz erlassen haben[20], mit einer Ausnahme[21] vorrangig auf die Bestimmungen der Abgabenordnung zurück, indem diese für entsprechend anwendbar erklärt werden. Hinsichtlich der Reichweite dieses Verweises bestehen dabei allerdings erhebliche Unterschiede. Die für den abgabenrechtlichen Begriff des Steueranspruchs zentralen Vorschriften der §§ 38 und 218 AO gelten in nahezu[22] allen Bundesländern entsprechend[23]. Die Anwendbarkeit steuerrechtlicher Verfahrensbestimmungen gestaltet sich hingegen verschieden. Gemeinsam ist allen diesen Bundeslän-

17 Zum Ganzen: *Gern*, Sächsisches Kommunalrecht, 2. Aufl. 2000, Rn. 1101 für Beiträge.

18 BVerwG v. 20. 1. 1978, 4 C 2.75, KStZ 1979, 89 (90); OVG Magdeburg v. 16. 12. 1999, A 2 S 335/98, zitiert nach juris; OVG Greifswald v. 15. 12. 2009, 1 L 324/06, zitiert nach juris, m. w. N. zur Rspr.; *Büchel*, in: Büchel/Patt, SächsKAG, § 26 Rn. 3; *Gern*, Sächsisches Kommunalrecht, 2. Aufl. 2000, Rn. 1232 und 1282 m. w. N., *Lohmann*, in: Driehaus, Kommunalabgabenrecht, § 8 Rn. 919; zu den Besonderheiten des sächsischen Beitragsrechtes *Birk/Dossmann*, in: Driehaus, Kommunalabgabenrecht, § 8 Rn. 1170.

19 *Lichtenfeld*, in: Driehaus, Kommunalabgabenrecht, § 6 Rn. 726c, 770; OVG Münster v. 31. 8. 1990, 9 A 739/88, ZKF 1991, 183.

20 Hierzu zählen nicht die Stadtstaaten Hamburg, Bremen und Berlin.

21 Lediglich in Schleswig-Holstein ist die Abgabenordnung nachrangig neben dem Landesverwaltungsgesetz (§ 11 Abs. 1 Satz 1 und 2 schl.-h. KAG); vgl. auch *Sauthoff*, in: Driehaus, Kommunalabgabenrecht, § 12 Rn. 1.

22 Sachsen-Anhalt hat § 218 AO nicht in den Kreis der entsprechend anwendbaren Vorschriften einbezogen, vgl. § 13 Abs. 1 Nr. 5 KAG-LSA.

23 § 11 Abs. 1 Nr. 2 Buchst. b und Nr. 5 Buchst. a NKAG; § 12 Abs. 1 Nr. 2 Buchst. b und Nr. 5 Buchst. a brdb. KAG; § 4 Abs. 1 Nr. 2 Buchst. b und Nr. 5 Buchst. a hess. KAG; § 12 Abs. 1 Nr. 2 Buchst. b und Nr. 5 Buchst. a saarl. KAG; § 3 Abs. 1 Nr. 2 Buchst. b und Nr. 5 Buchst. a bad.-württ. KAG; § 12 Abs. 1 KAG M-V; § 3 Abs. 1 Nr. 2 und 5 rh.-pf. KAG; § 3 Abs. 1 Nr. 2 Buchst. b und Nr. 5 Buchst. a SächsKAG; § 15 Abs. 1 Nr. 2 Buchst. b und Nr. 5 Buchst. a ThürKAG; Artikel 13 Abs. 1 Nr. 2 Buchst. b und Nr. 5 Buchst. a bayer. KAG; § 12 Abs. 1 Nr. 2 Buchst. b und Nr. 5 Buchst. a nordrh.-westf. KAG; § 13 Abs. 1 Nr. 2 Buchst. b KAG-LSA.

dern die Anwendbarkeit der Besteuerungsgrundsätze entsprechend § 85 AO und des Untersuchungsgrundsatzes nach § 88 AO sowie die Unterscheidung zwischen Abgabenfestsetzungs- und Abgabenerhebungsverfahren[24]. Demgegenüber wurde die Ermächtigung zur vorläufigen Steuerfestsetzung und Aussetzung der Steuerfestsetzung des § 165 AO in einigen Bundesländern nur eingeschränkt übernommen. In den Freistaaten Thüringen und Bayern wurde nur Absatz 1 der Norm, nicht aber die näheren Verfahrensbestimmungen des Absatz 2 in Kraft gesetzt[25]; in Niedersachsen findet nur § 165 Abs. 1 Satz 1 und 2 Nr. 1 bis 3 sowie Abs. 2 Satz 1, 2 und 4 entsprechende Anwendung[26]. Die Ermächtigung zur Abgabenfestsetzung unter Vorbehalt der Nachprüfung des § 164 AO gelten nur in Niedersachsen, Rheinland-Pfalz, Nordrhein-Westfalen, Baden-Württemberg, Mecklenburg-Vorpommern und im Freistaat Sachsen entsprechend[27]. Die besonderen Regelungen über die Bestandskraft von Steuerbescheiden der §§ 172 ff. AO wiederum werden nur in Baden-Württemberg, in Mecklenburg-Vorpommern sowie im Freistaat Sachsen für entsprechend anwendbar erklärt[28].

Eine Besonderheit ergibt sich zudem im Erschließungsbeitragsrecht. Da es sich hierbei um Bundesrecht handelt, konnten[29] landesgesetzliche Verweisungen auf die Abgabenordnung dort keine Wirkung entfalten, wo sich aus dem Bundesgesetz eine abweichende Regelung ergibt. Dies hat das Bundesverwaltungsgericht insbesondere für die Ausschöpfungspflicht von Erschließungsbeiträgen bejaht. Diese bundesrechtliche Verpflichtung zur vollständigen Verwirklichung von Erschließungsbeiträgen schließt es aus, landesverfah-

24 Vgl. § 11 Abs. 1 Nr. 3 Buchst. a, Nr. 4 Buchst. b und Nr. 5 NKAG; § 12 Abs. 1 Nr. 3 Buchst. a, Nr. 4 Buchst. b und Nr. 5 brdbg. KAG; § 4 Abs. 1 Nr. 3 Buchst. a, Nr. 4 Buchst. b und Nr. 5 hess. KAG; § 12 Nr. 3 Buchst. a, Nr. 4 Buchst. b und Nr. 5 saarl. KAG; § 3 Nr. 3 Buchst. a, Nr. 4 Buchst. c und Nr. 5 bad.-württ. KAG; § 12 Abs. 1 KAG M-V; § 3 Abs. 1 Nr. 3, 4 und 5 rh.-pf. KAG; § 3 Abs. 1 Nr. 3 Buchst. a, Nr. 4 Buchst. c und Nr. 5 SächsKAG; § 15 Abs. 1 Nr. 3 Buchst. a, Nr. 4 Buchst. b und Nr. 5 ThürKAG; Artikel 13 Abs. 1 Nr. 3 Buchst. a, Nr. 4 Buchst. b und Nr. 5 bayer. KAG; § 12 Abs. 1 Nr. 3 Buchst. a, Nr. 4 Buchst. b und Nr. 5 nordrh.-westf. KAG; § 13 Abs. 1 Nr. 3 Buchst. a, Nr. 4 Buchst. b und Nr. 5 KAG-LSA.

25 Artikel 13 Abs. 1 Nr. 4 Buchst. b Doppelbuchst. aa bayer. KAG, § 15 Abs. 1 Nr. 4 Buchst. b Doppelbuchst. aa ThürKAG.

26 § 11 Abs. 1 Nr. 4 Buchst. b NKAG.

27 § 11 Abs. 1 Nr. 4 Buchst. b NKAG; § 12 Abs. 1 Nr. 4 Buchst. b nordrh.-westf. KAG; § 3 Abs. 1 Nr. 4 Buchst. c bad.-württ. KAG, § 12 Abs. 1 KAG M-V, § 3 Abs. 1 Nr. 4 rh.-pf. KAG, § 3 Abs. 1 Nr. 4 Buchst. c SächsKAG.

28 § 3 Abs. 1 Nr. 4 Buchst. c bad.-württ. KAG, § 12 Abs. 1 KAG M-V, § 3 Abs. 1 Nr. 4 Buchst. c SächsKAG.

29 Nachdem die Länder nun auch in diesem Bereich die Gesetzgebungskompetenz haben, können sie mittlerweile abweichende Regelungen treffen.

rensrechtlich eine Nacherhebung an die Voraussetzungen der §§ 172 ff. AO zu knüpfen[30].

II. Rechtscharakter von Kommunalabgabenanspruch und Kommunalabgabenbescheid

Bei der Bestimmung des Rechtscharakters von Kommunalabgabenanspruch und Kommunalabgabenbescheid haben bislang die besonderen Folgerungen, die sich aus dem deklaratorischen Charakter des Abgabenbescheids ergeben, kaum Beachtung erfahren. Für die Beschreibung dieser Implikationen kann dabei aus folgenden Gründen im Wesentlichen auf die steuerrechtliche Dogmatik zurückgegriffen werden:

1. Zur Übertragbarkeit der steuerrechtlichen Dogmatik

Das Verständnis des Wesens und der Wirkung von Kommunalabgabenansprüchen orientiert sich in weiten Teilen am Vorbild der bundesgesetzlich geregelten Steuern. Beide hoheitlichen Geldzahlungsansprüche gehören zu den Abgaben und weisen deshalb gemeinsame grundlegende Züge auf. Dem folgend findet in der weitaus überwiegenden Anzahl der Bundesländer die Abgabenordnung entsprechende Anwendung. Die maßgeblichen Voraussetzungen des Kommunalabgabenanspruches und des Kommunalabgabenbescheides sind damit weitgehend mit den dogmatischen Grundlagen von Steueranspruch und Steuerbescheid identisch:

So handelt es sich bei dem Kommunalabgabenanspruch zum ersten in der Regel - wie bei dem Steueranspruch[31] - um eine *obligatio ex lege*[32]. Er ist typischerweise vollständig gesetzlich determiniert, weil auch für Kommunalabgaben das Prinzip der Tatbestandsmäßigkeit der hoheitlichen Abgabenforderung gilt. Eine Ausnahme stellen insoweit lediglich die Rahmengebühren dar, bei denen sich die normative Festlegung auf die Vorgabe einer Ober- und

30 BVerwG v. 18. 3. 1988, 8 C 92.87, BVerwGE 79, 163 (167 ff.).

31 Ganz h. M.: *Schuster*, in: HHSp, AO, § 38 Rn. 5; *Blesinger*, in: Kühn/v. Wedelstädt, 19. Aufl. 2008, § 38 Rn. 1 f., 10; *Lang*, in: Tipke/Lang, Steuerrecht, 20. Aufl. 2010, § 7 Rn. 3; *Drüen*, in: Tipke/Kruse, AO, § 38 Rn. 6; *F. Kirchhof*, in: Achterberg/Püttner/Würtenberger, Besonderes Verwaltungsrecht II, 2. Aufl., 2000, § 20 Rn. 105; *Brockmeyer/Ratschow*, in: Klein, AO, 10. Aufl. 2009, § 38 Rn. 1 f.; a. A. entgegen den Gesetzeswortlaut und mit zweifelhaften zivilrechtlichen Erwägungen *Söhn*, in: Festschrift für H. W. Kruse, 2001, S. 244; *ders.*, Folgenbeseitigung, 1973, S. 54 ff.

32 *Patt*, in: Büchel/Patt, SächsKAG, § 3 Rn. 102.

Untergrenze der Gebührenhöhe beschränkt. Der Abgabenbetrag ergibt sich dort erst aus dem konstitutiven Gebührenbescheid. Im Übrigen ist es aber einhellige Auffassung, dass die so genannte *abstrakte oder sachliche Kommunalabgabenpflicht* wegen der Transformation von § 38 AO in Landesrecht unabhängig vom Erlass eines Abgabenbescheides mit Erfüllung des Abgabentatbestandes entsteht[33]. Mit dem Zeitpunkt ihres Entstehens liegen die sachlichen Abgabenpflichten dem Grunde und der Höhe nach endgültig fest; spätere Änderungen der Sach- und Rechtslage sind für die einmal entstandene abstrakte Abgabenpflicht ohne Bedeutung[34]. Die jeweilige abstrakte Beitragsforderung der Kommune ist grundsätzlich voll als Anspruch ausgestaltet, sodass das Abgabenschuldverhältnis gegenüber dem Abgabenpflichtigen - soweit Beiträge in Rede stehen, in Bezug auf das betroffene Grundstück - begründet wird[35].

Bei grundstücksbezogenen abstrakten Abgabenpflichten handelt es sich zu diesem Zeitpunkt zwar zum Teil noch um nur dinglich wirkende Lasten ohne persönlichen Schuldner[36], wenn das Gesetz bei der Festlegung der Person des Abgabenschuldners zeitlich an die spätere Bekanntgabe des Abgabenbescheides anknüpft. Eine derartige Regelung sehen die Kommunalabgabengesetze oder die kommunalen Satzungen häufig vor; danach ist derjenige Beitragsschuldner, der zum Zeitpunkt der Bekanntgabe des Beitragsbescheides der Grundstückseigentümer o. Ä. ist[37]. Auch in diesen Fällen steht

33 *Driehaus*, in: Driehaus, Kommunalabgabenrecht, § 2 Rn. 92 ff., insbesondere Rn. 94, und § 6 Rn. 619; *Rieger*, in: Driehaus, Kommunalabgabenrecht, § 6 Rn. 625; *Dahmen*, in: Driehaus, Kommunalabgabenrecht, § 4 Rn. 61, Stand September 1994; *Ernst*, in: Ernst/Zinkahn/Bielenberg/Krautzberger, BauGB, § 133 Rn. 24a; *Büchel*, in: Büchel/Patt, SächsKAG, § 22 Rn. 1; BVerwG v. 27. 9. 1982, 8 C 145.81, KStZ 1983, 95 (96), und v. 5. 9. 1975, IV CB 75.73, DÖV 1976, 96 (97); VGH Mannheim v. 14. 10. 1988, 14 S 1771/87, ZKF 1989, 64.

34 *Ernst*, in: Ernst/Zinkahn/Bielenberg/Krautzberger, BauGB, § 133 Rn. 24a m. w. N. zum Erschließungsbeitragsrecht; *Klausing*, in: Driehaus, Kommunalabgabenrecht, § 8 Rn. 960 zum Beitragsrecht leitungsgebundener Einrichtungen; *Lichtenfeld*, in: Driehaus, Kommunalabgabenrecht, § 7 Rn. 726c zum Gebührenrecht; BVerwG v. 20. 1. 1978, 4 C 2.75, KStZ 1979, 89 (90). Dies korrespondiert mit dem Grundsatz der Einmaligkeit der Beitragserhebung, siehe hierzu *Gern*, Sächsisches Kommunalrecht, 2. Aufl. 2000, Rn. 1232 m. w. N.

35 *Driehaus*, in: Driehaus, Kommunalabgabenrecht, § 8 Rn. 486; BVerwG v. 5. 9. 1975, IV CB 75.73, DÖV 1976, 96 (97).

36 *Klausing*, in: Driehaus, Kommunalabgabenrecht, § 8 Rn. 1060, Stand September 2003; *Büchel*, in: Büchel/Patt, SächsKAG, § 22 Rn. 1; OVG Lüneburg, v. 20. 7. 1999, 9 L 5638/98, Nds. Rpfl. 2000, 116.

37 Vgl. § 6 Abs. 8 Satz 1 NKAG; § 8 Abs. 2 Satz 6 brdbg. KAG; § 11 Abs. 7 hess. KAG; § 8 Abs. 8 Satz 1 saarl. KAG; § 21 Abs. 1 Satz 1 bad.-württ. KAG; § 7 Abs. 2 Satz 1

jedoch ab dem Zeitpunkt der Bekanntgabe des Beitragsbescheides unmittelbar kraft Gesetzes- oder Satzungsrechts die Abgabenforderung nach Gläubiger, Schuldner und Höhe fest. Soweit demgegenüber die Auffassung vertreten wird, die Person des Beitragsschuldners werde nicht normativ, sondern erst durch den Bescheid festgelegt[38], widerspricht dem der klare Wortlaut der jeweiligen kommunalgesetzlichen oder satzungsrechtlichen Bestimmungen, die selbst unmittelbar regeln, gegen wen sich die Beitragsforderung richtet.

Ist die Abgabenforderung damit bereits kraft Gesetzes entstanden, so hat ihre Festsetzung mittels Kommunalabgabenbescheid - wie eine Steuerfestsetzung auch - nur deklaratorischen Charakter[39]. Die Festsetzung der Kommunalabgabenschuld soll nur aussprechen, was der benannte Abgabenschuldner dem Abgabengläubiger bereits gesetzlich schuldet.

Dem steht nicht entgegen, dass der Kommunalabgabenscheid mit der Festsetzung des Geldwertes der Abgabenforderung und der Festlegung des Abgabenschuldners die sogenannte *konkrete* bzw. *persönliche*, beitreibbare Abgabenschuld begründet[40]. Denn bei der persönlichen Kommunalabgabenschuld handelt es sich nicht etwa um ein konstitutiv begründetes *aliud* zur abstrakten Abgabenschuld, sondern um die konkretisierte, verwirklichungsfähige Kommunalabgabenschuld selbst[41].

Nach alledem betrifft das Verhältnis des Kommunalabgabenbescheids zur Kommunalabgabenschuld ebenso wie das Verhältnis des Steuerbescheids zur Steuerschuld vor dem Hintergrund der gesetzlichen Regelungen der §§ 38 und 218 AO allgemein das Verhältnis von feststellenden Verwaltungsakten zu gesetzlich determinierten hoheitlichen Forderungen[42].

KAG M-V; § 21 Abs. 1 Satz 1 SächsKAG; § 7 Abs. 10 Satz 2 ThürKAG; § 6 Abs. 8 Satz 1 KAG-LSA.

38 So wohl *Ernst*, in: Ernst/Zinkahn/Bielenberg/Krautzberger, BauGB, § 133 Rn. 24a; *Driehaus* in: Driehaus, Kommunalabgabenrecht, § 8 Rn. 486.

39 OVG Münster v. 6. 10. 1993, 3 A 2828/88, NVwZ-RR 1994, 414; OVG Lüneburg v. 14. 12. 1988, 9 A 66/87, DÖV 1989, 863 (864); *Patt*, in: Büchel/Patt, SächsKAG, § 3 Rn. 102; *Dietzel*, in: Festschrift für H.-J. Driehaus, 2005, S. 52; in diesem Sinne auch *U. Stelkens*, in: Stelkens/Bonk/Sachs, VwVfG, 7. Aufl. 2008, § 35 Rn. 33.

40 Vgl. *Rieger*, in: Driehaus, Kommunalabgabenrecht, § 6 Rn. 625 f.; *Driehaus* in: Driehaus, Kommunalabgabenrecht, § 8 Rn. 497; *Birk*, in: Driehaus, Kommunalabgabenrecht, § 8 Rn. 687; *Büchel*, in: Büchel/Patt, SächsKAG, § 21 Rn. 1.

41 Vgl. im Einzelnen unten Nr. 2, S. 55 ff.

Dies leitet die Untersuchung zu der grundlegenden Frage des Regelungsgehaltes *feststellender Verwaltungsakte* und ihrer Beziehung zu dem festgestellten gesetzlichen Rechtsverhältnis:

2. Allgemeine Überlegungen zum Feststellungsbescheid

Wer sich mit deklaratorischen Verwaltungsakten und ihren Weiterungen für die Begründung und Feststellung hoheitlicher Ansprüche beschäftigt, trifft auf ein breites Meinungsspektrum. Wesen und Wirkung feststellender Verwaltungsakte werden recht unterschiedlich beurteilt. Die Diskussion der Rechtsnatur feststellender Verwaltungsakte[43] kreist insbesondere um die Fragen, worin der festgestellte Anspruch seine Rechtsgrundlage findet und welche Folgerungen in diesem Zusammenhang aus dem Umstand seiner Feststellung durch Verwaltungsakt zu ziehen sind. Mit Blick auf die hier interessierenden Abgabenbescheide ist dabei lediglich die Bedeutung derjenigen, gemeinhin als deklaratorisch bezeichneten[44], feststellenden Verwaltungsakte von Belang, die nach der Intention der Erlassbehörde Existenz und Ausmaß eines gesetzlich begründeten Anspruch lediglich aussprechen, also rechtsbezeugend wirken (- das Gesetz „wiederholen“[45] -) sollen, die hingegen nicht darauf abzielen, selbst einen derartigen Anspruch erst zum Entstehen zu bringen.

Das Verständnis von Charakter und Wirkung solcher feststellender Verwaltungsakte ist augenfällig durch das bestehende Spannungsverhältnis zwischen Rechtsbezeugung und Verbindlichkeit erschwert. Ihr Anspruch, im positiven Sinne die gesetzliche Rechtslage zutreffend wiederzugeben und im negativen Sinne nichts zu kreieren, was nicht bereits zur Rechtsordnung gehört, erscheint kaum vereinbar mit dem - aus ihrer Verbindlichkeit folgenden - Zwang, ihre Gültigkeit nicht von dem „zutreffenden“ Ergebnis der Rechtsanwendung abhängig zu machen. Die Ausgrenzung der Recht-Schöpfung widerstreitet der

42 *Rüsken*, in: Klein, AO, 10. Aufl. 2009, § 155 Rn. 6; *Baum*, in: Koch/Scholtz, AO, 5. Aufl. 1996, § 155 Rn. 4; *Seer*, in: Tipke/Kruse, AO, § 155 Rn. 14; *Cöster*, in: Pahlke/König, AO, 2. Aufl. 2009, § 155 Rn. 16; einschränkend *Schuster*, in: HHSp, AO, § 155 Rn. 16 f.; BVerwG v. 26. 4. 1974, VII C 30.72, BStBl. II 1975, S. 317 (319).

43 Vgl. hierzu insbesondere die ausführlichen Darstellungen von *Seibert*, Bindungswirkung, 1989, S. 95 ff.; *Appel/Melchinger*, VerwArch Bd. 84 (1993), S. 360 ff.; *Kracht*, Feststellender Verwaltungsakt, 2002, S. 96 ff.; *Druschel*, Verwaltungsaktbefugnis, 1999, S. 49 ff.; *Hofmann-Becking*, DÖV 1972, 196 ff.

44 Eine übersichtliche Darstellung des divergierenden Gebrauchs der Terminologie findet sich insbesondere bei *Seibert*, Bindungswirkung, 1989, S. 90 f.

45 *Hoffmann-Becking*, DÖV 1972, 199; *Kracht*, Feststellender Verwaltungsakt, 2002, S. 49.

Notwendigkeit, auch einer dem Gesetz widersprechenden Regelung zu Beachtung zu verhelfen - jenes „individuelle Sollen"[46] mithin in die Rechtsordnung zu implementieren.

Hinsichtlich der Wirkungen von Feststellungsbescheiden lassen sich im Wesentlichen vier Ansichten unterscheiden:

a. Rechtsgrunderzeugung durch rechtswidrige Feststellung

Überwiegend wird davon ausgegangen, dass anspruchsfeststellende Bescheide nur insoweit deklaratorisch sind, ohne Gestaltungswirkung zu entfalten, als ihr Ausspruch mit der materiell-rechtlichen Rechtslage übereinstimmt. Soweit dies jedoch nicht der Fall ist - also mit anderen Worten, soweit die Verwaltungsakte fehlerhaft sind - kommt ihnen nach dieser Auffassung hingegen konstitutive Wirkung zu[47]. Denn bei einem rechtswidrigen, aber wirksamen Verwaltungsakt ist danach nicht das Gesetz, wohl aber der Verwaltungsakt Rechtsgrundlage des Verwaltungshandelns[48]. In der Folge entsteht mit dem Gesetz einerseits und dem rechtswidrigen, feststellenden Verwaltungsakt andererseits eine *Mehrheit* von einander unabhängiger Anspruchsgrundlagen[49]. Diese Auffassung kann jedoch aus mehreren Gründen nicht überzeugen.

aa. Keine Übereinstimmung mit behördlicher Regelungsintention

Zum Ersten würde man mit einem derartigen Verständnis der Wirkungsweise des Verwaltungsaktes der Verwaltung unterstellen, dass sie entgegen ihrer Bindung an Gesetz und Recht nach Art. 20 Abs. 3 GG nicht dem rechtmäßigen, sondern gerade einem rechtswidrigen Verwaltungshandeln zur Geltung verhelfen will[50]. Stattdessen wird die Erklärungsintention der Erlassbehörde

46 *Kelsen*, Allgemeine Theorie der Normen, 1979, S. 2.

47 *Driehaus*, in: Driehaus, Kommunalabgabenrecht, § 2 Rn. 109, § 8 Rn. 141, 182; *Rodewoldt*, VBlBW 1989, 430; *Söhn*, Folgenbeseitigung, 1973, S. 27 Fn. 76 und S. 96 f.; *Seer*, in: Tipke/Kruse, AO, § 155 Rn. 14; *Drüen*, in: Tipke/Kruse, AO, § 38 Rn. 10; *Cöster*, in: Pahlke/Koenig, AO, 2. Aufl. 2009, § 155 Rn. 16: *Baum*, in: Koch/Scholtz, AO, 5. Aufl. 1996, § 155 Rn. 4; *Rüsken*, in: Klein, AO, 10. Aufl. 2009, § 155 Rn. 6; *Alber*, in: HHSp, AO, Vor §§ 218-227 Rn. 23; *Nacke/Peichert*, DStZ 1996, 207; *Sachs*, in: Stelkens/Bonk/Sachs, VwVfG, 7. Aufl. 2008, § 43 Rn. 145.

48 *Driehaus*, in: Driehaus, Kommunalabgabenrecht, § 2 Rn. 109, § 8 Rn. 141, 182; *Rodewoldt*, VBlBW 1989, 430; *Söhn*, Folgenbeseitigung, 1973, S. 27 Fn. 76 und S. 96 f.; *Seer*, in: Tipke/Kruse, AO, § 155 Rn. 14; *Drüen*, in: Tipke/Kruse, AO, § 38 Rn. 10; *Baum*, in: Koch/Scholtz, AO, 5. Aufl. 1996, § 155 Rn. 4; *Rüsken*, in: Klein, AO, 10. Aufl. 2009, § 155 Rn. 6.

49 *Sachs*, in: Stelkens/Bonk/Sachs, VwVfG, 7. Aufl. 2008, § 43 Rn. 145.

50 *Hofmann-Becking*, DÖV 1972, 199.

regelmäßig dahin gehen, Art und Ausmaß der rechtlichen Pflicht - unabhängig von der Beurteilung des Verwaltungsaktes als rechtmäßig oder rechtswidrig - verbindlich zu klären und der Unsicherheit der Beurteilung zu entziehen[51].

bb. Fehlende Aussagekraft der abstrakten Norm als Anspruchsgrundlage Zum anderen hat die Vorstellung, dass abstrakt-generelles Gesetz und konkret-individueller Feststellungsbescheid nebeneinander als Rechtsgrundlagen für einen Anspruch existieren, bei konsequenter Betrachtung für den konkreten Fall im Grunde keinen Erkenntniswert. Denn aus der gesetzlichen Anspruchsgrundlage als abstrakter, gesetzlicher Regelung kann nach einhelliger Auffassung keine eindeutige, unbezweifelbare Aussage über den Inhalt des einzelnen, normativen Sollens in einem konkreten Fall entnommen werden[52]. Es ist mittlerweile ein Gemeinplatz, in jedem Rechtsanwender zugleich den Recht Schaffenden zu sehen, der nicht nur eine gesetzlich vollständig determinierte Entscheidung gleichsam mechanisch nachvollzieht, sondern der mit eigener Schöpferkraft im konkreten Fall zu einer über den Normtext hinausgehenden Rechtserkenntnis findet. Dies bedeutet jedoch, dass es erkenntnistheoretisch sinnlos ist, nach einer Übereinstimmung zwischen konkreter Regelung und abstrakten Rechtssatz zu fragen, weil eine Aussage zum genauen *Inhalt* der gesetzlichen Rechtsgrundlage eben nicht möglich ist, ohne die Abstraktionsebene - und damit zugleich diese Rechtsgrundlage als solche - zu verlassen und etwas anderes, „Konkretes“ an ihre Stelle zu setzen[53]. Ein Vergleich der Inhalte beider Anspruchsgrundlagen ist also nur möglich, wenn der abstrakte gesetzliche Tatbestand neuerlich durch Rechtsanwendung konkretisiert wird. Weil dieser Rechtsanwendungsakt jedoch den gleichen Erkenntnisschranken ausgesetzt wäre, wie die sich im Feststellungsbescheid manifestierende Konkretisierung[54], kann im Ergebnis eines solchen Vergleiches von Rechtsanwendungsakten zwangsläufig nur ein Auseinanderfallen ihrer Resultate festgestellt werden[55]. Ergebnis dieses

51 *Seibert*, Bindungswirkung, 1989, S. 96; *Hofmann-Becking*, DÖV 1972, 199.

52 Vgl. statt aller *Canaris*, Methodenlehre, 3. Aufl. 1995, S. 33; *Zippelius*, Juristische Methodenlehre, 10. Aufl. 2006, S. 99 ff.

53 In diesem Sinne auch *Kracht*, Feststellender Verwaltungsakt, 2002, S. 82 ff. und 87; in diese Richtung weisend auch die Kritik von *Schuster*, in: HHSp, AO, § 155 Rn. 16.

54 *Kracht*, Feststellender Verwaltungsakt, 2002, S. 87.

55 Verifiziert werden können überdies Fehler bei dem Prozess der Entscheidungsgewinnung - bei der Ermittlung der entscheidungserheblichen Tatsachen und bei der Herleitung der entscheidungstragenden Rechtserkenntnis; vgl. *Leipold*, in: Stein/Jonas, ZPO, 22. Aufl. 2008, § 322 Rn. 38 zur Wirkungsweise des zivilprozessualen Urteils.

Vergleiches kann jedoch keine Aussage dazu sein, ob mit dem abstrakten Rechtssatz als solchem Übereinstimmung erzielt, oder dessen Gehalt verfehlt wurde.

Vor diesem Hintergrund kann dasjenige von mehreren denkbaren Ergebnissen einer Subsumtion, das im Einzelfall als die „wahre" materielle Schuld gelten soll, sich nicht allein durch besondere inhaltliche Kriterien des Subsumtionsvorgangs auszeichnen, die diesen als „richtig" erscheinen lassen, sondern muss sich gegenüber anderen Resultaten der Rechtsdeutung durch eine dem Rechtsanwender von außen verliehene Entscheidungsautorität abheben. Weil eine solche Entscheidungsautorität nur aus den Verfahrens- und Gerichtsordnungen fließen kann, ist es nicht denkbar, dass sie einer Stelle außerhalb des Verfahrens des Erlasses und der Überprüfung des Feststellungsbescheids zusteht[56].

Die Feststellung, dass die Anspruchsfestsetzung rechtswidrig ist und deshalb konstitutiv wirkt, ist mit dem hier in Rede stehenden dogmatischen Modell daher eigentlich nicht möglich. Ebensowenig kann mit dem Gesetz als eigenständiger, abstrakter Anspruchsgrundlage operiert werden, wenn die Frage gestellt wird, ob im jeweiligen Fall eine konkrete Zahlung berechtigt ist.

Diesem erkenntnistheoretisch zwingenden Ergebnis steht nicht entgegen, dass die Verwaltungsverfahrensordnungen und nicht zuletzt die Gerichtsordnungen augenscheinlich die Möglichkeit einer Überprüfung der „Rechtmäßigkeit" von Rechtsanwendungsakten bieten[57], deren Zugänglichkeit für eine Rechtmäßigkeitsbeurteilung also scheinbar voraussetzen. Denn bei Lichte betrachtet, bedeutet eine solche Überprüfungsmöglichkeit nur, dass das Ergebnis neuerer Rechtserkenntnis der hierzu berufenen staatlichen Organe unter bestimmten Voraussetzungen als dem Gesetz entsprechend *behandelt* wird, der überprüfte Akt aber im Fall seiner Abweichung von dem Resultat der nochmaligen Rechtsauslegung und -anwendung als dem Gesetz widersprechend *angesehen* wird und der Aufhebung unterliegt[58].

---

56 In diesem Sinne auch *Kracht*, Feststellender Verwaltungsakt, 2002, S. 84; *Appel/Melchinger*, VerwArch Bd. 84 (1993), S. 361; vgl. hierzu noch ausführlich unter Buchst. d, S. 62 ff.

57 § 48 VwVfG etwa, der hier beispielhaft für die Kassationsregelungen anderer Verwaltungsverfahrensordnungen genannt werden soll, gestattet die Rücknahme eines Verwaltungsaktes, der *rechtswidrig* ist. Der gleiche Maßstab gilt für die Aufhebung eines Verwaltungsaktes durch gerichtliches Urteil gemäß § 113 Abs. 1 Satz 1 VwGO.

58 *Kracht*, Feststellender Verwaltungsakt, 2002, S. 87 m. w. N.; so auch *Wahl*: „Das Gericht findet in Wahrheit nicht die einzig-richtige Entscheidung, sondern es hat

cc. Entwertung der Stabilisierungsfunktion des Verwaltungsaktes

Selbst wenn man diese grundlegenden Bedenken außer Betracht lässt, ist diese These jedenfalls deshalb abzulehnen, weil sie in konsequenter Anwendung zu unannehmbaren Ergebnissen führt, sobald nicht der feststellende Verwaltungsakt, sondern das Gesetz als *causa* einer Zahlung in Rede steht. Solche Fälle können mit der obengenannten Auffassung eintreten, wenn Zahlungen erbracht wurden, die zwar den im Bescheid festgestellten Anspruch übersteigen, die gleichwohl aber durch den - tatsächlich in einer die Feststellung übersteigenden Höhe bestehenden - gesetzlichen Anspruch gedeckt sind. Der Rückgriff auf die Gesetzeslage ist in diesen Fällen - vorbehaltlich anderweitiger gesetzlicher Spezialregelungen - nicht durch die behördliche Festsetzung gesperrt, denn dem feststellenden Bescheid wird zwar bei überhöhten Festsetzungen eine formell-anspruchsbegründende, bei zu geringen Festsetzungen aber keine[59] spiegelbildliche, anspruchsvernichtende Wirkung beigelegt[60].

Es mag zwar auf den ersten Blick noch einleuchtend erscheinen, die Empfänger hoheitlicher Leistungen, die zwar nicht den erlassenen Leistungsbescheiden, wohl aber der „wahren" gesetzlichen Anspruchslage entsprechen, einem staatlichen Rückforderungsanspruch nicht auszusetzen[61]. Die wahre Tragweite dieser Rechtsauffassung enthüllt sich jedoch bei der Betrachtung des gegenteiligen Falles: Hat ein Betroffener eine Zahlung erbracht, die den ihm gegenüber ergangenen Feststellungsbescheid übersteigt, so dürfte sie -

die Kompetenz zur Feststellung der einzig verbindlichen Entscheidung" (VVDStRL Bd. 34 [1983], S. 176).

59 Dies unterscheidet diese These von der ansonsten ähnlichen materiellen Rechtskrafttheorie des Zivilprozessrechtes, vgl. hierzu die Darstellung von *Seibert*, Bindungswirkung, 1989, S. 118 f.

60 Eine Anspruchsfestsetzung enthält danach für sich betrachtet keinen behördlichen Ausspruch dahingehend, dass ein höherer Anspruch *nicht* besteht oder nicht geltend gemacht werde (BVerwG v. 15. 4. 1983, 8 C 170.81, BVerwGE 67, 129, [134]; OVG Greifswald, v. 15. 12. 2009, 1 L 323/06, zitiert nach juris; *Patt*, in: Büchel/Patt, SächsKAG, § 3 Rn. 81.3; *Ramsauer*, in: Kopp/Ramsauer, VwVfG, 11. Aufl. 2010, § 48 Rn. 69 m. w. N.).

61 Die praktische Relevanz dieser Problematik vornehmlich für die Fälle einer nachträglichen Verminderung der Festsetzung wird für weite Teile der Leistungsverwaltung jedoch durch die Regelungen der § 49a VwVfG und § 50 Abs. 1 SGB X entschärft, die das Rückforderungsrecht der Behörde nur an die Aufhebung des leistungsbewilligenden Verwaltungsaktes, nicht an einen Widerspruch zur materiell-rechtlichen Lage knüpfen. Von Bedeutung ist sie freilich nach wie vor noch für die Sachverhalte, in denen - irrtümlich, aber materiell rechtmäßig - über die Festsetzung hinausgehende Zahlungen geleistet wurden, oder der Versuch einer Festsetzung unerkannt nicht zu einem wirksamen Leistungsbescheid geführt hat (*Gröpl*, VerwArch Bd. 88 (1997), S. 44 ff., *Suerbaum*, VerwArch Bd. 90 (1999), S. 376 ff.; BSG v. 21. 3. 1990, 7 RAr 112/88, SozR 3 - 1300 § 45 Nr. 2).

das Fehlen anderweitiger Spezialregelungen vorausgesetzt - gleichwohl nur dann an ihn zurückerstattet werden, wenn sie auch mit materiellen Rechtslage nicht in Einklang steht. Die Behörde, die über die Erstattung befindet, wäre folglich ungebunden durch die Bescheidlage zu der Prüfung gehalten, ob aus den bestehenden Verwaltungsrechtsverhältnissen zwischen dem Leistenden und dem Hoheitsträger materiell-rechtlich ein korrespondierender Anspruch resultiert, ob also die eingetretene Vermögenslage im Einklang mit der materiellen Rechtsordnung steht. Ob und inwieweit diese Behörde indes eine Überprüfungs- oder Kassationsberechtigung für den Bescheid inne hat, wäre im Grunde nicht von Bedeutung.

Dass diese Folge unannehmbar ist, weil sie völlig unpraktikabel ist und zudem den gesetzlich verankerten Zweck des Verwaltungsaktes, das Rechtsverhältnis zu stabilisieren, *ad absurdum* führt, steht außer Frage. In die gleiche Richtung weist schließlich auch folgende Überlegung:

dd. Keine Berücksichtigung von verfahrensrechtlichen Änderungsschranken Das Abstellen auf die eigenständige Anspruchsgrundlage „Gesetz" geht zwangsläufig mit einer Fokussierung auf das materielle Recht einher, die nur unzureichend berücksichtigt, dass nicht nur die Sachnormen, sondern auch die Verfahrensordnungen inhaltliche Vorgaben für das Ergebnis des Festsetzungsverfahrens enthalten[62] und zum Teil sogar Kriterien für die Auslegung des materiellen Rechts (!) bei der Feststellung des rechtlich Geschuldeten vorschreiben[63]. Wird aber eine einmal gewonnene Rechtskonkretisierung aus Gründen, die der Rechtsordnung immanent sind, festgeschrieben, so kann sie nicht nur formell neben dem eigentlichen Anspruch bestehen, sondern muss identisch mit dem Geschuldeten sein, weil eine sich aus der Gesetzeslage - vermeintlich - ergebende anderweitige Forderung dem Handeln der Beteiligten aus *Rechtsgründen* nicht mehr zugrundegelegt werden könnte[64].

62 So auch die Kritik von *Schwarz*, in: Schwarz, AO, § 37 Rn. 10: „weit gehende Verzahnung des materiellen Steuerrechts mit Verfahrensvorgängen". Dies betrifft regelmäßig verfahrensrechtliche Schranken für die Anpassung einer Entscheidung an die neu ermittelte Rechtslage aus Gründen der Rechtssicherheit und des Vertrauensschutzes. Des Weiteren kann die unter den Bedingungen des Verfahrens festgestellte „formelle" Wahrheit von der sogenannten „objektiven" Wahrheit (vgl. hierzu *Eckhoff*, Rechtsanwendungsgleichheit im Steuerrecht, 1999, S. 274) zum Beispiel deshalb evident abweichen, weil Verfahrensgrundrechte der Beteiligten die - ohnehin undenkbare - „vollständige" Aufklärung des Sachverhaltes verhindern.

63 Dies gilt gerade auch für die hier interessierende Abgabenordnung, vgl. § 176 AO.

64 In diesem Sinne auch für die Wirkung des zivilprozessualen Urteils *Leipold* in: Stein/Jonas, ZPO, 22. Aufl. 2008, § 322 Rn. 31.

b. Dopplung von formellem und materiellem Rechtsgrund

Zum Teil[65] wird diesen Einwänden gegen die konstitutive Wirkung rechtswidriger Feststellungsbescheide durch die Annahme begegnet, dass ein Festsetzungsbescheid nicht nur im Falle seiner Rechtswidrigkeit, sondern *stets* auch konstitutiv wirkt, indem er eine selbstständige Verpflichtung des Leistenden und hiermit korrespondierend eine Berechtigung des Leistungsempfänger zusätzlich zu dem Gesetz als Anspruchsgrundlage schafft. Dabei kann der Betroffene nach dieser Ansicht ohne vorherige Aufhebung des Verwaltungsaktes aus dem Gesetz keine Folgerungen mehr herleiten, die mit der durch Verwaltungsakt getroffenen Feststellung nicht vereinbar sind[66], weil die Behörde „für den Fall der zutreffenden wie für den Fall der unzutreffenden Subsumtion, [*die Rechtsfolgefeststellung*] als *maßgebliche Grundlage* der nachfolgenden Leistungen und Rechtsbeziehungen zwischen der Behörde und dem Bürger verstanden wissen will"[67].

Diese Auffassung weist zwar bereits in die richtige Richtung, indem sie die für den Einzelfall maßgebliche Konkretisierungsleistung feststellender Verwaltungsakte anerkennt[68]. Sie bleibt allerdings immer noch auf halbem Wege stehen, wenn sie an dem abstrakten Gesetz als vermeintlich zusätzlicher Anspruchsgrundlage festhält, obwohl hieraus keinerlei Folgerungen für das konkrete Rechtsverhältnis hergeleitet werden können, und nach dieser Ansicht auch nicht sollen. Auf diese künstliche Anspruchsdopplung kann verzichtet werden, wenn der feststellende Verwaltungsakt konsequenterweise als konkretisierte Norm begriffen wird[69].

c. Feststellungsbescheid und verfahrensrechtliche Bindungswirkung

Dem gleichen Einwand begegnet die ähnlich gelagerte Ansicht, wonach der feststellende Verwaltungsakt eine verfahrensrechtliche Bindungswirkung entfaltet, sodass zwar allein das Gesetz der eigentliche Rechtsgrund für die Verhaltenspflichten der Beteiligten bleibt, die durch Verwaltungsakt festgestellte Rechtsfolge aber bis zum Entfallen seiner Wirksamkeit aus verwal-

65 *Hoffmann-Becking*, DÖV 1972, 199; *Druschel*, Verwaltungsaktbefugnis, 1999, S. 189 ff.

66 *Druschel*, Verwaltungsaktbefugnis, 1999, S. 191.

67 *Hofmann-Becking*, DÖV 1972, 199 (Hervorhebung nur hier), so auch *Druschel*, Verwaltungsaktbefugnis, 1999, S. 191.

68 *Hofmann-Becking*, DÖV 1972, 199; *Druschel*, Verwaltungsaktbefugnis, 1999, S. 191 f.

69 Vgl. hierzu nachfolgend Buchst. d, S. 62 ff.

tungsverfahrensrechtlichen Gründen als eine dem Gesetz gemäße Regelung *gilt*[70]. Auch diese Theorie belässt es bei dem Schein, dass außerhalb des verfahrensrechtlich festgelegten Normanwendungsprozesses ein „wahrer" gesetzlicher Anspruch ermittelbar ist, auf den eigentlich Rückgriff genommen werden könnte, wenn dies nicht aus formellen Gründen ausgeschlossen wäre.

d. Autorisierte Feststellung als konstitutive Konkretisierung

Demgegenüber wird der Widerspruch in den Wesenszügen eines feststellenden Verwaltungsaktes, der in der unabdingbaren „partiellen Verselbstständigung"[71] des Verwaltungsaktes gegenüber der Rechtslage trotz des gleichzeitig verfolgten Anspruchs, nur die Rechtslage wiederzugeben, liegt, in zustimmungswürdiger Weise aufgelöst, wenn man die von der Verfahrensordnung autorisierte Feststellung als konstitutive Konkretisierung des gesetzlichen Anspruches begreift[72]. Danach muss zwischen der *causa* der Entstehung einer öffentlich-rechtlichen Rechtsbeziehung zwischen den Beteiligten und den Werkzeugen der verbindlichen Klärung ihres Bestehens differenziert werden. Ein solches Werkzeug kann[73] der feststellende Verwaltungsakt sein. Der feststellende Verwaltungsakt tritt mit dieser Auffassung *zwischen* das Gesetz und Bürger und Verwaltung, indem er der auslegungsbedürftigen abstrakt-generellen Norm die Rechtsunsicherheit konkretisierend nimmt und dabei - insoweit konstitutiv - die konkret-individuellen Rechte und Pflichten festlegt[74]. Er dient damit nicht als weitere Rechtsquelle neben dem Gesetz, es bedarf seiner aber, um zunächst die der abstrakt-generellen gesetzlichen Regelung eigentümliche objektive Ungewissheit zu überwinden, ob der konkrete

---

70 *Ossenbühl*, DÖV 1967, 248; für das Steuerrecht *Schuster*, in: HHSp, AO, § 38 Rn. 12.

71 *Schmidt-De Caluwe*, Der Verwaltungsakt in der Lehre Otto Mayers, 1999, S. 39.

72 So *Seibert*, Bindungswirkung, 1989, S. 95 f., S. 123; *Kracht*, Feststellender Verwaltungsakt, 2002, S. 82 ff.; *Erichsen*, in: Ehrichsen/Ehlers, Allgemeines Verwaltungsrecht, 12. Aufl. 2002, § 12 Rn. 28; *Appel/Melchinger*, VerwArch Bd. 84 (1993) S. 360 ff.; *Schmidt-De Caluwe*, Der Verwaltungsakt in der Lehre Otto Mayers, 1999, S. 36; für das Steuerrecht *P. Kirchhof*, NJW 1985, 2977 f. Diese Literaturstimmen spiegeln zudem eine allgemeine, rechtsgebietsübergreifend zu verzeichnende Tendenz wieder; für ein ähnliches Verständnis der Wirkung des zivilprozessualen Urteils sprechen sich etwa *Leipold*, in: Stein/Jonas, ZPO, 22. Aufl. 2008, § 322 Rn. 31 ff.; *Lüke*, in: Lüke/Jauernig, Festschrift für Gerhard Schindermair, 1976, S. 385 ff. und *Koussoulis*, Beiträge zur modernen Rechtskraftlehre, 1986, S. 29 ff., aus.

73 Daneben kommen auch Gerichtsurteile oder die Einigung der betroffenen Parteien auf eine einvernehmliche Gesetzesauslegung in Betracht.

74 *Kracht*, Feststellender Verwaltungsakt, 2002, S. 85 ff.; *Schmidt-de Caluwe*, Der Verwaltungsakt in der Lehre Otto Mayers, 1999, S. 36.

Lebenssachverhalt von dem Normbefehl erfasst ist[75], und um dem Ergebnis dieses behördlichen Aktes der Rechtserkenntnis mittels seiner Verbindlichkeit und Bestandskraft eine über den jeweiligen Moment der Norminterpretation hinausgehende Verlässlichkeit zu verleihen.

Während des Zeitraums ihrer Geltung stellt diese verfahrensrechtliche hoheitliche Willenserklärung die ausschließliche Grundlage für die weiteren Rechtsbeziehungen dar und schließt eine unmittelbare Berufung auf eine abweichende Rechtslage oder Norminterpretation aus[76]. Dies zeigt die folgende - bereits angesprochene[77] - Überlegung:

Will man am Konzept eines gesetzlich begründeten, konkreten Anspruches festhalten, dann muss es - weil sich innerhalb der Bandbreite der möglichen Normauslegungen die im Einzelfall „richtige“ Rechtserkenntnis nicht durch inhaltliche Kriterien ermitteln lässt[78] - die besondere *Autorisierung der Entscheidungsfindung* sein, die gerade diesen einen Akt der Norminterpretation als vorzugswürdig, als Spiegel der abstrakten Norm[79] erscheinen lässt. Mit anderen Worten wirft die Frage nach dem einen einzigen, gesetzlichen Anspruch zugleich die Frage nach dem „Wer“, „Wann“ und „Wie“ seiner Bestimmung auf[80]. Eine derartige Autorität kann in einem Rechtsstaat offensichtlich nur die Rechtsordnung selbst den Rechtsanwendungsakten staatlicher Organe und ihrer Erfüllungsgehilfen zumessen[81]. Sie tut dies namentlich in den Verfahrensordnungen, wenn sie etwa rein faktisch übereinstimmende Rechtsauffassungen der Beteiligten von dem, was konkret geschuldet ist, akzeptiert[82] oder indem sie einem der Beteiligten oder einem Dritten die Kompetenz er-

75 *Kracht*, Feststellender Verwaltungsakt, 2002, S. 82 f.; *Appel/Melchinger*, VerwArch Bd. 84 (1993), S. 360 ff.

76 *Kracht*, Feststellender Verwaltungsakt, 2002, S. 87; *Schmidt-de Caluwe*, Der Verwaltungsakt in der Lehre Otto Mayers, 1999, S. 37, 39.

77 Vgl. Buchst. a Doppelbuchst. bb, S. 61 f.

78 Vgl. hierzu schon oben Buchst. a Doppelbuchst. bb, S. 61 f.

79 *Drüen*, in: Tipke/Kruse, AO, § 38 Rn. 3.

80 *Kracht*, Feststellender Verwaltungsakt, 2002, S. 309 m. w. N.; *Appel/Melchinger*, VerwArch Bd. 84 (1993), S. 361; *Erichsen* in: Erichsen/Ehlers, Allgemeines Verwaltungsrecht, 12. Aufl. 2002, § 12 Rn. 28.

81 Gegen einen der Rechtsordnung vorausliegenden, spezifisch hoheitlichen Geltungsanspruch für staatliche Rechtsanwendungsakte sprechen sich überzeugend *Seibert*, Bindungswirkung, 1989, S. 107 f. und *Schmidt-de Caluwe*, Der Verwaltungsakt in der Lehre Otto Mayers, 1999, S. 229 ff. und 245, aus.

82 Diese Akzeptanz findet darin ihren Ausdruck, dass die Verfahrensordnung eine bindende Klärung des gesetzlich Geschuldeten regelmäßig nur für die Fälle vorsieht, in denen keine übereinstimmenden Rechtsauffassungen oder kein Befolgen dessen, was von den Beteiligten übereinstimmend als normativ gesollt angesehen wird, zu verzeichnen ist. Im Übrigen gilt: Wo kein Kläger, da kein Richter.

teilt, Unsicherheiten über das richtige Rechtsverständnis verbindlich beizulegen und das „zutreffende" Rechtsverständnis für diesen Einzelfall festzuschreiben. Dabei kann die einem einzelnen Rechtsanwendungsakt verliehene Autorität mehr oder weniger fragil sein.

Weil danach außerhalb des gesetzlich vorgesehenen Erlass- oder Überprüfungsverfahrens keine autorisierte und damit keine beachtliche Rechtserkenntnis zu der Frage denkbar ist, ob ein feststellender Verwaltungsakt die Gesetzeslage zutreffend wiedergibt, ist der konkrete, „wahre" materiellrechtliche Anspruch - soweit die Bindungswirkung des Verwaltungsaktes reicht - stets *identisch* mit jenem aktuell gültigen, nach den Regeln der Verfahrensordnung gewonnenen Auslegungsergebnis.

Diese Auffassung weist den wesentlichen Vorzug auf, den Erlass eines Verwaltungsaktes als das Ergebnis eines Prozesses der Rechtsanwendung zu erfassen und ihm einen Platz im Verwaltungsrechtsverhältnis zuzuweisen, der seiner Eigenart als Konkretisierung abstrakter Normen und formeller Rekonstruktion der objektiven Wahrheit[83] entspricht. Indem diese These die rechtsdogmatischen Grundlagen jedes Normverständnisses und jeder Rechtsdeutung offen legt und die zu Tage tretenden Unwägbarkeiten der Rechtsanwendung nicht unter den Tisch kehrt, findet sie - im Vergleich zu den vorher diskutierten Auffassungen[84] - zu einem konsistenteren Begriff der Rechtsquelle Verwaltungsakt.

e. *Ergebnis*

Nach alledem sind anspruchsfeststellende Bescheide als autorisierte, konstitutive Konkretisierungen der abstrakt-generellen gesetzlichen Schuld anzusehen. Sie beinhalten, solange sie wirksam sind und soweit es nicht um ihre Überprüfung oder Kassation geht, die allein maßgebliche Erkenntnis dessen, was im geregelten Einzelfall gesetzlich geschuldet ist. Die Annahme der Identität des abstrakten, gesetzlichen Anspruches mit der konkreten Feststellung beruht auf der Autorität, die die Rechtsordnung diesem Rechtsanwendungsakt verleiht und gilt, solange und soweit die Rechtsordnung ihm Autorität beilegt.

83 *Kracht*, Feststellender Verwaltungsakt, 2002, S. 82 f. und 85; für das Steuerrecht *Eckhoff*, Rechtsanwendungsgleichheit im Steuerrecht, 1999, S. 274 ff. und 319 f. m. w. N.
84 Vgl. Buchst. a bis c, S. 60 ff.

3. Das Wesen des Kommunalabgabenanspruches - zwischen gesetzlicher Determinierung und Festsetzungsvorbehalt

Dieses Verständnis der Wirkungen anspruchsfeststellender Verwaltungsakte hat auch unmittelbare Auswirkungen auf das Steuerrecht und dem folgend auf das sich hieran anlehnende[85] Kommunalabgabenrecht:

a. Folgerungen für Steueranspruch und Steuerbescheid

Die Abgabenordnung formt in § 38 AO den Steueranspruch - wie bereits erwähnt[86] - als *obligatio ex lege* aus[87] und stellt lediglich deren Verwirklichung gemäß § 218 Abs. 1 AO unter einen Verwaltungsaktvorbehalt. Der - gemeinhin als abstrakt bezeichnete - Steueranspruch erlangt demnach Rechtswirklichkeit, sobald die Summe der materiellen Tatbestandsvoraussetzungen, an die das Gesetz die Anspruchsentstehung knüpft, erfüllt sind. Was konkret mit Entstehung des Anspruches geschuldet ist, kann zudem theoretisch schon vor der wirksamen Festsetzung der Steuer nach § 218 Abs. 1 AO ermittelt werden - etwa durch eine übereinstimmende Gesetzesauslegung der Beteiligten. Insoweit bestehen keine Unterschiede zu den allgemeinen gesetzlichen Ansprüchen. Allerdings spielen faktisch die Steuerfestsetzungsbescheide eine dominierende Rolle bei der Konkretisierung der abstrakten, gesetzlichen Steuerschuld, weil die Finanzbehörde ohne einen solchen Bescheid selbst mit dem Einverständnis des Schuldners ihren Geldleistungsanspruch wegen § 218 Abs. 1 AO nicht verwirklichen kann. Das - damit zwangsläufig vorgezeichnete - Ergehen des Festsetzungsbescheides aber lässt etwaige anderslautende Ergebnisse der Rechtsanwendung hinfällig werden und wird Maßstab dessen, was nach dem Gesetz geschuldet ist:

Ab dem Zeitpunkt des wirksamen Erlasses der Steuerfestsetzung gibt nur noch der jeweils gültige Bescheid - nach Maßgabe etwaiger wirksamer Änderungen - diejenige Rechtsdeutung wieder, die als „gesetzmäßig" anzusehen

---

85 Vgl. Nr. 1, S. 56 ff.

86 Siehe Nr. 1, S. 56.

87 Ganz h. M.: *Schuster*, in: HHSp, AO, § 38 Rn. 5; *Blesinger*, in: Kühn/v. Wedelstädt, 19. Aufl. 2008, § 38 Rn. 1 f., 10; *Lang*, in: Tipke/Lang, Steuerrecht, 20. Aufl. 2010, § 7 Rn. 3; *Drüen*, in: Tipke/Kruse, AO, § 38 Rn. 6; *F. Kirchhof*, in: Achterberg/Püttner/Würtenberger, Besonderes Verwaltungsrecht II, 2. Aufl. 2000, § 20 Rn. 105; *Brockmeyer/Ratschow*, in: Klein, AO, 10. Aufl. 2009, § 38 Rn. 1 f.; a. A. entgegen den Gesetzeswortlaut und mit zweifelhaften zivilrechtlichen Erwägungen *Söhn*, in: Festschrift für H. W. Kruse, 2001, S. 244; *ders.*, Folgenbeseitigung, S. 54 ff.

ist[88]. Ein Steuerbescheid ist nur insoweit nicht als Spiegel des abstrakten Steueranspruches zu behandeln, als es um seine Aufhebung oder Überprüfung geht. Wird ein Steuerbescheid mit Rückwirkung aufgehoben oder abgeändert, so ist die nunmehr wirksame Festsetzung als die materiell-rechtlich richtige Feststellung des gesetzlichen Anspruches, wie er von Beginn an bestand, anzusehen. Ein *aktuelles* Auseinanderfallen von formeller Bescheidlage und materiellem Steueranspruch kann es demnach nicht geben. Divergieren können lediglich vergangene Bescheidlage und derzeitige Bescheidlage; dann *bestand* zwar eine fehlerhafte Festsetzung, die zu einer überschießenden oder unterschreitenden formellen Steuerforderung geführt hat, zu messen ist dies jedoch ausschließlich an der derzeit gültigen Festsetzung, nicht an einem wie auch immer verstandenen, festsetzungsunabhängigen materiell-rechtlichen Steueranspruch[89].

b. Übertragung auf Kommunalabgabenanspruch und Kommunalabgabenbescheid

Entsprechendes gilt auch für das Kommunalabgabenrecht. Zum Ersten entfaltet auch der Festsetzungsausspruch von Kommunalabgabenbescheiden autorisierte Feststellungswirkung. Das heißt, es existiert kein Nebeneinander von materiell-rechtlichem, gesetzlichen Rechtsgrund und formellem Rechtsgrund der Abgabenfeststellung durch Verwaltungsakt[90], vielmehr ist der gesetzlich begründete, materiell-rechtliche Anspruch notwendig identisch mit dem aktuell wirksamen Ergebnis der Gesetzesanwendung, das nach den Regeln der Verfahrensordnung von der zuständigen Behörde oder dem zuständigen Gericht gewonnen wurde[91]. Der Begriff der persönlichen, konkreten Abgabenschuld bezeichnet vor diesem Hintergrund das Ergebnis der Konkretisierung der abstrakten Abgabenschuld auf einen bestimmten Geldbetrag

88 In diesem Sinne auch *P. Kirchhof*, NJW 1985, 2977 f.; a. A. die h. M.: *Söhn*, Folgenbeseitigung, 1973, S. 27 Fn. 76 und S. 96f.; *Seer*, in: Tipke/Kruse, AO, § 155 Rn. 14; *Baum*, in: Koch/Scholtz, AO, 5. Aufl. 1996, § 155 Rn. 4; *Rüsken*, in: Klein, AO, 10. Aufl. 2009, § 155 Rn. 6; *Drüen*, in: Tipke/Kruse, AO, § 38 Rn. 6.

89 A. A. *Söhn*, Folgenbeseitigung, 1973, S. 27 Fn. 76 und S. 96f.; *Seer*, in: Tipke/Kruse, AO, § 155 Rn. 14; *Baum*, in: Koch/Scholtz, AO, 5. Aufl. 1996, § 155 Rn. 4; *Rüsken*, in: Klein, AO, 9. Aufl. 2006, § 155 Rn. 6; *Schuster*, in: HHSp, AO, § 38 Rn. 12.

90 A. A. *Driehaus*, in: Driehaus, Kommunalabgabenrecht, § 2 Rn. 109, § 8 Rn. 141, 182; *Rodewoldt*, VBlBW 1989, 430; wohl auch BVerwG v. 18. 3. 1988, 8 C 82.87, BVerwGE 79, 163 (169).

91 Für eine abschließende Konkretisierungswirkung des Abgabenbescheids auch VGH Mannheim v. 29. 3. 1989, 2 S 43/87, VBlBW 1989, 345 (346); a. A. OVG Weimar v. 29. 4. 2008, 4 ZKO 610/07, zitiert nach juris.

und einen bestimmten Abgabenschuldner. Es handelt sich hierbei namentlich nicht um eine andersgeartete, „formelle“ Schuld, die zusätzlich neben die abstrakte, „materielle“ Abgabenschuld tritt, sondern um die verbindlich interpretierte, vormals abstrakte Abgabenschuld selbst. Die Bejahung der Identität von gesetzlichem Anspruch und Auslegungsergebnis rechtfertigt sich aus der Autorität, die die Verfahrensregelungen des Kommunalabgabenrechts oder das Prozessrecht diesem Rechtsanwendungsakt verleihen. Die Identität endet dementsprechend, sobald und soweit die Rechtsordnung dem Rechtsanwendungsakt keine Autorität (mehr) vermittelt. Gesetzesinterpretationen, die außerhalb eines solchen gesetzlich autorisierten Verfahrens gewonnen werden, können hingegen nicht für sich in Anspruch nehmen, den gesetzlich begründeten Anspruch wiederzugeben.

Für die Verwirklichung des Anspruches ist zum Zweiten - mit Ausnahme Sachsen-Anhalts - entsprechend § 218 Abs. 1 AO die Abgabenfestsetzung unabdingbar. Der Kommunalabgabenanspruch erlangt demnach zwar Rechtswirklichkeit, sobald die materiellen Tatbestandsvoraussetzungen vollständig erfüllt sind, an die das Gesetz sein Entstehen knüpft. Der Inhalt des Anspruches kann darüber hinaus auch schon vor seiner Festsetzung formlos ermittelt werden. Dem folgt jedoch - abgesehen von Sachsen-Anhalt zwingend - eine Abgabenfestsetzung durch Verwaltungsakt. Ab diesem Zeitpunkt gibt sodann nur noch der - gegebenenfalls geänderte - Abgabenbescheid den Abgabenanspruch wieder, der als gesetzmäßiger Anspruch zu behandeln ist.

Für nachträgliche Änderungen der Bescheidlage gilt - zum Dritten - Folgendes: Wird ein Kommunalabgabenbescheid rückwirkend aufgehoben oder abgeändert, ist die danach wirksame Festsetzung als die materiell-rechtlich zutreffende Feststellung des gesetzlichen Anspruches, wie er von vornherein bestand, zu behandeln. Die aktuell wirksame formelle Bescheidlage und der gesetzliche Kommunalabgabenanspruch sind demnach stets identisch, solange ein wirksamer Festsetzungsbescheid existiert. Abweichungen können sich lediglich zwischen der vergangenen und der aktuellen Bescheidlage ergeben. Die frühere Festsetzung erweist sich dann zwar als fehlerhaft und mag zu einer überhöhten oder zu geringen Abgabenerhebung geführt haben. Maßstab für diese Feststellung ist jedoch stets die aktuell wirksame Festsetzung, nicht ein Verständnis des Abgabenanspruches, das von nicht autorisierter Seite außerhalb des gesetzlich geregelten Festsetzungs- und Kontrollverfahrens entwickelt wurde.

Zum Vierten bezieht sich die Festsetzung einer Kommunalabgabe - ebenso wie ein Steuerbescheid - im Allgemeinen auf den gesamten entstandenen Abgabenanspruch und nicht nur - stillschweigend - auf einen Teil, sofern eine ausdrückliche Stellungnahme hierzu im Bescheid fehlt (was regelmäßig der Fall ist)[92]. Hierfür spricht bereits der entsprechend anwendbare § 155 AO. Durch diese Vorschrift wird zum Inhalt von Steuerfestsetzungsbescheiden der gesetzlich entstandene Steueranspruch bestimmt[93]. Es ist nichts dafür ersichtlich, dass diese entsprechend in das Kommunalabgabenrecht übernommene Vorschrift dort einen anderen Bedeutungsgehalt haben soll. Zu diesem Ergebnis führt darüber hinaus aber auch die Auslegung des Abgabenbescheides, wenn man Sinn und Zweck des Abgabenverfahrens berücksichtigt. Grundsätzlich ist, sofern die Behörde nicht ausdrücklich etwas anderes regelt, nach dem objektiven Empfängerhorizont davon auszugehen, dass der Gegenstand der Festsetzung mit dem Ziel der Anspruchsprüfung identisch ist. Die Anspruchsprüfung aber zielt regelmäßig auf die Feststellung des gesamten Abgabenanspruches, nicht nur eines Teilbetrags. Denn das Ziel des Festsetzungsverfahrens wird von der Behörde selbst festlegt; schließlich erfolgt die Festsetzung des Abgabenanspruches nicht auf einen - möglicherweise beschränkten - Antrag eines Betroffenen hin, sondern von Amts wegen. Da aber die Festsetzung eines Kommunalabgabenanspruches insgesamt notwendig ist, um seine vollständige Verwirklichung zu ermöglichen, wird die Intention der Behörde regelmäßig nicht dahin gehen, sich grundlos auf die Verwirklichung nur eines Teilanspruches zu beschränken. Hinzu kommt, dass die Festsetzung nach den einschlägigen Verfahrensvorschriften auch auf einer Prüfung des Gesamtanspruches beruht, nicht nur auf einer Untersuchung einzelner Anspruchsfragmente. Soweit im Einzelfall keine besonderen, abweichenden Umstände vorliegen, ist daher davon auszugehen, dass sich die bindende Festschreibung des so gewonnenen Prüfungsergebnisses nicht nur auf einen Teil der durchgeführten umfassenden Prüfung beschränken soll.

92 OVG Lüneburg v. 25. 6. 1986, 9 A 134/84, NVwZ 1986, 1049; VGH Mannheim v. 20. 8. 1987, 2 S 1084/86, VBlBW 1988, 138 (139) und v. 20. 12. 1990, 2 S 1057/89, VBlBW 1991, 222; ähnlich OVG Münster v. 28. 11. 1995, 15 A 179/93, NVwZ-RR 1996, 600 (602). Nach anderer Auffassung enthält die tenorierte Festsetzung einer Abgabe auf eine bestimmte Höhe hingegen keine Erklärung des Inhalts, eine weitergehende Abgabenpflicht sei nicht entstanden (BVerwG v. 15. 4. 1983, 8 C 170.81, BVerwGE 67, 129 [134] und v. 18. 3. 1988, 8 C 115/86, NVwZ 1988, 940; OVG Weimar v. 29. 4. 2008, 4 ZKO 610/07, zitiert nach juris; OVG Greifswald v. 15. 12. 2009, 1 L 323/09, zitiert nach juris; *Driehaus*, in: Driehaus, Kommunalabgabenrecht, § 8 Rn. 31; *Döring*, in: Festschrift für H.-J. Driehaus, 2005, S. 67 f.).

93 Vgl. hierzu auch sogleich unter Ziffer III Nr. 1 Buchst. a, S. 73.

III. Das Kommunalabgabenrechtliche Festsetzungs- und Erhebungsverfahren

Das Kommunalabgabenverfahren übernimmt weiter auch die Gliederung des Steuerverfahrens (unter anderem) in ein Festsetzungs- und ein Erhebungsverfahren. Zur Bestimmung des Inhalts beider Verfahrensarten kann daher umfassend auf die steuerverfahrensrechtlichen Vorgaben zurückgriffen werden. Danach gilt Folgendes:

1. Das Verhältnis von Steuerfestsetzungs- und Steuererhebungsverfahren

a. Steuerfestsetzung - Allgemeines

Das Festsetzungsverfahren (§§ 155 ff. AO) stellt die erste Stufe des Steuerverfahrens dar[94]. Die durch den Steuerbescheid als Hoheitsakt erfolgende Festsetzung zielt auf die Bestimmung der gesetzlich entstandenen Steuer (§ 38 AO) ab[95]. Gegenstand der Festsetzung ist mithin der mit Tatbestandserfüllung rechtswirklich gewordene abstrakte Steueranspruch, sie trifft hingegen keine Aussage zu der Frage, ob dieser Anspruch nachträglich ganz oder teilweise erloschen ist[96]. Dieses retrospektive Prüfprogramm der Steuerfestsetzung ist eine Konsequenz der strikten Trennung zwischen Festsetzungs- und Erhebungsverfahren.

Die Festsetzung des gesetzlich begründeten Steueranspruches gemäß § 155 AO ist nur feststellend und begründet keine eigenständige Zahlungsverpflichtung. Diese entsteht vielmehr erst durch das *Leistungsgebot*, das, weil es nicht mehr der Anspruchsermittlung, sondern schon der Anspruchsverwirklichung zugehörig ist, dem Steuererhebungsverfahren zugerechnet wird[97].

---

94 Vgl. hierzu grundlegend *Brodersen*, JuS 1987, 501.

95 *Schuster*, in: HHSp, AO, § 155 Rn. 5 f.; *Alber*, in: HHSp, AO, § 218 Rn. 4.

96 Vgl. für das Erlöschen durch Festsetzungsverjährung: *Trzaskalik*, in: HHSp, AO, § 155 Rn. 20, Stand April 2009; für das Erlöschen durch Tilgung: BFH v. 23. 6. 1993, X B 134/91, BFHE 172, 9, [13]; *Rüsken* in: Klein, AO, 10. Aufl. 2009, § 155 Rn. 10; a. A. *Söhn*, in: Festschrift für H. W. Kruse, 2001, S. 244; für das Erlöschen durch Billigkeitserlass: *Baum*, in: Koch/Scholtz, AO, 5. Aufl. 1996, § 163 Rn. 16 f.; *v. Groll*, in: HHSp, AO, § 163 Rn. 131; *Rüsken* in: Klein, AO, 10. Aufl. 2009, § 155 Rn. 10; a. A. *Tipke*, in: Tipke/Kruse, AO, § 155 Rn. 6.

97 *Helsper*, in: Koch/Scholtz, AO, 5. Aufl. 1996, § 218 Rn. 2; vgl. hierzu auch die nachfolgenden Ausführungen.

b. Steuererhebung - Allgemeines

Das Erhebungsverfahren gemäß §§ 218 ff. AO schließt sich an die Steuerfestsetzung an. Als Bindeglied zwischen beiden Verfahrensschritten fungiert § 218 Abs. 1 AO, der die Existenz eines Steuerbescheides zur Vorbedingung der Einleitung des Steuererhebungsverfahrens macht. Das Erhebungsverfahren ist mithin akzessorisch zum Ergebnis des Festsetzungsverfahrens. Gegenstand der Verwirklichung ist der festgesetzte Steueranspruch. Bleibt dieser hinter dem „eigentlichen" materiell-rechtlichen Anspruch zurück, kann der überschießende gesetzliche Anspruch nicht geltend gemacht werden[98]. Überschreitet die Festsetzung hingegen zum Nachteil des Steuerpflichtigen die materiell-rechtliche Forderung, ist es ihm verwehrt, im Rahmen des Steuererhebungsverfahrens Einwände gegen Ob und Höhe der festgesetzten Forderung geltend zu machen, da diese Frage im Festsetzungsverfahren für das Erhebungsverfahren verbindlich geklärt wurde[99].

Mit Hilfe der Steuererhebung soll der Steuerzahlungsanspruch realisiert werden[100]. Deshalb sind dem Erhebungsverfahren alle Vorgänge zuzurechnen, die zur Sicherung oder Tilgung der festgesetzten Steuerschuld führen. Die Tilgung der Steuerzahlungsschuld kann namentlich beruhen auf Zahlung, Aufrechnung, Verrechnung, Erlass und Zahlungsverjährung[101]. Daher zählt - was später für den Umgang mit kommunalabgabenrechtlichen Vorausleistungen noch von Interesse sein wird[102] - die Anrechnung von im Voraus erbrachten Zahlungen auf die Steuerschuld zu deren Realisierung, betrifft sie doch keine Frage des Entstehens eines Steueranspruches, sondern hat nur Konsequenzen für die Prüfung, ob der entstandene Steueranspruch mit Blick auf die erbrachten Vorleistungen bereits erfüllt ist. Der Verwirklichung des festgesetzten Steueranspruches und damit dem Erhebungsverfahren ist - wie bereits erwähnt - auch das *Leistungsgebot* zuzurechnen, also die vollstreckbare Aufforderung des Steuerschuldners zur Zahlung der festgesetzten Steuer durch die Finanzbehörde. Das Leistungsgebot wird zwar regelmäßig mit der

98 Für die hier vertretene Ansicht von der konkretisierenden Wirkung des Steuerbescheides folgt dies bereits aus dem Umstand, dass mit Erlass eines feststellenden Bescheides nicht mehr mit Anspruch auf rechtliche Erheblichkeit behauptet werden kann, der gesetzlich begründete Steueranspruch habe tatsächlich eine andere als die festgesetzte Höhe.

99 Zum Ganzen statt aller: *Alber* in: HHSp, AO, § 218 Rn. 4; *Brodersen*, JuS 1987, 501.

100 *Alber*, in: HHSp, AO, Vor §§ 218-227, Rn. 4.

101 *Alber*, in: HHSp, AO, Vor §§ 218-227 Rn. 25.

102 Vgl. Kap. E Ziffer V Nr. 1 Buchst. b Doppelbuchst. bb, S. 281 f.

Steuerfestsetzung verbunden werden, ist jedoch inhaltlich strikt von dem festsetzenden Teil der hoheitlichen Regelung zu trennen[103].

c. *Keine Erfüllungswirkung von Zahlungen ohne Festsetzung*

Ein zentrales Problem des Steuerverfahrensrechtes ist die Wirkung von Zahlungen, die ohne eine (wirksame) Festsetzung erfolgen. Für diese Zahlungen ist namentlich umstritten, ob sie bereits Tilgungswirkung entfalten können[104]. Dies ist zu verneinen, denn die Annahme einer Erfüllungsfähigkeit von Steuerforderungen ohne Festsetzung widerspricht dem in § 218 Abs. 1 AO speziell für das Steuerrecht statuierten Festsetzungsvorbehalt für die Verwirklichung des Steueranspruches. Danach sind jegliche Maßnahmen, die auf die Erfüllung des gesetzlichen Steueranspruches abzielen, vor dem Erlass eines wirksamen Steuerbescheides ausgeschlossen. Dies gilt unabhängig davon, ob die Verwirklichung zwangsweise oder freiwillig durch den Steuerpflichtigen erfolgt[105]. Denn der Begriff der Verwirklichung erfasst nicht nur imperatives Handeln der Behörde, sondern auch einvernehmliches Vorgehen von Steuerpflichtigem und Steuergläubiger und sogar das eigenmächtige Tätigwerden des Letzteren. Die Tilgung der Steuerschuld als Inbegriff ihrer Verwirklichung kann daher nicht unabhängig von der Wirksamkeit einer die Zahlung deckenden Festsetzung erfolgen.

Dieses Ergebnis erscheint auch sachgerecht. Indem der Gesetzgeber der Realisierung einer Steuerforderung zwingend ein förmliches Verwaltungsverfahren vorschaltet, welches mit dem Erlass eines auf den ermittelten Anspruch erkennenden Verwaltungsaktes endet, lässt er dem Steuerschuldner einen besonderen Schutz angedeihen. Durch den Ausschluss informellen behördlichen Handelns bei der Konkretisierung der verwirkten Abgabe wird dem herausgehobenen Bedürfnis des Steuerpflichtigen, der sich einer unübersichtlichen und stetig wandelnden Rechtslage gegenübersieht, nach Trans-

103 *Alber*, in: HHSp, AO, § 218, Rn. 13; *Helsper*, in: Koch/Scholtz, AO, 5. Aufl. 1996, § 218 Rn. 2.

104 Bejahend *Alber*, in: HHSp, AO, Vor §§ 218-227 Rn. 36; ; wohl auch FG Düsseldorf v. 26. 11. 1986, IV 152/82, EFG 1987, 257; widersprüchlich der VII. Senat des Bundesfinanzhofs v. 6. 2. 1996, VII R 50/95, BFHE 179, 556 (558) einerseits und v. 30. 4. 1996, VII R 122/94, BFH/NV 1996, 866 (868) andererseits; verneinend die wohl h. M.: *Ruban*, in: HHSp, AO, § 228 Rn. 7; *Söhn*, in: Festschrift für H. W. Kruse, 2001, S. 244 ff.; *Blesinger*, in: Kühn/v. Wedelstädt, AO, 19. Aufl. 2008, § 37 Rn. 9; *Drüen*, in: Tipke/Kruse, AO, § 37 Rn. 29; *Lang*, in: Tipke/Lang, Steuerrecht, 20. Aufl. 2010, § 7 Rn. 73; *Brockmeyer/Ratschow*, in: Klein, AO, 10. Aufl. 2009, § 37 Rn. 3; BFH v. 29. 7. 1998, II R 64/95, BFH/NV 1998, 1455.

105 *Alber*, in: HHSp, AO, Vor §§ 218-227 Rn. 25.

parenz und Verlässlichkeit der Ermittlung der Steuerhöhe Rechnung getragen[106]. Daneben streitet aber auch das öffentliche Interesse an einer gleichmäßigen und gesetzmäßigen Besteuerung für den Festsetzungsvorbehalt. Denn der Verzicht auf „schlichte" Steuerermittlung zugunsten eines geordneten Feststellungsverfahren zwingt nicht zuletzt die Behörde dazu, sich selbst Rechenschaft über die Grundannahmen für die Ermittlung des steuerlichen Anspruches abzulegen und ihre Überlegungen in eine sich nach außen manifestierende, rechtlich geregelte und überprüfbare Form zu gießen, bevor sie ihr Finanzierungsinteresse befriedigen kann.

Diesem Ergebnis lässt sich nicht entgegenhalten, dass auch Zahlungen vor Fälligkeit Erfüllungswirkung haben können[107]. Denn maßgebliche Bedeutung kommt in diesem Zusammenhang nicht der Fälligkeit, sondern der hiervon zu unterscheidenden *Erfüllbarkeit* der Steuerforderung zu; von Interesse ist nicht, ob der Steuergläubiger die Steuerforderung verlangen, sondern ob der Steuerschuldner die Steuerschuld *bewirken* kann[108]. Mit Rücksicht auf § 218 Abs. 1 AO, der den Rückgriff auf anderslautende allgemeine Rechtsgrundsätze sperrt, ist die Erfüllbarkeit der Steuerforderung jedoch erst nach ihrer Festsetzung gegeben[109].

Ebensowenig lässt sich aus der Regelung des § 47 AO, der die Festsetzungsverjährung gleichberechtigt neben der Zahlung als Erlöschensgrund der Steuerschuld normiert, herleiten, dass Gegenstand der Regelung des § 47 AO und damit auch Bezugspunkt der das Erlöschen begründenden Zahlung der materiell-rechtliche Anspruch gemäß § 38 AO ist[110]. Die Behauptung einer eingeschränkten Anwendung des § 47 AO nur auf den gesetzlichen Steueranspruch nach § 38 AO ist schon dadurch widerlegt, dass in § 47 AO auch die Zahlungsverjährung und der Erlass gemäß § 227 AO erwähnt werden, sodass augenfällig auch der festgesetzte Steueranspruch dem Regelungsbereich des § 47 AO zwingend unterfallen muss. Erfasst aber der Tatbestand des § 47 AO richtig verstanden sowohl nicht festgesetzte als auch festgesetzte Steueransprüche, ist nicht auszuschließen, dass der Erlöschenstatbestand der

106 Das Bedürfnis nach einer Leistungsfestsetzung auch gesetzlich gebundener Ansprüche im Interesse der Überprüfbarkeit der behördlichen Entscheidung wurde bereits vom Bundesverwaltungsgericht in seinem Urteil vom 24. 4. 1959, VI C 91 57, BVerwGE 8, 261 (265), hervorgehoben.

107 So die Argumentation des BFH v. 6. 2. 1996, VII R 50/95, BFHE 179, 556 (558).

108 Vgl. zu diesen Begriffen § 271 BGB und *Grüneberg*, in: Palandt, BGB, 70. Aufl. 2011, § 271 Rn. 1.

109 In diesem Sinne auch *Söhn*, in: Festschrift für H. W. Kruse, 2001, S. 242.

110 So aber BFH v. 6. 2. 1996, VII R 50/95, BFHE 179, 556 (558).

Zahlung ebenso wie Zahlungsverjährung und Erlass nach § 227 AO nur für die letztgenannte Gruppe Geltung hat[111].

d. Die Verortung des formellen Rechtsgrundes von Steuerzahlungen zwischen Steuerfestsetzung und Steuererhebung

Die Teilung des Steuerverfahrens in die zwei geschiedenen Verfahrensabschnitte der Steuerfestsetzung und Steuererhebung wirft darüber hinaus die bislang nicht weiter thematisierte Frage auf, in welcher der Regelungen, die die Finanzbehörde im Zuge des Betreibens des Steuerverfahrens erlässt, ein verfahrensrechtlich verankerter Rechtsgrund für das Behaltendürfen von Steuerzahlungen gesehen werden kann[112].

aa. Formeller Rechtsgrund nicht identisch mit Steuerfestsetzung

Soweit sich die Rechtsliteratur überhaupt zu der Frage äußert, in welchem Bestandteil des Steuerverwaltungsaktes der formelle Rechtsgrund angesiedelt ist, wird einhellig[113] die Steuerfestsetzung - d. h. der Steuerbescheid (§ 155 Abs. 1 Satz 1 AO) - als Rechtsgrund für die Steuerzahlung angesehen; das Geleistete darf behalten werden, solange die Festsetzung wirksam ist.

aaa. Keine Vereinbarkeit mit deklaratorischem bzw. gesetzeskonkretisierenden Charakter der Festsetzung Diese Auffassung vermag jedoch letztlich nicht zu überzeugen, weil sie nur unzureichend die dogmati-

111 *Söhn*, in: Festschrift für H. W. Kruse, 2001, S. 241 f.

112 Diese Frage ist auch für die hier vertretene Ansicht von der autorisierten, konstitutiven Konkretisierung der gesetzlichen Steuerschuld durch die Steuerfestsetzung von Interesse, weil danach die Festsetzung nur die verbindliche Kenntnis von der Höhe der zum Stichtag gesetzlich entstandenen Steuerschuld vermittelt. Dies schließt zusätzliche Verwaltungsakte der Behörde, die gezielt neben dem Gesetz einen weiteren Behaltensgrund für Zahlungen vermitteln, schon *per se* nicht aus. Das Vorliegen eines formellen Rechtsgrundes für sich nachträglich als überhöht erweisende Zahlungen hat zudem auch erhebliche praktische Bedeutung, da Korrekturen der Abgabenfestsetzung mit der hier vertretenen Ansicht *ex tunc* wirken - nach geänderter, maßgeblicher Rechtserkenntnis bestand dann von Beginn an keine gesetzliche Grundlage für überhöhte erbrachte Zahlungen. Ist für den betreffenden Zeitraum kein formeller Rechtsgrund gegeben, würde deshalb der Erstattungsanspruch des Steuerschuldners trotz der vormaligen Existenz einer Abgabenfestsetzung in entsprechender Höhe bereits ab Zahlung entstehen.

113 *Koenig*, in: Pahlke/Koenig, AO, 2. Aufl. 2009, § 37 Rn. 51; *ders.*, DStR 1991, 638; *Nacke/Peichert*, DStZ 1996, 207; *Schwarz*, in: Schwarz, AO, § 37 Rn. 10; *Drüen*, in: Tipke/Kruse, AO, § 38 Rn. 10; a. A. für das Kommunalabgabenrecht wohl *Dietzel*, in: Festschrift für H.-J. Driehaus, 2005, S. 52.

schen Prämissen der Anspruchsfestsetzung berücksichtigt, die auch in diesem Zusammenhang Auswirkungen haben. Sie erweist sich bereits auf der Basis der herkömmlichen Grundannahme, wonach eine rechtmäßige Anspruchsfeststellung nur deklaratorisch ist, während eine überhöhte Anspruchsfeststellung konstitutiven Charakter hat[114], als unhaltbar. Denn danach wird der rechtmäßigen Festsetzungsregelung schließlich gerade die Eigenschaft abgesprochen, neben dem Gesetz gestalterisch zu wirken. Die bloße Bezeugung dessen, was andernorts bestimmt ist, taugt ihrem Inhalt nach aber nicht als eigenständige Grundlage für Vermögensverschiebungen. Eine Regelung, die nur die Deutung unternimmt, was dem Hoheitsträger *gesetzlich* geschuldet ist, also das *Verständnis* einer *externen Ermächtigung* festschreibt, kann nicht gleichgesetzt werden mit einer behördlichen *Selbstermächtigung* zum Behalten von Leistungen.

Mit der hier vertretenen Ansicht, die das Wesen der Steuerfestsetzung in der verbindlichen Normkonkretisierung sieht, ist die Annahme der Erzeugung eines formellen Rechtsgrundes durch feststellenden Verwaltungsakt erst recht nicht vereinbar. Spricht der Steuerbescheid seinem Charakter nach nur aus, was kraft Gesetzes in diesem Einzelfall Recht ist, so bleibt kein Raum dafür, ihm zusätzlich die Nebenwirkung „unterzuschieben", einen eigenen Rechtsgrund für den gleichen Anspruch zu schaffen. Nicht die Schöpfung einer Rechtsquelle neben dem Gesetz, sondern die Gewinnung einer Aussage aus der Rechtsquelle Gesetz liegt in der Erklärungsabsicht der festsetzenden Behörde.

bbb. Keine Zugehörigkeit zum Festsetzungs-, sondern zum Erhebungsverfahren Überdies spricht alles dafür, dass die verfahrensrechtliche Statuierung eines Rechtsgrundes für das Behaltendürfen von Steuerzahlungen nicht dem Festsetzungsverfahren zugehören kann, sondern dem Erhebungsverfahren zuzurechnen sein muss. Denn das hoheitliche Behaltensrecht hinsichtlich erbrachter Tilgungsleistungen hat ersichtlich nichts gemein mit der *Ermittlung* der Steuerforderungshöhe, sondern betrifft deren *Durchsetzung.* Zudem ist die im Rahmen des Festsetzungsverfahrens zu treffende Entscheidung, wie hoch die einstmals entstandene Steuerschuld war, nur eine Vorfrage im Rahmen der für den Behaltensgrund interessierenden Entscheidung, welche Vermögenslage *nunmehr* der Rechtsordnung entspricht.

---

114 Vgl. hierzu oben Ziffer II Nr. 2 Buchst. a, S. 60 ff.

Zudem erweist sich jeder - also auch ein formeller - Behaltensgrund für Zahlungen bei näherem Hinsehen seinem Wesen nach als inhärenter Bestandteil der - dem Erhebungsverfahren zugehörigen - *Forderungsbefriedigung.* Denn selbst eine „nur“ formelle Grundlage für das Festhalten an Vermögensverschiebungen kann nicht als Selbstzweck betrachtet werden, sondern bezieht ihre innere Rechtfertigung gerade aus der mit der Zahlung ins Werk gesetzten Verwirklichung von Forderungen. Die Berechtigung der öffentlichen Hand, das mit Tilgungsbestimmung und -wirkung Empfangene ihrem Vermögen einzuverleiben, ist von der Erfüllung der Forderung selbst denklogisch nicht zu trennen, beides sind zwei Seiten einer Medaille. Die Steuerzahlung darf nicht deshalb behalten werden, weil die Beteiligten die Höhe der *ursprünglichen* Steuerschuld *kennen*, vielmehr muss sie nicht zurückerstattet werden, weil sie die *offene* Steuerschuld *getilgt* hat.

bb. Leistungsgebot und Anrechnungsverfügung als formeller Rechtsgrund Scheidet demnach die Steuerfestsetzung mit diesen Erwägungen als „Sitz“ des formellen Behaltensgrundes für Zahlungen aus, so fragt sich, ob stattdessen Verwaltungsakten des Steuererhebungsverfahrens die Qualität eines formellen Rechtsgrundes für Zahlungen eigen sein kann. Namentlich geraten hierbei das *Leistungsgebot* des Steuererhebungsverfahrens und die *Anrechnungsverfügung*[115] über im Voraus erbrachte Leistungen in den Blick. Diese Überlegung hat bei näherer Betrachtung einiges für sich:

Bei der Leistungsverfügung handelt es sich *per se* um einen gestaltenden Verwaltungsakt. Sie beschränkt sich im Gegensatz zu der Steuerfestsetzung nicht mehr nur darauf, die gesetzliche Forderung verbindlich mitzuteilen. Vielmehr löst ein Leistungsbescheid eine eigenständige und vollstreckbare Befolgenspflicht aus, die sich nur auf diesen Bescheid gründet. Der in Bescheidform gekleideten Aufforderung an den Steuerschuldner, einen bestimmten Steuerbetrag zu leisten, lässt sich überdies vergleichsweise zwanglos die konkludente Aussage entnehmen, dass die Behörde nach Erbringung der Leistung auch berechtigt ist, den von ihr geforderten Betrag zu behalten.

115 Bei der Anrechnungsverfügung handelt es sich um einen Verwaltungsakt des Erhebungsverfahrens (*Brockmeyer*, in: Klein, AO, 10. Aufl. 2009, § 118 Rn. 13; *Drenseck*, in: Schmidt, EStG, 30. Aufl. 2011, § 36 Rn. 60; BFH v. 16. 10. 1986, VII R 159/83, BStBl. II 1987, 405 [406 f.]; a. A. für das Kommunalabgabenrecht BayVGH v. 21. 3. 1986, 6 B 83 A.1475, BayVBl. 1986, 499 [500]; OVG Lüneburg v. 14. 12. 1988, 9 A 66/87, DÖV 1989, 863 [864]; *Döring*, in: Festschrift für H.-J. Driehaus, 2005, S. 68).

Ähnliches gilt für einen Verwaltungsakt, mit dem erbrachte Leistungen angerechnet werden. Auch insoweit kann in der Regelung, in welchem Maße die erbrachten Zahlungen auf die Steuerschuld tilgend angerechnet werden, zugleich eine stillschweigende Entscheidung gesehen werden, dass die Finanzbehörde berechtigt ist, die von ihr als tilgend betrachteten Zahlungen auch zu behalten. Auf diese Weise wird der Rechtsanwender mithin bereits der Notwendigkeit enthoben, einem Feststellungsbescheid weitere, wesensfremde Regelungsinhalte zuzuschreiben.

cc. Ergebnis Nach alledem bleibt festzuhalten, dass geleistete Steuerzahlungen zuvörderst nach Maßgabe der mittels Festsetzungsbescheid konkretisierten materiellen Rechtslage behalten werden dürfen. Als weiterer formeller Rechtsgrund kommt daneben nach den Umständen des Einzelfalles das behördliche Leistungsgebot und die Anrechnungsverfügung in Betracht.

2. Ergebnis - Übertragung auf das kommunalabgabenrechtliche Festsetzungs- und Erhebungsverfahren

Überträgt man diese steuerverfahrensrechtlichen Grundsätze auf das kommunalabgabenrechtliche Festsetzungs- und Erhebungsverfahren, so ist Folgendes festzustellen:

Während das kommunalabgabenrechtliche Festsetzungsverfahren auf die Feststellung der gesetzlich entstandenen Abgabe abzielt[116], aber nichts zu der Frage enthält, ob der entstandene Anspruch nachträglich ganz oder teilweise erloschen ist, soll mit dem kommunalabgabenrechtlichen Erhebungsverfahren der Abgabenanspruch realisiert werden. Das Erhebungsverfahren ist wegen des Festsetzungsvorbehalts aus § 218 Abs. 1 AO akzessorisch zum Ergebnis des Festsetzungsverfahrens[117] und beinhaltet alle Maßnahmen der Sicherung oder Tilgung der festgesetzten Abgabenschuld. Insbesondere zählt hierzu auch ein in einem Kommunalabgabenbescheid enthaltenes Leistungsgebot. In Ansehung des Verwaltungsaktvorbehalts aus § 218 Abs. 1 AO ist ein Kommunalabgabenanspruch nicht erfüllungsfähig, solange und soweit er noch nicht festgesetzt wurde. Vor dem Erlass eines wirksamen Kommunalabgabenbescheides sind damit alle Maßnahmen zur Durchsetzung der Forderung unzulässig. Das Recht zum Behaltendürfen geleisteter Zahlungen richtet sich

116 *Patt*, in: Büchel/Patt, SächsKAG, § 3 Rn. 92.2.

117 So auch - unabhängig von § 218 Abs. 1 AO - OVG Schleswig v. 27. 1. 2009, 2 LB 43/08, zitiert nach juris; *Patt*, in: Büchel/Patt, SächsKAG, § 3 Rn. 92.2.

in erster Linie nach dem, durch den Kommunalabgabenbescheid konkretisierten, materiellen gesetzlichen Kommunalabgabenanspruch. Daneben kann ein formeller Rechtsgrund in dem Leistungsgebot[118] oder der Anrechnungsverfügung eines Bescheids gesehen werden[119].

IV. Der kommunalabgabenrechtliche Erstattungsanspruch

In den Kommunalabgabengesetzen der Länder ist regelmäßig in Anlehnung an das Steuerrecht der kommunalabgabenrechtliche Erstattungsanspruch geregelt, wobei der grundlegenden steuerrechtlichen Vorschrift des § 37 Abs. 2 AO entsprechende Geltung beigelegt wurde[120]. Weil dieser Anspruch für die kommunalabgabenrechtliche Erstattung überzahlter Vorausleistungen von Bedeutung sein wird, soll er hier kurz, unter Berücksichtigung der Auswirkungen, die die These von der Konkretisierungswirkung der Abgabenfestsetzung nach sich zieht, dargestellt werden. Für den als Vorbild fungierenden steuerrechtlichen Erstattungsanspruch gelten dabei folgende Grundsätze:

1. Der steuerrechtliche Erstattungsanspruch nach § 37 Abs. 2 AO

Die Frage, unter welchen Voraussetzungen ein Erstattungsanspruch gemäß § 37 Abs. 2 AO entsteht, ist einer der wesentlichen Streitpunkte des allgemeinen Steuerrechtes.

a. Entstehungsvoraussetzungen

Das Gesetz bestimmt in § 37 Abs. 2 AO zu den Entstehungsvoraussetzungen des Erstattungsanspruches lediglich, dass eine Steuer, eine Steuervergütung, ein Haftungsbetrag oder eine steuerliche Nebenleistung *ohne rechtlichen Grund* gezahlt oder zurückgezahlt worden sein muss. Die Streitigkeiten

118 So wohl auch *Dietzel*, in: Festschrift für H.-J. Driehaus, 2005, S. 52.

119 A. A. BayVGH v. 21. 3. 1986, 6 B 83 A.1475, BayVBl. 1986, 499 (500); OVG Lüneburg v. 14. 12. 1988, 9 A 66/87, DÖV 1989, 863 (864); *Döring*, in: Festschrift für H.-J. Driehaus, 2005, S. 68: Anrechnungsverfügung ist kein Verwaltungsakt.

120 § 11 Abs. 1 Nr. 2 Buchst. b NKAG; § 12 Abs. 1 Nr. 2 Buchst. b brdb. KAG; § 4 Abs. 1 Nr. 2 Buchst. b hess. KAG; § 12 Abs. 1 Nr. 2 Buchst. b saarl. KAG; § 3 Abs. 1 Nr. 2 Buchst. b bad.-württ. KAG; § 12 Abs. 1 KAG M-V; § 3 Abs. 1 Nr. 2 rh.-pf. KAG; § 3 Abs. 1 Nr. 2 Buchst. b SächsKAG; § 15 Abs. 1 Nr. 2 Buchst. b ThürKAG; Artikel 13 Abs. 1 Nr. 2 Buchst. b bayer. KAG; § 12 Abs. 1 Nr. 2 Buchst. b nordrh.-westf. KAG; § 13 Abs. 1 Nr. 2 Buchst. b KAG-LSA.

über die Auslegung dieser Vorschrift entzünden sich dabei an dem Tatbestandsmerkmal „ohne rechtlichen Grund“, das aus der verwandten Konditionsvorschrift des Zivilrechtes übernommen wurde:

aa. Die materiell-rechtliche Theorie Die Vertreter der materiell-rechtlichen Theorie[121] sehen den Rechtsgrund von Zahlungen ausschließlich im materiellen Recht. Für das Entstehen eines Erstattungsanspruches ist es danach ausschlaggebend, ob Zahlungen geleistet wurden, die nach dem Gesetz nicht geschuldet werden; die durch den Steuerbescheid konstituierte formelle Leistungspflicht hindert nur die Geltendmachung des Erstattungsanspruches[122].

aaa. Kein zwingendes materiell-rechtliches Verständnis von § 37 Abs. 2 AO Zur Begründung wird darauf verwiesen, dass § 38 AO für alle Ansprüche aus dem Steuerschuldverhältnis einheitlich von einem materiell-rechtlichem Entstehungstatbestand ausgeht. Da der Steueranspruch kraft Gesetzes entsteht, müsse dies auch für seine Umkehrung, den Erstattungsanspruch gelten[123]. Dem ist jedoch entgegenzuhalten, dass die Vorschrift des § 37 Abs. 2 AO von einer Zahlung ohne *rechtlichen* Grund - nicht von einer Zahlung ohne *gesetzlichen* Grund spricht. Der Tatbestand des Erstattungsanspruches selbst eröffnet damit seinem Wortlaut nach durchaus eine Rückgriffsmöglichkeit auch auf andere der Rechtsordnung zugehörige Rechtsquellen.

bbb. Keine Übertragbarkeit der Grundsätze des zivilrechtlichen Konditionsanspruches Auch das Argument, die Ähnlichkeit des steuerrechtlichen Erstattungsanspruches mit dem zivilrechtlichen Konditionsanspruch gebiete im Rahmen der Feststellung des Rechtsgrundes die alleinige Berücksichtigung der materiellen Rechtslage[124], überzeugt insoweit nicht.

121 *Drüen*, in: Tipke/Kruse, AO, § 37 Rn. 37; *Schuster*, in: HHSp, AO, § 38 Rn. 76 ff.; *Hein*, DStR 1990, 304; *Drenseck*, Das Erstattungsrecht der Abgabenordnung 1977, 1979, S. 64; für die Rechtslage vor Inkrafttreten der Abgabenordnung: BFH v. 7. 3. 1968, IV R 278766, BFHE 92, 153 (158); v. 22. 5. 1979, VIII R 58/77, BFHE 128, 146 (147), zwischen latentem Erstattungsanspruch und Erstattungszahlungsanspruch differenzierend v. 18. 3. 1976, V R 127/71, BFHE 118, 163 (165 f.); ähnlich einschränkend *Brockmeyer/Ratschow*, in: Klein, AO, 10. Aufl. 2009, § 37 Rn. 10.

122 *Drüen*, in: Tipke/Kruse, § 37 Rn. 27 ff. und 34 ff.; *Hein*, DStR 1990, 304.

123 *Kruse*, Festschrift für K. Tipke, 1995, S. 281; *Schuster*, in: HHSp, AO, § 38 Rn. 76.

124 *Kruse*, Festschrift für K. Tipke, 1995, S. 281; *Schuster*, in: HHSp, AO, § 38 Rn. 76.

Denn es vernachlässigt, dass ein dem Verwaltungsakt entsprechendes Rechtsinstitut im Zivilrecht nicht existiert - aus der zwangsläufigen Nichtberücksichtigung formell-rechtlicher Gesichtspunkte bei der zivilrechtlichen Rechtsgrundprüfung kann deshalb nichts für das öffentliche Recht und erst recht nichts für das Steuerrecht hergeleitet werden, wo das Gesetz das Durchlaufen eines Verwaltungsverfahrens mit abschließender bindender Veranlagung vorschreibt[125].

ccc. Keine Bestimmbarkeit der materiell-rechtlichen Steuerschuld im Widerspruch zur aktuellen Bescheidlage Vielmehr spricht entscheidend gegen die materiell-rechtliche Theorie, dass die Frage, was nach dem materiellen Recht geschuldet ist, ohnehin nicht unabhängig davon beurteilt werden kann, welche gesetzliche Steuerforderung im Steuerbescheid gültig und verbindlich festgestellt wurde, solange eine wirksame Steuerfestsetzung existiert[126]. Denn die aktuell gültige Erkenntnis, welche gesetzliche Steuerforderung von Beginn an bestand, ergibt sich aus der jeweils wirksamen Bescheidlage. Die materiell-rechtliche Rechtslehre kann daher schon aus diesem Grund nicht auf der Unterscheidung zwischen der materiellen, „richtigen" Steuerschuld und der formellen Steuerfestsetzung aufbauen, sondern könnte allenfalls die Abgrenzung der Steuerfestsetzung als (rückwirkender) Konkretisierung des gesetzlichen Steueranspruches einerseits von dem Leistungsgebot bzw. der Anrechnungsverfügung als formellem Behaltungsgrund andererseits als Grundlage heranziehen.

ddd. Keine Trennbarkeit von materiellem und formellem Steuerrecht Zudem bleibt unabhängig davon, ob man der hier vertretenen Auffassung von der Konkretisierungswirkung der Steuerfestsetzung folgt, festzuhalten, dass der zentrale Fixpunkt der materiell-rechtlichen Theorie - die Trennbarkeit formellen und materiellen Rechtes - für das Steuerrecht dadurch widerlegt ist, dass § 218 Abs. 1 AO die dem materiellen Recht zuzurechnenden Tilgung der Forderung mit einem formellen Verfahrensschritt - dem Erlass des Steuerbescheides - verknüpft. Diese Verschränkung macht es unmöglich, die Rechtfertigung der eingetretenen Vermögenslage bzw. das Vorhandensein eines rechtlichen Grundes für die Leistung ausnahmslos unabhängig von der Existenz eines Festsetzungsbescheides zu beurteilen. Hat nämlich ein Steu-

---

125 *Söhn*, Folgenbeseitigung, 1973, S. 68 und 104.
126 Vgl. Ziffer II Nr. 3, S. 69 ff.

erschuldner Zahlungen erbracht, denen keine Festsetzung zugrundeliegt, die aber dem abstrakten Steueranspruch entsprechen, so wäre mit der materiell-rechtlichen Theorie das Entstehen eines Erstattungsanspruches zu verneinen, da die Zahlungen unter materiellen Kriterien nicht ohne Rechtsgrund erfolgt sind[127]. Die Frage des fehlenden Steuerbescheides kann unter diesen Umständen insbesondere nicht - wie sonst nach der materiell-rechtlichen Rechtslehre - auf einen Aspekt der Durchsetzbarkeit des Erstattungsanspruches reduziert werden, da mit der Geltendmachung eines Anspruches nicht operiert werden kann, wenn es bereits am Anspruch selbst fehlt[128].

Folgerichtig wäre danach die Ablehnung eines Erstattungsanspruches. Damit gerieten die Vertreter der materiellen Rechtsgrundtheorie indes zwangsläufig in ein Dilemma - haben doch Zahlungen ohne Festsetzung keine Tilgungswirkung für die Steuerschuld[129] und zeitigen damit nicht die vom Steuerpflichtigen allein bezweckte Folge, um deretwillen er das Vermögensopfer erbringt. In der Konsequenz würde der Festsetzungsvorbehalt des § 218 Abs. 1 AO zudem dazu führen, dass die öffentliche Hand freiwillige oder im Vertrauen auf eine unwirksame Steuerfestsetzung erbrachte Zahlungen behalten könnte, ohne dass der Steueranspruch hierdurch getilgt wird und ohne dass der Steuerschuldner seine ihren Sinn verfehlende Zahlung zurückfordern könnte. Diesem Schwebezustand setzt das Gesetz selbst ohne eine behördliche Festsetzung der Steuer auch kein zeitliches Ende. Diese Konsequenzen der materiell-rechtlichen Lehre sind offensichtlich unannehmbar; sie werden daher, soweit sie überhaupt in den Blick geraten, unter Aufgabe eines dogmatisch stimmigen Konzeptes negiert[130].

---

127 In diesem Sinne *Alber*, in: HHSp, AO, Vor §§ 218-227 Rn. 36; *Kruse*, in: Tipke/Kruse, AO, § 47 Rn. 5; wohl auch FG Düsseldorf v. 26. 11. 1986, IV 152/82, EFG 1987, 257; widersprüchlich der VII. Senat des Bundesfinanzhofs v. 6. 2. 1996, VII R 50/95, BFHE 179, 556 (558) einerseits und v. 30. 4. 1996, VII R 122/94, BFH/NV 1996, 866 (868) andererseits; verneinend die wohl h. M.: *Ruban*, in: HHSp, AO, § 228 Rn. 7; *Drüen*, in: Tipke/Kruse, AO, § 37 Rn. 29; *Söhn*, in: Festschrift für H. W. Kruse, 2001, S. 244 ff.; *Blesinger*, in: Kühn/v. Wedelstädt, AO, 19. Aufl. 2008, § 37 Rn. 9; *Lang*, in: Tipke/Lang, Steuerrecht, 20. Aufl. 2010, § 7 Rn. 73; *Brockmeyer/Ratschow*, in: Klein, AO, 10. Aufl. 2009, § 37 Rn. 3; BFH v. 29. 7. 1998, II R 64/95, BFH/NV 1998, 1455.

128 *Söhn*, in: Festschrift für H. W. Kruse, 2001, S. 247.

129 Vgl. Ziffer III Nr. 1 Buchst. c, S. 75 ff.

130 *Drüen* etwa postuliert unter Abkehr vom sonst vertretenen Grundsatz der Maßgeblichkeit der materiellen Anspruchslage, bei Leistungen vor Fälligkeit handele es sich um Leistungen ohne rechtlichen Grund (*Drüen*, in: Tipke/Kruse, AO, § 37 Rn. 29). Diese Argumentation verwechselt allerdings die Fälligkeit - das Verlangen-Können - mit der Erfüllbarkeit - dem Bewirken-Können - einer Leistung (vgl. § 271 BGB und *Grüneberg*, in: Palandt, BGB, 70. Aufl. 2011, § 271 Rn. 1).

eee. Keine Umgehung verfahrensrechtlicher Änderungsschranken für die Steuerfestsetzung Gegen eine rein materiell-rechtliche Verankerung des Erstattungsanspruches spricht in diesen Fällen zudem, dass hierdurch der Weg für eine Umgehung der verfahrensrechtlichen Änderungsschranken der §§ 172 ff. AO geebnet würde[131]. Diese von der Abgabenordnung zugunsten des Steuerpflichtigen getroffene Abwägung zwischen Vertrauensschutz, Rechtssicherheit und Gesetzmäßigkeit der Besteuerung würde leerlaufen, wollte man die Erstattung überhöhter Zahlungen nicht oder nicht allein nach einer nur noch eingeschränkt änderbaren Festsetzung beurteilen, sondern auf den zugrunde liegenden materiell-rechtlichen Steueranspruch abstellen, dessen Bestimmung von derartigen Schranken völlig frei ist.

fff. Praktikables Verständnis des § 46 Abs. 2 AO Für die materiell-rechtliche Theorie spricht einzig, dass sie zu einer praktikablen Auslegung der Abtretungs- und Pfändungsvoraussetzungen nach § 46 Abs. 2 und 6 AO gelangt[132]. § 46 Abs. 2 AO knüpft nämlich die Wirksamkeit einer Abtretung an die Voraussetzung, dass sie *nach* Entstehung der Forderung formgerecht der zuständigen Finanzbehörde angezeigt wird. Desgleichen sieht § 46 Abs. 6 AO eine Einschränkung der (Ver-)Pfändbarkeit auf bereits entstandene Ansprüche vor. Da mit der materiell-rechtlichen Lehre der Erstattungsanspruch unabhängig von der Bescheidlage sofort entsteht, wenn eine Zahlung geleistet wird, die nicht mit dem gesetzlichen Steueranspruch in Einklang steht bzw. wenn die materielle Jahressteuerschuld in einer die erbrachten Vorauszahlungen unterschreitenden Höhe entsteht[133], verbleibt zwischen der Begründung des Erstattungsanspruches und seiner Erfüllung durch die Behörde ein hinreichend großer Zeitraum, um Abtretungen und Verpfändungen faktisch möglich zu machen.

ggg. Zwischenergebnis Nach alledem findet die materiell-rechtliche Lehre zwar für die Abtretung und Verpfändung von Erstattungsansprüchen zu handhabbaren Lösungen. Sie ist jedoch unbeschadet dessen abzulehnen, weil sie allgemein die Konkretisierungswirkung der Steuerfestsetzung verkennt, weil sie darüber hinaus auch für diejenigen Fälle, in denen erbrach-

131 In diesem Sinne auch *Söhn*, in: Festschrift für H. W. Kruse, 2001, S. 247; vgl. hierzu bereits grundsätzlich oben Ziffer II Nr. 2 Buchst. a Doppelbuchst. dd, S. 64 f.

132 Dies betonen auch *Schuster*, in: HHSp, AO, § 38 Rn. 78 und *Brockmeyer/Ratschow*, in: Klein, AO, 10. Aufl. 2009, § 37 Rn. 5.

133 *Drüen*, in: Tipke/Kruse, AO, § 37 Rn. 27, 32; *Schuster*, in: HHSp, AO, § 38 Rn. 73.

te Zahlungen nicht der formellen Bescheidlage, wohl aber der materiellen Rechtslage entsprechen, nicht zu dogmatisch stimmigen Ergebnissen findet, und weil sie schließlich einer Umgehung der §§ 172 ff. AO Raum bieten würde.

bb. Die formell-rechtliche Theorie Die herrschende Ansicht sieht in der Steuerfestsetzung einen *formellen* Rechtsgrund für die Vermögensverschiebung. Die Anhänger dieser Meinung lassen sich weiter in solche, die für die Beurteilung der Rechtsgrundlosigkeit einer Steuerzahlung *nur* auf die formelle Rechtslage abstellen wollen[134], und solche unterscheiden, die der Steuerfestsetzung *neben* der materiellen Rechtslage den Charakter als *causa* der Zahlung zusprechen[135]. Ein Erstattungsanspruch entsteht damit erst mit Änderung der Bescheidlage.

aaa. Steuerfestsetzung kein formeller Rechtsgrund Auch dieser Auffassung kann nicht ohne Abstriche beigetreten werden, weil sie ebenfalls nicht die besondere, anspruchskonkretisierende Wirkung der Steuerfestsetzung würdigt. Wie oben[136] dargestellt wurde, handelt es sich bei dem Steuerbescheid gemäß § 155 AO um den Ausspruch der gesetzlichen Steuerschuld, nicht aber um einen zusätzlichen, formellen Rechtsgrund, der neben das Gesetz tritt. Ein solcher formeller Rechtsgrund kann vielmehr nur im Leistungsgebot bzw. in der Anrechnungsverfügung gesehen werden.

bbb. Faktischer Ausschluss der Abtretbarkeit von Erstattungsansprüchen? Der formellen Rechtsgrundtheorie wird weiter entgegengehalten, dass sie faktisch zu einem Ausschluss der Abtretbarkeit und Verpfändbarkeit von Erstattungsansprüchen führt[137]. § 46 Abs. 1 AO sieht zwar

134 *Koenig*, in: Pahlke/Koenig, AO, 2. Aufl. 2009, § 37 Rn. 51 f.; *P. Kirchhof*, NJW 1985, 2978; *Lang*, in: Tipke/Lang, Steuerrecht, 18. Aufl. 2005, § 7 Rn. 73; *Söhn*, Folgenbeseitigung, 1973, S. 136; *Ruban*, in: HHSp, AO, § 228 Rn. 7; BFH v. 18. 12. 1986, I R 52/83, BFHE 149, 440 [444]. Die Bedeutung des Rechtsgrundes im Sinne von § 37 Abs. 2 Satz 1 AO wird in der Rechtfertigung für die Neuordnung der Güterlagen und damit im Grund für das Behaltendürfen der Zahlung gesehen. Da der Steuergläubiger die ihm nach materiellem Recht zustehende Steuer erst behalten darf, wenn sie aufgrund eines Steuerbescheides gegenüber dem Steuerschuldner festgesetzt wurde, ist die Steuerfestsetzung Rechtsgrund der Zahlung (*Koenig*, DStR 1991, 638 m. w. N.).

135 BFH v. 6. 2. 1996, VII R 50/95, BFHE 179, 556 (561); so wohl auch *Boeker*, in: HHSp, AO, § 37 Rn. 35.

136 Vgl. Ziffer III Nr. 1 Buchst. d, S. 77 ff.

137 BFH v. 6. 2. 1990, VII R 86/88, BFHE 160, 108 (110); *Hein*, DStR 1990, 305; *Schuster*, in: HHSp, AO, § 38 Rn. 78.

für das Steuerrecht die Abtretbarkeit und Pfändbarkeit unter anderem von Ansprüchen auf Erstattung von Steuern vor. Legt man § 46 AO die formell-rechtlichen Lehre zugrunde, ist jedoch ein wirksamer Erwerb einer Erstattungsforderung bzw. eines Pfandrechtes hieran praktisch nicht möglich.

§ 46 Abs. 2 AO knüpft nämlich die Wirksamkeit einer Abtretung an die Voraussetzung, dass sie *nach* Entstehung der Forderung formgerecht der zuständigen Finanzbehörde angezeigt wird. Desgleichen sieht § 46 Abs. 6 AO eine Einschränkung der (Ver-)Pfändbarkeit auf bereits entstandene Ansprüche vor. Eine vor der Anpassung der formellen Bescheidlage vereinbarte Abtretung oder Pfändung bliebe wegen der fehlenden Anzeigbarkeit bzw. mangels aktuell existierender Forderung wirkungslos. Erfolgt die Anpassung der Bescheidlage an den gesetzlichen Anspruch hingegen zufällig vor der Forderungsübertragung, so wäre dem Zessionar damit gleichwohl im Regelfall ebenfalls nicht geholfen. Denn typischerweise ist die Abänderung der Steuerfestsetzungen bzw. die Ablösung von Vorausleistungsbescheiden durch endgültige Steuerbescheide mit einer gleichzeitig veranlassten Auskehr des überschüssigen Betrages - also der Erfüllung der Erstattungsforderung - verbunden. Das verbleibende Zeitfenster für die Abtretungsanzeige bzw. die Verpfändung wäre im Regelfall so schmal, dass hierdurch im Ergebnis die Abtretung von Erstattungsforderungen oder ihre Instrumentalisierung für Zwecke der Zwangsvollstreckung oder Forderungssicherung vollends vereitelt würde[138].

Diese Unzuträglichkeiten beruhen allerdings nicht auf originären Mängeln der formell-rechtlichen Lehre, sondern auf der für eine wirtschaftlich sinnvolle Verwertbarkeit von steuerlichen Erstattungsforderungen deutlich zu eng gefassten Vorschrift des § 46 Abs. 2 bzw. 6 AO. Die Lösung des Problems kann daher nicht darin bestehen, die allgemeingültigen Grundsätze der Entstehung von Erstattungsforderungen an den sachlich verfehlten Tatbestand des § 46 Abs. 2 und 6 AO anzupassen, sondern muss stattdessen in einer erweiternden Auslegung des § 46 Abs. 2 und 6 AO gesucht werden[139]. Für das Verständnis dieser Norm kann deshalb nicht davon ausgegangen werden, dass sie, soweit sie von der Entstehung des Anspruches spricht, auf die allgemeine Terminologie des Gesetzes zurückgreift. Das Tatbestandsmerkmal der „Entstehung des Anspruches" im Sinne von § 46 AO ist vielmehr nach dem Vorbild des § 38 InsO dahingehend auszulegen, dass lediglich die *Be-*

138 So auch die Kritik des BFH v. 6. 2. 1990, VII R 86/88, BFHE 160, 108 (110); ebenso *Hein*, DStR 1990, 305; *Schuster*, in: HHSp, AO, § 38 Rn. 78.

139 So in der Tendenz auch BFH v. 6. 2. 1990, VII R 86/88, BFHE 160, 108 (110); v. 26. 4. 1994, VII R 109/93, BFH/NV 1994, 839 (840).

gründung des Anspruches gemeint ist. Danach ist es ausreichend, wenn der Rechtsgrund der Entstehung der Forderung bereits gelegt ist[140].

Nach alledem weist die formell-rechtliche Theorie bereits in die richtige Richtung, sie kann aber letztlich wiederum nur mit der Einschränkung überzeugen, dass das Entstehen eines Erstattungsanspruches nach einer modifizierten formell-rechtlichen Theorie zu beurteilen ist, die die Steuerfestsetzung als Konkretisierung des materiellen Anspruchs begreift und den formellen Rechtsgrund stattdessen im Leistungsgebot oder der Anrechnungsverfügung des Erhebungsverfahrens verortet[141].

b. Einzelne Fallgestaltungen

Gemäß § 37 Abs. 2 AO muss die Prüfung, ob im Einzelfall ein Erstattungsanspruch besteht, ins Positive gewendet mit dem Ausschlussgrund beginnen, ob bei Betrachtung der Gesamtheit aller Rechtsquellen die Vermögenslage einem wirksamen rechtlichen Sollen entspricht. Voraussetzung für das Vorliegen eines Rechtsgrundes und damit für das Fehlen eines Erstattungsanspruches ist, dass die Rechtsordnung einen dem Rechtsbefehl entsprechenden Zustand akzeptiert - mit anderen Worten: die Erfüllbarkeit des Anspruches.

aa. Zahlungen ohne wirksamen Festsetzungsbescheid Gemessen hieran ergibt sich zunächst für Zahlungen ohne wirksamen Festsetzungsbescheid, dass diese - unabhängig davon, ob hiermit ein materiell-rechtlicher Steueranspruch korrespondiert - *ohne Rechtsgrund* im Sinne von § 37 Abs. 2 Satz 1 AO erfolgen und Erstattungsansprüche auslösen[142]. Denn die Rechtsordnung lässt nach § 218 Abs. 1 AO für die Entstehung einer *tilgungsfähigen* Steuerforderung nicht genügen, dass jene mit Tatbestandserfüllung (§ 38 AO) nur rechtliche Existenz erlangt hat. Das Gesetz knüpft die Verwirklichungsfä-

140 *Ehricke*, in: MünchKommInsO, 2007, § 38 Rn. 15 ff. m. w. N.

141 Vgl. hierzu grundsätzlich Ziffer II Nr. 3 Buchst. a, S. 69 f. und Ziffer III Nr. 1 Buchst. d, S. 77 ff.

142 H. A.: *Ruban*, in: HHSp, AO, § 228 Rn. 7; *Söhn*, in: Festschrift für H. W. Kruse, 2001, S. 244 ff.; *Blesinger*, in: Kühn/v. Wedelstädt, AO, 19. Aufl. 2008, § 37 Rn. 9; *Lang*, in: Tipke/Lang, Steuerrecht, 20. Aufl. 2010, § 7 Rn. 73; *Brockmeyer/Ratschow*, in: Klein, AO, 10. Aufl. 2009, § 37 Rn. 3; BFH v. 29. 7. 1998, II R 64/95, BFH/NV 1998, 1455; a. A. *Alber*, in: HHSp, AO, Vor §§ 218-227 Rn. 36; wohl auch FG Düsseldorf v. 26. 11. 1986, IV 152/82, EFG 1987, 257; widersprüchlich *Kruse*, in: Tipke/Kruse, AO, § 47 Rn. 5 einerseits und *Kruse/Drüen*, in: Tipke/Kruse, AO, § 37 Rn. 29 andererseits; desgleichen widersprüchlich der VII. Senat des Bundesfinanzhofs v. 6. 2. 1996, VII R 50/95, BFHE 179, 556 (558), einerseits und v. 30. 4. 1996, VII R 122/94, BFH/NV 1996, 866 (868), andererseits.

higkeit des Steueranspruches vielmehr an dessen vorherige Festsetzung. Können aber die zur Tilgung erbrachten Zahlungen wegen im Anspruch selbst begründeter rechtlicher Umstände ihren Zweck nicht erreichen, so respektiert die Rechtsordnung die mit der Zahlung eingetretene Güterverteilung (noch) nicht als eine dem rechtlichen Sollen gemäße. Ein rechtlicher Grund für die Zahlung liegt dann bei der notwendigen Gesamtbetrachtung des rechtlichen Rahmens nicht vor.

bb. Zahlungen auf einen nachträglich geänderten Festsetzungsbescheid Sobald hingegen eine wirksame Festsetzung der Steuer existiert, ist diese Festsetzung maßgeblich für das Verständnis, was der Steuerpflichtige nach materiellem Recht der öffentlichen Hand als Abgabenzahlung schuldet. Zahlungen, die der Steuerfestsetzung entsprechen, erfolgen also stets mit materiellem Rechtsgrund. Eine eingehendere Betrachtung ist indes notwendig, wenn es um die Fälle einer späteren Abänderung der Steuerfestsetzung geht. Insoweit gilt Folgendes:

Maßgeblich für die Beurteilung der Frage, welche Höhe der gesetzliche Steueranspruch hat, ist der letzte wirksame Steuerbescheid. Alle geflossenen Zahlungen müssen sich hinsichtlich ihrer materiell-rechtlichen Berechtigung an der nunmehr geltenden Festsetzung messen. Die jetzt gültige Erkenntnis, was von Beginn an gesetzlich geschuldet war, bildet die Grundlage für die Prüfung der Rechtmäßigkeit der eingetretenen Vermögenslage, nicht die überholte Rechtsauffassung, von der die Beteiligten bei der Zahlung ausgingen. Von der Behörde einbehaltene Tilgungsleistungen, die die nun gültig erkannte gesetzliche Steuerschuld nicht übersteigen, sind folglich im Hinblick auf die gesetzliche Steuerschuld mit Rechtsgrund erbracht und haben wegen der nunmehr vorhandenen Festsetzung auch Tilgungswirkung.

Ob diese Zahlungen einstmals die Festsetzungen überschritten und ob dem Steuerpflichtigen insoweit früher ein Erstattungsanspruch zustand, ist nach der Änderung der Steuerfestsetzung nicht mehr von Belang.

Dies gilt unabhängig davon, ob der Erstattungsanspruch verjährt wäre, oder nicht[143]. Anders könnte man dies nur sehen, wenn die Verjährung des Erstattungsanspruches, der ehemals zugunsten des Steuerpflichtigen gegeben war, dazu führte, dass zugleich die dem Erstattungsanspruch zugrunde liegende Leistung, die der Steuerpflichtige - wie sich nachträglich herausstellt, zu Recht - erbracht hatte, als nicht mehr existent anzusehen wäre. Dem ist

143 Im Ergebnis daher zutreffend BFH v. 6. 2. 1996, VII R 50/95, BFHE 179, 556 (561).

jedoch nicht so. Mit Eintritt der Verjährung hat der Steuerschuldner lediglich keinen Anspruch mehr auf Rückzahlung des erbrachten Betrages. Dies bedeutet indes nicht, dass die von ihm erbrachte Zahlung ihren inneren Bezug zu der zu tilgenden Steuerforderung verliert und der Steuergläubiger sich diesen Betrag gleichsam widmungslos seinem sonstigen Vermögen einverleiben darf. Vielmehr bleibt die Zahlung eine Leistung auf die spezifische Steuerschuld. Diese zunächst leerlaufende Tilgungsbestimmung erlangt wieder Bedeutung, wenn eine entsprechende Heraufsetzung der Steuerfestsetzung nachträglich erfolgt.

Auch wenn nach vermeintlich überhöhten Steuerzahlungen vormals bejahte Erstattungsansprüche erfüllt worden sind, verbleibt es mit diesen Grundsätzen für den Steuergläubiger bei dem Untergang der Steuerforderung durch Erfüllung. Denn auch in diesen Fällen ergibt der Vergleich zwischen der nunmehr bindend erkannten materiellen Rechtslage und den geleisteten Zahlungen, dass der Steuerschuldner die gegen ihn gerichteten Ansprüche bereits getilgt hatte - seine einstmals erbrachten Leistungen haben aufgrund der nunmehr gültigen Festsetzung (wieder) Befriedigungswirkung[144]. Der Umstand, dass ihm seine Leistungen wegen eines sich zwischenzeitlich als falsch herausstellenden Verständnisses von der Steuerschuld zurückgezahlt wurden, ändert hieran nichts. Die ursprüngliche Steuerschuld ist erloschen - der öffentlichen Hand bleibt nur die Geltendmachung von Rückforderungsansprüchen.

Ergibt sich bei einer späteren Änderung des Festsetzungsbescheides hingegen, dass die gesetzliche Steuerschuld geringer als die bislang gültige Festsetzung ist, so bestand von Beginn an nach Maßgabe der nunmehr wirksamen Festsetzung kein materieller Rechtsgrund für die geleisteten Zahlungen. Zwar durfte die Finanzbehörde unter Geltung des abgelösten Festsetzungsbescheides davon ausgehen, eine Leistung mit Rechtsgrund zu empfangen, diese Ansicht erweist sich aber nachträglich als unzutreffend.

Bei alleiniger Betrachtung der materiellen, durch Bescheid konkretisierten Rechtslage ergibt sich demnach folgende Situation: In einer die aktuelle Festsetzung übersteigenden Höhe fehlte es von vornherein an einem gesetzlicher Rechtsgrund für Steuerzahlungen; allein das Wissen darum wurde erst mit Änderung der früheren Steuerbescheide in rechtlich beachtlicher Weise erlangt.

144 So auch Drenseck, Das Erstattungsrecht der Abgabenordnung 1977, 1979, S. 23; BVerwG v. 26. 1. 1996, 8 C 14/94, NVwZ-RR 1996, 465 (467).

Soweit die entsprechende Zahlung jedoch durch ein Leistungsgebot oder durch eine Anrechnungsverfügung formell legitimiert war, führt die modifizierte „formelle Theorie" gleichwohl dazu, dass sich der Entstehungszeitpunkt der Erstattungsforderungen auf den Zeitpunkt der Änderung von Leistungsgebot oder Anrechnungsregelung verschiebt, die typischerweise jedenfalls konkludent mit der Abänderung der Steuerfestsetzung einhergehen werden.

2. Der kommunalabgabenrechtliche Erstattungsanspruch in Rechtsprechung und Literatur

Anders als im Steuerrecht herrscht im Kommunalabgabenrecht über die Grundlagen eines Erstattungsanspruches kein Streit. Abgabenbescheide werden - entsprechend der formellen Theorie des Steuerrechts[145] - gemeinhin als Rechtsgrund für geleistete Abgaben betrachtet[146]. Die im Steuerrecht ebenfalls verbreitete materiell-rechtliche Lehre, die die Bescheidlage nicht für das Entstehen, sondern nur für die Geltendmachung von Erstattungsansprüchen als maßgeblich erachtet, findet in der kommunalabgabenrechtlichen Literatur und Rechtsprechung hingegen keine Entsprechung.

3. Übertragung der steuerrechtlichen Grundsätze

Dieser herrschenden Auffassung kann zwar mit den oben[147] dargestellten Erwägungen nicht einschränkungslos beigetreten werden, weil sich der formelle Rechtsgrund für eine erbrachte Leistung nicht aus der Abgabenfestsetzung, sondern lediglich aus dem Leistungsgebot oder der Anrechnungsverfügung ergeben kann. Zudem bleibt darauf hinzuweisen, dass mit der Erhebung des Kommunalabgabenbescheids zum Rechtsgrund der Zahlung eine einschränkende Auslegung des Begriffs der „Anspruchsentstehung" im Sinne des entsprechend anwendbaren § 46 Abs. 2 und 6 AO[148] einhergehen muss, wenn eine Entwertung der wirtschaftlichen Verkehrsfähigkeit des kommunalabga-

145 Vgl. Nr. 1 Buchst. a Doppelbuchst. bb, S. 86 ff.

146 *Gern*, Sächsisches Kommunalabgabenrecht, 2. Aufl. 2000, Rn. 1115; *Driehaus*, in: Driehaus, Kommunalabgabenrecht, § 2 Rn. 109, § 8 Rn. 141, 182 m. w. N.; *Patt*, in: Büchel/Patt, SächsKAG, § 3 Rn. 96; OVG Münster v. 3. 8. 1977, II A 716/76; SächsOVG v. 1. 4. 2003, 5 B 115/01, KStZ 2003, 169 (170), und v. 20. 8. 2009, 5 B 265/09, SächsVBl 2010, 287.

147 Siehe Nr. 1, S. 81 ff.

148 Für eine Aufweichung der Anforderungen des § 46 AO an die Formvoraussetzungen einer Abtretung auch *Patt*, in: Büchel/Patt, SächsKAG, § 3 Rn. 130.

benrechtlichen Erstattungsanspruches vermieden werden soll. Insgesamt ist jedoch - im Ergebnis weitgehend übereinstimmend mit der herrschenden Meinung - auch für das Kommunalabgabenrecht davon auszugehen, dass ein Erstattungsanspruch dann gegeben ist, wenn die Zahlung bei Betrachtung der Gesamtheit aller Rechtsquellen keinem wirksamen rechtlichen Sollen entspricht, wenn ein erfüllbarer Anspruch nicht besteht.

Dies bedeutet konkret, dass - mit Ausnahme von Sachsen-Anhalt[149] - wegen des Festsetzungsvorbehaltes entsprechend § 218 Abs. 1 AO alle Zahlungen, die ohne eine wirksame Abgabenfestsetzung erfolgt sind, zu erstatten sind. Der Erstattungsanspruch entsteht in diesen Fällen mit der Zahlung. Existiert hingegen ein wirksamer Kommunalabgabenbescheid, gilt die darin festgesetzte Abgabenschuld als Entsprechung der gesetzlichen Abgabenschuld. Diese wirksame Festsetzung bildet damit im Rahmen der Feststellung eines Erstattungsanspruches die Grundlage für die Prüfung, ob das Gezahlte dem erfüllbar Geschuldeten entspricht. Frühere, mittlerweile geänderte oder aufgehobene Festsetzungen stellen lediglich überholte Rechtsauffassungen vom gesetzlich Geschuldeten dar. Übersteigen vormals erbrachte Tilgungsleistungen den nun wirksam festgesetzten Abgabenbetrag nicht, wurden sie im Hinblick auf die so gültig erkannte gesetzliche Kommunalabgabenschuld mit Rechtsgrund erbracht und haben Tilgungswirkung. Dabei spielt es keine Rolle, ob diese Zahlungen einstmals die Festsetzung überschritten und ob dem Abgabenschuldner deshalb nach der früher maßgeblichen Rechtsauslegung ein Erstattungsanspruch zustand. Dies gilt selbst dann, wenn der vormalige „Erstattungsanspruch" mittlerweile verjährt wäre oder wenn er durch Rückzahlung des fraglichen Betrages „erfüllt" wurde. In den Fällen, in denen die Abgabenfestsetzung nachträglich korrigiert wird, entsteht der Erstattungsanspruch erst mit der (konkludenten) Änderung des Leistungsgebots oder der Anrechnungsverfügung. Denn diese wirken als formeller Rechtsgrund für das Behaltendürfen des Geleisteten, gleichviel, dass aufgrund der korrigierten Festsetzung autorisiert festgestellt wurde, dass bereits zum Zeitpunkt der Zahlung gesetzlich ein geringerer Abgabenbetrag geschuldet war.

149 § 218 AO ist dort, wie erwähnt, gemäß § 13 Abs. 1 Nr. 5 KAG-LSA nicht entsprechend anwendbar.

D. Kommunalabgabenbescheid unter Vorbehalt der Nachprüfung - nur ein steuerrechtliches Relikt?

Die Kommunalabgabengesetze der Bundesländer Baden-Württemberg, Mecklenburg-Vorpommern, Rheinland-Pfalz, Nordrhein-Westfalen, Niedersachsen sowie des Freistaates Sachsen eröffnen - wie eingangs bereits erwähnt wurde[1] - die Möglichkeit, Kommunalabgabenbescheide unter dem Vorbehalt der Nachprüfung zu erlassen[2].

Diese in § 164 AO geregelte Modifikation der Steuerfestsetzung nach § 155 ff. AO ist in der Steuerpraxis weit verbreitet[3]. Die Besonderheit des § 164 AO besteht dabei in der Berechtigung der Finanzbehörde, Steuern allgemein oder im Einzelfall unter dem Vorbehalt der Nachprüfung festzusetzen, solange der Steuerfall nicht abschließend geprüft ist (§ 164 Abs. 1 Satz 1 AO). Solange der Vorbehalt wirksam ist, kann die Steuerfestsetzung aufgehoben oder geändert werden (§ 164 Abs. 2 Satz 1 AO). Der Vorbehalt der Nachprüfung kann vom Finanzamt jederzeit aufgehoben oder durch eine vorbehaltlose Steuerfestsetzung ersetzt werden (§ 164 Abs. 3 Satz 1 und 2 AO). Im Übrigen entfällt er mit Ablaufen der Festsetzungsfrist. Einer Festsetzung unter dem Vorbehalt der Nachprüfung stellt die Abgabenordnung die Festsetzung von Vorauszahlungen (§ 164 Abs. 1 Satz 2 AO) und die Steueranmeldung (§ 168 AO) gleich.

Mit der generellen Eröffnung der Möglichkeit einer vorgezogenen Entscheidung wollte der Steuergesetzgeber der überlasteten Finanzverwaltung ein Mittel an die Hand geben, um das Verfahren bis zum Erlass der für den stetigen Finanzmittelfluss besonders bedeutsamen *ersten* Steuerfestsetzung zu beschleunigen. Zugleich sollte den Behörden eine selbstverantwortliche Einteilung der knappen personellen und sachlichen Ressourcen ermöglicht werden, indem das Verfahrensrecht ihnen ein Ermessen bei der Entschei-

1 Vgl. Kap. C Ziffer I Nr. 2, S. 55.

2 § 3 Abs. 1 Nr. 4 Buchst. c bad.-württ. KAG, § 12 Abs. 1 KAG M-V, § 3 Abs. 1 Nr. 4 rh.-pf. KAG, § 3 Abs. 1 Nr. 4 nordrh.-westf. KAG; § 11 Abs. 1 Nr. 4 Buchst. b NKAG; § 3 Abs. 1 Nr. 4 Buchst. c SächsKAG.

3 *Kammann*, StuW 1982, 149.

dung einräumt, ob ein Steuerfall einer abschließenden Überprüfung unterzogen werden soll und wann dies geschieht[4]. Der Gesetzgeber hat sich dabei vollends von dem Bedürfnis der Finanzverwaltung leiten lassen, im Rahmen einer im Verwaltungsablauf verselbstständigten Vorprüfung bereits bestimmte kursorische Steuerfestsetzungen zu treffen[5].

Im Gegensatz zur ubiquitären Verbreitung von Vorbehaltsbescheiden in der Steuerpraxis machen indes die Gemeinden von diesem Instrument bei der Erhebung von Kommunalabgaben offensichtlich kaum Gebrauch. Dies wirft die Frage auf, ob für die Vorbehaltsfestsetzung im Kommunalabgabenrecht überhaupt ein praktischer Anwendungsbereich besteht, oder ob die entsprechenden gesetzlichen Regelungen im Ergebnis leerlaufen, weil sie an den Bedürfnissen der Kommunen vorbeigehen.

I. Anwendungsbereich

Es kann unter drei Gesichtspunkten für den Abgabengläubiger von Vorteil sein, Abgabenforderungen nur unter dem Vorbehalt der Nachprüfung festzusetzen. Zuvörderst versetzt ihn diese Möglichkeit der Verfahrensgestaltung in die Lage, eine erste Abgabenveranlagung durchführen, ohne eine gründliche, abschließende Sach- und Rechtsprüfung durchführen zu müssen. Die abschließende Prüfung kann damit etwa zu einem Zeitpunkt erfolgen, zu dem die Klärung der offenen Fragen leichter ist, zu dem mehr Personal- und Sachmittel zur Verfügung stehen, oder sie kann im Interesse einer rationellen Verfahrensgestaltung mit anderen Untersuchungsschritten verbunden werden. Zweifelhaft ist hingegen, ob sie sogar ganz entfallen darf[6]. Neben dieser auf die originäre Prüfungspflicht der Behörde zielenden Dimension der Vorbehaltsfestsetzung können darüber hinaus auch - für die Behörde positive - Auswirkungen auf das Gerichtsverfahren eintreten, denn auch die gerichtliche Kontrolle dieser Veranlagung ist nach der hier vertretenen Auffassung[7] eingeschränkt. Potentielle versteckte Fehler führen daher möglicherweise zunächst nicht zu einer Aufhebung eines angefochtenen vorbehaltlichen Bescheides und können idealerweise beim endgültigen Abgabenbescheid vermieden werden.

---

4 *Tipke*, in: Tipke/Kruse, AO, § 164 Rn. 16, Stand Juli 2001; *Heuermann*, in: HHSp, AO, § 164 Rn. 5; *Thiel*, StuW 1977, 237; *Rüsken*, in: Klein, AO, 10. Aufl. 2009, § 164 Rn. 1.

5 *Thiel*, StuW 1977, 237.

6 Vgl. hierzu unten Ziffer VI, S. 133 ff.

7 Vgl. hierzu unten Ziffer VII Nr. 2 Buchst. b, S. 188 ff.

Zum Dritten kann eine vorbehaltliche Festsetzung unter Umständen auch das Prozessrisiko der Behörde verringern, wenn sich die Betroffenen im Hinblick auf die Vorbehaltlichkeit der Festsetzung die Einlegung von Rechtsmitteln für die anschließende vorbehaltlose Abgabenfestsetzung aufsparen. Sind die Beteiligten hierzu bereit, kann dies der Behörde zum Beispiel die Möglichkeit verschaffen, eine anstehende gerichtliche Klärung grundlegender Fragen abzuwarten, zugleich aber auf eine erste Abgabenfestsetzung nicht zu verzichten.

1. Einschränkung der behördlichen Fallprüfung

Die durch § 164 Abs. 1 Satz 1 AO bewirkte Verminderung der originären behördlichen Fallprüfungslast konnte im Kommunalabgabenrecht im Gegensatz zum Steuerrecht nur geringe Bedeutung erlangen.

a. Fehlende Relevanz für den Regelfall

Vergleicht man die verfahrensmäßige Ausgangslage im Steuerrecht und im Kommunalabgabenrecht, so stellt man zunächst fest, dass die Situation im Kommunalabgabenrecht es überwiegend weder notwendig macht noch erlaubt, die Gepflogenheiten der vorbehaltlichen Festsetzung in der Steuerpraxis auf die Erhebung von Kommunalabgaben zu übertragen:

aa. Keine Massenverwaltung Das Bedürfnis nach einer ersten, schnellen, einstweiligen Festsetzung von Kommunalabgaben ist schon deshalb nicht in dem aus dem Steuerrecht bekannten Maße ausgeprägt, weil die kommunale Verwaltung von Abgaben weder den der Finanzverwaltung eigentümlichen Charakter einer Verwaltung für Massenverfahren aufweist, noch in einem solchen Grade personell und sachlich überlastet ist.

bb. Stufung der Sachverhaltsaufklärung nicht effizient Darüber hinaus ist dieses besondere Verfahrensinstrument in der Steuerverwaltung auch ungleich effektiver: Während die Finanzverwaltung für die erste Steuerfestsetzung regelmäßig auf eine Steuererklärung des Steuerschuldners zurückgreifen kann - für sie stellt sich damit nur die Frage, ob sie dessen Angaben unbesehen übernimmt, oder ob und wie tiefgehend sie die Erklärung überprüft - können sich die Kommunen bei der Erhebung von Kommunalabgaben, insbesondere bei der Erhebung von Beiträgen und Gebühren, weitgehend nicht auf Angaben des Abgabenschuldners stützen, sondern müssen den maßgeblichen Sachverhalt selbst ermitteln. Sind sie demnach ohnehin zu Aufklärungsmaßnahmen gezwungen, wird es ihnen jedoch häufig keine nennenswerte Ersparnis an Zeit oder Ressourcen einbringen, die Ermittlungen nicht fortzusetzen, bis sie die Überzeugung vom Vorliegen der Tatbestandsvoraussetzung gewonnen haben, sondern die Sachverhaltsaufklärung zunächst vorzeitig abzubrechen und erst später abzuschließen[8].

cc. Stufung der Rechtsprüfung nicht effizient oder nicht möglich

Entsprechendes gilt auch für die Rechtsprüfung des Sachverhaltes. Die Erhebung von Beiträgen und Gebühren wirft zwar nicht selten schwierige rechtliche und tatsächliche Fragen auf. Zumeist betreffen diese jedoch letztlich zumindest auch die Kalkulation des Abgabensatzes. Sie müssen deshalb in der Regel noch vor einer Abgabenveranlagung zwingend abschließend geklärt werden, weil ohne die Festlegung des Abgabensatzes in der Satzung keine Abgabenforderungen entstehen können[9]. Ausnahmen gelten insoweit lediglich für Erschließungsbeiträge und Straßenausbaubeiträge[10], sowie vereinzelt für Beiträge für leitungsgebundene Einrichtungen, wenn das Gesetz ihre Abrechnung ohne normativ vorgegebenen Beitragssatz zulässt[11]. Die nicht auf den vorgelagerten Satzungserlass, sondern auf das Veranlagungsverfahren zielende Verfahrenserleichterung des § 164 AO greift damit ausgerechnet für die Punkte, deren abschließende Prüfung den Kommunen häufig Probleme bereitet, nicht durch.

Hingegen ist die verbleibende Sach- und Rechtsprüfung, die die Kommunen im Rahmen des Veranlagungsverfahrens noch leisten müssen, überwiegend einfach gestaltet und ohne großen Aufwand zu bewältigen. In diesem Stadium sind namentlich der Abgabenschuldner und der konkrete Abgabenmaßstab zu ermitteln. Beides lässt sich häufig leicht feststellen, zumal insbesondere der den Kommunen gestattete Rückgriff auf Wahrscheinlichkeitsmaßstäbe für die Bemessung der entgoltenen behördlichen Leistung gerade dazu dient, aufwändige Prüfungen entbehrlich zu machen und eine rationelle Abgabenveranlagung zu ermöglichen. Zum Teil kann die Ermittlung des konkreten Abgabenmaßstabes zudem schon aus tatsächlichen Gründen nicht

---

8 Vgl. zur Notwendigkeit einer abschließenden Prüfung Ziffer VI, S. 133 ff.
9 *Driehaus*, in: Driehaus, Kommunalabgabenrecht, § 2 Rn. 79.
10 *Driehaus*, in: Driehaus, Kommunalabgabenrecht, § 2 Rn. 79, § 8 Rn. 250.
11 *Lohmann*, in: Driehaus, Kommunalabgabenrecht, § 8 Rn. 861.

aufgeschoben werden, weil es sich etwa um eine *ad-hoc*-Veranlagung für eine Nutzungssituation handelt, die sich alsbald erledigt. Hierein fallen zum Beispiel Marktgebühren oder Nutzungsgebühren für kommunale Freizeiteinrichtungen.

b. Spezifische Anwendungsfälle

Unterstellt man, dass der vorbehaltlichen Festsetzung regelmäßig[12] noch die abschließende Fallprüfung nachfolgt[13], so macht vor diesem Hintergrund der Rückgriff auf Vorbehaltsbescheide entsprechend § 164 AO im Kommunalabgabenrecht zum Zwecke der effektiveren Gestaltung der behördlichen Fallprüfung vor allem in einigen spezifischen Problemlagen[14] Sinn.

aa. Erste Festsetzung nach Aktenlage Dies sind zum ersten die Fälle, in denen es der Behörde ermöglicht wird, zunächst „vom Schreibtisch aus“ eine Abgabe nach Aktenlage festzusetzen und an sich notwendige Ermittlungen vor Ort vorerst aufzuschieben. Dies kann für die Behörde zum Beispiel vorteilhaft sein, wenn es für die Abgabenfestsetzung auf Details der Grundstücksbebauung o. Ä. ankommt, die sich überschlägig anhand des vorhandenen Kartenmaterials oder der Bauakten beurteilen lassen, die aber für eine abschließende Entscheidung eine Ortsbegehung erforderlich machen. Die vorbehaltliche Festsetzung würde es der Gemeinde ermöglichen, solche Fälle zunächst über einen gewissen Zeitraum zu sammeln und gebündelt in einem Durchgang abzuarbeiten, ohne zu diesem Zweck die Abgabenveranlagung aufschieben zu müssen. Dies betrifft etwa die Ermittlung der befestigten oder bebauten Grundstücksfläche, die häufig für die Veranlagung zu einer Gebühr für die Niederschlagswasserbeseitigung erforderlich ist[15], soweit diese nicht sogar im Selbstveranlagungsverfahren - hierzu sogleich - durchge-

12 Vgl. zur Frage einer abschließenden Fallprüfungspflicht unten Ziffer VI, S. 133 ff.

13 Andernfalls würde die Vorbehaltsfestsetzung in nahezu jedem Veranlagungsverfahren eine Erleichterung für die Kommune darstellen, da sie den behördlichen Ermittlungsaufwand stets absenken würde, ohne dass der Vorgang zwingend nochmals bearbeitet werden muss.

14 Die aufgezeigten Problemlagen beschränken sich nicht auf diejenigen Bundesländer, in denen § 164 AO bereits entsprechend anwendbar ist. Vielmehr wurden *de lege ferenda* alle Bundesländer in die Untersuchung einbezogen.

15 Vgl. *Brüning*, in: Driehaus, Kommunalabgabenrecht, § 6 Rn. 355; SächsOVG v. 27. 3. 2001, 5 D 291/99, NVwZ-RR 2002, 371 (373).

führt wird[16]. Hierein fällt zudem die Ermittlung der Grundstücksflächen, die einer Flächenabschreibung nach § 19 Abs. 1 SächsKAG unterliegen, die Feststellung einer beitragserheblichen tatsächlichen Überschreitung einer Tiefenbegrenzung[17], die Beantwortung der Frage, ob der wirtschaftliche Grundstücksbegriff ausnahmsweise ein Abweichen vom Buchgrundstück gebietet[18], die Ermittlung der Grundfläche der angeschlossenen Baulichkeit bei Außenbereichsgrundstücken[19], die Ermittlung des zulässigen Nutzungsmaßes von bebauten Grundstücken im Innenbereich[20], die Ermittlung der tatsächlich realisierten Bebauung auf veranlagten Grundstücken[21] sowie die Frage, ob einem Gebäude ausnahmsweise der Anschlussbedarf fehlt[22]. Ähnliche Vorteile bietet die Vorbehaltsfestsetzung der Behörde, wenn im Rahmen eines Haushalts-Abfalltarifs die Anzahl der zum Haushalt gehörenden Personen ermittelt werden muss[23]. Hierzu kann die Behörde zunächst summarisch auf die Angaben des Melderegisters zurückgreifen, welche nachträglich gebündelt verifiziert werden können. In Betracht kommt der Einsatz von Vorbehaltsfestsetzungen unter diesem Gesichtspunkten zudem auch in den Fällen, in denen der Beitragserhebung für leitungsgebundene Einrichtungen zwingend eine - aufwändige - Überprüfung der Globalberechnung vorgeschaltet werden muss, um den Nachweis zu erbringen, dass sich zwischenzeitlich nicht die zur Fortschreibung der Globalberechnung verpflichtende Änderung der Bemessungseinheiten ergeben hat[24]. Der Rückgriff auf Vorbehaltsbescheide könnte es den Kommunen hierbei erlauben, eine detaillierte Überprüfung der Globalberechnung nur turnusmäßig - zum Beispiel - aller drei Jahre vorzunehmen, und es für die dem vorausgehenden konkreten Beitragserhebungen zunächst mit einer überschlägigen Kontrolle bewenden zu lassen. Und schließlich kann eine solche Stufung des Ermittlungsverfahrens für einzelne Kommunen auch sinnvoll sein, soweit es für die Abgrenzung der Erschließungsbeitragserhebung

16 *Brüning*, in: Driehaus, Kommunalabgabenrecht, § 6 Rn. 355 ff.; *Lichtenfeld*, in: Driehaus, Kommunalabgabenrecht, § 6 Rn. 759a.

17 Vgl. hierzu *Driehaus*, in: Driehaus, Kommunalgabenrecht, § 8 Rn. 413c; *Klausing*, in: Driehaus, Kommunalabgabenrecht, § 8 Rn. 1030.

18 Vgl. *Dietzel*, in: Driehaus, Kommunalabgabenrecht, § 8 Rn. 611.

19 Vgl. *Lohmann*, in: Driehaus, Kommunalabgabenrecht, § 8 Rn. 879a.

20 Vgl. *Lohmann*, in: Driehaus, Kommunalabgabenrecht, § 8 Rn. 879b; OVG Frankfurt/Oder v. 8. 6. 2000, 2 D 29/98.NE, LKV 2001, 132 (139).

21 Vgl. *Blomenkamp*, in: Driehaus, Kommunalabgabenrecht, § 8 Rn. 1475c.

22 Vgl. *Sauthoff*, in: Driehaus, Kommunalabgabenrecht, § 8 Rn. 1646 ff.

23 Vgl. *Rieger*, in: Driehaus, Kommunalabgabenrecht, § 6 Rn. 605.

24 Vgl. *Birk/Dossmann*, in: Driehaus, Kommunalabgabenrecht, § 8 Rn. 1155 zu § 18 Abs. 2 Satz 2 SächsKAG.

von der Ausbaubeitragserhebung um die Frage geht, ob es sich bei der hergestellten Erschließungsanlage um eine vorhandene Erschließungsanlage im Sinne von § 242 Abs. 1 BauGB[25] bzw. in den neuen Bundesländern um eine bereits hergestellte Erschließungsanlage im Sinne von § 242 Abs. 9 BauGB[26] handelt. Dies gilt insbesondere dann, wenn die Kommune die für diese Feststellung häufig notwendige aufwändige Recherche nach alten Bauprogrammen bzw. nach den zu vergleichenden Ausbauzuständen anderer Straßen für mehrere Erschließungsanlagen gebündelt abwickeln will.

bb. Selbstauskünfte Zum Zweiten handelt es sich um die wenigen Fälle, in denen der Festsetzung von Kommunalabgaben - wie regelmäßig im Steuerrecht - eine Selbstauskunft des Betroffenen zugrunde liegt. Die Vorbehaltsfestsetzung ermöglicht es dann der Behörde, zunächst anhand der Selbstauskunft die Abgaben vorbehaltlich einer Nachprüfung festzusetzen. Im Interesse einer effizienten Verfahrensgestaltung können zu einem späteren Zeitpunkt die notwendigen Überprüfungen der Angaben der Abgabenpflichtigen - sei es stichprobenhaft, sei es vollständig - gebündelt durchgeführt werden. Dies betrifft zum Beispiel als bedeutsamen Komplex die Ermittlung des Einkommens von Betroffenen, soweit es hierauf wegen der Berücksichtigung sozialer Gesichtspunkte bei der Abgabenveranlagung ankommt[27]. Es betrifft weiter etwa die Ermittlung von Absetzungsmengen bei Verwendung des Frischwassermaßstabes für Abwassergebühren, die im Wege der Selbstablese eines geeichten Wasserzählers erfolgt[28], sowie die Klärung, ob bei der Veranlagung zu grundstücksbezogenen Beiträgen ausgebaute Dachflächen zu berücksichtigen sind[29]. In diesen Bereich fällt schließlich auch die Veranlagung von Zweitwohnungsinhabern zu Kurbeiträgen, wenn fehlende Eigennutzung der Zweitwohnung geltend gemacht wird[30].

cc. Präjudizielle Entscheidungen Dritter Schließlich kommen zum Dritten die Fälle für eine Vorbehaltsfestsetzung in Betracht, in denen eine Entscheidung eines Dritten über einzelne Tatbestandsmerkmale der Kommu-

25 Vgl. *Driehaus*, in: Driehaus, Kommunalabgabenrecht, § 8 Rn. 211.
26 Vgl. *Driehaus*, in: Driehaus, Kommunalabgabenrecht, § 8 Rn. 218a.
27 Vgl. hierzu *Schulte/Wiesemann*, in: Driehaus, Kommunalabgabenrecht, § 6 Rn. 214; *Brüning*, in: Driehaus, Kommunalabgabenrecht, § 6 Rn. 496.
28 Vgl. *Sauthoff*, in: Driehaus, Kommunalabgabenrecht, § 6 Rn. 575d, Stand März 2009.
29 Vgl. *Wiethe-Körprich*, in: Driehaus, Kommunalabgabenrecht, § 8 Rn. 740b.
30 Vgl. *Lichtenfeld*, in: Driehaus, Kommunalabgabenrecht, § 11 Rn. 34.

nalabgabe aussteht, die vorgreiflich ist oder der Kommune sonst eine Orientierungshilfe bietet und die ihr deshalb eine eigene, aufwändige Prüfung ersparen würde. Hierunter sind zum Beispiel ausstehende Einkommensteuerbescheide für die Ermittlung der Einkommenssituation, wenn der Betroffene deren Offenbarung gemäß § 30 Abs. 4 Nr. 3 AO zustimmt, zu erwartende Gerichts- oder Behördenentscheidungen bei ungeklärten Eigentumsverhältnissen am Grundstück oder auch eine ausstehende verbindliche Klärung von Minderungsansprüchen hinsichtlich des Werklohns für Straßenausbau- oder Erschließungsmaßnahmen zu fassen, die zu einer Reduzierung des umlagefähigen Aufwands führen würden. In Betracht zu ziehen sind weiter angekündigte Gerichtsentscheidungen oder auch Handreichungen der Kommunalaufsicht über komplexe rechtliche Fragen, wie etwa Zweifel an der Wirksamkeit einschlägiger Satzungsbestimmungen, Zweifel an der Gesetzmäßigkeit des Betreibens der öffentlichen Einrichtung[31], Zweifel an der Wirksamkeit eines Bebauungsplanes, dessen Festsetzungen für die bauliche Ausnutzbarkeit der veranlagten Grundstücke relevant sind[32] oder Zweifel hinsichtlich der Auslegung des Tatbestands „bereits hergestellte Erschließungsanlagen“ des § 242 Abs. 9 BauGB[33]. Diese Fallgruppe weist zum Teil Überschneidungen mit dem Anwendungsbereich von § 165 AO auf[34].

2. Einschränkung der gerichtlichen Prüfungsdichte

Auch eine Verringerung der Intensität der ersten gerichtlichen Fallprüfung könnte für die Kommunen von Interesse sein. Eine solche Begrenzung des gerichtlichen Prüfungsmaßstabs würde nämlich die gesamten Grundlagen des Abgabenbescheids erfassen und damit in ihrer Tragweite über die oben auf-

31 Vgl. *Birk*, in: Driehaus, Kommunalabgabenrecht, § 6 Rn. 535, Stand September 2005, m. w. N.

32 Es erscheint grundsätzlich unbefriedigend, für die Beitragserhebung von der Rechtsverbindlichkeit eines solchen Bebauungsplans auszugehen, solange er nicht aufgehoben oder für nichtig erklärt wurde (so aber *Driehaus*, Kommunalabgabenrecht, § 8 Rn. 439 m. w. N. zur Rspr.). Ebensowenig kann es für stichtagsabhängige Beiträge, die für später bebaubare Grundstücke nicht mehr anfallen, vollkommen überzeugen, im Zweifel von der Unbebaubarkeit des Grundstückes auszugehen, solange nicht rechtsverbindlich das Gegenteil festgestellt wird (so BayVGH v. 24. 2. 1999, 23 B 98.1169 und v. 14. 10. 1999, 23 B 99.1912, zitiert nach juris).

33 Vgl. zu den zahlreichen, nicht höchstrichterlich geklärten Auslegungsproblemen, die sich insbesondere um das praktisch überaus relevante, und regelmäßig nur mit hohem Verwaltungsaufwand feststellbare Merkmal „örtliche Ausbaugepflogenheiten“ ranken, *Driehaus*, in: Driehaus, Kommunalabgabenrecht, § 8 Rn. 218a ff., insbesondere 218e ff., m. w. N.

34 Mit der Abgrenzung befasst sich Kap. F Ziffer I Nr. 3 Buchst. b, S. 358 ff.

gezeigten, faktischen Möglichkeiten einer kursorischen behördlichen Prüfung weit hinausgehen. Namentlich würde sich der abgesenkte Kontrollmaßstab auch auf alle Kriterien für das Entstehen der Abgabe - insbesondere auch das Vorliegen einer wirksamen Abgabensatzung - beziehen. Dies könnte bedeuten, dass der Rückgriff auf eine Vorbehaltsfestsetzung die Kommune zwar nicht vorläufig von der besonders problembehafteten, abschließenden und vollständigen Prüfung der Kalkulation des Abgabensatzes bzw. der Verteilungsregelung zu entlasten vermag, dass sie aber möglicherweise geeignet ist, die strengen Maßstäbe der gerichtlichen Kontrolle zeitweilig aufzuweichen und damit zumindest das Prozessrisiko der Behörde fürs Erste zu verringern. Da diese Einschränkung der gerichtlichen Prüfungsdichte indes nicht endgültig sein kann[35], sondern für eine vollständige richterliche Kontrolle des vorbehaltlosen Abgabenbescheides Raum lassen muss, ist dieser temporäre Prozessvorteil für die Kommune auf lange Sicht jedoch nur dann von Bedeutung, wenn sie die gewonnene Zeit dazu nutzen kann, um bislang unerkannte Fehler der Abgabenveranlagung selbst zu beheben. Ist dagegen nicht zu erwarten, dass die Kommune die Rechtmäßigkeit ihres Bescheides später selbst besser beurteilen und Mängel beseitigen können wird, ist die nur vorübergehende Absenkung des richterlichen Kontrollmaßstabes im Ergebnis nicht sinnvoll.

3. Einschränkung der Anfechtungslast

Eine Verringerung des Prozessrisikos der Kommunen kann sich zum anderen daraus ergeben, dass die Betroffenen im Hinblick darauf, dass es sich lediglich um eine erste kursorische Festsetzung handelt, von der Einlegung von Rechtsmitteln zunächst absehen und eine verbindliche gerichtliche Klärung der Rechtslage erst nach Ergehen des endgültigen Abgabenbescheides anstreben. Dies setzt selbstverständlich voraus, dass der Erlass eines solchen endgültigen Bescheides nach abschließender Fallprüfung nicht im Ermessen der Kommune liegt[36], damit die Betroffenen nicht Gefahr laufen, dass es auch gegen ihren Willen bei der Festsetzung unter dem Vorbehalt der Nachprüfung verbleibt. Ist diese Voraussetzung indes erfüllt, erscheint die vorbehaltliche Festsetzung durchaus als probates Mittel, zwischen den Beteiligten streitige Rechtsfragen zunächst auszuklammern und einstweilen eine Veranlagung zu erreichen, ohne die Betroffenen sogleich zur Einlegung von Rechtsbehelfen

35 Vgl. hierzu unten Ziffer VII Nr. 2 Buchst. b, S. 188 ff.
36 Vgl. hierzu unten Ziffer VI, S. 133 ff.

zu zwingen, um den Eintritt der Bestandskraft zu vermeiden[37]. Ein solches Vorgehen wird namentlich dann sinnvoll sein, wenn sich die Beteiligten auf die Einleitung eines Musterprozesses verständigen können, oder wenn sonst eine gerichtliche Klärung des in Rede stehenden Rechtsproblems zu erwarten ist. Insbesondere die letztgenannte Fallgestaltung ist im Kommunalabgabenrecht nicht selten, wo eine gerichtlich thematisierte Rechtsfrage häufig für viele Abgabenerhebungen einer großen Anzahl von Gemeinden relevant ist.

4. Ergebnis

Alles in allem kann die vorbehaltliche Kommunalabgabenfestsetzung den Gemeinden nicht generell, sondern nur in spezifischen Einzelfällen nennenswerte Vorteile in Form einer rationelleren Verfahrensgestaltung oder in Gestalt einer Verringerung des Prozessrisikos bringen. Vor einer Entscheidung für dieses Verfahrensinstrument muss die Kommune jedoch abwägen, ob diese Vorteile es lohnen, die rechtlichen Risiken einzugehen, die bis auf Weiteres mit einer vorbehaltlichen Abgabenfestsetzung verbunden sind. Weil der nur entsprechend anwendbare § 164 AO noch nicht verwaltungsgerichtlich ausgeformt ist und weil die finanzgerichtliche Rechtsprechung nur begrenzt auf das Kommunalabgabenrecht übertragen werden kann, lässt sich die Entwicklung der Rechtsprechung zu vorbehaltlichen Kommunalabgabenbescheiden nicht verlässlich prognostizieren. Im Weiteren sollen die spezifischen rechtlichen Maßstäbe eingehender untersucht werden, denen eine solche vorläufige Regelung genügen muss.

II. Tatbestandliche Voraussetzungen

Der entsprechend anwendbare § 164 Abs. 1 Satz 1 AO erklärt die Festsetzung von Steuern unter dem Vorbehalt der Nachprüfung für zulässig, solange der Steuerfall nicht abschließend geprüft ist, sondern Ermittlungen oder rechtliche Würdigungen noch ausstehen.

37 Auch insoweit bestehen Überschneidungen zur vorläufigen Festsetzung von Kommunalabgaben, vgl. zur Abgrenzung der Anwendungsbereiche Kap. F Ziffer I Nr. 3 Buchst. b, S. 358 ff.

1. *Zur steuerrechtlichen Ausgangslage - die Tatbestandsvoraussetzungen der Steuerfestsetzung unter dem Vorbehalt der Nachprüfung*

Die spezifisch kommunalabgabenrechtliche Interpretation dieser Verfahrensvorschrift muss von derem originären steuerrechtlichen Bedeutungsgehalt ausgehen.

a. Negative Tatbestandsvoraussetzungen - fehlende Abschlussreife

Die Bestimmung des § 164 Abs. 1 Satz 1 AO setzt ihrem Wortlaut nach eine denkbar geringe Schwelle für die Statthaftigkeit vorbehaltlicher Festsetzungen an - sie enthält als negatives Tatbestandsmerkmal nur das Fehlen einer abschließenden Prüfung des Steuerfalles. Das Gesetz nimmt folglich von den denkbaren Bearbeitungsständen von Steuerfällen nur diejenigen aus, die nach jeder Betrachtung abschlussreif sind[38]. An einer abgeschlossenen Prüfung fehlt es hierbei, solange Ermittlungen und rechtliche Würdigungen noch ausstehen[39]. Weder Tatsachenfragen noch Rechtsfragen müssen also vor einer Vorbehaltsfestsetzung abschließend geklärt werden. *Ob* Tatsachen und Rechtskenntnis noch unzureichend sind, lässt sich dabei nicht anhand von objektiven Merkmalen letztgültig beurteilen. Vielmehr stellt es letztlich eine eigenständige Entscheidung der Verwaltung und Ausdruck ihres Verfahrensermessens[40] dar, wenn diese meint, weitere Überprüfungen durchführen zu müssen und deshalb derzeit nur vorbehaltlich entscheiden zu können[41].

b. Positive Tatbestandsvoraussetzungen

Über die positiven Anforderungen an Ausmaß und Verlässlichkeit der ermittelten Tatsachen besteht wenig Gewissheit. Weil die Finanzverwaltung für die Ermittlung der Besteuerungsgrundlagen und die Berechnung der Steuerhöhe regelmäßig auf eine Steuererklärung des Steuerpflichtigen oder auf eine Steueranmeldung zurückgreifen kann, mit denen der Behörde - abgefragt durch die Steuerformulare - typischerweise zu allen wesentlichen Punkten

38 *Trzaskalik*, StuW 1993, 372; *Schick*, StuW 1988, 329; *Rüsken*, in: Klein, AO, 10. Aufl. 2009, § 164 Rn. 13; *Cöster*, in: Pahlke/Koenig, AO, 2. Aufl. 2009, § 164 Rn. 22; a. A. *Martens*, StuW 1988, 104: Eine vorbehaltliche Festsetzung kommt dann nicht mehr in Betracht, wenn nur noch einzelne Punkte des Steuerfalles Ermittlungen erfordern und deshalb § 165 AO einschlägig ist.

39 *Seer*, in: Tipke/Kruse, AO, § 164 Rn. 12.

40 *Schick*, StuW 1988, 329.

41 *Heuermann*, in: HHSp, AO, § 164 Rn. 8.

ein Mindestmaß an Tatsachen unterbreitet und eine erste rechtliche Subsumtion vorgenommen wird, erweisen sich diese positiven Anforderungen dabei im Grunde als Frage nach den Maßstäben an die sachliche und rechtliche Überprüfung der Angaben des Steuerpflichtigen[42].

aa. Intensität der Kontrolle der Steuererklärung Hierzu wird zum einen gefordert, das Finanzamt müsse den Sachverhalt für wahrscheinlich, zumindest für möglicherweise richtig halten[43]. Von anderer Seite heißt es, zwar dürften auf keinen Fall die Angaben des Steuerpflichtigen ungeprüft übernommen werden[44]. Die Mindestanforderung sei aber nur darin zu sehen, dass eine gewisse überschlägige Kontrolle stattzufinden habe, um leicht erkennbare Fehler zugunsten wie zuungunsten des Steuerpflichtigen zu beseitigen[45]. Die letztgenannten Ansicht entspricht offensichtlich dem Willen des Gesetzgebers, der eine erste Festsetzung allein anhand der Steuererklärung des Steuerschuldners ohne zwingende weitere Ermittlungen ermöglichen wollte[46].

Ist diese Voraussetzung - Plausibilität der Angaben des Steuerpflichtigen bei überschlägiger Kontrolle - gegeben, so kann das Finanzamt von seinem Ermessen für einen vorzeitigen Abschluss des Verfahrens durch Vorbehaltsfestsetzung Gebrauch machen. Dabei ist überwiegend anerkannt, dass die Behörde aus der Bandbreite denkbarer Aufklärungsintensitäten selbst wählen kann, wie genau sie einzelne Unklarheiten untersucht, solange sie nur keine abschließende Prüfung vornimmt[47].

bb. Kontrollintensität und Folgenabwägung Allerdings darf das erforderliche Maß an Aufklärungsintensität, was in der Diskussion bislang offensichtlich nicht berücksichtigt wird, nicht ohne Rücksicht auf die Auswirkungen festgelegt werden, die die vorbehaltliche Steuerfestsetzung für den Steuerschuldner hat. Je gravierender grundrechtsrelevante Nachteile sind, die ihm aufgrund der vorbehaltlichen Steuerfestsetzung entstehen können,

42 *Schick*, StuW 1988, 328.

43 *Tipke*, in: Tipke/Kruse, AO, § 164 Rn. 13, Stand Juli 2001.

44 *Schick*, StuW 1988, 329.

45 *Schick*, StuW 1988, 329; *Seer*, in: Tipke/Kruse, AO, § 164 Rn. 13.

46 BT-Drs. VI/1982, S. 148; Eine entsprechende überschlägige Behandlung der Einkommensteuererklärung entspricht indes auch bei Erlass einer vorbehaltlosen Steuerfestsetzung dem real geübten sogenannten „maßvollen Vollzug“ (*Eckhoff*, Rechtsanwendungsgleichheit im Steuerrecht, 1999, S. 461).

47 *Schick*, StuW 1988, 329.

umso sicherer muss sich die Behörde sein, dass die veranlagte Steuerforderung tatsächlich besteht. Dies gebietet bereits die Grundrechtsdienlichkeit des Steuerverfahrens; die Verwaltung ist bei der Auslegung von § 164 AO gehalten, der besonderen Bedeutung der betroffenen Grundrechte Rechnung zu tragen[48]. Dies gilt umso mehr, wenn grundrechtserhebliche Folgen der vorbehaltlichen Steuerveranlagung irreversibel sind; dann wird man sogar fordern müssen, dass die Finanzbehörde den Steuerfall nicht vorbehaltlich einer Nachprüfung entscheidet, sondern abschließend prüft[49]. Denn schwerwiegende Grundrechtseingriffe dürfen nicht nach einer nur oberflächlichen Sachverhaltsfeststellung und Rechtsprüfung vorgenommen werden, wenn die Beschleunigung der Entscheidung bzw. die Summarität der Prüfung - wie hier - nicht aus hochrangigen Gründen des Allgemeinwohls geboten ist, sondern „nur" dem schnelleren Steuerzufluss an den Fiskus und einer effizienten Gestaltung des Steuerverfahrens dient[50]. Der Vorbehalt der Nachprüfung kann sich bei einem Sachverhalt dieser Art nur darauf beziehen, dass eine noch höhere als die tenorierte Steuerforderung möglich erscheint.

cc. Keine Bindungswirkung der Steuererklärung Soweit die Ermittlungen danach fragmentarisch bleiben dürfen, kann das Finanzamt ihr Ergebnis anschließend zur Grundlage der vorbehaltlichen Festsetzung machen. An die Angaben des Steuerpflichtigen ist es hierbei nach herrschender Auffassung nicht gebunden[51].

48 Vgl. zur Grundrechtsdienlichkeit des Verfahrens *Denninger*, in: HdbStR V, 2. Aufl. 2000, § 113 Rn. 2 mit ausführlichen Nachweisen; *Bethge*, NJW 1982, 5; *Schmidt-Aßmann*, in: Maunz/Dürig, GG, Art. 19 Abs. 4 Rn. 16 und 23, *Wahl*, VVDStRL Bd. 41 (1983), S. 151 ff. und *Pietzker*, VVDStRL Bd. 41 (1983), S. 193 ff., ebenso *Schultze-Fielitz*, in: Dreier, GG, 2. Aufl. 2004, Art. 19 Abs. 4 Rn. 113, BVerfG v. 20. 12. 1979, 1 BvR 385/77, BVerfGE 53, 30 (57 ff.); v. 9. 4. 1975, 1 BvR 344/74, BVerfGE 39, 276 (294 f.); v. 14. 11. 1979, 1 BvR 654/79, BVerfGE 52, 391 (402)

49 Vgl. Kap. B Ziffer III Nr. 5, S. 46 f.: Mittels eines vorläufigen Verwaltungsaktes dürfen keine endgültigen Verhältnisse geschaffen werden.

50 Siehe zu den vergleichbaren Maßstäben für den vorläufigen Rechtsschutz *Puttler*, in: Sodan/Ziekow, VwGO, 3. Aufl. 2010, § 123 Rn. 94; BVerfG v. 25. 7. 1996, 1 BvR 638/96, NVwZ 1997, 479 (480); v. 6. 12. 2002, 1 BvR 1919/95, NJW 2003, 1305 (1306).

51 *Rüsken*, in: Klein, AO, 10. Aufl. 2009, § 164 Rn. 17; *Heuermann*, in: HHSp, AO, § 164 Rn. 8; *v. Wedelstädt*, in: Kühn/v. Wedelstädt, AO, 19. Aufl. 2008, § 164 Rn. 8; BFH v. 4. 8. 1983, IV R 79/83, BFHE 139, 137 (138 f.); v. 10. 3. 1987, IX R 48/83, BFH/NV 1988, 79; a. A. FG Nordrhein-Westfalen v. 17. 2. 1981, VI 648/78, EFG 1981, 324 f.; FG Rheinland-Pfalz v. 27. 9. 1982, 5 K 13/82, EFG 1983, 325: Abweichung von der Erklärung nur im Fall offenbarer Unrichtigkeiten; *Martens*, StuW 1988, 107: Abweichung nur bei Zustimmung des Steuerpflichtigen.

c. *Ergebnis*

Zusammenfassend räumt § 164 AO der Behörde mithin grundsätzlich eine verfahrensrechtliche Entscheidungsprärogative ein, an einer beliebigen Stelle vor Abschluss des Verfahrens die Überprüfung der Angaben des Steuerpflichtigen - sofern diese nicht zu einem offensichtlich fehlerhaften Ergebnis führen - vorzeitig zu unterbrechen, um eine erste Steuerfestsetzung vorzunehmen. Grundlage dieser Steuerfestsetzung ist eine summarische Würdigung der bislang bekannten Sach- und Rechtslage, wobei alle behördenkundigen Umstände, nicht nur die vom Steuerschuldner vorgetragenen, berücksichtigt werden dürfen. Bei einer solchen vorgezogenen Steuerfestsetzung kann sich das Finanzamt Nachprüfungen vorbehalten. Strengeren Anforderungen ist die Intensität der gebotenen Aufklärung allerdings nach der hier vertretenen Ansicht dann unterworfen, wenn die vorbehaltliche Steuerfestsetzung irreparable erhebliche Nachteile oder vorübergehende gravierende Folgen nach sich zu ziehen droht. Besteht im Extremfall sogar Gefahr, dass die wirtschaftliche Existenz des Steuerschuldners vernichtet wird, muss die Finanzbehörde die Berechtigung dieses Grundrechtseingriffes durch eine abschließende Prüfung des Steuerfalles untersetzen.

2. *Übertragung auf das Kommunalabgabenrecht*

Von diesen Maßstäben ist die obere Grenze der Fallprüfung ohne Weiteres auf das Kommunalabgabenrecht übertragbar - auch eine Festsetzung von Kommunalabgaben kann nur unter den Vorbehalt der Nachprüfung gestellt werden, solange die Ermittlung des Sachverhaltes oder die Rechtsprüfung noch nicht abgeschlossen ist[52].

Hingegen ist es aus aufgrund der im Folgenden dargestellten spezifischen Sachgesetzlichkeiten des Kommunalabgabenrechts überwiegend nicht möglich, auch für die Bemessung des Mindeststandards der Sach- und Rechtsprüfung auf die Kriterien des Steuerrechtes zurückzugreifen.

Allenfalls soweit die vorbehaltliche Veranlagung von Kommunalabgaben anhand von Selbstauskünften des Betroffenen erfolgt, können die steuerrechtlichen Prüfungsmaßstäbe der überschlägigen Plausibilitätskontrolle unmittelbar herangezogen werden. Die Kommune ist dabei auch hier für die vorbe-

52 OVG Greifswald v. 15. 12. 2009, 1 L 323/06, zitiert nach juris: keine Vorbehaltsfestsetzung trotz abschließender Prüfung, „nur um den Abgabenfall offen zu halten"; so auch *Patt*, in: Büchel/Patt, SächsKAG, § 3 Rn. 99.2: bloßer Verdacht oder theoretische Möglichkeit der Nichtigkeit der Satzung nicht hinreichend.

haltliche Veranlagung an die Angaben des Abgabenpflichtigen nicht gebunden, sondern kann zu seinen Ungunsten von einem anderen wahrscheinlichen Sachverhalt ausgehen.

Insbesondere insoweit, als es aus sozialen Gründen für die Höhe einer Abgabe auf das Einkommen des Betroffenen ankommt, gleicht die Situation der Kommunalverwaltung der der Finanzverwaltung: Auch die Kommunalverwaltung ist dann im Wesentlichen auf die Angaben des Abgabenpflichtigen angewiesen, der ihr gegenüber über einen Informationsvorsprung verfügt. Eigene Ermittlungen sind ihr namentlich in den Fällen, in denen der Betroffene keine kontinuierliche nichtselbstständige Tätigkeit ausübt, oder keine Sozialleistungen bezieht, nur begrenzt möglich. Auch auf die Ehrlichkeit der Angaben des Abgabenschuldners kann sie nicht vertrauen, da dieser ein Interesse daran hat, sein Einkommen so gering als möglich darzustellen. Um eine rationelle Gestaltung des Abgabenverfahrens zu erreichen und um Doppelermittlungen der Behörden zu vermeiden, bietet es sich daher bei Aufklärungsschwierigkeiten regelmäßig an, auf die Erkenntnisse der Finanzbehörden zur Höhe des Einkommens zurückzugreifen, sofern der Betroffene der Offenbarung seiner steuerlichen Verhältnisse zustimmt oder der Landesgesetzgeber dies durch Gesetz ausdrücklich zulässt (§ 30 Abs. 4 Nr. 2 und 3 AO). Dies gilt angesichts der unterschiedlichen Einkommensbegriffe zwar nur dann ohne Einschränkungen, wenn die einschlägigen Normen die Ausrichtung der Abgabenhöhe gerade am Einkommen im steuerrechtlichen Sinne vorsehen. Im Übrigen wird die im Steuerbescheid festgestellte Einkommenshöhe jedoch regelmäßig zumindest zum Ausgangspunkt der spezifischen Berechnungen des modifizierten kommunalabgabenrechtlichen Einkommens gemacht werden können. Da zum Zeitpunkt der ersten Gebührenveranlagung ein Einkommenssteuerbescheid für das aktuelle Jahr regelmäßig noch nicht vorliegen wird, lässt sich der Rückgriff auf die Feststellungen der Finanzverwaltung verfahrenstechnisch entweder dadurch bewerkstelligen, dass das Einkommen zunächst geschätzt wird, der Bescheid aber entsprechend § 164 Abs. 1 Satz 1 AO vorbehaltlich des Ergebnisses der Nachprüfung ergeht. Eine weitere Möglichkeit besteht darin, die Abgabe insoweit vorläufig entsprechend § 165 Abs. 1 AO festzusetzen.

Solche Verfahrensgestaltungen stellen jedoch im Kommunalabgabenrecht - anders als im Steuerverfahren - die Ausnahme dar. In den meisten Fällen können die Kommunalverwaltungen für die Erhebung von Abgaben hingegen nicht auf umfassende Erklärungen des Abgabenschuldners zu den Anspruchsvoraussetzungen zurückgreifen, die sie lediglich zu überprüfen haben, sondern müssen den Sachverhalt weitgehend erstmals selbst ermitteln und unter die maßgeblichen Vorschriften subsumieren. Für eine Abgabenfestsetzung unter dem Vorbehalt der Nachprüfung ist die zu entscheidende Frage demnach nicht, wie weit die Kontrollpflichten der Behörde reichen, sondern wie intensiv sie die Erstermittlung des Sachverhalts und die originäre rechtliche Prüfung betreiben muss.

3. Umfang der Sachaufklärungspflicht nach allgemeinen Grundsätzen vorläufiger Entscheidungen

Da bei der Untersuchung dieser Frage aus den oben genannten Gründen nicht auf die sachnäheren Wegweisungen des Steuerrechtes zurückgegriffen werden kann, lassen sich Kernpunkte einer Antwort stattdessen aus den allgemeinen Grundsätzen interimistischer Entscheidungen[53] herleiten, zu denen auch die Vorbehaltsfestsetzung von Kommunalabgaben zählt. Die vorbehaltliche Abgabenfestsetzung weist die wesentlichen Züge einer interimistischen Entscheidung auf. Sie ist insbesondere der endgültigen Festsetzung des gesetzlichen Kommunalabgabenanspruches funktional untergeordnet; d. h. sie hat keine eigenständige Bedeutung, sondern dient der effizienten Verwirklichung des gesetzlichen Abgabenanspruches. Deshalb muss die Vorbehaltsfestsetzung von Kommunalabgaben materiell-rechtlich akzessorisch zu der Festsetzung des abschließend ermittelten Abgabenanspruches sein. Eine Abgabe kann mithin nur dann unter dem Vorbehalt der Nachprüfung festgesetzt werden, wenn ein entsprechender Anspruchsverdacht besteht.

Dieser begründete Verdacht muss sich auf sämtliche Tatbestandsvoraussetzungen erstrecken. Wegen des Gewichts des vorläufigen Eingriffs ist es insbesondere unzulässig, einzelne Tatbestandsvoraussetzungen ohne Ermittlungen „ins Blaue hinein“ anzunehmen, denn immerhin wird mit der Vorbehaltsfestsetzung die „Hauptsache“ - die Veranlagung zu einem Abgabenanspruch - zumindest temporär vorweggenommen und eine erfüllungsähnliche Lage geschaffen. Aufwendige Detailermittlungen müssen jedoch für eine vorbehaltliche Abgabenfestsetzung nicht durchgeführt werden. Vielmehr reicht es hin, dass bei überschlägiger Betrachtung in sachlicher Hinsicht gute Gründe dafür sprechen, dass die Anspruchsvoraussetzungen vorliegen.

53 Vgl. Kap. B Ziffer IV, S. 48 f.

Dies betrifft nicht nur Fragen der Höhe einer Kommunalabgabe, sondern auch die Frage, ob eine Abgabe dem Grunde nach entstanden ist. § 164 Abs. 1 Satz 1 AO differenziert nicht zwischen der Prüfung von Grund und Höhe eines Abgabenanspruches. Zwischen diesen Prüfungsschritten besteht zudem auch kein qualitativer Unterschied, der divergierende Bewertungen notwendig machen würde; ob eine Über- oder Unterzahlung auf einer fehlerhaften Beurteilung des Anspruchsgrundes oder der Anspruchshöhe beruht, ist für den Betroffenen letztlich gleichgültig.

Welche Anforderungen nach alledem im Einzelnen an das Bestehen eines Anspruchsverdachtes zu stellen sind, lässt sich zwar nicht losgelöst vom konkreten Fall beurteilen. Im Allgemeinen wird es jedoch ausreichen, wenn sich die Behörde etwa für die Beurteilung der Grundstückssituation auf vorhandenes Kartenmaterial oder Bauakten stützt, ohne die tatsächliche Lage vor Ort zu ermitteln, wenn die Behörde grundsätzlich von der Annahme der Richtigkeit amtlicher Register und der Konstanz ihr bekannter Verhältnisse ausgeht oder wenn sich die Behörde von allgemeinen Erfahrungssätzen leiten lässt, ohne bereits zu diesem Zeitpunkt Anhaltspunkten für einen Ausnahmefall nachzugehen.

4. Umfang der Rechtsprüfungspflicht

§ 164 Abs. 1 Satz 1 AO entbindet die Behörde im Steuerrecht nicht nur von der abschließenden Sach-, sondern auch von einer abschließenden Rechtsprüfung. Da die jeweiligen Landesgesetzgeber keine Einschränkung bei der Reichweite von § 164 Abs. 1 Satz 1 AO im Kommunalabgabenrecht vorgesehen haben, muss Entsprechendes auch dort gelten. Zwar kann sich die Kommune, anders als die Steuerbehörde, aus den oben genannten Gründen regelmäßig nicht darauf beschränken, nur die Subsumtionsleistung des Abgabenpflichtigen auf offenkundige Fehler zu prüfen. Aus den allgemeinen Grundsätzen interimistischer Entscheidungen lässt sich aber auch insoweit das Gebot des Anspruchsverdachtes als Mindestmaß für die erforderliche Rechtsprüfung herleiten - auch unter dem rechtlichen Blickwinkel müssen gute Gründe für das Bestehen des Anspruches sprechen. Die Kommune darf folglich die Rechtsprüfung nicht vollkommen ausblenden, sondern muss für alle Tatbestandsmerkmale des Anspruches zumindest eine grobe rechtliche Prüfung vornehmen. Komplexe rechtliche Fragen braucht sie zwar nicht abschließend zu beantworten, sie darf die Entscheidung allerdings andererseits auch nicht auf offensichtlich abwegige Rechtsansichten stützen.

5. Verhältnismäßigkeit des Nachprüfungsvorbehalts

Bereits für das Steuerrecht wurde festgehalten, dass die im Einzelfall erforderliche Aufklärungsintensität nicht ohne Rücksicht darauf festgelegt werden kann, welche Folgen eine vorbehaltliche Abgabenfestsetzung nach sich zieht. Je gravierender die dem Abgabenschuldner drohenden, grundrechtsrelevanten Nachteile sind und je schwerer diese Auswirkungen zu beseitigen sind, desto größer muss die Gewissheit der Behörde sein, dass die veranlagte Abgabenforderung tatsächlich besteht[54]. Ist im Einzelfall sogar mit irreparablen, schwerwiegenden Beeinträchtigungen der Grundrechtsausübung zu rechnen, dann wird die Behörde deshalb überhaupt nicht von einem Nachprüfungsvorbehalt Gebrauch machen dürfen, sondern den Abgabenfall abschließend prüfen müssen. Wollte man dies anders sehen, würde sich im Übrigen auch ein Wertungswiderspruch zu § 80 Abs. 4 Satz 3 VwGO ergeben. Danach soll die Erlassbehörde die Vollziehung eines Abgabenbescheides aussetzen, wenn die Vollziehung für den Abgabenpflichtigen eine unbillige, nicht durch überwiegende öffentliche Interessen gebotene Härte zur Folge hätte. Ist unter diesen Umständen jedoch sogar der endgültige, abschließend geprüfte Abgabenbescheid zu suspendieren, so kann erst recht keine entsprechende einstweilige behördliche Regelung auf der Grundlage einer fragmentarischen Fallprüfung ergehen.

Dagegen ist die Behörde nicht gezwungen, bei grundstücksbezogenen Kommunalabgaben, die vom Vermieter im Wege der Betriebskostenabrechung auf die Mieter umgelegt werden können, aus Verhältnismäßigkeitsgründen auf eine vorbehaltliche Festsetzung von vornherein völlig zu verzichten. Der Vermieter wird nicht unverhältnismäßig beschwert, wenn sich die Behörde die Flexibilität, die festgesetzten Gebühren gegebenenfalls auch zu erhöhen, über einen längeren Zeitraum erhält. Denn diese behördliche Verfahrensentscheidung nimmt ihm nicht die Möglichkeit, sich hieraus ergebende Erhöhungen der Betriebskosten auch nachträglich noch an die Mieter weiterzugeben. Dem steht insbesondere die in § 556 Abs. 3 BGB verankerte Jahresfrist für die Erstellung der Betriebskostenabrechnung nicht entgegen. Denn der Fristablauf schließt Nachforderungen nicht aus, wenn der Vermieter die verspätete Geltendmachung nicht zu vertreten hat. In diesem Zusammenhang ist anerkannt, dass die verspätete Übersendung von Abgabenbescheiden bzw. die verspätete Klärung der Höhe umlegbarer Abgaben dem Vermieter nicht anzulasten

54 Vgl. Nr. 1 Buchst. b Doppelbuchst. bb, S. 104 f.

sind[55]. Dies muss in gleicher Weise gelten, wenn die Behörde die endgültige Abgabenhöhe erst im Nachgang zu einem vorbehaltlichen Festsetzungsbescheid feststellt.

III. Nachträgliche Korrekturen der vorbehaltlichen Abgabenfestsetzung

Mit dem Erlass einer Kommunalabgabenfestsetzung unter dem Vorbehalt der späteren Nachprüfung behält die Kommune weitestgehend ihre Entscheidungsflexibilität. Entsprechend § 164 Abs. 2 Satz 1 AO kann die Abgabenfestsetzung zugunsten wie zulasten des Abgabenschuldners aufgehoben oder geändert werden, solange der Vorbehalt wirksam ist. Die besonderen Anforderungen der §§ 172, 173 AO, die für die Durchbrechung der Bestandskraft von endgültigen Kommunalabgabenbescheiden in Baden-Württemberg, Mecklenburg-Vorpommern sowie im Freistaat Sachsen der gesetzlichen Regelung nach entsprechend gelten[56], und die für die Änderung von Kommunalabgabenbescheiden eine praktisch kaum zu überwindende Hürde darstellen[57], finden entsprechend § 172 Abs. 1 Satz 1 AO auf Vorbehaltsbescheide keine Anwendung. In gleicher Weise werden durch den umfassenden Änderungsvorbehalt des § 164 Abs. 2 Satz 1 AO - auch ohne ausdrückliche Erwähnung in diesen Aufhebungsermächtigungen[58] - die §§ 130, 131 AO verdrängt, die in Niedersachsen, Nordrhein-Westfalen und Rheinland-Pfalz entsprechend für die Korrektur von endgültigen Abgabenbescheiden Anwendung finden[59]. Ausgangspunkt für die Bestimmung der Reichweite der Durchbrechung der Bestandskraft müssen dabei wiederum die steuerrechtlichen Maßstäbe sein:

55 *M. Schmid*, in: MünchKommBGB, 5. Aufl. 2008, § 556 Rn. 56.

56 § 3 Abs. 1 Nr. 4 Buchst. c bad.-württ. KAG, § 12 Abs. 1 KAG M-V, § 3 Abs. 1 Nr. 4 Buchst. c SächsKAG; einschränkend OVG Greifswald v. 15. 12. 2009, 1 L 324/06, zitiert nach juris.

57 *Rodewoldt*, VBlBW 1988, 430.

58 Das Fehlen einer ausdrücklichen Klarstellung des Verhältnisses der §§ 130, 131 AO zu § 164 Abs. 2 Satz 1 AO im Normtext ist offensichtlich lediglich dem Umstand geschuldet, dass nach der Abgabenordnung die §§ 130, 131 AO auf Steuerbescheide keine Anwendung finden, sodass ein Konkurrenzverhältnis zu § 164 Abs. 2 Satz 1 AO dort nicht eintreten kann.

59 § 12 Abs. 1 Nr. 3 Buchst. b nordrh.-westf. KAG; § 3 Abs. 1 Nr. 3 rh.-pf. KAG; § 11 Abs. 1 Nr. 3 Buchst. b NKAG.

1. Steuerrechtliche Maßstäbe für die Änderbarkeit von Vorbehaltsbescheiden

Die Finanzbehörde hat bei Bescheiden nach § 164 AO bis zum Eintritt der Festsetzungsverjährung umfassende Korrekturmöglichkeiten, die nicht den Grenzen der §§ 172 ff. AO unterliegen[60]. Unbeschadet dessen, dass auch Vorbehaltsfestsetzungen formell in Bestandskraft erwachsen, ist ihre materielle Bestandskraft - also die Bindung der Beteiligten an das Ergebnis der Festsetzung unter eingeschränkter Abänderbarkeit[61] - zugunsten wie zulasten des Steuerpflichtigen durch den Nachprüfungsvorbehalt nahezu vollständig überlagert[62]. Zwar haben Finanzbehörde und Steuerpflichtiger eine existente Vorbehaltsfestsetzung zu beachten und sie ihrem Handeln zugrunde zu legen, solange sie wirksam ist. Der Finanzbehörde sind aber nahezu keine Schranken auferlegt, sofern es um die Änderung jener Steuerfestsetzung geht[63]. Die §§ 172, 173 AO, die für die Durchbrechung der Bestandskraft von Steuerbescheiden hohe Hürden aufstellen, gelten für vorbehaltliche Bescheide nicht (§ 172 Abs. 1 Satz 1 AO). Ihre Änderung kann sowohl auf einer anderen rechtlichen Beurteilung wie auf anderen tatsächlichen Besteuerungsgrundlagen beruhen[64]. Damit ist die Berechtigung zur Abänderung oder Aufhebung des Vorbehaltsbescheides insbesondere nicht davon abhängig, ob die Tatsachen, auf die die Änderung gestützt wird, dem Finanzamt bereits bei Erlass des Bescheides bekannt waren[65].

Gleichwohl schließt das Gesetz die Berücksichtigung von Vertrauensschutzgesichtspunkten in diesem Zusammenhang nicht aus. Namentlich die Vorschrift des § 176 AO wurde im Gegenteil zum Einfallstor vertrauensschutzrechtlicher Überlegungen. Diese Norm ist eine Besonderheit des Steuerverfahrensrechtes. Schutzwürdiges Vertrauen auf den bestandskräftigen Steuer-

60 *Seer*, in: Tipke/Kruse, AO, § 164 Rn. 33.

61 *Koenig*, in: Pahlke/Koenig, AO, 2. Aufl. 2009, Vor §§ 172 ff. Rn. 4; *Frotscher*, in: Schwarz, AO, Vor § 172 Rn. 12.

62 *Haas*, in: Festschrift für H. v. Wallis, 1985, S. 455; *v. Wedelstädt*, in: Kühn/v. Wedelstädt, AO, 19. Aufl. 2008, § 164 Rn. 1.

63 *Haas*, in: Festschrift für H. v. Wallis, 1985, S. 456; *Mennacher*, DStR 1980, 100; ebenso die ständige Rspr. des BFH: v. 22. 9. 1982, III R 48/91, BStBl. II 1983, 164 (165); v. 30. 10. 1980, IV R 168-170/79, BStBl. II 1981, 150; v. 12. 6. 1980, Az.: IV R 23/79, BStBl. II 1980, 527 (528).

64 *v. Wedelstädt*, in: Kühn/v. Wedelstädt, AO, 19. Aufl. 2008, § 164 Rn. 20.

65 *v. Wedelstädt*, in: Kühn/v. Wedelstädt, AO, 19. Aufl. 2008, § 164 Rn. 20; BFH v. 5. 6. 2003, III R 26/00, BFH/NV 2003, 1529. Dem Finanzamt wird somit, wie *Tipke* prononciert anmerkt, die Möglichkeit eingeräumt, „nur die Steuererklärungsdaten abzuschreiben und sonst nichts wirklich zur Kenntnis zu nehmen"(*Tipke*, in: Tipke/Kruse, AO, § 164 Rn. 30, Stand Juli 2001).

bescheid[66] führt danach nicht - wie nach § 48 Abs. 2 Satz 1 VwVfG im allgemeinen Verwaltungsrecht - zu dessen Unaufhebbarkeit, sondern hindert die Behörde nur daran, zum Nachteil des Steuerschuldners eine zwischenzeitlich eingetretene „Entwertung“ bestimmter Rechtsgrundlagen und Rechtsauffassungen bei der Anwendung des materiellen Steuerrechts zu berücksichtigen[67].

Ob der Steuerschuldner einer Änderung der Steuerfestsetzung unter Nachprüfungsvorbehalt Vertrauensschutzgesichtspunkte im Sinne von § 176 AO entgegenhalten kann, war von Beginn an umstritten[68]. Stimmen der Lehre und Rechtsprechung wenden hiergegen ein, dass es Sinn und Zweck des § 164 Abs. 2 Satz 1 AO widerspricht, dem Steuerschuldner Vertrauensschutz zuzubilligen. Die Festsetzung unter Nachprüfungsvorbehalt intendiert danach gerade, den Steuerfall nach allen Seiten offen zu halten. Dem muss sich § 176 AO unterordnen. Unterstützend wird darauf verwiesen, dass die systematische Stellung der Vorbehaltsfestsetzung in der Abgabenordnung gegen eine Verknüpfbarkeit mit dem an anderer Stelle geregelten § 176 AO spricht[69]. Steht die Festsetzung unter dem Vorbehalt der Nachprüfung, so bietet sie überdies keinen Raum für ein Vertrauen des Steuerschuldners auf ihren Fortbestand[70]. Dem entgegnen die Verfechter der Anwendbarkeit von § 176 AO mit dem Hinweis auf den Wortlaut der Vorschrift, die ebenso wie § 164 Abs. 2 Satz 1 AO von der „Aufhebung oder Änderung eines Steuerbeschei-

---

66 Ob § 176 AO *in concreto* das Vertrauen auf die Bestandskraft des Steuerbescheides oder das Vertrauen in die Gesetzgebung, die höchstrichterliche Rechtsprechung oder Verwaltungsvorschriften schützt, ist umstritten (vgl. die Nachweise bei *Loose*, in: Tipke/Kruse, AO, § 176 Rn. 1 und *Leisner*, DStZ 1999, 363).

67 Dies betrifft Nichtigkeitsfeststellungen hinsichtlich entscheidungserheblicher Normen, Rechtsprechungsänderungen des Bundesfinanzhofs und die Feststellung der Gesetzwidrigkeit von Verwaltungsvorschriften.

68 Bejahend die h. M.: *Rüsken*, in: Klein, AO, 10. Aufl. 2009, § 176 Rn. 6; *v. Groll*, in: HHSp, AO, § 176 Rn. 90; *Loose*, in: Tipke/Kruse, AO, § 176 Rn. 3; *Balmes*, in: Kühn/v. Wedelstädt, AO, 19. Aufl. 2008, § 176 Rn. 6; BFH v. 23. 11. 1987, GrS 1/86, BStBl. II 1988, 180 (183); v. 28. 9. 1987, VIII R 154/97, BStBl. II 1988, 40; v. 5. 9. 2000, IX R 33/97, BStBl. II 2000, 676 (683); FG Hamburg v. 24. 10. 1989, II 240/87, EFG 1990, 203 (204); FG Münster v. 30. 8. 1999, 4 K 6668/93, EFG 2000, 112 (113); a. A. *Haas*, in: Festschrift für H. v. Wallis, 1985, S. 456; FG Rheinland-Pfalz v. 24. 11. 1980, V 220/78, EFG 1981, 511 (513); FG Berlin v. 16. 6. 1986, VIII 220/84, EFG 1987, 278 (279); FG Saarland v. 8. 2. 1994, 1 K 285/92, EFG 1994, 693 (694); vgl. zum Streitstand auch *Leisner*, DStZ 1999, 359.

69 *Haas*, in: Festschrift für H. v. Wallis, 1985, S. 456; FG Rheinland-Pfalz v. 24. 11. 1980, V 220/78, EFG 1981, 511 (513).

70 FG Rheinland-Pfalz v. 24. 11. 1980, V 220/78, EFG 1981, 511 (513); FG Berlin v. 16. 6. 1986, VIII 220/84, EFG 1987, 278 (279); FG Saarland v. 8. 2. 1994, 1 K 285/92, EFG 1994, 693 (694).

des" spricht[71]. Die Gewährung von Vertrauensschutz bei der Änderung von Vorbehaltsfestsetzungen entspricht auch dem erklärten Willen des Gesetzgebers[72]. Überdies erwähnt § 176 Abs. 1 Satz 2 AO selbst als einen Anwendungsbereich die Steueranmeldung, die § 168 AO der Steuerfestsetzung unter Vorbehalt gleichstellt[73].

2. Einschränkungen der Übertragbarkeit auf das Kommunalabgabenrecht

Bei der Änderung von kommunalabgabenrechtlichen Vorbehaltsfestsetzungen sind abweichend von diesen steuerrechtlichen Vorgaben inhaltlich folgende Maßgaben zu beachten:

a. Zur nachträglichen Änderung von Prognosen oder Schätzungen

Der Flexibilität der Kommune sind Grenzen gesetzt, soweit es um die Berücksichtigung nachträglicher Sachverhaltsentwicklungen geht, die sich nach dem Entstehen der Abgabenansprüche ergeben haben. Hierbei sind zwei Fallgestaltungen zu unterscheiden: Zum Ersten beruhen kommunalabgabenrechtliche Ansprüche vielfach auf *normativ verankerten*, stichtagsabhängigen Prognosen oder fiktionsähnlichen Schätzungen. Der beitragsrechtliche Vorteilsbegriff etwa stützt sich in vielen Bundesländern auf die zum Stichtag der Beitragsentstehung zu erstellende Prognose, in welchem Ausmaß von einem bestimmten Grundstück aus die kommunale Einrichtung oder die ausgebaute Straße voraussichtlich dauerhaft in Anspruch genommen werden wird[74]. Grundlage dieser Prognose ist regelmäßig die bauliche Nutzbarkeit und die Größe eines Grundstückes bei Beitragsentstehung. Weiter ist etwa für kommunale Abwassergebührenansprüche anerkannt, dass der veranlagungsrelevante Jahresfrischwasserverbrauch dahingehend „fingiert" werden darf, dass der für das letzte Jahr abgelesene Verbrauch als Verbrauch des neuen Jahres gilt[75].

71 *Loose*, in: Tipke/Kruse, AO, § 176 Rn. 3; BFH v. 28. 9. 1987, VIII R 154/97, BStBl. II 1988, 40.

72 BT-Drucks. VI/1982, S. 155.

73 *Günkel*, FR 1987, 522.

74 *Driehaus*, in: Driehaus, Kommunalabgabenrecht, § 8 Rn. 266 ff. und 532 ff. m. w. N.; OVG Schleswig v. 16. 11. 1992, 2 L 236/91, KStZ 1993, 52 (53 f.).

75 *Schulte/Wiesemann*, in: Driehaus, Kommunalabgabenrecht, § 6 Rn. 372 f. m. w. N. Damit soll der Gemeinde eine verlässlichere Kalkulation des Gebührensatzes ermöglicht und die Gebührenerhebung über das antezipierte Entstehen der Jahresgebühr zum Jahresanfang vereinfacht werden.

Derartige normativ vorgesehene Prognosen und fiktionsähnliche Schätzungen können, weil sie die Basis des einmaligen und *unveränderlichen* Entstehens von Beitrags-[76] und Gebührenansprüchen[77] bilden, grundsätzlich nicht[78] nachträglich durch eine abweichende Sachverhaltsentwicklung zur Revision anstehen. Sie können deshalb auch nicht im Rahmen einer Vorbehaltsfestsetzung zum Anlass genommen werden, die Abgabenfestsetzung an die neue Entwicklung anzupassen. Danach ist es etwa unzulässig, eine Vorbehaltsfestsetzung mit der Begründung vorzunehmen, es sei unklar, ob ein offensichtlich bei Beitragsentstehung bebaubares Grundstück bebaubar bleibt. Denn nachträgliche Änderungen bei Art oder Maß der baulichen Nutzbarkeit dürfen nicht zu Angleichungen vorbehaltlich festgesetzter Beiträge führen, weil sie den ursprünglich entstandenen Beitrag unberührt lassen.

Hiervon sind die Fälle zu unterscheiden, in denen nicht das Gesetz der Kommune generell eine prognostische Einschätzung abverlangt, sondern in denen ein entscheidungserheblicher Sachverhalt ausnahmsweise noch nicht oder nur mit unverhältnismäßigem Aufwand aufklärbar ist. Hier können spätere Entwicklungen, wenn sie nicht den abgabenerheblichen Sachverhalt nachträglich verändern, sondern nur zu besseren Erkenntnissen über den von vornherein bestehenden Sachverhalt führen, im Rahmen einer Änderung der Vorbehaltsfestsetzung berücksichtigt werden. Dies gilt beispielsweise für die oben angesprochenen[79] Fälle ausstehender präjudizieller Entscheidungen Dritter. So kann die ausstehende Klärung von Minderungsansprüchen hinsichtlich des Werklohns der beauftragten Bauunternehmer über die vorbehaltliche Veranlagung zu Erschließungs- und Ausbaubeiträgen abgefangen werden. Sobald

76 *Ernst*, in: Ernst/Zinkahn/Bielenberg/Krautzberger, BauGB, § 133 Rn. 24a m. w. N. zum Erschließungsbeitragsrecht; *Klausing*, in: Driehaus, Kommunalabgabenrecht, § 8 Rn. 960 zum Beitragsrecht leitungsgebundener Einrichtungen; zum Grundsatz der Einmaligkeit der Beitragserhebung: BVerwG v. 20. 1. 1978, 4 C 2.75, KStZ 1979, 79 (90); OVG Magdeburg v. 16. 12. 1999, A 2 S 335/98, zitiert nach juris; OVG Greifswald v. 15. 12. 2009, 1 L 324/06, zitiert nach juris, m. w. N. zur Rspr.; *Büchel*, in: Büchel/Patt, SächsKAG, § 26 Rn. 3; *Gern*, Sächsisches Kommunalrecht, 2. Aufl. 2000, Rn. 1232 und 1282 m. w. N., *Lohmann*, in: Driehaus, Kommunalabgabenrecht, § 8 Rn. 919; zu den Besonderheiten des sächsischen Beitragsrechtes *Birk/Dossmann*, in: Driehaus, Kommunalabgabenrecht, § 8 Rn. 1170.

77 *Lichtenfeld*, in: Driehaus, Kommunalabgabenrecht, § 6 Rn. 726 c; OVG Münster v. 31. 8. 1990, 9 A 739/88, ZKF 1991, 183.

78 Zu Ausnahmen im Rahmen der antezipierten Jahresabwassergebühr vgl. *Schulte/Wiesemann*, in: Driehaus, Kommunalabgabenrecht, § 6 Rn. 373; auch nachträgliche Änderungen der baulichen Nutzbarkeit oder der tatsächlichen Nutzung von Grundstücken können in wenigen Bundesländern zur Anpassung der Beitragslast führen (vgl. § 7 Abs. 7 ThürKAG, § 19 Abs. 2 SächsKAG; § 29 Abs. 3 bad.-württ. KAG).

79 Vgl. Ziffer I Nr. 1 Buchst. b Doppelbuchst. cc, S. 99 f.

die Höhe des Werklohns und damit die Höhe des umlagefähigen Aufwands endgültig feststeht, kann die Vorbehaltsfestsetzung entsprechend angepasst werden. Entsprechend kann mit Unwägbarkeiten hinsichtlich der Wirksamkeit eines Bebauungsplans umgegangen werden, der für die bauliche Ausnutzbarkeit der veranlagten Grundstücke relevant ist. Denn in diesem Fall handelt es sich bei der gerichtlichen Feststellung der Nichtigkeit des Bebauungsplans nicht um eine - irrelevante - nachträglichen Änderung der baulichen Nutzbarkeit der betroffenen Grundstücke, sondern nur um die nachträglich erlangte bessere Rechtskenntnis über die von vornherein bestehenden materiellen Grenzen des Baurechts.

b. Vertrauensschutz als Grenze der Abänderbarkeit?

Problematisch ist weiter, ob sich die steuergesetzliche Gewährleistung des Vertrauensschutzes aus § 176 AO, die dort den Durchbrechungen der materiellen Bestandskraft von Vorbehaltsbescheiden Grenzen zieht, auf das Kommunalabgabenrecht übertragen lässt.

aa. Anwendbarkeit von § 176 AO Namentlich erklären die Kommunalabgabengesetze Baden-Württembergs, Mecklenburg-Vorpommerns sowie des Freistaates Sachsen unter den §§ 172 ff. AO auch § 176 AO für entsprechend anwendbar[80], wobei diese Vorschriften allerdings für die Veranlagung zu Erschließungsbeiträgen durch das vorrangige Bundesrecht überlagert werden[81].

aaa. Nacherhebung als Änderung des Ausgangsbescheids? Für die Frage, ob die vertrauensschützende Korrekturbegrenzung des § 176 AO im Kommunalabgabenrecht zumindest außerhalb des Erschließungsbeitragsrechtes eine Bedeutung entfalten kann, erweist sich das umstrittene Problem als präjudiziell, auf welche verfahrenstechnische Art und Weise Nacherhebungen vorzunehmen sind. Der entsprechende Anwendungsbereich des § 176 AO kann nämlich von vornherein nur eröffnet sein, wenn die nachträgliche Nachforderung von Kommunalabgaben verfahrenstechnisch im Wege der Änderung des (vorbehaltlichen) Ausgangsbescheides selbst vollzogen wird[82]. Kann

80 § 3 Abs. 1 Nr. 4 Buchst. c bad.-württ. KAG, § 12 Abs. 1 KAG M-V, § 3 Abs. 1 Nr. 4 rh.-pf. KAG, § 3 Abs. 1 Nr. 4 Buchst. c SächsKAG.

81 Vgl. hierzu *Ernst*, in: Ernst/Zinkahn/Bielenberg/Krautzberger, BauGB, § 134 Rn. 14a; BVerwG v. 18. 3. 1988, 8 C 92.87, BVerwGE 79, 163 (167 ff.).

82 So VGH Mannheim v. 29. 3. 1989, 2 S 43/87, VBlBW 1989, 345 (346); v. 20. 8. 1987, 2 S 1084/86, zitiert nach juris; OVG Koblenz, v. 7. 6. 2004, 6 A 10430/04, NVwZ-RR

die Nachforderung hingegen stattdessen durch einen unabhängigen, weiteren Bescheid geltend gemacht werden, der den Regelungsgehalt des Ausgangsbescheides unangetastet lässt[83], dann fehlt für die Anwendung von Vertrauensschutzgesichtspunkten bereits jeder Anknüpfungspunkt.

Für die Ansicht, wonach eine Nachforderung keine Änderung des Ausgangsbescheids darstellt, wird angeführt, dass der Regelungsgehalt des Heranziehungsbescheids durch den des Nacherhebungsbescheids deshalb nicht berührt ist, weil die Abgabenforderung nicht in vollem Umfang durch einen einzigen Bescheid erhoben werden muss. Beide Bescheide können demnach ihre rechtliche Wirkung unabhängig voneinander entfalten[84].

Diese Auffassung geht jedoch von einem unzutreffenden Regelungsgehalt der Abgabenfestsetzung aus. Wie eingangs[85] dargestellt wurde, beinhaltet die Festsetzung von Kommunalabgaben regelmäßig den Ausspruch der gesamten mit Tatbestandserfüllung entstandenen Abgabenforderung, sofern sich aus den Umständen nicht eindeutig von vornherein der Wille ergibt, sich auf einen Teilbetrag zu beschränken. Die Festsetzung der Abgabe enthält damit für den genannten Regelfall spiegelbildlich zugleich die Aussage, dass eine höhere Abgabenschuld nicht entstanden ist. Deshalb kann es sich hierbei nicht um einen offenen oder versteckten Teilbescheid handeln[86].

Die Erhebung einer Nachforderung setzt folglich voraus, dass die Festsetzung der Abgabenpflicht im Ausgangsbescheid angepasst wird (§ 218 Abs. 1 AO). Dies gilt auch dann, wenn sich der zweite Bescheid nur auf den weiteren Abgabenbetrag bezieht. Denn auch unter diesen Umständen muss zunächst der verbindliche behördliche Ausspruch des Ausgangsbescheids modifiziert

---

2004, 782 (783); OVG Lüneburg v. 25. 6. 1986, 9 A 134/84, KStZ 1987, 13 f.; *Birk*, in: Driehaus, Kommunalabgabenrecht, § 8 Rn. 705; *Patt*, in: Büchel/Patt, SächsKAG, § 3 Rn. 81.7; *Ernst*, in: Ernst/Zinkahn/Bielenberg/Krautzberger, BauGB, § 134 Rn. 14a; *Uechtritz*, VBlBW 1989, 83.

83 So *Driehaus*, in: Driehaus, Kommunalabgabenrecht, § 8 Rn. 31; *Döring*, in: Festschrift für H.-J. Driehaus, 2005, S. 67 f., 70 ff.; OVG Weimar v. 29. 4. 2008, 4 ZKO 610/07, zitiert nach juris; OVG Greifswald v. 15. 12. 2009, 1 L 324/06, zitiert nach juris.

84 *Driehaus*, in: Driehaus, Kommunalabgabenrecht, § 8 Rn. 31; *Döring*, in: Festschrift für H.-J. Driehaus, 2005, S. 67 f., 70 ff.; OVG Weimar v. 29. 4. 2008, 4 ZKO 610/07, zitiert nach juris; OVG Greifswald v. 15. 12. 2009, 1 L 324/06, zitiert nach juris.

85 Vgl. Kap. C Ziffer II Nr. 3 Buchst. b, S. 70 f.

86 So auch mit zum Teil weiterführenden Erwägungen VGH Mannheim v. 29. 3. 1989, 2 S 43/87, VBlBW 1989, 345 (346); v. 15. 3. 1982, 2 S 2555/81, zitiert nach juris; v. 17. 5. 1984, 2 S 591/83, zitiert nach juris; OVG Koblenz v. 7. 6. 2004, 6 A 10430/04, NVwZ-RR 2004, 782 (783); OVG Lüneburg v. 25. 6. 1986, 9 A 134/84, KStZ 1987, 13 f.; *Ernst*, in: Ernst/Zinkahn/Bielenberg/Krautzberger, BauGB, § 134 Rn. 14a: kein „Ratenbescheid“.

werden, dass - nur - eine Abgabe in der vormals festgestellten Höhe entstanden ist. Damit ist den vertrauensschützenden Korrekturbeschränkungen des § 176 AO grundsätzlich ein Anwendungsbereich eröffnet.

bbb. Das Verhältnis von § 176 AO und § 164 AO im Kommunalabgabenrecht Damit kommt es auf die bereits für das Steuerrecht umstrittene Frage an, ob § 176 AO die Abänderbarkeit von Vorbehaltsfestsetzungen gemäß § 164 AO einschränkt[87]:

Dies wird zwar für das Steuerrecht von der herrschenden Meinung in Literatur und Rechtsprechung, insbesondere vom Bundesfinanzhof, bejaht. Obwohl gute Gründe dafür sprechen, der herrschenden steuerrechtlichen Auffassung auch für das Kommunalabgabenrecht zu folgen, überwiegen hier jedoch letztlich die Argumente gegen eine entsprechende Anwendung von § 176 AO auf die Änderung oder Aufhebung von Kommunalabgabenfestsetzungen unter Vorbehalt entsprechend § 164 Abs. 2 Satz 1 AO.

Zwar kann sich die steuerrechtliche Gegenauffassung zum einen auf den identischen Wortlaut der Normen § 164 Abs. 2 Satz 1 AO und § 176 Abs. 1 Satz 1 AO stützen, die beide auf die Aufhebung oder Änderung einer Steuerfestsetzung abheben. Sie hat darüber hinaus auch den Willen des Steuergesetzgebers für sich, der die Korrekturhindernisse des § 176 AO gerade auch mit Blick auf die Steuerfestsetzung unter dem Vorbehalt der Nachprüfung geschaffen hat[88]. Und schließlich lässt sich spezifisch für das Kommunalabgabenrecht darauf verweisen, dass die Landesgesetzgeber keine ausdrückliche Regelung getroffen haben, um das Verhältnis von § 176 AO zu § 164 AO im Kommunalabgabenrecht zu klären. Dies kann als Indiz gewertet werden, dass sie § 176 AO keinen anderen Inhalt geben wollten, als den für das Steuerrecht höchstrichterlich ausgeformten.

Indes ist der jeweilige landesgesetzgeberische Wille auf diese Weise nicht eindeutig festzustellen: Es ist schließlich nicht zwingend, sich an das Steuerrecht anzulehnen, um das gesetzgeberische Schweigen im Kommunalabgabenrecht zu deuten. Vielmehr ist es ebenso möglich, stattdessen auf die generellen Wesenszüge vorläufiger Verwaltungsentscheidungen als Auslegungskriterium zurückgreifen: Wie oben gezeigt wurde, dient schließlich der Erlass eines vorläufigen Verwaltungsaktes grundsätzlich gerade dazu, eine Bindung an vertrauensschützende Einschränkungen für seine Rücknahme und Widerruf zu

87 Vgl. hierzu Nr. 1, S. 112 ff.
88 Vgl. hierzu Nr. 1, S. 112 ff.

vermeiden[89]. Unter diesem Blickwinkel gewinnt folglich für das Kommunalabgabenrecht die bereits für das Steuerrecht vertretene Auffassung größere Überzeugungskraft, dass der Sinn und Zweck von § 164 AO gerade darin besteht, den Abgabenfall nach allen Seiten offen zu halten - weil die Festsetzung unter dem Vorbehalt der Nachprüfung steht, taugt sie nicht als Vertrauensgrundlage des Steuerpflichtigen[90]. Aus dem gesetzgeberischen Schweigen lassen sich folglich keine eindeutigen Schlüsse ziehen.

Auch die verfassungsrechtliche Verankerung der Vertrauensschutzprinzips zwingt nicht dazu, die Anwendbarkeit von § 176 AO auf Vorbehaltsfestsetzungen zu bejahen[91]. Denn die Verfassung hindert den Gesetzgeber grundsätzlich nicht daran, im Interesse der Effektivität des Verfahrens summarische Interimsentscheidungen zuzulassen und die - letztlich später Vertrauensschutz gewährende - Endentscheidung aufzuschieben. Dem Vertrauensschutzprinzip lässt sich namentlich kein globaler Gehalt in der Form zuweisen, dass sich der Betroffene stets und ständig auf *sämtliche* Verhaltensweisen staatlicher Organe verlassen können muss, unabhängig davon, ob sie erkennbar und zulässigerweise nur vorläufig getroffen worden sind und noch nicht die abschließende Rechtsauffassung der Behörde wiedergeben[92]. Zwar kann auch die Bestandskraft von Verwaltungsakten in ähnlicher Weise wie die Rechtskraft von Urteilen zu den verfassungsfesten Bestandteilen des Rechtsstaatsprinzips gezählt werden[93]. Die konkrete inhaltliche Ausgestaltung dieses Institutes und die Wichtung der berührten Rechtsprinzipien Rechtssicherheit, Einzelfallgerechtigkeit, Vertrauensschutz und Verwaltungsflexibilität in ihrem Verhältnis zueinander obliegt freilich dem Gesetzgeber[94]. Diese Ausgestaltungsprärogative schließt die Befugnis ein, auch der Verwaltung „Eilentscheidungen“ *ohne* Stabilisierungsfunktion an die Hand zu geben.

Zudem gebieten auch die besonderen Rahmenbedingungen des Kommunalabgabenrechts maßgeblich eine enge Auslegung von § 176 AO. Die vertrauensschützenden Korrekturhindernisse des § 176 AO sind spezifisch auf die Bedürfnislage des Steuerverfahrens zugeschnitten, stellen hingegen im Verfahrensrecht der Kommunalabgaben einen weitgehend sachwidrigen Fremd-

89 Kap. B Ziffer III Nr. 5, S. 46.
90 Vgl. hierzu Nr. 1, S. 113.
91 A. A. *Leisner*, DStZ 1999, 364.
92 Zu weitgehend daher *Leisner*, DStZ 1999, 364.
93 *Schmidt-Aßmann*, in: HdbStR II, 3. Aufl. 2004, § 26 Rn. 83.
94 *Schmidt-Aßmann*, in: HdbStR II, 3. Aufl. 2004, § 26 Rn. 83; *Döring*, in: Festschrift für H.-J. Driehaus, 2005, S. 73 m. w. N.

körper dar. Die Vorschrift zielt darauf ab, das Vertrauen des Steuerpflichtigen in eine ihm günstige Gesetzgebung, Rechtsprechung oder Verwaltungsvorschrift zu schützen, wenn die Steuerfestsetzung auf einem dieser Faktoren beruht und die Steuerfestsetzung bestandskräftig geworden ist[95]. § 176 AO hindert damit allein eine Korrektur des Teils des Entscheidungsprozesses, der in der rechtlichen Würdigung besteht[96]. Hinzu kommt, dass Gegenstand des gesetzlichen Schutzes überdies eine rein abstrakte Vertrauensposition ist[97]; eine konkrete Prüfung, ob der Steuerpflichtige tatsächlich auf die Rechtslage, die Rechtsprechung oder die Verwaltungsvorschrift vertraut und im Vertrauen hierauf schützenswerte Dispositionen getroffen hat, findet nicht statt. Dies ist für das Steuerrecht sinnvoll, wo zumindest ab dem Vorliegen eines bestandskräftigen Verwaltungsakts gewährleistet sein muss, dass der Steuerschuldner sich auf eine vorteilhafte Rechtslage, Rechtsprechung oder Verwaltungsvorschrift verlassen kann. Denn anders als das Kommunalabgabenrecht eröffnet das Steuerrecht dem Abgabenschuldner zahlreiche subjektive Gestaltungsmöglichkeiten, die sich auf die Steuerschuld auswirken. Vielfach wählen die Steuerschuldner ihre Geschäftsmodelle, Anlagen, Vertragsformen o. Ä. danach aus, welche steuerlichen Konsequenzen damit verbunden sind. Deshalb müssen sie sich in besonderer Weise sicher sein können, dass die steuerliche Geschäftsgrundlage ihrer Entscheidungen - die in den geltenden Normen, ausgeformt durch die Rechtsprechung und die Verwaltungsvorschriften besteht - im Steuerfestsetzungsverfahren erhalten bleibt. Eine konkrete Überprüfung, ob das Vertrauen im Einzelfall schützenswert ist, wäre zudem für die Massenverfahren der Finanzverwaltung nicht praktikabel. Diese Problemlage stellt sich jedoch im Kommunalabgabenrecht nicht in vergleichbarer Weise. Im Gegenteil ist das Entstehen und die Höhe von Kommunalbeiträgen sogar häufig von dem Verhalten des Beitragsschuldners völlig unabhängig. Auch sonst sind die Möglichkeiten des Schuldners, die Abgabenhöhe zu beeinflussen - abgesehen von einer immer sinnvollen Reduktion des Verbrauchs - sehr gering. Es erscheint kaum vorstellbar, dass sich ein Gebühren- oder Beitragsschuldner gerade mit Blick auf die Rechtslage, die Rechtsprechung oder Verwaltungsvorschriften für Kommunalabgaben in einer besonderen Weise geschäftlich „einrichtet", die Vertrauensschutz verdient. Sollte dies in einigen wenigen Fällen doch einmal zutreffen, so ist jedenfalls nichts dafür ersichtlich,

95 *V. Groll*, in: HHSp, AO, § 176 Rn. 40
96 *V. Groll*, in: HHSp, AO, § 176 Rn. 132.
97 *V. Groll*, in: HHSp, AO, § 176 Rn. 41.

warum es die Verwaltung überfordern sollte, die subjektive Schutzbedürftigkeit und -würdigkeit einer Vertrauensbetätigung des Schuldners konkret zu überprüfen.

Damit ist schon kein sachlicher Grund für eine entsprechende Geltung des § 176 AO ersichtlich. Darüber hinaus würde eine Anwendung der Korrekturhindernisse des § 176 AO auf die Entgeltabgaben des Kommunalabgabenrechts zwangsläufig zu einer Ungleichbehandlung zwischen denjenigen Abgabenschuldnern, die ihre Abgabenforderung vollständig begleichen müssen, und denjenigen Abgabenschuldnern, denen § 176 AO zugute kommt, führen. Zusätzlich zieht § 176 AO auch eine Deckungslücke für den umlagefähigen Aufwand der jeweiligen kommunalen Einrichtung oder Straße nach sich, die letztlich durch die Allgemeinheit über Steuereinnahmen geschlossen werden muss. Eine solche Vorzugsbehandlung Einzelner aus der Solidargemeinschaft der Abgabenschuldner bzw. eine solche Privilegierung einzelner Schuldner von Entgeltabgaben zulasten der Allgemeinheit ist indes nach den Grundsätzen der Abgabengleichheit[98] nur gerechtfertigt, wenn ein triftiger Grund existiert, warum diese Schuldner nicht in vollem Umfang herangezogen werden können, obwohl die anderen Betroffenen die Abgaben ohne Abstriche zu entrichten haben bzw. obwohl die begünstigten Schuldner als Bevorteilte der Einrichtung oder der Straße gegenüber der Allgemeinheit leistungsnäher sind. Ein solcher Grund kann nicht in einer völlig abstrakt gefassten Vertrauensschutzposition gesehen werden, wenn diese schon für den Regelfall nicht die Gewähr bietet, nur subjektiv schutzwürdige Personen zu begünstigen, weil sie sachlich nicht auf die Gegebenheiten des Kommunalabgabenverfahrens passt, sondern für dessen Verhältnisse viel zu weit geraten ist.

Da demnach die entsprechende Anwendung des § 176 AO ohnehin eher als verfehlt anzusehen ist, muss zumindest der Anwendungsbereich dieser Vorschrift teleologisch reduziert werden. Namentlich ist es erforderlich, die Anwendungsvoraussetzungen von § 176 AO im Sinne einer konkreten Prüfung der subjektiven Schutzwürdigkeit einer Vertrauensbetätigung des Abgabenschuldners zu modifizieren. Dies schließt jedoch eine entsprechende Anwendung von § 176 AO auf die Änderung oder Aufhebung von Vorbehaltsfestsetzungen aus, denn ergeht eine Abgabenfestsetzung unter dem Vorbehalt der Nachprüfung, so kann der Betroffene nicht schutzwürdig auf die Bestandskraft des Bescheides vertrauen.

98 Siehe Buchst. C Ziffer I Nr. 1, S. 53.

bb. Ergebnis Nach alledem läuft § 176 AO entsprechend bei der Korrektur von kommunalabgabenrechtlichen Vorbehaltsfestsetzungen faktisch ins Leere, weil bei der dem Normsinn nach gebotenen individuellen Prüfung, ob tatsächlich mit Blick auf die Vorbehaltsfestsetzung eine Vertrauensbetätigung erfolgte, die Schutz verdient, stets davon auszugehen sein wird, dass mit Blick auf die ausdrücklich vorbehaltene Nachprüfung kein Vertrauensschutz zu gewähren ist.

IV. Wesen und Inhalt der kommunalabgabenrechtlichen Vorbehaltsfestsetzung

Für die Beschreibung des Wesens der kommunalabgabenrechtlichen Vorbehaltsfestsetzung kann wiederum einschränkungslos auf das steuerrechtliche Vorbild zurückgegriffen werden, denn dessen maßgebliche Charakterzüge erfahren innerhalb des kommunalabgabenrechtlichen Rechtsrahmens keine Änderungen:

1. Der Charakter der steuerlichen Vorbehaltsfestsetzung und die Rechtsnatur des Nachprüfungsvorbehalts

Die Frage, wie sich der besondere Charakter einer Steuerfestsetzung mit dem Vorbehalt weiterer Prüfung begrifflich erfassen lässt und mit welchen rechtsdogmatischen Kategorien ihr rechtlicher Gehalt beschrieben werden kann, wird in Literatur und Rechtsprechung unterschiedlich beantwortet. Im Wesentlichen lassen sich zwei verschiedene Blickwinkel feststellen, mit denen an die Rechtsfigur der Vorbehaltsfestsetzung herangetreten wird:

a. Die Vorbehaltsfestsetzung - vollgültige Steuerfestsetzung oder „Eilentscheidung“ des Steuerverfahrens?

Es überwiegt wohl der Anteil derjenigen, die den vorbehaltlichen Steuerbescheid zuvörderst als eine vollgültige Steuerfestsetzung betrachten, die lediglich in ihrer Abänderbarkeit wegen des Nachprüfungsvorbehaltes modifiziert ist, der der Festsetzung hinzugefügt ist. Die vorbehaltliche Steuerfestsetzung erscheint danach als Kombination aus - wesensbestimmender - Steuerfestsetzung und dem Annex des Nachprüfungsvorbehalts[99].

99 FG Rheinland-Pfalz v. 27. 9. 1982, 5 K 13/82, EFG 1983, 325; ähnlich *Rüsken*, in: Klein, AO, 10. Aufl. 2009, § 164 Rn. 53: echter Steuerbescheid; *Cöster*, in: Pahl-

An dieser Auffassung ist indes zu kritisieren, dass sie einseitig der *Wirkung* von Vorbehaltsfestsetzungen verhaftet bleibt, ohne das *verfahrensmäßige* Phänomen der vorbehaltlichen Entscheidung in seiner eigenen Bedeutung zu erfassen[100]. Weil von dieser ergebnisorientierten Warte ausschließlich dem Faktum Beachtung geschenkt wird, dass das Gesetz in beiden Fällen von Steuerfestsetzungen spricht und beiden Entscheidungen die Kraft beilegt, Grundlage der Verwirklichung von Steuerforderungen zu sein, treten jegliche Überlegungen zu der Funktion im Verfahren sowie zu den besonderen Entscheidungsgrundlagen und dem Inhalt dieser behördlichen Regelung in den Hintergrund. Diese verkürzte Betrachtungsweise vernachlässigt den Umstand, dass Verfahren und Inhalt der intendierten Maßnahme in einem gegenseitigen Abhängigkeitsverhältnis stehen[101]. Sie eröffnet deshalb zwangsläufig ein nur unzulängliches Verständnis vom Wesen vorbehaltlicher Steuerbescheide. Welchen Inhalt eine behördliche Erklärung unter Berücksichtigung des gesetzlichen Kontextes haben kann, lässt sich nicht losgelöst davon beurteilen, womit sich die Behörde im Zuge der Entscheidungsfindung zu befassen hat. Entscheidungsprozess und Entscheidungsinhalt korrelieren idealtypischerweise miteinander.

Dies bedeutet, dass der vorbehaltlichen Steuerfestsetzung ersichtlich nicht der Charakter einer Benennung der gesetzlichen Steuerschuld zukommen kann, weil sie das Produkt eines vorläufigen behördlichen Bildes von der Sach- und Rechtslage ist. Solange sich die Behörde nur fragmentarisch eine Vorstellung von den tatsächlichen und rechtlichen Grundlagen der zu treffenden Regelung verschafft, handelt es sich bei dem Ergebnis ihrer Bemühungen schließlich bereits der behördlichen Intention nach nicht um die Erkenntnis dessen, was im konkreten Fall Recht ist, sondern um eine in Verwaltungsaktform gegossene, begründete „Arbeitshypothese" über die bestehende gesetzliche Steuerschuld[102]. Mit diesen wesensbestimmenden Koordinaten - summarische Sach- und Rechtsprüfung und überschlägiger Entscheidungsinhalt - erweist sich die vorbehaltliche Festsetzung aber eher als einstweilige Regelung des Steuerverfahrens - einer einstweiligen Anordnung nach § 123 VwGO oder

ke/Koenig, AO, 2. Aufl. 2009, § 164 Rn. 8; *U. Stelkens*, in: Stelkens/Bonk/Sachs, VwVfG, 7. Aufl. 2008, § 35 Rn. 245; kritisch hierzu *Trzaskalik*, StuW 1993, 371.

100 *Trzaskalik*, StuW 1993, 371.

101 *Schick*, StuW 1992, 198; *Trzaskalik*, StuW 1993, 371.

102 So auch *Trzaskalik*, StuW 1993, S. 372: „... bei der Vorbehaltfestsetzung [ist] die Überzeugung der Finanzbehörde, die behördliche Steuer zu erheben, deutlich schwächer ausgeprägt als bei der vorbehaltslosen Festsetzung."

einer Regelungsanordnung nach § 945 ZPO ähnlich - denn als Steuerfestsetzung im eigentlichen, das abstrakte Recht konkretisierenden Sinne[103]. Der aufgezeigte Mangel in der Konkretisierungsfunktion der Festsetzung korrespondiert überdies mit dem nahezu völligen Fehlen ihrer Stabilisierungsfunktion. Gerade weil der vorbehaltliche Steuerbescheid letztlich nur eine wahrscheinliche und keine sichere Aussage darüber trifft, welcher Steueranspruch entstanden ist, ist sein Erklärungsgehalt für die Behörde jederzeit abänderbar und seine Ersetzung auch für den Steuerschuldner erzwingbar. Auch insoweit ist die Parallele zu den Verfahren des vorläufigen Rechtsschutzes augenfällig. Die Unbeständigkeit der behördlichen Regelung erweist sich deshalb als ein sekundäres Merkmal der vorbehaltlichen Festsetzung - als die rechtspolitische Konsequenz aus der primär kennzeichnenden, inhaltlichen Vagheit von Verfahren und Entscheidung.

b. Der Nachprüfungsvorbehalt - Nebenbestimmung oder Verwaltungsakt sui generis?

Will man die beschriebenen Eigenarten mit den Kategorien des Verwaltungsverfahrensrechtes erfassen, so kann man auf zwei rechtsdogmatische Denkfiguren - die des Verwaltungsaktes *sui generis* und die der mit einer Steuerfestsetzung verbundenen Nebenbestimmung - zurückgreifen. Nach herrschender Auffassung ist in dem Vorbehalt von Nachprüfungen eine unselbstständige Nebenbestimmung im Sinne von § 120 AO zu sehen[104]. Zur Begründung wird auf die Regelung des Widerrufsvorbehaltes in § 120 Abs. 2 Nr. 3 AO verwiesen, die belegt, dass auch Bestimmungen, die einen Eingriff in die Bestandskraft des Verwaltungsaktes nach sich ziehen, unselbstständige Nebenbestimmungen sind[105].

---

103 Die Wesensgleichheit zu Entscheidungen in Verfahren des vorläufigen Rechtsschutzes konstatierte bereits *Martens*, StuW 1988, 102. Auch *Kammann* lehnt sich in seiner Begrifflichkeit vom „einstweiligen Abschluss des Besteuerungsverfahrens“ an die Terminologie des vorläufigen Rechtsschutzes an (*Kammann*, StuW 1982, 150). In die gleiche Richtung gehen die Anmerkungen *Schicks*, bei der Vorbehaltsfestsetzung handele es sich um eine „Zwischenentscheidung aufgrund summarischer Prüfung“ (*Schick*, StuW 1988, 329).

104 *V. Wedelstädt*, in: Kühn/v. Wedelstädt, AO, 19. Aufl. 2008, § 164 Rn. 15; *Rüsken*, in: Klein, AO, 10. Aufl. 2009, § 164 Rn. 55; *Cöster*, in: Pahlke/Koenig, AO, 2. Aufl. 2009, § 164 Rn. 8; *Frotscher*, in: Schwarz, AO, § 164 Rn. 2; *Seer*, in: Tipke/Kruse, AO, § 164 Rn. 24; a. A. *Kammann*, StuW 1982, 160; *Heuermann*, in: HHSp, § 164 Rn. 10: Regelungsinhalt.

105 *Seer*, in: Tipke/Kruse, AO, § 164 Rn. 24.

Diese Argumentation stützt sich indes aus dem folgenden Grund auf ein untaugliches Kriterium und verfehlt deshalb den eigentlichen Kern des Problems. Ausschlaggebend für die Frage, ob sich das Verhältnis zweier Verwaltungsakte nach den Kategorien von Grundverwaltungsakt und Nebenbestimmung erfassen lässt, ist ein Vergleich der *Inhalte* beider Entscheidungen[106]. Unter Nebenbestimmungen versteht man *Ergänzungen* des Hauptausspruchs des Verwaltungsaktes; mittels einer Nebenbestimmung wird der Hauptinhalt um eine Modalität erweitert[107]. Eventuelle graduelle Unterschiede in ihrer Abänderbarkeit schließen eine Zuordnung zu diesen Kategorien zwar in der Tat nicht aus[108]. Vom positiven Erfordernis einer Inhaltsgleichheit entbindet dieser Umstand jedoch nicht. Denn die Frage, *was* geregelt wurde, *welchen Erklärungsgehalt* eine behördliche Entscheidung hat, hat schließlich nichts gemein mit der Frage, welchen Grad an Beständigkeit die Rechtsordnung dieser Entscheidung zuerkennt[109].

Der danach notwendige Vergleich der Regelungsgehalte beider Verwaltungsaktformen führt indes zu einer anderen dogmatischen Einordnung. Wie oben dargelegt wurde, spiegelt die vorbehaltlose Steuerfestsetzung die gültige Erkenntnis des gesetzlichen Steueranspruches wieder[110]. Das Finanzamt trifft eine verbindliche Aussage, welche konkrete Steuerschuld aufgrund der abstrakten materiell-rechtlichen Vorschriften mit Tatbestandserfüllung entstanden ist. Demgegenüber beinhaltet die vorbehaltliche Steuerfestsetzung dem behördlichen Erklärungswillen nach nicht die Aussage, dass der dort festgesetzte Betrag der gesetzlichen Steuerschuld entspricht. Hier hat lediglich die amtliche Einschätzung ihren Ausdruck gefunden, dass nach bisheriger Erkenntnis eine gewisse Wahrscheinlichkeit für einen Steueranspruch

106 *Ramsauer*, in: Kopp/Ramsauer, VwVfG, 11. Aufl. 2010, § 36 Rn. 4 f.

107 *Seer*, in: Tipke/Kruse, AO, § 120 Rn. 1.

108 Die Qualität der Beständigkeit gehört nicht zum Inhalt der gesetzlichen, typbildenden Definition des Verwaltungsaktes und hat damit für einen Vergleich der Verwaltungsakte, der auf die Feststellung wesensmäßiger Unterschiede abzielt, keine Aussagekraft. Weil Einschränkungen der Abänderbarkeit weder nach § 35 VwVfG noch nach § 118 Abs. 1 Satz 1 AO konstituierend für Verwaltungsakte ist, kann aus dem Vorhandensein oder Fehlen derartiger Einschränkungen keine Aussage dazu gewonnen werden, ob die betroffenen Regelungen sich in ihrer spezifischen Verwaltungsaktsqualität unterscheiden.

109 In diesem Sinne auch *Haas*, in: Festschrift für H. v. Wallis, 1985, S. 457; a. A. *Kammann*, StuW 1982, S. 160, der aus dem Fehlen einer materiellen Bestandskraftfähigkeit von Vorbehaltsfestsetzungen herleitet, dass es sich hierbei um eine inhaltliche Modifikation der Steuerfestsetzung handelt.

110 Vgl. dazu Kap. C Ziffer II Nr. 3 Buchst. a, S. 69 f

dieser Höhe besteht[111]. Dem Sinngehalt nach wurde die Regelung getroffen, dass der festgesetzte Betrag einstweilen bis zum Vorliegen besserer Sach- und Rechtserkenntnisse als Grundlage der Steuererhebung dienen soll. Beide Erklärungsgehalte differieren demnach so stark, dass man im Ergebnis - im Einklang mit der Behandlung von gerichtlichen Entscheidung im Eil- und Hauptsacheverfahren - nicht umhinkommt, beide Regelungen als voneinander wesensverschieden anzusehen[112].

Dem ließe sich zwar die Fassung des § 164 Abs. 3 Satz 1 und 2 AO entgegenhalten. Immerhin regelt diese Vorschrift, dass die Aufhebung des Vorbehaltes einer vorbehaltlosen Steuerfestsetzung nur *gleichsteht*. Das bedeutet im Gegenschluss, dass die Vorbehaltsaufhebung nach dem Willen des Gesetzgebers nicht *per se* mit dem Erlass einer vorbehaltlosen Steuerfestsetzung einhergehen muss, wie man es mit der hier vertretenen Auffassung bei der Auswechslung einer einstweiligen durch eine endgültige Entscheidung fordern müsste. Zudem spricht die augenscheinliche gesonderte Aufhebbarkeit des Vorbehaltes dafür, dass es sich um einen rechtlich separaten Teil des Verwaltungsaktes handelt, der nachträglich beseitigt werden kann, ohne den Gesamtinhalt des Bescheides zu ändern[113]. Der gesetzliche Wortlaut lässt indes auch Raum für abweichende Interpretationen und zwingt deshalb für sich betrachtet noch nicht dazu, in der Aufhebung des Vorbehaltes die Beseitigung eines verselbstständigten Regelungsteiles der vorbehaltlichen Festsetzung zu sehen. Trotz der Bezeichnung des Vorbehaltes als „aufhebbar“ ist namentlich aus folgenden Gründen ein Verständnis möglich, das die vorbehaltliche Steuerfestsetzung nicht als eine Kumulation von Festsetzung und Vorbehalt ansieht:

Zum Ersten würde eine wortlautgetreue Interpretation dem eigentlichen Aussagegehalt der Vorbehaltsaufhebung nicht gerecht. Mit der behördlichen Beseitigung des Nachprüfungsvorbehaltes verleiht das Finanzamt schließlich nicht nur seinem Willen Ausdruck, dass künftig die Änderungssperre der §§ 172 ff. AO greifen soll. Es erklärt vielmehr zugleich, dass jene ursprüngliche, einstweilige Festsetzung der gesetzlichen Steuerschuld entspricht. Der

111 Gleichlautend der Befund von *Martens*: „Konkretisiert wird jedoch nicht die Steuerschuld, die sich nach *Abschluss* der Ermittlung *aller* Besteuerungsgrundlagen ergibt, sondern ein aufgrund mehr oder weniger summarischer Prüfung gefundener Steuerbetrag, der noch nicht als endgültige Festsetzung fungiert.“ (*Martens*, StuW 1988, 102).

112 So im Ergebnis, wenn auch nicht in der Begründung, *Kammann*, StuW 1982, 160; gegen die Annahme einer Nebenbestimmung auch *Heuermann*, in: HHSp, AO, § 164 Rn. 10.

113 So *Eschenbach*, DVBl. 2002, 1253 f. m. w. N.

Sache nach handelt es sich demnach hierbei um eine Inhaltsänderung des vorbehaltlichen Bescheides, die das Gesetz dem erstmaligen Erlass eines vorbehaltlosen Bescheides identischen Inhaltes gleichsetzt[114]. Es ist deshalb vorzugswürdig, den Begriff der „Aufhebung des Vorbehaltes" nicht als *terminus technicus* für die isolierte Beseitigung eines Regelungsbestandteiles zu betrachten, sondern ihn als Beschreibung der Umwandlung einer einstweiligen behördlichen „Steuerhypothese" in eine endgültige Rechtskonkretion mit dem gleichen betragsmäßigen Ergebnis zu begreifen. Dies erscheint umso mehr gerechtfertigt, als - zum Zweiten - ein wortgetreues Verständnis der gesetzlichen Bestimmung ohnehin nicht möglich ist. Auch wer die Ansicht vertritt, dass es sich bei dem Nachprüfungsvorbehalt um eine unselbstständige Nebenbestimmung handelt, stößt hier an rechtssystematische Grenzen - zeichnet sich doch eine unselbstständige Nebenbestimmung gerade dadurch aus, dass ihr rechtliches Schicksal nicht von dem des Verwaltungsaktes zu trennen ist - sie also auch nicht isoliert aufgehoben werden kann[115].

Im Ergebnis lässt sich nach alledem festhalten, dass vorbehaltliche und vorbehaltlose Steuerfestsetzung Verwaltungsakte *sui generis* sind.

2. Übertragung auf das Kommunalabgabenrecht

Legt man diese steuerrechtlichen Prämissen zugrunde, so ähnelt auch das Verhältnis von vorbehaltlicher und endgültiger Abgabenfestsetzung eher dem Verhältnis von gerichtlicher Eil- und Hauptsacheentscheidung: Die endgültige Abgabenfestsetzung enthält den Ausspruch der gültig erkannten, konkreten Abgabenschuld. Demgegenüber besagt die Vorbehaltsfestsetzung nur, dass nach derzeitiger Erkenntnis eine gewisse Wahrscheinlichkeit für einen Abgabenanspruch dieser Höhe besteht und dass der festgesetzte Betrag einstweilen bis zum Vorliegen besserer Sach- und Rechtserkenntnisse als Grundlage der Abgabenerhebung dienen soll. Insbesondere handelt es sich bei einer kommunalabgabenrechtlichen Vorbehaltsfestsetzung danach nicht um eine vollgültige Abgabenfestsetzung, deren Korrekturmöglichkeiten lediglich erweitert wurde. Nur dieses Verständnis gewährleistet, dass bei der Beschreibung des Wesens von Vorbehaltsbescheiden nicht einseitig ihre unmittelbaren Wirkungen in den Vordergrund gerückt werden, sondern dass im Rahmen einer Gesamtschau auch ihre Einbettung in das Verfahren in den Blick genommen wird. Weil das Verfahren der Entscheidungsfindung und der Inhalt einer

114 *Frotscher*, in: Schwarz, AO, § 164 Rn. 110.
115 So auch die Kritik von *Heuermann*, in: HHSp, AO, § 164 Rn. 10.

Entscheidung miteinander korrespondieren, muss bei der Untersuchung des Inhalts von Vorbehaltsbescheiden ausschlaggebend ins Kalkül gezogen werden, dass sie aufgrund einer summarischen Sach- und Rechtsprüfung ergehen und deshalb nur einen überschlägigen Entscheidungsinhalt haben, dem keine Stabilisierungsfunktion zukommt. Dem wird nur die eingangs vorgenommene Charakterisierung des Vorbehaltsbescheids als „Eilentscheidung" des Kommunalabgabenverfahrens gerecht.

Diese wesensmäßigen Unterschiede von Vorbehaltsfestsetzung und endgültiger Abgabenfestsetzung bedingen zugleich die verfahrensrechtliche Einordnung der Abgabenfestsetzung unter Nachprüfungsvorbehalt als Verwaltungsakt *sui generis*. Hingegen kann der Nachprüfungsvorbehalt nicht als unselbstständige Nebenbestimmung verstanden werden, weil der Ausspruch einer endgültigen Abgabenfestsetzung verglichen hiermit nicht lediglich um eine Modalität ergänzt wird, sondern einen grundlegend verschiedenen Sinn erhält. Dem steht auch im Kommunalabgabenrecht nicht entgegen, dass § 164 Abs. 3 Satz 1 und 3 AO von der Aufhebung des Vorbehalts der Nachprüfung spricht und damit eine Trennbarkeit von Festsetzung einerseits und Vorbehalt andererseits suggeriert. Bereits für das Steuerrecht ist ein solches Verständnis nicht zwingend. Vielmehr lässt die - ohnehin nicht wortgetreu auslegbare - Vorschrift schon dort Raum für das Verständnis, wonach die Aufhebung des Vorbehalts untechnisch die Umwandlung einer einstweiligen behördlichen „Steuerhypothese" in eine endgültige Rechtskonkretion mit dem gleichen betragsmäßigen Ergebnis beschreibt. Dies gilt umso mehr im Kommunalabgabenrecht, wo der Rechtsanwender noch weniger an den Wortlaut des nur entsprechend anwendbaren § 164 AO gebunden ist.

V. Vom vorbehaltlichen zum vorbehaltlosen Kommunalabgabenbescheid

1. Verfahrenstechnik

Das kommunalabgabenrechtliche Verfahrensrecht hat die Verfahrenstechniken des § 164 AO uneingeschränkt übernommen, mit denen eine vorbehaltliche durch eine endgültige Abgabenfestsetzung abgelöst werden kann:

a. *Steuerrechtliche Grundlagen*

Die Frage, auf welche Art und Weise die vorbehaltliche Steuerfestsetzung durch eine vorbehaltlose Festsetzung abgelöst werden kann, wird in § 164 AO vergleichsweise detailliert geregelt: Zum Ersten kann das Finanzamt jederzeit die Steuerfestsetzung aufheben oder ändern (§ 164 Abs. 2 Satz 1 AO) und in diesem Zusammenhang für die Zukunft den Nachprüfungsvorbehalt entfallen lassen. Ein derartiger nicht nur die Steuerfestsetzung, sondern auch ihre Vorbehaltlichkeit betreffender Erklärungsgehalt muss wegen der damit verbundenen weitreichenden Folgen dem Änderungsbescheid ausdrücklich zu entnehmen sein. Es reicht namentlich nicht aus, dass der Nachprüfungsvorbehalt in dem Änderungsbescheid nicht mehr erwähnt wird. Ohne eine explizite Aufhebung des Vorbehaltes ist ein Änderungsbescheid nicht endgültig[116].

Wie bereits erwähnt, kann die Ablösung zum Zweiten durch Aufhebung des Vorbehaltes vonstatten gehen. Das Finanzamt ist hierzu jederzeit befugt (§ 164 Abs. 3 Satz 1 AO) und *de lege lata* verpflichtet, wenn eine durchgeführte Außenprüfung keine Änderungen ergeben hat (§ 164 Abs. 3 Satz 3 AO).

b. *Übertragung auf das Kommunalabgabenrecht*

Dies bedeutet in entsprechender Anwendung für das Kommunalabgabenrecht Folgendes:

Ergibt die Nachprüfung, dass eine Änderung des festgesetzten Betrages notwendig wird, so kann die Kommune jederzeit die Abgabenfestsetzung aufheben oder ändern (§ 164 Abs. 2 Satz 1 AO) und in diesem Zusammenhang für die Zukunft den Nachprüfungsvorbehalt entfallen lassen. Beendet ein Änderungsbescheid auf diese Weise die Vorbehaltlichkeit der Abgabenfestsetzung, so muss dies ausdrücklich geregelt sein. In entsprechender Anwendung der steuerrechtlichen Maßstäbe reicht es nicht aus, dass der Nachprüfungsvorbehalt in dem Änderungsbescheid nicht mehr erwähnt wird.

Ist keine Änderung des Festsetzungsbetrages erforderlich, so kann die Ablösung auch durch die Aufhebung des Vorbehaltes vonstatten gehen. Die Kommune ist hierzu jederzeit befugt (§ 164 Abs. 3 Satz 1 AO). Inhaltlich handelt es sich hierbei trotz der augenscheinlich gegenteiligen gesetzlichen Terminologie um die inzidente Beseitigung der gesamten Vorbehaltsfestsetzung durch den Erlass eines endgültigen Abgabenbescheides gleicher Höhe.

116 Zum Ganzen: *Haas*, in: Festschrift für H. v. Wallis, 1985, S. 459 m. w. N.

2. Äquivalenz von Ermittlungsqualität und Festsetzungsart?

In diesem Zusammenhang drängt sich weiter die Frage auf, ob eine zwingende Korrelation zwischen der unvollständigen Aufklärung des Sachverhaltes und der Aufrechterhaltung des Vorbehaltes besteht. Mit anderen Worten: Ist die Behörde nur bei vollständiger Ermittlung und Rechtsprüfung berechtigt, den Vorbehalt der Nachprüfung fallen zu lassen? Ist sie demgegenüber nach abschließender Sach- und Rechtsprüfung nicht nur berechtigt, sondern sogar verpflichtet, die Vorbehaltlichkeit der Festsetzung aufzuheben?

a. Steuerrechtlicher Diskussionsstand

Diese These[117] ist in weiten Teilen der steuerrechtlichen Literatur und Rechtsprechung auf Ablehnung gestoßen[118]. Exemplarisch hierfür sind die Ausführungen des Bundesfinanzhofes[119], der die Entscheidung über die Aufhebung der Vorbehaltsfestsetzung in das pflichtgemäße Ermessen der Behörde gestellt sieht, ohne dass diese von besonderen Voraussetzungen abhängig sei - insbesondere nicht von einer abschließenden Prüfung. Zur Begründung verweist der Bundesfinanzhof neben dem Wortlaut des Gesetzes, der eine Aufhebung „jederzeit" zulasse, auf den Sinn des Begriffes „Vorbehalt", welcher ein Recht, nicht eine Pflicht zur Nachprüfung ausdrücke.

Diese kritiklose Absolutsetzung des gesetzgeberischen Willens erweist sich jedoch bei eingehender Prüfung nicht als haltbar. Zwar kann kein vernünftiger Zweifel daran bestehen, dass es tatsächlich das Anliegen des Gesetzgebers bei der Einführung des § 164 AO war, der Finanzverwaltung umfassendste Entscheidungskompetenzen über das „Wann" und „Wieviel" der Sachaufklä-

117 So *Kammann*, StuW 1982, 159: „Das Gesetz ordnet in korrespondierender Weise jeder der vorgesehenen Ermittlungsqualitäten (abschließend oder nicht abschließend) unnachgiebig eine der beiden hier allein interessierenden Festsetzungsarten (vorbehaltlos oder unter Vorbehalt) zu, d.h. *Ermittlungsqualität und Festsetzungsart müssen grundsätzlich korrespondieren*."

118 *Thiel*, StuW 1977, 238: „Das Finanzamt kann den Vorbehalt jederzeit aufheben, auch wenn eine abschließende Prüfung des Steuerfalles nicht vorgenommen worden ist.... Bei einer abschließenden Prüfung, die keine Außenprüfung ist, verlangt § 164 AO die Aufhebung des Vorbehaltes nicht, sondern stellt sie nach Absatz 3 Satz 1 in das Ermessen des Finanzamtes."; *v. Wedelstädt*, in: Kühn/v. Wedelstädt, AO, 19. Aufl. 2008, § 164 Rn. 27; *Frotscher*, in: Schwarz, AO, § 164 Rn. 49a; *Rößler*, DStZ 1999, 603; *Cöster*, in: Pahlke/Koenig, AO, 2. Aufl. 2009, § 164 Rn. 62; *Rüsken*, in: Klein, AO, 10. Aufl. 2009, § 164 Rn. 37; einschränkend *Seer*, in: Tipke/Kruse, § 164 Rn. 2 und 15, nach dem sich die Ermessensentscheidung am Kontrollbedürfnis und an einem strukturellen Risikomanagement orientieren muss.

119 BFH v. 28. 5. 1998, V R 100/96, BStBl. II 1998, 502 (503).

rung einzuräumen. Eine Gesetzesauslegung darf jedoch nicht auf der Stufe der Feststellung von Wortsinn und subjektiver Regelungsintention des Verfassers stehen bleiben, sondern hat den objektiv dem Gesetz innewohnenden Sinn[120] zu ermitteln, der sich von den ursprünglichen Vorstellungen des Normgebers durchaus unterscheiden kann. Die Interpretation darf sich namentlich dann nicht nur damit begnügen, auf den Wortlaut der Bestimmung abzuheben, wenn teleologische Kriterien und Vorgaben des Verfassungsrechtes zu einem anderen Verständnis drängen, weil andernfalls gravierende Wertungswidersprüche zwischen einfachgesetzlichen Regelungen oder Friktionen mit höherrangigem Recht zu verzeichnen sind. So liegen die Dinge jedoch - wie die folgenden Überlegungen zeigen - hier:

Die Abgabenordnung stellt an das Festsetzungsverfahren vor der „eigentlichen" Steuerfestsetzung nach §§ 155 ff. AO nominell[121] strenge Anforderungen. Der Festsetzung der Steuerschuld hat eine dem Untersuchungsgrundsatz des § 88 AO genügende Sachaufklärung und eine dem Gebot der Gleichmäßigkeit und der Gesetzmäßigkeit der Besteuerung des § 85 AO Rechnung tragende rechtliche Prüfung voranzugehen. Obwohl sich die Steuerfestsetzung nach Aufhebung eines Vorbehaltes der Nachprüfung gemäß § 164 Abs. 3 Satz 1 AO weder in ihrem Wesen noch in ihrer Wirkung von der vorbehaltlosen Steuerfestsetzung unterscheidet, sollen für erstere jedoch - nicht nur faktisch, sondern bereits normativ - keine vergleichbaren Standards für Sachverhaltsermittlung und Rechtsprüfung gelten. Es soll weder vor der vorbehaltlichen Festsetzung noch vor der Aufhebung des Vorbehaltes mehr vonnöten sein, als eine erste oberflächliche Untersuchung auf offensichtliche Fehler. Dieser verfahrensrechtliche Umweg böte folglich der Finanzverwaltung im Ergebnis die nahezu unbegrenzte Möglichkeit, sich den gesetzlichen Anforderungen der §§ 85, 88 AO nach eigenem Belieben zu entziehen[122]. Dies ist schon deshalb nicht hinnehmbar[123], weil die grundlegenden Vorschriften der §§ 85, 88 AO Ausdruck des für den Gesetzgeber nicht disponiblen verfassungsrechtlichen Gebots der Gesetzmäßigkeit und Gleichmäßigkeit der Besteuerung sind[124]. Ermöglicht die Struktur des Festsetzungsverfahrens eine endgültige Steuer-

120 *Canaris*, Methodenlehre, S. 137.
121 Kritisch zur Eignung der geltenden Steuergesetze und des Steuerverfahrensgesetzes, das Agieren der Finanzverwaltung effektiv zu steuern: *Eckhoff*, Rechtsanwendungsgleichheit im Steuerrecht, 1999, S. 338 ff. insbesondere S. 343 und 407.
122 *Heuermann*, in: HHSp, AO, § 164 Rn. 5.
123 *Kammann*, StuW 1982, 154; in diese Richtung weisend auch *Heuermann*, in: HHSp, AO, § 164 Rn. 5: bedenkliche Lockerung der Vorgaben aus §§ 85, 88 AO.
124 *Seer*, in: Tipke/Kruse, AO, § 85 Rn. 4, § 88 Rn. 1.

festsetzung, ohne dass eine abschließende tatsächliche und rechtliche Prüfung stattgefunden hat, so trägt diese Steuerfestsetzung keine Richtigkeitsgewähr mehr in sich[125].

Ebensowenig ist es statthaft, den Nachprüfungsvorbehalt aufrechtzuerhalten, obwohl bereits eine abschließende Prüfung stattgefunden hat. Das Erfordernis der fehlenden abschließenden Prüfung nach § 164 Abs. 1 Satz 1 AO ist mehr als nur Erlassvoraussetzung eines vorbehaltlosen Bescheides - es bleibt während seiner gesamten Geltungsdauer sein Rechtmäßigkeitsmaßstab[126].

b. Übertragbarkeit auf das Kommunalabgabenrecht

Auch im kommunalabgabenrechtlichen Kontext ist die Frage, ob die Ermittlungsqualität der Abgabenfestsetzung mit der Festsetzungsart korrespondiert, zu bejahen. Die tragenden steuerrechtlichen Erwägungen greifen hier in gleicher Weise durch.

Den Kommunen kann es nicht freigestellt werden, nach freiem Ermessen einen Nachprüfungsvorbehalt fallenzulassen. Andernfalls würde man ihnen im Ergebnis erlauben, nach eigenem Belieben endgültige Abgabenfestsetzungen zu erzeugen, ohne ein behördenbekanntes Aufklärungs- bzw. Rechtsprüfungsdefizit zuvor zu beseitigen. Damit bestünde wiederum die Gefahr einer unkanalisierten Umgehung der entsprechend anwendbaren, grundlegenden Verfahrensgarantien der §§ 85 und 88 AO, die die endgültige Festsetzung von Kommunalabgaben „eigentlich“ auf den Untersuchungsgrundsatz sowie die Gesetzmäßigkeit und Gleichmäßigkeit der Veranlagung zu Kommunalabgaben verpflichten. Dies ist schon deshalb nicht hinnehmbar, weil auch für das Kommunalabgabenrecht die hinter diesen Verfahrensgarantien stehenden Prinzipien der Gesetzmäßigkeit und Gleichheit der Abgabenerhebung Verfassungsrang genießen[127] und deshalb nicht zur Disposition der Kommunen stehen.

Die Aufhebungs*verpflichtung* nach abschließender Sach- und Rechtsprüfung folgt daraus, dass das Fehlen der Abschlussreife nach § 164 Abs. 1 Satz 1

---

125 So der Befund für die vorbehaltliche Steuerfestsetzung von *Frotscher*, in: Schwarz, AO, § 164 Rn. 2; kritisch auch *Kammann*, StuW 1982, 156; vgl. hierzu die Ausführungen unter Ziffer VI Nr. 1 Buchst. d Doppelbuchst. aa, S. 136 ff.

126 H. L.: *Seer*, in: Tipke/Kruse, AO, § 164 Rn. 49; *Heuermann*, in: HHSp, AO, § 164 Rn. 37 m. w. N.; *Kammann*, StuW 1982, 158; *Rüsken*, in: Klein, AO, 10. Aufl. 2009, § 164 Rn. 37, 46; in diesem Sinne wohl auch *Cöster*, in: Pahlke/Koenig, AO, 2. Aufl. 2009, § 164 Rn. 62; a. A. BFH v. 28. 5. 1998, V R 100/96, BStBl. II 1998, 502 (503).

127 *Driehaus*, in: Driehaus, Komunalabgabenrecht, § 1 Rn. 56; *Lichtenfeld*, in: Driehaus, Kommunalabgabenrecht, § 4 Rn. 5 ff., jeweils m. w. N.

AO nicht nur einmalige Erlassvoraussetzung für die Abgabenfestsetzung unter dem Vorbehalt der Nachprüfung ist, sondern Rechtmäßigkeitsmaßstab bleibt.

Demgegenüber kommt dem Wortlaut des § 164 Abs. 3 Satz 1 AO und dem gegenteiligen Willen des Steuergesetzgebers keine ausschlaggebende Bedeutung zu. Können diese für ein freies Verfahrensermessen der Behörde streitenden Auslegungskriterien bereits im Steuerrecht gegenüber der teleologischen und der verfassungskonformen Auslegung keine Überzeugungskraft entfalten, so gilt dies erst recht für das Kommunalabgabenrecht, wo § 164 AO ohnehin nur entsprechende Anwendung findet und wo daher eine Lösung von Wortlaut und historischen Erwägungen noch leichter möglich ist.

VI. Fakultative oder obligatorische abschließende Prüfung des Abgabenfalles?

Die Überlegungen zu den verfahrenstechnischen Verschränkungen von vorbehaltlichen und vorbehaltlosen Bescheid leiten über zu der Frage, ob es der Kommune gesetzlich freigestellt ist, die noch ausstehenden Prüfungsschritte später nachzuholen. Dieser Umstand ist für den Charakter von kommunalabgabenrechtlichen Vorbehaltsfestsetzungen essentiell, denn bejahendenfalls hätte der Verfahrensgesetzgeber nicht nur eine Möglichkeit zu schnellen und überschlägigen *Interims*entscheidungen, sondern sogar zu kursorischen, *potentiell endgültigen* Entscheidungen geschaffen.

1. Steuerrechtliche Bewertung

Die herrschenden Auffassung geht für das Steuerrecht davon aus, dass der Finanzverwaltung die Entscheidung über die Durchführung einer abschließenden Prüfung des Steuerfalles im Rahmen eines umfassenden Verfahrensermessen bei uneingeschränkter Sachentscheidungskompetenz trifft[128]; die dahingehende legislative Entscheidung[129] wird ohne Abstriche mitgetragen. Diese

128 *Baum*, in: Koch/Scholtz, AO, 5. Aufl. 1996, § 164 Rn. 42; *Thiel*, StuW 1977, 238; *Cöster*, in: Pahlke/Koenig, AO, 2. Aufl. 2009, § 164 Rn. 62, 84; *Hofmann*, in: Kühn/Hofmann, AO, 17. Aufl. 1995, § 164 Bem. 5a); *Seer*, in: Tipke/Lang, Steuerrecht, 20. Aufl. 2010, § 21 Rn. 287; *Frotscher*, in: Schwarz, AO, § 164 Rn. 49; *Rößler*, DStZ 1999, 603; BFH v. 28. 5. 1998, V R 100/96, BStBl. II 1998, 502 (503).

129 BT-Drs. VI/1982, S. 148.

Meinung erscheint jedoch bedenklich[130]. Sie soll deshalb mit Blick auf die Weiterungen für kommunalabgabenrechtliche Vorbehaltsfestsetzungen vor allem wegen ihrer verfassungsrechtlichen Implikationen nochmals einer eingehenden Überprüfung unterzogen werden.

a. Historische Auslegung

Die historische Auslegung führt eindeutig zu dem von der herrschenden Meinung befürworteten Ergebnis. Der Gesetzgeber wollte mit der Schaffung des § 164 AO der Verwaltung weitgehende Handlungsfreiheit verschaffen. Ihr sollte nicht nur die Entscheidung über das „Wann“ sondern auch über das „Ob“ einer vorbehaltlosen Festsetzung nach abschließender Prüfung überlassen bleiben[131]. Deshalb wurde die vormals in § 100 RAO enthaltende Verpflichtung, den Steuerfall vollständig aufzuklären, nicht übernommen.

b. Systematische Auslegung

Als ambivalent erweist sich hingegen die systematische Auslegung:

Einerseits sieht § 164 Abs. 3 Satz 3 AO selbst nur für den Fall der Außenprüfung die Verpflichtung zur Aufhebung des Nachprüfungsvorbehaltes vor. Im Gegenschluss kann dem entnommen werden, dass in anderen Fällen keine Pflicht zur abschließenden Steuerfestsetzung bestehen soll. Hierfür trifft die Norm auch Vorkehrungen, wenn sie bestimmt, dass mit Ablauf der Festsetzungsverjährung ein vordem nicht abgelöster Nachprüfungsvorbehalt entfällt (§ 164 Abs. 4 Satz 1 AO)[132].

In die gegenteilige Richtung weisen indes generelle systematische Überlegungen, denn nur eine obligatorische abschließende Fallprüfung würde der Natur der vorbehaltlichen Festsetzung als wesensmäßig einstweiliger Regelung Rechnung tragen - kann doch eine einstweilige Regelung der „Hauptsacheentscheidung“ zeitlich nur vorausgehen, ohne diese systemwidrig zu er-

---

130 *Kammann*, StuW 1982, 154; *Schick*, StuW 1988, 329; *Trzaskalik*, StuW 1993, 374; *Heuermann*, in: HHSp, AO, § 164 Rn. 5; einschränkend *Seer*, in: Tipke/Kruse, AO, § 164 Rn. 2 und 16: Ermessensentscheidung muss sich am Kontrollbedürfnis und an einem strukturellen Risikomanagement orientieren; weiter einschränkend *Tipke*, in: Tipke/Kruse, AO, § 164 Rn. 2, Stand Juli 2001: behördliche Verpflichtung zur Vornahme der abschließenden Prüfung vor Ablauf der Festsetzungsfrist (nur) bei Steuerpflichtigen, bei denen ein erhebliches Kontrollbedürfnis besteht.

131 BT-Drs. VI/1982, S. 148.

132 Ebenso *Tipke*, in: Tipke/Kruse, AO, § 164 Rn. 16; *Thiel*, StuW 1977, 238.

setzen[133]. Hierauf zielt auch das Argument, ein Steuerverfahren müsse stets durch einen der Bestandskraft fähigen Bescheid abgeschlossen werden, sodass die vorbehaltliche Steuerfestsetzung als tauglicher Akt des Verfahrensabschlusses ausfalle[134].

c. *Grammatikalische Auslegung*

In gleicher Weise spricht mit Blick auf den Wortlaut von § 164 AO zwar Überwiegendes dafür, dass die abschließende Prüfung im Ermessen der Finanzverwaltung steht. Indes bleibt wiederum festzuhalten, dass auch die grammatikalische Auslegung Raum für ein anderes Verständnis lässt.

Zugunsten einer fakultativen Abschlussprüfung lässt sich auf den Wortlaut von § 164 Abs. 3 Satz 1 AO verweisen, der eine Aufhebung „jederzeit" zulässt. Bekräftigt wird dieses Verständnis durch den Sinn des Begriffes „Vorbehalt", der ein Recht, nicht eine Pflicht zur Nachprüfung ausdrückt[135].

Die Gegenauffassung kann sich jedoch auf der anderen Seite darauf berufen, dass das Gesetz selbst in § 164 Abs. 2 Satz 3 AO davon spricht, dass binnen einer angemessenen Frist eine abschließende Prüfung vorzunehmen ist. Diese Regelung ist zwar ursprünglich mit Rücksicht auf die Ablaufhemmung der Verjährung gemäß § 171 Abs. 3 AO aufgenommen worden, um zu verhindern, dass der Ablauf der Festsetzungsverjährung unnötig verzögert wird[136]. Sie stellt aber unbeschadet dessen ihrem Wortlaut nach einen tauglichen Ansatzpunkt dar, um eine nach dem *objektivierten* Willen des Gesetzgebers bestehende Verpflichtung zu einer vollständigen Ermittlung der Sach- und Rechtslage abzuleiten, die in eine vorbehaltlose Steuerfestsetzung einmündet[137].

d. *Verfassungskonforme Auslegung*

Nachdem die Auslegung bislang ergeben hat, dass die Argumente für ein Verfahrensermessen der Finanzverwaltung zwar überwiegen, die Annahme einer gesetzlichen Prüfungspflicht aber nicht ausschließen, kommt letztlich

133 Vgl. hierzu Kap. B Ziffer IV, S. 48 f.; dies betont bereits *Kammann* zu Recht, wenn er auf den Charakter der vorbehaltlichen Steuerfestsetzung als *einstweiliger* Entscheidung, die eine endgültige Entscheidung nach sich ziehen müsse, verweist (*Kammann*, StuW 1982, 154).

134 *Kammann*, StuW 1982, S. 154.

135 BFH v. 28. 5. 1998, Az.: V R 100/96, BStBl. II 1998, 502 (503).

136 *Heuermann*, in: HHSp, AO, § 164 Rn. 27.

137 *Kammann*, StuW 1983, 149.

der Frage ausschlaggebende Bedeutung zu, ob sich aus der Verfassung eine eindeutige Antwort auf die Auslegungsproblematik ableiten lässt. Denn zwischen verschiedenen denkbaren Resultaten der Norminterpretation verdient dasjenige den Vorzug, das verfassungskonform ist[138]. Entscheidend ist demnach, ob die prüfungsdefizitäre Vorbehaltsfestsetzung auch als potentiell endgültige Entscheidung rechtsstaatlichen Ansprüchen genügt. Dies löst bereits auf den ersten Blick ein „Unbehagen“[139] aus, das in der Rechtsliteratur vielfach und frühzeitig thematisiert worden ist[140]. Kritisiert wird, dass bei der Vorbehaltsfestsetzung nach herrschenden Verständnis[141] eine unvollständige Sachaufklärung und die vorläufige, nicht den Anspruch auf Rechtsrichtigkeit erhebende Entscheidung mit der administrativen Einschätzungsprärogative zusammentreffen, ob der selbst angenommene Sach- und Rechtsprüfungsbedarfs später erfüllt werden soll[142]. Im Einzelnen wirft diese Norminterpretation aus verfassungsrechtlicher Sicht folgende Probleme auf:

aa. Ausdruck des verfahrensrechtlichen Gewährleistungsgehalts von Art. 14 Abs. 1 und Art. 2 Abs. 1 GG? Zu untersuchen ist zunächst, ob der verfahrensrechtliche Gewährleistungsgehalt der Freiheitsgrundrechte zu einer einschränkenden Auslegung des finanzbehördlichen Verfahrensermessens aus § 164 AO zwingt.

aaa. Allgemeines Die hoheitliche Veranlagung von Steuern betrifft den Bürger unter bestimmten - hier nicht näher zu thematisierenden - Umständen in seinem Grundrecht auf Eigentumsfreiheit aus Artikel 14 Abs. 1 GG[143]

138 BVerfG v. 30. 3. 1993, Az.: 1 BvR 1045/89, BVerfGE 88, 145 (166).

139 *Trzaskalik*, StuW 1993, 373.

140 *Kammann*, StuW 1982, 157; *Schimmelpfennig*, Vorläufige Verwaltungsakte, 1989, S. 66 ff.; *Schick*, StuW 1988, 329; zweifelnd auch *Trzaskalik*, StuW 1993, 374; *Haas*, Festschrift für H. v. Wallis, 1985, S. 455.

141 *Baum*, in: Koch/Scholtz, AO, 5. Aufl. 1996, § 164 Rn. 42; *Thiel*, StuW 1977, 238; *Cöster*, in: Pahlke/Koenig, AO, 2. Aufl. 2009, § 164 Rn. 62, 84; *Hofmann*, in: Kühn/Hofmann, AO, 17. Aufl. 1995, § 164 Bem. 5a); *Seer*, in: Tipke/Lang, Steuerrecht, 18. Aufl. 2005, § 21 Rn. 287; *Frotscher*, in: Schwarz, AO, § 164 Rn. 49; *Rößler*, DStZ 1999, 603; in diesem Sinne auch BFH v. 28. 5. 1998, V R 100/96, BStBl. II 1998, 502 (503).

142 *Heuermann*, in: HHSp, AO, § 164 Rn. 5.

143 Dies entspricht der herrschenden Ansicht in der Rechtsliteratur; vgl. *Starck*, in: v. Mangoldt/Klein/Starck, GG, 6. Aufl. 2010, Art. 2 Abs. 1 Rn. 80; *F. Kirchhof*, in: Achterberg/Püttner/Würtenberger, Besonderes Verwaltungsrecht II, 2. Aufl. 2000, § 20 Rn. 60 ff. Auf die ausführliche Darstellung von *Papier*, in: Maunz/Dürig, GG, Art. 14 Rn. 165 ff., wird verwiesen.

und - sofern eine tatbestandliche Anknüpfung der Abgabenbelastung an das Eigentum fehlt - jedenfalls in seiner allgemeinen Handlungsfreiheit nach Artikel 2 Abs. 1 GG[144]. Diese Grundrechte gewährleisten die Freiheit von ungesetzlichen und nicht verfassungsgemäßen Abgaben.

In ihrem Gewährleistungsgehalt betroffene Freiheitsgrundrechte vermitteln nach allgemein herrschender Auffassung generell nicht nur einen Abwehranspruch gegen ungerechtfertigte Eingriffe. Vielmehr stellen sie auch Verfahrensmaximen für das dem gerichtlichen Verfahren vorgeschaltete Verwaltungsverfahren dar[145]. Die administrative Verfahrens- und Organisationsgestaltung muss „grundrechtsrechtsdienlich“[146] sein. Welche Anforderungen hieran im Einzelnen geknüpft sind, ist freilich unklar. Die Forderungen reichen von einem organisatorisch-prozeduralen Optimierungsgebot über eine Bestimmung des angemessenen Gewichts des jeweiligen Grundrechts von Fall zu Fall hin zu einem bloßen Minimalstandard des unbedingt notwendigen Verfahrensschutzes[147]. Angesichts der uneinheitlichen verfassungsgerichtlichen Rechtsprechung, die überdies unterschiedliche Grundrechte betraf, lassen sich feste Maßstäbe kaum erkennen. Folgende Vorgaben bilden jedoch einen hinreichend verlässlichen Rahmen, in dem sich der hier in Rede stehende § 164 AO bewegen muss:

---

144 Die Rechtsprechung geht überwiegend davon aus, dass die Auferlegung hoheitlicher Geldleistungspflichten nur in das Vermögen des Einzelnen eingreift und deshalb nicht dem Geltungsbereich von Artikel 14 GG unterfällt (so BVerfG v. 29. 11. 1989, 1 BvR 1402/87, BVerfGE 81, 108 [122]; v. 22. 6. 1995, 2 BvL 37/91, BVerfGE 93, 121 [137]; v. 10. 3. 1998, 1 BvR 178/97, BVerfGE 97, 332 [349]; BFH v. 14. 5. 1974, VIII R 95/72, BFHE 112, 546 [563 ff.]). Dabei wird allerdings anerkannt, dass diese Geldleistungspflichten „in die allgemeine Handlungsfreiheit gerade in deren Ausprägung als persönliche Entfaltung im vermögensrechtlichen und ... im beruflichen Bereich [eingreifen]“ (BVerfG v. 5. 2. 2002, 2 BvR 305, 348/93, BVerfGE 105, 17 [32 f.]).

145 Grundlegend *Schmidt-Aßmann*, in: Maunz/Dürig, GG, Art. 19 Abs. 4 Rn. 16 und 23; *Denninger*, in: HdbStR V, 2. Aufl. 2000, § 113 Rn. 2 m. w. N.; *Starck*, in: v. Mangoldt/Klein/Starck, GG, 6. Aufl. 2010, Art. 1 Abs. 3 Rn. 199 ff.; *Wahl*, VVDStRL Bd. 41 (1983), S. 151 ff.; *Pietzker*, VVDStRL Bd. 41 (1983), S. 193 ff.; ebenso *Schultze-Fielitz*, in: Dreier, GG, 2. Aufl. 2004, Art. 19 Abs. 4 Rn. 113; BVerfG v. 20. 12. 1979, 1 BvR 385/77, BVerfGE 53, 30 (57 ff.); v. 9. 4. 1975, 1 BvR 344/74, BVerfGE 39, 276 (294 f.); v. 14. 11. 1979, 1 BvR 654/79, BVerfGE 52, 391 (402). Abwehrgrundrechte üben Einfluss auf ein staatliches Verfahren aus, indem sie ein solches erfordern oder jedenfalls disziplinierend auf ein existierendes Verfahren einwirken (*Bethge*, NJW 1982, 5).

146 *Denninger*, in: HdbStR V, 2. Aufl. 2000, § 113 Rn. 8.

147 Vgl. hierzu die Übersicht von *Denninger*, in: HdbStR V, 2. Aufl. 2000, § 113 Rn. 21 ff. m. w. N.

Schon wegen der Vielgestaltigkeit der Ziele des Verwaltungsverfahrens und der begrenzten Kapazitäten der Verwaltung scheidet die Einforderung einer einseitigen Optimierung des Grundrechtsschutzes aus[148]. Die Grenze der noch im Gestaltungsspielraum des Verfahrensgesetzgebers liegenden Zurückstellung des Grundrechtsschutzes gegenüber anderen Verfassungsprinzipien ist aber dann überschritten und ein Verfahren mit dem Grundrecht, dessen Schutz es bewirken soll, unvereinbar, wenn das Verfahren seine Aufgabe nicht erfüllt oder wenn es der Rechtsausübung so hohe Hindernisse entgegensetzt, dass die materielle Grundrechtsposition letztlich entwertet zu werden droht[149]. Das Verfahren muss überdies auf die Erzielung sachrichtiger Entscheidungen ausgerichtet sein[150].

Die Ausgestaltung des Besteuerungsverfahrens muss deshalb in Bezug auf die Rechte aus Artikel 14 Abs. 1 GG und gegebenenfalls Artikel 2 Abs. 1 GG grundrechtseffektuierend sein. Das Besteuerungsverfahren hat wirksam dafür Sorge zu tragen, dass dem Steuerschuldner keine durch die Rechtsordnung nicht gedeckten Lasten überbürdet werden, die ihn über den Rahmen des steuerrechtlich Zulässigen hinaus in seiner finanziellen Handlungsfreiheit beeinträchtigen. Die zu fordernde Ausrichtung auf die Festsetzung der materiell-rechtlich zutreffenden Steuerschuld impliziert das Erfordernis vollständiger Sachaufklärung und umfassender Rechtsprüfung[151]. Allerdings verwehrt es dieses Gebot dem Verfahrensgesetzgeber nicht, für die Beteiligten sanktionsbewehrte Mitwirkungslasten vorzusehen. Desgleichen können die Grenzen der behördlichen Untersuchungspflicht nach der Mitwirkungslast der Beteiligten bemessen werden. Dies ist für die Garantie effektiven gericht-

148 *Pietzker*, VVDStRL Bd. 41 (1983), S. 208 f. m. w. N. Der Erfolg des Verwaltungshandelns lässt sich nicht lediglich an der Rechtmäßigkeit der erzielten Entscheidung messen. Der Zielkonflikt verschiedener - den Gesamtauftrag der Verwaltung konstituierender - Funktionen wie unter anderem Rechtmäßigkeit, Wirtschaftlichkeit, Zweckmäßigkeit und Bürgernähe, Entscheidungslegitimierung und Befriedung muss Berücksichtigung finden. Keines dieser zulässigen und zum Teil anderen Verfassungsprinzipien zuzurechnenden Ziele kann für sich genommen maximiert werden, ohne dass andere Schaden nehmen würden (zum Ganzen: *Wahl*, VVDStRL Bd. 41 [1983], S. 157 m. w. N.; ähnlich *Pietzker*, VVDStRL Bd. 41 [1983], S. 209; ebenso für das inhaltlich verwandte Problem der Extensivierung des Rechtsschutzgebotes aus Artikel 19 Abs. 4 Satz 1 *Schmidt-Aßmann*, in: Maunz/Dürig, GG, Art. 19 Abs. 4 Rn. 4).

149 BVerfG v. 8. 2. 1983, 1 BvL 20/81, BVerfGE 63, 131 (143).

150 *Denninger*, in: HdbStR V, 2. Aufl. 2000, § 113 Rn. 34 f.; BVerfG v. 24. 3. 1976, 2 BvR 804/95, BVerfGE 42, 64 (73).

151 Der Verfahrensgesetzgeber muss sicherstellen, „dass die Verwaltungsentscheidung in jedem Einzelfall rechtmäßig sein kann“ (*Pietzker*, VVDStRL Bd. 41 [1983], S. 208).

lichen Rechtsschutzes nach Artikel 19 Abs. 4 Satz 1 GG anerkannt[152]. Die dort entwickelten Maßstäbe zu der Frage, was ein hinsichtlich des Grundrechtsschutzes effektives Gerichtsverfahren auszeichnet, sind auf das Verwaltungsverfahren übertragbar, soweit dieses dem Gerichtsverfahren ähnlich ist. Verallgemeinerungsfähig ist danach insbesondere das Verbot, die Teilhabe am Verfahren dem Betroffenen in unzumutbarer, aus Sachgründen nicht zu rechtfertigender Weise zu erschweren[153]. An dieser Schranke müssen sich auch die im Steuerfestsetzungsverfahren auferlegten Mitwirkungspflichten messen lassen.

bbb. Keine vollständige Sachaufklärung und umfassende Rechtsprüfung Danach wird man zwar davon sprechen müssen, dass im Verfahren der vorbehaltlichen Steuerfestsetzung nicht nur in sachlich begründeten Ausnahmefällen, sondern für den Regelfall keine oder nur offensichtlich unzureichende Anforderungen an die behördliche Aufklärung der Sachlage und die Vollständigkeit der Subsumtion statuiert werden. Die Begrenzung des hoheitlichen Eingriffs auf die materiell-rechtlich geschuldete Steuerforderung ist nicht mehr durch das Verfahren strukturell vorprogrammiert, sondern bleibt dem Belieben der Behörde überlassen.

Das einer vorbehaltlichen Festsetzung vorgeschaltete Verfahrensfragment stellt verglichen mit den für eine vorbehaltlose Steuerfestsetzung nach § 155 ff. AO geltenden Verfahrensvorschriften insbesondere der §§ 85, 88 AO[154] in keiner Weise sicher, dass das Ziel der Legalität der Besteuerung erreicht wird[155]. Der Steuerfall muss grundsätzlich[156] nur überschlägig auf Plausibilität geprüft werden[157]. Die Vorbehaltsfestsetzung ist damit erklärtermaßen nicht mehr, als eine mehr oder weniger begründete „Arbeitshypothese“ der Verwaltung; sie erhebt von vornherein schon gar nicht den Anspruch, die gesetzlich geschuldete Steuerforderung zutreffend wiederzugeben, vielmehr wird das

152 *Schmidt-Aßmann*, in: Maunz/Dürig, GG, Art. 19 Abs. 4 Rn. 220 f.; ebenso *Redeker*, NJW 1980, 1597.

153 *Huber*, in: v. Mangoldt/Klein/Starck, GG, 6. Aufl. 2010, Art. 19 Abs. 4 Rn. 459.

154 Das vollständig durchlaufene Steuerverfahren bietet dem Buchstaben des Gesetzes nach die aus der Einhaltung der Verfahrensvorschriften resultierende Gewähr, dass - und dass nur - diejenige Steuer festgesetzt wird, auf die die öffentliche Hand einen Anspruch hat (*Eckhoff*, Rechtsanwendungsgleichheit im Steuerrecht, 1999, S. 343 f.).

155 Vgl. *Frotscher*, in: Schwarz, AO, § 164 Rn. 1.

156 Vgl. zu den hier vertretenen Einschränkungen Ziffer II Nr. 1 Buchst. b Doppelbuchst. bb, S. 104 f.

157 Vgl. Ziffer II Nr. 1 Buchst. b, S. 103 ff.

Verfehlen der gesetzlichen Steuerschuld bewusst einkalkuliert[158]. Dies ergibt sich nicht nur rechtlich aus der mit § 164 Abs. 1 Satz 1 AO erfolgten Absenkung des Prüfungsmaßstabes, der für die Steuerfestsetzung erforderlich ist. Es folgt darüber hinaus auch faktisch daraus, dass die tatsächlich praktizierte Fallprüfung evident ungeeignet ist, die gesetzliche Steuerschuld zu ermitteln. Denn die Vorbehaltsfestsetzung basiert in der Regel weitestgehend auf der Steuererklärung des Steuerschuldners. Dass diese Erklärung die geschuldete Steuerforderung zutreffend angibt, kann indes für eine Vielzahl der Fälle - sei es wegen wissentlicher Falschangaben des Steuerschuldners, sei es wegen unzureichender Kenntnisse der Steuerrechtslage - als ausgeschlossen gelten[159]. Die zwei maßgeblichen Gründe hierfür liegen auf der Hand:

Zum einen wird dem Steuerschuldner im Rahmen der ihn belastenden Besteuerung aus eigenem Antrieb wenig daran gelegen sein, für ihn nachteilige Vorgänge wahrheitsgemäß und vollständig vorzutragen[160]. Eine solche Verfahrenstechnik der Sachverhaltsaufklärung, die nahezu ausschließlich auf der Beibringung der Tatsachen durch den Betroffenen basiert, mag deshalb funktionell hinreichend sein, wenn es um die den Betroffenen begünstigende Leistungsgewährung geht. Im Rahmen der Eingriffsverwaltung wird sie jedoch wegen des selbstschädigenden Impetus der Mitwirkungshandlung regelmäßig für sich genommen nicht zu einer vollständigen Sachverhaltsaufklärung führen können, wenn sie nicht in hinreichendem Maße von Untersuchungs- und Kontrollhandlungen der Verwaltung flankiert wird[161]. Allein die Strafandrohung für falsche Angaben hat sich insofern nicht als ausreichend erwiesen, solange ihre Abschreckungswirkung wegen der nahezu fehlenden Gefahr der Aufdeckung gegen Null geht[162].

---

158 Vgl. hierzu die Ausführungen unter Ziffer IV Nr. 1 Buchst. a, S. 122 ff.

159 Alle Appelle an die Eigenverantwortung des Steuerschuldners können nicht darüber hinwegtäuschen, dass eine große Anzahl von Steuerpflichtigen bei der Deklaration ihrer Einkünfte und Ausgaben bewusst unvollständige oder unrichtige Angaben macht (*Streck*, BB 1984, 2205). Dezidiert kritisch zu der Besteuerungskultur eines mit fest verschlossenen Augen aufrechterhaltenen „Vertrauens" in die Steuerehrlichkeit äußert sich auch *Tipke*, BB 1986, 602.

160 *Tipke*, BB 1986, 602 ff; der Schwarzmarkt beläuft sich mittlerweile auf geschätzt 185 bis 285 Milliarden EUR (*Eckhoff*, Rechtsanwendungsgleichheit im Steuerrecht, 1999, S. 13 f., 425 m. w. N.).

161 *Ondracek*, Festschrift für W. Ritter, 1997, S. 232 ff.; *Tipke*, BB 1986, 602 ff., der pointiert darauf hinweist, dass „Pathetische Vertrauensbekundungen, die Behauptung eines Grundsatzes der Eigenverantwortlichkeit eine gleichmäßige, effektive Besteuerung - wie sie im Sinne des Steuerehrlichen liegt - nicht ersetzen [können]" (ebd., S. 604).

162 Vgl. BVerfG v. 27. 6. 1991, 2 BvR 1439/89, BVerfGE 84, 239 (273).

Eine weitere Fehleranfälligkeit dieser Informationsquelle verbirgt sich überdies hinter dem häufig gegebenen subjektiven Unvermögen, die besteuerungserheblichen Sachverhalte zu erkennen, die von der Finanzverwaltung mit dem Entwurf der Steuerformulare getroffenen standardisierten Vorwegentscheidungen[163] nachzuvollziehen und entsprechend der Formularvorgaben aufzubereiten[164].

An diesem Zwischenergebnis der unzulänglichen strukturellen Konstruktion der Vorbehaltsfestsetzung ändert auch die Mitwirkungslast des Steuerschuldners nichts, die die Sachverhaltsaufklärung dominiert und die Rechtsprüfung zumindest mitbestimmt. Wegen der Komplexität der Materie taugt sie *faktisch* erkennbar nicht dazu, die materielle Legalität des Verfahrensergebnisses sicherzustellen.

ccc. Keine Grundrechtsverletzung wegen verfassungskonformer Mitwirkungslast Allerdings verhindert es diese Mitwirkungslast gleichwohl, dass sich die unzureichende Verfahrenskonstruktion auch in einer *Grundrechtsverletzung* des Steuerschuldners niederschlägt. Der Steuerschuldner hat es nämlich aufgrund seiner Mitwirkungsmöglichkeiten noch selbst in der Hand, durch seine Einflussnahme auf das Verfahren eine grundrechtsverletzende, überhöhte Steuerfestsetzung abzuwenden, mag dies auch aufwändig und ohne den Rückgriff auf fremden Sachverstand kaum zu realisieren sein. Er kann die Sachlage in der Steuererklärung in seinem Sinne darstellen und nach Ergehen einer ihn belastenden vorbehaltlichen Steuerfestsetzung im Rahmen des Einspruchsverfahrens oder durch Abänderungsanträge nach § 164 Abs. 2 Satz 2 AO die Berücksichtigung für ihn günstiger Umstände und rechtlicher Bewertungen erstreiten. Diese Verfahrenssicherung genügt, um von einem hinreichenden Maß an Grundrechtssicherung des Verfahrens zu sprechen. Die Mitwirkungspflichten überschreiten auch nicht die Grenze des Unzumutbaren. Zwar gehen sie sehr weit und stellen hohe Anforderungen an eine sachgerechte Wahrnehmung eigener Belange. Dies findet eine noch tragfähige Rechtfertigung aber in den Besonderheiten der Steuerveranlagung. Weil der Steuerpflichtige regelmäßig über einen deutlichen Informationsvorsprung gegenüber der Behörde verfügt, die zumeist ohne Hinweise des

163 *Wahl*, VVDStRL Bd. 41 (1983), S. 179.

164 *Tipke*, in: Tipke/Kruse, AO, § 88 Rn. 10, Stand Juli 2002; *Eckhoff*, Rechtsanwendungsgleichheit im Steuerrecht, 1999, S. 257 ff.; *Wahl* spricht insoweit bildhaft von einem „Prokrustesbett“, dem sich die Einzelumstände der Fälle anzupassen hätten (*Wahl*, VVDStRL Bd. 41 [1983], S. 178).

Steuerpflichtigen keinen tatsächlichen Ansatzpunkt für Ermittlungen hat[165], werden dem Steuerpflichtigen keine unverhältnismäßigen Anstrengungen abverlangt, wenn die Sachverhaltsaufklärung weitgehend von seiner Initiative abhängig gemacht wird. Dass diese Grundrechtssicherung wegen des für den Steuerpflichtigen erforderlichen hohen Verfahrensaufwandes in der Realität nicht selten versagen dürfte, steht auf einem anderen Blatt.

bb. Artikel 3 GG Verfassungsrechtlich bedenklich erscheint die Annahme eines weiten Verfahrensermessens jedoch, wenn man das mit dem Gleichbehandlungsgrundsatz des Artikel 3 GG korrespondierende Gebot des Gleichmaßes der Besteuerung betrachtet[166].

aaa. Allgemeines Das Prinzip der Gleichmäßigkeit der Besteuerung ist Ausfluss des überindividuellen Gebots der Lastengleichheit[167]. Danach soll der Bürger in relativer Gerechtigkeit mit anderen Mitbürgern genau in dem Maße mit Abgaben belastet werden, in dem das Gesetz dies zulässt. Die Einhaltung dieses Grundsatzes ist gerade für die Legitimität der Besteuerung von enormer Bedeutung, denn die ethische Basis der Steuer als einer Gemeinlast, für die keine individuelle Gegenleistung ausgereicht wird, gründet sich in der Gleichheit der Lastenzuteilung[168]. Dies setzt zwar vornehmlich Maßstäbe für die Schaffung von Steuertatbeständen durch den Gesetzgeber, beschränkt seine Wirkung hierauf jedoch nicht. Vielmehr erlangt das Gebot des Gleichmaßes der Besteuerung auch für die Verwirklichung der gesetzlich normierten Steuerlast Bedeutung. Dabei setzt Egalität Legalität notwendig voraus[169]. Der Gleichheitssatz fordert eine Gleichheit im Belastungs*erfolg*[170]. Dies zwingt den Gesetzgeber, Besteuerungstatbestände und Erhebungsregelungen aufeinander abzustimmen. Das Besteuerungsverfahren hat sicherzustellen, dass jede Bemessungsgrundlage *möglichst vollständig* festgestellt

165 *Thürmer*, in: HHSp, AO, § 76 FGO Rn. 115 f. m. w. N.; *Stapperfend*, in: Gräber, FGO, 7. Aufl. 2010, § 76 Rn. 2.

166 Siehe hierzu grundlegend *Lang*, in: Tipke/Lang, Steuerrecht, 20. Aufl. 2010, § 4 Rn. 70 ff.

167 *Isensee*, Festschrift für W. Flume, Bd. 2, 1978, S. 132.

168 Zum Ganzen: *Isensee*, Festschrift für W. Flume, Bd. 2, 1978, S. 132 f.; *Ondracek*, Festschrift für W. Ritter, 1997, S. 234 f.; BVerfG v. 27. 6. 1991, 2 BvR 1439/89, BVerfGE 84, 239 (269).

169 *Seer*, FR 1997, 556 m. w. N.; *Söhn*, in: HHSp, AO, § 85 Rn. 32.

170 BVerfG v. 27. 6. 1991, 2 BvR 1493/89, BVerfGE 84, 239 (271); *Söhn*, in: HHSp, AO, § 85 Rn. 35.

wird[171]. Sind die Erhebungsregelungen hingegen so unzureichend ausgestaltet, dass ein gleichmäßiger Belastungserfolg prinzipiell verfehlt wird, dann fällt dies auf die materielle Steuernorm zurück, weil diese nicht mehr gewährleisten kann, dass den Steuerpflichtigen die hoheitlichen Finanzierungslasten gleichmäßig zugeteilt werden[172].

Das Gleichmaß der Besteuerung wird dabei zwar nicht von jedem Vollzugsmangel tangiert. Grundrechtserheblich ist aber eine dem Besteuerungstatbestand strukturell gegenläufige Erhebungsregelung, die dazu führt, dass ein Besteuerungsanspruch weitgehend nicht durchgesetzt werden kann, sofern der Gesetzgeber sich dies zurechnen lassen muss[173]. Bei einem solchen Verstoß ist auch die materiell-rechtliche Besteuerungsgrundlage verfassungswidrig[174]. Für die Feststellung eines strukturellen Vollzugshindernisses ist dabei maßgeblich auf den Regelfall des Besteuerungsverfahrens abzustellen[175]. Entscheidend ist, ob „die Besteuerungspraxis im Rahmen gewöhnlicher Verwaltungsabläufe im Massenverfahren der Finanzämter im Großen und Ganzen auf Gleichheit im Belastungserfolg angelegt ist und wieweit auch unzulängliche Erklärungen der Steuerpflichtigen mit einem angemessenen Entdeckungsrisiko verbunden sind[176]."

bbb. Einstweilige, vorbehaltliche Steuerfestsetzung als Regelfall

Für die vorbehaltliche Steuerfestsetzung gemäß § 164 AO bedeutet der Umstand, dass nach dem Obengesagten im Regelfall ein gleichmäßiger Vollzug des materiellen Steuerrechtes gewährleistet sein muss, zugleich, dass der Verwaltung bei der weiteren Behandlung von vorbehaltlich entschiedenen Steuerfällen - anders als von der herrschenden Meinung angenommen[177] - kein völlig freies Verfahrensermessen zustehen kann. Vielmehr zwingt dies zu dem Schluss, dass der kursorisch geprüfte Steuerbescheid unter dem Vorbehalt der

171 BVerfG v. 27. 6. 1991, 2 BvR 1493/89, BVerfGE 84, 239 (271).
172 BVerfG v. 27. 6. 1991, 2 BvR 1493/89, BVerfGE 84, 239 (272).
173 Zum Ganzen: BVerfG v. 27. 6. 1991, 2 BvR 1493/89, BVerfGE 84, 239 (272); v. 9. 3. 2004, 2 BvL 17/02, BVerfGE 110, 94 (113).
174 BVerfG v. 27. 6. 1991, 2 BvR 1493/89, BVerfGE 84, 239 (271 f.).
175 BVerfG v. 9. 3. 2004, 2 BvL 17/02, BVerfGE 110, 94 (114).
176 BVerfG v. 9. 3. 2004, 2 BvL 17/02, BVerfGE 110, 94 (114).
177 *Baum*, in: Koch/Scholtz, AO, 5. Aufl. 1996, § 164 Rn. 42; *Thiel*, StuW 1977, 238; *Cöster*, in: Pahlke/Koenig, AO, 2. Aufl. 2009, § 164 Rn. 62, 84; *Hofmann*, in: Kühn/Hofmann, AO, 17. Aufl. 1995, § 164 Bem. 5a); *Frotscher*, in: Schwarz, AO, § 164 Rn. 49; *Rößler*, DStZ 1999, 603; in diesem Sinne auch BFH v. 28. 5. 1998, V R 100/96, BStBl. II 1998, 502 (503); einschränkend *Seer*, in: Tipke/Kruse, AO, § 164 Rn. 2 und 16.

Nachprüfung regelmäßig den Steueranspruch nur einstweilig festsetzen darf und der Steuerfall in der Regel neu aufzurollen und durch einen abschließend geprüften, vorbehaltlosen Steuerbescheid abzuschließen ist[178]. Dies folgt daraus, dass sich die zu gewährleistende verhältnismäßige Gleichheit des Besteuerungserfolges nur über den *vollständigen* Vollzug des Normprogramms ihrerseits verfassungsgemäßer Steuertatbestände erreichen lässt[179], während demgegenüber das bruckstückhafte Verfahren, dass der vorbehaltlichen Steuerfestsetzung vorgeschaltet ist, nicht geeignet ist, für das Erreichen des Ziels der Legalität und damit auch der Egalität der Besteuerung Sorge zu tragen[180].

Hiergegen lässt sich auch nicht einwenden, dass es die Rechtsanwendungsgleichheit nicht erfordert, jeden Steuerfall auf alle unter Umständen verwirklichten Steuerfolgen zu untersuchen, sondern im Gegenteil gebietet, das Verwaltungshandeln auch an der praktischen Realisierbarkeit des *Gesamt*vollzugs der periodisch jährlich massenweise wiederkehrenden Steuerverfahren auszurichten, weil sonst zwar einige Fälle vollständig, eine Fälle aber gar nicht geprüft würden[181]. Dieses Prinzip des „maßvollen Gesetzesvollzugs“[182] kann jedenfalls nicht zur Rechtfertigung des Verzichts auf eine regelmäßig abschließende Fallprüfung herangezogen werden. Denn das diesen Überlegungen zugrunde liegende Gebot eines schonenden Ausgleichs zwischen den Grundsätzen der Gesetzmäßigkeit und der Gleichmäßigkeit der Besteuerung sowie der betroffenen Freiheitsrechte schränkt schon die Maß-

178 In die gleiche Richtung weisend, aber im Ergebnis noch zu weit *Tipke*, in: Tipke/Kruse, AO, § 164 Rn. 2, Stand Juli 2001, der ein Verpflichtung zur abschließenden Prüfung nur bei erheblichem Kontrollbedürfnis bejaht.

179 BVerfG v. 27. 6. 1991, 2 BvR 1493/89, BVerfGE 84, 239 (271).

180 Siehe hierzu oben Doppelbuchst. aa Dreifachbuchst. bbb, S. 139 ff.

181 H. M. unbeschadet des kritischen Hinweises, dass die problematische Vollzugssituation in erster Linie das Ergebnis einer jahrzehntelangen falschen Steuerpolitik der Legislative ist (siehe hierzu ausführlich *Söhn*, in: HHSp, AO, § 88 Rn. 192 f. m. w. N.): *Lang*, in: Tipke/Lang, Steuerrecht, 20. Aufl. 2010, § 4 Rn. 162 m. w. N.; *Seer*, FR 1997, 556 ff.; *ders.*, in: Tipke/Lang, 20. Aufl. 2010, § 21 Rn. 5 ff.; *ders.*, in: Tipke/Kruse, AO, § 88 Rn. 12: Ausrichtung der Aufklärungsintensität am Kontrollbedürfnis und an einem strukturellen Risikomanagement; *Brockmeyer*, in: Klein, AO, 10. Aufl. 2009, § 88 Rn. 3; *Eckhoff*, Rechtsanwendungsgleichheit im Steuerrecht, 1999, S. 199 und 504 ff.; *Söhn*, in: HHSp, § 88 Rn. 196; so schließlich auch *Tipke*, in: Tipke/Kruse, § 88 Rn. 7 ff., Stand Juli 2002; in diesem Sinne zudem BVerfG v. 9. 3. 2004, 2 BvL 17/02, BVerfGE 110, 94 (115); zweifelnd *Hoffmann-Riem*, DÖV 1997, 437; wohl ablehnend *Osterloh*, Gesetzesbindung und Typisierungsspielräume bei der Anwendung der Steuergesetze, 1992, S. 42 ff.; *Kruse*, FR 1995, 526.

182 *Seer*, in: Tipke/Lang, Steuerrecht, 18. Aufl. 2005, § 21 Rn. 6, diese Begrifflichkeit wurde in der Neuauflage offensichtlich aufgegeben.

stäbe für die abschließende Untersuchung des Steuerfalles ein[183]. Nach diesen Kriterien muss die Finanzverwaltung also bereits für die endgültige Steuerfestsetzung nicht die umfassende Überzeugung vom Vorliegen aller Tatbestandsmerkmale gewinnen, sondern kann sich mit einem dem Fall und insbesondere dem erforderlichen Verwaltungsaufwand angemessenen Grad an Gewissheit begnügen. Damit bemisst sich aber schon die erforderliche Intensität der *abschließenden* Prüfung nur nach dem Mindeststandard, der noch einen sachgerechten Ausgleich aller berührten Individual- und Allgemeinbelange darstellt. Es liegt auf der Hand, dass über den Umweg der endgültig-vorbehaltlichen Steuerfestsetzung die Anforderungen an Sachverhaltsaufklärung und Rechtsprüfung nicht generell nochmals unter diese gerade noch angemessene Schwelle abgesenkt werden können.

ccc. Endgültig-vorbehaltliche Festsetzung als Ausnahmefall? Dies leitet über zu der Frage, ob zumindest Ausnahmefälle denkbar sind, in denen von der regelmäßig gebotenen Durchführung einer abschließenden Fallprüfung und einer vorbehaltlosen Steuerfestsetzung abgewichen werden kann. Auch dies ist indes unter der oben geschilderten Prämisse eines „maßvollen Gesetzesvollzugs“ bei näherem Hinsehen zu verneinen. Wie bereits ausgeführt wurde, kann nach dem Prinzip des „maßvollen Gesetzesvollzugs“ sogar die Ermittlungsintensität der abschließenden Fallprüfung in jedem Einzelfall auf das mit Rücksicht auf die öffentlichen und individuellen Belange der Massenverwaltung noch vertretbare Maß zurückgeführt werden. Markieren aber bereits die reduzierten Anforderungen an die abschließende Fallprüfung die Grenze des jeweils Zulässigen, so ist denklogisch kein Ausnahmefall vorstellbar, der ein Unterschreiten dieser Minimalanforderungen legitimieren würde. Dies gilt umso mehr, als § 164 AO nicht für sich in Anspruch nehmen kann, generell höherrangigen Interessen zu dienen. Das mit dieser Vorschrift verfolgte fiskalische Interesse an einem schnelleren Mittelzufluss und an einer rationellen Gestaltung des Veranlagungsverfahrens kann kein höheres Gewicht als die Prinzipien der Gesetzmäßigkeit und der Gleichmäßigkeit der Besteuerung beanspruchen.

cc. Rechtsstaatsprinzip - Gesetzmäßigkeit der Verwaltung In eine ähnliche Richtung gehen die sich ergebenden Bedenken, lenkt man den

183 *Söhn*, in: HHSp, § 88 Rn. 165 ff.; 196, 202; *Lang*, in: Tipke/Lang, Steuerrecht, 20. Aufl. 2010, § 4 Rn. 162.

Blick auf das Artikel 20 Abs. 3 GG entnommene Rechtsstaatsprinzip und das diesem Verfassungsprinzip immanente Gebot der Gesetzmäßigkeit der Verwaltung[184]. Das Prinzip Gesetzmäßigkeit der Besteuerung gebietet die Verwirklichung des mit Tatbestandserfüllung unwiderruflich entstandenen, *„einen"* gesetzlichen Steueranspruches[185]. Zu den verfassungsfesten Ausprägungen des Rechtsstaatsprinzips in Gestalt des Gebotes der Gesetzmäßigkeit des Verwaltungshandelns gehört die Pflicht zur umfassenden Aufklärung der Sach- und Rechtslage[186]. Dies leuchtet unmittelbar ein, denn das verfahrensrechtliche Ziel der „Rechtswahrung", das heißt die Deduktion der behördlichen Entscheidung aus der abstrakten Norm, ist nur dann gesichert, wenn über den Fall in Kenntnis aller rechtsrelevanten Tatsachen, von deren Vorliegen sich die Behörde zu überzeugen hat, und unter vollständigem Vollzug des materiellen Normprogramms befunden wird[187]. Das Prinzip der materiellen Wahrheit fordert für jedes steuerliche Ermittlungsverfahren die Beibringung und den Beweis des für eine wahrheitsgemäße Entscheidung notwendigen Tatsachenstoffes[188]. Für das Verfahrensrecht bedeutet dies, dass in jedem Einzelfall zwischen dem gesetzlichen Programm und der abschließenden Vollzugsentscheidung ein normativ-materialer, hinreichend kohärenter Ableitungs- und Rechtfertigungszusammenhang hergestellt werden muss[189]. Hierzu verpflichtet im Übrigen auch der Grundsatz der Gewaltenteilung, der fordert, dass die Exekutive eine von der Legislative getroffene Sachregelung respektiert und in strikter Legalität umsetzt[190] und nicht durch eine ineffiziente Verfahrensgestaltung faktisch unterläuft.

Das Gebot gesetzmäßigen Handelns und die Untersuchungsmaxime haben in den §§ 85 und 88 AO ihre verfassungsrechtlich unbedenkliche, einfachgesetzliche Ausformung erfahren. Die dort geregelte behördliche Verpflichtung, den rechtserheblichen Sachverhalt umfassend zu ermitteln und entsprechend

---

184 *Sommermann*, in: v. Mangoldt/Klein/Starck, GG, 6. Aufl. 2010, Art. 20 Abs. 3 Rn. 270 ff.; *Söhn*, in: HHSp, AO, § 85 Rn. 31.

185 *Söhn*, in: HHSp, § 85 Rn. 32; BFH v. 19. 3. 1981, IV R 49/77; BFHE 133, 144 (150), *Isensee*, Festschrift für W. Flume, Bd. 2, 1978, S. 133.

186 *Schmidt-Aßmann*, in: HdbStR II, 3. Aufl. 2004, § 26 Rn. 76 a. E.

187 *Schimmelpfennig*, Vorläufige Verwaltungsakte, 1989, S. 140; *Wahl*, VVDStRL Bd. 41 (1983), S. 160f. *Clausen* argumentiert zutreffend, dass ein Ermessen bezüglich der anzustellenden Ermittlungen auch die Sachentscheidung selbst zur Ermessensentscheidung machen würde, obwohl materiell-rechtlich ggf. kein Ermessen eingeräumt wurde (*Clausen*, in: Knack, VwVfG, 8. Aufl. 2004, § 24 Rn. 9).

188 *Söhn*, in: HHSp, AO, § 88 Rn. 73, 136 ff.

189 *Rossen*, Vollzug und Verhandlung, 1999, S. 120.

190 BVerfG v. 27. 6. 1991, 2 BvR 1493/89, BVerfGE 84, 239 (271).

des materiellen Normprogramms zu bewerten, wird jedoch durch die Spezialregelung des § 164 AO - entnimmt man ihr mit der h. M.[191] ein weites Verfahrensermessen - nahezu vollständig ausgehebelt. Mit der danach zugelassenen Absenkung der Anforderungen an die Feststellung des entscheidungstragenden Sachverhaltes und die Vollständigkeit seiner rechtlichen Würdigung wird die Untersuchungsmaxime ebenso wie das Gebot der Gesetzmäßigkeit der Verwaltung notleidend.

Überantwortet aber eine Verfahrensgestaltung den effektiven Vollzug *bindenden* materiellen Rechtes der *Einschätzungsprärogative* der Verwaltung, so kommt ihr keine der Rechtsverwirklichung dienende Rolle mehr zu, sondern eine strukturell destruierende Wirkung. Das einkalkulierte Verfehlen der sachlich-rechtlich gebotenen Entscheidung wäre für die Fälle, in denen sich die Verwaltung endgültig für das verkürzte Verfahren entscheidet, nahezu vorprogrammiert: Nicht ihr Eintreten, sondern ihr Ausbleiben wäre Zufall. Dies ist mit rechtsstaatlichen Anforderungen an die *Rechtsverwirklichung durch Verfahren* nicht zu vereinbaren[192].

Dem lässt sich im Ergebnis auch nicht entgegenhalten, dass es nicht die Verwaltung, sondern der Gesetzgeber selbst ist, der der Exekutive die beschriebenen verfahrensrechtlichen Freiräume beim Vollzug des materiellen Steuerrechts zubilligt. Zwar erscheint es auf den ersten Blick denkbar, den Maßstab für die Prüfung der Gesetzmäßigkeit der Verwaltung an dem weiten gesetzlichen Rahmen des § 164 AO auszurichten. Ein solches, einseitig auf die Verfahrensregelungen fokussiertes Verständnis verstößt jedoch gegen das übergreifende Gebot der Widerspruchsfreiheit der Rechtsordnung[193]. Danach steht es dem Gesetzgeber nicht frei, einerseits materiell-rechtlich einen gebundenen Steueranspruch vorzusehen, andererseits diesen gebundenen Anspruch aber „durch die Hintertür“ verfahrensrechtlich quasi zu einem Ermessensanspruch zu denaturieren. Wegen der dienenden Funktion des Verfahrensrechtes muss sich die Legislative vielmehr hinsichtlich des von ihr geschaffenen ma-

191 *Baum*, in: Koch/Scholtz, AO, 5. Aufl. 1996, § 164 Rn. 42; *Thiel*, StuW 1977, 238; *Cöster*, in: Pahlke/Koenig, AO, 2. Aufl. 2009, § 164 Rn. 62, 84; *Hofmann*, in: Kühn/Hofmann, AO, 17. Aufl. 1995, § 164 Bem. 5a); *Seer*, in: Tipke/Lang, Steuerrecht, 20. Aufl. 2010, § 21 Rn. 287; *Frotscher*, in: Schwarz, AO, § 164 Rn. 49; *Rößler*, DStZ 1999, 603; in diesem Sinne auch BFH v. 28. 5. 1998, V R 100/96, BStBl. II 1998, 502 (503).

192 So auch *Trzaskalik* StuW 1993, 374 m. w. N.; vgl. hierzu BVerfG v. 27. 6. 1991, 2 BvR 1493/89, BVerfGE 84, 239 (271).

193 *Sommermann*, in: v. Mangoldt/Klein/Starck, GG, 6. Aufl. 2010, Art. 20 Abs. 3 Rn. 298 m. w. N.; *Sodan*, JZ 1999, 871; BVerfG v. 7. 5. 1998, 2 BvR 1991, 2004/95; BVerfGE 98, 106 (118 f.).

teriellen Steuerrechtsregimes „beim Wort nehmen lassen"[194]. Für das Prinzip der Gesetzmäßigkeit der Verwaltung ist daher vorrangig das dort geregelte entscheidend.

Ein anderes kann schließlich auch in diesem Zusammenhang nicht mit dem Gebot eines „maßvollen Gesetzesvollzugs" begründet werden, weil - wie bereits ausgeführt - selbst ein gebotener Ausgleich der Prinzipien der Gleichmäßigkeit und der Gesetzmäßigkeit der Besteuerung sowie der betroffenen Freiheitsrechte es nicht rechtfertigt, die hierbei für die abschließende Fallprüfung gemäß § 88 AO gefundene letzte Grenze des höchstzulässigen Maßes gegenseitiger Einschränkung für die vorbehaltlich-endgültige Steuerfestsetzung nochmals zu unterschreiten[195].

Im Ergebnis verstößt damit die Annahme eines weiten Verfahrensermessens auch gegen das Prinzip der Gesetzmäßigkeit der Verwaltung nach Artikel 20 Abs. 3 GG.

dd. Rechtsstaatsprinzip - Rechtssicherheit Soweit hingegen hinsichtlich § 164 AO eingewandt wird, die Vorbehaltlichkeit der Festsetzung beeinträchtige die Rechtssicherheit[196], folgen hieraus keine durchgreifenden verfassungsrechtlichen Bedenken:

Das Gebot der Rechtssicherheit bzw. die „Verlässlichkeit der Rechtsordnung"[197] ist ebenfalls Ausfluss des Rechtsstaatsprinzips[198]. Ein Ausdruck dieser Verlässlichkeit ist die Beständigkeit staatlicher Entscheidungen. Hat ein Hoheitsträger förmliche Aussagen getroffen, so kann er sich davon nicht beliebig, sondern nur unter Einhaltung eines bestimmten Verfahrens und gegebenenfalls unter inhaltlichen Einschränkungen lösen[199]. Dabei wird angenommen, dass auch die Bestandskraft von Verwaltungsakten in ähnlicher Weise wie die Rechtskraft von Urteilen zu den verfassungsfesten Bestandteilen des Rechtsstaatsprinzips zählt[200]. Die inhaltliche Ausgestaltung dieses Institutes muss durch die Legislative erfolgen; ihr obliegt die grundlegende Abwägung

194 In diesem Sinne bereits *Isensee*, Festschrift für W. Flume, Bd. 2, 1978, S. 133.

195 Siehe Doppelbuchst. bb Dreifachbuchst. bbb, S. 143 ff.

196 *Seer*, in: Tipke/Kruse, AO, § 164 Rn. 2; *Kammann*, StuW 1982, 157.

197 *Schmidt-Aßmann*, in: HdbStR II, 3. Aufl. 2004, § 26 Rn. 8.

198 *Schmidt-Aßmann*, in: HdbStR II, 3. Aufl. 2004, § 26 Rn. 81 ff.; *Sommermann*, in: v. Mangoldt/Klein/Starck, GG, 6. Aufl. 2010, Art. 20 Abs. 3 Rn. 287.

199 *Schmidt-Aßmann*, in: HdbStR II, 3. Aufl. 2004, § 26 Rn. 81.

200 *Schmidt-Aßmann*, in: HdbStR II, 3. Aufl. 2004, § 26 Rn. 83; *Sommermann*, in: v. Mangoldt/Klein/Starck, GG, 6. Aufl. 2010, Art. 20 Abs. 3 Rn. 304.

der berührten Rechtsprinzipien Rechtssicherheit, Einzelfallgerechtigkeit, Vertrauensschutz und Verwaltungsflexibilität[201].

Der Gesetzgeber hat bei der Schaffung des § 164 AO der Flexibilität der Verwaltung den Vorrang eingeräumt. Die mit einer vorbehaltlichen Steuerfestsetzung einhergehenden, inhaltlich nahezu unbegrenzten Abänderungsmöglichkeiten werden zeitlich nur durch den Ablauf der vierjährigen Festsetzungsverjährungsfrist begrenzt und inhaltlich durch die Vorschrift des § 176 AO modifiziert. Das hierbei vom Gesetzgeber verfolgte Ziel - die Beschleunigung des Verfahrens bis zur ersten Festsetzung durch die Enthebung vom Druck, eine sach- und rechtsrichtige Entscheidung erlassen zu müssen - ist offensichtlich legitim.

Ob das gegenläufige Interesse des Betroffenen an der Schaffung klarer Verhältnisse hier wegen der langen Dauer der Bestandsunsicherheit übermäßig zurückgestellt wurde, ob also der Gesichtspunkt der Rechtssicherheit in seinem Gewicht verkannt und deshalb eine verfassungskonforme Regelung verfehlt wurde, erscheint zwar nicht bar jeden Zweifels[202]. Dem ist jedoch entgegenzuhalten, dass der Steuerpflichtige letzte Gewissheit über die veranlagte Steuer ohnehin erst mit Ablauf der Festsetzungsfrist erlangt. Was diese Frist anbelangt, stellt ihn die vorbehaltliche Festsetzung indes nicht schlechter.

Es ist auch sonst nicht ersichtlich, dass das Modell einer frühen, flexiblen Entscheidung für den Steuerschuldner merklich nachteiliger als eine späte, beständigere Entscheidung ist. Der Umstand, dass der Steuerpflichtige hierbei mit seiner Steuerschuld *veranlagt* wird und dass er auf vergleichsweise unsicherer Grundlage Zahlungen leisten muss, begründet kein herausgehobenes Interesse an einem zügigeren Eintritt der Beständigkeit der Entscheidung. Schließlich mutet es das Steuerrecht dem Steuerpflichtigen mit den Vorauszahlungen auch sonst zu, Leistungen auf die Steuerschuld zu erbringen, ohne dass diese ermittelt ist. Hinzu kommt, dass ein Verzicht auf die Möglichkeit der vorbehaltlichen Veranlagung für denjenigen Steuerschuldner, der Vorauszahlungen erbracht hat, nicht nur einen Gewinn an Rechtssicherheit hinsichtlich der erhobenen Steuerforderung mit sich bringen würde, sondern zugleich - hinsichtlich der Vorauszahlung - die für ihn nachteilige längere Hinnahme einer potentiell gesetzwidrigen Vermögenslage. Denn diese Vorauszahlung würde von den Finanzbehörden ohne eine vorbehaltlichen Steuerfestsetzung

201 *Schmidt-Aßmann*, in: HdbStR II, 3. Aufl. 2004, § 26 Rn. 83.

202 Bejahend *Kammann*, StuW 1982, 157: Verfahrensabschluss innerhalb einer angemessenen Frist notwendig; a. A. *Frotscher*, in: Schwarz, AO, § 164 Rn. 2: § 164 Abs. 2 AO ist Kompromiss zwischen Richtigkeit der Besteuerung und Rechtssicherheit.

zwangsläufig länger ohne Abrechnung einbehalten, obwohl ihre Tatsachengrundlage von noch geringerer Validität ist und damit noch weniger dafür spricht, dass die eingetretene Vermögenslage durch die Steuerschuld gedeckt ist.

Hält man die vierjährige Festsetzungsfrist als solche nicht für zu weit geraten, wofür nichts spricht, wird man also auch hinsichtlich der Vorbehaltsfestsetzung nicht zwingend eine zeitlich engere Schranke des Eintritts einer Abänderungssperre verlangen müssen.

ee. Effektiver Rechtsschutz Ebensowenig wird das Gebot effektiven Rechtsschutzes aus Artikel 19 Abs. 4 Satz 1 GG durch § 164 AO verletzt. Dieses Grundrecht garantiert die Effektivität gerichtlichen Rechtsschutzes. Es hat zwar Ausstrahlungswirkung auf die Ausgestaltung und Handhabung des Verwaltungsverfahrens. Einzelne Verfahrensgestaltungen verbietet es aber nur, wenn hierdurch gerichtlicher Rechtsschutz unzumutbar erschwert wird[203]. Diese Voraussetzung ist hier nicht erfüllt. Die Fragmentartigkeit der Fallprüfung durch die Verwaltung behindert - gemessen an der Beschleunigung der ersten Festsetzung - einen wirksamen finanzgerichtlichen Schutz nicht übermäßig. Die gebotene gerichtliche Untersuchung des Steuerfalles gerät hierdurch zwar aufwändiger, wird aber nicht faktisch vereitelt.

ff. Ergebnis der verfassungsrechtlichen Prüfung Als Ergebnis der verfassungsrechtlichen Prüfung bleibt festzuhalten, dass die summarisch geprüfte Steuerfestsetzung unter dem Vorbehalt der Nachprüfung nach § 164 AO gegen Artikel 3 Abs. 1 GG und Artikel 20 Abs. 3 GG verstößt, soweit sie mit dem derzeit herrschenden Verständnis eine ubiquitäre, potentiell endgültige Steuerfestsetzung darstellt. Verfassungskonform ist allein eine Auslegung, nach der ohne Einschränkungen im Anschluss an eine Vorbehaltsfestsetzung der Steuerfall abschließend aufzurollen ist.

e. Ergebnis der Auslegung

Nach alledem ist die von der herrschenden Meinung vertretene Auslegung von § 164 AO, wonach die Beseitigung vorhandener Prüfungsdefizite im freien Verfahrensermessen der Finanzverwaltung steht, nicht haltbar. Die Norm

203 Zu alledem: *Schulze-Fielitz*, in: Dreier, GG, 2. Aufl. 2004, Art. 19 Abs. 4 Rn. 68 ff.; *Schmidt-Aßmann*, in: Maunz/Dürig, GG, Art. 19 Abs. 4 Rn. 248.

ist vielmehr verfassungskonform dahingehend auszulegen, dass die Finanzverwaltung nach jeder Steuerfestsetzung unter dem Vorbehalt der Nachprüfung zur Vornahme dieser abschließenden Nachprüfung verpflichtet ist.

Mit der Verpflichtung zur abschließenden Fallprüfung geht im Übrigen wegen der Äquivalenz von Ermittlungsqualität und Festsetzungsart auch die Verpflichtung zur endgültigen, vorbehaltlosen Steuerfestsetzung einher[204].

f. Übertragbarkeit der steuerrechtlichen Bewertung auf das Kommunalabgabenrecht

Diese steuerrechtliche Argumentation lässt sich allerdings nicht ohne Abstriche auf die kommunalabgabenrechtliche Rechtslage übertragen:

Soweit sich die steuerrechtliche Diskussion auf die Gesetzgebungsgeschichte, den Wortlaut oder die Systematik von § 164 AO stützt, können die Argumente nicht *per se* die gleiche Überzeugungskraft entfalten, weil § 164 AO nicht unmittelbar, sondern lediglich entsprechend Anwendung findet. Dies lässt einen erheblichen Interpretationsspielraum offen, soweit die Besonderheiten des Kommunalabgabenrechts dies erfordern. Ob dies der Fall ist, soll im Folgenden untersucht werden. Auch die Erwägungen der verfassungskonformen Auslegung sind im kommunalabgabenrechtlichen Kontext nur mit Einschränkungen reproduzierbar. Die Ausgangslage unterscheidet sich für steuerrechtliche und kommunalabgabenrechtliche Vorbehaltsfestsetzungen in wesentlichen Zügen. So wird die Vorbehaltsfestsetzung im Kommunalabgabenrecht allenfalls singulär eingesetzt und hat damit nicht die weite Verbreitung gefunden, die sie im Steuerrecht hat. Des Weiteren würde die kommunalabgabenrechtliche Vorbehaltsfestsetzung nicht in dem gleichen hohen Maße auf einer Selbstdeklaration des Betroffenen basieren, wie die steuerrechtliche Vorbehaltsfestsetzung. Auch spielen Mitwirkungspflichten des Abgabenschuldners bei der Ermittlung der Kommunalabgabenschuld regelmäßig keine tragende Rolle. Und schließlich kommt dem Prinzip der Gleichmäßigkeit der Abgabenfestsetzung im Hinblick auf Gebühren und Beiträge, mit denen eine staatliche Leistung entgolten wird, nicht eine solch essentielle Bedeutung zu, wie dies im Hinblick auf voraussetzungslos vereinnahmte Steuern der Fall ist.

Die Frage, ob eine Abschlussuntersuchung obligatorisch oder fakultativ ist, kann daher nicht ohne Rücksicht auf die Besonderheiten des Kommunalabgabenrechts beantwortet werden.

204 Vgl. Ziffer V Nr. 2 Buchst. a, S. 130 ff.

2. Systematische Auslegung

Danach spricht bereits die systematische Auslegung für eine obligatorische Abschlussprüfung. Nur auf diese Weise würde der Natur der vorbehaltlichen Festsetzung als wesensmäßig einstweiliger Regelung Rechnung getragen - kann doch eine einstweilige Regelung der „Hauptsacheentscheidung" zeitlich nur vorausgehen, ohne diese systemwidrig zu ersetzen[205].

Die interne Systematik des § 164 AO steht dem, anders als im Steuerrecht, nicht entgegen. Denn die Regelung des § 164 Abs. 3 Satz 3 AO, die im Steuerrecht Ausgangspunkt des Gegenschlusses auf das Verfahrensermessen der Verwaltung ist, läuft im Kommunalabgabenrecht nahezu leer, eine Außenprüfung entsprechend §§ 193 AO ff. findet im Kommunalabgabenverfahren praktisch nicht statt.

3. Historische Auslegung

Die historische Auslegung führt zu keinem eindeutigen Ergebnis. Die Landesgesetzgeber haben insoweit wiederum keine ausdrückliche Regelung getroffen. Dies kann zum einen auch hier[206] als Indiz gewertet werden, dass sie § 164 AO keinen anderen Inhalt geben wollten, als den für das Steuerrecht höchstrichterlich - im Sinne einer fakultativen Abschlussprüfung - ausgeformten. Mit gleicher Berechtigung kann allerdings auch von der gegenteiligen Annahme ausgegangen werden, dass der Verfahrensgesetzgeber die generellen Wesenszüge vorläufiger Verwaltungsentscheidungen seiner Regelung zugrunde legen - und damit eine obligatorische Abschlussprüfung statuieren - wollte, wenn er nicht ausdrücklich etwas anderes vorgesehen hat.

4. Verfassungskonforme Auslegung

Weil die genannten Auslegungsmethoden damit zu keinem eindeutigen Ergebnis führen, kommt es auch für das kommunalabgabenrechtliche Verständnis von § 164 AO entscheidend auf die Frage an, ob die Annahme einer potentiell endgültigen Abgabenfestsetzung unter dem Vorbehalt der Nachprüfung verfassungskonform wäre. Ihren Maßstab findet die verfassungsrechtliche Prüfung der Verfahrensregelung des § 164 AO wiederum in den Freiheits- und Gleichheitsgrundrechten, die für die Abgabenverpflichtung selbst einschlägig

205 Vgl. hierzu Kap. B Ziffer IV, S. 48 f.

206 Vgl. zu dem identischen Problem oben Ziffer III Nr. 2 Buchst. b Doppelbuchst. aa Dreifachbuchst. bbb, S. 118.

sind, in dem Grundsatz der Gesetzmäßigkeit der Verwaltung, der Rechtssicherheit als Teil des Rechtsstaatsprinzips und der Rechtsschutzgarantie des Artikels 19 Abs. 4 Satz 1 GG. Ausgangspunkt der Prüfung ist dabei erneut die Vorbehaltsfestsetzung als unterstellt endgültige Verfahrensentscheidung.

a. Art. 14 Abs. 1 GG und Art. 2 Abs. 1 GG

Im Unterschied zum Steuerrecht ergibt die Prüfung der Freiheitsgrundrechte im Kommunalabgabenrecht, dass eine potentiell endgültige Vorbehaltsfestsetzung den grundrechtlichen Gewährleistungsgehalt verletzt:

Die hoheitliche Veranlagung von Kommunalabgaben betrifft den Bürger entweder in seinem Grundrecht auf Eigentumsfreiheit aus Artikel 14 Abs. 1 GG[207] oder - sofern eine tatbestandliche Anknüpfung der Abgabenbelastung an das Eigentum fehlt - jedenfalls in seiner allgemeinen Handlungsfreiheit nach Artikel 2 Abs. 1 GG[208]. Diese Grundrechte gewährleisten die Freiheit von ungesetzlichen und nicht verfassungsgemäßen Abgaben. Nach den oben dargestellten allgemeinen Grundsätzen[209] muss die Ausgestaltung des Kommunalabgabenverfahrens im Hinblick hierauf grundrechtseffektuierend sein. Das Veranlagungsverfahren muss wirksam dafür Sorge tragen, dass dem Abgabenschuldner keine Lasten überbürdet werden, die durch die Rechtsordnung nicht gedeckt sind. Dies impliziert das Erfordernis vollständiger Sachaufklärung und umfassender Rechtsprüfung.

Gemessen hieran ergibt sich wie bereits für die steuerrechtliche, so auch für die kommunalabgabenrechtliche Vorbehaltsfestsetzung, dass nur offensichtlich unzureichende Anforderungen an die behördliche Aufklärung der Sachlage und die Vollständigkeit der Subsumtion aufgestellt werden. Zwar unterscheidet sich die Aufklärungstechnik des Steuerverfahrens signifikant von dem des typischen Kommunalabgabenverfahrens. Während im Steuerrecht die Selbstdeklaration des Steuerpflichtigen Ausgangspunkt des Fest-

207 So die herrschende Ansicht in der Rechtsliteratur; vgl. *Starck*, in: v. Mangoldt/Klein/Starck, GG, 6. Aufl. 2010, Art. 2 Abs. 1 Rn. 150; *F. Kirchhof*, in: Achterberg/Püttner/Würtenberger, Besonderes Verwaltungsrecht II, 2. Aufl. 2000, § 20 Rn. 60 ff.; ausführlich *Papier*, in: Maunz/Dürig, GG, Art. 14 Rn. 165 ff.

208 So BVerfG v. 29. 11. 1989, 1 BvR 1402/87, BVerfGE 81, 108 (122); v. 22. 6. 1995, 2 BvL 37/91, BVerfGE 93, 121 (137); v. 10. 3. 1998, 1 BvR 178/97, BVerfGE 97, 332 (349); BFH v. 14. 5. 1974, VIII R 95/72, BFHE 112, 546 (563 ff.), wobei anerkannt wird, dass hierbei besonders der vermögensrechtliche und berufliche Bereich der allgemeinen Handlungsfreiheit betroffen ist (BVerfG v. 5. 2. 2002, 2 BvR 305, 348/93, BVerfGE 105, 17 [32 f.]).

209 Vgl. Nr. 1 Buchst. d Doppelbuchst. aa Dreifachbuchst. aaa, S. 136 ff.

setzungsverfahrens ist, und der Finanzverwaltung anstelle originärer Aufklärungspflichten sekundäre Kontroll- und Schutzpflichten zuwachsen[210], spielen Selbstauskünfte bei der Feststellung von Grund und Höhe von Kommunalabgaben nur eine geringe Rolle[211]. Die Feststellung des entscheidungserheblichen Sachverhalts erfolgt vielmehr typischerweise durch originäre, eigene Ermittlungshandlungen der Kommune. Das Fehlen eines Selbstdeklarationsverfahrens ändert im Ergebnis freilich nichts daran, dass auch unter den hier gegebenen Umständen die Kommunalabgabenfestsetzung unter dem Vorbehalt der Nachprüfung keine Gewähr dafür bietet, dass die Ziele der Legalität und Egalität der Abgabenveranlagung erreicht werden. Grund hierfür ist die normative Absenkung der erforderlichen Sach- und Rechtsprüfungsintensität. Für eine Vorbehaltsfestsetzung ist es nach hier vertretener Ansicht hinreichend, dass ein Anspruchsverdacht besteht. Bei überschlägiger Betrachtung müssen in sachlicher Hinsicht gute Gründe dafür sprechen, dass die Anspruchsvoraussetzungen vorliegen[212]. Rechtsfragen müssen nur grob geprüft werden, komplexe Probleme brauchen nicht geklärt zu werden[213]. Damit wird indes ein erhebliches Risiko, dass die vorbehaltliche Festsetzung die gesetzliche Abgabenschuld verfehlt, einkalkuliert. Weil die bloße Wahrscheinlichkeit des Bestehens eines Anspruches für dessen vorbehaltliche Festsetzung genügt, kann nicht gewährleistet werden, dass dem Abgabenschuldner keine grundrechtsverletzenden, überhöhten Kommunalabgaben auferlegt werden.

Der Annahme einer Grundrechtsverletzung stehen - anders als im Steuerrecht[214] - auch etwaige Mitwirkungspflichten des Abgabenschuldners im Regelfall nicht entgegen. Denn der Schuldner von Kommunalabgaben verfügt regelmäßig nicht über einen Informationsvorsprung gegenüber der Behörde und kann selbst mit gehöriger Anstrengung den abgabenrelevanten Sachverhalt nicht besser ermitteln, als die Kommunalverwaltung. Er hat es damit nicht in der Hand, selbst auf ihm günstige Umstände hinzuweisen und so eine rechtswidrige Veranlagung zu vermeiden.

Eine Verletzung von Artikel 14 Abs. 1 bzw. Artikel 2 Abs. 1 GG wäre damit gegeben.

---

210 *Eckhoff*, Rechtsanwendungsgleichheit im Steuerrecht, 1999, S. 465.
211 Siehe hierzu schon oben Ziffer I Nr. 1 Buchst. a Doppelbuchst. bb, S. 95 f.
212 Vgl. hierzu oben Ziffer II Nr. 3, S. 108 f.
213 Vgl. Ziffer II Nr. 4, S. 109.
214 Vgl. oben Nr. 1 Buchst. d Doppelbuchst. aa Dreifachbuchst. ccc, S. 141 f.

b. Artikel 3 GG

Hingegen kann ein Verstoß gegen Artikel 3 GG nicht bejaht werden. Insofern ist bereits fraglich, ob die Prüfungsmaßstäbe für steuerrechtliche Erhebungsregelungen auf das Kommunalabgabenrecht übertragen werden können:

Der im Gleichbehandlungsgrundsatz des Artikel 3 GG fußende Grundsatz der Belastungsgleichheit hat zwar auch im Kommunalabgabenrecht elementare Bedeutung. Ihm kommt allerdings für Entgeltabgaben wie Gebühren und Beiträge nicht das fundamentale Gewicht zu, dass er im Steuerrecht innehat. Denn während sich im Steuerrecht die Legitimität der gegenleistungsfreien Veranlagung vor allem daraus speist, dass die Lastenverteilung gleich ist, stehen die kommunalabgabenrechtlichen Gebühren und Beiträge immerhin in einer Art „Gegenseitigkeitsverhältnis" mit einer hoheitliche „Leistung". Wird ein Beitrags- oder Gebührenschuldner durch eine unzulängliche Abgabenerhebung rechtswidrig begünstigt, so tangiert dies die Solidargemeinschaft der Beitrags- und Gebührenschuldner zwar auch. Es ändert allerdings nichts daran, dass sie jeweils Empfänger einer besonderen Leistung oder Begünstigte eines besonderen Vorteils sind, für den die Kommune ein Entgelt verlangen kann.

Vor diesem Hintergrund erscheint es nicht frei von Zweifeln, ob die Maßstäbe, die das Bundesverfassungsgericht für das Gleichmaß in der *Verwirklichung* der gesetzlich normierten Steuerlast gerade auch mit Rücksicht auf die besondere Bedeutung der Steuergerechtigkeit aufgestellt hat[215], auf Entgeltabgaben übertragen werden können. Überwiegendes spricht allerdings dafür:

Auch für kommunale Entgeltabgaben regiert das Prinzip der Belastungsgleichheit die Schaffung von Abgabetatbeständen[216]. Dieses Gebot würde jedoch auf halbem Wege stehen bleiben und bliebe ein stumpfes Schwert, würde es nicht zugleich auch Geltung für die Umsetzung der Normen erlangen. Der Gleichheitssatz muss, soll er im Ergebnis sinnvoll sein, auch insoweit die Gleichheit im Belastungs*erfolg* gewährleisten. Dem steht die Bindung der Verwaltung an Gesetz und Recht nach Artikel 20 Abs. 3 GG, deren Ausfluss das in die gegenteilige Richtung weisende Prinzip „keine Gleichheit im Unrecht" ist[217], letztlich nicht entgegen. Dem Vorrang des Gesetzes ist hinrei-

---

215 BVerfG v. 27. 6. 1991, 2 BvR 1493/89, BVerfGE 84, 239 (269 ff.); v. 9. 3. 2004, 2 BvL 17/02, BVerfGE 110, 94 (113 ff.); vgl. hierzu oben Nr. 1 Buchst. d Doppelbuchst. bb Dreifachbuchst. aaa, S. 142 f.

216 *Lichtenfeld*, in: Driehaus, Kommunalabgabenrecht, § 4 Rn. 7 m. w. N.; BVerwG v. 16. 9. 1981, 8 C 48.81, DVBl. 1982, 76 f.; vgl. auch Kap. C Ziffer I Nr. 1, S. 50.

217 BVerwG v. 10. 12. 1969, VII C 104.69, BVerwGE 34, 278 (283); v. 11. 6. 1981,

chend Rechnung getragen, indem die Gleichheitserheblichkeit von Veranlagungsmängeln auf solche besonders gewichtigen Fälle begrenzt wird, in denen *der Gesetzgeber sich zurechnen lassen muss*, dass *strukturell gegenläufige Erhebungsregelungen* dazu führen, dass ein Abgabenanspruch *weitgehend nicht durchgesetzt* werden kann[218]. Denn konterkariert der Gesetzgeber selbst eine - für sich betrachtet gleichmäßige - materielle Abgabenregelung durch gegenläufige Erhebungsregelungen, so hat er in der notwendigen Gesamtschau gerade keine belastungsgleiche Bestimmung getroffen, wie dies Artikel 3 GG fordert. Eine isolierte Betrachtung nur der materiell-rechtlichen Vorschriften, die deren verfahrensrechtliche Denaturierung ausblendet, würde den Gewährleistungsgehalt von Artikel 3 GG hingegen ungerechtfertigt verkürzen. Auch ohnedem würde die Anwendung der vom Bundesverfassungsgericht entwickelten Maßstäbe im Übrigen nicht dazu führen, dass die Verwaltung gehalten wäre, nun weitere Personen entgegen dem materiellen Recht günstiger zu behandeln, als ihnen dies eigentlich zusteht. Vielmehr schlägt der Umsetzungsmangel auf das materielle Recht selbst durch und führt zu dessen Nichtigkeit bzw. Verfassungswidrigkeit[219]. In solchen besonders gravierenden Fällen erscheint es demnach nicht nur gerechtfertigt, sondern auch geboten, die strukturell bedingte Ungleichheit im Belastungserfolg verfassungsrechtlich zu ahnden.

Die Frage der Anwendbarkeit dieser Grundsätze kann jedoch letztlich dahinstehen, da die vom Bundesverfassungsgericht festgelegte Schwelle für eine Verletzung des Gleichbehandlungsprinzips durch kommunalabgabenrechtliche Vorbehaltsfestsetzungen jedenfalls nicht überschritten wird. Weil die Vorbehaltsfestsetzung im Kommunalabgabenverfahren nicht die - im Steuerverfahren zu verzeichnende - weite Verbreitung gefunden hat, kann bislang nicht davon gesprochen werden, dass diese Erhebungsregelung dazu geführt hätte, dass der Abgabenanspruch weitgehend nicht durchgesetzt werden kann. Zwar hat auch der Gesetzgeber des Kommunalabgabenrechts mit der entsprechenden Anwendbarkeit von § 164 AO die Verwaltung normativ von der Verpflichtung zur vollständigen Prüfung aller Abgabenfälle global entbunden. Doch hat sich dies faktisch bislang nicht ausgewirkt, da schon die relativ gute Ausstattung der Kommunalverwaltung und das Fehlen echter Massenverfahren - verglichen mit der Steuerverwaltung - ein günstigeres Umfeld schafft.

---

8 B 16/86, KStZ 1986, 191 (192).

218 BVerfG v. 27. 6. 1991, 2 BvR 1493/89, BVerfGE 84, 239 (271).

219 BVerfG v. 27. 6. 1991, 2 BvR 1493/89, BVerfGE 84, 239 (272).

Nach alledem ist ein Verstoß gegen das Prinzip der Belastungsgleichheit aus Artikel 3 GG zu verneinen.

c. Rechtsstaatsprinzip - Gesetzmäßigkeit der Verwaltung

Demgegenüber wäre ein Verstoß gegen das Prinzip der Gesetzmäßigkeit der Verwaltung zu bejahen.

Wie bereits ausgeführt wurde, beinhaltet dieses Prinzip die Pflicht zur umfassenden Aufklärung der Sach- und Rechtslage[220]. Diese, in den entsprechend anwendbaren §§ 85, 88 AO einfachgesetzlich kodifizierte, Verpflichtung wird durch § 164 AO auch im Kommunalabgabenrecht weitgehend ausgehebelt. Denn die Feststellung eines Anspruchsverdachtes[221] erfüllt nicht die Anforderungen an eine umfassende Ermittlung des Sachverhaltes und vollständige Bewertung entsprechend des materiellen Normprogramms. Ist die Vorbehaltsfestsetzung von Kommunalabgaben entsprechend § 164 AO potentiell endgültig, so trifft folglich auch den Gesetzgeber des Kommunalabgabenrechts der Vorwurf, die Verfehlung der sachlich-rechtlich gebotenen Entscheidung in einer nicht gesetzlich begrenzten Anzahl von Fällen einkalkuliert zu haben.

d. Rechtsstaatsprinzip - Rechtssicherheit

Aus Sicht des Grundsatzes der Rechtssicherheit ergeben sich hingegen wiederum keine Bedenken. Auch für das Kommunalabgabenrecht steht es dem Gesetzgeber frei, der Flexibiliät der Verwaltung gegenüber der Rechtssicherheit und dem Vertrauensschutz den Vorrang einzuräumen[222], zumal die Vorbehaltsfestsetzung auch dort den Abgabepflichtigen eher besser stellt, wenn er zu Vorausleistungen veranlagt wurde.

e. Ergebnis der verfassungsrechtlichen Prüfung

Nach alledem ist davon auszugehen, dass eine kommunalabgabenrechtliche Vorbehaltsfestsetzung entsprechend § 164 AO als endgültige Verfahrensentscheidung gegen Artikel 14 Abs. 1 GG oder Artikel 2 Abs. 1 GG und gegen das Prinzip der Gesetzmäßigkeit der Verwaltung gemäß Artikel 20 Abs. 3 GG verstoßen würde. Das Verdikt der Verfassungswidrigkeit kann jedoch - wie

---

220 Vgl. Nr. 1 Buchst. d Doppelbuchst. cc, S. 145 f.
221 Vgl. hierzu oben Ziffer II Nr. 3 und 4, S. 108 ff.
222 Vgl. Nr. 1 Buchst. d Doppelbuchst. dd, S. 148 ff.

bereits im Steuerrecht - vermieden werden, indem die strukturellen Defizite des Verfahrens durch eine obligatorische abschließende Fallprüfung beseitigt werden[223].

5. Ergebnis der Auslegung

Bei der erforderlichen Gesamtbetrachtung der Argumente ist auch für das Kommunalabgabenrecht ein Normverständnis von § 164 AO abzulehnen, wonach die Beseitigung vorhandener Prüfungsdefizite im freien Verfahrensermessen der Kommunalverwaltung steht. Die Norm ist vielmehr systematisch und verfassungskonform dahingehend auszulegen, dass die Kommunalverwaltung nach einer Steuerfestsetzung unter dem Vorbehalt der Nachprüfung zur Vornahme dieser abschließenden Nachprüfung verpflichtet ist.

Mit der Verpflichtung zur abschließenden Fallprüfung geht im Übrigen wegen der Äquivalenz von Ermittlungsqualität und Festsetzungsart wiederum auch die Verpflichtung zur endgültigen, vorbehaltlosen Steuerfestsetzung einher[224].

VII. Der Rechtsschutz gegen kommunalabgabenrechtliche Vorbehaltsbescheide

Die besondere Rechtsnatur der vorbehaltlichen Steuerfestsetzung hat auch Auswirkungen auf Art und Ausgestaltung der einschlägigen Rechtsbehelfe. Der Rechtsschutz gegen kommunalabgabenrechtliche Vorbehaltsbescheide folgt dabei weitestgehend den steuerrechtlichen Vorgaben:

1. Der Rechtsschutz gegen steuerrechtliche Vorbehaltsbescheide

Die steuerrechtlichen Rechtsschutzmöglichkeiten gegen Vorbehaltsbescheide zeichnen sich insbesondere durch Besonderheiten bei den statthaften Rechtsbehelfen und bei der gerichtlichen Kontrolldichte aus. Im Einzelnen ist hierzu Folgendes festzuhalten:

---

223 Vgl. Nr. 1 Buchst. d Doppelbuchst. ff, S. 150.
224 Vgl. Ziffer V Nr. 2 Buchst. b, S. 132.

a. Statthafte Rechtsbehelfe

aa. Antrag auf Aufhebung oder Änderung der Vorbehaltsfestsetzung Ein Spezifikum der vorbehaltlichen Steuerfestsetzung, die ihre Verwandtschaft mit anderen Formen einstweiliger Entscheidungen unterstreicht[225], ist der außerordentliche Rechtsbehelf des § 164 Abs. 2 Satz 2 AO, der dem Steuerpflichtigen zusätzlich zu den allgemeinen Rechtsmitteln gestattet, jederzeit einen Antrag auf Aufhebung oder Änderung der Vorbehaltsfestsetzung zu stellen. Die Einführung dieses Antragsrechtes soll nach dem Willen des Gesetzgebers das individuelle Gegenstück zu der Aufrechterhaltung der behördlichen Entscheidungsflexibilität darstellen[226]. Ebenso, wie das Finanzamt jegliche neuen Erkenntnisse tatsächlicher oder rechtlicher Art über den Steuerfall - innerhalb der Grenzen von § 176 AO - zum Anlass nehmen kann, die Festsetzung abzuwandeln, steht diese Möglichkeit dem Steuerschuldner offen. Ein Antrag nach § 164 Abs. 2 Satz 2 AO löst dabei gemäß § 171 Abs. 3 AO eine Ablaufhemmung der Festsetzungsverjährung aus, bis über den Antrag unanfechtbar entschieden worden ist.

In diesem Zusammenhang oder daneben kann der Steuerpflichtige auch den Antrag stellen, den vorbehaltlichen durch einen endgültigen Steuerbescheid abzulösen. Auf welcher Rechtsgrundlage dieses Antragsrecht fußt, kann dabei hier dahinstehen[227]. Die inhaltliche Frage - unter welchen Umständen der Steuerpflichtige einen Anspruch auf die beantragte Aufhebung des Vorbehaltes oder auf eine ermessensfehlerfreie Entscheidung über sein Gesuch erwirbt[228] - beurteilt sich nach dem Recht der Vorbehaltsfestsetzung, für

225 Ähnlichkeiten bestehen insoweit insbesondere mit den Verfahren gerichtlichen vorläufigen Rechtsschutzes (vgl. Kap. B Ziffer I Nr. 3, S. 20).

226 *Heuermann*, in: HHSp, AO, § 164 Rn. 24.

227 Umstritten ist, ob sich dieses Antragsrecht aus § 164 Abs. 2 AO (*Kammann*, StuW 1983, 164; *Baum*, in: Koch/Scholtz, AO, 5. Aufl. 1996, § 164 Rn. 27/1; *Rüsken*, in: Klein, AO, 10. Aufl. 2009, § 164 Rn. 33; so wohl auch *Rößler*, DStZ 1999, 603) oder aus § 164 Abs. 3 bzw. allgemeinen Grundsätzen (so *Heuermann*, in: HHSp, AO, § 164 Rn. 23 u. 28 ff. m. w. N.; *Tipke*, in: Tipke/Kruse, AO, § 164 Rn. 59, Stand Juli 2001; *Cöster*, in: Pahlke/Koenig, AO, 2. Aufl. 2009, § 164 Rn. 55, 62) herleiten lässt. Dieser Meinungsstreit hat allenfalls geringe praktische Auswirkungen. Der formellen Rechtsgrundlage des Antrags kommt im Grunde nur Bedeutung zu, soweit der Zeitrahmen zu bestimmen ist, innerhalb dessen die Finanzbehörde über einen solchen Antrag zu befinden hat: Ist § 164 Abs. 2 AO einschlägig, kann die Entscheidung nach Satz 3 der Vorschrift bis zur abschließenden Prüfung des Steuerfalles binnen einer angemessenen Frist hinausgeschoben werden. Leitet sich das Antragsrecht aus anderen Rechtsgrundlagen her, muss über das Ersuchen nach allgemeinen Rechtsgrundsätzen innerhalb einer angemessenen Frist entschieden werden.

228 *Heuermann*, in: HHSp, AO, § 164 Rn. 28.

dessen Inhalt die Verankerung des Antrags als solche nicht ausschlaggebend ist. Sofern § 164 AO - wie von der herrschenden Meinung in Rechtsliteratur und Praxis angenommen[229] - die Entscheidung für die Beibehaltung der Vorbehaltlichkeit der Festsetzung bis zum Ablauf der Festsetzungsverjährung ebenso wie die Entschließung zu einer umfassenden Sach- und Rechtsprüfung tatsächlich in das weite Ermessen der Finanzverwaltung stellt, kann ein Begehren auf vorbehaltlose Entscheidung von der Finanzverwaltung unter Hinweis auf die Unzweckmäßigkeit umfassender Ermittlungen ablehnend beschieden werden, sofern die Belastung des Steuerpflichtigen durch die nachteiligen Wirkungen des Vorbehalts nicht ausnahmsweise überwiegt[230]. Nimmt man hingegen mit der hier vertretenen Ansicht an, dass die Finanzverwaltung stets verpflichtet ist, die Fallprüfung zu vervollständigen und in eine vorbehaltlose Festsetzung einmünden zu lassen[231], so steht es der Behörde lediglich frei, ein entsprechendes Gesuch des Antragstellers aus überwiegenden verfahrensökonomischen Gründen aufzuschieben, bis die endgültige Entscheidung ohnehin ansteht.

bb. Einspruch und Anfechtungsklage Zusätzlich ist dem von einem Vorbehaltsbescheid Betroffenen als ordentlicher Rechtsbehelf der Einspruch gemäß §§ 347 ff. AO an die Hand gegeben[232]. Diesen Weg muss der Steuerpflichtige beschreiten, will er eine Aussetzung der Vollziehung (§ 361 AO) erreichen - der außerordentliche Abänderungsantrag nach § 164 Abs. 2 Satz 2 AO eröffnet hingegen keine Aussetzungsmöglichkeit[233].

Der Vorbehaltsbescheid kann dabei nur insgesamt mit Einspruch oder Anfechtungsklage angegriffen werden[234]. In der Konsequenz kann bei den ge-

---

229 *Baum*, in: Koch/Scholtz, AO, 5. Aufl. 1996, § 164 Rn. 42; *Thiel*, StuW 1977, 238; *Cöster*, in: Pahlke/Koenig, AO, 2. Aufl. 2009, § 164 Rn. 62, 84; *Hofmann*, in: Kühn/Hofmann, AO, 17. Aufl. 1995, § 164 Bem. 5a); *Seer*, in: Tipke/Lang, Steuerrecht, 20. Aufl. 2010, § 21 Rn. 287; *Frotscher*, in: Schwarz, AO, § 164 Rn. 49; *Rößler*, DStZ 1999, 603; in diesem Sinne auch BFH v. 28. 5. 1998, V R 100/96, BStBl. II 1998, 502 (503).

230 *Heuermann*, in: HHSp, AO, § 164 Rn. 28.

231 Vgl. oben Ziffer VI, S. 133 ff.

232 *Heuermann*, in: HHSp, AO, § 164 Rn. 44.

233 *Heuermann*, in: HHSp, AO, § 164 Rn. 44; *Rüsken*, in: Klein, AO, 10. Aufl. 2009, § 164 Rn. 35.

234 *Haas*, Festschrift für H. v. Wallis, 1985, S. 461; *Rüsken*, in: Klein, AO, 10. Aufl. 2009, § 164 Rn. 54; *Cöster*, in: Pahlke/Koenig, AO, 2. Aufl. 2009, § 164 Rn. 82; *Baum*, in: Koch/Scholtz, AO, 5. Aufl. 1996, § 164 Rn. 43; *Seer*, in: Tipke/Kruse, AO, § 164 Rn. 55 und 57; *v. Wedelstädt*, in: Kühn/v. Wedelstädt, AO, 19. Aufl. 2008, § 164 Rn. 34. Ob man dies aus der Unselbstständigkeit der Nebenbestimmung oder daraus

nannten Rechtsmitteln das Begehren auf Aufhebung des Steuerbescheides nicht nur mit der Rüge einer unzutreffenden Steuerfestsetzung, sondern auch allein mit der Berufung auf die Rechtswidrigkeit der Anordnung des Nachprüfungsvorbehaltes begründet werden[235].

Gegen den Einspruchsbescheid ist die Anfechtungsklage statthaft[236].

Da die Aufhebung des Vorbehaltes nach § 164 Abs. 3 Satz 2 AO einem Steuerfestsetzungsbescheid entspricht, eröffnet sie eine abgelaufene Einspruchsfrist neu. Der Steuerpflichtige kann gegen die Aufhebung des Vorbehaltes die Rechtsmittel einlegen, die ihm gegen den erstmaligen Erlass eines vorbehaltlosen Bescheides zur Verfügung stehen[237].

b. Kontrolldichte und Vorbehaltsbescheid

Schon bald nach Inkrafttreten der Abgabenordnung wurde die Frage aufgeworfen, in welchem Umfang vorbehaltliche Steuerfestsetzungen im Rahmen von Rechtsmitteln der behördlichen und finanzgerichtlichen Nachprüfung unterliegen, wenn nicht nur der Vorbehalt selbst, sondern die festgesetzte Steuer in Streit steht. Es erscheint fragwürdig, einen Bescheid, für den die Ausgangsbehörde selbst aus Gründen der Verfahrenseffizienz den Steuerfall nur kursorisch geprüft hatte, einer umfassenden einspruchsbehördlichen oder gerichtlichen Kontrolle zu unterwerfen und dort unter Umständen all die Ermittlungen nachzuholen, die die eigentlich hierfür zuständige Ausgangsbehörde sich zunächst erspart hatte. Gerade vor dem Hintergrund der ohnehin zu verzeichnenden Überlastung der Finanzgerichtsbarkeit besteht deshalb ein eminentes praktisches Bedürfnis für eine Einschränkung insbesondere des gerichtlichen Prüfprogramms.

Von geringerer Brisanz ist hingegen das dem gerichtlichen Rechtsschutz vorgelagerte Problem, welche Kontrolldichte im Rahmen des Einspruchsverfahrens gesetzlich gefordert ist. Unter Berufung auf die Vorgabe des § 367 Abs. 2 Satz 1 AO, wonach die Einspruchsbehörde die Sache in vollem Umfang erneut zu prüfen hat, wurde zwar vereinzelt die Auffassung vertreten, im Einspruchsverfahren sei eine abschließende Prüfung der Sach- und Rechts-

---

herleitet, dass es sich bei vorbehaltlicher und vorbehaltloser Steuerfestsetzung jeweils um ein *aliud* handelt (vgl. hierzu die Ausführungen unter Ziffer IV Nr. 1 Buchst. b, S. 124 ff.), ist im Ergebnis nicht relevant.

235 *Haas*, Festschrift für H. v. Wallis, 1985, S. 461; *Heuermann*, in: HHSp, AO, § 164 Rn. 44; *Rüsken*, in: Klein, AO, 10. Aufl. 2009, § 164 Rn. 55.

236 *Heuermann*, in: HHSp, AO, § 164 Rn. 49; *Seer*, in: Tipke/Kruse, AO, § 164 Rn. 57.

237 *Frotscher*, in: Schwarz, AO, § 164 Rn. 110 m. w. N.

lage vorzunehmen[238]. Weil eine erneute Prüfung indes nicht gleichbedeutend mit einer abschließenden Fallprüfung ist und weil überdies auch im Einspruchsverfahren § 164 Abs. 1 AO - jedenfalls analog - anwendbar ist, kann die Finanzbehörde auch im Einspruchsverfahren nach ihrem freien Ermessen darüber entscheiden, ob sie eine vollständige Sach- und Rechtsprüfung vornimmt, oder nicht[239]. Andernfalls läge es in der Hand des Steuerpflichtigen, durch Einspruchseinlegung das gemäß § 164 Abs. 1 AO eingeräumte Verfahrensermessen der Finanzbehörde leerlaufen zu lassen und entgegen Sinn und Zweck der vorbehaltlichen Festsetzung eine abschließende Fallprüfung zu erzwingen[240].

Soweit es hingegen die Prüfungstiefe im Rahmen der Anfechtungsklage anbelangt, ging das Meinungsspektrum von Beginn an weit auseinander. Die Versuche von Rechtsprechung und Literatur, argumentativ zu einer Einschränkung der Kontrolldichte der ohnehin überlasteten Finanzgerichtsbarkeit zu gelangen[241], waren letztlich weitgehend nicht von Erfolg gekrönt, da der Bundesfinanzhof ihnen überwiegend nicht folgte[242]. Der Bundesfinanzhof ist vielmehr der Auffassung, dass das Gericht auch bei einer vorbehaltlichen Steuerfestsetzung - jedenfalls in dem Rahmen, in dem diese im Streit steht - nach § 100 FGO verpflichtet ist, die angefochtene Steuerfestsetzung darauf zu prüfen, ob sie rechtswidrig ist und der Kläger dadurch in seinen Rechten verletzt ist[243]. Diese Rechtsprechung ist in der Rechtsliteratur nur

238 *Mennacher*, DStR 1980, 100.

239 H. A.: *Seer*, in: Tipke/Kruse, AO, § 164 Rn. 55; v. Wedelstädt, in: Kühn/v. Wedelstädt, AO, 19. Aufl. 2008, § 164 Rn. 34; *Baum*, in: Koch/Scholtz, AO, 5. Aufl. 1996, § 164 Rn. 44; *Thiel*, StuW 1977, 239; *Haas*, in: Festschrift für H. v. Wallis, 1985, S. 461 f. m. w. N.; *Heuermann*, in: HHSp, AO, § 164 Rn. 45; *Cöster*, in: Pahlke/Koenig, AO, 2. Aufl. 2009, § 164 Rn. 84; *Kammann*, StuW 1982, 161; BFH v. 12. 6. 1980, IV R 23/79, BStBl. II 1980, 527, (528).

240 BFH Urt. v. 12. 6. 1980, Az.: IV R 23/79, BStBl II 1980, 527 (528); *Seer*, in: Tipke/Kruse, AO, § 164 Rn. 55.

241 FG Rheinland-Pfalz v. 19. 10. 1977, I 228/77, EFG 1978, 109; im Anschluss hieran auch FG Berlin v. 19. 10. 1979, III 45-46/78, EFG 1980, 301. Je nach Ausgangspunkt der Überlegungen wird von den Vertretern einer eingeschränkten gerichtlichen Kontrollbefugnis gefordert, Grundlage der Entscheidung müsse der aktenkundige Sachverhalt sein (FG Rheinland-Pfalz v. 19. 10. 1977, I 228/77, EFG 1978, 109), das Gericht müsse nicht alle Beweismittel ausschöpfen und keine abschließende Rechtsprüfung vornehmen (*Rüsken*, in: Klein, AO, 10. Aufl. 2009, § 164 Rn. 57 f.), bzw. das Finanzgericht müsse sich auf eine Vertretbarkeitsüberprüfung beschränken(*Gorski*, DStR 1979, 685; ähnlich *Haas*, Festschrift für H. v. Wallis, 1985, S. 463).

242 BFH v. 7. 2. 1990, I 145/87, BFHE 161, 387 (389).

243 BFH v. 7. 2. 1990, I 145/87, BFHE 161, 387 (389); v. 20. 12. 2000, III R 17/97, zitiert nach juris; v. 10. 5. 1994, IX R 26/89, BStBl. II 1994, 902 (903); v. 21. 5. 1992,

mit Einschränkungen[244] mitgetragen worden, wobei deren inhaltliche Aussage weithin in dem Sinne rezipiert wird, dass dem Finanzgericht bei der Anfechtung einer vorbehaltlichen Steuerfestsetzung zwar eine abschließende *rechtliche*, nicht aber eine umfassende tatsächliche Prüfungspflicht obliegt. Das Ausmaß der Sachverhaltsaufklärungspflicht bemisst sich vielmehr nach dem Beteiligtenvortrag[245].

Wie weit die gerichtliche Aufklärungspflicht *im Einzelnen* reicht, ist jedoch angesichts der unscharfen höchstrichterlichen Vorgaben nicht immer eindeutig zu bestimmen. Die Diskussion offenbart zudem erhebliche Schwierigkeiten, die Figur der Vorbehaltsfestsetzung in das System des gerichtlichen Rechtsschutzes einzuordnen. Die Ursachen hierfür sind vielfältig. Neben den sich gerade in dieser Bescheidart unaufgelöst nebeneinander manifestierenden antithetischen Prinzipien der Legalität sowie der Rechtzeitigkeit und Schnelligkeit der Entscheidung[246] spielt nicht zuletzt auch die unzureichende dogmatische Durchdringung dieser Bescheidform eine wesentliche Rolle. Dem soll hier unter besonderer Berücksichtigung des Charakters der Vorbehaltsfestsetzung als Eilentscheidung des Steuerverfahrens[247] nochmals nachgegangen werden. Denn die Ergebnisse dieser Untersuchung haben des Weiteren auch Auswirkungen auf die Bemessung der verwaltungsgerichtlichen Kontrolle von vorbehaltlichen Kommunalabgabenbescheiden.

Die Bestimmung der Grenzen der finanzgerichtlichen Sach- und Rechtsaufklärungspflicht muss bei ihrem rechtlichen Rahmen beginnen. Wegweisend sind insoweit zuvörderst die allgemeinen verfassungsrechtlichen Vorgaben[248] für den finanzgerichtlichen Rechtsschutz, die daher an erster Stelle dargestellt werden sollen. So verfasst, trifft das einfachgesetzliche Verfahrensrecht die einschlägigen Bestimmungen zu den Untersuchungspflichten des Gerichts, worauf sodann einzugehen sein wird. Im Anschluss hieran wird untersucht werden, ob es diese rechtlichen Vorgaben generell oder in Teilen zulassen,

---

IV R 107/90, BFH NV 1993, 296 (297).

244 In Teilen ablehnend *Rüsken*, in: Klein, AO, 10. Aufl. 2009, § 164 Rn. 56; *Cöster*, in: Pahlke/Koenig, AO, 2. Aufl. 2009, § 164 Rn. 89; *Heuermann*, in: HHSp, AO, § 164 Rn. 50; *Seer*, in: Tipke/Kruse, AO, § 164 Rn. 58.

245 *Seer*, in: Tipke/Kruse, AO, § 164 Rn. 58; *Rößler*, DStZ 1991, S. 246; *Haas*, Festschrift für H. v. Wallis, 1985, S. 462 f.; *Cöster*, in: Pahlke/Koenig, AO, 2. Aufl. 2009, § 164 Rn. 89; *Heuermann*, in: HHSp, AO, § 164 Rn. 50.

246 *Wahl*, VVDStRL Bd. 41 (1983), S. 157.

247 Vgl. Ziffer IV Nr. 1 Buchst. a, S. 122 ff.

248 Kritisch zur Aussagekraft verfassungsrechtlicher Verfahrensgewährleistungen aber *Lorenz*, AöR Bd. 105 (1980), S. 631 ff.

Vorbehaltsfestsetzungen nur einer begrenzten gerichtlichen Überprüfung zu unterwerfen.

aa. Verfassungsrechtliche Vorgaben

aaa. Artikel 19 Abs. 4 GG Wendet man sich zunächst den verfassungsrechtlichen Vorgaben zu, so ist es in erster Linie das Verfahrensgrundrecht des Artikels 19 Abs. 4 GG, das mit seinem unmittelbaren Gewährleistungsgehalt wie auch mit seinen Implikationen für das Verständnis der einfachgesetzlichen Ausgestaltung der Verfahrensordnung ausschlaggebende Bedeutung erlangt. Es verbürgt gerichtlichen Individualrechtsschutz gegen alle Akte der öffentlichen Gewalt, zu denen auch die Steuerveranlagung zählt. Für den Inhalt der grundrechtlich garantierten gerichtlichen Kontrolle gilt strenge Gesetzesakzessorietät. Die gerichtlichen Beurteilungs- und Prüfungsmaßstäbe entsprechen den Verhaltensmaßstäben der Verwaltung[249]. Dabei obliegt es dem Gesetzgeber, innerhalb der Grenzen des Gesetzesvorbehalts diese Maßstäbe zu setzen. Die Intensität der gerichtlichen Kontrolle hängt vom Ausmaß der Rechtsbindung des Kontrollierten ab, das wiederum mit dem materiellen Recht vom Gesetzgeber vorgegeben wird[250]. Eröffnet namentlich das materielle Recht ein exekutivisches Ermessen oder einen exekutivischen Beurteilungsspielraum, so räumt die Rechtsordnung bei der Abgrenzung der Kompetenzen von Judikative und Exekutive letzterer das Letztentscheidungsrecht über die Anwendung des Rechtes ein[251].

In der Sache verpflichtet die Rechtsschutzgarantie des Artikel 19 Abs. 4 GG die Judikative gegenüber dem von einem Hoheitsakt in seiner subjektiven Rechtssphäre Betroffenen zu einer tatsächlich *wirksamen* gerichtlichen Kontrolle[252] - einer *vollständigen* richterlichen Überprüfung des Sachverhalts und aller erheblichen Rechtsfragen[253]. Das bedeutet, dass sich die richterliche Überprüfung auch auf den von der Verwaltung ihrer Entscheidung zugrun-

249 Zum Ganzen: *Papier*, in: HdbStR VI, 2. Aufl. 2001, § 154 Rn. 1 f., 5, 60.
250 *Papier*, in: HdbStR VI, 2. Aufl. 2001, § 154 Rn. 5, 61.
251 *Papier*, in: HdbStR VI, 2. Aufl. 2001, § 154 Rn. 62 ff.
252 *Papier*, in: HdbStR VI, 2. Aufl. 2001, § 154 Rn. 75; BVerfG v. 13. 6. 1979, 1 BvR 699/77, BVerfGE 51, 268 (284); v. 8. 7. 1982, 2 BvR 1187/80, BVerfGE 61, 82 (111).
253 *Papier*, in: HdbStR VI, 2. Aufl. 2001, § 154 Rn. 59, 75; BVerfG v. 5. 2. 1963, 2 BvR 21/60, BVerfGE 15, 275 (282); v. 8. 7. 1982, 2 BvR 1187/80, 61, 82 (111).

de gelegten Tatsachenstoff erstrecken muss; dies gilt auch dann, wenn das materielle Recht der Exekutive Ermessensspielräume zugesteht[254].

Wirksamer Rechtsschutz kann indes nicht ohne Rücksicht auf die Zeitkomponente der Verfahren geleistet werden[255]. Eine übermäßige inhaltliche gerichtliche Prüfung kann - da sie zwangsläufig mit einer Verlängerung der Prozessdauer einhergeht - deshalb unter diesem Aspekt im Ergebnis der Gewährung wirksamen Rechtsschutzes sogar abträglich sein[256]. Verfassungsrechtlich geboten ist daher darüber hinaus auch die Bereitstellung eines Rechtsregimes des vorläufigen Rechtsschutzes, mit dessen Hilfe der Eintritt irreparabler Zustände und damit die Ineffizienz des Rechtsschutzsystems selbst verhindert werden kann[257].

Das Gebot der Rechtsschutzgewährleistung wird durch verfassungsimmanente Schranken inhaltlich begrenzt. Sowohl der Zugang zum Rechtsweg als auch die inhaltliche Erfüllung des Rechtsschutzauftrages dürfen zeitlichen und sachlichen Schranken unterworfen werden, wenn diese zumutbar und sachlich begründet sind[258]. Artikel 19 Abs. 4 GG gewährleistet kein Optimum an Rechtsschutz unter Preisgabe der Interessen der Allgemeinheit[259]. Sachliche Gründe finden sich dabei vornehmlich im Grundsatz der Rechtssicherheit, in ggf. beeinträchtigten, nicht selten grundrechtlich verankerten, Interessen Mitbetroffener und im Schutz der Funktionsfähigkeit der Gerichtsbarkeit vor übermäßiger Inanspruchnahme[260].

bbb. Grundrechte Neben dem Justizgrundrecht des Artikel 19 Abs. 4 GG werden Implikationen für die Gestaltung des Gerichtsverfahrens zum Teil auch unmittelbar aus den materiellen Grundrechten des Grundgesetzes - hier

254 *Papier*, in: HdbStR VI, 2. Aufl. 2001, § 154 Rn. 60; eine Ausprägung des Artikel 19 Abs. 4 GG ist damit der verwaltungsgerichtliche Amtsermittlungsgrundsatz (*Geiger*, in: Eyermann, VwGO, 12. Aufl. 2006, § 86 Rn. 5).

255 *Scholz*, VVDStRL Bd. 34 (1976), S. 158, insbesondere Fn. 56.

256 Auch insoweit gilt - mit Einschränkungen - das von *Wahl* bereits für das Verwaltungsverfahren beschriebene Optimierungsproblem des „magischen Vierecks" - Rechtmäßigkeit, Wirtschaftlichkeit, Zweckmäßigkeit und Bürgernähe (*Wahl*, VVDStRL Bd. 41 [1983], S. 157).

257 *Papier*, in: HdbStR VI, 2. Aufl. 2001, § 154 Rn. 76, 79.

258 *Papier*, in: HdbStR VI, 2. Aufl. 2001, § 154 Rn. 52.

259 *Brohm*, DVBl. 1986, 325; BVerwG v. 27. 5. 1983, 4 C 40.81, BVerwGE 67, 206 (209).

260 *Papier*, in: HdbStR VI, 2. Aufl. 2001, § 154 Rn. 52; *Huber*, in: v. Mangoldt/Klein/Starck, gg, 6. Aufl. 2010, Art. 19 Abs. 4 Rn. 372 m. w. N.

des Artikels 14 Abs. 1 GG oder des Artikels 2 Abs. 1 GG[261] - hergeleitet. Der Schutz der materiellen Grundrechte durch Verfahren erfordere eine Gestaltung, Auslegung und Anwendung des Verfahrensrechtes, die den betreffenden Grundrechten tatsächliche Wirksamkeit zu verschaffen vermögen[262].

ccc. Gewaltenteilungsgrundsatz Diese für den verfassungsrechtlichen Rahmen konstituierenden Grundrechte werden schließlich durch den aus dem Rechtsstaatsprinzip fließenden Grundsatz der Gewaltenteilung ergänzt. Dieses Prinzip fordert sowohl für die Verwaltung wie auch für die Judikative einen Bereich eigenverantwortlicher Kompetenzen[263]. Die Verwaltung ist als eigenständige Staatsgewalt verfassungsrechtlich in der Position der Zweiten Gewalt, der Exekutive, angelegt[264]. Ihr Aufgabenbereich ist mannigfaltig[265]. Soweit es ihre antagonistische Stellung zur Gerichtsbarkeit angeht, obliegt ihr unter einem verfahrensorientierten Blickwinkel in originärer Verantwortung der Prozess der umfassenden Informationsverarbeitung, der komplexen Problemanalyse und der Problemlösung - mit anderen Worten: der Entscheidungsprozess[266]. Daneben ist es auch Sache der Administrative, gesetzliche Freiräume mit der Verfolgung rechtlicher und außerrechtlicher Zwecke auszufüllen[267].

Der Gerichtsbarkeit kommt demgegenüber vornehmlich eine Kontrollfunktion gegenüber der Verwaltung gefiltert durch die subjektiv-individuelle Rechtsschutzgewähr[268] zu; gleichfalls von Bedeutung sind daneben die Funk-

261 Vgl. hierzu oben Ziffer VI Nr. 1 Buchst. d Doppelbuchst. aa Dreifachbuchst. aaa, S. 136 ff.

262 *Lorenz*, AöR Bd. 105 (1980), S. 627 m. w. N.; BVerfG v. 20. 12. 1979, 1 BvR 385/77, BVerfGE 53, 30 (65 ff.); kritisch hierzu *Papier*, in: HdbStR VI, 2. Aufl. 2001, § 154 Rn. 14 ff.

263 *Papier*, in: HdbStR VI, 2. Aufl. 2001, § 154 Rn. 1 f.; *Scholz*, VVDStRL Bd. 34 (1976), S. 160 ff.

264 *Schmidt-Aßmann*, VVDStRL Bd. 34 (1976), S. 229.

265 Eine Typologie der Verwaltungsverantwortung verzeichnet folgende Aufgaben: Vollzugsverantwortung für die Gesetze; Entfaltungsverantwortung bei offener gesetzlicher Vorzeichnung des Handelns; Verantwortung für Programmverwirklichung; Initiativverantwortung; Vermittlung zwischen den einzelnen Staatsfunktionen; Gesamtverantwortung bei komplexen Entscheidungen (*Schmidt-Aßmann*, VVDStRL Bd. 34 [1976], S. 232).

266 *Scholz*, VVDStRL Bd. 34 (1976), S. 149.

267 *Schmidt-Aßmann*, VVDStRL 34 (1976), S. 231.

268 *Scholz*, VVDStRL Bd. 34 (1976), S. 154; *Schmidt-Aßmann*, VVDStRL Bd. 34 (1976), S. 235.

tion der Streitschlichtung und Rechtsentwicklung[269]. Ihr Verantwortungsbereich wird konstituiert durch die Artikel 92, 97 und 19 Abs. 4 GG. Wesensbestimmend sind die richterliche Unabhängigkeit, verknüpft mit der Verpflichtung zur Wahrung des Rechtes[270]. Darüber hinaus erweist sich wiederum Artikel 19 Abs. 4 GG als eine die Kompetenzverteilung mitbestimmende Verfassungsnorm von zentraler Bedeutung[271], die das Letztentscheidungsrecht über die Rechtmäßigkeit der subjektiv-rechtlich relevanten Akte öffentlicher Gewalt der dritten Gewalt überträgt.

Für die Grenzen richterlicher Kontrolltätigkeit als „klassischem" Eingriff in den Kompetenzbereich der Verwaltung gilt dabei als Maßstab, dass das Gebot effektiven Rechtsschutzes seine inhaltliche Begrenzung durch die gesetzgeberische Zuweisung von (Letzt-)entscheidungsverantwortung an die Judikative oder Exekutive erfährt. Diese Zuweisung nimmt der Gesetzgeber jeweils mit der einfachgesetzliche Ausgestaltung der Schranken exekutiver und rechtsprechender Gewalt vor[272].

Für das hier in Rede stehende Problem ist allerdings in erster Linie der atypische gegenteilige Aspekt des Gewaltenteilungsgrundsatzes relevant: Die Gewaltenverschränkung droht nicht durch Übergriffe der Judikative auf den Kompetenzbereich der Exekutive, sondern stattdessen durch ein *Abwälzen* originärer Aufgaben der Exekutive auf die Judikative pathologisch zu werden. Die Frage, wie inwieweit der Gewaltenteilungsgrundsatz *administrative Untätigkeit* zulässt, hat bislang kaum Beachtung erfahren. Gerade diesem Gesichtspunkt kommt hier aber eine bedeutende Rolle zu: Je weiter man die gerichtliche Überprüfungspflicht hinsichtlich der Vorbehaltsfestsetzungen zieht, desto eher besteht die Gefahr, dass das Gericht mit Sachaufklärung und umfassender Rechtswürdigung Aufgaben der Informationsgewinnung und -verwertung wahrnimmt, die originär der Verwaltung obliegen, von denen jene sich aber unter Berufung auf § 164 AO zurückgezogen hat[273]. Für eine - obgleich zweifellos bestehende - *positive* Ausprägung des Gewaltenteilungsgrundsatzes, für eine staatsrechtliche Verpflichtung jeder Gewalt, ihr (originär) obliegende Funktionen sachgerecht wahrzunehmen[274], existie-

269 *Brohm*, DVBl 1986, 326.

270 Zum Ganzen: *Schmidt-Aßmann*, VVDStRL Bd. 34 (1976), S. 233.

271 *Papier*, in: HdbStR VI, 2. Aufl. 2001, § 154 Rn. 4.

272 *Papier*, in: HdbStR VI, 2. Aufl. 2001, § 154 Rn. 5, 61 ff.; *Scholz*, VVDStRL Bd. 34 (1976), S. 160.

273 Hierauf gründet der Einwand des FG Rheinland-Pfalz v. 19. 10. 1971, I 228/77, EFG 1978, 109 f.

274 In diesem Sinne *Scholz*, VVDStRL Bd. 34 (1976), S. 149, der die Gewaltenteilung als

ren bislang keine validen Kriterien. Dies kann kaum verwundern, denn ein derartiges Abwälzen von Aufgaben ist naturgemäß nur dort möglich, wo es sich um Funktionen handelt, die beiden Gewalten gleichermaßen in gewissem Umfang auferlegt sind, bei denen also eine kompetenzrechtliche Gemengelage gegeben ist[275]. Diesen Grauzonen ist immanent, dass eine trennscharfe Grenzziehung für eine unzulässige Aufgabenverlagerung nicht möglich ist. Als äußerste Grenze dürfte ein Bruch mit dem der Gewaltenteilung inhärenten Prinzip der gegenseitigen Kooperation[276] indes gegeben sein, wenn eine der Gewalten das rechtliche Können zu einer Verweigerung der Aufgabenerfüllung in so großem Ausmaß ausnutzt, dass die gezwungenermaßen in die verbleibende Lücke springende andere Gewalt über das Maß ihrer Leistungsfähigkeit hinaus beansprucht und so funktionsunfähig gemacht wird. Selbst ein Überschreiten dieser Grenze würde jedoch in unserem Fall nicht weiter helfen. Ein solches verfassungswidriges Verhalten der Verwaltung zum Nachteil der Dritten Gewalt kann nämlich nicht dazu führen, dass sich nunmehr die Judikative gegenüber dem Bürger ihres Rechtsschutzauftrages entledigen dürfte[277].

bb. Einfachgesetzliche Vorgaben Diese Prinzipien erfahren ihre einfachgesetzliche Ausgestaltung in der Grundsatznorm des § 76 Abs. 1 FGO. Nach dieser Vorschrift erforscht das Gericht den Sachverhalt von Amts wegen (§ 76 Abs. 1 Satz 1 FGO). Die Beteiligten sind heranzuziehen, das Gericht ist an ihr Vorbringen und an ihre Beweisanträge aber nicht gebunden (§ 76 Abs. 1 Satz 1 und 5 FGO). Die Finanzgerichtsordnung statuiert damit den Untersuchungsgrundsatz, das Gericht trägt die Letztverantwortung für die Sachaufklärung[278]. Die richterliche Sachaufklärung richtet sich vollständig am Ziel des Verfahrens aus - an der Entscheidung, ob aufgrund des ermit-

prinzipalen Funktionsvorbehalt begreift, der durch die einzelne Verwaltungskompetenz und ihre *verantwortliche* Wahrnehmung ausgefüllt werde.

275 Sowohl die Verwaltung wie auch die Verwaltungsgerichtsbarkeit haben funktionell den Auftrag der konkretisierenden Anwendung der abstrakten Gesetze auf den Einzelfall (*Scholz*, VVDStRL Bd. 34 [1976], S. 161). Diese gemeinsame Verantwortung für das Recht nehmen sie im arbeitsteiligen Zusammenspiel war (*Schmidt-Aßmann*, VVDStRL Bd. 34 [1976], S. 237).

276 *Scholz*, VVDStRL Bd. 34 (1976), S. 160.

277 Ähnlich *Scholz* VVDStRL Bd. 34 (1976), S. 160, der die gemeinsamen Verantwortung aller Staatsgewalten für die rechtsstaatlich-demokratische Einheit des Staates betont und eine Verpflichtung zur gegenseitigen Anpassung und wechselseitigen *Kompensation* bejaht; vgl. auch *Geiger*, in: Eyermann, VwGO, 13. Aufl. 2010, § 86 Rn. 10.

278 *Seer*, in: Tipke/Kruse, AO, § 76 FGO Rn. 3 und 49.

telten Sachverhaltes die Tatbestandsmerkmale des Rechtssatzes, der die vom Kläger begehrte Rechtsfolge anordnet, erfüllt sind[279]. Das Gericht muss den entscheidungserheblichen Sachverhalt so vollständig, wie es möglich und zumutbar ist, aufklären[280]. Hierbei sind die Beteiligten zur Mitwirkung berechtigt und verpflichtet; weil sie Träger des maßgeblichen Wissens sind, werden sie in das Ermittlungsprogramm als Partner des Gerichts kooperativ eingebunden[281]. Der Inhalt der gerichtlichen Sachaufklärungspflicht bestimmt sich innerhalb der Grenzen, die der Streitgegenstand zieht, vor allem durch das Vorbringen der Beteiligten und den Inhalt der Akten. Eine besondere Regelung trifft die Finanzgerichtsordnung dabei für die Überprüfung von Vorbehaltsfestsetzungen nicht. Vielmehr gilt allgemein, dass für eine richterliche Aufklärungstätigkeit stets ein Anlass gegeben sein muss[282]. Das Gericht soll dabei regelmäßig unterstellen können, dass „die Beteiligten auf die Wahrung ihrer Interessen bedacht sind, sodass sich besondere Nachforschungen zugunsten eines Beteiligten erübrigen"[283].

cc. Kontrolllimitierende Wirkung des Streitgegenstandes? Nachdem so der allgemeine verfassungsrechtliche und verfahrensrechtliche Rahmen für die gerichtliche Überprüfung von Vorbehaltsfestsetzungen aufgezeigt wurde, ist nun zu untersuchen, ob sich aus diesen allgemeinen Maßstäben eine Limitierung der richterlichen Kontrolldichte herleiten lässt. Ausgangspunkt der Untersuchung ist dabei der Streitgegenstand als Objekt der richterlichen Kontrolle:

aaa. Keine generelle Beschränkung der richterlichen Kontrolle In der Rechtsliteratur wurde zunächst die These vertreten, dass der Streitgegenstand bei Vorbehaltsfestsetzungen keine umfassende gerichtliche Nachprüfung zulässt, da sich die Behörde die abschließende Prüfung gerade vorbehalten hat[284]. Danach darf das Gericht gemäß § 100 FGO nicht mehr prüfen, als es für die Herbeiführung der Entscheidungsreife benötigt. Sobald es bei einer Anfechtungsklage die Behauptung des Klägers, der angefochtene

279 *Seer*, in: Tipke/Kruse, AO, § 76 FGO Rn. 18.
280 *Seer*, in: Tipke/Kruse, AO, § 76 FGO Rn. 20.
281 *Seer*, in: Tipke/Kruse, AO, § 76 FGO Rn. 49.
282 Zum Ganzen: *Seer*, in: Tipke/Kruse, AO, § 76 FGO Rn. 20, 41.
283 *Seer*, in: Tipke/Kruse, AO, § 76 FGO Rn. 41.
284 Zu alledem: *Gorski*, DStR 1979, 684; *Rüsken*, in: Klein, AO, 10. Aufl. 2009, § 164 Rn. 56.

Bescheid sei rechtswidrig und verletze ihn in seinen Rechten, bejahen oder verneinen könne, hat es zu entscheiden. Die Rechtmäßigkeit eines Vorbehaltsbescheides ist gemessen hieran ohne eingehende Sachprüfung zu beurteilen, da sich das Finanzamt die Nachprüfung der Richtigkeit der Entscheidung im Einzelnen gerade - zulässigerweise - vorbehalten hat. Statthaft ist demnach nur eine summarische Untersuchung der Vertretbarkeit des *Ergebnisses* der Steuerfestsetzung[285].

Daran ist soviel richtig, dass sich die Amtsermittlungspflicht wie auch die Rechtsprüfungspflicht nur auf den entscheidungserheblichen Sachverhalt beschränken[286]. *Was* der entscheidungserhebliche Sachverhalt ist, lässt sich jedoch nicht unabhängig von der *Auswirkungen* der hoheitlichen Maßnahme beurteilen, deren Überprüfung der Betroffene begehrt[287]. Das Wesen des Streitgegenstandes ist kein der Prozessordnung oder der Verfassung vorausliegendes, vom Gericht vorgefundenes rechtliches Phänomen, sondern ist Ausdruck des gerichtlichen Verständnisses der Prozessordnung, die den Rechtsschutzauftrag konkretisiert. Der Streitgegenstand ist ein rechtstechnisches Hilfsmittel, den Anspruch auf Rechtsschutz effektiv und sachgerecht zu erfüllen. Als einem solchen Hilfsmittel darf ihm keine Gestalt beigelegt werden, die eine verfassungswidrige Rechtsschutzlücke entstehen ließe[288]. Der Streitgegenstandsbegriff darf deshalb insbesondere nicht so gefasst werden, dass dem Steuerschuldner im Ergebnis die ihm jedenfalls einmal zustehende, vollständige gerichtliche Überprüfung seines Steuerfalles potentiell endgültig verweigert wird. Nicht der Streitgegenstand kann zum Zurückbleiben hinter der verfassungsrechtlich gebotenen Aufklärung zwingen, vielmehr ist bei neuartigen behördlichen Entscheidungen das Verständnis der prozessualen Streitgegenstandsregelungen in verfassungskonformer Weise so abzuwandeln, dass die Gewährung wirksamen Rechtsschutzes möglich ist.

Diese Grundsätze würden verletzt, wollte man allein das Summarische der behördlichen Prüfung zum charakterbestimmenden Zug des Streitgegenstan-

285 *Gorski*, DStR 1979, 683 f.

286 *Seer*, in: Tipke/Kruse, AO, § 76 FGO, Rn. 20; *Geiger*, in: Eyermann, VwGO, 13. Aufl. 2010, § 86 Rn. 6.

287 Ausschlaggebend ist die effektive Sicherung des geschützten materiellen Rechtsgutes; sein Schutz bestimmt über die angemessene Rechtsschutzform und ihre prozessuale Reichweite (*Scholz*, VVDStRL Bd. 34 [1976], S. 195 Fn. 209).

288 Weder Gesetzgeber, noch Judikative oder Verwaltung dürfen über die verfassungsrechtlich gebotene Eingriffskontrolle im Zuge der Schaffung neuer Verwaltungsmaßnahmen disponieren. Das System der verwaltungsprozessualen Rechtsschutzmöglichkeiten muss auf derartige veränderte Handlungsinstrumente flexibel reagieren (*Scholz*, VVDStRL Bd. 34 [1976], S. 186).

des bestimmen, ohne die Rechtsfolgen und Wirkungen der Entscheidungsform nach § 164 AO zu berücksichtigen. Allein sachgerecht ist es stattdessen, für die Bestimmung des Streitgegenstandes danach zu differenzieren, ob es sich bei den Vorbehaltsbescheiden mit der hier vertretenen Ansicht um im strengen Sinne einstweilige Verwaltungsentscheidungen handelt, denen zwingend eine abschließende Prüfung und eine endgültige Festsetzung nachfolgt[289] (hierzu unter bbb.), oder ob diese Festsetzungen potentiell endgültig sind, weil der Verwaltung eine abschließende Untersuchung des Falles und eine Aufhebung des Vorbehalts freigestellt sind[290] (hierzu unter ccc.).

bbb. Einstweilige Vorbehaltsfestsetzungen als Streitgegenstand

Wie oben gezeigt wurde[291], setzt der Gesetzgeber mit § 164 AO das Verfahrensrecht nicht mehr dazu ein, den materiell-rechtlichen Anspruch zu verwirklichen. Er nutzt es vielmehr gezielt, wenn auch systemfremd, um die Konkretisierung des Steueranspruches zur Festsetzung einer summarisch berechneten Abschlagszahlung auf die Steuerforderung zu denaturieren. Vor diesem Hintergrund fragt sich, ob die „Einstweiligkeit“ von Vorbehaltsfestsetzungen eine Absenkung der gerichtlichen Prüfungstiefe rechtfertigen oder sogar gebieten kann.

Das Recht des Klägers auf umfassende gerichtliche Kontrolle aller maßgeblichen Tatsachen- und Rechtsfragen kann - wie bereits ausgeführt wurde - durch sachliche Gründe eingeschränkt werden, zu denen sowohl eigene antithetische Ziele einer für den Kläger effektiven Rechtsschutzgewährung, wie auch staatliche Belange von Verfassungsrang zählen können[292]. Innerhalb des Justizgrundrechtes aus Artikel 19 Abs. 4 GG verläuft eine solche interne Konfliktlinie zwischen dem Ergehen einer schnellen gerichtlichen Entscheidung zur Verhinderung drohender Nachteile und der vollständigen Prüfung des streitgegenständlichen Falles. Das Rechtsschutzgebot kann bei Abwägung dieser Binneninteressen zugunsten einer schnellen, oberflächlichen

---

289 Vgl. oben Ziffer VI, S. 133 ff.

290 So die h. M.: *Baum*, in: Koch/Scholtz, AO, 5. Aufl. 1996, § 164 Rn. 42; *Thiel*, StuW 1977, 238; *Cöster*, in: Pahlke/Koenig, AO, 2. Aufl. 2009, § 164 Rn. 62, 84; *Hofmann*, in: Kühn/Hofmann, AO, 17. Aufl. 1995, § 164 Bem. 5a); *Seer*, in: Tipke/Lang, Steuerrecht, 20. Aufl. 2010, § 21 Rn. 287; *Frotscher*, in: Schwarz, AO, § 164 Rn. 49; *Rößler*, DStZ 1999, 603; in diesem Sinne auch BFH v. 28. 5. 1998, V R 100/96, BStBl. II 1998, 502 (503).

291 Vgl. Ziffer IV Nr. 1, S. 122 ff., und Ziffer VI Nr. 1, Buchst. d Doppelbuchst. aa Dreifachbuchst. bbb, S. 139 ff.

292 Vgl. oben Doppelbuchst. aa Dreifachbuchst. aaa, S. 164.

Gerichtsentscheidung ausfallen - ist irreversibler Rechtsverlust zu besorgen, muss es dies im Einzelfall sogar von Verfassung wegen[293]. Außerhalb dieses grundrechtlichen Binnenbereiches können die Rechtsschutzgarantie des Klägers und die durch das Zeitmoment des Gerichtsverfahrens tangierten öffentlichen Interessen von Verfassungsrang in einen Widerstreit treten. Die Gefahr einer Entwertung von solchen gegenläufigen Allgemeininteressen kann in Abwägung mit dem Justizgrundrecht des Klägers auf wirksamen gerichtlichen Schutz zu Einschränkungen bei der gerichtlichen Überprüfung zwingen[294]. Eine bis zur richterlichen Überzeugungsbildung führende Prüfungsdichte ist dann unzumutbar, weil hierfür nicht genügend Zeit zur Verfügung steht. Dies ist anerkannt und in den Prozessordnungen verankert für den Fall, dass das Gericht selbst eine Eilentscheidung trifft[295]. Der Anwendungsbereich dieser Grundsätze ist hierauf jedoch nicht begrenzt. Vielmehr müssen sie in gleicher Weise Geltung beanspruchen, wenn das Gericht eine Eilentscheidung der Behörde überprüft.

Solche Eilentscheidungen können, wie bereits festgestellt wurde[296], nicht nur als materiell-rechtlich verankerte, spezifische Eil*ansprüche*[297] auftreten, sondern können auch als Eilentscheidungen aufgrund eines verschlankten Verfahrens, eines ***ausgedünnten Ermittlungsumfanges*** ergehen, deren Gegenstand der eigentliche materielle „Hauptsache-“Anspruch selbst bleibt. Die letztgenannte Alternative, die auch § 164 AO zugrunde liegt, weist augenfällige Ähnlichkeiten mit der Gewährung gerichtlichen vorläufigen Rechtsschutzes auf. Wird ein solcher Verwaltungsakt in einem Hauptsacheverfahren zur Überprüfung des Gerichts gestellt, so kann die Verwaltung nicht so behandelt werden, als hätte sie nicht eine vorläufige Regelung auf wissentlich unsicherer Erkenntnislage treffen wollen, sondern eine abschließende Regelung *lege artis* treffen müssen. Die Überprüfung einer derartigen behördlichen Eilentscheidung durch die rechtsprechende Gewalt darf deshalb keinen strengeren Anforderungen unterworfen werden, als es die unmittelbare Gewährung gerichtlichen Eilrechtsschutzes wäre.

293 Vgl. *Papier*, in: HdbStR VI, 2. Aufl. 2001, § 154 Rn. 76, 79.

294 *Huber*, in: v. Mangoldt/Klein/Starck, GG, 6. Aufl. 2010, Art. 19 Abs. 4 Rn. 372.

295 *Puttler*, in: Sodan/Ziekow, VwGO, 3. Aufl. 2010, § 123 Rn. 94 und § 80 Rn. 136.

296 Vgl. Kap. B Ziffer IV, S. 48 f.

297 Solche materiell-rechtlich abgesenkte Tatbestandsvoraussetzungen binden unmittelbar auch das Gericht und bewirken so im Vergleich zur endgültigen Entscheidung ohne Weiteres eine Absenkung der Kontrolldichte.

Der sich danach ergebende gerichtliche Prüfmaßstab lässt sich grob wie folgt skizzieren: Kommt das streitentscheidende Gericht im Hauptsacheverfahren - gegebenenfalls nach Durchführung angemessener Nachermittlungen - bei einer Kontrollüberlegung zu dem Schluss, dass es selbst im Fall der Anrufung um Eilentscheidung bei Abwägung der Wahrscheinlichkeit der Rechtmäßigkeit der Maßnahme mit den im Fall der Rechtswidrigkeit drohenden Nachteilen eine solche einstweilige Regelung ermessensfehlerfrei erlassen könnte, so kann es von einer administrativen Eilentscheidung keine weitreichendere Gewissheit über die sachliche und rechtliche Richtigkeit der Maßnahme verlangen.

Es wurde bereits darauf hingewiesen, dass sich die vorbehaltliche Steuerfestsetzung als eine solche einstweilige finanzbehördliche Entscheidung interpretieren lässt[298] - wenngleich der Begriff „Eilentscheidung" schon angesichts der Dauer steuerrechtlicher Verwaltungsverfahren und des Fehlens einer akuten Festsetzungsnotwendigkeit befremdlich klingen mag. Zwar wird der zeitliche Faktor im einzelnen Steuerverfahren wohl nur selten aus der Natur der Sache heraus als unmittelbar drängend empfunden werden. Gleichwohl hat der Verfahrensgesetzgeber in § 164 Abs. 1 AO in verfassungsrechtlich nicht zu beanstandender Weise seiner Wertung Ausdruck verliehen, das öffentliche Haushaltsinteresse an einem zeitigen Zufluss der Steuermittel und das Interesse an einer effizienten Verfahrensgestaltung rechtfertige es, für den zeitnahen Erlass einer ersten Steuerfestsetzung auf eine umfassende Sach- und Rechtsprüfung zu verzichten. Den damit legislativ sanktionierten Vorrang des hoheitlichen Finanzierungsinteresses gegenüber dem Interesse des Steuerpflichtigen, zu einer Steuer nur aufgrund eines vollständigen Prüfungsverfahrens veranlagt zu werden, haben auch die Finanzgerichte bei ihrer Überprüfung derartiger einstweiliger Steuerfestsetzungen zu beachten. Für die Bestimmung der Prüfungsdichte, der sich das Gericht befleißigen muss, ist demnach das öffentliche Interesse an einer zügigen Verwirklichung der vorläufig bemessenen Steuerforderung gegen die Schwere und Reparabilität der Folgen abzuwiegen, die dem Steuerpflichtigen durch die vorbehaltliche Steuerfestsetzung drohen[299].

Wer mit der hier vertretenden Ansicht[300] die Vorbehaltsfestsetzung als im strengen Sinne „einstweilig" ansieht und die Finanzverwaltung für ver-

298 Vgl. hierzu die Ausführungen unter Ziffer IV Nr. 1 Buchst. a, S. 122 ff.
299 Auch insoweit scheint die Ähnlichkeit zu dem gerichtlichen Eilverfahren durch.
300 Vgl. Ziffer VI, S. 133 ff.

pflichtet hält, jede vorbehaltliche Steuerfestsetzung nach einer umfassenden Sach- und Rechtsprüfung durch eine vorbehaltlose Steuerfestsetzung abzulösen, kann - gemessen an diesem Maßstab - Bescheide nach § 164 Abs. 1 AO problemlos als eine erste Vorstufe der eigentlichen Steuerfestsetzung, als eine für einen absehbar endlichen Zeitraum geltende, vorläufige behördliche Regelung klassifizieren. Gegen eine solche vorläufige Maßnahme kann der Steuerschuldner zwar gleichfalls um Rechtsschutz nachsuchen. Es besteht jedoch kein zwingender Grund, bereits zu diesem Zeitpunkt generell eine umfassende gerichtliche Überprüfung des gesamten Steuerfalles zu gewährleisten. Dem Steuerschuldner wird der effektive Rechtsschutz hierdurch nicht genommen, sondern nur zeitlicher Aufschub angesonnen. Spätestens im Zuge des Klageverfahrens gegen den vorbehaltlosen Steuerscheid kann er eine lückenlose Sach- und Rechtskontrolle erreichen. Demgegenüber streitet das in § 164 AO manifestierte hoheitliche Interesse an einer zügigen ersten Festsetzung gegen eine vollständige Sach- und Rechtsprüfung bei einem Vorbehaltsbescheid. Das gesetzlich begründete Beschleunigungsinteresse muss auch im Klageverfahren Geltung beanspruchen, soll die Möglichkeit einer schnellen ersten Festsetzung nicht bei jedem klagewilligen Steuerschuldner ins Leere laufen[301]. Die Vorgaben des § 76 FGO sind insoweit im Lichte des Sinn und Zweckes von § 164 AO teleologisch zu reduzieren.

Bei der Bemessung der richterlichen Kontrolldichte muss auf der anderen Seite die - wenn auch zeitweilige - Beeinträchtigung des Steuerschuldners durch den vorbehaltlichen Bescheid angemessen gewichtet werden. Hierbei handelt es sich immerhin um eine vollgültige, verwirklichungsfähige Steuerfestsetzung, die bis zum Ergehen der endgültigen Entscheidung die Hauptsache temporär vorwegnimmt. Zwar sind hierdurch regelmäßig keine irreversiblen Nachteile zu befürchten - schließlich kann die erbrachte Steuerzahlung vom Fiskus jederzeit zurückgewährt werden. Der Erstattungsbetrag ist nach Maßgabe des § 233a Abs. 5 AO zu verzinsen. Art und Ausmaß der Belastung des Steuerschuldners kann im Einzelfall jedoch variieren. Hier ist insbesondere an die Fälle zu denken, in denen eine hohe Steuerforderung das wirtschaftliche Gefüge des Steuerschuldners nachhaltig ins Wanken bringt.

Wegen dieser belastenden Wirkungen der vorbehaltlichen Steuerveranlagung kann sich die gebotene Gewährung effektiven Rechtsschutz selbst im Regelfall nicht darauf beschränken, den Akteninhalt als gegeben hinzunehmen

301 Vgl. hierzu auch die Ausführungen zum Einspruchsverfahren unter Buchst. b, S. 161 f.

und die behördliche Würdigung nur auf Vertretbarkeit zu kontrollieren. Vielmehr muss das Gericht bereits jetzt jedenfalls summarisch konkreten, glaubhaft gemachten Einwendungen des Steuerpflichtigen und offensichtlichen Fehlern nachgehen. Die Rechtsprüfung muss zwar nicht abschließend sein und muss sich insbesondere nicht mit Fragen beschäftigen, auf die es möglicherweise im Verfahren gegen den endgültigen Bescheid letztlich nicht mehr ankommen wird. Sie darf allerdings auch nicht völlig oberflächlich sein[302]. Im Übrigen erscheint es gerechtfertigt, dass Gericht von einer eigenständigen Fehlersuche zu entbinden. Geht man von der Grundannahme aus, dass der Steuerpflichtige seine eigenen Interessen durch geeigneten Sachvortrag selbst zu wahren weiß[303], so dürften sich die unterbleibenden Ermittlungen nicht zu seinen Ungunsten, sondern allenfalls zum Nachteil einer gerechten Besteuerung gegenüber anderen auswirken. Es begegnet keinen Bedenken, das demnach berührte Interesse der Allgemeinheit an einer gleichmäßigen Besteuerung zeitweilig hinter das öffentliche Interesse an einer Beschleunigung der ersten Steuerfestsetzung zurücktreten zu lassen.

Die Beschränkung der richterlichen Kontrolldichte kann hingegen nicht Raum greifen, wenn durch die vorbehaltliche Festsetzung irreparable Nachteile für den Steuerpflichtigen drohen. Derartige Nachteile muss er nur dann hinnehmen, wenn bereits zu diesem Zeitpunkt mit hoher Wahrscheinlichkeit von einem Bestehen der Steuerschuld ausgegangen werden kann[304]. Erreichen die drohenden Nachteile ein hohes Ausmaß, kann von dem Steuerpflichtigen im Übrigen überhaupt nicht mehr verlangt werden, dass er eine derartige Gefahr mit Rücksicht auf das bloße Interesse des Staates an einem zeitnahen Mittelzufluss trägt, ohne dass die Berechtigung der Forderung sicher festgestellt ist. In diesen Fällen muss daher zur Überzeugung des Gerichtes feststehen, dass die Steuerforderung jedenfalls in der streitigen Höhe besteht[305].

---

302 Vgl. zu alledem *Koch*, in: Gräber, FGO, 7. Aufl. 2010, § 69 Rn. 121 ff. und § 114 Rn. 55; *Loose*, in: Tipke/Kruse, AO, FGO § 114, Rn. 70; siehe auch Kap. B Ziffer I Nr. 2 Buchst. a Doppelbuchst. aa und Buchst. b, S. 14 ff. und 18 ff.

303 *Seer* in: Tipke/Kruse, AO, § 76 FGO Rn. 41; ständige Rechtsprechung des Bundesfinanzhofs: BFH v. 6. 2. 1991, II R 87/88, BStBl. II 1991, 459 (461) m. w. N.

304 Vgl. *Puttler*, in: Sodan/Ziekow, VwGO, 3. Aufl. 2010, § 123 Rn. 94; BVerfG v. 25. 7. 1996, 1 BvR 638/96, NVwZ 1997, 479 (480); v. 6. 12. 2002, 1 BvR 1919/95, NJW 2003, 1305 (1306).

305 Vgl. zu den spiegelbildlichen Prüfpflichten der Verwaltung Ziffer II Nr. 1 Buchst. b Doppelbuchst. bb, S. 104 f.

ccc. Potentiell endgültige Festsetzungen als Streitgegenstand

Diese Bewertung des richterlichen Kontrollmaßstabs steht und fällt allerdings mit der Vorläufigkeit der überprüften Maßnahme. Teilt man demgegenüber die Auffassung der herrschenden Meinung, wonach jede vorbehaltliche Steuerfestsetzung eine potentiell endgültige Entscheidung über den Steuerfall ist, weil weder abschließende Prüfung des Falles noch Aufhebung des Vorbehaltes obligatorisch sind oder vom Steuerpflichtigen erzwungen werden können[306], so spricht bereits viel dafür, dass der vorbehaltlichen Festsetzung der Charakter einer „einstweiligen Eilentscheidung" wegen der ihr innewohnenden Tendenz zum Endgültigen gänzlich abzusprechen ist. Denn schließlich muss der Streitgegenstandsbegriff nach dem eingangs Gesagten so gefasst werden, dass eine effektive und sachgerechte gerichtliche Kontrolle des Steuerfalles ermöglicht wird. Gemessen hieran fehlt es an den notwendigen Voraussetzungen, um für den gerichtlichen Prüfungsmaßstab den aufgezeigten Abwägungsspielraums zu eröffnen, wenn der besondere, vorläufige Charakter der Vorbehaltsfestsetzung entfällt. Jedenfalls verschiebt sich aber der Schwerpunkt der Abwägung des administrativen Beschleunigungsinteresses mit den Maßnahmefolgen, wenn jede vorbehaltlichen Festsetzung die Möglichkeit einer endgültigen Vorwegnahme der Hauptsache in sich trägt: Um bei Eilentscheidungen eine unbegrenzte Vorwegnahme der Hauptsache zuzulassen, muss die Wahrscheinlichkeit, dass sich die hoheitliche Maßnahme im nachhinein nicht als rechtswidrig erweisen würde, schon nach allgemein geltenden Grundsätzen sehr hoch sein[307]. Da hier zudem mit der Beschleunigung des Finanzmittelzuflusses und der effektiven Verfahrensgestaltung nur hoheitliche Interessen betroffen sind, die gegenüber der elementaren Bedeutung der Gewährung effektiven Rechtsschutzes nachrangig sind, schließt die Vorwegnahme der Hauptsache es im Ergebnis sogar völlig aus, die gerichtliche Kontrolldichte zu reduzieren.

Der vom Bundesfinanzhof geforderte verhältnismäßig strenge Prüfungsmaßstab ist mithin angesichts der von ihm bejahten potentiell endgültigen Natur des Vorbehaltsbescheides ansatzweise konsequent. Er geht allerdings nicht weit genug, soweit er die Sachaufklärungspflicht vornehmlich an die erhobenen Rügen der Verfahrensbeteiligten knüpft. Die Mitwirkungsoblie-

306 Vgl. hierzu Ziffer VI Nr. 1, S. 133 f.

307 Siehe zu den vergleichbaren Maßstäben für den vorläufigen Rechtsschutz *Puttler*, in: Sodan/Ziekow, VwGO, 3. Aufl. 2010, § 123 Rn. 94; BVerfG v. 25. 7. 1996, 1 BvR 638/96, NVwZ 1997, 479 (480); v. 6. 12. 2002, 1 BvR 1919/95, NJW 2003, 1305 (1306).

genheit der Beteiligten allein ist gerade dann, wenn es um nicht abschließend geprüfte Vorbehaltsfestsetzungen geht, nicht geeignet, eine hinreichend hohe Richtigkeitsgewähr für die gerichtliche Entscheidung zu begründen. Die Umstände, die es sonst rechtfertigen, auf eine eigeninitiative richterliche Kontrolltätigkeit zu verzichten und die gerichtliche Amtsaufklärung stattdessen von offensichtlichen Zweifeln nach Aktenlage oder vom Vortrag eines Beteiligten abhängig zu machen, treffen bei der Überprüfung von Vorbehaltsfestsetzungen nur in Teilen zu. Zwar mag der Steuerschuldner seine Belange unverändert gut oder schlecht wahrnehmen können. Dies gilt indes nicht für die Finanzverwaltung, die als Treuhänderin der Solidargemeinschaft der Steuerschuldner[308] für das Gleichmaß der Besteuerung Sorge zu tragen hat. Da die Verwaltung den Steuerfall noch nicht abschließend geprüft hat, wird sie ihre Verfahrensrolle kaum sachgerecht ausfüllen können. Auch der Inhalt der Akte gibt aus dem gleichen Grund nur eingeschränkt Auskunft über den Steuerfall. Umfassende gerichtliche Ermittlungen „ins Blaue hinein" wären daher in diesen Fällen nicht nur gerechtfertigt, sondern zur Wahrung der Abgabengerechtigkeit unerlässlich.

dd. Limitierte Kontrolldichte aufgrund des Prinzips der Gewaltenteilung? Fraglich ist weiter, ob das Gewaltenteilungsprinzip eine Einschränkung der judikativen Kontrolldichte für Vorbehaltsfestsetzungen gebietet.

In der Rechtsprechung wurde zunächst die Meinung vertreten, aus dem Gewaltenteilungsprinzip folgt, dass ein Gericht des Sachverhalt nicht tiefer aufklären muss, als dies die Behörde getan hat[309]. Nach dieser Auffassung ist das Gericht eine Rechtsschutzinstanz und keine Einrichtung, die der Verwaltung einen Teil ihrer Aufgaben auf dem Gebiet der Sachverhaltsfeststellung abnehmen soll. Die Kompetenzabgrenzung zwischen Gericht und Behörde erlaubt danach lediglich Ermittlungen, die den bisher festgestellten Sachverhalt abrunden, keinesfalls aber eine abschließende Überprüfung[310].

Dem ist in dieser generellen Formulierung zu Recht entgegengehalten worden, dass ein allgemeiner Rechtsgrundsatz, wonach das Gericht nicht über die Grenzen der Sachverhaltsermittlung der Behörde hinausgehen darf, nicht

308 *Ondracek*, Festschrift für W. Ritter, 1997, S. 234.
309 FG Rheinland-Pfalz v. 19. 10. 1977, I 228/77, EFG 1978, 109 f.; im Anschluss hieran auch FG Berlin v. 19. 10. 1979, III 45-46/78, EFG 1980, 301.
310 FG Rheinland-Pfalz v. 19. 10. 1977, I 228/77, EFG 1978, 109 f.

existiert[311]. Auch in diesem Zusammenhang ist vielmehr danach zu differenzieren, ob es sich bei einer Vorbehaltsfestsetzung um eine einstweilige behördliche Eilentscheidung, oder um eine potentiell endgültige Abgabenfestsetzung handelt:

aaa. Gewaltenteilungsgrundsatz und einstweilige exekutive Eilentscheidung Stellt die Vorbehaltsfestsetzung eine vorläufige, behördliche Eilentscheidung dar, so wirkt dies, wie schon hinsichtlich des Streitgegenstandes, so auch unter dem Gesichtspunkt des Prinzips der Gewaltenteilung, auf die Grenzen der eigenverantwortlichen, judikativen Rechtsschutzgewähr zurück. Schließlich ist die Verwaltung in ihrem durch die Verfassung zugewiesenen Funktionsbereich in gleicher Weise wie die Judikative, wenn nicht gar vorrangig, zum Erlass von Eilregelungen befugt, wenn ein Zuwarten bis zum Abschluss des Verwaltungsverfahrens oder ein Abwarten der Sachverhaltsentwicklung mit Nachteilen verbunden wäre[312]. Der Erlass von Eilentscheidungen steht gerade der Verwaltung als der Gewalt „des ersten Zugriffs“[313] zu. Unter diesen Umständen muss ein kompetenzgerechter, der Eigenverantwortung der Verwaltung Rechnung tragender Rechtsschutz aber die summarische Lagebeurteilung der Verwaltung in ihrer Eigenart respektieren. Die Überprüfung einer derartigen behördlichen Eilentscheidung durch die rechtsprechende Gewalt darf deshalb keinen strengeren Anforderungen unterworfen werden, als es die unmittelbare Gewährung gerichtlichen Eilrechtsschutzes wäre. Andernfalls hätte es der Betroffene in der Hand, eine administrative Eilmaßnahme in ihrem Wesen zu konterkarieren, indem er mit seiner Klage eine umfassende und zeitaufwendige Fallprüfung erzwingt. Die Beschreitung des Klagewegs hätte damit die in einem gewaltengeteilten Rechtsstaat unannehmbare Konsequenz, dass ein effektives, zügiges Einschreiten nicht nach Maßgabe *eigener* behördlicher Entscheidungsprärogative möglich ist, sondern *ex post* betrachtet allenfalls eine Eilentscheidung des Gerichts und eine gerichtlich fingierte „Hauptsacheentscheidung“ der Verwaltung existierten.

Eine Beschneidung des eigenen, judikativen Kompetenzbereiches, der das Letztentscheidungsrecht über die Rechtmäßigkeit der Steuerfestsetzung bein-

---

311 *Jessen*, FR 1980, 508 f.

312 *F. J. Kopp*, Vorläufiges Verwaltungsverfahren und vorläufiger Verwaltungsakt, 1992, S. 5 f. und 31; *Tiedemann*, DÖV 1981, 789; vgl. die Nachweise zu den einzelnen Typen vorläufiger behördlicher Entscheidungen bei *Schimmelpfennig*, Vorläufige Verwaltungsakte, 1989, S. 3 ff. und 86 ff.

313 *Schmidt-Aßmann*, VVDStRL Bd. 34 (1976), S. 232.

haltet, oder ein Eingriff in die verfassungsrechtliche Garantie effektiven Rechtsschutzes nach Artikel 19 Abs. 4 GG ist hiermit nicht verbunden, da eine umfassende gerichtliche Überprüfung nicht endgültig unterbleibt, sondern nur bis zum - zwingenden - Ergehen des endgültigen Steuerbescheides aufgeschoben wird.

bbb. Gewaltenteilungsgrundsatz und potentiell endgültige Verwaltungsentscheidung Anders liegen die Dinge indes, sofern man Vorbehaltsfestsetzungen als potentiell endgültige Steuerfestsetzungen versteht. Zwar mag man auch dann die Vorbehaltsfestsetzung als exekutive „Eilentscheidung" betrachten, der nach dem Prinzip der Gewaltenteilung grundsätzlich ein eigener Raum zukommen muss. Für das Verständnis des Verhältnisses von exekutiver und judikativer Gewalt rückt allerdings in den Vordergrund, dass diese Steuerfestsetzung trotz des kursorischen, behördlichen Prüfverfahrens schon den Keim des Endgültigen in sich trägt. Die Verwaltung entbindet sich so von dem ihr eigentlich für eine abschließende Festsetzung obliegenden Verfahrensaufwand. Die Nichterfüllung von Aufgaben durch die exekutive Gewalt darf jedoch in einem gewaltengeteilten Rechtsstaat nicht dazu führen, dass die als „Reserve" einspringende Judikative sich nun ihrerseits ihres Rechtsschutzauftrags gegenüber dem Bürger entledigen darf. Der Ausfall einer der Gewalten stellt - überspitzt ausgedrückt - für die anderen einen Grund zum Einschreiten, nicht aber eine Rechtfertigung dar, den Bürger vollends einem rechtlosen Zustand zu überantworten[314].

Im Übrigen wäre das Prinzip der Gewaltenteilung wohl ohnehin erst dann verletzt, wenn die in die verbleibende Lücke springende, dritte Gewalt über das Maß ihrer Leistungsfähigkeit hinaus beansprucht und so funktionsunfähig gemacht wird[315]. Das einfache Abschieben von Ermittlungstätigkeiten von der Finanzverwaltung auf die Judikative erfüllt diesen Tatbestand für sich gesehen nicht.

Im Ergebnis lässt sich daher aus dem Gewaltenteilungsprinzip für potentiell endgültige Vorbehaltsfestsetzungen keine Beschränkung der richterlichen Kontrolldichte ableiten.

---

314 So auch *Jessen*, FR 1980, 508 f.; BFH v. 7. 2. 1990, I R 145/1987, BFHE 161, 387 (389).

315 Vgl. hierzu oben Buchst. b Doppelbuchst. aa Dreifachbuchst. ccc, S. 166 ff.

ee. Verfahrensermessen als administratives Letztentscheidungsrecht? Des Weiteren rückt die Frage in den Blick, ob jedenfalls das in § 164 Abs. 1 AO verankerte *Verfahrensermessen* der Finanzverwaltung auch für potentiell endgültige Vorbehaltsfestsetzungen wie ein Sachentscheidungsermessen mit einem, von der Judikative zu respektierenden, administrativen Letztentscheidungsrecht über den Inhalt der ersten vorbehaltlichen Steuerveranlagung, oder jedenfalls mit einem Letztentscheidungsrecht über die dem vorausliegende Verfahrensgestaltung hinsichtlich des Ausmaßes der Informationsermittlung und deren rechtlicher Problematisierung einhergeht.

Die erste Alternative lässt sich schnell verneinen - der Steuergesetzgeber wollte den Steueranspruch ersichtlich nicht von einem strikt gebundenen hoheitlichen Anspruch in einen ermessensgeleiteten, variablen Anspruch umwandeln[316]. Generell wäre eine derartige Ausgestaltung der Abgabe wegen des Verstoßes gegen die Grundsätze der Tatbestandsmäßigkeit und der Gleichmäßigkeit der Besteuerung im Übrigen auch nicht verfassungsgemäß[317].

Wie steht es aber mit dem ohne Zweifel konstituierten administrativen „Fallprüfungsermessen"? Sichert dies der Verwaltung einen eigenen Verantwortungsbereich in Gestalt einer nicht justiziablen Einschätzungsprärogative zu, welcher Tatsachenstoff für die Entscheidung gesammelt und wie gründlich er einer rechtlichen Bewertung unterzogen werden soll? Diese Hypothese lässt sich nicht schon deshalb verwerfen, weil bislang eine administrative Aufklärungsprärogative ebensowenig wie ein behördlicher Beurteilungsspielraum bei der Anwendung des Steuerrechtes anerkannt war. Mit einem Verweis auf das althergebrachte Verständnis des finanzgerichtlichen Untersuchungsgrundsatzes ist es insoweit nicht getan[318]. Der Grundsatz der Gewaltenteilung verpflichtet die Gerichtsbarkeit nämlich nicht zuletzt auch dazu, den Rechtsschutz anpassungsfähig zu halten und auf Veränderungen bei der zu kontrollierenden Verwaltung einzugehen[319]. Von entscheidender Bedeutung ist vielmehr, dass die Verpflichtung zur Flexibilität dort an ihre Grenzen stößt, wo sie der Gerichtsbarkeit nur um den Preis der Aufgabe eigener verfassungsfester Kompetenzen möglich wäre. So lägen die Dinge indes, würde

316 Dies gilt auch für die erste Festsetzung - auf eine Ausgestaltung der vorbehaltlich veranlagten Steuer als variabler „Vorschuss" wurde nicht zurückgegriffen (*Jessen*, FR 1980, 509).

317 *Isensee*, in: Festschrift für Flume, Bd. 2, 1978, S. 133; *F. Kirchhof*, in: Achterberg/Püttner/Würtenberger, Besonderes Verwaltungsrecht Bd. II, 2. Aufl. 2000, § 20 Rn. 47; *Lang*, in: Tipke/Lang, Steuerrecht, 20. Aufl. 2010, § 4 Rn. 158.

318 Zu kurz greift deshalb insoweit die Argumentation von *Jessen*, FR 1980, 508.

319 *Scholz*, VVDStRL Bd. 34 (1976), S. 161 m. w. N.

man mit § 164 Abs. 1 AO ein nur mit dem Vorbehalt evidenter Rechtswidrigkeit versehenes, administratives Recht auf abschließende Bestimmung des verfahrenserheblichen Tatsachenstoffes und auf einen umfassenden Vorrang bei der Festlegung der zu problematisierenden Rechtsfragen konstituieren. Ein derartige, nicht nur punktuelle „Bindung“ des Gerichts an den Entscheidungsfindungsprozess der Verwaltung hieße, das Gericht der essentiellen Phase der eigenen Entscheidungs*findung* zu berauben[320]. Eine Entscheidung, die diesen Namen verdient, kann nur *finden*, wer sie zuvor *gesucht* hat. Würde das Urteil dagegen auf der Grundlage von fremder Hand gesammelter und rechtlich aufbereiteter Informationen gefällt, bliebe es ohne seinen wesentlichen Entstehensbestandteil - die Sammlung und Bewertung des Verfahrensstoffes - lediglich ein Fragment. Bei einer solchen Entscheidung handelte es sich nicht mehr um die dem Gericht nach der Verfassung obliegende *Überprüfung* eines behördlichen Aktes, um die *Streitentscheidung* eines Einzelfalls, sondern bestenfalls um die Beantwortung einer vom Steuerschuldner vorgelegten und von der Verwaltung inhaltlich zurechtgestutzten Rechtsfrage. Damit wäre jedoch nur die Auslegung und Fortentwicklung des objektiven Rechtes gewährleistet; es bedarf keiner weiteren Erörterung, dass sich die Aufgaben der Judikative hierin nicht erschöpfen. Das Verwaltungsverfahren darf den gerichtlichen Rechtsschutz nicht verdrängen[321].

Hinzu kommt, dass der Gesetzgeber behördliche Letztentscheidungsrechte ohnehin nur einräumen darf, soweit nicht ein Gesetzesvorbehalt eine strengere Rechtsbindung der Verwaltung und damit zugleich auch ein größeres Ausmaß und eine höhere Dichte an gerichtlicher Kontrolle erzwingt[322]. Auch deshalb sind für das Steuerrecht, wo der Gesetzesvorbehalt umfassende Wirkung beansprucht[323], substantielle behördliche Einschätzungsprärogativen ausgeschlossen.

Ein behördliches Letztentscheidungsrecht verfahrensrechtlicher Provenienz scheidet mit diesen Erwägungen folglich ebenfalls aus.

320 „...Recht [entsteht] *nur* in *Rechtsfindungsverfahren*“ (*Eckhoff*, Rechtsanwendungsgleichheit im Steuerrecht, 1999, S. 200, Hervorhebung im Original); *Kaufmann*, Rechtsphilosophie, 2. Aufl. 1997, S. 266.

321 *Schmidt-Aßmann*, VVDStRL Bd. 34 (1976), S. 267 m. w. N.

322 *Papier*, in: HdbStR VI, 2. Aufl. 2001, § 154 Rn. 5, 61; vgl. hierzu auch oben Buchst. b Doppelbuchst. aa Dreifachbuchst. aaa, S. 164 ff.

323 *Lang*, in: Tipke/Lang, Steuerrecht, 20. Aufl. 2010, § 4 Rn. 157 ff.

ff. Identität des gerichtlichen Kontroll- mit dem administrativen Verhaltensmaßstab? Dies leitet zu der Überlegung, ob sich zumindest aus dem Grundsatz der Identität von gerichtlichem Kontroll- und administrativen Verhaltensmaßstab hinsichtlich potentiell endgültiger Vorbehaltsfestsetzungen Einschränkungen für die gerichtliche Untersuchungs- und Rechtsprüfungspflicht herleiten lassen. Bei näherem Hinsehen weist diese Frage enge Verknüpfungen zu der oben ausgeführten Problematik der Entscheidungsverantwortungsbereiche der Staatsgewalten auf. Was das Gericht inhaltlich prüfen darf, ist spiegelbildlich der Entscheidungsprärogative der Verwaltung entzogen. Auf der anderen Seite gebietet das Gewaltenteilungsprinzip zwischen Legislative und Judikative dem Gericht zu prüfen, was der Gesetzgeber als rechtliches Entscheidungsprogramm statuiert hat.

Dieses Entscheidungsprogramm zeichnet sich bei der vorbehaltlichen Steuerfestsetzung durch die Besonderheit aus, dass in materieller Hinsicht zwar eine strenge Konditionierung des Steueranspruches vorgesehen ist, der Verwaltung aber für das Verfahren zum Zweck der vorbehaltlichen Steuerfestsetzung systemwidrig[324] ein Dispens von der strikten Anwendung dieses materiellen Rechtes erteilt wird. Woran soll sich hingegen der gerichtliche Prüfungsmaßstab orientieren?

Unter Rekurs auf das eingangs genannte Postulat, wonach der Kontrollmaßstab des Gerichtes identisch mit dem Verhaltensmaßstab für die Behörde ist, wurde die Forderung erhoben, das Gericht dürfe nicht „strengere Maßstäbe" an die behördliche Entscheidung anlegen, als dies § 164 Abs. 1 AO tue, der eine kursorische Prüfung zulasse[325].

Die scheinbare Logik dieser Argumentation, die die *formelle* Legalisierung des Anwendungsdefizits zum entscheidenden Kriterium auserwählt, verliert allerdings ihren Fixpunkt, sobald man sich ins Bewusstsein ruft, dass das materielle Steuerrecht als letzter Verhaltensmaßstab für Sachentscheidungen der Finanzverwaltung durch § 164 Abs. 1 AO keineswegs suspendiert wurde. Die Wahrung der Verfahrensvorschriften allein sagt indes noch nichts darüber aus, ob die „eigentlichen" materiell-rechtlichen Vorgaben von der

324 Das Strukturgesetz der Verwaltungsverantwortung beinhaltet die Zweck- und Rechtskonkretisierung. Der *verfahrensrechtliche Auftrag* der Verwaltung besteht unter anderem in einer möglichst *ermächtigungs-* und *sachverhaltsgerechten* Konkretisierung der gesetzlich vorgegebenen Regelungsziele (*Scholz*, VVDStRL Bd. 34 [1976], S. 170).

325 So sinngemäß *Gorski*, DStR 1979, 684; *Rüsken*, in: Klein, AO, 10. Aufl. 2009, § 164 Rn. 56; *Heuermann*, in: HHSp, AO, § 164 Rn. 50.

Entscheidung eingehalten werden[326]. Dies gilt im Übrigen umsomehr, wenn die Verfahrensvorschriften - wie hier - schon gar nicht darauf abzielen, eine Übereinstimmung der Entscheidung mit dem materiellen Recht wirklich zu erreichen. Der Auffassung könnte daher allenfalls dann gefolgt werden, wenn man sich entschließen wollte, nicht in der materiellen Regelung, sondern in dem von der Verwaltung beschrittenen Verfahren das Objekt der gerichtlichen Überprüfung zu sehen. Als Prozessgegenstand wird indes die administrative *Sachentscheidung* - die Festsetzung der Steuerschuld unter dem Vorbehalt der Nachprüfung betrachtet. Ein Anderes wäre im Übrigen auch nicht mit dem Gebot zu vereinbaren, den Streitgegenstandsbegriff so zu fassen, dass eine effektive und sachgerechte gerichtliche Kontrolle möglich ist.

Auch diese Erwägungen tragen also die These, das gerichtliche Prüfprogramm könne sich für potentiell endgültige Vorbehaltsfestsetzungen darin erschöpfen, die Behauptung des § 164 Abs. 1 AO zu kontrollieren, nicht.

gg. Teleologische Reduktion der Kontrolldichte? Teilweise wird zugunsten einer reduzierten Kontrolldichte das Argument angeführt, durch eine umfassende gerichtliche Kontrolle würde der Vorbehalt der Nachprüfung unterlaufen und die gesetzgeberische Zielsetzung des § 164 AO, eine beschleunigte Steuerfestsetzung ohne zeitraubende Sachprüfung zu ermöglichen, konterkariert[327].

Diese Bedenken sind zutreffend; dementsprechend ist - versteht man die Vorbehaltsfestsetzungen im streng einstweiligen Sinne - die gesetzgeberische Zielsetzung des § 164 AO auch bei der Bemessung des gerichtlichen Prüfumfangs in die erforderliche Abwägung mit den Folgen der vorbehaltlichen Steuerfestsetzung einzustellen[328].

Handelt es sich bei den Vorbehaltsfestsetzungen hingegen um potentiell endgültige Steuerbescheide, so führt der Hinweis auf die Umgehung des gesetzlich in § 164 AO sanktionierten Beschleunigungsinteresses im Ergebnis nicht weiter. Denn eine *unwiderrufliche* Reduzierung des richterlichen Kontrollmaßstabs zu Lasten des Rechtsschutzsuchenden ist hierdurch nicht zu rechtfertigen, weil eine solche gesetzgeberische Entscheidung übermäßig in die Rechtsschutzgarantie des Artikels 19 Abs. 4 GG eingreifen würde:

326 *Jessen*, FR 1980, 508.
327 *Gorski*, DStR 1979, 684.
328 Vgl. hierzu oben Doppelbuchst. cc Dreifachbuchst. bbb, S. 171 ff.

Zum Ersten kann bereits keine Rede davon sein, dass dem Staat keine weniger einschneidenden Mittel zur Verfügung stünden, den notwendigen zügigen Zufluss der Steuermittel sicherzustellen. Es ist schließlich keine Sachgesetzlichkeit des Steuerverfahrens, sondern ein vom Staat zu verantwortender Missstand, dass eine vollständige Fallprüfung faktisch nicht in unter fiskalischen Gesichtspunkten angemessener Zeit erfolgen kann. Auf den seit langem monierten Notstand beim Vollzug der Steuergesetze wurde nicht adäquat reagiert[329], obwohl die Alternativen auf der Hand liegen. Die Verbesserung der personellen und sachlichen Ausstattung von Finanzverwaltung und Finanzgerichtsbarkeit ist ebenso denkbar, wie die Anpassung der Aufgaben von Finanzverwaltung und Finanzgerichtsbarkeit an die vorhandenen Kapazitäten - mit anderen Worten: eine Reduzierung der Komplexität der Steuerfälle durch eine Vereinfachung des Steuerrechtes[330]. Irreparable Eingriffe in das Recht auf effektiven Rechtsschutz der Bürger als letztes Mittel rechtfertigt diese Fehlentwicklung hingegen nicht.

Zum Zweiten kann man nicht, will man nicht einer Hypertrophierung von Fiskalinteressen verfallen, das Interesse an der bloßen *Beschleunigung* des Mittelzuflusses über das Interesse des Steuerschuldners an einer subjektiv zugänglichen, wirksamen gerichtlichen Kontrolle der erhobenen Abgabe stellen. Die dem Steuerpflichtigen zugemuteten Einschränkungen erreichten hier schon die Qualität einer objektiven Beschränkung des Rechtswegs. Schließlich hat der Rechtsschutzsuchende auch bei Wahrung aller seiner rechtlichen Belange nicht die Rechtsmacht, die Finanzverwaltung zu einer vollständigen Prüfung des Steuerfalles zu zwingen und damit eine hieran akzessorisch anknüpfende vollständige gerichtliche Kontrolle zu erreichen[331].

Zwar lässt sich nicht leugnen, dass so das Instrument der schnellen Steuerfestsetzung für potentiell endgültige Vorbehaltsfestsetzungen entwertet wird, weil auf ein kurzes Verwaltungsverfahren lediglich ein umso längeres finanzgerichtliches Verfahren folgt. Dies ist indes nur die Konsequenz der vom Gesetzgeber gewählten, systemwidrigen Konzeption der vorbehaltlichen Ent-

---

329 *Tipke*, BB 1986, 601; *Ondracek*, Festschrift für W. Ritter, 1997, S. 230 ff.; *Eckhoff*, Rechtsanwendungsgleichheit im Steuerrecht, 1999, S. 431 ff.

330 So auch *Eckhoff*, Rechtsanwendungsgleichheit im Steuerrecht, 1999, S. 57, 514 und 538; *Osterloh*, Gesetzesbindung und Typisierungsspielräume bei der Anwendung der Steuergesetze, 1992, S. 43.

331 Es ist deshalb nicht zulässig, die Lückenhaftigkeit der gerichtlichen Überprüfung auf die vorausgehende behördliche Entscheidung zu stützen, ebenfalls lückenhaft zu prüfen, auf die der Betroffene keinen Einfluss hat (BFH v. 7. 2. 1990, I R 145/87, BFHE 161, 387 [389]).

scheidung. Unsere Verfassung stellt es der Legislative gerade nicht frei, eine behördliche Entscheidung schnell, oberflächlich *und* potentiell endgültig auszugestalten und ihr trotz der verbleibenden Ungewissheit überdies noch Vorentscheidungswirkung für die gerichtliche Überprüfung beizulegen. Der gewünschte Beschleunigungseffekt lässt sich, da der Steuerschuldner im Zuge des Gerichtsverfahrens gemäß Art. 19 Abs. 4 GG jedenfalls einmal einen Anspruch auf umfassende - und damit zeitaufwendige - Sach- und Rechtsprüfung hat, nicht zugleich mit einer endgültigen Entscheidung erreichen.

Im Ergebnis kann damit auch aus dem Sinn und Zweck des § 164 AO nichts für eine Beschränkung des gerichtlichen Prüfungsumfangs bei potentiell endgültigen Vorbehaltsentscheidungen hergeleitet werden.

hh. Reduktion der Kontrolldichte aus Rücksicht auf Verfahrensökonomie? Schließlich bleibt die These zu prüfen, ob der Grundsatz der Verfahrensökonomie geeignet ist, die gerichtliche Zurückhaltung bei der Aufklärung des Sachverhaltes rechtfertigen[332]. Dieser Argumentation ist zwar zuzugeben, dass es unter Effizienzgesichtspunkten in der Tat unbefriedigend ist, wenn sich das Gericht mit Fragen auseinandersetzen muss, für die sich letztlich erweist, dass es hierauf für den vorbehaltlosen Bescheid nicht mehr ankommt. Ebensowenig entspricht es den Grundsätzen eines effizienten Verfahrens, ein Gericht möglicherweise zweimal mit sämtlichen Streitpunkten zu befassen, die der Steuerpflichtige zunächst gegen den vorbehaltlichen Steuerbescheid und anschließend erneut gegen endgültigen Steuerbescheid vorbringen kann[333].

Gleichwohl vermag diese These schon aus folgendem Grund nicht zu überzeugen: Es obliegt in erster Linie nicht der Justiz selbst, sondern dem Gesetzgeber, bei der Ausgestaltung des Rechtsschutzes die Abwägung zwischen dem Maß notwendiger Amtsermittlung und der Gewährleistung der Funktionsfähigkeit der Justiz vorzunehmen[334]. Unbeschadet der Frage, bis zu welchem Grad die Verfassung eine Beschränkung der gerichtlichen Aufklärungspflicht zulassen würde, hat sich der Gesetzgeber der Finanzgerichtsordnung - jedenfalls bislang - nicht für einen spezifischen Schutz der Finanzgerichtsbarkeit vor der verstärkten Belastung durch die Überprüfung von Vorbehaltsfest-

332 *Gorski*, DStR 1979, 684.

333 So die Kritik von *Gorski*, DStR 1979, 684.

334 *Schulze-Fielitz*, in: Dreier, GG, 2. Aufl. 2004, Art. 19 Abs. IV Rn. 60; *Sachs*, in: Sachs, GG, 5. Aufl. 2009, Art. 19 Rn. 138; *Huber*, in: v. Mangoldt/Klein/Starck, GG, 6. Aufl. 2010, Art. 19 Abs. 4 Rn. 372.

setzungen entschieden[335]. Auch für diese Verfahren gelten die allgemeinen Grundsätze des § 76 FGO, wonach im Rahmen des Zumutbaren alle zweifelhaften Tatsachen aufzuklären sind, die entscheidungserheblich sind. Bei dieser Zumutbarkeitsprüfung dürfen zwar die gerichtlichen Belange der Verfahrensökonomie angemessen berücksichtigt werden[336]. Notwendige Ermittlungen stehen aber nicht bereits deshalb außer Verhältnis zu dem zu erwartenden Erfolg, weil der Sachverhalt nicht nur punktuell ungeklärt ist. Vielmehr ist das Gericht im Rahmen seines Rechtsschutzauftrages gehalten, die Untätigkeit der Verwaltung zu kompensieren.

ii. Ergebnis Im Ergebnis dieser Überlegungen hängen die Maßstäbe für die Sach- und Rechtsprüfung im finanzgerichtlichen Verfahren davon ab, ob man Vorbehaltsfestsetzungen als im strengen Sinne einstweilig ansieht, oder ob man sie als potentiell endgültige Steuerfestsetzungen betrachtet:

Im erstgenannten Fall können auf die gerichtlichen Prüfungsmaßstäbe die für gerichtliche Eilverfahren entwickelten Prinzipien übertragen werden. Im Einzelfall bestimmt sich die erforderliche Prüfungsdichte nach einer Abwägung des in § 164 AO gesetzlich verankerten öffentlichen Interesses an der zügigen Verwirklichung des vorläufig bemessenen Steueranspruches einerseits mit den Folgen, die dem Steuerpflichtigen durch die vorbehaltliche Steuerfestsetzung drohen, andererseits. Danach darf das Gericht im Regelfall nicht nur die behördliche Einschätzung auf Vertretbarkeit kontrollieren, sondern muss - zumindest summarisch - den Einwendungen des Steuerpflichtigen und offensichtlichen Fehlern nachgehen. Drohen dem Steuerpflichtigen im Einzelfall irreparable Nachteile, so ist es darüber hinaus erforderlich, gerichtlich mit hoher Wahrscheinlichkeit bzw. im Extremfall sogar mit Gewissheit festzustellen, dass die inkriminierte Steuerforderung tatsächlich besteht.

Handelt es sich bei Steuerfestsetzungen unter dem Vorbehalt der Nachprüfung jedoch um potentiell endgültige Verfahrensentscheidungen, so muss es bei den allgemeinen Grundsätzen für die Überprüfung vorbehaltloser Steuerbescheide verbleiben. Die Aufklärungspflichten des Gerichts sind eher noch - weg von einer anlassabhängigen hin zu einer eigeninitiativen Kontrolltätigkeit - auszuweiten, um die behördlichen Defizite in der Wahrnehmung ihrer Verfahrensrolle auszugleichen.

335 BFH v. 7. 2. 1990, I R 145/87, BFHE 161, 387 (389).
336 *Seer*, in: Tipke/Kruse, AO, § 76 FGO Rn. 42.

2. *Übertragung auf das Kommunalabgabenrecht*

Betrachtet man diese steuerrechtlichen Überlegungen aus dem spezifischen Blickwinkel des Kommunalabgabenrechts, so führt dies zu folgenden Schlussfolgerungen:

a. *Statthafte Rechtsbehelfe*

Zunächst steht den Kommunalabgabenpflichtigen mit dem voraussetzungslosen Aufhebungs- oder Änderungsantrag entsprechend § 164 Abs. 2 Satz 2 AO wiederum ein außerordentlicher Rechtsbehelf zu Gebote, der dem einstweiligen Charakter der Vorbehaltsfestsetzung Rechnung trägt und das Gegengewicht zu der umfassenden Entscheidungsflexibilität der Kommunalverwaltung bildet[337]. Der Abgabenpflichtige kann eine neue Einschätzung der Rechts- oder Tatsachenlage stets zum Anlass nehmen, auf eine Änderung der Abgabenfestsetzung hinzuwirken. Auf die Bestandskraft des Vorbehaltsbescheides kommt es hierbei ebenso wenig an, wie auf die Frage, ob es der Abgabenpflichtige schuldhaft versäumt hatte, seine Einwände bereits gegenüber der ursprünglichen Vorbehaltsfestsetzung vorzutragen. Die Entscheidung über diesen Antrag kann jedoch entsprechend § 164 Abs. 2 Satz 3 AO für eine angemessene Frist bis zur abschließenden Prüfung des Steuerfalles hinausgeschoben werden. Ob eine solche Konzentration von Antragsbescheidung und Abschlussprüfung im Einzelfall sinnvoll ist, wird vor allem davon abhängen, welchen zusätzlichen Verfahrensaufwand eine isolierte Befassung mit dem Änderungsantrag mit sich bringen würde und wie sich dieser Antrag in die behördliche Planung zur abschließenden Fallprüfung einfügt. Ein Antrag entsprechend § 164 Abs. 2 Satz 2 AO hemmt auch im Kommunalabgabenrecht entsprechend § 171 Abs. 3 AO[338] bis zu seiner unanfechtbaren Bescheidung den Ablauf der Festsetzungsverjährung.

In diesem Zusammenhang steht dem Abgabenpflichtigen des Weiteren auch das Recht zu, die Umwandlung des vorbehaltlichen in einen vorbehaltlosen Abgabenbescheid zu beantragen; ob diese Befugnis entsprechend aus § 164 Abs. 2 Satz 2 AO oder aus § 164 Abs. 3 AO bzw. aus allgemeinen Rechtsgrundsätzen folgt, kann wiederum dahinstehen[339]. In der Sache hat

---

337 Vgl. Nr. 1 Buchst. a Doppelbuchst. aa, S. 159.

338 Vgl. § 3 Abs. 1 Nr. 4 Buchst. c bad.-württ. KAG, § 12 Abs. 1 KAG M-V, § 3 Abs. 1 Nr. 4 rh.-pf. KAG, § 3 Abs. 1 Nr. 4 Buchst. c SächsKAG; § 12 Abs. 1 Nr. 4 Buchst. b nordrh.-westf. KAG; § 11 Abs. 1 Nr. 4 Buchst. b NKAG.

339 Vgl. Nr. 1 Buchst. a Doppelbuchst. aa, S. 159.

der Abgabenpflichtige nach der hier vertretenen Ansicht, wonach die Kommunalverwaltung schon objektiv verpflichtet ist, eine abschließende Sach- und Rechtsprüfung durchzuführen[340], auch ein subjektives Recht auf vorbehaltlose Bescheidung seines Falles. Ein entsprechendes Gesuch kann jedoch aus überwiegenden verfahrensökonomischen Gründen aufgeschoben werden, bis die endgültige Entscheidung ohnehin ansteht[341]. Sieht man die abschließende Prüfung und die Aufhebung des Vorbehalts hingegen in das Ermessen der Kommunalverwaltung gestellt, so kann dem Antragsteller wiederum nur ein Recht auf ermessensfehlerfreie Entscheidung über seinen Antrag auf Aufhebung des Vorbehaltes zukommen; der Antrag könnte insbesondere aufgrund überwiegender verfahrensökonomischer Belange abgelehnt werden[342].

Als ordentlicher Rechtsbehelf ist gemäß §§ 68 ff. VwGO gegen eine Vorbehaltsfestsetzung von Kommunalabgaben der Widerspruch und hieran anschließend die Anfechtungsklage gemäß § 42 VwGO statthaft.

Widerspruch und Anfechtungsklage können sich dabei nicht isoliert gegen den Nachprüfungsvorbehalt richten, weil es sich hierbei nicht um eine selbstständig anfechtbare Nebenbestimmung[343], sondern um einen integralen Bestandteil eines Verwaltungsaktes *sui generis* handelt[344]. Deshalb können die Rechtsbehelfe gegen Vorbehaltsbescheide nicht nur damit begründet werden, dass die Abgabenfestsetzung in Grund und Höhe fehlerhaft ist, sondern auch mit dem Einwand, die Anordnung des Nachprüfungsvorbehaltes sei nicht zulässig.

b. Kontrolldichte und kommunalabgabenrechtlicher Vorbehaltsbescheid

Auch die Überlegungen zur einspruchsbehördlichen und gerichtlichen Kontrolldichte gegenüber Vorbehaltsbescheiden können auf das Kommunalabgabenrecht übertragen werden:

Für das Widerspruchsverfahren gilt wiederum, dass § 164 AO - jedenfalls analog - anwendbar ist. Denn das Widerspruchsverfahren ist in den §§ 68 ff. VwGO nur lückenhaft geregelt. Soweit danach ausdrückliche Regelungen fehlen, sind grundsätzlich die allgemeinen Vorschriften und Grundsätze des Verwaltungsverfahrensrechtes[345] - hier jedoch die für das Ausgangsverfahren ent-

340 Vgl. hierzu oben Ziffer VI, S. 133 ff.
341 Vgl. zur steuerrechtlichen Lage Nr. 1 Buchst. a Doppelbuchst. aa, S. 159.
342 Vgl. Nr. 1 Buchst. a Doppelbuchst. aa, S. 159.
343 Vgl. hierzu *Schenke*, in: Kopp/Schenke, VwGO, 17. Aufl. 2011, § 42 Rn. 22 m. w. N.
344 Vgl. hierzu oben Ziffer IV Nr. 2, S. 127
345 *Schenke*, in: Kopp/Schenke, VwGO, 17. Aufl. 2011, Vor § 68 Rn. 4.

sprechend geltenden, sachnäheren Vorgaben der Abgabenordnung - anzuwenden. Danach ist auch die Widerspruchsbehörde berechtigt, nach eigenem Ermessen zu entscheiden, ob sie den Abgabenfall abschließend prüft, oder aufgrund summarischer Ermittlungen nur vorbehaltlich einer Nachprüfung entscheidet. Nur ein solches Verständnis entspricht im Übrigen der gesetzlichen Intention des entsprechend anwendbaren § 164 AO. Denn die Vorschrift würde auch für das Ausgangsverfahren leerlaufen, könnte man durch das Einlegen eines Widerspruches eine abschließende Prüfung und Entscheidung erzwingen[346].

Von größerer Komplexität ist hingegen das Problem, wie weit die verwaltungsgerichtliche Prüfungstiefe bei kommunalabgabenrechtlichen Vorbehaltsfestsetzungen reicht.

aa. Verfassungsrechtliche und einfachgesetzliche Vorgaben Hinsichtlich des verfassungsrechtlichen Rahmens des gerichtlichen Rechtsschutzes kann umfassend auf das Obenstehende[347] verwiesen werden. Die hieraus abgeleiteten einfachgesetzlichen Vorgaben unterscheiden sich ebenfalls nur graduell von denen der Finanzgerichtsordnung. Für das verwaltungsgerichtliche Verfahren sieht § 86 VwGO - wie bereits § 76 FGO für das Finanzgerichtsverfahren - den Untersuchungsgrundsatz vor. Das Gericht hat den Sachverhalt von Amts wegen zu erforschen (§ 86 Abs. 1 Satz 1 VwGO). Die Maßstäbe für eigeninitiative Ermittlungstätigkeiten sind dabei strenger als die für Finanzgerichte geltenden: Das Verwaltungsgericht muss bis an die Grenze der Zumutbarkeit alle ihm vernünftigerweise zur Gebote stehenden Möglichkeiten ausschöpfen, um den entscheidungserheblichen Sachverhalt aufzuklären[348]. Diese objektive Aufklärungsverpflichtung ist insbesondere nicht davon abhängig, ob die Beteiligten entsprechende Anträge oder Anregungen eingebracht haben, oder ob sich die Notwendigkeit weiterer Aufklärung dem Gericht aufdrängen musste[349]. Die Mitwirkung der Beteiligten ist allerdings auch hier - insbesondere für die in deren Sphäre fallenden Ereignisse - Mittel der Sachaufklärung[350]. Die Beteiligten sind bei der Aufklärung

346 Vgl. auch oben Nr. 1 Buchst. b, S. 161 f.

347 Siehe Nr. 1 Buchst. b Doppelbuchst. aa, S. 164 ff.

348 *Schenke*, in: Kopp/Schenke, VwGO, 17. Aufl. 2011, § 86 Rn. 5; *Rixen*, in: Sodan/Ziekow, VwGO, 3. Aufl. 2010, § 86 Rn. 48.

349 *Schenke*, in: Kopp/Schenke, VwGO, 17. Aufl. 2011, § 86 Rn. 5; *Rixen*, in: Sodan/Ziekow, VwGO, 3. Aufl. 2010, § 86 Rn. 49: erforderlich sind nur „konkrete Anhaltspunkte"; BVerwG v. 23. 11. 1982, 9 C 74.81, BVerwGE 66, 237 (238).

350 *Schenke*, in: Kopp/Schenke, VwGO, 17. Aufl. 2011, § 86 Rn. 11.

heranzuziehen; an Vorbringen und Beweisanträge ist das Gericht aber nicht gebunden (§ 86 Abs. 1 VwGO). Kommen die Beteiligten ihrer Mitwirkungsverpflichtung nicht nach, so kann dies die Aufklärungspflichten des Gerichtes vermindern[351].

Ziel der Ermittlungen ist es, das Verfahren „spruchreif" zu machen. Dieser prozessuale Begriff knüpft an die materiell-rechtlichen Gegebenheiten an[352]. Der Umfang der Aufklärungspflicht richtet sich daher nach dem Klageantrag, dem Streitgegenstand und den Anspruchsvoraussetzungen des anzuwendenden *materiellen* Rechts[353].

bb. Kontrolllimitierende Wirkung von Streitgegenstand und Gewaltenteilungsprinzip Wendet man diesen verfassungsrechtlichen und einfachgesetzlichen Rahmen für die gerichtliche Kontrollintensität auf kommunalabgabenrechtliche Vorbehaltfestsetzungen an, so ergibt sich, dass die für das finanzgerichtliche Verfahren entwickelten Grundsätze in gleicher Weise Geltung beanspruchen.

aaa. Zur einstweiligen Vorbehaltsfestsetzung Dabei ist für das Kommunalabgabenrecht davon auszugehen, dass die Verwaltung im Anschluss an die Festsetzung von Abgaben unter dem Vorbehalt der Nachprüfung zu einer obligatorischen abschließenden Fallprüfung und einer vorbehaltlosen, endgültigen Festsetzung verpflichtet ist[354].

Unter dieser Prämisse kann die Vorbehaltsfestsetzung als erste Vorstufe der eigentlichen Abgabenfestsetzung bzw. als eine für einen absehbar endlichen Zeitraum geltende, vorläufige behördliche Regelung eingeordnet werden[355]. Sie hat damit den Charakter einer behördlichen Eilentscheidung.

Sind derartige administrative Eilentscheidungen Streitgegenstand, so gebietet bereits das Prinzip der Gewaltenteilung ein Zurücksetzen der gerichtlichen Kontrolldichte. Eilentscheidungen stehen neben der Judikative auch der Exekutive in ihrem eigenen Funktionsbereich zu. Administrative Eilent-

351 *Schenke*, in: Kopp/Schenke, VwGO, 17. Aufl. 2011 § 86 Rn. 12.

352 Zum Ganzen: *Schenke*, in: Kopp/Schenke, VwGO, 17. Aufl. 2011, § 86 Rn. 4; *Rixen*, in: Sodan/Ziekow, VwGO, 3. Aufl. 2010, § 86 Rn. 24; *Geiger*, in: Eyermann, VwGO, 13. Aufl. 2010, § 86 Rn. 12.

353 *Schenke*, in: Kopp/Schenke, VwGO, 17. Aufl. 2011, § 86 Rn. 4; BVerwG v. 5. 10. 1990, 7 C 55.89, BVerwGE 85, 386 (379 f.).

354 Vgl. oben Ziffer VI, S. 133 ff.

355 Vgl. Nr. 1 Buchst. b Doppelbuchst. cc, S. 169 ff.

scheidungen sind dabei nicht darauf beschränkt, vorläufige materielle Ansprüche mit abgesenkten Tatbestandsvoraussetzungen zu begründen, die die Prüfmaßstäbe des Gerichts unmittelbar materiell-rechtlich absenken würden. Vielmehr kann der Gesetzgeber auch vorläufige Verfahrensentscheidungen mit abgesenkten formellen Maßstäben vorsehen, bei denen die materiell-rechtlichen Vorgaben unangetastet bleiben[356]. Die Judikative muss auch eine solche verfahrensrechtlich konzipierte, administrative Eilentscheidung als solche respektieren und darf sie nicht konterkarieren, indem sie sie nach Art einer administrativen Hauptsacheentscheidung anhand der materiell-rechtlichen Maßstäbe einer umfassenden Kontrolle unterwirft[357]. Die Überprüfung einer derartigen administrativen Eilentscheidung darf vielmehr keinen strengeren Anforderungen unterworfen werden, als es die Gewährung gerichtlichen Eilrechtsschutzes wäre.

Dem stehen die Rechtsschutzgewährleistungen des Artikels 19 Abs. 4 GG und die Verfahrensgewährleistungen der Artikel 14 Abs. 1 GG oder Artikel 2 Abs. 1 GG nicht entgegen. Denn dem Abgabenschuldner wird hierdurch nicht die Möglichkeit genommen, gegenüber der später ergehenden, endgültigen Abgabenfestsetzung um umfassenden, effektiven Rechtsschutz nachzusuchen. Er hat nur einen zeitlichen Aufschub hinzunehmen. Diese Verzögerung ist jedoch durch das entsprechend § 164 AO gesetzlich statuierte hoheitliche Interesse an einer rationellen Verfahrensgestaltung und einem beschleunigten Mittelzufluss gerechtfertigt.

Dieses Verständnis der Kontrolldichte wird zudem auch durch Sinn und Zweck des entsprechend anwendbaren § 164 AO geboten. Andernfalls hätte es der Abgabenpflichtige in der Hand, die Intention der Norm dadurch zu umgehen, dass er ein Klageverfahren anstrengt.

Welche Kontrollintensität konkret geboten ist, lässt sich nicht allgemeingültig feststellen, sondern bedarf der Abwägung im Einzelfall. Dabei ist das gesetzlich sanktionierte öffentliche Interesse an einer beschleunigten und effizienten Abgabenfestsetzung den durch die Festsetzung beeinträchtigten Individualinteressen gegenüberzustellen. Je schwerer die Nachteile wiegen und je größer die Gefahr ihrer Unumkehrbarkeit ist, desto größer muss die Wahrscheinlichkeit sein, dass die festgesetzte Abgabe besteht und desto weitreichender sind die Kontrollpflichten des Gerichtes[358].

356 Vgl. oben Kap. B Ziffer III Nr. 5, S. 46.
357 Siehe Nr. 1 Buchst. b Doppelbuchst. cc, S. 169 ff.
358 Vgl. Nr. 1 Buchst. b Doppelbuchst. cc Dreifachbuchst. bbb, S. 171 ff.

Im Regelfall werden hierbei nach den oben dargestellten Grundsätzen und angesichts der Vergleichbarkeit der gesetzlichen Wertungen von § 164 AO und § 80 Abs. 2 Satz 1 Nr. 1 VwGO die Maßstäbe herangezogen werden können, die für die Gewährung vorläufigen Rechtsschutzes gemäß § 80 Abs. 5 VwGO gegenüber Abgabenbescheiden gelten. Danach ist entscheidend, ob eine summarische Prüfung der Sach- und Rechtslage entsprechend § 80 Abs. 4 Satz 3 VwGO ernstliche Zweifel an der Rechtmäßigkeit des angegriffenen Verwaltungsaktes ergibt[359]. Dabei hat das Gericht grundsätzlich nur solchen Mängeln nachzugehen, die entweder bei summarischer Betrachtung offensichtlich sind, oder die der Betroffene selbst geltend macht. Aufwändige Tatsachenfeststellungen müssen ebenso wie die Klärung schwieriger Rechtsfragen unterbleiben. Insbesondere ist grundsätzlich von der Wirksamkeit der den Bescheid tragenden Abgabensatzung auszugehen, sofern das Gegenteil nicht schon bei summarischer Prüfung auf der Hand liegt[360]. Die so verringerte gerichtliche Kontrolldichte lässt damit insbesondere Raum für eine Anwendung der Vorbehaltsfestsetzung, um rechtliche Zweifelsfragen aufzuschieben und das Prozessrisiko zu verringern[361].

Soweit der vorbehaltliche Abgabenbescheid ausnahmsweise droht, schwere, irreparable Nachteile nach sich zu ziehen, muss das Gericht seine Kontrolle in adäquatem Umfang - im Extremfall bis hin zum Erfordernis der Überzeugung vom Bestehen des festgesetzten Anspruches - vertiefen[362].

bbb. Zur potentiell endgültigen Vorbehaltsfestsetzung Legt man der Untersuchung hingegen mit der für das Steuerrecht herrschenden Auffassung[363] die Annahme zugrunde, dass die Vornahme einer Abschlussprüfung und der Erlass eines endgültigen Abgabenbescheides der Kommunalverwal-

---

359 St. Rspr.: Zum Ganzen: OVG Münster v. 17. 3. 1994, 15 B 3022/93, NVwZ-RR 1994, 617; VGH Mannheim v. 27. 1. 1984, 14 S 2429/83, DVBl. 1984, 345 (346); OVG Hamburg v. 23. 4. 1991, Bs II 16/91, DVBl. 1991, 1325; so auch *Puttler*, in: Sodan/Ziekow, VwGO, 3. Aufl. 2010, § 80 Rn. 143; *Schenke*, in: Kopp/Schenke, VwGO, 17. Aufl. 2011, § 80 Rn. 157.

360 Zum alledem: OVG Münster v. 17. 3. 1994, 15 B 3022/93, NVwZ-RR 1994, 617.

361 Vgl. hierzu Ziffer I Nr. 2, S. 100 f.

362 Vgl. Nr. 1 Buchst. b Doppelbuchst. cc Dreifachbuchst. bbb, S. 171 ff.

363 *Baum*, in: Koch/Scholtz, AO, 5. Aufl. 1996, § 164 Rn. 42; *Thiel*, StuW 1977, 238; *Cöster*, in: Pahlke/Koenig, AO, 2. Aufl. 2009, § 164 Rn. 62, 84; *Hofmann*, in: Kühn/Hofmann, AO, 17. Aufl. 1995, § 164 Bem. 5a); *Seer*, in: Tipke/Lang, Steuerrecht, 20. Aufl. 2010, § 21 Rn. 287; *Frotscher*, in: Schwarz, AO, § 164 Rn. 49; *Rößler*, DStZ 1999, 603; in diesem Sinne auch BFH v. 28. 5. 1998, V R 100/96, BStBl. II 1998, 502 (503).

tung freigestellt ist und die Vorbehaltsfestsetzung deshalb einen potentiell endgültigen Charakter trägt, so zwingt dies auch im Kommunalabgabenrecht zu dem Schluss[364], dass die gerichtlichen Prüfungsmaßstäbe mit denen für die Überprüfung vorbehaltloser Abgabenbescheide identisch sind. Ein Anderes wäre mit dem verfassungsrechtlichen Gebot effektiven Rechtsschutzes nicht zu vereinbaren. Die Verfassung stellt es der Legislative nicht frei, eine behördliche Entscheidung schnell, oberflächlich *und* potentiell endgültig auszugestalten und ihr trotz der verbleibenden Prüfungsdefizite überdies noch die Wirkung beizulegen, die gerichtliche Kontrolle einzuschränken.

Die allgemeinen Vorgaben aus § 86 VwGO für die gerichtliche Ermittlungstätigkeit erscheinen dabei allerdings - im Gegensatz zu denen aus § 76 FGO - auch für kursorisch geprüfte Vorbehaltsfestsetzungen als hinreichend, da sie in stärkerem Maße eigeninitiative Untersuchungen des Gerichts vorschreiben.

VIII. Ergebnis

Zusammenfassend ist für die kommunalabgabenrechtliche Vorbehaltsfestsetzung Folgendes festzuhalten:

- Die vorbehaltliche Kommunalabgabenfestsetzung bietet den Gemeinden nicht generell, sondern nur in spezifischen Einzelfällen Vorteile in Form einer rationelleren Verfahrensgestaltung, einer temporären Verringerung des Prozessrisikos und der Vermeidung von Massenrechtsbehelfen.

- Für die Bestimmung der tatbestandlichen Voraussetzungen können die steuerrechtlichen Maßstäbe der überschlägigen Plausibilitätskontrolle nur in Ausnahmefällen übertragen werden; im Übrigen gilt nach den allgemeinen Grundsätzen interimistischer Entscheidungen, dass die Vorbehaltsfestsetzung von Kommunalabgaben materiell-rechtlich akzessorisch zu der endgültigen Abgabenfestsetzung ist und deshalb in sachlicher und rechtlicher Hinsicht einen Anspruchsverdacht voraussetzt, der sich auf sämtliche Tatbestandsvoraussetzungen erstrecken muss.

- Die Gewissheit, dass die vorbehaltlich veranlagte Abgabenforderung tatsächlich besteht, muss umso größer sein, je gravierender die dem Abgabenschuldner drohenden, grundrechtsrelevanten Nachteile sind.

364 Vgl. Nr. 1 Buchst. b Doppelbuchst. cc Dreifachbuchst. ccc, S. 176 ff.

- Nachträgliche Korrekturen der vorbehaltlichen Abgabenfestsetzung sind nicht an die Voraussetzungen der §§ 172, 173 AO oder der §§ 130, 131 AO gebunden; sie können allerdings nicht eingesetzt werden, um gesetzlich geforderte, stichtagsabhängige Prognosen und fiktionsähnliche Schätzungen zu umgehen, die die Basis des einmaligen und unveränderlichen Entstehens von Abgabenansprüchen sind.

- § 176 AO ist nicht entsprechend auf die Änderung von kommunalabgabenrechtlichen Vorbehaltsfestsetzungen anwendbar, weil aufgrund der besonderen Sachgesetzlichkeiten des Kommunalabgabenrechts eine teleologische Reduktion seines Geltungsbereiches auf subjektiv konkret schutzwürdige Abgabenschuldner erforderlich ist.

- Bei Vorbehaltsbescheiden handelt es sich um „Eilentscheidungen" des Kommunalabgabenrechts; während die endgültige Abgabenfestsetzung den Ausspruch der gültig erkannten, konkreten Abgabenforderung enthält, besagt die Vorbehaltsfestsetzung, dass nach derzeitiger Erkenntnis mit einer gewissen Wahrscheinlichkeit eine Abgabenforderung in der festgesetzten Höhe besteht und dass der festgesetzte Betrag einstweilen bis zum Vorliegen besserer Sach- und Rechtserkenntnisse als Grundlage der Abgabenerhebung dienen soll.

- Die Abgabenfestsetzung unter dem Vorbehalt der Nachprüfung stellt einen Verwaltungsakt *sui generis* dar.

- Ermittlungsqualität und Festsetzungsart müssen äquivalent sein; die Kommune ist nur bei vollständiger Sach- und Rechtsprüfung berechtigt - dann aber auch verpflichtet -, die Vorbehaltlichkeit der Festsetzung zu beenden.

- § 164 AO beinhaltet entsprechend nach verfassungskonformer Auslegung die Verpflichtung der Kommune zu einer obligatorischen abschließenden Fallprüfung; es steht nicht im behördlichen Ermessen, ob der erkannte Prüfungsbedarf später befriedigt wird, oder nicht.

- Dem Abgabenschuldner steht gegenüber Vorbehaltsbescheiden als außerordentlicher Rechtsbehelf der voraussetzungslose Aufhebungs- und Abänderungsantrag entsprechend § 164 Abs. 2 Satz 2 AO und der Antrag auf Umwandlung eines vorbehaltlichen in einen vorbehaltlosen Abgabenbescheid zu Gebote.

- Da § 164 AO auf das Widerspruchsverfahren jedenfalls analog entsprechend anwendbar ist, ist auch die Widerspruchsbehörde berechtigt, nach eigenem Ermessen den Fall abschließend zu prüfen oder nach summarischer Prüfung nur vorbehaltlich einer Nachprüfung zu entscheiden.

- Sofern es sich mit der hier vertretenen Ansicht bei der vorbehaltlichen Abgabenfestsetzung um eine im strengen Sinne vorläufige, behördliche Eilentscheidung handelt, ist die gerichtliche Kontrolldichte mit Rücksicht auf das Prinzip der Gewaltenteilung eingeschränkt. Nicht nur bei vorläufigen materiellen Ansprüchen, sondern auch bei diesen verfahrensrechtlich konzipierten vorläufigen Entscheidungen muss die Judikative gesetzlich sanktionierte, administrative Eilentscheidungen als solche respektieren und darf sie grundsätzlich nicht konterkarieren, indem sie sie den Anforderungen an endgültige Entscheidungen unterwirft. Die konkret gebotene gerichtliche Kontrollintensität ist im jeweiligen Einzelfall unter Abwägung der berührten Belange anhand der Maßstäbe zu ermitteln, die gemäß § 80 Abs. 5 VwGO für den vorläufigen Rechtsschutz in Abgabenverfahren gelten.

- Sofern es sich hingegen bei vorbehaltlichen Abgabenfestsetzungen um potentiell endgültige Abgabenbescheide handelt, sind die gerichtlichen Prüfungsmaßstäbe - unabhängig vom Eilentscheidungs-Charakter der behördlichen Regelung - mit denen für endgültige Abgabenbescheide identisch, um dem verfassungsrechtlichen Gebot effektiven Rechtsschutzes zu genügen.

E. Die Vorausleistungen im Kommunalabgabenrecht

Im Gegensatz zur Abgabenfestsetzung unter dem Vorbehalt der Nachprüfung ist die Erhebung von Vorausleistungen[1] im Kommunalabgabenrecht von enormer praktischer Bedeutung. Insbesondere von der Möglichkeit, auf Beiträge Vorausleistungen zu erheben, wird in breitem Umfang Gebrauch gemacht.

I. Gesetzliche Regelungen

Alle Kommunalabgabengesetze sehen die Möglichkeit zur Erhebung von Vorausleistungen vor:

In Baden-Württemberg und im Freistaat Sachsen kann für Benutzungsgebühren im Rahmen eines Dauerbenutzungsverhältnisses durch Satzung bestimmt werden, dass angemessene Vorauszahlungen zu leisten sind (§ 15 bad.-württ. KAG und § 15 SächsKAG). Auf Beiträge für öffentliche Einrichtungen sowie Beiträge für Verkehrsanlagen - und in Baden-Württemberg auch für Erschließungsanlagen - können die Kommunen angemessene Vorauszahlungen verlangen, sobald mit der Herstellung oder dem Ausbau der Einrichtung begonnen wurde (§ 25 bad.-württ. KAG; § 23 Abs. 1 Satz 1 SächsKAG).

In Mecklenburg-Vorpommern sieht § 6 Abs. 6 KAG M-V die Möglichkeit vor, auf Benutzungsgebühren von Beginn des Erhebungszeitraums an angemessene Vorausleistungen zu erheben. § 7 Abs. 4 KAG M-V regelt für Beiträge, dass auf die künftige Beitragsschuld Vorausleistungen bis zur Höhe der voraussichtlichen Beitragsschuld verlangt werden dürfen, sobald mit der Durchführung der Maßnahme begonnen worden ist.

1 Zur hier verwendeten Terminologie ist Folgendes anzumerken: Die Kommunalabgabengesetze gebrauchen für Vorschüsse auf die Beitragsschuld keine einheitliche Begrifflichkeit. Während zum Beispiel in § 23 SächsKAG der Terminus „Vorauszahlungen“ eingesetzt wird, wird in anderen Bundesländern und von der Literatur überwiegend der Ausdruck „Vorausleistungen“ verwendet, um den Unterschied zu den vertraglich vereinbarten „Vorauszahlungen“ im Erschließungsbeitragsrecht deutlich zu machen (*Driehaus*, in: Driehaus, Kommunalabgabenrecht, § 8 Rn. 123). Hieran orientiert sich auch diese Arbeit.

In Rheinland-Pfalz können ab dem Beginn einer Maßnahme Vorausleistungen auf einmalige Beiträge bis zur voraussichtlichen Höhe des Beitrags festgesetzt werden. Für wiederkehrende Beiträge und Benutzungsgebühren können Vorausleistungen ab dem Beginn bis zum Ende des Erhebungszeitraumes verlangt werden (§ 7 Abs. 5 Satz 1 und 2 rh.-pf. KAG).

Das saarländische Kommunalabgabengesetz sieht vor, dass die Benutzung einer öffentlichen Einrichtung von der Entrichtung einer Vorauszahlung bis zur Höhe der vermutlich entstehenden Gebühr abhängig gemacht werden kann (§ 6 Abs. 4 saarl. KAG). Auf die künftige Beitragsschuld können angemessene Vorauszahlungen verlangt werden, sobald mit der Durchführung der beitragspflichtigen Maßnahme begonnen worden ist (§ 8 Abs. 9 saarl. KAG), auf wiederkehrende Beiträge für Verkehrsanlagen können hingegen ab Beginn des Kalenderjahres angemessene Vorauszahlungen verlangt werden (§ 8a Abs. 5 Satz 2 saarl. KAG).

In Schleswig-Holstein können auf Benutzungsgebühren vom Beginn des Erhebungszeitraumes an Vorauszahlungen bis zur Höhe der voraussichtlich entstehenden Gebühr gefordert werden (§ 6 Abs. 4 Satz 4 schlesw.-holst. KAG). Auf Beiträge können angemessene Vorauszahlungen gefordert werden, sobald mit der Ausführung der Maßnahme begonnen wird (§ 8 Abs. 4 Satz 4 schlesw.-holst. KAG).

Das Thüringer Kommunalabgabengesetz sieht vor, dass für ein Grundstück, für das Beiträge noch nicht oder nicht in vollem Umfang entstanden sind, Vorauszahlungen auf den einmaligen Beitrag verlangt werden können, sobald mit der Ausführung der beitragspflichtigen Maßnahme begonnen worden ist. Ist eine Beitragspflicht bereits entstanden, können Vorschüsse auf den Beitrag erhoben werden, sofern die endgültige Beitragsschuld noch nicht berechnet werden kann (§ 7 Abs. 8 Satz 1 und 5 ThürKAG). Für leitungsgebundene Einrichtungen können darüber hinaus Vorauszahlungen nach Maßgabe des Baufortschritts der Einrichtung bis zu 80 Prozent des voraussichtlichen, beitragsfähigen Investitionsaufwandes erhoben werden(§ 7 Abs. 9 Satz 1 ThürKAG). Auf wiederkehrende Beiträge können vom Beginn des Kalenderjahres an Vorauszahlungen verlangt werden (§ 7a Abs. 5 Satz 2 ThürKAG). Schließlich ist es auch statthaft, auf eine Benutzungsgebührenschuld aus einem Dauerbenutzungsverhältnis von Beginn des Erhebungszeitraumes an angemessene Vorauszahlungen zu verlangen (§ 12 Abs. 7 ThürKAG).

Das bayerische Landesrecht lässt es zu, für ein Grundstück, für das eine Beitragspflicht noch nicht entstanden ist, Vorauszahlungen auf den Beitrag zu verlangen, wenn mit der Herstellung der Einrichtung begonnen worden ist. Ist die Beitragsschuld bereits entstanden, können Vorschüsse auf den Beitrag erhoben werden, sofern die endgültige Beitragsschuld noch nicht berechnet werden kann (Artikel 5 Abs. 5 Satz 1 und 5 bayr. KAG). Auf eine Gebührenschuld aus einem Dauerbenutzungsverhältnis könne von Beginn des Erhebungszeitraumes an angemessene Vorauszahlungen verlangt werden (Artikel 8 Abs. 7 bayr. KAG).

Auch in Nordrhein-Westfalen können auf Benutzungsgebühren von Beginn des Erhebungszeitraumes ans angemessene Vorausleistungen verlangt werden (§ 6 Abs. 4 nordrh.-westf. KAG). Auf eine künftige Beitragsschuld können ebenfalls angemessene Vorausleistungen verlangt werden, sobald mit der Durchführung der Maßnahme begonnen worden ist (§ 8 Abs. 8 nordrh.-westf. KAG).

Das hessische Landesrecht sieht vor, dass auf Beiträge Vorausleistungen bis zur Höhe der voraussichtlichen Beitragsschuld ab Beginn des Jahres verlangt werden können, in dem mit der Einrichtung oder einem Teil davon begonnen wird (§ 11 Abs. 10 hess. KAG).

In Brandenburg können auf eine Benutzungsgebührenschuld ab Beginn des Erhebungszeitraumes angemessene Vorauszahlungen verlangt werden (§ 6 Abs. 5 brdbg. KAG). Auf Beiträge können Vorausleistungen bis zur Höhe der voraussichtlichen endgültigen Beitragsschuld verlangt werden, sobald mit der Durchführung der Maßnahme begonnen worden ist (§ 8 Abs. 8 Satz 1 brdbg. KAG).

In Sachsen-Anhalt können auf die künftige Beitragsschuld angemessene Vorausleistungen verlangt werden, sobald mit der Durchführung der Maßnahme begonnen worden ist (§ 6 Abs. 7 Satz 1 KAG-LSA). Auf die Beitragsschuld wiederkehrender Beiträge können vom Beginn des Kalenderjahres an Vorausleistungen verlangt werden (§ 6a Abs. 6 Satz 2 KAG-LSA).

In Niedersachsen ist es statthaft, auf die künftige Beitragsschuld angemessene Vorausleistungen zu verlangen, sobald mit der Durchführung der Maßnahme begonnen worden ist (§ 6 Abs. 7 Satz 1 NKAG).

Im bundesgesetzlichen Erschließungsbeitragsrecht knüpft § 133 Abs. 3 BauGB die Berechtigung zur Erhebung von Vorausleistungen bis zur Höhe des voraussichtlichen Erschließungsbeitrags an den Herstellungsbeginn der Erschließungsanlage oder an die Erteilung einer Baugenehmigung[2]. Zugleich

2 Die Genehmigungsalternative bedingt das baden-württembergische Landesrecht ab (§ 25 Abs. 2 bad.-württ. KAG).

wird ausdrücklich geregelt, dass Vorausleistungen nur verlangt werden dürfen, solange eine Beitragspflicht noch nicht oder nicht in vollem Umfang entstanden ist.

II. Wesen und funktionelle Bedeutung

1. Wesen

Wohl am intensivsten wurde das Wesen der kommunalabgabenrechtlichen Vorausleistung für das Erschließungsbeitragsrecht untersucht. Die dort gefundenen Ergebnisse strahlen auch auf die anderen Bereiche des Kommunalabgabenrechts aus[3]. Die Vorausleistung wird dabei als „zeitlich vorgezogene Beitragsleistung“[4] begriffen. Für sie ist kennzeichnend, dass sie für ein Grundstück zur Verrechnung mit der späteren Beitragsschuld erbracht wird, bevor die endgültige, abstrakte Beitragspflicht entsteht[5]. Sie ist nicht nur eine Sicherheitsleistung, sondern ein *Vorschuss* auf die künftige Forderung. Als solcher ergeht sie aufgrund einer überschlägigen Schätzung und unter dem Vorbehalt der späteren Verrechnung[6]. Vorausleistungen entfalten keine Bindungswirkung für die spätere Festsetzung der endgültigen Abgabe. Sie begründen weder ein schutzwürdiges „Vertrauen“ der Gemeinde, dass der vereinnahmte Betrag vollständig behalten werden darf[7], noch ein schutzwürdiges Vertrauen, dass die endgültige Abgabe den festgesetzten Vorausleistungsbetrag letztlich nicht übersteigt[8].

Die Vorausleistung dient der „vorgezogenen Finanzierung des entstandenen und noch zu erwartenden Aufwandes“[9]. Vorausleistungen auf einen Erschließungsbeitrag sind danach auf den endgültigen Erschließungsbeitrag bezogen;

---

3 *Driehaus*, in: Driehaus, Kommunalabgabenrecht, § 8 Rn. 3.

4 *Driehaus*, in: Driehaus, Kommunalabgabenrecht, § 8 Rn. 124.

5 *Driehaus*, Erschließungs- und Ausbaubeiträge, 8. Aufl. 2007, § 21 Rn. 3; *ders.*, in: Driehaus, Kommunalabgabenrecht, § 8 Rn. 124; ähnlich BVerwG, v. 5. 9. 1975, IV CB 75/73, NJW 1976, 819.

6 Zum Ganzen: *Ernst*, in: Ernst/Zinkahn/Bielenberg/Krautzberger, BauGB, § 133 Rn. 41.

7 *Driehaus*, in: Driehaus, Kommunalabgabenrecht, § 8 Rn. 147c.

8 *Mildner*, in: Driehaus, Kommunalabgabenrecht, § 8 Rn. 1370c unter Verweis auf OVG Koblenz, v. 5. 9. 1995, 12 A 11075/95.OVG; *Büchel*, in: Büchel/Patt, SächsKAG, § 23 Rn. 11.

9 *Driehaus*, in: Driehaus, Kommunalabgabenrecht, § 8 Rn. 124a; BVerwG v. 15. 9. 1978, 4 C 50.76, BVerwGE 56, 238 (245); *Löhr*, in: Battis/Krautzberger/Löhr, BauGB, 11. Aufl. 2009, § 133 Rn. 27.

sie teilen daher grundsätzlich dessen Rechtscharakter[10]. Als Vorausleistung kann deshalb nur eine Geld-, keine Sachleistung verlangt werden[11]. Darüber hinaus teilt die Vorausleistung das rechtliche Schicksal des eigentlichen Erschließungsbeitrags insofern, als auch ihre Rechtsgrundlage entfällt, wenn die Beitragspflicht endgültig nicht entstehen kann; mangels einer Beitragspflicht wird dann der Vorausleistung die Rechtsgrundlage entzogen und wird der Vorausleistungsbescheid rechtswidrig[12]. Es handelt sich folglich - wie bei den Abschlagszahlungen des Werkvertragsrechtes[13] - um einen im Verhältnis zur endgültigen Abgabenforderung sekundären Hilfsanspruch.

Mit der Gleichartigkeit des Rechtscharakters wird zunächst nur eine Wesens*ähnlichkeit* von Beitrag und Vorausleistung reklamiert, die es erlaubt, die Vorausleistung in den für den endgültigen Beitrag geltenden Rahmen einzupassen. Zum Teil wird indes über die Annahme einer Wesensähnlichkeit noch hinausgegangen. Bei einer Vorausleistung soll es sich nach einer vereinzelt in der Rechtsprechung anklingenden Auffassung namentlich um eine besondere Art der *Zahlung* des *Beitrags selbst* handeln[14]. Dies ähnelt der rechtsdogmatischen Konstruktion der Abschlagszahlung des Werkvertragsrechts[15]. Gegen diese These von der „Wesens*gleichheit*" von Vorausleistung und endgültigem Beitrag ist indes einzuwenden, dass sie zu rechtsdogmatischen Friktionen führt, da anerkanntermaßen materiell-rechtlich zwei selbstständige Forderungen vorliegen[16]. Der endgültige Beitrag ist zum Zeitpunkt der Vorausleistungsveranlagung noch nicht entstanden[17], er kann daher auch noch nicht bezahlt werden. Dies ist im Werkvertragsrecht anders, wo die Werkvertragsforderung bereits mit Abschluss des Werkvertrages entstanden, wenngleich noch nicht fällig ist. Die auf eine Wesensgleichheit abhebende

10 *Löhr*, in: Battis/Krautzberger/Löhr, BauGB, 11. Aufl. 2009, § 133 Rn. 27; *Driehaus*, Erschließungs- und Ausbaubeiträge, 8. Aufl. 2007, § 21 Rn. 7.

11 *Driehaus*, Erschließungs- und Ausbaubeiträge, 8. Aufl. 2007, § 21 Rn. 7.

12 *Driehaus*, in: Driehaus, Kommunalabgabenrecht, § 8 Rn. 141 f. m. w. N.

13 Vgl. Kap. B Ziffer II Nr. 2 Buchst. a, S. 27.

14 BGH v. 12. 2. 1988, V ZR 8/87, NJW 1988, 2099 (2100); BVerwG v. 18. 11. 1998, 8 C 20/97, NVwZ 1999, 543; in die gleiche Richtung weisend OVG Koblenz v. 30. 4. 1997, 12 A 11610/95, zitiert nach juris, das rechtliche Identität der von Vorausleistungsbescheid und endgültigen Beitragsbescheid festgesetzten Beitragsschuld annimmt, vgl. hierzu auch *Mildner*, in: Driehaus, Kommunalabgabenrecht, § 8 Rn. 1370a.

15 Siehe oben Kap. B Ziffer II Nr. 2 Buchst. a, S. 27.

16 *Driehaus*, in: Driehaus, Kommunalabgabenrecht, § 8 Rn. 133 ff.; *Büchel*, in: Büchel/Patt, SächsKAG, § 23 Rn. 2.

17 Vgl. hierzu unter Ziffer III Nr. 2 Buchst. a, S. 205 ff.

Begrifflichkeit birgt zudem die Gefahr, die Besonderheiten der Vorschussleistung zu verschleiern und die dogmatische Bewältigung des Verhältnisses von Vorausleistung und endgültigem Beitrag zu erschweren.

Weil es sich bei der Vorausleistung um eine Zahlung „auf die endgültige Abgabe“ handelt, ist derjenige vorausleistungspflichtig, der Schuldner der endgültigen Abgabe wäre, das heißt in der Regel der Eigentümer oder Erbbauberechtigte des jeweiligen Grundstücks[18].

Die Vorausleistung auf einen Beitrag wird im Erschließungsbeitragsrecht und zum überwiegenden Teil auch im sonstigen Kommunalbeitragsrecht nicht schuldner-, sondern grundstücksbezogen erbracht. Sie ist auch dann mit dem endgültigen Beitrag zu verrechnen, wenn der Grundstückseigentümer - und damit der Beitragsschuldner - zwischenzeitlich gewechselt hat[19]. Vorauszahlungen, für die das einschlägige Landeskommunalabgabenrecht keine solche Verrechnung bei einem Eigentümerwechsel anordnet[20], erfahren demgegenüber ihre Rechtfertigung aus ihrem Charakter als einer Leistung auf die später entstehende *persönliche* Beitragsschuld[21].

2. Funktion der vorzeitigen Kommunalabgabenveranlagung

Die Erhebung von Vorausleistungen dient vor allem der Reduktion des kommunalen Vorfinanzierungsaufwands für die Herstellung von Einrichtungen oder die Bereithaltung von Leistungen. Damit soll zugleich die kommunale Zinslast gemindert werden. Faktisch wird auf diese Weise nicht nur die Entstehungsphase des Beitrags oder der Gebühr, sondern auch die Erhebungsphase für die endgültige Abgabe überbrückt.

Zum Teil werden Vorausleistungen auch eingesetzt, um bereits vor Entstehung der endgültigen Vorzugslasten eine Vorteil abzuschöpfen. So sollen etwa

18 *Driehaus*, in: Driehaus, Kommunalabgabenrecht, § 8 Rn. 125; BayVGH v. 22. 10. 2010, 6 BV 09.1363, zitiert nach juris; VG Köln v. 21. 7. 1987, 17 K 460/86, KStZ 1988, 18 f.; vgl. auch die ausdrückliche Regelung der § 7 Abs. 4 Satz 2 KAG M-V und § 8 Abs. 5 Satz 4 schlesw.-holst. KAG.

19 Vgl. § 133 Abs. 3 Satz 2 BauGB und die gleich lautenden Kommunalabgabengesetze Sachsens (§ 23 Abs. 1 Satz 2 SächsKAG), Niedersachsens (§ 6 Abs. 7 Satz 2 NKAG), Brandenburgs (§ 8 Abs. 8 Satz 5 brdbg. KAG), des Saarlands (§ 8 Abs. 9 Satz 2 saarl. KAG), Baden-Württembergs (§ 25 Abs. 3 Satz 2 bad.-württ. KAG), Bayerns (Artikel 5 Abs. 5 Satz 2 bayer. KAG), Mecklenburg-Vorpommerns (§ 7 Abs. 4 Satz 3 KAG M-V), Rheinland-Pfalz´ (§ 7 Abs. 5 Satz 3 rh.-pf. KAG), Thüringens (§ 7 Abs. 8 Satz 2 ThürKAG) und Sachsen-Anhalts (§ 6 Abs. 7 Satz 2 KAG-LSA).

20 Dies betrifft lediglich die Bundesländer Hessen und Nordrhein-Westfalen.

21 *Driehaus*, in: Driehaus, Kommunalabgabenrecht, § 8 Rn. 141 f. m. w. N.; BayVGH v. 23. 6. 1994, 23 B 90.139, zitiert nach juris.

Vorausleistungen auf Gebühren in Dauernutzungsverhältnissen den laufenden Nutzen des Pflichtigen abgelten[22]. Entsprechendes gilt in Hessen für die Vorausleistungen auf Anschlussbeiträge, weil dort das Entstehen der endgültigen Beitragspflicht zeitlich weit hinter dem Eintritt des Vorteils liegen kann, der mit der Anschlussmöglichkeit eines Grundstückes begründet wird[23]. Ähnliches trifft für die Vorausleistungen auf einen Erschließungsbeitrag zu. Sie werden neben ihrer Vorfinanzierungsfunktion herkömmlich zum Teil auch als „Entgelt" für die Stärkung der Rechtsstellung des Grundstückseigentümers durch die Erteilung des Baurechtes begriffen[24].

Zusätzlich dient die Erhebung von Vorausleistungen auf Erschließungsbeiträge nach Beginn der Herstellung der Erschließungsanlage auch dem bodenpolitischen Zweck einer Förderung der Baulandnutzung und -mobilisierung. Indem auch nicht bauwillige Grundstückseigentümer herangezogen werden, sollen diese zur baulichen Ausnutzung oder zur Veräußerung ihres Baulandes bewegt werden[25]. Ein letztes Ziel besteht schließlich darin, dem Bauherren eine einheitliche Finanzierung der Vorausleistung im Zusammenhang mit dem Bauvorhaben zu ermöglichen[26].

III. Voraussetzungen der Vorausleistungserhebung

Zu den Voraussetzungen der Vorausleistungserhebung zählen neben der Frage der Reichweite des Gesetzesvorbehaltes vor allem ihre positiven und negativen Tatbestandsmerkmale. Wie sich gezeigt hat[27], enthalten die Kommunalabgabengesetze und das Baugesetzbuch nur wenige ausdrückliche Regelungen zu den Anspruchsgrund und -höhe betreffenden Voraussetzungen für die Erhebung von Vorauszahlungen[28]. Die kommunale Erhebungsbefugnis für Vorausleistungen erfährt ihre Begrenzung deshalb im Wesentlichen nicht aus expliziten gesetzgeberischen Vorgaben, sondern aus ihrem besonderen Ab-

---

22 *Lohmann*, in: Driehaus, Kommunalabgabenrecht, § 6 Rn. 694d.

23 Vgl. *Lohmann*, in: Driehaus, Kommunalabgabenrecht, § 8 Rn. 885.

24 BVerwG v. 28. 10. 1981, 8 C 4. 81, BVerwGE 64, 186 (192); diese Funktionszuweisung ist rechtlich nicht unbedenklich, vgl. hierzu unter Ziffer III Nr. 4 Buchst. c Doppelbuchst. bb Dreifachbuchst. ccc, S. 228 f.

25 *Löhr*, in: Battis/Krautzberger/Löhr, BauGB 11. Aufl. 2009, § 133 Rn. 38 m. w. N.

26 *Löhr*, in: Battis/Krautzberger/Löhr, BauGB, 11. Aufl. 2009, § 133 Rn. 32 und 38; *Ernst*, in: Ernst/Zinkahn/Bielenberg/Krautzberger, BauGB, § 133 Rn. 39.

27 Vgl. oben Ziffer I, S. 197 ff.

28 Ausdrücklich geregelt sind z. B. das Erfordernis eines Dauerschuldverhältnisses oder des Herstellungsbeginns sowie die Angemessenheit der Höhe.

hängigkeitsverhältnis zur endgültigen Abgabenpflicht. Diese Verschränkung erweist sich allerdings als ambivalent und damit als uneindeutig: Während einerseits die Wesensähnlichkeit von Vorausleistung und endgültiger Abgabe eine möglichst umfassende Übertragung des Rechtsrahmens letzterer auf erstere zu indizieren scheint, gebieten es andererseits der Vorschusscharakter und die Vorläufigkeit der Vorausleistungsveranlagung, diejenigen Tatbestandsvoraussetzungen auszusondern, die auf die endgültige Entscheidung zugeschnitten sind. Wo innerhalb dieses Spannungsverhältnisses die konkreten einzelnen Erhebungsvoraussetzungen für endgültige Gebühren und Beiträge zu verorten sind, ist nicht immer leicht zu beantworten. Es ist sachlich jedenfalls nicht gerechtfertigt, aus der Vorausleistungserhebung eine „kleine Abgabenerhebung" zu machen. Wie eine sinnvolle Spiegelung der Vorgaben für die endgültige Abgabenerhebung auf die spezifischen Erfordernisse der Vorschusserhebung aussehen könnte, soll im Folgenden gezeigt werden.

1. Erfordernis einer spezifischen Ermächtigungsgrundlage

Unter den Oberbegriff des Erfordernisses einer spezifischen gesetzlichen Ermächtigungsgrundlage für Vorausleistungen lassen sich zwei von einander zu unterscheidende Fragen fassen. Hierzu gehört einerseits die Frage des Erfordernisses einer spezifischen *gesetzlichen* Grundlage als solcher. Dies wird in Rechtsprechung und Literatur[29] weitgehend und mit überzeugender Begründung bejaht. Die gesetzliche Ermächtigung, Abgaben zu erheben, schließt nicht zugleich auch die Ermächtigung ein, Vorausleistungen auf künftige Abgaben zu erheben. Denn die Vorausleistungspflicht stellt im Verhältnis zur endgültigen Abgabenpflicht eine eigenständige öffentlich-rechtliche Forderung dar, die an einen eigenen Tatbestand geknüpft ist. Die Erhebung solcher Vorausleistungen hat zudem regelmäßig[30] die Belastung der Pflichtigen vor dem für die Abgabenerhebung gesetzlich bestimmten Zeitpunkt zur Folge und geht daher inhaltlich über Eingriff, der durch die Abgabenerhebung bewirkt wird, hinaus. Daher bedarf es hierfür einer eigenen, formell-gesetzlichen Regelung[31].

29 *Gern*, VBlBW 1982, 253; ebenso OVG Münster v. 6. 2. 1986, 2 A 3373/83, KStZ 1986, 192 (194); BayVGH v. 9. 11. 1984, 23 CE 84 A.2449, BayVBl. 1985, 691 (692); a. A. VGH Kassel v. 28. 8. 1986, 5 TH 1870/86, HSGZ 1987, 72.

30 Vgl. hierzu Nummer 2 Buchst. a, S. 206.

31 Zum Ganzen: *Gern*, VBlBW 1982, 253 f.; OVG Münster v. 6. 2. 1986, 2 A 3373/83, KStZ 1986, 192 (194); BayVGH v. 9. 11. 1984, 23 CE 84 A.2449, BayVBl. 1985, 691 (692); a. A. VGH Kassel v. 28. 8. 1986, 5 TH 1870/86, HSGZ 1987, 72.

Zum Zweiten fragt sich, ob neben einer gesetzlichen Grundsatzregelung - wie auch bei endgültigen Beiträgen - zusätzlich eine *satzungsrechtliche* Bestimmung notwendig ist, um Vorausleistungen erheben zu können. Die zweite Frage wird grundsätzlich verneint. Die Anforderung von Vorausleistungen steht - anders als die Erhebung des Beitrags selbst[32] - nicht unter der Bedingung einer entsprechenden Satzungsregelung, weil die gesetzlich erteilte Befugnis zur Vorausleistungserhebung eine hinreichende Ermächtigung darstellt[33]. Die Entbehrlichkeit einer besonderen Satzungsregelung für Vorausleistungen besagt indes nicht, dass Vorausleistungen auch dann erhoben werden können, wenn eine wirksame Abgabensatzung noch gänzlich fehlt[34].

2. Fehlen einer endgültigen Abgabenpflicht?

Der unselbstständige, dienende Charakter des Vorschusses bedingt eine sachliche Begrenzung der Erhebungsberechtigung für Vorausleistungen durch die endgültige Abgabenforderung. Wie diese sachliche Begrenzung in den einzelnen Bundesländern konkret ausgestaltet ist, erscheint jedoch zweifelhaft:

a. Zeitliche Begrenzung durch Entstehen, Festsetzungsmöglichkeit oder Festsetzung der endgültigen Abgabe?

Für das Erschließungsbeitragsrecht hat der Bundesgesetzgeber ausdrücklich geregelt, dass Vorausleistungen nur verlangt werden dürfen, solange die endgültige Beitragspflicht noch nicht oder nicht in vollem Umfang entstanden ist. Eine dem Erschließungsbeitragsrecht vergleichbare, ausdrückliche Regelung hierzu findet sich für Beiträge lediglich im thüringischen und bayerischen Kommunalabgabengesetz. In einigen Bundesländern wurde dagegen bestimmt, dass Vorausleistungen auf die „künftige“ Beitragsschuld erhoben werden. Dies lässt sich zwar ebenfalls im obengenannten Sinne verstehen, ohne Weiteres zwingend ist eine solche Interpretation jedoch nicht. In Baden-Württemberg, Brandenburg, Hessen, Rheinland-Pfalz und im Freistaat Sach-

32 Siehe hierzu Kap. C Ziffer I Nr. 1, S. 52 f.

33 *Driehaus*, Erschließungs- und Ausbaubeiträge, 8. Aufl. 2007, § 21 Rn. 28; *Ernst*, in: Ernst/Zinkahn/Bielenberg/Krautzberger, BauGB, § 133 Rn. 43; BVerwG v. 1. 3. 1967, IV C 15/66, NJW 1967, 1101; ebenso für leitungsgebundene Einrichtungen BayVGH v. 31. 8. 1984, 23 B 82 A.461, BayVBl. 1985, 211; a. A. *Büchel*, in: Büchel/Patt, SächsKAG, § 23 Rn. 2; sowie wohl VGH Mannheim v. 10. 2. 1983, 2 S 390/82, VBlBW 1983, 408 (410) und OVG Koblenz v. 4. 10. 1971, 6 A 16/71, VerwRspr. 24, 464 (465).

34 Vgl. hierzu unten Nr. 5 Buchst. b, S. 241 ff.

sen fehlt zudem eine Regelung zur zeitlichen Begrenzung der Erhebung von Vorausleistungen auf Beiträge völlig. Auch in allen diesen Bundesländern wird jedoch einhellig das Entstehen der sachlichen Beitragspflichten als „hintere zeitliche Schranke" für die Erhebung von Vorausleistungen angesehen[35].

Diese Annahme ist jedoch nicht zwingend. Sie lässt sich jedenfalls - mit Ausnahme von Sachsen-Anhalt - nicht damit begründen, dass die Vorausleistungsschuld mit Entstehen der sachlichen Beitragspflicht erlischt[36].

Zudem existiert kein allgemeiner Grundsatz, dass Ansprüche auf Vorab-Zahlungen nur bis zum Entstehen des Hauptanspruches zulässig sind. Wie sich gezeigt hat, ist es im Gegenteil ebenso üblich, den Vorschussanspruch zeitlich durch die tatsächliche Geltendmachung des Hauptanspruches oder durch die Möglichkeit seiner Geltendmachung bzw. durch das Bestehen eines Vorschussinteresses zu begrenzen[37]. Insbesondere wird auch für die steuerlichen Vorauszahlungen, die den kommunalabgabenrechtlichen Vorausleistungen in vielen Punkten wesensähnlich sind, davon ausgegangen, dass sich die Überbrückungswirkung der Vorauszahlungsschuld auch auf den Zeitraum bis zum Ergehen der ersten wirksamen Festsetzung der Jahressteuerschuld erstreckt[38].

Zum Teil ist eine solche zeitliche Ausdehnung des Rechtes zur Erhebung von - allgemein gesprochen - „Vorab-Zahlungen" vom Gesetzgeber sogar ausdrücklich auch für das Kommunalabgabenrecht gewollt. Dies belegen namentlich für das bayerische und das thüringische Landesrecht die Artikel 5 Abs. 5 bayr. KAG und § 7 Abs. 8 ThürKAG, nach denen die Kommune bis zur Entstehung der Beitragspflicht Vorausleistungen und anschließend bis zur Berechenbarkeit der endgültigen Beitragsschuld Vorschüsse erheben kann. Bemerkenswert ist dabei, dass die ausdrückliche Ausdehnung des Rechtes zur Einforderung von Vorab-Zahlungen um die Befugnis zur Vorschusserhebung gerade in denjenigen Ländern vorgenommen wurde, in denen die Vorausleistungen nach dem Vorbild des Erschließungsbeitragsrechtes ausdrücklich auf

35 OVG Münster v. 7. 12. 2007, 15 B 1837/07, zitiert nach juris; OVG Magdeburg v. 16. 12. 1999, A 2 S 335/98, zitiert nach juris; OVG Koblenz v. 20. 3. 1979, 6 A 67/77, KStZ 1980, 155 (156); OVG Lüneburg v. 12. 5. 1987, 9 B 154/86; *Driehaus*, in: Driehaus, Kommunalabgabenrecht, § 8 Rn. 124.

36 Vgl. hierzu im Einzelnen unten Ziffer V Nr. 1 Buchst. b, S. 280 ff.

37 Vgl. Kap. B Ziffer IV, S. 47.

38 H.M.: BFH v. 13. 3. 1979, III R 79/77, BFHE 127, 550 (553); *Koops/Scharfenberg*, DStR 1995, 553; *Diebold*, in: Hermann/Heuer/Raupach, EStG, § 37 Rn. 30; *Boeker*, in: HHSp, AO, § 37 Rn. 46; weitergehend *Stolterfoht*, in: K/S/M, EStG, § 37 Rn. A 10 f.; a. A. *Drenseck*, in: Schmidt, EStG, 30. Aufl. 2011, § 37 Rn. 1; *Drüen*, in: Tipke/Kruse, AO, § 37 Rn. 45.

den Zeitraum bis zur Entstehung der Beitragspflichten begrenzt worden sind. Inhaltlich vermag die so gewählte Konstruktion jedoch nicht zu überzeugen. Es ist namentlich nicht nachvollziehbar, wieso diese Landesgesetzgeber den unnötig komplizierten Weg einer Aufspaltung der Vorab-Zahlungen in Vorausleistungen einerseits und Vorschüsse andererseits gehen, anstatt die zeitliche Begrenzung der Vorausleistungserhebung durch die Entstehung der endgültigen Beitragspflichten aufzugeben, die sie offensichtlich als ungenügend empfinden. Wesentlich einfacher wäre es, die Erhebung von Vorausleistungen von vornherein bis zu dem Zeitpunkt zuzulassen, zu dem der endgültige Beitrag berechenbar wird.

Nach alledem versteht es sich keineswegs von selbst, aus dem Schweigen der anderen Kommunalabgabengesetzgeber darauf zu schließen, dass eine Vorausleistungserhebung nicht mehr statthaft sein soll, sobald die endgültigen Beitragspflichten entstanden sind. Vielmehr muss für das entsprechende Landesrecht jeweils konkret geprüft werden, welches Vorschusskonzept ihm zugrunde liegt.

b. Bestehen eines Vorfinanzierungsinteresses?

Darüber hinaus wird - in auffälliger Übereinstimmung mit der Rechtsprechung zu den werkvertraglichen Abschlagszahlungen[39] - vereinzelt ein besonderes Vorfinanzierungsinteresse gefordert[40]. Ein schutzwürdiges Vorfinanzierungsinteresse soll danach dann fehlen, wenn die endgültige Beitragspflicht aus Gründen noch nicht entstanden ist, die der Kommune vorzuwerfen sind. Dem ist zuzustimmen. Der Rückgriff auf das außerordentliche Vorfinanzierungsinstitut der Vorausleistung ist wegen seines abgesenkten materiell-rechtlichen Entscheidungsstandards mit einem erhöhten Risiko verbunden, dass der Abgabenschuldner letztlich ganz oder teilweise zu Unrecht in Anspruch genommen wird. Nach den allgemeinen Subsidiaritätsgrundsätzen vorläufiger Entscheidungen[41] ist eine Heranziehung zu Vorausleistungen deshalb nur solange gerechtfertigt, als für die Kommune keine Möglichkeit besteht, die endgültige Abgabe - mit den entsprechenden vollgültigen verfahrensrechtlichen und materiell-rechtlichen Garantien für die Gesetzmäßigkeit des Ergebnisses - festzusetzen.

39 Vgl. Kap. B Ziffer II Nr. 2 Buchst. b, S. 28.
40 OVG Koblenz v. 1. 4. 2003, 6 A 10778/02, NVwZ-RR 2004, 373.
41 Vgl. Kap. B Ziffer IV, S. 49.

3. Möglichkeit des Entstehens der endgültigen Abgabenpflicht

Wegen des dienenden Charakters der Vorausleistung, aufgrund ihres „Bezogenseins" auf die endgültige Abgabe setzt die Vorschussforderung zudem voraus, dass die Entstehung einer endgültigen Abgabe überhaupt *möglich* ist. Ist es nach Lage der Dinge ausgeschlossen, dass bei einer dinglichen Vorausleistung für das fragliche Grundstück bzw. bei einer personenbezogenen Vorausleistung für den Vorausleistungsschuldner eine endgültige Abgabenpflicht entstehen wird und kann deshalb die Vorausleistung den ihr immanenten Leistungszweck nicht mehr erreichen, so entfällt ihre grundlegende Rechtfertigung[42]. Dies ist zum Beispiel der Fall, wenn die Gemeinde endgültig davon Abstand nimmt, die Anlage oder Einrichtung herzustellen, wenn sich herausstellt, dass es sich um eine nicht beitragsfähige Anlage oder Einrichtung handelt, oder wenn das fragliche Grundstück nicht mehr zum Kreis der absehbar beitragspflichtigen Grundstücke zählt, weil es etwa seine Bebaubarkeit verloren hat, oder sonst durch die künftige Anlage oder Einrichtung nicht mehr bevorteilt werden kann[43].

4. Zur doppelten Vorteilsbeziehung - Erfordernis eines Voraus-Vorteils?

Einer der bedeutendsten Diskussionspunkte ist in diesem Zusammenhang die Frage, ob die Erhebung von Vorausleistungen - analog zu der vorteilsgebundenen Erhebung von endgültigen Vorzugslasten - das Bestehen eines Voraus-Vorteils erfordert, ob also für die Anforderung von Vorausleistungen über den potentiellen Sondervorteil hinaus ein zusätzlicher, „einstweiliger" Vorteil Bedingung ist, oder ob der in Aussicht stehende endgültige Sondervorteil als Rechtfertigung hinreicht, damit die Kommune bereits vorab einen Vorschuss einfordern kann. Dieses Problem ist allerdings nur im kommunalen Beitragsrecht von Bedeutung, da Vorausleistungen auf kommunale Benutzungsgebühren nur in Dauerbenutzungsverhältnissen gefordert werden dürfen, in denen der Vorausleistungsschuldner folglich definitionsgemäß ständig hoheitliche Vorteile in Anspruch nimmt.

42 Zu alledem: *Driehaus*, in: Driehaus, Kommunalabgabenrecht, § 8 Rn. 141 f. m. w. N.; *Driehaus*, Erschließungs- und Ausbaubeiträge, 8. Aufl. 2007, § 21 Rn. 42 m. w. N.

43 *Driehaus*, in: Driehaus, Kommunalabgabenrecht, § 8 Rn. 141 f. m. w. N.; *Driehaus*, Erschließungs- und Ausbaubeiträge, 8. Aufl. 2007, § 21 Rn. 42 m. w. N.

a. Der Voraus-Vorteil in Literatur und Rechtsprechung

aa. Zur erschließungsbeitragsrechtlichen Diskussion Für das Erschließungsbeitragsrecht ist diese Frage intensiv erörtert worden, wobei überwiegend das Erfordernis eines Voraus-Vorteils mit folgenden Argumenten bejaht[44] wird:

aaa. Herleitung Aus dem Charakter der Vorausleistung als vorgezogenem Beitrag folgt, dass das Vorteilsprinzip insoweit Geltung hat[45]. Das Sondervorteilsprinzip besagt dabei auch in diesem Zusammenhang, dass die Abgabe grundsätzlich dem tatsächlichen Wert der Sonderleistung entsprechen muss[46]. Das Vorliegen eines derartigen Vorteils ist - als Ausprägung des Verhältnismäßigkeitsgrundsatzes - dabei sogar eine verfassungsrechtliche Voraussetzung für die Beitragserhebung[47]. Dass die Erhebung von Vorausleistungen eine besondere Rechtfertigung voraussetzt, ergibt sich nach dieser Auffassung im Übrigen auch daraus, dass sie den abgabenrechtlichen Grundsatz der nachträglichen Aufwandsdeckung durchbrechen[48].

bbb. Inhalt des Voraus-Vorteils Worin dieser besondere Voraus-Vorteil im Einzelnen bestehen soll, ist allerdings umstritten. Zum einen wird die Überlegung diskutiert, weil der (endgültige) Sondervorteil auf der Möglichkeit der Inanspruchnahme der Erschließungsanlage beruht, kann in dem Beginn der Herstellung der Erschließungsanlage eine Aktualisierung der künftigen Inanspruchnahmemöglichkeit und damit gleichsam die „Geburt" eines relevanten Vorteils gesehen werden, der mit dem Fortgang der Herstellungsarbeiten kontinuierlich wächst[49]. Demgegenüber wird von anderer Seite davon ausgegangen, dass der Vorteil bei der Herstellungsalternative (zusätzlich)

44 *Driehaus*, Erschließungs- und Ausbaubeitragsrecht, 8. Aufl. 2007, § 21 Rn. 12 ff.; *Sellner*, NJW 1986, 1079; *Thedieck*, KStZ 1991, 62; *Löhr*, in: Battis/Krautzberger/Löhr, BauGB, 11. Aufl. 2009, § 133 Rn. 29 und 32; *Ernst*, in: Ernst/Zinkahn/Bielenberg/Krautzberger, BauGB, § 133 Rn. 42a ff.; in diese Richtung weisend auch BVerfG v. 5. 7. 1972, 2 BvL 6/66, BVerfGE 33, 265 (291); BVerwG, v. 4. 4. 1975, IV C .73, BVerwGE 48, 117 (120); v. 28. 10. 1981, 8 C 4.81, BVerwGE 68, 168 (192).

45 *Driehaus*, Erschließungs- und Ausbaubeitragsrecht, 8. Aufl. 2007, § 21 Rn. 12; *Quaas*, in: Schrödter, BauGB, 7. Aufl. 2006, § 133 Rn. 22.

46 *Thedieck*, KStZ 1991, 62.

47 *Ernst*, in: Ernst/Zinkahn/Bielenberg/Krautzberger, BauGB, § 133 Rn. 42a.

48 BVerwG v. 28. 10. 1981, 8 C 4.81, BVerwGE 64, 168 (192); *Thedieck*, KStZ 1991, 62 ff.

49 Vgl. *Driehaus*, Erschließungs- und Ausbaubeitragsrecht, 8. Aufl. 2007, § 21 Rn. 16.

darin zu sehen ist, dass die Bebaubarkeit des Grundstücks früher eintritt als bei einer Finanzierung der Erschließungsanlage ohne Vorausleistungen. Zugleich ist die Erschließung der Grundstücke im Sinne von §§ 30 und 34 BauGB - zumindest teilweise - gesichert, sodass eine Baugenehmigung zu erteilen wäre. Überdies bewertet der Grundstücksverkehr entsprechende Grundstücke sofort höher. Dies ist zwar nicht der Vorteil selbst, aber jedenfalls ein Indiz dafür, dass sich die in Angriff genommenen Erschließungsarbeiten vorteilhaft auswirken[50].

bb. Wirkungen des Voraus-Vorteils Auch die hieraus für die Vorausleistung zu ziehenden Schlussfolgerungen sind umstritten. Von einer Seite wird argumentiert, weil ein zukünftiger Vorteil weniger werthaltig ist als ein aktueller Vorteil, soll eine Vorausleistung jedenfalls nicht die Höhe des endgültigen Beitrags erreichen, sondern zumindest zu Beginn der Herstellung der beitragsfähigen Anlage erheblich hinter der Höhe des endgültigen Beitrags zurückbleiben[51]. Die Vertreter der Gegenauffassung[52] nehmen in Abweichung hiervon für die Herstellungsalternative des Erschließungsbeitragsrechtes an, dass der in ihrem Sinne - d. h. früherer Eintritt der Bebaubarkeit und Sicherung der Erschließung - bestimmte Voraus-Vorteil ein solches Gewicht hat, dass er es rechtfertigt, Vorausleistungen in Höhe der vollen geschätzten Erschließungsbeitragsschuld zu erheben. Eine unpraktikable und vom Gesetzgeber nicht gewollte Reduzierung der Vorausleistungshöhe ist damit nicht erforderlich[53].

cc. Streitstand im sonstigen Kommunalabgabenrecht Angesichts dieser intensiven Problematisierung des Voraus-Vorteils im Erschließungsbeitragsrecht überrascht auf der anderen Seite, dass für sonstige Beiträge das Fehlen eines Voraus-Vorteils offensichtlich weithin nicht als problematisch angesehen wird, obwohl die Landeskommunalabgabengesetze die Berechtigung

50 Zum Ganzen: *Ernst*, in: Ernst/Zinkahn/Bielenberg/Krautzberger, BauGB, § 133 Rn. 42a; *Löhr*, in: Battis/Krautzberger/Löhr, BauGB, 11. Aufl. 2009, § 133 Rn. 32 und 38; ähnlich *Sellner*, NJW 1986, 1079.

51 *Driehaus*, Erschließungsbeitragsrecht und Ausbaubeitragsrecht, § 21 Rn. 15; *Thedieck*, KStZ 1991, 65.

52 *Ernst*, in: Ernst/Zinkahn/Bielenberg/Krautzberger, BauGB, § 133 Rn. 42a; *Löhr*, in: Battis/Krautzberger/Löhr, BauGB, 11. Aufl. 2009, § 133 Rn. 32 und 38; ähnlich *Sellner*, NJW 1986, 1079.

53 *Ernst*, in: Ernst/Zinkahn/Bielenberg/Krautzberger, BauGB, § 133 Rn. 63; *Löhr*, in: Battis/Krautzberger/Löhr, BauGB, 11. Aufl. 2009, § 133 Rn. 38.

zur Erhebung von Vorausleistungen regelmäßig nicht - oder zumindest nicht ausdrücklich - an eine Verbesserung der Stellung des Vorausleistungsschuldners knüpfen[54]. In der insoweit einschlägigen Rechtsprechung wird dieser Gesichtspunkt überwiegend nicht thematisiert[55]. Allein das OVG Lüneburg und das OVG Magdeburg machen die Erhebung von der Höhe nach „angemessenen" Vorausleistungen gemäß § 6 Abs. 7 Satz 1 NKAG und § 6 Abs. 7 Satz 1 KAG-LSA (auch) von einem entsprechenden Ausmaß der bei ihrer Erhebung vermittelten Vorteile abhängig[56].

dd. Eigener Prüfungsmaßstab Angesichts dieses disparaten Befundes erscheint es angezeigt, dem postulierten Erfordernis eines Voraus-Vorteils nochmals eingehend nachzugehen. Eine umfassende Prüfung darf sich dabei nicht voreilig auf die Schlagworte des Äquivalenzprinzips und des beitragsrechtlichen Sondervorteils kaprizieren, will sie nicht die eigentlich bedeutsamen Gesichtspunkte ausblenden. Ein solcherart beschränkter Prüfungsansatz vernachlässigt nämlich, dass die Abschöpfung eines Vorteils nicht der einzige legitime Zweck ist, der die Erhebung von Beiträgen als Vorzugslasten rechtfertigen kann. Ebenso lässt er unberücksichtigt, dass die Frage der zeitlichen

54 Vgl. Ziffer I, S. 197 ff.

55 Vgl. etwa OVG Koblenz v. 30. 4. 1997, 12 A 11610/95, zitiert nach juris; BayVGH v. 23. 6. 1994, 23 B 90.139, NVwZ-RR 1995, 218 ff.; OVG Münster v. 21. 12. 2000, 15 A 4579/97, ZMR 2001, 404 f.; das OVG Koblenz bezeichnet in seinem Urt. v. 31. 10. 1991, 12 A 11345/91, KStZ 1992, 76, Vorausleistungen sogar explizit als Leistungen, die dem Beitragspflichtigen abverlangt werden, „obwohl die eigentliche Tatbestandsvoraussetzung für die Beitragserhebung, die Verschaffung einer Vorteilsmöglichkeit, noch nicht gegeben ist." Die gleiche Tendenz haben die Ausführungen von *Klausing*, in: Driehaus, Kommunalabgabenrecht, § 8 Rn. 1061a, Stand März 2007, der die Situation bei Erhebung der Vorausleistungen dadurch gekennzeichnet sieht, dass das Entstehen des Vorteils absehbar ist, der konkrete Vorteil aber noch aussteht, und von *Büchel*, in: Büchel/Patt, SächsKAG, § 23 Rn. 8, nach dem es nicht erforderlich ist, dass dem jeweiligen Grundstück bereits ein Vorteil durch die Einrichtung vermittelt wird. Auch beim BayVGH klingt zwar die Einbindung einer Vorausleistung auf den Herstellungsbeitrag für eine Entwässerungsanlage in die Verknüpfung von Leistung und Gegenleistung an. Gefolgert wird hieraus jedoch nicht das Erfordernis eines Voraus-Vorteils, sondern auf die Notwendigkeit einer Beziehung der Vorausleistung zu dem Zeitpunkt, zu dem der (endgültige) Vorteil nutzbar ist. Der Zeitpunkt der Nutzbarkeit der Einrichtung müsse „in Sicht" sein (BayVGH v. 2. 4. 1993, 23 B 90.448, NVwZ-RR 1994, 54); vgl. auch die Rechtsprechungsnachweise bei *Driehaus*, in: Driehaus, Kommunalabgabenrecht, § 8 Rn. 135, wo die Frage der Angemessenheit einer Vorausleistung allenfalls unter dem Gesichtspunkt der erbrachten und bevorstehenden Aufwendungen, nicht unter dem Gesichtspunkt eines Voraus-Vorteils diskutiert wird.

56 OVG Lüneburg v. 8. 12. 1998, 9 L 6811/96, zitiert nach juris; OVG Magdeburg v. 16. 12. 1999, A 2 S 335/98, zitiert nach juris.

Verknüpfung von Abgabenerhebung und hoheitlicher Leistung nicht in erster Linie eine Frage des Wertes der jeweiligen Leistung ist, sondern vornehmlich die Frage nach der Berechtigung einer erzwungenen Kreditierung der öffentlichen Hand aufwirft. Stattdessen wird sich zeigen, dass das oben dargestellte, streng sondervorteilsgebundene Verständnis des Erschließungsbeitragsbegriffes die eigentliche Dimension des Belastungsgrundes von Kommunalbeiträgen nicht zureichend erfasst (hierzu sogleich unter b.). Ein umfassenderes Bild des Belastungsgrundes führt dabei auch zu einem anderen Ergebnis in der verfassungsrechtlichen Bewertung (hierzu unter c.). Damit stellt sich anschließend allein noch die Frage, ob das einfache Gesetzesrecht (siehe unter d.) oder allgemeine Rechtsgrundsätze (hierzu unter e.) das Erfordernis eines Voraus-Vorteils tragen.

b. Kommunalabgabenrechtlicher Vorteilsbegriff und Belastungsgrund

aa. Zum Belastungsgrund von Vorzugslasten allgemein Gebühren und Beiträge gehören zu den klassischen Abgabearten und zählen damit zum hergebrachten Bestand staatlicher Einnahmen[57]. Sie unterscheiden sich von den Steuern dadurch, dass sie nicht wie diese voraussetzungslos, sondern als „Gegenleistung“[58] für eine öffentlich-rechtliche Leistung geschuldet werden. Bei Beiträgen und Gebühren handelt es sich in Abgrenzung zu den Steuern als Gemeinlasten um Vorzugslasten[59].

bb. Zum Belastungsgrund von Gebühren Insbesondere die Erhebung von Gebühren ist nur zulässig, soweit bei dem Abgabenschuldner der Vorteil einer individualdienlichen Leistung abgeschöpft oder ein individuell zurechenbarer Aufwand überwälzt wird[60]. Eine Gebühr ist zwar im dargestellten ein-

57 BVerfG v. 19. 3. 2003, 2 BvL 9, 10, 11, 12/98, BVerfGE 108, 1 (17).

58 Bei der Verwendung des Begriffs der Gegenleistung darf dabei allerdings nicht der privatrechtliche Bedeutungsgehalt diese Terminus mitgedacht werden, weil der Begriff in seinem abgabenrechtlichen Kontext weder von der für das Zivilrecht typischen beidseitigen Freiwilligkeit geprägt ist, noch den - vom zivilrechtlichen Begriff des „Entgelts“ nicht erfassten - Anspruchstypus des Aufwandsersatzes ausschließt. Rechtliche Folgerungen dürfen aus dem herkömmlichen Sprachgebrauch vom „Entgelt“ oder der „Gegenleistung“ daher nicht hergeleitet werden (Wilke, Gebührenrecht und Grundgesetz, 1973, S. 92 ff.).

59 Zum Ganzen: *P. Kirchhof*, in: HdbStR V, 3. Aufl. 2007, § 119 Rn. 17.

60 Sog. „doppelgliedriger Gebührenbegriff“: *Vogel*, in: Festschrift für W. Geiger, 1989, S. 533; *ders.*, in: HdbStR IV, 2. Aufl. 1999, § 87 Rn. 46; *P. Kirchhof*, in: HdbStR V, 3. Aufl. 2007, § 119 Rn. 26; *Patzig*, DÖV 1981, 735; *Lichtenfeld*, in: Driehaus, Kommunalabgabenrecht, § 4 Rn. 2a m. w. N., Stand März 1996; ähnlich die vom Bun-

geschränkten Sinne „Gegenleistung“ für Amtshandlungen oder sonstige Tätigkeiten der Verwaltung oder für die tatsächliche Inanspruchnahme öffentlicher Einrichtungen oder Anlagen[61]; hierbei ist jedoch anerkannt, dass das gebührenpflichtige hoheitliche Verhalten für den Pflichtigen nicht notwendig vorteilhaft sein muss, sondern sogar nachteilig sein kann - namentlich kann der Gebührenerhebung auch allein eine Kostenverantwortung des Pflichtigen zugrunde liegen[62].

cc. Zum Belastungsgrund im Beitragsrecht Auch der Beitrag wird aus Anlass einer Leistung des Abgabeberechtigten zur Deckung der Kosten dieser Leistung erhoben. Er bezweckt ebenfalls häufig einen Ausgleich für die wirtschaftlichen Vorteile, die dem Abgabepflichtigen durch diese Leistungen erwachsen. Anders als bei der Gebühr ist es aber nicht erforderlich, dass der Abgabepflichtige den angebotenen Vorteil tatsächlich in Anspruch nimmt. Kennzeichnend für den Typ des Beitrags ist vielmehr, dass eine besondere Einrichtung mit der Folge zur Verfügung gestellt wird, dass derjenige, der hiervon besonderen wirtschaftlichen Nutzen hat, zu den Kosten der Errichtung und Unterhaltung beitragen soll[63]. Der Beitrag finanziert typischerweise eine öffentliche Investition, deren konkrete Nutznießer nicht individualisiert werden, sondern in einer Gruppe vermutet werden[64].

Durch eine gebräuchliche, verkürzte Darstellungsweise wird dabei zum Teil der Eindruck erweckt, der Beitrag diene dem „reinen“ Vorteilsausgleich[65].

---

desverfassungsgericht verwendete Definition. Danach ist eine Gebühr eine öffentlichrechtliche Geldleistung, die dem Schuldner aus Anlass einer individuell zurechenbaren öffentlichen Leistung auferlegt wird und jedenfalls auch dazu bestimmt ist, in Anknüpfung an diese Leistung deren Kosten zu decken (BVerfG v. 19. 3. 2003, 2 BvL 9/98, BVerfGE 108, 1, [13]).

61 *Gern*, Sächsisches Kommunalabgabenrecht, 2. Aufl. 2000, Rn. 1080.

62 *Vogel*, in: HdbStR IV, 2. Aufl. 1999, § 87 Rn. 46; *P. Kirchhof*, in: HdbStR V, 3. Aufl. 2007, § 119 Rn. 26.

63 Zum Ganzen: *Driehaus*, in: Driehaus, Kommunalabgabenrecht, § 8 Rn. 9 ff.; *Lichtenfeld*, in: Driehaus, Kommunalabgabenrecht, § 4 Rn. 145; vgl. *P. Kirchhof*, in: HdbStR V, 3. Aufl. 2007, § 119 Rn. 62, nach dem die Erhebung eines Beitrags statthaft ist, soweit der Abgabenschuldner zum Bestand einer besonderen öffentlichen Einrichtung beiträgt, die ihm individualisierbar zur Benutzung zur Verfügung steht. Beiträge werden auch als eine Gegenleistung für die Herstellung, den Ausbau oder die Erweitung und die Möglichkeit der Benutzung öffentlicher Einrichtungen bezeichnet (*Gern*, Sächsisches Kommunalrecht, 2. Aufl. 2000, Rn. 1081).

64 *P. Kirchhof*, in: HdbStR V, 3. Aufl. 2007, § 119 Rn. 62.

65 Vgl. BVerwG v. 21. 10. 1994, 8 C 2/93, NVwZ 1995, 1209 (1210); OVG Schleswig v. 13. 2. 2008, 2 LB 42/07, zitiert nach juris; *Driehaus*, Erschließungs- und Ausbaubeiträge, 8. Aufl. 2007, § 21 Rn. 12; *ders.*, in: Driehaus, Kommunalabgabenrecht, § 8

Tatsächlich wird er indes - wie auch die Gebühr - regelmäßig nicht nur durch den Ausgleich von Vorteilen, sondern auch durch den von *Lasten* legitimiert[66] und liegt ihm jedenfalls teilweise eine *Finanzierungsverantwortlichkeit* der Gruppe zugrunde, der der Beitragspflichtige angehört[67]. Dies zeigen die folgenden Überlegungen:

aaa. Rechtstatsächliche Ausgestaltung des Belastungsgrundes

So weist etwa die tatsächliche Ausgestaltung der für diesen Abgabentyp paradigmatischen Abwasserbeiträge, wie auch der Erschließungs- und Ausbaubeiträge deutliche Bezüge zum Rechtfertigungstyp der Finanzierungsverantwortlichkeit auf. *De lege lata* fungieren kommunale Beiträge nicht nur als Mittel zum Zweck der Vorteilsabschöpfung, sondern erweisen sich darüber hinaus - jedenfalls auch, wenn nicht gar in erster Linie - als ein Instrument der Kostenüberwälzung. Für diesen Wesenszug zeichnet bereits die Geltung der Kostendeckungsmaxime verantwortlich, die alle Kommunalabgabengesetze anordnen[68]. Die gesetzlichen Regelungen sehen allgemein vor, dass die Kommune die Kosten der Einrichtung - den öffentlichen Aufwand - auf den Kreis der Bevorteilten zu überwälzen hat[69]. Der Personenkreis der Bevorteilten bildet demnach eine Kostenverantwortungsgemeinschaft für die jeweilige Anlage.

Dies zeigt, dass die Beitragsbemessung tatsächlich als Akt der gleichmäßigen Verteilung des angefallenen oder prognostizierten Aufwands auf die

---

Rn. 14; *Schmid*, in: Quecke/Schmid, Gemeindeordnung SN, § 73 Rn. 5; *Gern*, Sächsisches Kommunalabgabenrecht, 2. Aufl. 2000, Rn. 1247; *Büchel*, in: Büchel/Patt, SächsKAG, § 28 Rn. 11 ff.; *Thedieck*, KStZ 1991, 62.

66 *Patzig*, DÖV 1981, 735; BVerwG v. 15. 10. 1971, VII C 17.70, BVerwGE 39, 5 (9); BVerfG v. 20. 5. 1959, 1 BvL 1,7/58, BVerfGE 9, 291, (298); v. 16. 10. 1962, 2 BvL 27/60, BVerfGE 14, 312 (317).

67 *Vogel*, in: HdbStR IV, 2. Aufl. 1999, § 87 Rn. 48; diese Verantwortlichkeit soll insbesondere aus der Nichterfüllung einer Gruppenleistungspflicht resultieren können. Die Grenzen zur Sonderabgabe sind gerade bei dieser Fallgestaltung fließend (vgl. *P. Kirchhof*, in: HdbStR V, 3. Aufl. 2007, § 119 Rn. 62 und 65 - zum Beitrag als „Ersatzgeld").

68 Der Inhalt des Kostendeckungsprinzips unterscheidet sich im Detail je nach einfachgesetzlicher Ausgestaltung. Regelmäßig gebietet es die Orientierung der Abgabenkalkulation am Verwaltungsaufwand - und damit nicht am vermittelten Vorteil (*Gern*, Sächsisches Kommunalrecht, 2. Aufl. 2000, Rn. 1099).

69 Vgl. *Driehaus*, in: Driehaus, Kommunalabgabenrecht, § 1 Rn. 43; *Gern*, Sächsisches Kommunalrecht, 2. Aufl. 2000, Rn. 1204; in diesem Sinne spricht auch *Ernst*, in: Ernst/Zinkahn/Bielenberg/Krautzberger, BauGB, § 133 Rn. 26, davon, dass der Erschließungsbeitrag ein Erstattungsanspruch ist.

Beitragspflichtigen ausgestaltet ist, nicht aber der „Messung“ des absoluten Wertes des jeweiligen Sondervorteils dient[70].

bbb. Keine Messbarkeit des realen Vorteils bei oktroyierten staatlichen Leistungen Dies ist zum einen schon faktisch nicht anders möglich, weil der Wert jenes Sondervorteils letztlich nicht ermittelt, sondern nur durch Dezision festgelegt werden kann[71]. Kann aber der objektive Wert des Sondervorteils nicht beziffert werden, existiert zwangsläufig kein absolutes Maß für die Vorteilsabschöpfung; der Sondervorteil verliert damit seine Tauglichkeit als (alleiniges) Begrenzungsmerkmal für die zu erhebenden Beiträge.

Die Unmöglichkeit, den Sondervorteil zu beziffern, liegt neben der fehlenden Existenz eines Marktes für öffentliche Leistungen ganz wesentlich auch an der fehlenden Schärfe des Vorteilsbegriffs[72]. Umso abstrakter die fragliche Besserstellung ist, desto weniger ist es möglich, ihr einen „Wert“ - selbst typisiert anhand eines Wahrscheinlichkeitsmaßstabs - zuzusprechen. So bestehen die wirtschaftlichen Sondervorteile des Ausbaubeitragsrechtes etwa in einer aus der Inanspruchnahmemöglichkeit fließenden, abstrakten Besserstellung, einer qualitativen Verbesserung der Erschließungssituation, die den Gebrauchswert des Grundstückes positiv beeinflussen kann[73]. Eine gewisse Beliebigkeit dieses Vorteilsbegriffs lässt sich nicht verleugnen, wenn bei Anliegerstraßen sowohl der Ausbau der Fahrbahn zur Verkehrsbeschleunigung wegen der leichteren und sichereren Zugänglichkeit der anliegenden Grundstücke[74], wie auch das genaue Gegenteil, die Verkehrsberuhigung, wegen der Stärkung der Verkehrssicherheit bzw. der Aufenthalts-, Kommunikations- und Erholungsfunktion der Straße, eine Verbesserung darstellen und damit für die anliegenden Grundstücke gleichermaßen vorteilhaft sein sollen[75].

---

70 Vgl. *Driehaus*, in: Driehaus, Kommunalabgabenrecht, § 8 Rn. 268: Das Merkmal „Vorteil“ dient der Aufteilung des Aufwandes zwischen und innerhalb der betroffenen Anlieger und der Allgemeinheit.

71 In diesem Sinne schon *Driehaus*, in: Driehaus, Kommunalabgabenrecht, § 8 Rn. 275, Stand März 1997, für das Ausbaubeitragsrecht.

72 Bereits *Wilke* hat zu Recht moniert, dass der unbestimmte Rechtsbegriff des besonderen Vorteils dazu verleiten kann, das Vorliegen eines derartigen Vorteils bei bestimmten Personengruppen zu vermuten, obwohl sich unter Umständen ein derartiger Vorteil nicht nachweisen lässt (*Wilke*, Gebührenrecht und Grundgesetz, 1973, S. 122 und 197).

73 *Driehaus*, in: Driehaus, Kommunalabgabenrecht, § 8 Rn. 271 f.

74 Vgl. *Driehaus*, in: Driehaus, Kommunalabgabenrecht, § 8 Rn. 305 m. w. N.

75 Vgl. BayVGH v. 24. 4. 1989, 6 B 88.02302, KStZ 1990, 196 (197); OVG Lüneburg v.

Diese Unschärfe des Vorteilsbegriffs macht eine genaue Messung des Vorteilswertes zwar nicht unmöglich, solange der Betroffene die abgabenbelastete hoheitliche Leistung freiwillig nachfragt und so in eine Art „Austauschverhältnis“ mit dem Hoheitsträger eintritt. Bei einer verzichtbaren Leistung würde der Umstand der freiwilligen Nachfrage die Angemessenheit des „Verwaltungspreises“[76] im Hinblick auf den erworbenen Vorteil belegen. Eine solche objektive Bestätigung fehlt indes dann, wenn die Leistung „aufgedrängt“ wird[77]. Einer Beitragserhebung wohnt jedoch stets ein solches Zwangsmoment bei der Zuschreibung der Kostenverantwortung inne. Denn der idealtypischen Beitragserhebung liegt im Unterschied zur Gebührenerhebung kein durch den Akt der Inanspruchnahme konkretisierter und individualisierter Vorteil zugrunde, der vom Beitragsschuldner aus eigenem Entschluss „nachgefragt“ wird. Eine freiwillige Inanspruchnahme ist im Gegenteil von vornherein unmöglich. Die bei Beiträgen vorgenommene Zurechnung eines vermuteten Vorteils erweist sich damit immer als eine willensunabhängige Verknüpfung, da es auf den tatsächlichen und freiwilligen Abruf des Vorteils durch den Beitragsschuldner gerade nicht ankommt[78].

ccc. Keine Messbarkeit des Vorteilswertes durch anteiligen Aufwand Dem kann nicht entgegengehalten werden, die tatsächlich vorgenommene Verknüpfung der Beitragshöhe mit dem jeweils angemessenen Kostenanteil sei nur als „Wahrscheinlichkeitsmaßstab“ für die Vorteilsbemessung zu interpretieren. Denn es lässt sich weder empirisch noch denklogisch ein als Grundlage eines Wahrscheinlichkeitsmaßstabs taugender, plausibler Zusammenhang zwischen der jeweiligen Höhe des Anteils am hoheitlichen Aufwand und dem Ausmaß oder Wert des Vorteils herstellen[79].

Wollte man demgegenüber unterstellen, dass der Abgabengläubiger für die Beitragsveranlagung tatsächlich den wirtschaftlichen oder sonstigen Vorteil „misst“, den ein Grundstückeigentümer zum Beispiel aus der Nutzungsmöglichkeit der öffentlichen Wasser- und Abwassereinrichtungen oder aus der Zugangsmöglichkeit zu seiner Straße zieht, so müssten sich für gleichartige Anla-

---

7. 9. 1999, Az.: 9 L 393/99, KStZ 2000, 74 (75 f.).

76 *P. Kirchhof*, in: HdbStR V, 3. Aufl. 2007, § 119 Rn. 9 m. w. N.

77 *P. Kirchhof*, in: HdbStR V, 3. Aufl. 2007, § 119 Rn. 48.

78 *Wilke*, Gebührenrecht und Grundgesetz, 1973, S. 122: „[Den] Pflichtigen [wird] die Leistung aufgedrängt.“

79 Das moniert bereits *Wilke* bei Nutzenmaßstäben (*Wilke*, Gebührenrecht und Grundgesetz, 1973, S. 199 f.). Die leichtfertige „Flucht in den Wahrscheinlichkeitsmaßstab“ beklagt auch *von Mutius*, VerwArch Bd. 67 (1976), S. 199.

gen innerhalb einer Kommune auch gleiche Beitragssätze ergeben[80]. Denn der Beitragssatz „rechnet“ lediglich den auf eine gewichtete Grundstückseinheit entfallenden Vorteil in einen Geldbetrag „um“; der sich für eine gewichtete Grundstückseinheit aus der Nutzungsmöglichkeit ergebende Vorteil aber ist bei gleichartigen Anlagen idealtypisch identisch. Tatsächlich differiert der Beitragssatz innerhalb einer Gemeinde auch bei sachlich gleichen Vorteilen, z. B. für gleichartige Ausbau- oder Erschließungsmaßnahmen, regelmäßig und zum Teil erheblich.

Dies hat seine Ursache darin, dass sich zahlreiche Faktoren *de lege lata* in der Höhe des Beitragssatzes auswirken, die für das Ausmaß des absoluten Vorteils tatsächlich nicht relevant sind. So besteht schon zwischen der absoluten Höhe des Aufwands und dem im Ergebnis der Maßnahme vermittelten Vorteil kein typischer Zusammenhang[81]. Vielmehr wird der Gemeinde wegen der Vielgestaltigkeit der Verhältnisse, in denen eine Einrichtung realisiert wird, ein weiter Ermessensspielraum hinsichtlich der erforderlichen Aufwendungen zugestanden. Sie kann - z. B. im Fall einer teilweisen Kompensation von Vor- und Nachteilen einer Maßnahme[82] - mit relativ hohem finanziellen Gesamtaufwand ein - unter Vorteilsgesichtspunkten - eher bescheidenes Endergebnis erreichen, und umgekehrt. Für die absolute, individuelle Vorteilssituation eines Grundstücks ist es darüber hinaus zum Beispiel auch offensichtlich irrelevant, welche Zuschüsse die Gemeinde von dritter Seite erhalten hat oder wie viele gewichtete Grundstückseinheiten der Veranlagung insgesamt zugrunde zu legen sind. Alle diese Punkte fließen jedoch in die Berechnung des Beitragssatzes ein.

Dies zeigt, dass der Beitragssatz sich gerade nicht nach dem Ausmaß der Vorteilhaftigkeit der hergestellten Anlage bemisst, sondern - wie oben dargestellt - der überwälzte Aufwand und die Zusammensetzung des Kreises der der Veranlagung unterliegenden Grundstücke diejenigen Faktoren sind, die Einfluss auf die Höhe des Beitragssatzes haben.

80 So auch die Kritik von *Strack*, KStZ 1985, 65.

81 Für das Erschließungsbeitragsrecht wird denn auch ausdrücklich eingeräumt, dass es - obwohl die jeweiligen Erschließungsvorteile gleich sind - oft vom Zufall abhängt, wo ein größerer Herstellungsaufwand entsteht (*Gern*, Sächsisches Kommunalrecht, 2. Aufl. 2000, Rn. 1259; a. A. *Driehaus*, in: Driehaus, Kommunalabgabenrecht, § 8 Rn. 282).

82 Vgl. *Driehaus*, in: Driehaus, Kommunalabgabenrecht, § 8 Rn. 307.

ddd. Zwingende Berücksichtigung der Kostenverantwortung bei aufgedrängten staatlichen Leistungen Hinzu kommt, dass vieles dafür spricht, dass sich der Rechtfertigungsgrund für die Erhebung einer Vorzugslast außerhalb „freiwilliger Austauschverhältnisse" auch rechtlich nicht auf die Abschöpfung eines Vorteils beschränken kann. Vielmehr ist bei „aufgedrängten" hoheitlichen Leistungen stets die Kostenverantwortlichkeit des Pflichtigen zur Rechtfertigung der Veranlagung erforderlich und für die Bemessung der Höhe der Abgabe ausschlaggebend. Denn es kann dem Staat nicht freistehen, den Bürgern beliebig einen Austausch von Leistungen aufzuzwingen - seien die Leistungen auch wertäquivalent[83].

eee. Verhältnismäßiger Vorteilsbegriff Der Vorteilsbegriff des Beitragsrechtes erweist sich damit *de lege lata* nicht als absoluter Wert, sondern drückt eine relative Größe innerhalb der Gemeinschaft von Kostenverantwortlichen aus. Er beschreibt keinen „individuellen", sondern einen *„verhältnismäßigen" Vorteil* - einen „Vorteil im Verhältnis zu anderen". Die geltenden aufwandsverteilenden Wahrscheinlichkeitsmaßstäbe können folglich denklogisch nicht als Parameter begriffen werden, die den absoluten Wert des individuellen Vorteils für das jeweilige Grundstück messen. Vielmehr müssen sie als Vergleichsmaßstäbe erkannt werden, mit denen (nur) Binnengerechtigkeit zwischen den Kostenverantwortlichen erzeugt werden soll.

fff. Ergebnis Für die rechtstatsächlichen Ausgestaltung der Beiträge lässt sich hieraus der Schluss ziehen, dass sie auf einer Gemengelage der Rechtfertigungsprinzipien Kostenverantwortung und Vorteilsausgleich beruhen. Die Existenz eines Sondervorteils dient - auf der ersten Stufe - als Anknüpfungspunkt dafür, dem Beitragsschuldner für die Finanzierung solcher Einrichtungen eine Kostenverantwortlichkeit zuzuschreiben, an deren Errichtung und Nutzbarkeit er ein nachweisbares objektives Interesse besitzt[84]. Auf der zweiten Stufe bildet der „verhältnismäßige Vorteil" innerhalb der Gemeinschaft aller Kostenverantwortlichen den Maßstab für den zu überwälzenden Kostenanteil.

Dies leitet über zu der Frage, welche verfassungsrechtlichen Folgerungen aus den so bestimmten Belastungsgrundlagen für Vorausleistungen zu ziehen sind:

83 *P. Kirchhof*, in: HdbStR V, 3. Aufl. 2007, § 119 Rn. 49 zu Gebühren.
84 *P. Kirchhof*, in: HdbStR V, 3. Aufl. 2007, § 119 Rn. 67.

c. *Verfassungsrechtliche Bewertung*

aa. Verfassungsrechtlicher Rahmen Der verfassungsrechtliche Rahmen für die Erhebung nichtsteuerlicher Abgaben ist vor einigen Jahren durch das Bundesverfassungsgericht weiter konkretisiert worden[85]:

aaa. Begrenzungs- und Schutzfunktion der Finanzverfassung Danach zieht vornehmlich die Begrenzungs- und Schutzfunktion der bundesstaatlichen Finanzverfassung den nichtsteuerlichen Abgaben Grenzen, die aufgrund einer Sachkompetenz und damit außerhalb der grundgesetzlichen Finanzverfassung gesetzlich geregelt werden[86]. Die grundgesetzliche Finanzverfassung würde ihres Sinns und ihrer Funktion beraubt, wenn beliebig nichtsteuerliche Abgaben unter Umgehung der finanzverfassungsrechtlichen Verteilungsregelungen begründet werden könnten und damit zugleich ein weiterer Zugriff auf das begrenzte Vermögen der Bürger eröffnet würde[87]. Die Zulässigkeit der Erhebung nichtsteuerlicher Abgaben wird unter dieser Maßgabe - soweit dies hier interessiert[88] - durch folgende Prinzipien eingeschränkt:

Das Bundesverfassungsgericht fordert für nichtsteuerliche Abgaben zum Ersten über die Einnahmeerzielung hinaus eine besondere sachliche - (grundsätzliche) - Rechtfertigung; nichtsteuerliche Abgaben müssen sich ihrer Art nach von der Steuer, die voraussetzungslos geschuldet wird, deutlich unterscheiden. Zum Zweiten ist auch die Belastungsgleichheit der Abgabepflichti-

85 BVerfG v. 19. 3. 2003, 2 BvL 9/98, BVerfGE 108, 1 (15 ff.).

86 BVerfG v. 19. 3. 2003, 2 BvL 9/98, BVerfGE 108, 1 (15 ff.). Die für Gebühren entwickelten Vorgaben beruhen auf allgemeingültigen Überlegungen und haben damit auch für Beiträge Gültigkeit.

87 BVerfG v. 19. 3. 2003, 2 BvL 9/98, BVerfGE 108, 1 (16). Diese Vorgaben wurden vom Bundesverfassungsgericht nicht nur als - auch inhaltlich begrenzend wirkende - Kompetenzschranke für die Landesgesetzgebung entwickelt (BVerfG v. 19. 3. 2003, 2 BvL 9/98, BVerfGE 108, 1 [15 ff.]; *Jobs*, LKV 2003, 351; *Schiller*, NVwZ 2003, 1338). Sie gelten vielmehr auch für den Bundesgesetzgeber, der bei einer formenmissbräuchlichen Regelung von materiellen Steuern im Gewande einer Gebühr oder eines Beitrags zwar nicht die eigene Bundesgesetzgebungskompetenz, aber den Bürger schützende Schranken und Verteilungsmechanismen der Finanzverfassung unterlaufen würde (BVerfG v. 19. 3. 2003, 2 BvL 9/98, BVerfGE 108, 1 [15 f.]). Auch der Bund unterliegt deshalb bei der Einführung und Ausgestaltung von Gebühren und Beiträgen dem Rechtfertigungsgebot gegenüber dem „Prinzip des Steuerstaates“ (*Vogel*, in: HdbStR IV, 2. Aufl. 1999, § 87 Rn. 45; BVerfG v. 19. 3. 2003, 2 BvL 9/98, BVerfGE 108, 1 [16]).

88 Das Prinzip der Vollständigkeit des Haushaltsplans wird durch die Erhebung von Gebühren und Beiträgen regelmäßig nicht berührt, da keine Einnahme- und Ausgabekreisläufe außerhalb des Budgets organisiert werden (vgl. dazu BVerfG v. 19. 3. 2003, 2 BvL 9/98, BVerfGE 108, 1 [16]).

gen sicherzustellen. Weil der Schuldner nichtsteuerlicher Abgaben regelmäßig zugleich Steuerpflichtiger ist und sich solcher schon zur Finanzierung der Gemeinlasten herangezogen wird, bedürfen nichtsteuerliche Abgaben, die den Einzelnen eine weitere Finanzierungsleistung aufbürden, einer besonderen - (schuldnerbezogenen) - Rechtfertigung aus Sachgründen[89].

Das Gebot der sachlichen Rechtfertigung der Gebühr regiert dabei die Erhebung der Gebühr dem Grunde und der Höhe nach. Denn Gebühren können auch nach ihrer konkreten Ausgestaltung, insbesondere nach ihrer Bemessung, mit der Begrenzungs- und Schutzfunktion der bundesstaatlichen Finanzverfassung kollidieren; diese Funktion verlöre ihren Sinn, könnten außerhalb des Rahmens der Finanzverfassung beliebig hohe Gebühren erhoben werden. Auch ihre Bemessung bedarf deshalb im Vergleich zur Steuer einer besonderen, unterscheidungskräftigen Legitimation[90]. Die Höhe der Gebühr bemisst sich dabei nach der Finanzierungsverantwortlichkeit, die der Gesetzgeber im konkreten Fall einfordert. Zulässige Gebührenzwecke sind anerkanntermaßen die Kostendeckung, der Vorteilsausgleich, die Verhaltenslenkung und soziale Zwecke. Welcher dieser Gebührenzwecke tatsächlich als Finanzierungsverantwortlichkeit zum Tragen kommt, ist durch Auslegung des jeweiligen Gebührentatbestandes zu ermitteln[91]. Eine Gebührenbemessung ist unter Berücksichtigung des gesetzgeberischen Entscheidungs- und Gestaltungsspielraums verfassungsrechtlich nicht mehr gerechtfertigt, wenn sie sachlich in einem groben Missverhältnis zu den gesetzlich verfolgten Gebührenzwecken steht[92].

Diese insbesondere für die Höhe der Gebühr entwickelten Maßstäbe lassen sich ohne weiteres auch auf die für ihre Ausgestaltung ebenfalls relevante Frage übertragen, zu welchem *Zeitpunkt* eine Gebühr oder eine sonstige Vorzugslast erhoben werden darf. Eine Umgehung der Schutzfunktion der Finanzverfassung kann nämlich auch darin bestehen, dass eine Vorzugslast un-

---

89 BVerfG v. 19. 3. 2003, 2 BvL 9/98, BVerfGE 108, 1 (16).

90 Zum Ganzen: BVerfG v. 19. 3. 2003, 2 BvL 9/98, BVerfGE 108, 1 (17); *Vogel*, in: HdbStR IV, 2. Aufl. 1999, § 87 Rn. 96 f.

91 Zum Ganzen: BVerfG v. 19. 3. 2003, 2 BvL 9/98, BVerfGE 108, 1 (18 ff.) unter Verweis auf *P. Kirchhof*, in: HdbStR IV, 1990, § 88 Rn. 198.

92 BVerfG v. 19. 3. 2003, 2 BvL 9/98, BVerfGE 108, 1 (18 f.); ebenso *Vogel*, in: HdbStR IV, 2. Aufl. 1999, § 87 Rn. 89, nach dem bei den nichtsteuerlichen Abgaben ihre Rechtfertigung zugleich die Grenzen bestimmt, innerhalb derer ihre Ausgestaltung, insbesondere ihre Bemessung, gerechtfertigt ist. Bei Gebühren führt die doppelte Rechtfertigung teils durch die Erlangung eines Vorteils, teils durch Kostenverantwortung zu zwei miteinander konkurrierenden und sich zum Teil auch überlagernden Bemessungsprinzipien.

gerechtfertigt früh erhoben wird und deshalb zeitweilig funktional einer voraussetzungslos geschuldeten Steuer gleicht. Auch das „Wann“ der Erhebung bedarf deshalb einer sachlichen Legitimation. Als Maßstab hierfür kommt in erster Linie wiederum die Finanzierungsverantwortlichkeit in Betracht, die der gesetzlichen Regelung zugrunde liegt. Aber auch weitere vom Gesetzgeber verfolgte zulässige Abgabenzwecke können den Zeitpunkt der Heranziehung zu einer Vorzugslast rechtfertigen.

bbb. Verhältnismäßigkeitsprinzip Eine weitere verfassungsrechtliche Grenze für die Erhebung von kommunalen Vorzugslasten stellt nach der früheren Rechtsprechung des Bundesverfassungsgerichts das allgemeine Verhältnismäßigkeitsprinzip dar, welches besagt, dass die mit der Gebühren- und Beitragsregelung verfolgten Zwecke und die dem Bürger auferlegte Abgabe zueinander nicht in einem Missverhältnis stehen dürfen. Bei dieser Verhältnismäßigkeitsbetrachtung sind alle mit der Gebühren- oder Beitragsregelung verfolgten, verfassungskonformen Zwecke als Abwägungsfaktoren zu berücksichtigen[93]. Mit Blick auf die neuere, wesentlich auf die Begrenzungs- und Schutzfunktion der Finanzverfassung abhebende Rechtsprechung des Bundesverfassungsgerichts erscheint zwar nicht frei von Zweifeln, ob dem Verhältnismäßigkeitsgrundsatz im Ergebnis neben dem Legitimationsgebot gegenüber der Steuer noch eigenständige Bedeutung zukommen kann - weist doch der dort entwickelte Maßstab des Verbots eines groben Missverhältnisses der Gebühr zu den verfolgten zulässigen Gebührenzwecken augenfällige Ähnlichkeiten mit dem Verhältnismäßigkeitsgrundsatz auf[94]. Allerdings ist die Perspektive der Prüfung insoweit eine andere. Geht es bei der Prüfung anhand der Schranken der Finanzverfassung darum, die Vorzugslast gegenüber der Steuer abzugrenzen und sicherzustellen, dass sie *nicht* - auch nicht teilweise - *„voraussetzungslos“* eingefordert werden, so befasst sich demgegenüber die Verhältnismäßigkeitsprüfung mit der Frage, ob die Vorzugslast *den Betroffenen* gemessen am Zweck der Abgabenerhebung *übermäßig* in Anspruch nimmt. Gebühren und Beiträge, die schon nicht geeignet oder erforderlich sind, um den gesetzlich verankerten Erhebungszweck zu erreichen, werden zwar regelmäßig auch - in Abgrenzung zur Steuer - in einem groben Missverhältnis zu dem verfolgten Erhebungszweck stehen und damit gegen die

93 BVerfG v. 6. 2. 1979, 2 BvL 5/76, BVerfGE 50, 217 (227); ebenso *F. Kirchhof*, DVBl. 1987, 559.

94 Siehe auch *Schiller*, NVwZ 2003, 1339.

Begrenzungswirkung der Finanzverfassung verstoßen. Es erscheint hingegen nicht ausgeschlossen, dass eine Vorzugslast zwar verglichen mit einer gedachten Steuer umfassend durch einen sachlichen Zweck legitimiert ist, gleichwohl aber unangemessen in die Rechtsstellung des Betroffenen eingreift.

ccc. Äquivalenzprinzip Während diese allgemeinen Grundsätze des Verhältnismäßigkeitsprinzips vor allem für die nicht unmittelbar wertbezogenen Aspekte der Erhebung von Vorzugslasten fruchtbar gemacht werden können[95], wurde für das spezifisch wertbezogene Verbot unangemessener Benachteiligung das Äquivalenzprinzip als Ausprägung des Verhältnismäßigkeitsgrundsatzes entwickelt[96]. Das Äquivalenzprinzip verbietet zum Ersten ein Missverhältnis zwischen dem *Wert* der abgegoltenen Leistung der Verwaltung und der Gebühren- und Beitragshöhe im Einzelfall. Über diese wertbezogene Perspektive hinaus wird ihm aber auch eine leistungs- bzw. *kosten*bezogene Komponente zugeschrieben; es soll namentlich auch eine Gebührenfestsetzung verbieten, die völlig unabhängig von den Kosten der gebührenpflichtigen Leistung ist[97]. Das Äquivalenzprinzip gibt damit eine Gebührenobergrenze an, die nicht überschritten werden darf. Versteht man es als vorrangig auf den Wert der hoheitlichen Leistung abhebendes Prinzip, so taugt es im Übrigen von vornherein nicht als Prüfungsmaßstab für solche Vorzugslasten, die keinen Vorteil abschöpfen, sondern nur die Kosten einer wertneutralen oder sogar nachteiligen Leistung überwälzen[98].

ddd. Artikel 14 Abs. 1 GG oder Artikel 2 Abs. 1 GG Mit den objektiv-verfassungsrechtlichen Begrenzungen für die Erhebung nichtsteuerlicher Abgaben korrespondiert auf der subjektiv-rechtlichen Seite der durch Artikel 14 Abs. 1 GG oder durch das Grundrecht auf allgemeine Handlungsfreiheit aus Artikel 2 Abs. 1 GG geschützte Anspruch, durch die Staatsgewalt

95 Schon *Wilke* weist zutreffend hin, dass der Verhältnismäßigkeitsgrundsatz auf den weiten Bereich derjenigen Abwägungskriterien Anwendung finden muss, die nicht auf den Leistungswert bezogen sind (*Wilke*, Gebührenrecht und Grundgesetz, 1973, S. 302 ff.; vgl. auch BVerfG v. 6. 2. 1979, 2 BvL 5/76, BVerfGE 50, 217 [227]).

96 BVerwG v. 30. 4. 2003, 6 C 4/02, BVerwGE 118, 123 (124); v. 19. 9. 1982, 8 B 117.82, KStZ 84, 11 (12); *Gern*, Sächsisches Kommunalrecht, 2. Aufl. 2000, Rn. 1095; kritisch zum Äquivalenzprinzip *Wilke*, Gebührenrecht und Grundgesetz, 1973, S. 258 ff.; *Schiller*, NVwZ 2003, 1338; *F. Kirchhof*, DVBl. 1987, 559.

97 BVerwG v. 20. 4. 2003, 6 C 4/01, BVerwGE 118, 123 (126).

98 *Wilke*, Gebührenrecht und Grundgesetz, 1973, S. 302; *Vogel*, in: HdbStR IV, 2. Aufl. 1999, § 87 Rn. 98 f.; vgl. auch *P. Kirchhof*, in: HdbStR IV, 1990, § 88 Rn. 198 ff.

nicht mit einem finanziellen Nachteil belastet zu werden, der nicht in der verfassungsmäßigen Ordnung begründet ist[99].

eee. Artikel 3 Abs. 1 GG Schließlich gebietet der Gleichheitsgrundsatz des Artikel 3 Abs. 1 GG, dass die jeweiligen Abgaben im Verhältnis der Abgabenschuldner untereinander weder dem Grunde noch der Höhe nach willkürlich veranlagt werden dürfen[100]. Die gewählte Verknüpfung zwischen Aufwand und Leistung sowie der dafür auferlegten Gebühr muss sich hinsichtlich des Zwecks der gänzlichen oder teilweisen Kostendeckung unter vernünftigen Gesichtspunkten als sachgemäß erweisen[101].

Eine Gebührenerhebung, die es faktisch erschwert, von einem Grundrecht Gebrauch zu machen, muss zudem auch der Bedeutung dieses Grundrechts Rechnung tragen[102].

bb. Verstoß gegen Begrenzungs- und Schutzfunktion der Finanzverfassung?

aaa. Allgemeines Gemessen an der grundgesetzlichen Finanzverfassung verstößt die Erhebung von Vorausleistungen gegen Verfassungsrecht, wenn sich die Vorausleistungserhebung dem Grunde nach oder in ihrer konkreten Ausgestaltung gegenüber einer Steuer nicht durch eine Finanzierungsverantwortlichkeit legitimieren lässt. Dabei steht hier der *Zeitpunkt* der Heranziehung zu einer Vorzugslast als ein Aspekt der Ausgestaltung auf dem Prüfstand.

Zu messen ist die Ausgestaltung an denjenigen legitimen Finanzierungszwecken - wie Kostendeckung, Vorteilsausgleich, Verhaltenslenkung oder soziale Zwecke -, die vom Gesetzgeber dem Vorausleistungstatbestand zugrunde

---

99 Vgl. *Starck*, in: v. Mangoldt/Klein/Starck, GG, 6. Aufl. 2010, Art. 2 Abs. 1 Rn. 80; *F. Kirchhof*, in: Achterberg/Püttner/Würtenberger, Besonderes Verwaltungsrecht II, 2. Aufl. 2000, § 20 Rn. 60 ff.; *Papier*, in: Maunz/Dürig, GG, Art. 14 Rn. 165 ff.; BVerfG v. 8. 6. 1988, 2 BvL 9/85, BVerfGE 78, 249 (277); v. 29. 11. 1989, 1 BvR 1402/87, BVerfGE 81, 108 (122); v. 22. 6. 1995, 2 BvL 37/91, BVerfGE 93, 121 (137); v. 10. 3. 1998, 1 BvR 178/97, BVerfGE 97, 332 (349); v. 17. 7. 2003, 2 BvL 1/99, BVerfGE 108, 186 (203 f.) m. w. N.; BFH v. 14. 5. 1974, VIII R 95/72, BFHE 112, 546 (563 ff.).

100 *Gern*, Sächsisches Kommunalrecht, 2. Aufl. 2000, Rn. 1097.

101 BVerfG v. 6. 2. 1979, 2 BvL 5/76, BVerfGE 50, 217 (227); v. 12. 2. 1992, 1 BvL 1/89, BVerfGE 85, 337 (346); *P. Kirchhof*, in: HdbStR V, 3. Aufl. 2007, § 119 Rn. 55.

102 BVerfG v. 12. 2. 1992, 1 BvL 1/89, BVerfGE 85, 337 (347) für den Justizgewährungsanspruch.

gelegt wurden. Die Vorausleistungserhebung darf sachlich nicht in einem groben Missverhältnis zu den verfolgten Finanzierungszwecken stehen. Maßstab der Prüfung kann dabei nicht nur der konkrete Zweck der Vorfinanzierung als solcher sein. Wegen des dienenden, unselbstständigen Charakters von Vorausleistungen ist vielmehr daneben auch der Erhebungszweck für die endgültige Abgabe in den Blick zu nehmen. Die Vorausleistung hat als eine im Vorgriff auf die endgültige Abgabe erbrachte provisorische Leistung zwangsläufig zugleich auch an der Zweckbestimmung jener teil. Zudem muss sich die jeweilige Vorzugslast ihrer gesamten Ausgestaltung nach - einschließlich der zugehörigen Vorausleistung - innerhalb der Grenzen bewegen, die die konkrete sachliche Rechtfertigung der Vorzugslast zieht. Dem Gebühren- und Beitragsgesetzgeber ist es verwehrt, sich zu seinem eigenen Verhalten in Widerspruch zu setzen und einen Erhebungszweck nur zeitweilig für die Vorausleistungserhebung zu verfolgen. Das gesamte Verfahren muss sich vielmehr in konsistenter Weise an den mit der endgültigen Vorzugslast verfolgten Sachzwecken ausrichten, soll die Vorausleistung nicht rückblickend zu einer voraussetzungslos geschuldeten Leistung werden. Unzulässig wäre es demnach zum Beispiel, auf einen Beitrag, der lediglich Vorteile abschöpfen soll, eine Vorausleistung zu erheben, die sich isoliert am Prinzip der Kostenüberwälzung ausrichtet[103]. Eine solche inkonsistente Vorausleistung wäre ein Fremdkörper in der Ausgestaltung der Vorzugslast; sie ließe sich nicht gegenüber dem eigentlichen Zweck der Abgabe legitimieren. Bilden die Rechtfertigungsgründe für die Vorzugslast aber - wie oft - eine Gemengelage, so ist es dem Gesetzgeber unbenommen, die Erhebung von Vorausleistungen nur einem der insgesamt verfolgten Prinzipien zu unterwerfen. Die verfassungsrechtliche Untersuchung hat deshalb bei der Frage beginnen, welche Erhebungszwecke mit den Gebühren und Beiträgen sowie den zugehörigen Vorausleistungen jeweils erreicht werden sollen:

bbb. Erhebungszweck - Deckung des Vorfinanzierungsaufwandes Betrachtet man die gesetzliche Ausgestaltung der einzelnen, endgültigen Beiträge, so lassen sich keine völlig einheitlichen Finanzierungszwecke feststellen. Insbesondere ist der verfolgte Finanzierungszweck entgegen einer

103 In Fällen dieser Art wäre freilich zuvörderst die Möglichkeit auszuschließen, dass diese Ausgestaltung der Vorausleistung zugleich ein tragendes Indiz dafür darstellt, dass der endgültige Beitrag bei systematischer Auslegung nicht nur Vorteile abschöpfen, sondern auch Kosten überwälzen soll.

üblichen, verkürzenden Darstellungsweise[104] nicht auf die Abgeltung eines Vorteils beschränkt. Wie soeben gezeigt wurde, werden die verschiedenen gesetzlichen Ausgestaltungsmodelle der endgültigen Beitragsschuld vielmehr nicht nur vom Prinzip des Vorteilsausgleichs, sondern ganz wesentlich auch vom Prinzip der Kostenverantwortlichkeit dominiert.

Noch deutlicher verschoben ist der Schwerpunkt der Finanzierungszwecke, soweit es die *Vorausleistungen* anbelangt. Allein die Funktion als Instrument der vorläufigen Aufwandsdeckung ist nahezu allen gesetzlichen Vorausleistungstatbeständen gemeinsam. Sinn und Zweck fast aller Vorausleistungen ist es zu vermeiden, dass die Kommune bei der Erbringung der abgabenpflichtigen Leistung oder der Herstellung der beitragspflichtigen Anlage vollständig in Vorleistung treten muss. Sie soll ihren Aufwand nicht erst nachträglich, sondern bereits bei dessen Entstehung mit den Vorausleistungen der Betroffenen vorläufig kompensieren können. Dies gilt im Übrigen auch für Vorausleistungen auf Gebühren. Deutlich wird dies in den gesetzlichen Regelungen, wenn die Vorausleistungserhebung an den Beginn der Herstellung der Einrichtung oder - bei Gebühren - an ein Dauerbenutzungsverhältnis[105] geknüpft wird. Kennzeichnendes Merkmal der Aufnahme von Herstellungsarbeiten oder der Existenz eines - die Vorhaltung kommunaler Leistungen bedingenden - Dauerbenutzungsverhältnisses ist nämlich, dass die Gemeinde ab diesem Zeitpunkt oder in dieser Situation regelmäßig mit einem akuten Kostenaufwand konfrontiert ist. Dies rechtfertigt den Schluss, dass die Veranlagung zu einer Vorausleistung nach dem Willen des Gesetzgebers der vorläufigen Deckung des Vorfinanzierungsaufwandes dienen soll.

Die Heranziehung zu einem „Vorschuss“ auf die spätere Vorzugslast nach Beginn der Herstellungsarbeiten oder in einem Dauerbenutzungsverhältnis steht auch im Grundsatz nicht in einem sachlichen Missverhältnis zu dem endgültigen Finanzierungszweck der Vorzugslast. Bei näherem Hinsehen zeigt sich im Gegenteil, dass sich das Bestehen einer Vorfinanzierungslast gerade für die Fälle der Kostenverantwortlichkeit aus dem Sinn und Zweck der Erhebung der endgültigen Abgabe erklären lässt. Das Bestehen einer endgültigen Kostenpflichtigkeit für einen - letztlich einem Privaten verantwortlich

104 Vgl. BVerwG v. 21. 10. 1994, 8 C 2/93, NVwZ 1995, 1209 (1210); OVG Schleswig v. 13. 2. 2008, 2 LB 42/07, zitiert nach juris; *Driehaus*, Erschließungs- und Ausbaubeiträge, 8. Aufl. 2007, § 21 Rn. 12; *ders.*, in: Driehaus, Kommunalabgabenrecht, § 8 Rn. 14; *Schmid*, in: Quecke/Schmid, Gemeindeordnung SN, § 73 Rn. 5; *Gern*, Sächsisches Kommunalabgabenrecht, 2. Aufl. 2000, Rn. 1247; *Büchel*, in: Büchel/Patt, SächsKAG, § 28 Rn. 11 ff.; *Thedieck*, KStZ 1991, 62.

105 Vgl. Ziffer I, S. 197 ff.

zurechenbaren - Aufwand ist schließlich gleichbedeutend damit, dass der berechtigte Hoheitsträger so zu stellen ist, als ob nicht er, sondern der „letztverantwortliche" Private selbst die Maßnahme vorgenommen hätte. Unter diesen Umständen aber hätte auch die Vorfinanzierungslast in privater Hand gelegen[106]. Jede Kostenverantwortlichkeit erstreckt sich damit auch auf die Vorfinanzierungsverantwortlichkeit.

Lässt sich demnach zwar im Allgemeinen kein Missverhältnis zwischen dem Legitimationsgrund für die Erhebung von Vorausleistungen und ihrer Ausgestaltung feststellen, so kann gleichwohl ein solches Missverhältnis im Einzelfall eintreten: Die Vorausleistung kann namentlich für einen bestimmten Zeitraum funktional einer voraussetzungslos geschuldeten Steuer gleichkommen, wenn der Vorausleistungsschuldner zu einem Zeitpunkt und in einem Maße in Anspruch genommen wird, zu dem der ihm abverlangte „Vorschuss" nicht erforderlich ist, um den Vorfinanzierungsbedarf der Kommune vorläufig zu decken. Die Erhebung von Vorausleistungen, die die bestehende und die auf absehbare Zeit künftig entstehende Vorfinanzierungslast erheblich übersteigen, würde demnach mit der Begrenzungs- und Schutzfunktion der Finanzverfassung kollidieren. Bei der Beurteilung, in welchem Maße eine Vorausleistungserhebung „auf Vorrat" zulässig ist, ist dem Gesetzgeber zwar aus Gründen der Verwaltungseffektivität einen Vergröberungs- und Pauschalierungsspielraum zuzugestehen[107]. Soll das Instrument der Vorausleistung praktikabel bleiben, dürfen die Kommunen nicht gezwungen werden, die Vorfinanzierung entsprechend dem Eingang der Rechnungen in Kleinstraten über eine Vielzahl von Vorausleistungsbescheiden mit dem zugehörigen Verfahrensaufwand und dem sich potenzierenden Risiko von Rechtsstreitigkeiten einzutreiben. Der Vorfinanzierungserfolg und der hierfür erforderliche Verwaltungsaufwand müssen in einem sachgerechten Verhältnis stehen. Daher ist das zeitliche Auseinanderfallen von Vorausleistungserhebung und Entstehung des Vorfinanzierungsbedarfs in einem gewissen Maße hinzunehmen; schließlich kann auch das allgemeine Interesse an einer effizienten Verwaltung innerhalb angemessener Grenzen ein legitimierender Grund für die konkrete

106 Daher gehören die Vorfinanzierungs- und Vorlaufkosten zum umlagefähigen Herstellungsaufwand (*Schmid*, in: Quecke/Schmid, Gemeindeordnung SN, § 73 Rn. 244; *Driehaus*, in: Driehaus, Kommunalabgabenrecht, § 8 Rn. 344 ff. und *ders.*, Erschließungs- und Ausbaubeiträge, 8. Aufl. 2007, § 13 Rn. 12, jeweils m. w. N.; BVerwG v. 19. 9. 1983, 8 B 117.82, DÖV 1984, 111 [117]).

107 BVerfG v. 19. 3. 2003, 2 BvL 9/98, BVerfGE 108, 1 (19).

Ausgestaltung einer Vorzugslast sein[108]. Unzulässig dürfte es aber z. B. sein, mit Beginn der Herstellungsarbeiten bei relativ geringen aktuellen Aufwendungen schon Vorausleistungen in einer deutlich übersteigenden Höhe zu veranlagen, wenn für die Gemeinde absehbar ist, dass die Arbeiten längerfristig stagnieren und für mehrere Monate oder Jahre keinen weiteren finanziellen Aufwand hervorrufen werden. Für diesen Zeitraum würde die Einbehaltung der Vorausleistung mangels Refinanzierungsbedarf nicht durch einen sachlichen Grund legitimiert; die Gemeinde stellte sich vielmehr so, als ob sie zeitweilig vom Vorausleistungsschuldner eine Steuer erhoben hätte[109].

ccc. Erhebungszweck - Vorteilsausgleich Hingegen sollen nur in einigen wenigen Fällen mit den Vorausleistungen auf Beiträge nicht allein Kostenverantwortlichkeiten überwälzt, sondern auch Vorteile abgegolten werden.

Ein anderes folgt auch nicht aus der im Erschließungsbeitragsrecht diskutierten Hilfsvorstellung, nach der die Vorausleistung den Sondervorteil entgilt, der mit Beginn der Herstellungsarbeiten bis zu deren Fertigstellung stetig wächst[110]. Diese These ist für den Regelfall aus folgenden Gründen abzulehnen: Sie krankt bereits inhaltlich ersichtlich daran, dass typischerweise die Nutzbarkeit der Einrichtung oder Erschließungs- bzw. Verkehrsanlage während der Herstellung oder des Ausbaus gänzlich fehlt oder zumindest eingeschränkt ist. Vor diesem Hintergrund mutet die Annahme einer stetigen Besserstellung der potentiellen Beitragsschuldner eher künstlich an. Hinzu kommt, dass die Fiktion einer wachsenden Inanspruchnahmemöglichkeit den eigentlichen Rechtfertigungszusammenhang - die zeitliche und

108 *Starck*, in: v. Mangoldt/Klein/Starck, GG, 6. Aufl. 2010, Art. 3 Abs. 1 Rn. 23 f. m. w. N.

109 Der von der Rechtsprechung im Erschließungsbeitragsrecht unter einem ähnlichen Gesichtspunkt entwickelte und vom Gesetzgeber in § 133 Abs. 3 Satz 1 BauGB übernommene Grundsatz, dass die Herstellung der gesamten Erschließungsanlage binnen eines Zeitraums von vier Jahren bei der Anforderung der Vorausleistung absehbar sein muss (vgl. ausführlich *Driehaus*, Erschließungs- und Ausbaubeiträge, 8. Aufl. 2007, § 21 Rn. 18 m. w. N.), geht dabei m. E. im Hinblick auf die Anforderungen an die Erforderlichkeit nicht weit genug und ist deshalb für die hier interessierende Frage nicht verallgemeinerungsfähig. Diese Frist von vier Jahren kann nur die äußerste Grenze darstellen, an der sich die Rechtfertigung der Vorausleistungserhebung insgesamt messen lassen muss. Schon weil innerhalb dieser Frist prognostisch die Herstellung der Erschließungsanlage in Gänze abgeschlossen sein muss - der Vorfinanzierungsaufwand also zumindest zum Teil schon vorher angefallen sein muss - kann hieraus jedoch keine gesetzgeberische Einschätzung des Inhalts abgeleitet werden, dass gemessen an der Finanzverfassung ein Vorlauf der Vorausleistungserhebung gegenüber der -verwendung von vier Jahren grundsätzlich tolerabel ist.

110 Vgl. dazu oben Buchst. a Doppelbuchst. aa Dreifachbuchst. bbb, S. 209.

inhaltliche Bindung der Vorausleistung an den gemeindlichen Vorfinanzierungsaufwand - verschleiert. Dies ist deshalb besonders problematisch, weil allein aus der konstruierten Bindung an einen vermeintlich stetig wachsenden Voraus-Sondervorteil keine aussagekräftigen, überzeugenden Ergebnisse für eine Begrenzung des Rechts auf Vorausleistungserhebung gewonnen werden können[111]. Dies wäre nämlich nur möglich, wenn diesen Vorstufen des Sondervorteils jeweils plausibel ein Wert zugewiesen werden könnte, der zugleich die Höhe der zulässigen Vorausleistung widerspiegelt. Dem ist jedoch nicht so - denn ist bereits der endgültige Sondervorteil in seinem Wert nicht messbar[112], so gilt dies erst recht für den vermeintlichen Voraus-Vorteil während des Herstellungsprozesses der Einrichtung oder Anlage. Demgegenüber erweist sich die Untersuchung der Vorfinanzierungsverantwortlichkeit als Belastungsgrund als leistungsfähiger und damit im Ergebnis überzeugender.

Eine der wenigen Fallgestaltungen, in denen mit Vorausleistungen bereits Vorteile entgolten werden, ist jedoch dann gegeben, wenn der endgültige Sondervorteil bereits eintritt, lange bevor die endgültigen Beitragspflichten entstehen. Dies ist namentlich bei hessischen Anschlussbeiträgen häufig der Fall, die tatbestandlich nicht - wie in den anderen Bundesländern - an den Vorteilseintritt mit der Anschlussmöglichkeit des Grundstückes an die Anlage, sondern an die Fertigstellung der gesamten Einrichtung anknüpfen[113]. Die Vorausleistungserhebung soll unter diesen Umständen dem Eintritt des Sondervorteils zeitlich nachfolgen[114], ist aber nicht auf diesen Sonderfall beschränkt[115].

Weiter können Vorausleistungen auf einen Erschließungsbeitrag nach der „Genehmigungsalternative“ des § 133 Abs. 3 Satz 1 Alt. 1 BauGB als ein „Entgelt“ für die Stärkung der Rechtsposition des Grundstückseigentümers im Erschließungsverfahren durch die Erteilung des Baurechtes begriffen werden. Diese Stärkung der Rechtsposition besteht zwar nicht mehr in einem Erschließungsanspruch des Vorausleistenden[116]. Denn diesen von der Rechtsprechung entwickelten Erschließungsanspruch hat der Gesetzgeber durch einen

111 Dies zeigen bereits die recht vagen Aussagen der Vertreter dieser Ansicht zur statthaften Vorausleistungshöhe, vgl. Buchst. a Doppelbuchst. bb, S. 210.

112 Siehe Buchst. b Doppelbuchst. cc Dreifachbuchst. bbb und ccc, S. 215 ff.

113 Vgl. *Lohmann*, in: Driehaus, Kommunalabgabenrecht, § 8 Rn. 882.

114 Vgl. *Lohmann*, in: Driehaus, Kommunalabgabenrecht, § 8 Rn. 885.

115 § 11 Abs. 10 hess. KAG lässt es vielmehr zu, ab Beginn des Jahres, in dem mit der Einrichtung begonnen wird, Vorausleistungen zu verlangen.

116 So noch zur alten Rechtslage BVerfG v. 5. 7. 1972, Az.: 2 BvL 6/66, BVerfGE 33, 265 (291).

verzinslichen Rückzahlungsanspruch bei fehlender Nutzbarkeit der Anlage nach Ablauf von 6 Jahren ersetzt[117]. Die Verbesserung der Rechtsposition besteht nunmehr nur noch in der Aussicht, dass die Erteilung der Baugenehmigung Druck auf die Gemeinde im Sinne eines frühzeitigeren Ausbaus der Straße ausüben kann[118].

Hierzu ist zunächst kritisch anzumerken, dass es überaus zweifelhaft erscheint, ob der so beschriebene „Vorteil" eine hoheitliche Leistung beinhaltet, für die ein „Entgelt" in Gestalt einer zeitlich vorgezogenen Vorzugslast verlangt werden kann. Immerhin kann die Vorausleistungspflicht auf diesem Wege bereits zu einem Zeitpunkt begründet werden, zu dem die Gemeinde noch keinerlei Aktivitäten unternommen haben muss, um die Erschließung des Grundstücks zu befördern. Der Vorteil soll vielmehr in der Möglichkeit eines günstigen Einflusses der Baugenehmigung auf die Willensbildung der über die Erschließung befindenden Gemeindeorgane und auf die entsprechenden Zeithorizonte der Planungen der Gemeinde bestehen. Es erscheint fragwürdig, ob diese Konstruktion des Voraus-Vorteils - umso mehr, als sie an einen von der Rechtsordnung sanktionierten Verkauf von Einfluss auf die Willensbildung von Hoheitsträgern gemahnt (!) - Bestand haben kann. Schließlich können prinzipiell nur *Leistungen* des Beitragsberechtigten Grund für die Auferlegung einer Beitragspflicht sein[119]. Es hieße den Rahmen der Vorzugslasten in das Beliebige zu überdehnen, wollten sich Hoheitsträger schon die bloße Möglichkeit von künftigen Leistungen oder gar die Möglichkeit einer „positiveren Haltung" zu der Gewährung künftiger Leistungen zwangsweise „entgelten" lassen.

Stellt man diese grundlegenden Bedenken gegen jene gebräuchliche Konstruktion des Voraus-Vorteils hintan, lässt sich jedoch für beide Formen des Vorteilsausgleichs nicht feststellen, dass der Gesetzgeber seinen Entscheidungs- und Gestaltungsspielraum überschritten und die Veranlagung so ausgestaltet hat, dass sie in einem groben Missverhältnis zu dem Zweck der Beitragserhebung steht. Bei der Gegenüberstellung des abgeschöpften Vorteils mit der Vorausleistungserhebung ist dabei zu beachten, dass das in die Abwägung einzustellende Ausmaß der Belastung mit einer Vorzugslast nicht in der Erhebung, sondern nur in der *Voraus*-Erhebung des Erschließungsbeitrags in seiner vollen prognostizierten Höhe besteht.

---

117 § 133 Abs. 3 Satz 3 und 4 BauGB.

118 BVerwG v. 28. 10. 1981, 8 C 4.81, BVerwGE 64, 186 (192); *Driehaus*, Erschließungs- und Ausbaubeiträge, 8. Aufl. 2007, § 21 Rn. 13.

119 Siehe Buchst. b Doppelbuchst. aa, S. 212.

Dies ist für die hessischen Fälle der Anschlussbeitragserhebung, in denen der endgültige Sondervorteil sogar schon vollständig eingetreten ist, offensichtlich nicht zu beanstanden.

Entsprechendes gilt im Ergebnis aber auch für die erschließungsbeitragsrechtliche Genehmigungsalternative. Dem Betroffenen wird anlässlich der Erteilung der Baugenehmigung kein zusätzlicher Beitrag abverlangt, sondern eine Voraus-Zahlung, die schließlich mit dem endgültigen Erschließungsbeitrag verrechnet wird. Die ihm entstehende abwägungsrelevante Sonderbelastung ist also bei einer Gesamtschau der Ausgestaltung der gesamten Beitragsveranlagung nicht identisch mit der Höhe der Vorauszahlungssumme, wie man auf den ersten Blick meinen könnte, sondern besteht zum einen in der zeitlichen Vorverlagerung des Verlustes der Verfügbarkeit über die fragliche Geldsumme und zum anderen in dem Zinsverlust für die zinslos zu erbringende Vorauszahlung. Wenngleich diese Nachteile im Einzelfall spürbar sein können, so erscheint doch die Entscheidung des Gesetzgebers jedenfalls nicht grob unverhältnismäßig, sie als wertäquivalent für die Chance einer Beschleunigung der Erschließung anzusehen[120]. Dies gilt umso mehr, als der Gesetzgeber den Zeitraum des zinslosen „Zwangskredits" begrenzt und in § 133 Abs. 3 Satz 3 und 4 BauGB einen Anspruch auf einen verzinslichen Rückzahlungsanspruch für den Fall geschaffen hat, dass die Erschließungsanlage auch nach Ablauf von 6 Jahren noch nicht benutzbar ist.

ddd. Erhebungszweck Verhaltenslenkung Darüber hinaus sollen mit Vorausleistungen vereinzelt auch Verhaltenslenkungen erreicht werden. So dient die Erhebung von Vorausleistungen auf Erschließungsbeiträge nach Beginn der Herstellung der Erschließungsanlage auch dem bodenpolitischen Zweck einer Förderung der Baulandnutzung und -mobilisierung. Indem auch nicht bauwillige Eigentümer zu der Vorausleistung herangezogen werden, sollen sie schon vor der Erhebung der endgültigen Erschließungsbeiträge motiviert werden, ihr Grundstück entweder selbst zu bebauen oder einem Bauwilligen zu überlassen[121]. Naturgemäß kann dies allerdings - was in der Diskussion zur generellen Rechtfertigung von Vorausleistungen gemeinhin keine Rolle spielt - nur für diejenigen bebaubaren Grundstücke gelten, die noch nicht oder - in einer bodenpolitisch unerwünschten Weise - nicht im zuläs-

---

120 Vgl. hierzu auch *Driehaus*, in: Driehaus, Kommunalabgabenrecht, § 8 Rn. 127; *Löhr*, in: Battis/Krautzberger/Löhr, BauGB, 11. Aufl. 2009, § 133 Rn. 38.

121 Siehe Ziffer II Nr. 2, S. 203.

sigen Maß baulich ausgenutzt werden. Auch insoweit lässt sich kein grobes Missverhältnis zwischen dem verfolgten Lenkungszweck und der Veranlagung zu einem Voraus als Ausgestaltung der Beitragserhebung feststellen. Insbesondere dürfte die Schutz- und Begrenzungsfunktion keine Beschränkung der Vorausleistungserhebung auf einen Teil der prognostizierten Vorausleistungsschuld erfordern. Zwar mag im Einzelfall zweifelhaft sein, ob es für die erstrebte Lenkungswirkung erforderlich ist, eine Vorausleistung in Höhe der vollen prognostizierten Erschließungsbeitragsschuld zu erheben. Seine Einschätzungsprärogative hinsichtlich des notwendigen Motivationsdruckes[122] dürfte der Gesetzgeber insoweit aber nicht überschritten haben.

Im Ergebnis ist also für die Erhebung von Vorausleistungen auf Erschließungsbeiträge nach der Herstellungsalternative für bebaubare, aber baulich nicht oder unzureichend ausgenutzte Grundstücke eine Gemengelage der Beitragszwecke Kostendeckung und Verhaltenslenkung zu verzeichnen. In diesen Fällen rechtfertigt es der zusätzliche bodenpolitische Lenkungszweck gegenüber der Finanzverfassung, Vorausleistungen auch dann schon in Höhe der prognostizierten Erschließungsbeitragsschuld zu erheben, wenn sie noch nicht zur Finanzierung eines unmittelbar anstehenden Aufwandes benötigt werden.

cc. Verstoß gegen das Übermaßverbot? Auch gemessen am Verhältnismäßigkeitsprinzip ergeben sich keine grundsätzlichen verfassungsrechtlichen Bedenken gegenüber der Erhebung von Vorausleistungen in ihrer derzeitigen gesetzlichen Ausformung:

aaa. Äquivalenzprinzip Am Äquivalenzprinzip als besonderer Ausprägung des Verhältnismäßigkeitsprinzips sind dabei nach dem eingangs Gesagten entgegen der im Erschließungsbeitragsrecht verbreiteten Auffassung[123] nur diejenigen Vorausleistungen zu messen, die der Abschöpfung eines Vorteils dienen. Dies trifft derzeit unter Umständen auf Anschlussbeiträge in Hessen und auf die Erhebung von Vorausleistungen auf Erschließungsbeiträge nach der Genehmigungsalternative zu. Dass insoweit kein verfassungswidriges Missverhältnis zwischen der hoheitlichen „Leistung“ und der „Gegenleistung“

122 BVerfG v. 19. 3. 2003, 2 BvL 9/98, BVerfGE 108, 1 (19).

123 Vgl. *Driehaus*, Erschließungs- und Ausbaubeiträge, 8. Aufl. 2007, § 21 Rn. 15 f.; *Thedieck*, KStZ 1991, 65; *Ernst*, in: Ernst/Zinkahn/Bielenberg/Krautzberger, BauGB, § 133 Rn. 42a; *Löhr*, in: Battis/Krautzberger/Löhr, BauGB, 11. Aufl. 2009, § 133 Rn. 38.

- der zeitlichen Vorverlagerung der Refinanzierung des kommunalen Aufwandes - besteht, wurde oben bereits dargelegt[124].

bbb. Verhältnismäßigkeit der Lenkungsziele Für die sonstigen Vorausleistungen ist hingegen nicht die Werthaltigkeit der hoheitlichen Leistung der Maßstab. Vielmehr bleibt insoweit nur zu untersuchen, ob sie außer Verhältnis zum jeweils verfolgten Zweck stehen. Für die vereinzelt bei Vorausleistungen auf Erschließungsbeiträge verfolgten Lenkungszwecke[125] bestehen keine Bedenken gegenüber der gesetzgeberischen Einschätzung, dass die - zeitlich zudem auf eine Höchstfrist von 6 Jahren begrenzte - Erhebung der Vorausleistungen geeignet, erforderlich und angemessen ist, um die Eigentümer unbebauten oder „unzureichend" bebauten Baulands zur baulichen Ausnutzung des Grundstücks oder zur Veräußerung an Bauwillige zu bewegen.

ccc. Verhältnismäßigkeit der Deckung des Vorfinanzierungsaufwandes Problematisch kann die Wahrung des Verhältnismäßigkeitsgrundsatzes allerdings bei Vorausleistungen werden, die der vorläufigen Überwälzung des Vorfinanzierungsaufwands dienen:

Werden mit Beiträgen Kosten der öffentlichen Hand überwälzt, so ist es zwar regelmäßig nicht unverhältnismäßig, die Beitragsschuldner schon von Beginn an an der Finanzierung der Maßnahme zu beteiligen. Erlegt der Gesetzgeber ihnen zulässigerweise eine Finanzierungsverantwortlichkeit auf, weil sie von der Maßnahme profitieren, so lässt sich der Verfassung nichts dafür entnehmen, dass gleichwohl die Vorfinanzierungspflicht bei dem Hoheitsträger verbleiben soll. Es steht im allgemeinen Interesse und im objektiven Interesse der künftigen Nutzer, auch denjenigen Kommunen die Herstellung kommunaler Einrichtungen zu ermöglichen, denen aufgrund ihrer Haushaltslage eine Vorfinanzierung dieser Einrichtungen trotz des Umstandes nicht möglich ist, dass die Kosten im Ergebnis umlagefähig sind. Dies rechtfertigt grundsätzlich den weitergehenden Eingriff in Artikel 2 Abs. 1 GG, der in der zeitlich vorgelagerten, ersten vorläufigen Veranlagung zu sehen ist. Weil die Berechtigung zur Überwälzung der Herstellungskosten ohnehin dazu dient, den Hoheitsträger und die Begünstigten der Leistung finanziell so zu stellen, als ob nicht öffentliche Stellen, sondern die Begünstigten selbst die für sie vorteilhafte Maßnahme durchgeführt hätten, macht es im Ergebnis keinen

124 Vgl. Doppelbuchst. bb Dreifachbuchst. ccc, S. 227 ff.
125 Siehe Doppelbuchst. bb Dreifachbuchst. ddd, S. 230 f.

Unterschied, ob der Hoheitsträger den Bevorteilten den Finanzierungsaufwand einschließlich der Finanzierungskosten auferlegt, oder ob er den künftigen Aufwand vorab auf die Erstattungspflichtigen überwälzt, bevor er ihm entsteht.

Die Überwälzung der Vorfinanzierungslast muss allerdings geeignet, erforderlich und angemessen sein, um das angestrebte Ziel zu erreichen. Hiervon kann zum einen wiederum dann nicht mehr gesprochen werden, wenn Vorausleistungen erhoben werden, obwohl insgesamt oder teilweise kein zeitlicher Zusammenhang mit dem Anfallen des Vorfinanzierungsaufwandes gegeben ist. Vorausleistungen, die über den durch die Praktikabilität des Verwaltungsverfahrens gebotenen Vorlauf hinaus „auf Vorrat" erhoben werden sollen, verstoßen danach nicht nur gegen die Begrenzungs- und Schutzfunktion der Finanzverfassung[126], sondern sind darüber hinaus unverhältnismäßig[127], weil sie nicht zur Erreichung des gesetzlichen Zwecks erforderlich sind. Grundsätzlich wird allerdings die einmalige Erhebung von Vorausleistungen in Höhe der prognostizierten Beitragsschuld bei einer zügigen Durchführung der Maßnahme und einem zeitnahen bestimmungsgemäßen Verbrauch der Vorausleistungen nicht zu beanstanden sein. Das Interesse an einer effizienten Gestaltung des Vorausleistungsverfahrens durch den Erlass eines einzigen Vorausleistungsbescheides überwiegt in diesen Fällen; dem zusätzlichen Verwaltungsaufwand durch die wiederholte Bescheidung kommt das größere Gewicht gegenüber dem Interesse des Vorausleistungsschuldners an dem zeitlichen Aufschub seiner Zahlung zu. Schließlich darf hierbei auch nicht unberücksichtigt bleiben, dass auch der Betroffene selbst häufig ein Interesse daran hat, die Vorausleistung nicht aufzuteilen, weil er z. B. im Zuge von Bauvorhaben leichter eine Gesamt-Vorausleistung über einen Kredit finanzieren kann, als mehrere in geringem zeitlichen Abstand eingeforderte Tranchen. Andererseits kann eine sukzessive Erhebung von Vorausleistungen entsprechend dem prognostizierten Anfall des Finanzierungsaufwands geboten sein, wenn mit einem zeitnahen Verbrauch der Gesamt-Vorausleistungssumme - zum Beispiel bei einer absehbaren längerfristigen Unterbrechung der Arbeiten - nicht zu rechnen ist. Die zum Teil geforderte angemessene Erhebung von Vorausleistungen je nach Baufortschritt lässt sich damit zwar nicht aus dem Äquivalenzprin-

126 Vgl. Doppelbuchst. bb Dreifachbuchst. bbb, S. 226 f.

127 In diesem Sinne auch für die Genehmigungsalternative BVerwG, v. 31. 1. 1968, IV C 221.65, BVerwGE 29, 90 (92); a. A. *Driehaus*, Erschließungs- und Ausbaubeitragsrecht, 8. Aufl. 2007, § 21 Rn. 15 f.

zip, aber in Einzelfällen aus dem allgemeinen Verhältnismäßigkeitsgrundsatz herleiten.

ddd. Verhältnismäßigkeit der *vorläufigen* Refinanzierung Darüber hinaus erweist sich allerdings - unbeschadet ihrer Erforderlichkeit - eine Vorausleistung als unangemessen, die zu erbringen ist, obwohl mit dem Erwerb des Sondervorteils als vorzugslastbegründender „Gegenleistung“ auf absehbare Zeit nicht gerechnet werden kann[128]. Diese Voraussetzung ist in § 133 Abs. 3 Satz 1 Alt. 2 BauGB und einigen Kommunalabgabengesetzen ausdrücklich normiert worden, gilt aber auch sonst als ungeschriebene Voraussetzung für das Kommunalabgabenrecht.

Zwar ist auch insoweit zu konstatieren, dass die geläufige Begründung für die Forderung nach einem überschaubaren „Zeithorizont“, d. h. die Annahme, dass der durch die Aussicht auf die Herstellung der Einrichtung oder Anlage vermittelte „potentielle Vorteil“ umso geringer ist, je länger die Gemeinde deren Herstellung hinauszögert[129], den Kern des Problems verfehlt. Dass sich schon die Höhe des individuellen endgültigen Vorteils nicht beziffern lässt, ist bereits gezeigt worden[130]. Diese Problematik potenziert sich bei dem Unterfangen, den Wert des „potentiellen Nutzens“ einer noch herzustellenden Anlage oder Einrichtung und den hieran wegen der zeitlichen Verzögerung der Fertigstellung vorzunehmenden „Abschlag“ zu messen. Konkrete Schlüsse lassen sich für das jeweilige Beitragsschuldverhältnis hieraus nicht herleiten, sondern nur dekretieren. Zudem versagt diese Begründung, wenn man berücksichtigt, dass Vorausleistungen in erster Linie nicht vorläufige Vorteile entgelten, sondern einstweilen einen Vorfinanzierungsaufwand überwälzen[131].

Von ausschlaggebender Bedeutung für die zeitliche Verknüpfung von Vorausleistung und Sondervorteil ist daher vielmehr, dass sich eine Vorausleistung gemessen am Zweck der *vorläufigen* Befriedigung des Vorfinanzierungsaufwands als unverhältnismäßig darstellt, wenn sie faktisch ihren vorläufigen Charakter einbüßt und zu einem „Dauerzustand“ perpetuiert wird. Dies

128 So bereits BVerwG v. 26. 11. 1976, IV C 79.74, DÖV 1977, 249; v. 28. 10. 1981, 8 C 4.81, BVerwGE 64, 186 (192); ebenso *Driehaus*, Erschließungs- und Ausbaubeiträge, 8. Aufl. 2007, § 21 Rn. 18; *Löhr*, in: Battis/Krautzberger/Löhr, BauGB, 11. Aufl. 2009, § 133 Rn. 33; *Brosche*, KStZ 1978, 82.

129 BVerwG v. 28. 10.1981, 8 C 4.81, BVerwGE 64, 186 (192); *Driehaus*, Erschließungs- und Ausbaubeiträge, 8. Aufl. 2007, § 21 Rn. 18.

130 Vgl. Buchst. b Doppelbuchst. cc Dreifachbuchst. bbb und ccc, S. 215 ff.

131 Siehe Doppelbuchst. cc Dreifachbuchst. bbb, S. 225 ff.

widerspräche auch den allgemeinen Grundsätzen vorläufiger Leistungen, wonach kein endgültiger Rechtsgrund für das Behaltendürfen geschaffen werden darf[132]. Gleiches gebietet im Übrigen auch das Prinzip der Normenwahrheit[133]; eine vom Gesetzgeber als *Voraus*leistung konzipierte Abgabe darf nur einen überschaubaren Zeitraum überbrücken, ihre Verrechnung mit der endgültigen Abgabe darf nicht „außer Sicht" sein. Es steht der Gemeinde daher auch in den Fällen, in denen sie die Vorausleistung bestimmungsgemäß für die Deckung des Vorfinanzierungsaufwands verwendet, schon nicht zu, dem Vorausleistungsschuldner die materiellen und verfahrensrechtlichen Sicherungen und Gewährleistungen der Veranlagung zu dem endgültigen Beitrag übermäßig lange vorzuenthalten. Hinzu kommt, dass die Erhebung eines Vorschusses kein Selbstzweck ist, sondern sich nur mit Blick auf die künftige Finanzierungsverantwortlichkeit - den endgültigen Beitrag - rechtfertigt[134]. Das die Vorausleistung eigentlich legitimierende Ziel ist die Finanzierung einer kommunalen Einrichtung oder sonstigen Leistung. Die Gemeinde hat daher die von ihr einseitig hoheitlich als Vorfinanzierung erhobenen Mittel wie ein Treuhänder mit der Aufgabe inne, für die Erreichung dieses Zwecks in angemessener Frist zu sorgen. Dem widerspräche es, wenn die provisorische Situation eines „zinslosen Kredits" übermäßig ausgedehnt und keine angemessene zeitliche Schranke für die Herbeiführung des „Leistungserfolgs" vorgesehen würde. Die Gemeinde ist auch deshalb nicht befugt, Vorausleistungen mit Rücksicht auf bereits angefallenen Aufwand einzubehalten, gleichwohl aber das eigentliche Finanzierungsziel der Herstellung der kommunalen Einrichtung oder der Fertigstellung ihrer anderweitigen Leistung auf übermäßig lange Sicht aufzugeben.

dd. Verletzung von Artikel 14 Abs. 1 GG oder Artikel 2 Abs. 1 GG und Artikel 3 Abs. 1 GG? Die Einhaltung des oben aufgezeigten objektiven verfassungsrechtlichen Rahmens indiziert zugleich, dass keine Verletzung von Grundrechten nach Artikel 14 Abs. 1 GG bzw. Artikel 2 Abs. 1 GG und Artikel 3 Abs. 1 GG vorliegt, und umgekehrt. Ist eine Vorausleistungserhebung durch einen der oben genannten Belastungsgründe gerechtfertigt und steht sie auch nicht außer Verhältnis zum End-Zweck der Beitragserhebung, so greift sie weder unverhältnismäßig in die grundrechtlich durch Artikel 14

132 Vgl. Kap. B Ziffer IV, S. 48 f.

133 Vgl. hierzu BVerfG v. 12. 2. 2003, 2 BvL 3/00, BVerfGE 107, 218 (256).

134 Vgl. allgemein zum dienenden Charakter vorläufiger Entscheidungen Kap. B Ziffer IV, S. 48 f.

Abs. 1 GG oder Artikel 2 Abs. 1 GG garantierte Rechtsstellung des Betroffenen ein, noch begründet sie eine nicht sachgerechte Benachteiligung.

ee. Ergebnis der verfassungsrechtlichen Bewertung Vorausleistungen, die an den Beginn der Herstellung der Einrichtung anknüpfen, sind verfassungsrechtlich nicht am Belastungsgrund des Vorteilsausgleichs, sondern am Erhebungszweck der Deckung des Vorfinanzierungsaufwandes zu messen. Der Vorausleistungsschuldner darf in diesen Fällen nicht zu einem Zeitpunkt oder in einem Maße „auf Vorrat" in Anspruch genommen werden, zu dem der ihm abverlangte „Vorschuss" auch unter Berücksichtigung des öffentlichen Interesses an einer effizienten Ausgestaltung des Vorausleistungsverfahrens nicht erforderlich ist, um den Vorfinanzierungsbedarf der Kommune zu decken. Sowohl die Begrenzungs- und Schutzfunktion der Finanzverfassung als auch Verhältnismäßigkeitsgesichtspunkte stehen danach einer einmaligen Erhebung von Vorausleistungen in Höhe der gesamten prognostizierten Abgabenschuld nicht entgegen, wenn mit einer zügigen Durchführung der Maßnahme und einem zeitnahen bestimmungsgemäßen Verbrauch der Vorausleistungen gerechnet werden kann. In allen anderen Fällen folgt aus diesen Prinzipien, dass Vorausleistungen nur sukzessive nach Maßgabe des aktuellen Kapitalbedarfs erhoben werden können.

Lediglich in einigen - verfassungsrechtlich unbedenklichen - Fällen liegen der Veranlagung zu Vorausleistungen nach der gesetzlichen Konzeption zusätzlich oder allein die Erhebungszwecke des Vorteilsausgleichs oder der Verhaltungslenkung zugrunde.

Darüber hinaus verstößt eine Vorausleistungserhebung gegen das Übermaßverbot, wenn sie - weil nicht in absehbarer Zeit damit gerechnet werden kann, dass dem Vorausleistungsschuldner die endgültige hoheitliche „Gegenleistung" zugute kommt - ihren vorläufigen Charakter einbüßt und zu einem Dauerzustand perpetuiert wird.

d. Gesetzliche Verankerung eines Voraus-Vorteils?

aa. Singuläre ausdrückliche Bestimmungen Die verfassungsrechtliche Prüfung hat bereits gezeigt, dass nur die Erhebung von Vorausleistungen auf Gebühren aus Dauerbenutzungsverhältnissen, auf Anschlussbeiträge nach hessischem Landesrecht, sowie auf Erschließungsbeiträge zum Teil - und überdies in inhaltlich fragwürdiger Weise - vom Gesetzgeber der Bedingung eines

Voraus-Vorteils unterworfen wurde[135]. Im Übrigen fehlt es an einer generellen, ausdrücklichen Regelung des Voraus-Vorteils-Prinzips.

bb. Gegenschluss aus Prinzip der nachträglichen Aufwandsdeckung? Zu untersuchen bleibt daher lediglich noch, ob sich eine solche spezifische Geltung des Vorteilsprinzips für Vorausleistungen einfachgesetzlich aus der Durchbrechung des vom Bundesverwaltungsgericht herangezogenen Prinzips der nachträglichen Aufwandsdeckung[136] folgern lässt.

Insoweit erscheint allerdings bereits zweifelhaft, ob ein solches normatives Prinzip der nachträglichen Aufwandsdeckung tatsächlich existiert. Generelle Regelungen, die die Kommunen gezielt zu Vorleistungen zwingen würden, lassen sich nicht feststellen. Im Gegenteil ist im Kommunalabgabenrecht die Möglichkeit der prospektiven Abrechnung *künftigen*[137] Aufwands auf der Grundlage normativ vorgegebener Beitragssätze anerkannt. Diese Methode wird vor allem im Anschlussbeitragsrecht angewendet. Eine weitere Technik, die vor allem im Erschließungs- und Ausbaubeitragsrecht gebräuchlich ist, ist zwar auch die der retrospektiven Kostenerstattung[138]. Auch hieraus ergibt sich indes nicht, dass es einer Gemeinde grundsätzlich *geboten* ist, in Vorleistung zu gehen. Dies mag häufig eine *faktische* Folge des Umstandes sein, dass der zu überwälzende Aufwand und die Parameter für das Maß der Finanzierungsverantwortlichkeit erst im Nachhinein feststehen, die Höhe der Finanzierungslast also noch ungewiss ist. Dies sind indes nur tatsächliche - die prognostische Vorausleistungserhebung ersichtlich nicht betreffende - Hindernisse, die eine Aufwandsdeckung im Vorfeld unmöglich machen können. Hierin kann indes keine rechtliche Wertentscheidung für eine nachträgliche Aufwandsdeckung gesehen werden.

Gegen die Existenz eines Rechtsprinzips der nachträglichen Aufwandsdeckung spricht vielmehr durchgreifend, dass dem Abgabenpflichtigen mit den Vorfinanzierungskosten die Kosten, die aus der Nachträglichkeit der Aufwandsdeckung resultieren, ohne weiteres überwälzt werden[139]. Im Nachhin-

135 Vgl. Buchst. c Doppelbuchst. bb Dreifachbuchst. ccc, S. 227 ff.

136 BVerwG v. 28. 10. 1981, 8 C 4.81, BVerwGE 64, 168 (192); ebenso *Thedieck*, KStZ 1991, 62 ff.

137 Vgl. statt aller *Birk*, in: Driehaus, Kommunalabgabenrecht, § 8 Rn. 632.

138 Vgl. zu dieser Unterscheidung *Lohmann*, in: Driehaus, Kommunalabgabenrecht, § 8 Rn. 861.

139 Vgl. *Schmid*, in: Quecke/Schmid, Gemeindeordnung SN, § 73 Rn. 244; *Driehaus*, in: Driehaus, Kommunalabgabenrecht, § 8 Rn. 344 ff. und *ders.*, Erschließungs- und Ausbaubeiträge, 8. Aufl. 2007, § 13 Rn. 12, jeweils m. w. N.; BVerwG v. 19. 9. 1983,

ein wird die Kommune also so gestellt, als ob der Abgabenpflichtige den auf ihn entfallenden Anteil am Aufwand schon im Vorhinein beglichen hätte. Die solcherart wirkende Ersatzpflicht für die Finanzierungskosten lässt sich nur erklären, wenn sie ein Surrogat der eigentlichen (Vor-)Finanzierungslast darstellt. Denn die mit der Beitragserhebung entstehende Vermögenslage steht nur dann im Einklang mit der Rechtsordnung, wenn sie die Verteilung der materiellen Kostenverantwortungsbereiche widerspiegelt. Es wäre in sich widersprüchlich, Vorfinanzierungskosten auf Dritte zu überwälzen, wenn die Vorfinanzierung nicht in ihrer Verantwortung, sondern in der der öffentlichen Hand liegt[140].

Da demnach kein normatives, sondern allenfalls ein technisch zu verstehendes Prinzip der nachträglichen Kostendeckung existiert, kann hieraus kein besonderer rechtlicher Rechtfertigungsbedarf für die Erhebung von Vorausleistungen im Sinne der Erforderlichkeit eines Voraus-Vorteils abgeleitet werden.

e. Rechtsvergleichende Bewertung

Rechtsvergleichend ließe sich für die Verknüpfung von Vorausleistung und Voraus-Vorteil zwar anführen, dass die enge zeitliche Verbindung der Einforderung von Vorauszahlungen mit dem werthaltigen Wachsen des Werkes auch von den Abschlagszahlungen her bekannt ist[141]. Auch dieser Umstand spricht hier im Ergebnis allerdings nicht gegen eine Entbehrlichkeit des Voraus-Vorteils, da die Sachlagen letztlich nicht vergleichbar sind. Im Werkvertragsrecht dient die Verknüpfung der Abschlagsforderung mit der Werthaltigkeit der erbrachten Teilleistung der Wahrung des Sicherungsinteresses des Auftraggebers. Dieses Sicherungsinteresse ist für die Schuldner von Vorausleistungen im Kommunalabgabenrecht von ungleich geringerer Bedeutung. Zwar sind sie gesetzlich kaum dagegen geschützt, dass die Gemeinde die Anlage letztlich nicht oder nur in geringerem Maße herstellt und die erhobenen Vorausleistungen - unterhalb der Zeitschwelle von 6 Jahren nach § 133 Abs. 3 Satz 4 und 5 BauGB - als zinslosen Kredit nutzt. Ein wesentliches Risiko des Auftraggebers einer Werkleistung - die Gefahr des Verlustes seiner Abschläge wegen Zahlungsunfähigkeit des Auftragnehmers - besteht für die Schuldner von öffentlich-rechtlichen Vorausleistungen allerdings nicht. Unter

8 B 117.82, DÖV 1984, 111 (117).

140 Vgl. Buchst. c Doppelbuchst. bb Dreifachbuchst. bbb, S. 225 f.

141 Vgl. Kap. B Ziffer II Nr. 3, S. 32.

Verhältnismäßigkeitsmaßstäben kann es daher nur darum gehen, eine den Rahmen des Erforderlichen überschreitende oder eine unangemessene Kreditierung der Gemeinden zu verhindern[142], nicht darum, fortlaufend ein gleichsam synallagmatisches Verhältnis von Abgabe und Vorteil sicherzustellen.

f. Ergebnis

Die Untersuchung hat gezeigt, dass es weder verfassungsrechtlich geboten, noch einfachgesetzlich oder rechtsvergleichend begründet ist, die Erhebung von Vorausleistungen generell vom Bestehen eines Voraus-Vorteils abhängig zu machen. Namentlich in der überwiegenden Anzahl der Beitragsfälle, in denen das Gesetz die Erhebung von Vorausleistungen nicht unmittelbar mit der Abgeltung eines Vorteils verknüpft, muss daher - anstatt das ohnehin in Teilen bereits konturenlose Vorteilsprinzip in diesem Zusammenhang noch weiter auszudehnen - die Zugehörigkeit der Vorfinanzierungslast zum Belastungsgrund der Kostenverantwortlichkeit in den Mittelpunkt der Betrachtung gerückt werden.

5. Begrenzung durch die künftige Abgabenhöhe

Weil die Heranziehung zu Vorausleistungen nur im Hinblick auf die Finanzierungsverantwortlichkeit des Abgabepflichtigen für die endgültige Abgabe statthaft ist, muss sie sich auch in ihrer Höhe an der künftigen Abgabe orientieren. Zu weiten Teilen ist dies gesetzlich ausdrücklich festgeschrieben. Im Erschließungsbeitragsrecht wird etwa die Vorausleistung gemäß § 133 Abs. 3 Satz 1 BauGB der Höhe nach durch die voraussichtliche endgültige Beitragsforderung „strikt“ begrenzt[143]. Entsprechende Regelungen finden sich auch in den Kommunalabgabengesetzen vieler Bundesländer[144]. Gleiches gilt aber regelmäßig auch für sonstige Vorausleistungen, selbst wenn die Kommunalabgabengesetze keine konkrete Obergrenze vorsehen[145], oder die Erhebung von

142 So auch BVerwG v. 28. 10. 1981, 8 C 4.81, BVerwGE 64, 186 (192), wo die Notwendigkeit herausgestellt wird, den Zinsverlust zeitlich zu begrenzen.

143 BVerwG v. 22. 2. 1985, 8 C 114/83, NVwZ 1985, 751.

144 Vgl. § 7 Abs. 4 KAG M-V, § 7 Abs. 5 rh.-pf. KAG, § 11 Abs. 10 hess. KAG, § 8 Abs. 8 brdbg. KAG, § 9 Abs. 4 nieders. KAG, § 6 Abs. 4 und § 10 Abs. 4 schlesw.-holst. KAG, § 6 Abs. 4 saarl. KAG; § 7 Abs. 9 Satz 1 ThürKAG begrenzt die Vorauszahlungen auf 80 Prozent des voraussichtlichen Investitionsaufwandes.

145 Dies betrifft etwa die Artikel 5 Abs. 5 und 6 Abs. 3 bayer. KAG, § 9a Abs. 3 KAG-LSA, § 7 Abs. 8, § 7a Abs. 6 und § 8 Abs. 3 ThürKAG.

Vorausleistungen „nur“ auf eine „angemessene“ Höhe beschränken[146]. Mit dieser Rahmenziehung kehrt zum einen das Verbot, mit einstweiligen Entscheidungen über die Hauptsache hinauszugehen[147], wieder. Es ergibt sich darüber hinaus aber auch bereits aus dem oben angesprochenen verfassungsrechtlichen Gebot, wonach jede Erhebung von Vorzugslasten sachlich gerechtfertigt sein muss[148]. Denn weil (und soweit) sich Vorausleistungen nach ihrer gesetzlichen Ausgestaltung durch die Verrechnung mit der endgültigen Abgabe rechtfertigen, würden sie in dem Maße nicht über eine verfassungsrechtlich notwendige Legitimation verfügen, in dem eine solche spätere Verrechnung deshalb nicht zu erwarten ist, weil die Vorausleistung die endgültige Vorzugslast voraussichtlich übersteigt. Im Übrigen wäre eine derart überschießende Vorausleistung auch nicht erforderlich und ihre Festsetzung deshalb unverhältnismäßig[149].

Das Verbot, mit der Vorausleistung die Höhe der künftigen Abgabe zu überschreiten, hat sich als „Einfallstor“ für eine unmittelbare Übertragung einzelner Entstehungsvoraussetzungen der endgültigen Abgabepflicht auf die Vorausleistung erwiesen. Im Einzelnen ist hierzu Folgendes hervorzuheben:

a. Gebot der Vorteilsorientierung

Vorausleistungen müssen den für den endgültigen Beitrag maßstäblichen Vorteil berücksichtigen[150]. Eine Einheitsvorausleistung wäre danach als Verstoß gegen das Gebot der Binnengerechtigkeit ebenso unzulässig wie ein Einheitsbeitrag. Auch der Höhe nach muss sich eine Vorausleistung in etwa aus dem endgültig zu erhebenden Beitrag ableiten. Weil einer jeden Vorauszahlung der Charakter des „vorläufigen“ anhaftet, ist es aber statthaft, für den „Vorausleistungsmaßstab“ den Vorteil aus der Anschlussmöglichkeit nur pauschaliert zu erfassen, weil die Gewähr besteht, dass letztlich ein Ausgleich erfolgt. Sicher-

146 Vgl. § 23 Abs. 1 Satz 1 SächsKAG; § 6 Abs. 6 KAG M-V, Artikel 8 Abs. 7 bayer. KAG,§§ 15, 25 und § 44 Abs. 3 bad.-württ. KAG, § 6 Abs. 5 brdbg. KAG, § 6 Abs. 4 und § 8 Abs. 8 nordrh.-westf. KAG, § 6 Abs. 7 KAG-LSA, § 6 Abs. 7 NKAG, § 12 Abs. 7 ThürKAG und § 8 Abs. 4 schl.-holst. KAG, § 8 Abs. 9 und § 8a Abs. 5 saarl. KAG; OVG Koblenz v. 31. 10. 1991, 12 A 11345/91, KStZ 1992, 76; v. 19. 3. 2009, 6 A 10750/08, zitiert nach juris; HessVGH v. 1. 3. 2001, 5 TZ 1697/00, NVwZ-RR 2002, 66; VG Koblenz v. 28. 10. 1996, 2 K 1099/96.KO, zitiert nach juris.

147 Vgl. Kap. B Ziffer IV, S. 48.

148 Vgl. Nr. 4 Buchst. c Doppelbuchst. aa Dreifachbuchst. aaa, S. 219 ff.

149 Vgl. oben Nr. 4 Buchst. c Doppelbuchst. aa Dreifachbuchst. bbb, S. 221 f.

150 BayVGH v. 7. 8. 1992, 23 B 91.1146, zitiert nach juris; *Büchel*, in: Büchel/Patt, SächsKAG, § 23 Rn. 7.

gestellt sein muss nur, dass die Vorausleistung vom künftig zu erhebenden Beitrag abhängig ist, dass sie diesen nicht übersteigt, und dass der Maßstab gleichmäßig angewendet wird[151].

b. Gebot der Berechenbarkeit der Abgabe

aa. Das Dogma von der Berechenbarkeit der Abgabe in Literatur und Rechtsprechung Aus dem Prinzip der strikten Begrenzung der Vorausleistung durch die prognostizierte End-Abgabe wird gefolgert, dass die künftige Abgabenhöhe bei Erhebung der Vorausleistung bereits hinreichend bestimmbar sein muss[152]. Der Natur der Sache nach kann sich die hinreichende Bestimmbarkeit nicht auf die Höhe der beitragsfähigen Aufwendungen beziehen, wenn diese bei einer nachträglichen Aufwandserstattung[153] erst zum Zeitpunkt des Entstehens der endgültigen Beiträge feststehen. Alle anderen Komponenten, die für die Bemessung des Beitrags eine Rolle spielen, müssen nach dieser Auffassung jedoch bereits vorliegen. Namentlich wird gefordert, dass vor Erhebung der Vorausleistung alle der Gemeinde obliegenden rechtserheblichen Entscheidungen getroffen sein müssen, die sich in der Höhe der zukünftigen endgültigen Beitragsforderung auswirken[154].

Dies gilt insbesondere für die Beitragssatzung: Die Erhebung einer Vorausleistung als solche setzt zwar nicht voraus, dass in der Beitragssatzung eine entsprechende Bestimmung enthalten ist, da bereits die gesetzlichen Regelungen eine unmittelbare Grundlage für das Vorausleistungsverlangen enthalten[155]. Gleichwohl soll eine Vorausleistung nicht ohne wirksame kommunale Beitragssatzung veranlagt werden können[156]. Selbst die Erwartung, zum Zeitpunkt des Entstehens der endgültigen Beitragspflichten werde eine hinreichende Satzungsgrundlage zur Verfügung stehen, reicht danach für eine Vorausleistungserhebung nicht aus[157]. Nach wohl herrschender Auffassung

151 Zum Ganzen: BayVGH v. 7. 8. 1992, 23 B 91.1146, zitiert nach juris.

152 *Driehaus*, in: Driehaus, Kommunalabgabenrecht, § 8 Rn. 128 m. w. N.

153 Vgl. hierzu *Lohmann*, in: Driehaus, Kommunalabgabenrecht, § 8 Rn. 861.

154 *Driehaus*, in: Driehaus, Kommunalabgabenrecht, § 8 Rn. 128.

155 Vgl. Nr. 1, S. 205.

156 BayVGH v. 31. 8. 1984, 23 B 82 A.461, BayVBl 1985, S. 211; VGH Mannheim v. 10. 2. 1983, 2 S 390/82, VBlBW 1983, S. 408 (410); VGH Kassel v. 1. 3. 2001, 5 TZ 1697/00, NVwZ-RR 2002, 66; OVG Münster v. 14. 2. 2001, 9 A 881/98, zitiert nach juris; *Ernst*, in: Ernst/Zinkahn/Bielenberg/Krautzberger, BauGB, § 133 Rn. 43; *Birk*, in: Driehaus, Kommunalabgabenrecht, § 8 Rn. 707; *Löhr*, in: Battis/Krautzberger/Löhr, BauGB, 11. Aufl. 2009, § 133 Rn. 37.

157 VGH Kassel v. 12. 11. 1996, 5 TG 2230/96, NVwZ-RR 1998, 137; missverständlich

ist insoweit von ausschlaggebender Bedeutung, dass die Höhe des künftigen Beitrags ohne kommunale Satzungsregelung insbesondere zur Verteilung des beitragsfähigen Aufwandes, der Herstellungsmerkmale und Art und Umfang der Erschließungsanlagen nicht hinreichend bestimmbar ist[158]. In der Folge wäre auch eine Vorausleistung nicht hinreichend bestimmbar und überprüfbar, die sich an der Höhe der später entstehenden Beitragspflicht orientiert[159]. Als Begründung wird daneben zum Teil auch darauf verwiesen, dass die künftige Entstehung endgültiger Beiträge für eine Veranlagung zu Vorausleistungen geregelt sein muss, weil die endgültigen Beiträge Voraussetzung für die Zulässigkeit der Erhebung von Vorausleistungen sind[160]. In die gleiche Richtung weisen die vom Hessischen Verwaltungsgerichtshof angestellten Erwägungen[161], wonach es nicht maßgeblich sein soll, ob die Vorausleistungen eine Kostenüberdeckung auslösen. Entscheidend soll es vielmehr auf das Erfordernis einer wirksamen Beitragssatzregelung aus § 2 Abs. 2 HessKAG ankommen, das entweder durch einen wirksam geregelten Beitragssatz für die endgültige Beitragsforderung oder durch einen eigens für die Vorausleistung aufgestellten Beitragssatz befriedigt werden könne.

Eine fehlerhafte Berechnung der Beitragssätze für den endgültigen Beitrag oder ein rechtswidriger Verteilungsmaßstab in der Satzung zieht nach in der Rechtsprechung herrschender Meinung auch die Rechtswidrigkeit auf dieser Grundlage erhobener Vorausleistungen nach sich[162]. Wird für die Vorausleistungen ein eigener Beitragssatz festgelegt, so entbindet dies im Übrigen

durch die Gleichsetzung mit Fällen des bemakelten Sondervorteils *Thedieck*, KStZ 1991, 62.

158 So bereits die Bedenken des BVerwG v. 1. 3. 1967, IV C 15/66, NJW 1967, 1101; ebenso VGH Mannheim, v. 10. 2. 1983, 2 S 390/82, VBlBW 1983, 408 (410); BayVGH v. 6. 12. 1993, 6 B 91.2796, BayVBl. 1994, 472 (473); *Driehaus*, Erschließungs- und Ausbaubeiträge, 8. Aufl. 2007, § 21 Rn. 28; *Löhr*, in: Battis/Krautzberger/Löhr, BauGB, 11. Aufl. 2009, § 133 Rn. 37; in die gleiche Richtung gehend *Gern*, Sächsisches Kommunalrecht, 2. Aufl. 2000, Rn. 1223.

159 *Ernst*, in: Ernst/Zinkahn/Bielenberg/Krautzberger, BauGB, § 133 Rn. 43.

160 BayVGH v. 31. 8. 1984, 23 B 82 A.461, BayVBl. 1985, 211; v. 2. 4. 1993, 23 B 90.448, NVwZ 1994, 54; OVG Münster v. 26. 5. 1975, II A 28/73, KStZ 1976, 73; ähnlich OVG Koblenz v. 4. 10. 1971, 6 A 16/71, VerwRspr. 24, 464 (465), nach dem aus Gründen der Rechtssicherheit für die Vorausleistungserhebung erforderlich ist, dass nach der bestehenden Rechtslage Beitragsansprüche existent werden können.

161 VGH Kassel v. 1. 3. 2001, 5 TZ 1697/00, NVwZ-RR 2002, 66.

162 OVG Koblenz v. 31. 10. 1991, 12 A 11345/91, KStZ 1992, 76; HessVGH v. 1. 3. 2001, 5 TZ 1697/00, NVwZ-RR 2002, 66; VG Koblenz v. 28. 10. 1996, 2 K 1099/96.KO, zitiert nach juris.

die Gemeinde auch dann nicht von einer aufwändigen Nachweispflicht durch Globalberechnung, wenn er die endgültige Beitragshöhe unterschreitet[163].

Im Erschließungs- und Ausbaubeitragsrecht ist zudem eine wirksame Entscheidung über den Raum erforderlich, der der Aufwandsermittlung und -verteilung zugrunde zu legen ist, weil auch hiervon die Höhe des auf das Grundstück entfallenden Beitrags abhängig ist[164]. An den so bestimmten Ermittlungsraum ist die Gemeinde allerdings nicht gebunden[165].

Soweit es die Kosten anbelangt, die der Berechnung der Vorausleistung zugrunde gelegt werden dürfen, kommt es hingegen nur auf die Anwendung einer sachgerechten Schätzungsgrundlage an[166]. Im Übrigen muss die Gemeinde vom wahrscheinlichsten Sachverhalt ausgehen. Bestehende Ungewissheiten über Berechnungsgrundlagen müssen nicht eigens ausgeräumt werden. Erst dann, wenn eine solche Schätzung durch die Entwicklung überholt ist, und in einem deutlichen Missverhältnis zu den zu erwartenden Kosten steht, darf sie nicht mehr zur Berechnung der Vorausleistung herangezogen werden[167]. Sollen allerdings Vorausleistungen für bereits fertiggestellte Teileinrichtungen erhoben werden, so darf der Erhebung keine Aufwandsschätzung mehr zugrunde gelegt werden; vielmehr ist insoweit auf die bereits tatsächlich entstandenen Aufwendungen abzuheben[168]. Bei der Vorausschätzung dürfen nur solche Kosten einbezogen werden, die auch bei der Schlussabrechnung beitragsfähig wären[169].

bb. Kritik des Berechenbarkeitsgebots - die Vorausleistungserhebung als „kleine Abgabenerhebung“? Das so von der Rechtsprechung und Rechtsliteratur ausgeformte Berechenbarkeitsgebot leuchtet indes bei näherem Hinsehen nur teilweise ein, weil es einen hohen Verwaltungsaufwand

163 HessVGH v. 1. 3. 2001, 5 TZ 1697/00, NVwZ-RR 2002, 66.

164 *Driehaus*, in: Driehaus, Kommunalabgabenrecht, § 8 Rn. 128; *Löhr*, in: Battis/Krautzberger/Löhr, BauGB, 11. Aufl. 2009, § 133 Rn. 37.

165 *Driehaus*, in: Driehaus, Kommunalabgabenrecht, § 8 Rn. 128.

166 *Driehaus*, Erschließungs- und Ausbaubeiträge, 8. Aufl. 2007, § 21 Rn. 33 f. m. w. N.; *Ernst*, in: Ernst/Zinkahn/Bielenberg/Krautzberger, BauGB, § 133 Rn. 63a, nach dem auf eine Schätzung gänzlich verzichtet werden darf, wenn der Wert der geforderten Vorausleistungen offensichtlich unter der Höhe des späteren Erschließungsbeitrags bleibt; dagegen OVG Koblenz v. 19. 3. 2009, 6 A 10750/08, zitiert nach juris: gewissenhafte Aufwandsschätzung.

167 Zum Ganzen: *Driehaus*, Erschließungs- und Ausbaubeiträge, 8. Aufl. 2007, § 21 Rn. 34.

168 *Driehaus*, in: Driehaus, Kommunalabgabenrecht, § 8 Rn. 139.

169 *Löhr*, in: Battis/Krautzberger/Löhr, BauGB, 11. Aufl. 2009, § 133 Rn. 38.

der Kommunen erzwingt, obwohl es nur eine Scheingenauigkeit zu erzeugen vermag.

aaa. Allgemeines - Grundlagen der materiellen und formellen Prognoseanforderungen Wie bereits oben[170] ausgeführt wurde, knüpft das materielle Recht ausdrücklich oder ungeschrieben die einstweilige Erhebung eines Vorschusses an die Prognose des künftigen Anspruches. Welche inhaltliche Güte die Prognose aufweisen muss, wie verlässlich sie sein muss, ist dabei durch Auslegung der materiellen Tatbestandsmerkmale „Höhe des voraussichtlichen endgültigen Beitrags“ oder „angemessene Vorauszahlung“ bzw. durch Bestimmung der entsprechenden, ungeschriebenen verfassungsrechtlichen Grenze der Vorausleistungserhebung zu ermitteln[171], die Entscheidung dieser Frage wirkt dabei unmittelbar auf die verfahrensrechtliche Problemstellung zurück, welchen Ermittlungsaufwand die Kommune betreiben muss. Bei der Auslegung des Prognosemaßstabs dürfen Praktikabilitätserwägungen einfließen[172]. Darüber hinaus sind auch die allgemeinen Grundsätze vorläufiger Verwaltungsentscheidungen zu berücksichtigen, wonach diese sich - verglichen mit der endgültigen Entscheidung - gerade durch eine Abschwächung der materiellen Anforderungen oder der verfahrensrechtlichen Vorgaben für die Entscheidung auszeichnen[173].

Konkret sind bei der Auslegung der materiellen Prognoseanforderungen die widerstreitenden Interessen an einer effizienten Verwaltung einerseits und an dem - verfassungsrechtlich gebotenen - Schutz vor sich nachträglich als überhöht erweisenden Vorauszahlungen andererseits zu einem angemessenen Ausgleich zu bringen. Unter dem Stichwort der Verwaltungseffizienz darf sich die gesetzlich geforderte Prognose der endgültigen Abgabe namentlich nicht zu einer überflüssigen Förmelei entwickeln, mit der ein unverhältnismäßiger Verwaltungsaufwand erzeugt wird, ohne dass sich hierdurch die Wahrscheinlichkeit, dass der Rahmen der endgültigen Abgabe eingehalten werden wird, nennenswert erhöht. Bei der Festlegung der Anforderungen an Ausmaß und Inhalt der zu treffenden Prognose ist deshalb insbesondere zu berücksichtigen,

---

170 Vgl. Nr. 5, S. 239 f.

171 *Stelkens/Kallerhoff*, in: Stelkens/Bonk/Sachs, VwVfG, 7. Aufl. 2008, § 24 Rn. 21.

172 Vgl. zum Abgabenrecht: BVerwG v. 9. 12. 1983, 8 C 112/82, NVwZ 1984, 437; v. 16. 8. 1985, 8 C 120/83, NJW 1986, 1122 (1124); vgl. allgemein zu Praktikabilitätserwägungen als Auslegungskriterium: BVerfG v. 14. 1. 1986, 1 BvR 209/79, BVerfGE 71, 354, (363); *Stelkens/Schmitz*, in: Stelkens/Bonk/Sachs, VwVfG, 7. Aufl. 2008, § 9 Rn. 79.

173 Vgl. Kap. B Ziffer IV, S. 48.

dass wegen der Unsicherheit der Sachverhalts- und Rechtsentwicklung[174] ohnehin nie völlig ausgeschlossen werden kann, dass die Vorausleistung letztlich den endgültigen Beitrag überschreitet. Für die Gewichtung der grundrechtlich geschützten Interessen des Vorausleistungsschuldners ist hingegen vor allem maßgeblich, welche Nachteile ihm im Fall einer überhöhten Vorausleistungserhebung drohen. Hierzu zählen neben der ungerechtfertigten Bindung der Finanzkraft des Vorausleistungsschuldners vor allem Zinsnachteile, die in den meisten Bundesländern[175] nicht kompensiert werden, wenn sich die Vorausleistung auf eine Kommunalabgabe nachträglich als überhöht erweist. Hingegen braucht der Betroffene nicht den Verlust seiner Vorauszahlung durch Schuldnerinsolvenz zu befürchten; bei der öffentlichen Hand als Anspruchsgegner ist die Bonität gesichert.

Die materiell-rechtliche Forderung an die Kommune kann deshalb im Allgemeinen nur lauten, für die endgültige Abgabe als obere Bemessungsgrenze so viel Prognosesicherheit herzustellen, wie es mit einem angemessenen Verwaltungsaufwand möglich ist. Hierhin gehört dabei nicht nur die in Rechtsprechung und Literatur vor allem diskutierte Frage, ob die Kommune bereits das Verfahren der Abgabenentstehung in gewisser Weise vorantreiben muss, um die Berechenbarkeit der endgültigen Abgabe zu verbessern und objektive Unwägbarkeiten aus dem Weg zu räumen. Vielmehr spielt hierein auch der - sich mit dem formell-rechtlichen Untersuchungsgrundsatz überschneidende - Problemkreis, welchen Grad an Verlässlichkeit der Prognose die Ermittlung der aktuell bestehenden Umstände zu bringen vermag und welchen (zusätzlichen) Verwaltungsaufwand sie erzeugen würde[176]. Darüber hinaus gelten diese Effizienzüberlegungen auch für die im Zuge der Prognose des künftigen Abgabenanspruches inzident vorzunehmende Rechtsprüfung.

Für die Bundesländer Baden-Württemberg, Rheinland-Pfalz, Freistaat Sachsen, Mecklenburg-Vorpommern, Niedersachsen und Nordrhein-Westfalen folgt dies im Übrigen auch aus der entsprechenden Anwendung

174 Dies betrifft zum Beispiel die Fragen, welche Grundstücke mit welchem Nutzungsmaß beitragsfähig sein werden, ob sich bis zum Entstehen der endgültigen Beiträge noch Satzungsänderungen ergeben, welcher Ermittlungsraum der Beitragsveranlagung zugrunde zu legen ist, wie sich bei einer retrospektiven Kostenüberwälzung die Kosten letztlich entwickeln werden.

175 Allein in Rheinland-Pfalz existiert mit § 7 Abs. 5 Satz 3 des Kommunalabgabengesetzes eine Bestimmung über den Ausgleich von Zinsnachteilen.

176 Vgl. zu der entsprechenden Konstellation der kommunalen Kostenschätzungsbefugnis nach §§ 128 Abs. 1, 130 Abs. 1 BauGB: BVerwG v. 16. 8. 1985, 8 C 120/83, NJW 1986, 1122 (1124).

von § 164 Abs. 1 Satz 2 AO, der Vorauszahlungsfestsetzungen zu Vorbehaltsfestsetzungen bestimmt. Dieser Gleichsetzung ist die steuergesetzgeberische Grundsatzentscheidung zu entnehmen, Vorauszahlungsfestsetzungen wie die Vorbehaltsfestsetzungen vom Gebot abschließender Prüfung zu entbinden. Zwar legt der Wortlaut von § 164 Abs. 1 Satz 2 AO eher ein Verständnis als Rechtsfolgenverweisung nahe. Bei einer solchen Auslegung würde der steuerrechtliche Regelungsgehalt dieser Bestimmung allerdings weitgehend leerlaufen, weil die Steuergesetze mit § 37 Abs. 3 Satz 3 bis 12, Abs. 4 und 5 EStG und § 19 Abs. 3 GewStG spezielle, § 164 AO überlagernde Regelungen für die Änderung der Vorauszahlungsfestsetzung vorsehen, sodass der Regelungsgehalt von § 164 AO allenfalls am Rande von Bedeutung ist.

Soll § 164 Abs. 1 Satz 2 AO nicht nahezu überflüssig sein, ist er gesetzessystematisch im Sinne einer Rechtsgrundverweisung zu interpretieren. Die Gleichsetzung von Vorauszahlungsfestsetzungen mit Vorbehaltsfestsetzungen besagt nach diesem Verständnis, dass jede Vorauszahlungsfestsetzung stets auf der Basis eines nicht abschließend geprüften Steuerfalles ergeht - und ergehen *darf*. Der nahe liegende Einwand, dass auch im Vorauszahlungsverfahren eine vollständige Untersuchung des Sachverhaltes und eine lückenlose Rechtsprüfung theoretisch vorstellbar sind, verfängt nicht. Denn selbst eine vollständig geprüfte Vorauszahlungsfestsetzung kann bei näherem Hinsehen nicht mit einer „abschließend" geprüften gleichgesetzt werden. Wegen des Prognosecharakters der Vorbehaltsfestsetzung ist vor Ablauf des Veranlagungszeitraumes eine abschließende Feststellung der künftigen Besteuerungsgrundlagen schon objektiv ausgeschlossen. Die Gewissheit, dass die vorab festgestellten mit den später verwirklichten bzw. den im Rahmen der Veranlagung ermittelten Besteuerungsgrundlagen übereinstimmen, bleibt aus tatsächlichen Gründen unerreichbar.

Das gilt zwar nicht mehr für nachträgliche Anpassungen der Vorauszahlungen nach Entstehen der Jahressteuerschuld. Auch dann ist aber für die Festsetzung einer abschließend geprüften Vorauszahlung - nunmehr aus Rechtsgründen - weiterhin kein Raum: Sobald eine abschließende Sach- und Rechtsprüfung nach Entstehung der Jahressteuerschuld vorgenommen wird, besteht kein schutzwürdiges Interesse der Verwaltung, auf die gebotene abschließende Veranlagung zu Gunsten einer Änderung der Vorauszahlungsfestsetzung zu verzichten. Folglich ist es in diesem Fall wegen ihrer dienenden Funktion unzulässig, (nur) die Vorauszahlungen anzupassen; vielmehr muss stattdessen die Jahressteuerfestsetzung erfolgen.

Diese verfahrensrechtliche Absenkung der Untersuchungs- und Rechtsprüfungspflichten entsprechend § 164 Abs. 1 Satz 2 AO erweitert allerdings den Ermittlungsspielraum der Kommune für die Erhebung von kommunalabgabenrechtlichen Vorausleistungen nicht in nennenswertem Umfang zusätzlich gegenüber den soeben aufgezeigten materiell-rechtlichen Maßstäben, weil im Kommunalabgabenrecht auch für eine vorbehaltliche Abgabenfestsetzung ein begründeter Anspruchsverdacht erforderlich ist, der sich auf sämtliche Tatbestandsvoraussetzungen erstrecken muss[177].

Für den Freistaat Thüringen belegt im Übrigen auch die mit § 7 Abs. 9 ThürKAG aus Praktikabilitätserwägungen vorgenommene ausdrückliche Absenkung der Prognosemaßstäbe, dass der Gesetzgeber den Kommunen eine möglichst effiziente Möglichkeit zur Erhebung von Vorausleistungen zur Verfügung stellen will, soweit dies die gegenläufigen Interessen des Abgabenschuldners zulassen. Diese Vorschrift sieht nämlich ausdrücklich vor, dass Vorausleistungen auf Anschlussbeiträge sogar pauschaliert aufgrund einer Selbstauskunft oder hilfsweise aufgrund einer Schätzung der Berechnungsgrundlagen veranlagt werden dürfen[178]. Den spezifischen Unsicherheiten dieser Ermittlungsmethode wird Rechnung getragen, indem der Differenzbetrag zwischen der so ermittelten Vorausleistung und der bei vollständiger Sachverhaltsaufklärung berechneten Vorausleistung mit einem hohen Zinssatz belegt wird.

bbb. Keine rechtsvergleichende Lösung Will man die sich aus diesem Spannungsverhältnis ergebenden konkreten Voraussetzungen für die Prognosesicherheit bestimmen, kann man weder auf die Vorbilder der Abschlagszahlung des Werkvertragsrechts noch auf die der Steuervorauszahlungen zurückgreifen, weil deren Rahmenbedingungen nicht vergleichbar sind. Die für Abschlagszahlungen zu verzeichnende strenge Wertbindung an den wachsenden Leistungserfolg resultiert vor allem daraus, dass seitens des Empfängers der Abschlagszahlungen ein Insolvenzrisiko besteht, vor dem der Schuldner der Abschlagszahlungen geschützt werden muss. Eine derartige Gefahr droht bei kommunalabgabenrechtlichen Vorausleistungen nicht. Die dort in Rede stehenden Nachteile sind von deutlich geringerem Gewicht.

Die - etwa mit der Orientierung an der letzten Veranlagung gemäß § 37 Abs. 3 Satz 2 EStG und § 19 Abs. 2 GewStG - recht grobe Schätzungsbefug-

177 Vgl. oben Kap. D Ziffer II Nr. 3, S. 108 f

178 Vgl. hierzu *Blomenkamp*, in: Driehaus, Kommunalabgabenrecht, § 8 Rn. 1517.

nis der Finanzverwaltung für Steuervorauszahlungen wiederum rechtfertigt sich neben der besonders hohen Praktikabilität dieser Verfahrensweise[179] vor allem auch daraus, dass der Vorauszahlungsschuldner einen Informationsvorsprung hinsichtlich seiner eigenen steuererheblichen Verhältnisse hat und es damit in seiner Hand liegt, eine überhöhte Vorauszahlung korrigieren zu lassen[180]. Dagegen kann bei der Gestaltung des Vorausleistungsverfahrens im Kommunalabgabenrecht typischerweise nicht auf die Eigeninitiative des Vorausleistungsschuldners als hinreichendem Korrektiv bei der Begrenzung der Vorausleistung zurückgegriffen werden, da der Vorausleistungsschuldner die ausschlaggebenden tatsächlichen Umstände nicht besser als die Behörde kennt.

ccc. Allgemeine Prognosemaßstäbe Für die Prognose der voraussichtlichen Abgabenschuld ergibt sich aus dem oben aufgezeigten, spezifischen Spannungsverhältnis vielmehr Folgendes: Weil dem Vorausleistungsschuldner aufgrund der Bindung seiner Finanzkraft und - in nahezu allen Bundesländern[181] - nicht kompensierbarer Zinsausfälle irreversible, nicht völlig unbedeutende Nachteile drohen, dürfen Vorausleistungen nicht aufgrund einer nur überschlägigen Prognose der Verhältnisse ermittelt werden. Vielmehr müssen gute Gründe dafür sprechen, dass die Vorausleistung die endgültige Abgabe nicht überschreiten wird. Allerdings können der Kommune keine Ermittlungen, Vorab-Maßnahmen oder Rechtsprüfungen angesonnen werden, die in hohem Maße Verwaltungskraft binden, ohne einen signifikanten Gewinn für die Prognosesicherheit zu bewirken. Dies gilt insbesondere für Maßnahmen oder komplexe Prüfungsschritte, die allein für Zwecke der Vorausleistungserhebung nötig würden, die zur Unzeit erfolgen oder sich alsbald überholen würden bzw. die eine wiederholte Befassung mit einem Sachverhalt notwendig machten[182].

---

179 Die Tätigkeit der Finanzverwaltung kann sich darauf beschränken, die letzte getroffene Sachentscheidung heranzuziehen, ohne anderweitige Ermittlungen oder rechtliche Würdigungen anstellen zu müssen (*Stolterfoht*, in: K/S/M, EStG, § 37 A 21).

180 § 37 Abs. 3 Satz 3 EStG und § 19 Abs. 3 Satz 1 GewStG regeln die Anpassungsmöglichkeit der Vorauszahlung für den konkreten Einzelfall (*Stolterfoht*, in: K/S/M, EStG, § 37 A 24 f.).

181 Vgl. zu den für Rheinland-Pfalz geltenden Maßstäben unter Dreifachbuchst. iii, S. 254.

182 In diesem Sinne auch *Friedl/Wiethe-Körprich*, in: Driehaus, Kommunalabgabenrecht, § 8 Rn. 725; BayVGH v. 19. 8. 2004, 23 B 04.200; VG Wiesbaden v. 19. 1. 1983, VII/V E 112/91, KStZ 1983, 194.

ddd. Herstellungskosten Demnach ist der herrschenden Meinung beizupflichten, dass im Rahmen der Kostenschätzung keine Konkretisierung der Berechnungsgrundlagen der Herstellungskosten eigens für die Vorausleistungserhebung gefordert werden kann, da man die genaue Höhe der Herstellungskosten ohnehin nicht vor dem Ende der Baumaßnahmen festzustellen vermag.

Auf der anderen Seite sind bereits nach Schlussrechnungslegung bekannte beitragsfähige Herstellungskosten für Teileinrichtungen genau zu ermitteln, denn diese Berechnungen werden auch ohnedem für die Erhebung der endgültigen Beiträge benötigt. Hierdurch wird folglich die Prognosesicherheit signifikant erhöht, ohne dass der Verwaltung unverhältnismäßiger Mehraufwand entsteht.

Diese Grundsätze gelten aber nicht nur für die Kostenschätzung, sondern gleichermaßen für jede Konkretisierung der weiteren Variablen der Berechnung der endgültigen Abgabe.

eee. Ermittlung der Grundstücksverhältnisse Eine genaue Ermittlung der Grundstücksverhältnisse der veranlagten Grundstücke zusätzlich zur Auswertung des Grundbuchs und des Liegenschaftskatasters wird nach dem Obengesagten grundsätzlich nur erforderlich sein, wenn sie einfach zu bewerkstelligen ist oder wenn nicht damit zu rechnen ist, dass bis zum Entstehen der sachlichen Beitragspflichten Änderungen eintreten. Andernfalls rechtfertigt der Zuwachs an Prognosesicherheit den hierdurch entstehenden zusätzlichen Verwaltungsaufwand nicht.

fff. Rechtsprüfung Die aufwändige Klärung von komplexen Rechtsfragen muss im Rahmen der Prognose der künftigen Abgabenschuld grundsätzlich nicht erfolgen, es sei denn, es ist sicher abzusehen, dass es auf diese Rechtsfrage auch für die künftige Festsetzung der endgültigen Abgabenschuld ankommen wird. Für nicht einfach gelagerte Zweifel an der Wirksamkeit der Abgabensatzung etwa wird deshalb zum Beispiel nur eine überschlägige Betrachtung vonnöten sein, wenn bis zum Entstehen der endgültigen Abgabenpflichten mit einer Klärung der Rechtsfrage durch Dritte gerechnet werden kann, oder wenn ohnehin zuvor eine Satzungsänderung erfolgen soll.

ggg. Abgabensatzung Dies leitet über zu der Frage, ob es die hinreichende Bestimmbarkeit der endgültigen Abgabe erfordert, dass die Abgabensatzung bereits bei der Erhebung von Vorausleistungen die Anforderungen erfüllt, die an sie im Rahmen der Veranlagung zu endgültigen Abgaben zu stellen sind.

Diese Frage ist im Übrigen nicht schon deshalb zu bejahen, weil es einer wirksamen Abgabensatzung bereits aus anderen rechtlichen Gründen bedarf. Zwar wird insoweit die Auffassung vertreten, eine wirksame Abgabensatzung sei auch für die Veranlagung zu Vorausleistungen notwendig, weil sie für die Entstehung der endgültigen Beiträge erforderlich ist, die wiederum die eigentliche Rechtfertigung für die Erhebung von Vorausleistungen sind[183]. An diesem Ansatz ist soviel richtig, dass die rechtliche „Programmierung" der endgültigen Beiträge unvollständig ist, solange es an einer wirksamen Satzung fehlt. Denn die Kommunalabgabengesetze gestatten die Erhebung von Abgaben - im Gegensatz zu der Erhebung von Vorausleistungen - nur nach Maßgabe einer Abgabensatzung[184]. Dies beantwortet aber noch nicht die Frage, ob im Vorgriff auf eine rechtlich erst noch vollständig zu regelnde endgültige Abgabe bereits Vorausleistungen verlangt werden dürfen.

Dies mutet zwar auf den ersten Blick bedenklich an - schließlich hat die Vorausleistung lediglich dienenden Charakter gegenüber der endgültigen Abgabe. Die demnach maßgebliche endgültige Zahlungspflicht aber kann als normatives Sollen erst Existenz erlangen, wenn eine entsprechende wirksame, mit einem Geltungsbefehl ausgestattete Norm geschaffen wurde. Solange fehlt der Vorausleistung ihr rechtlicher Bezugspunkt.

Andererseits ist es für die Vorausleistung aber gerade kennzeichnend, dass jener Bezugspunkt - die endgültige Abgabenpflicht - noch nicht entstanden ist. Dabei macht es bei Beiträgen im Ergebnis keinen Unterschied, ob der Grund hierfür die fehlende Fertigstellung bzw. Nutzbarkeit der Anlage oder Einrichtung, das Fehlen einer Widmung oder die ausstehende Erfüllung des Planerfordernisses des § 125 BauGB ist, oder ob es noch an einer wirksamen Satzung fehlt. Diese Tatbestandsvoraussetzungen werden im kommunalen Beitragsrecht gemeinhin als völlig gleichwertig behandelt. Der nachträgliche Erlass einer wirksamen Beitragssatzung kann ebenso wie die nachträgliche Erfüllung jedes anderen Tatbestandsmerkmals die Heilung eines rechtswidrigen Abgabenbescheides bewirken[185].

---

183 Siehe oben Doppelbuchst. aa, S. 241 f.

184 Vgl. Kap. C Ziffer I Nr. 1, S. 52 f.

185 *Driehaus*, Erschließungs- und Ausbaubeiträge, 8. Aufl. 2007, § 11 Rn. 4 f.; *ders.*, in: Driehaus, Kommunalabgabenrecht, § 8 Rn. 173, jeweils m. w. N.

Zudem bleibt selbst eine existierende satzungsrechtliche Regelung vor dem Zeitpunkt der vollständigen Tatbestandserfüllung in normativer Hinsicht folgenlos; sie könnte demnach mit Blick auf die Vorausleistung ohnehin nur zu „Kontrollüberlegungen“ im Sinne der Ermittlung einer fiktiven endgültigen Abgabe herangezogen werden. Derartigen Kontrollanwendungen einer noch nicht einschlägigen Norm auf einen rein fiktiven Sachverhalt kann aber keine eigene *normative* Bedeutung beigelegt werden. Zwischen einer gänzlich fehlenden und einer nicht erfüllten abstrakten Norm besteht vielmehr für das konkrete Handeln kein normativer Unterschied - in beiden Fällen lässt sich kein konkretes, handlungsleitendes Sollen feststellen.

Mit Blick auf die funktionelle Unterordnung jeder Vorausleistung unter eine endgültige Abgabe kann es folglich lediglich entscheidend darauf ankommen, ob - soweit als vorab möglich - sichergestellt ist, dass die endgültigen Abgabepflichten entstehen werden. Dies lässt sich aber vielfach auch ohne eine wirksame Abgabensatzung bereits mit hinreichender Sicherheit prognostizieren. Dies gilt zum einen für die Fälle, in denen die Gemeinde - wie etwa im Erschließungsbeitragsrecht - zur Erhebung von Beiträgen verpflichtet ist. Da die Beiträge ohne eine wirksame Beitragssatzung nicht entstehen und damit auch nicht verjähren können[186], spricht insoweit schon aus Rechtsgründen hinreichend viel dafür, dass früher oder später eine wirksame Beitragssatzung erlassen wird, mit der die Beitragspflichten zum Entstehen kommen. Entsprechendes gilt andererseits aber auch für die Fälle, in denen die Gemeinde bereits zum Ausdruck gebracht hat, dass sie bestimmte Abgaben zu erheben gedenkt. Dies trifft namentlich dann zu, wenn die Gemeinde bereits eine Satzung erlassen hat, die nur wegen rechtlicher Mängel unwirksam ist.

Zusammenfassend lässt sich folglich feststellen, dass die Forderung nach einer *wirksamen* Abgabensatzung jedenfalls nicht wegen der funktionellen Unterordnung der Vorausleistung unter die endgültige Abgabe rechtlich zwingend ist.

Allerdings wäre es mit dem oben aufgezeigten Maßstab für die erforderliche Prognosesicherheit nicht zu vereinbaren, Vorausleistungen zu erheben, wenn eine Abgabensatzung noch gänzlich fehlt. Unter diesen Umständen

186 *Driehaus*, in: Driehaus, Kommunalabgabenrecht, § 8 Rn. 20 und 239 ff.; *Sauthoff*, in: Driehaus, Kommunalabgabenrecht, § 12 Rn. 21a; *Büchel*, in: Büchel/Patt, SächsKAG, § 22 Rn. 2; BVerwG v. 25. 11. 1981, 8 C 14.81, BVerwGE 64, 218 (219 ff.); OVG Magdeburg v. 16. 12. 1999, A 2 S 335/98, zitiert nach juris; OVG Weimar v. 16. 12. 2002, 3 EO 866/02, KStZ 2003, 114 (115); BayVGH v. 14. 1. 2008, 6 CS 04.3182, zitiert nach juris.

würde es bereits an einem hinreichend verlässlichen Maßstab für die gebotene Wahrung der Binnengerechtigkeit zwischen den Vorausleistungsschuldnern[187] mangeln, weil die Bewertung der jeweils vermittelten verhältnismäßigen Vorteile im Wesentlichen einer Einschätzungsprärogative des Satzungsgebers unterliegt und ohne satzungsmäßige Anhaltspunkte von der Kommunalverwaltung schlechterdings nicht vorgenommen werden kann. Zudem kann sich die Gemeindeverwaltung als Vollzugsorgan gegenüber dem satzungsgebenden Organ der Gemeinde auch nicht der Fähigkeit zu berühmen, Rechtssetzungsakte jenes obersten Gemeindeorgans vorherzusagen und vorwegzunehmen.

Anders liegen die Dinge indes, wenn es um die Frage geht, ob für die Zwecke der Vorausleistungserhebung die Ersetzung einer nichtigen Satzung erforderlich ist. Maßstab hierfür muss nach dem Obengesagten sein, ob die - letztlich ohnehin erforderliche - Beseitung von Satzungsmängeln für Zwecke der Vorausleistungserhebung zur Unzeit erfolgen und dabei einen unverhältnismäßig hohen Verwaltungsaufwand verursachen würde, oder ob sie im Hinblick auf die zu erzielende Prognosesicherheit für die Vorausleistungsobergrenze gerechtfertigt ist. Dies kann nicht generell, sondern nur für jeden Einzelfall beantwortet werden. Gemessen hieran ist etwa eine Forderung nach einer Nachbesserung der Satzungsregelung einerseits dann unberechtigt, wenn die erhobenen Vorausleistungen nur eine relativ geringe Höhe haben, sodass offensichtlich ausgeschlossen ist, dass sie die endgültigen Abgaben überschreiten werden. Auch darf eine Satzungsnachbesserung nicht gefordert werden, wenn sich festgestellte allgemeine Mängel - zum Beispiel des Verteilungsmaßstabs oder der Tiefenbegrenzung - bei den prognostizierten endgültigen Abgaben nicht auswirken, weil die veranlagten Grundstücke keine derartig problematische Konstellation aufweisen. Demgegenüber ist eine Beseitigung von Satzungsmängeln trotz des damit verbundenen Aufwands zu fordern, wenn die Satzung nur eine völlig unzureichende Regelung für die Verteilung des Aufwands trifft, die selbst den abgesenkten Maßstäben des Vorausleistungsverfahrens an die Binnengerechtigkeit nicht Rechnung trägt. Gleiches gilt, wenn die veranlagte Vorauszahlung die Größenordnung der prognostizierten endgültigen Abgabe erreicht und die zu verzeichnenden Satzungsfehler erhebliche Auswirkungen auf die Schätzung der Abgabenhöhe haben. Zeitigen die Mängel hingegen nur geringe Folgen, dürfte es demgegenüber mit Rücksicht auf die auch ohnedem bestehende, nicht ausräumbare Unsicherheit über die

187 Siehe hierzu oben unter Buchst. a, S. 240 f.

Entwicklung der zu überwälzenden Herstellungskosten nicht gerechtfertigt sein, eine Satzungskorrektur zu verlangen.

hhh. Festlegung des Ermittlungsraums Ähnlich differenziert ist die Frage zu beantworten, ob vor der Anforderung von Vorausleistungen auf Erschließungsbeiträge die Festlegung des Raums der Aufwandsermittlung und -verteilung, d. h. die Bildung einer Erschließungseinheit oder eines Abschnitts, erforderlich ist. Problematisch ist dies in den Fällen, in denen die Kommune vor der Vorausleistungserhebung noch nicht zu einer endgültigen Entscheidung gefunden hat, ob sie einen von der Erschließungsanlage oder Verkehrsanlage abweichenden Ermittlungsraum bilden will. Dann erscheint zweifelhaft, ob man ihr eigens für die Vorausleistungsveranlagung eine entsprechende Beschlussfassung abverlangen kann, die sie ohnehin nicht für die weitere Verfahrensweise bindet. Mit Rücksicht darauf, dass die Festsetzung von Vorausleistungen nur dann statthaft ist, wenn das künftige Entstehen eines Beitrags sicher erscheint, wird man eine solche (ernsthafte) Beschlussfassung jedenfalls in den Fällen fordern müssen, in denen erst die Bildung eines abweichenden Aufwandsermittlungs- bzw. -verteilungsraums zu der Einbeziehung des fraglichen Vorausleistungsschuldners in den Kreis potentieller Beitragsschuldner führt. Das kann namentlich bei der Bildung von Erschließungseinheiten für die Anlieger der unselbstständigen Stichstraße der Fall sein[188]. Umgekehrt wird man die Anlieger eines Straßenabschnitts unabhängig von einer förmlichen Abschnittsbildung solange nicht zu Vorausleistungen für die Erschließungsanlage heranziehen können, solange ernsthaft damit zu rechnen ist, dass sie später nach einer Abschnittsbildung von der Veranlagung ausgenommen werden[189]. Auch für diese Anlieger steht nämlich während dieses Zeitraums nicht mit der erforderlichen Sicherheit fest, dass sie künftig einer Erschließungsbeitragspflicht unterfallen werden. Will sich die Gemeinde noch nicht auf einen Abrechnungsraum festlegen, kann die hieraus resultierende Unsicherheit über die künftige Beitragsentwicklung indes nicht dadurch ausgeräumt werden, dass „*pro forma*" einstweilen ein - nicht bindender - Abschnittsbildungs- oder Erschließungseinheitsbeschluss gefasst wird, der weiter zur Disposition stehen soll. Die rein formale Forderung nach einem entsprechenden Beschluss bringt in diesen Fällen keinerlei Gewinn für

188 Vgl. *Driehaus*, Erschließungs- und Ausbaubeiträge, 8. Aufl. 2007, § 14 Rn. 35 ff., insb. Rn. 40.

189 Vgl. hierzu *Driehaus*, Erschließungs- und Ausbaubeiträge, 8. Aufl. 2007, § 14 Rn. 20.

die Prognosesicherheit. Überschießende Vorauszahlungen können unter diesen Umständen vielmehr nur mit hinreichender Gewissheit vermieden werden, indem Vergleichsschätzungen zu den endgültigen Beiträgen für die in Rede stehenden Abrechnungsalternativen erstellt werden. Bleibt die Vorausleistung für jeden Betroffenen unterhalb der Grenze des geringsten Schätzbetrags, ist seinen Schutzinteressen unabhängig davon Genüge getan, ob ein förmlicher Beschluss über die Bildung eines abweichenden Ermittlungsraums vorliegt.

iii. Ausnahme: Rheinland-Pfalz Für die Rechtslage in Rheinland-Pfalz ist schließlich zu konstatieren, dass nach den oben aufgezeigten Maßstäben die Anforderungen an die Prognosesicherheit für die künftige Abgabenhöhe jedenfalls für die Regelfälle, in denen nicht bereits die Bindung der Finanzkraft zu irreparablen Schäden zu führen droht, deutlich weiter abgesenkt werden können. Denn den Vorausleistungsschuldnern wird hinsichtlich der überschießenden Vorausleistungshöhe ein Kompensationsanspruch für entgangene Zinsen zuerkannt, die ihnen entstehenden Nachteile werden somit nachträglich beseitigt.

6. Der bemakelte Sondervorteil

Eine Vorausleistung kann zwar nur dann erhoben werden, wenn für die fragliche Maßnahme später auch endgültige Beiträge verlangt werden dürfen. Die betreffende Maßnahme muss daher beitragsfähig sein[190]. Nach herrschender Auffassung setzt die Erhebung von Vorausleistungen gleichwohl nicht voraus, dass der Sondervorteil zu diesem Zeitpunkt bereits voll ausgebildet und makelfrei ist. Namentlich ist es bei Erschließungsanlagen unschädlich, dass eine Widmung fehlt, oder dem Erfordernis des § 125 BauGB bislang nicht genügt wird[191]. Zur Begründung wird darauf verwiesen, weil die Vorausleistung ihrem Wesen nach einen Vorschuss auf den Ausgleich eines später mit der Herstellung einer beitragsfähigen Erschließungsanlage vermittelten Son-

190 *Driehaus*, in: Driehaus, Kommunalabgabenrecht, § 8 Rn. 130.

191 BVerwG v. 21. 10. 1994, 8 C 2/93, NVwZ 1995, 1209 (1210); *Löhr*, in: Battis/Krautzberger/Löhr, BauGB, 11. Aufl. 2009, § 133 Rn. 36; *Driehaus*, Erschließungs- und Ausbaubeiträge, 8. Aufl. 2007, § 21 Rn. 31 m. w. N.; ebenso für Ausbaumaßnahmen OVG Weimar, v. 30. 6. 2003, 4 EO 206/96, LKV 2004, 39 (43); a. A. OVG Münster, v. 15. 3. 1991, 3 B 1048/89, KStZ 1991, 238 (239), das die Erfüllung des erschließungsrechtlichen Planerfordernisses bei der Herstellungsalternative fordert.

dervorteils darstellt, reicht zu diesem Zeitpunkt die Vermittlung eines Sondervorteils mit vermindertem Wert aus. Dies gilt selbst für einen Sondervorteil, der mit dem Makel einer rechtswidrig begonnenen Straßenherstellung belastet ist, denn dieser Umstand lässt nicht ohne Weiteres die Rechtswidrigkeit auch des Endes erwarten. Dem Vorausleistenden erwächst hieraus kein unzumutbarer Nachteil, denn seine Vorausleistung ist ihm zu erstatten, wenn das Entstehen der Beitragspflichten wegen der rechtswidrigen Herstellung endgültig scheitern sollte. Die Handhabbarkeit der Vorausleistung als Vorfinanzierungsinstitut soll nicht unnötig erschwert werden, deshalb wird es von allen nicht vorausleistungsspezifischen Voraussetzungen befreit[192].

Diese Auffassung überzeugt zwar nicht in der Begründung, aber im Ergebnis. Der Begründung ist entgegenzuhalten, dass eine Vorausleistung in der Regel nicht in Entgeltung eines aktuellen Voraus-Vorteils erbracht wird, der durch den Makel beeinträchtigt werden könnte, sondern der Überwälzung eines gegenwärtigen Aufwands mit Blick auf einen künftigen Sondervorteil dient. Daher ist es nach oben entwickelten allgemeinen Grundsätzen[193] hinreichend, wenn mit einer Beseitigung des Makels und der vollen Ausbildung des Sondervorteils in absehbarer Zeit gerechnet werden kann. Die Grenzen zu beachtlichen Mängeln, die die Beitragsfähigkeit der Maßnahme grundsätzlich und auch mit Auswirkungen auf die Vorausleistungserhebung in Frage stellen, sind jedoch fließend.

IV. Das kommunalabgabenrechtliche Vorausleistungsverfahren

1. Allgemeine Anforderungen an Sachverhaltsaufklärung und Intensität der Rechtsprüfung

a. Behördlicher Prüfungsmaßstab

Bei der Bestimmung der Anforderungen an die behördliche Fallprüfung bei Vorausleistungen ist zwischen der tatbestandlichen Anknüpfung an die voraussichtliche Abgabenschuld und den sonstigen Tatbestandsmerkmalen zu unterscheiden:

192 Zum Ganzen: BVerwG v. 21. 10. 1994, 8 C 2/93, NVwZ 1995, 1209 (1210).
193 Siehe Nr. 4 Buchst. c Doppelbuchst. cc Dreifachbuchst. ddd, S. 234 f.

aa. Prognose der künftigen Abgabe Die Untersuchung der tatbestandlichen Begrenzungsfunktion der voraussichtlichen Abgabenhöhe hat bereits gezeigt, dass die Vorausleistungsveranlagung nicht als „kleine Abgabenerhebung“ mit einer umfassenden Sach- und Rechtsprüfungspflicht begriffen werden kann[194]. Die anhand von Praktikabilitätserwägungen und der Eigenart vorläufiger Entscheidungen vorgenommene Auslegung der materiellrechtlichen Prognosemaßstäbe für die künftige Abgabenhöhe hat vielmehr ergeben, dass die Kommune im Allgemeinen für die endgültige Abgabe als obere Bemessungsgrenze so viel Prognosesicherheit herzustellen hat, wie es mit einem angemessenen Verwaltungsaufwand möglich ist[195]. Diese Absenkung der materiell-rechtlichen Maßstäbe hat auch unmittelbare Auswirkungen auf die verfahrensrechtlichen Anforderungen an die Sach- und Rechtsprüfung der Abgabenprognose. Entsprechendes folgt für das Verfahrensrecht in den Bundesländern, in denen § 164 AO entsprechend anwendbar ist, auch aus der Rechtsgrundverweisung des § 164 Abs. 1 Satz 2 AO[196]. Vorausleistungen dürfen demnach nicht aufgrund einer nur überschlägigen Prognose der tatsächlichen und rechtlichen Verhältnisse ermittelt werden. Vielmehr müssen gute Gründe dafür sprechen, dass die Vorausleistung die endgültige Abgabe nicht überschreiten wird. Allerdings können der Kommune keine Ermittlungen, Vorab-Maßnahmen oder Rechtsprüfungen angesonnen werden, die in hohem Maße Verwaltungskraft binden, ohne einen signifikanten Gewinn für die Prognosesicherheit zu bewirken. Dies gilt insbesondere für Maßnahmen oder komplexe Prüfungsschritte, die allein für Zwecke der Vorausleistungserhebung nötig würden, zur Unzeit erfolgten oder sich alsbald überholten bzw. die eine wiederholte Befassung mit einem Sachverhalt notwendig machten[197].

bb. Sonstige Tatbestandsmerkmale Für die Feststellung aller anderen Tatbestandsvoraussetzungen der Vorausleistungserhebung - die Feststellung, dass es sich bei dem Adressaten um einen Vorausleistungsschuldner handelt, das Fehlen einer endgültigen Abgabenpflicht bzw. ihrer Festsetzung oder Festsetzungsmöglichkeit, die Möglichkeit des Entstehens der endgültigen Abgabenpflicht sowie die zeitliche Verknüpfung mit dem anfallenden Vorfinanzierungsaufwand und dem endgültigen Entstehen der Beitragspflichten -

194 Vgl. Ziffer III Nr. 5 Buchst. b Doppelbuchst. bb, S. 243 ff.
195 Vgl. Ziffer III Nr. 5 Buchst. b Doppelbuchst. bb Dreifachbuchst. ccc, S. 248.
196 Vgl. Ziffer III Nr. 5 Buchst. b Doppelbuchst. bb Dreifachbuchst. aaa, S. 245 ff.
197 Vgl. im Einzelnen Ziffer III Nr. 5 Buchst. b Doppelbuchst. bb, S. 243 ff.

fehlt es jedoch weitestgehend an einer Rechtsgrundlage für die Absenkung des Niveaus der Fallprüfung. Ein anderes gilt nur, soweit § 164 Abs. 1 Satz 2 AO entsprechend anwendbar ist[198]. Diese Vorschrift kann grundsätzlich mit Blick auf alle Tatbestandsmerkmale von Vorauszahlungen zur Begründung eines kommunalen Verfahrensermessens bei der Vorausleistungserhebung herangezogen werden. Im Übrigen sind die Verfahrensbestimmungen für die Erhebung von Vorauszahlungen in allen Bundesländern wegen der Verweise auf die Abgabenordnung weitestgehend mit den allgemeinen steuerverfahrensrechtlichen Vorgaben identisch, sodass insoweit eine umfassende Sach- und Rechtsprüfung vorzunehmen ist.

b. Einschränkung der richterlichen Kontrolldichte?

Fraglich ist, wie weit die richterliche Kontrolldichte bei der Überprüfung von Vorausleistungsbescheiden reicht. Bedenken ergeben sich insoweit mit Blick auf die verwandten steuerlichen Vorauszahlungen zum Ersten daraus, dass der Bundesfinanzhof für Steuervorauszahlungen eine Einschränkung der gerichtlichen Überprüfungskompetenz mit der Erwägung bejaht hat, dass das Finanzamt gemäß § 37 Abs. 3 Satz 3 EStG über eine Anpassung der Vorauszahlungen nach pflichtgemäßen Ermessen entscheidet. Ein Anpassungsantrag ist danach begründet, wenn dem Finanzamt die Herabsetzung unter Berücksichtigung aller rechtlichen Gesichtspunkte und der bekannten tatsächlichen Umstände aus beachtlichen Gründen als rechtlich vertretbar erscheinen musste. Bestehen objektiv ernstliche Zweifel, ob der vorläufig ermittelte Sachverhalt zu einer Herabsetzung der Steuerschuld führt, ist die Ablehnung der Herabsetzung der Vorauszahlung nicht ermessensfehlerhaft. Der finanzgerichtlichen Überprüfung unterliegt nach dieser Auffassung nur die Frage, ob die vom Finanzamt eingenommene Haltung zu einer Rechtsfrage pflichtgemäßem Ermessen entspricht[199].

Diese Auffassung weist zwar in die richtige Richtung, geht im Detail aber fehl. Gegen den Ansatzpunkt der Argumentation wird von der Steuerrechtsliteratur zu Recht eingewandt, dass es bei der Anwendung des Steuerrechtes im Kern nicht um eine Ermessensentscheidung, sondern um die Auslegung

198 Dies betrifft nach derzeit geltender Rechtslage Baden-Württemberg, Rheinland-Pfalz, den Freistaat Sachsen, Mecklenburg-Vorpommern, Niedersachsen und Nordrhein-Westfalen.

199 Zum Ganzen: BFH v. 22. 10. 1981, VI R 132/79, BFHE 134, 319 (321 f.); im Anschluss hieran auch BFH v. 23. 6. 1993, X B 134/91, BFHE 172, 9, (17).

des unbestimmten Rechtsbegriffes „voraussichtlich sich ergebende Einkommensteuer“ geht[200].

Eine Einschränkung der gerichtlichen Kontrolldichte kann im Übrigen auch nicht daraus gefolgert werden, dass die Verwaltung eine Prognoseentscheidung hinsichtlich der künftigen Steuerschuld trifft. Grundsätzlich können gesetzlich angeordnete Prognosen zwar behördliche Letztentscheidungsrechte statuieren, die von den Gerichten nur darauf überprüft werden können, ob sie vertretbar sind[201]. Dies setzt jedoch voraus, dass der Verwaltung vom Gesetzgeber ausdrücklich oder nach dem Sinn und Zweck unter Berücksichtigung der Natur der Sache und der Funktionsgrenzen der Rechtsprechung ein eigenständiger Prognosespielraum zugewiesen wird[202]. Dafür spricht hier nichts. Der Wortlaut von § 37 EStG weist die Prognose der Einkommensteuerschuld ebensowenig dem Finanzamt zu, wie - was für diese Untersuchung interessiert - die Kommunalabgabengesetze die Prognose der endgültigen Abgabenschuld den Kommunen. Eine solche Einschätzungsprärogative der Verwaltung ist auch in der Sache nicht gerechtfertigt, weil das Finanzamt - oder die Kommune - nicht besser qualifiziert ist, anhand der Unterlagen eine entsprechende Voraussage zu treffen, als das Gericht.

Allerdings ergeben sich Modifikationen der richterlichen Rechtsprüfungspflicht für Vorausleistungsbescheide aus der oben aufgezeigten[203], materiellrechtlich verankerten Absenkung des Prüfungsmaßstabes, der im Rahmen der Prognose der endgültigen Abgabe zu beachten ist. Weil hier das materielle Recht den Standard für die Vorausleistung als Voraus-Anspruch verringert[204], bindet es unmittelbar auch die Judikative.

Im Übrigen gilt auch für Vorausleistungen, dass bei der gerichtlichen Überprüfung dem vorläufigen Charakter der behördlichen Entscheidung Rechnung getragen werden muss. Wenn schon bei der Kontrolle einer - im strengen Sinne einstweiligen - Vorbehaltsfestsetzung hinsichtlich Sachverhaltsaufklärung und Rechtsprüfung nicht mehr zu fordern ist, als dass das Gericht in einem unterstellten Verfahren des vorläufigen Rechtsschutzes eine entsprechende Regelung selbst auch hätte erlassen können[205], dann muss dies erst recht

200 *Diebold*, in: Hermann/Heuer/Raupach, EStG, § 37 Rn. 110, Stand August 2003; ebenso *Drenseck*, in: Schmidt, EStG, 30. Aufl. 2011, § 37 Rn. 6; *Stolterfoht*, in: K/S/M, EStG, § 37 Rn. D 66, Stand September 1991.

201 *Schenke*, in: Kopp/Schenke, VwGO, 17. Aufl. 2011, § 114 R. 37 ff.

202 *Schenke*, in: Kopp/Schenke, VwGO, 17. Aufl. 2011, § 114 R. 24.

203 Vgl. Ziffer III Nr. 5 Buchst. b Doppelbuchst. bb Dreifachbuchst. aaa, S. 244 f.

204 Vgl. hierzu Kap. B Ziffer III Nr. 4 Buchst. a, S. 43 f.

205 Vgl. zu Voraussetzungen und Begründung im Einzelnen Kap. D Ziffer VII, S. 158 ff.

auch für die Überprüfung einer Vorausleistung gelten. Denn die Festsetzung eines solchen vorläufigen Anspruches stellt noch deutlicher eine behördliche Eilregelung dar. Sie zeichnet sich überdies auch nicht allein durch einen unzulänglichen Kenntnisstand der Behörde, sondern sogar durch eine noch nicht abgeschlossene Sachverhaltsentwicklung aus.

Nach alledem braucht die gerichtliche Rechtsprüfung im Rahmen der Prognose der endgültigen Abgabe zwar nicht abschließend sein und muss sich insbesondere nicht mit Fragen beschäftigen, auf die es möglicherweise im Verfahren gegen den endgültigen Bescheid letztlich nicht mehr ankommen wird. Sie darf allerdings auch nicht völlig oberflächlich bleiben.

Entsprechendes gilt im Übrigen in Baden-Württemberg, Rheinland-Pfalz, dem Freistaat Sachsen, Mecklenburg-Vorpommern, Niedersachsen und Nordrhein-Westfalen nicht nur hinsichtlich der Feststellung der Höhe künftigen Abgabe, sondern hinsichtlich aller Tatbestandsmerkmale, weil es sich in diesen Bundesländern entsprechend § 164 Abs. 1 Satz 2 AO bei Vorausleistungsbescheiden um Abgabenfestsetzungen unter dem Vorbehalt der Nachprüfung und damit *insgesamt* um kursorisch geprüfte, behördliche Eilentscheidungen handelt.

2. Nachträgliche Korrekturen von Vorausleistungsfestsetzungen

Zum Wesen von Vorausleistungsfestsetzungen als interimistischen Verwaltungsentscheidungen gehört es, dass sie die endgültige Entscheidung nicht präjudizieren[206]. Bei der Ermittlung und Festsetzung des Abgabenanspruches ist die Kommune daher nicht an den Vorausleistungsbescheid oder die ihm zugrunde liegenden tatsächlichen und rechtlichen Annahmen gebunden. Vormals gemachte Fehler können und müssen deshalb ohne Weiteres beseitigt, überholte Prognosen verbessert werden.

Als problematisch erweist sich allerdings, inwieweit die Vorausleistungsbescheide als solche bereits *vor* der Ablösung durch den endgültigen Abgabenbescheid nachträglichen Korrekturen zugänglich sind. Insbesondere fragt sich, ob die Kommune verpflichtet ist, Vorausleistungserhebungen rückgängig zu machen, wenn sie erkennt, dass diese von vornherein mit Mängeln behaftet waren oder dass die Prognose des künftigen Abgabenanspruches aufgrund besserer Erkenntnisse zwischenzeitlich unhaltbar geworden ist.

---

206 Vgl. Ziffer II Nr. 1, S. 200.

a. Gesetzliche Regelungen

Ausdrückliche und spezifische Regelungen zur Korrektur von Vorausleistungsbescheiden, wie man sie etwa mit § 37 Abs. 3 EStG für das Steuerrecht kennt, finden sich in den Kommunalabgabengesetzen der Länder nur in rudimentärem Maße. Namentlich wurde lediglich in einem Teil der Bundesländer nach dem erschließungsbeitragsrechtlichen Vorbild von § 133 Abs. 3 Satz 3 BauGB ein besonderer Rückzahlungsanspruch für die erbrachten Vorausleistungen begründet, sofern die sachlichen Beitragspflichten sechs[207] bzw. drei Jahre[208] nach dem Erlass des Beitragsbescheides noch nicht entstanden sind. Vereinzelt wird zusätzlich vorausgesetzt, dass die Einrichtung noch nicht benutzbar ist[209].

In Baden-Württemberg, Rheinland-Pfalz, dem Freistaat Sachsen, Mecklenburg-Vorpommern, Niedersachsen und Nordrhein-Westfalen, in denen § 164 AO auf Vorausleistungsbescheide entsprechend anwendbar ist[210], können Vorausleistungsfestsetzungen zudem allgemein jederzeit aufgehoben oder geändert werden; der Vorausleistungspflichtige kann die Aufhebung oder Änderung auch jederzeit beantragen (§ 164 Abs. 2 Satz 1 und 2 AO).

In den übrigen Bundesländern finden hingegen - teils ergänzend zu dem Erstattungsanspruch wegen Nichtentstehens der sachlichen Beitragspflichten, teils isoliert - die allgemeinen Änderungsvorschriften für Verwaltungsakte auch auf die Vorausleistungsbescheide Anwendung[211], was bedeutet, dass sich deren Rücknahme und Widerruf in Schleswig-Holstein nach den, den §§ 48, 49 VwVfG entsprechenden, §§ 116, 117 schlesw.-holst. LVwG i.V.m. § 11 Abs. 1 schlesw.-holst. KAG, im Übrigen nach den entsprechend geltenden[212] §§ 130, 131 AO richtet. Zum Teil wird demgegenüber zwar die Auffassung vertreten, dass ein vorläufiger Verwaltungsakt - wie dies im Übrigen auch

207 § 133 Abs. 3 Satz 3 BauGB, Artikel 5 Abs. 5 Satz 3 bayer. KAG, § 7 Abs. 4 Satz 4 KAG M-V, § 23 Abs. 2 Satz 1 SächsKAG, § 7 Abs. 8 Satz 3 ThürKAG, § 8 Abs. 8 Satz 2 brdbg. KAG.

208 § 6 Abs. 7 Satz 3 KAG-LSA.

209 § 133 Abs. 3 Satz 3 BauGB; § 23 Abs. 2 Satz 1 SächsKAG; Artikel 5 Abs. 5 Satz 3 bayer. KAG; § 6 Abs. 7 Satz 3 KAG-LSA.

210 Vgl. *Gern*, Sächsisches Kommunalrecht, 2. Aufl. 2000, Rn. 1223.

211 So auch *F. J. Kopp*, Vorläufiges Verwaltungsverfahren und vorläufiger Verwaltungsakt, 1992, S. 85.

212 § 12 Abs. 1 Nr. 3 Buchst. b saarl. KAG; § 15 Nr. 3 Buchst. b ThürKAG; Artikel 13 Abs. 1 Nr. 3 Buchst. b bayer. KAG; § 12 Abs. 1 Nr. 3 Buchst. b nordrh.-westf. KAG; § 4 Abs. 1 Nr. 3 Buchst. b hess. KAG; § 12 Abs. 1 Nr. 3 Buchst. b brdbg. KAG; § 13 Abs. 1 Nr. 3 Buchst. b KAG-LSA; § 11 Abs. 1 Nr. 3 Buchst. b NKAG.

für sonstige interimistische Entscheidungen weitgehend der Fall ist[213] - ohne Weiteres durch einen neuen vorläufigen Verwaltungsakt ersetzt werden kann, ohne dass insoweit besondere Änderungsvoraussetzungen zu beachten sind[214]. Ob diese Ansicht zutrifft, kann hier letztlich dahinstehen, da man im Ergebnis mit beiden Auffassungen zu gleichen Ergebnissen kommt. Denn auch bei der Auslegung der §§ 130, 131 AO bzw. der §§ 116, 117 schlesw.-holst. LVwG sind die besonderen Sachgesetzlichkeiten vorläufiger Entscheidungen zu berücksichtigen. Im Einzelnen gilt Folgendes:

b. Erstattung wegen des Nichtentstehens der sachlichen Beitragspflichten

Von den denkbaren Fallgestaltungen, in denen die Voraussetzungen der Vorausleistungserhebung von vornherein nicht vorgelegen haben oder nachträglich entfallen sind, haben der Bund für das Erschließungsbeitragsrecht und einzelne Bundesländer für das allgemeine kommunale Beitragsrecht den Fall, dass das Entstehen der endgültigen Beitragspflichten immer weiter zeitlich hinausgeschoben wird, ausdrücklich gesetzlich geregelt, indem sie eine zeitliche Höchstgrenze von 6 bzw. 3 Jahren festgelegt haben, innerhalb derer die sachlichen Beitragspflichten entstanden sein müssen[215].

Der verfassungsrechtliche Hintergrund dieser Regelungen ist in der zeitlichen Verknüpfung von Vorausleistungserhebung und endgültiger Beitragserhebung zu sehen. Eine Vorausleistung auf einen Beitrag kann nicht verlangt werden, wenn mit der hoheitlichen „Gegenleistung" nicht in einem überschaubaren Zeitraum gerechnet werden kann. Zudem darf die Vorausleistung als vorläufige Regelung des Beitragsverhältnisses nicht zu einem Dauerzustand perpetuiert werden, die Verrechnung mit dem endgültigen Beitrag muss „in Sicht" sein[216].

Gemessen an diesem Maßstab ist die gesetzgeberische Entscheidung, dass der Vorausleistungspflichtige einen Aufschub des Entstehens der sachlichen Beitragspflichten bis zu 6 Jahren nach der Vorausleistungserhebung hinzunehmen hat, nicht zu beanstanden. Dies gilt grundsätzlich auch insoweit, als eine Erstattung in Ausnahme hiervon dann ausgeschlossen sein soll, wenn der Betroffene bereits den Nutzungsvorteil der Einrichtung genießen kann.

213 Vgl. Kap. B Ziffer IV, S. 48.

214 *Peine*, DÖV 1986, 859; vgl. auch Kap. B Ziffer III Nr. 3 Buchst. b, S. 42.

215 § 133 Abs. 3 Satz 3 BauGB, Artikel 5 Abs. 5 Satz 3 bayer. KAG, § 7 Abs. 4 Satz 4 KAG M-V, § 23 Abs. 2 Satz 1 SächsKAG, § 7 Abs. 8 Satz 3 ThürKAG, § 8 Abs. 8 Satz 2 brdbg. KAG; § 6 Abs. 7 Satz 3 KAG-LSA.

216 Vgl. hierzu Ziffer III Nr. 4 Buchst. c Doppelbuchst. cc Dreifachbuchst. ddd, S. 234 f.

Die vorläufige Befriedigung des Vorfinanzierungsaufwandes ist dem Beitragsschuldner auch über einen längeren Zeitraum zuzumuten, wenn er die „Gegenleistung“ der Kommune bereits erhalten hat. Allerdings muss auch diese besondere Situation nach den oben aufgezeigten verfassungsrechtlichen Rahmenbedingungen zeitlich begrenzt bleiben. Selbst das Bestehen des Sondervorteils rechtfertigt es nämlich nicht, die einstweilige Regelung des Vorausleistungsbescheides „auf kaltem Wege“ in eine endgültige Entscheidung umzuwandeln und in den Fällen einer „steckengebliebenen Abgabenentstehung“ die vorläufige Befriedigung des Vorfinanzierungsaufwandes entgegen dem Prinzip der Normenwahrheit als endgültig zu behandeln[217]. Dies bedeutet, dass die entsprechenden Vorschriften der § 133 Abs. 3 Satz 3 BauGB; § 23 Abs. 2 Satz 1 SächsKAG; Artikel 5 Abs. 5 Satz 3 bayr. KAG; § 6 Abs. 7 Satz 3 KAG-LSA verfassungskonform dahingehend auszulegen sind, dass die Kommune weiterhin alles dafür tun muss, dass die endgültigen Beitragspflichten entstehen. Andernfalls sind die einbehaltenen Vorausleistungen gleichwohl zurückzuzahlen. Zudem ist in diesen Fällen auch - unabhängig vom Bestehen des Sondervorteils - eine absolute zeitliche Höchstgrenze für die zwangsläufig[218] abrechnungslose Vereinnahmung von Vorausleistungen verfassungsrechtlich geboten, die sich etwa beim Doppelten der gesetzlich geregelten allgemeinen Höchstgrenze, also bei 12 bzw. 6 Jahren, bewegen müsste.

c. Rücknahme und Widerruf von Vorausleistungsbescheiden entsprechend §§ 130, 131 AO

Entsprechend § 130 Abs. 1 AO kann ein rechtswidriger nicht begünstigender Verwaltungsakt, auch nachdem er unanfechtbar geworden ist, ganz oder teilweise mit Wirkung für die Zukunft oder für die Vergangenheit zurückgenommen werden. Entsprechend § 131 Abs. 1 AO kann darüber hinaus ein rechtmäßiger nicht begünstigender Verwaltungsakt, auch nachdem er unanfechtbar geworden ist, mit Wirkung für die Zukunft widerrufen werden, außer wenn ein Verwaltungsakt gleichen Inhalts erneut erlassen werden müsste oder aus anderen Gründen der Widerruf unzulässig ist.

---

217 Vgl. hierzu Ziffer III Nr. 4 Buchst. c Doppelbuchst. cc Dreifachbuchst. ddd, S. 234 f.

218 Hierdurch unterscheiden sich die Fälle des Ausbleibens der sachlichen Beitragspflichten von den Fällen, in denen die Kommune lediglich den Erlass des Abgabenbescheides verweigert, und in denen kein Anspruch auf Erstattung der Vorausleistung, sondern nur auf Abgabenfestsetzung besteht, vgl. nachfolgend Ziffer V Nr. 2 Buchst. c Doppelbuchst. bb, S. 292 ff.

aa. Tatbestandsvoraussetzungen

aaa. § 130 AO Für nicht begünstigende Verwaltungsakte - um die es sich bei Vorausleistungsbescheiden handelt - geht § 130 Abs. 1 AO im Falle der Rechtswidrigkeit von einer freien Rücknehmbarkeit aus[219]. Rechtswidrig ist ein Verwaltungsakt dann, wenn das Recht fehlerhaft angewendet oder ein falscher Sachverhalt zugrunde gelegt worden ist[220].

Dabei findet § 130 AO auf fehlerhafte Vorausleistungsbescheide unabhängig davon Anwendung, ob der Vorausleistungsbescheid von vornherein rechtswidrig ist, oder ob sich der Rechtsverstoß erst nachträglich ergibt. Der Meinungsstreit, ob sich die für § 130 AO maßgebliche Sachlage generell nicht nach dem Zeitpunkt des Erlasses bzw. der Widerspruchsentscheidung beurteilt, sondern ob auch nachträgliche Änderungen der Sach- und Rechtslage, die zur Rechtswidrigkeit des Bescheids führen, die Anwendbarkeit von § 130 AO begründen[221], kann in diesem Zusammenhang dahinstehen. Denn jedenfalls für Dauerverwaltungsakte, die an den Fortbestand einer bestimmten Sach- und Rechtslage gebunden sind, führen rechtserhebliche Änderungen nach allen Auffassungen zur Einschlägigkeit von § 130 AO[222].

Zu dieser Gruppe der Dauerverwaltungsakte zählen indes auch Vorausleistungsbescheide[223]. Denn die Funktion des Vorausleistungsbescheides erschöpft sich nicht in der einmaligen und endgültigen Anforderung eines Vorschusses, vielmehr legitimiert der im Bescheid konkretisierte Vorausleistungsanspruch die finanzielle Überbrückung des gesamten Zeitraums von Anspruchsentstehung bis Anspruchserhebung. Wegen seines dienenden, prognostischen Charakters kann es sich hierbei nicht um einen statischen, sondern muss sich um einen dynamischen Anspruch handeln, der von der Prognoseentwicklung für die endgültige Abgabenforderung abhängig ist[224]. Er muss

---

219 *Rüsken*, in: Klein, AO, 10. Aufl. 2009, § 130 Rn. 1.

220 *Rüsken*, in: Klein, AO, 10. Aufl. 2009, § 130 Rn. 20.

221 In diesem Sinne BFH v. 12. 11. 1991, VII K 34/90, BFH/NV 1992, 354; v. 9. 3. 1989, VI R 101/84, BStBl. II 1989, 749 (751); für den vergleichbaren § 48 VwVfG *Schenke*, DVBl. 1989, 434 ff.; a. A. grundsätzlich *Rüsken*, in: Klein, AO, 10. Aufl. 2009, § 130 Rn. 20; *Ramsauer*, in: Kopp/Ramsauer, VwVfG, 11. Aufl. 2010, § 48 Rn. 57 ff.; *Meyer*, in: Knack, VwVfG, 8. Aufl. 2004, § 48 Rn. 29.

222 *Rüsken*, in: Klein, AO, 10. Aufl. 2009, § 130 Rn. 20.

223 A. A. OVG Lüneburg v. 8. 12. 1998, 9 L 6811/96, zitiert nach juris.

224 In diesem Sinne auch OLG Karlsruhe v. 21. 2. 1996, 13 U 156/95, NVwZ-RR 1997, 490 f.; differenzierend *Driehaus*, Erschließungs- und Ausbaubeiträge, 8. Aufl. 2007, § 21 Rn. 21 und 41; *Gern*, Sächsisches Kommunalrecht, 2. Aufl. 2000, Rn. 1233.

deshalb auch für diese *gesamte*[225] Dauer durch den künftigen Abgabenanspruch und ein aktuelles Vorfinanzierungsinteresse gedeckt sein[226].

Zu den Tatbestandsvoraussetzungen, die nach dem erstmaligen Erlass des Vorausleistungsbescheides weiterhin ständig erfüllt sein müssen, zählt allerdings nicht die negative Tatbestandsvoraussetzung des Fehlens einer endgültigen Abgabepflicht. Dieses Tatbestandsmerkmal begrenzt allenfalls[227] den Akt der *Anforderung* von Vorausleistungen, hat aber keinen Einfluss auf die Frage, ob schon erbrachte Vorausleistungen weiter behalten werden dürfen. Andernfalls müssten die Kommunen entgegen dem gesetzlichen Ziel der Vorausleistungserhebung[228] nach dem Entstehen der sachlichen Abgabeschuld sämtliche Vorausleistungen erstatten, ohne sie bis zur Festsetzung der endgültigen Abgabe zum Zwecke der Verrechnung einbehalten zu können.

Zusammenfassend führt sowohl eine von vornherein fehlerhafte Vorausleistungsfestsetzung als auch eine nachträgliche Änderung der Sach- und Rechtslage, die die Rechtswidrigkeit der Vorausleistungsfestsetzung nach sich zieht, zur Anwendbarkeit von § 130 AO.

bbb. § 131 AO Wollte man dies anders sehen, könnte ein Vorausleistungsbescheid, der wegen einer Änderung der Sach- oder Rechtslage nicht mehr erlassen werden könnte, jedenfalls gemäß § 131 Abs. 1 AO widerrufen werden. Denn auch für rechtmäßige, nicht begünstigende Verwaltungsakte gilt im Rahmen des Legalitätsprinzips der Grundsatz der freien Widerrufbarkeit[229].

225 A. A. BVerwG v. 4. 4. 1975, IV C 1.73, BVerwGE 48, 117 (119), für den Fall, dass die Gemeinde die endgültige Herstellung der Erschließungsanlage auf einen nicht mehr absehbaren Zeitpunkt verschiebt; *Driehaus*, Erschließungs- und Ausbaubeiträge, 8. Aufl. 2007, § 21 Rn. 21; *Löhr*, in: Battis/Krautzberger/Löhr, BauGB, 10. Aufl. 2007, § 133 Rn. 30 und 33: Das vorübergehende Entfallen der Erlassvoraussetzungen führt nicht zur Rechtswidrigkeit des Vorausleistungsbescheides, sondern nur zum Entstehen eines Vollzugshindernisses.

226 Vgl. Ziffer II, S. 200 ff. und Ziffer III Nr. 4 Buchst. c Doppelbuchst. cc Dreifachbuchst. ddd, S. 234 f.

227 Inwieweit diese Voraussetzung überhaupt so eng zu fassen ist, erscheint ohnehin für viele Bundesländer zweifelhaft, vgl. Ziffer III Nr. 2 Buchst. a, S. 205 ff.

228 Vgl. Ziffer II Nr. 2, S. 202 f.

229 Zum Ganzen: *Rüsken*, in: Klein, AO, 10. Aufl. 2009, § 131 Rn. 3.

bb. Rechtsfolgen

aaa. Allgemeines Bereits die Einleitung eines Rücknahme- oder Widerrufsverfahrens steht im Ermessen der Behörde[230]. Die Kommune muss nicht alle Vorausleistungsbescheide kontinuierlich auf etwaige Rücknahme-, oder Widerrufsgründe untersuchen, sondern muss in eine solche Prüfung nur dann einsteigen, wenn sie hierzu konkreten Anlass hat[231]. Sind im Ergebnis der Prüfung die tatbestandlichen Voraussetzungen für eine Rücknahme oder den Widerruf eines Vorausleistungsbescheides erfüllt, so eröffnet dies der Kommune zudem ein Entscheidungsermessen.

Für die ermessensleitenden Gesichtspunkte kommt es wesentlich auf die Umstände des Einzelfalles an. Maßstabbildend sind allgemein die einschlägigen verfassungsrechtlichen und einfachgesetzlichen Wertungsprinzipien, wie insbesondere die Grundsätze der Gesetzmäßigkeit der Verwaltung, der Rechtssicherheit, der Einzelfallgerechtigkeit, des Vertrauensschutzes, der Verhältnismäßigkeit und Zumutbarkeit und Kriterien der Verwaltungsökonomie[232]. Insbesondere dürfen die Änderungsmöglichkeiten nach § 130 Abs. 1 AO nicht dazu führen, dass die Rechtsbehelfsfristen unterlaufen werden[233]. Soweit für die Rücknahme gemäß § 130 AO allerdings davon ausgegangen wird, dass eine Rücknahme stets ermessensfehlerfrei abgelehnt werden kann, wenn zu der von Anfang an vorliegenden Rechtswidrigkeit des Verwaltungsaktes keine weiteren Umstände hinzutreten[234], erweist sich die steuerrechtliche Interpretation von § 130 Abs. 1 AO jedoch für kommunalabgabenrechtliche Vorausleistungsbescheide als zu eng. Denn diese Auslegung der steuerrechtlichen Ausgangsnorm fußt auf dem Umstand, dass dort § 130 AO nur für abschließend geprüfte End-Entscheidungen anwendbar ist[235]. Demgegenüber stellen die hier in Rede stehenden kommunalabgabenrechtlichen Vorausleistungsbescheide lediglich vorläufige Verwaltungsentscheidungen dar. Bei der Ermittlung der entsprechenden, kommunalabgabenrechtlichen Ermessenskriterien des § 130 AO muss deshalb das Augenmerk auch darauf gelegt wer-

230 Vgl. zur Aufhebung von Verwaltungsakten nach dem Verwaltungsverfahrensgesetz *Ramsauer*, in: Kopp/Ramsauer, VwVfG, 11. Aufl. 2010, § 51 Rn. 16a.

231 Vgl. *Ramsauer*, in: Kopp/Ramsauer, VwVfG, 11. Aufl. 2010, § 48 Rn. 81a f.

232 Vgl. zu § 48 VwVfG *Ramsauer*, in: Kopp/Ramsauer, VwVfG, 11. Aufl. 2010, § 48 Rn. 81a ff.

233 BFH v. 9. 3. 1989, IV R 101/84, BStBl. II 1990, 749 (751).

234 *Rüsken*, in: Klein, AO, 10. Aufl. 2009, § 130 Rn. 27; *Döring*, in: Festschrift für H.-J. Driehaus, 2005, S. 76; BFH v. 26. 3. 1991, VII R 15/89, BStBl. II 1991, 552 (553).

235 Vgl. hierzu *Kruse*, in: Tipke/Kruse, AO, Vor § 130 Rn. 11 f.

den, ob wegen der geringeren Intensität der Fallprüfung und der Vorläufigkeit der Verwaltungsentscheidung das Allgemeininteresse an Rechtssicherheit und Rechtsfrieden in noch stärkerem Maße gegenüber dem Interesse an der Gesetzmäßigkeit der Entscheidung zurücktreten muss[236].

bbb. Ermessensleitende Gesichtspunkte Für die Rücknahme oder den Widerruf von Vorausleistungsbescheiden sind gemessen hieran regelmäßig folgende Rahmenbedingungen für die Ermessensausübung ausschlaggebend:

Vorausleistungen haben im Wesentlichen keine eigenständige Bedeutung, sondern rechtfertigen sich nur mit Rücksicht auf die endgültige Abgabenschuld. Zugleich besteht aber wegen der abgesenkten materiell-rechtlichen Entscheidungsstandards ein erhöhtes Risiko, dass der Abgabenschuldner im Wege der Vorausleistung letztlich für einen gewissen Zeitraum ganz oder teilweise zu Unrecht in Anspruch genommen wird; mit der Auswahl der Gesichtspunkte, die für das Änderungsermessen der Verwaltung leitend sind, trifft man letztlich eine Entscheidung darüber, wer dieses Risiko „potentiellen Unrechts“ zu tragen hat. Bereits die - verfassungsrechtlich begründete[237] - akzessorische Anknüpfung der Vorausleistungsschuld an die voraussichtliche Abgabe spricht dabei für eine Anpassung der Vorausleistungsfestsetzung, wenn sich nachträglich ergibt, dass sie die endgültige Abgabenschuld voraussichtlich übersteigen wird. Des Weiteren ist bei der Ermessensausübung zu beachten, dass der Vorausleistungsschuldner von Verfassungs wegen generell nicht zu einem Zeitpunkt und in einem Ausmaß in Anspruch genommen werden darf, zu dem der Vorschuss nicht erforderlich ist, um den Vorfinanzierungsbedarf zu decken, einen gewährten Vorteil zu entgelten oder gesetzliche Ziele der Verhaltenslenkung zu erreichen. Auch das nur zeitweilige Fehlen der verfassungsrechtlichen Legitimation kann daher die Rücknahme des Vorausleistungsbescheides auslösen[238].

---

236 Vgl. hierzu *Kruse*, in: Tipke/Kruse, AO, § 130 Rn. 38; a. A. BVerwG v. 26. 11. 1976, IV C 79.74, DÖV 1977, 249 f.; *Brosche*, KStZ 1978, S. 83 f.; *Ernst*, in: Ernst/Zinkahn/Bielenberg/Krautzberger, BauGB, § 133 Rn. 52; *Löhr*, in: Battis/Krautzberger/Löhr, BauGB, 11. Aufl. 2009, § 133 Rn. 46: Nach Eintritt der Bestandskraft kann der Veranlagte nicht mehr geltend machen, dass die Tatbestandsvoraussetzungen der Vorausleistung nicht gegeben sind.

237 Vgl. Ziffer III Nr. 4 Buchst. c Doppelbuchst. cc Dreifachbuchst. ddd, S. 234 f.

238 Vgl. Ziffer III Nr. 4 Buchst. c Doppelbuchst. bb Dreifachbuchst. bbb, ccc und ddd, S. 226 f.; a. A. BVerwG v. 4. 4. 1975, IV C 1/73, BVerwGE 48, 117 (119); *Driehaus*, Erschließungs- und Ausbaubeiträge, 8. Aufl. 2007, § 21 Rn. 21; *Löhr*, in: Bat-

Vorausleistungsbescheide treffen zudem im Übrigen von vornherein nur eine vorläufige Regelung für die Finanzierungsverantwortung. Sie ergehen aufgrund einer unsicheren Prognose der künftigen Abgabenschuld. Auch das Vertrauen auf die Fortgeltung dieser überschlägigen und zeitlich begrenzten Regelung und das Interesse an der Beständigkeit der getroffenen Entscheidung sind vor diesem Hintergrund nur in geringem Maße schutzwürdig[239]. Das kommunale Bedürfnis nach Planungssicherheit vermag hieran nichts zu ändern[240].

Jedoch gebieten es demgegenüber die - die Vorausleistungserhebung insgesamt beeinflussenden - Belange der Verfahrenseffizienz und Verwaltungspraktikabilität, das Vorausleistungsverfahren nicht mit einem unverhältnismäßig hohen Verwaltungsaufwand zu belasten. Der Verwaltungsaufwand darf nicht außer Verhältnis zum Vorfinanzierungserfolg stehen[241]. Diese Belange streiten dafür, den Kommunen die eingenommenen Vorausleistungen grundsätzlich bis zur Festsetzung und Verrechnung mit den endgültigen Abgaben zu belassen und ihnen nicht mehrfache Zwischenbilanzen abzuverlangen.

Dies erscheint auch deshalb gerechtfertigt, weil dem Vorausleistungsschuldner bei überzahlten Vorausleistungen nicht ein Totalverlust der Summe droht, sondern „nur" die Verfügungsmacht über den fraglichen Betrag sowie Zinsen vorenthalten werden.

Handelt es sich zudem um einen Fehler, der dem Vorausleistungsbescheid von vornherein anhaftete, so muss im Übrigen auch berücksichtigt werden, dass der Vorausleistungsschuldner es verabsäumt hat, Rechtsmittel einzulegen[242], gleichwohl kann es jedoch auch in diesen Fällen bei einem schweren und offenkundigen Rechtsfehler oder bei unzumutbaren Folgen der rechtswidrigen Vorausleistungserhebung geboten sein, den Bescheid zurückzunehmen[243].

---

tis/Krautzberger/Löhr, BauGB, 11. Aufl. 2009, § 133 Rn. 30 und 33.

239 A. A. BVerwG v. 26. 11. 1976, IV C 79.74, DÖV 1977, 249 f.; *Brosche*, KStZ 1978, 83f.; *Ernst*, in: Ernst/Zinkahn/Bielenberg/Krautzberger, BauGB, § 133 Rn. 52; *Löhr*, in: Battis/Krautzberger/Löhr, BauGB, 11. Aufl. 2009, § 133 Rn. 46.

240 A. A. BVerwG v. 26. 11. 1976, IV C 79.74, DÖV 1977, 249 (250).

241 Vgl. Ziffer III Nr. 4 Buchst. c Doppelbuchst. bb Dreifachbuchst. bbb, S. 226 f. und Ziffer III Nr. 4 Buchst. c Doppelbuchst. cc Dreifachbuchst. ccc, S. 232 ff.; ebenso OLG Karlsruhe v. 21. 2. 1996, 13 U 156/95, NVwZ-RR 1997, 490 f.

242 Vgl. *Ramsauer*, in: Kopp/Ramsauer, VwVfG, 11. Aufl. 2010, § 48 Rn. 81a.

243 A. A. BVerwG v. 26. 11. 1976, IV C 79.74, DÖV 1977, 249 f.; *Brosche*, KStZ 1978, S. 83 f.; *Ernst*, in: Ernst/Zinkahn/Bielenberg/Krautzberger, BauGB, § 133 Rn. 52; *Löhr*, in: Battis/Krautzberger/Löhr, BauGB, 11. Aufl. 2009, § 133 Rn. 46; vgl. zu diesen Ermessenskriterien *Döring*, in: Festschrift für H.-J. Driehaus, 2005, S. 76.

ccc. Schlussfolgerung Nach alledem ist es durchaus möglich, dass sich in besonderen Fällen sogar das Änderungsermessen auf „Null" reduziert. Wann dies der Fall ist, kann jedoch nicht allgemeingültig festgestellt werden. Es hängt vielmehr

- von der Schwere und Offensichtlichkeit des Rechtsverstoßes[244],
- von der voraussichtlichen Höhe der Überzahlung[245] und von der Sicherheit ihres Eintritts,
- von ihren konkreten Auswirkungen auf den Vorausleistungsschuldner[246],
- von der voraussichtlichen Dauer der Überzahlung,
- von der Frage, ob der Eintritt der Überzahlung in die Verantwortungssphäre der Kommune fällt[247],
- vom Aufwand, den eine Korrektur erfordern würde und
- davon, ob der Vorausleistungsschuldner eine Anpassung bereits im Rechtsmittelverfahren hätte erreichen können[248],

ab.

Mithin ist ein Vorausleistungsbescheid zwingend zurückzunehmen[249] und die Vorausleistung zu erstatten, soweit sicher davon auszugehen ist, dass sie nicht mehr zur Verrechnung mit der endgültigen Abgabenschuld herangezogen werden kann, weil die endgültige Abgabe mit Gewissheit überhaupt nicht bzw. nicht in der zunächst prognostizierten Höhe entstehen wird[250]. Davon ist etwa im Erschließungsbeitragsrecht auszugehen, wenn die Herstellung der

---

244 *Kruse*, in: Tipke/Kruse, AO, § 130 Rn. 38; *Döring*, in: Festschrift für H.-J. Driehaus, 2005, S. 76 m. w. N.

245 *Döring*, in: Festschrift für H.-J. Driehaus, 2005, S. 76 m. w. N..

246 *Döring*, in: Festschrift für H.-J. Driehaus, 2005, S. 76 m. w. N.

247 *Döring*, in: Festschrift für H.-J. Driehaus, 2005, S. 76 m. w. N.

248 *Rüsken*, in: Klein, AO, 9. Aufl. 2006, § 130 Rn. 27; BFH v. 26. 3. 1991, VII R 15/89, BStBl. II 1991, 552 (553).

249 A. A. BVerwG v. 16. 9. 1981, 8 C 1 und 2.81, NJW 1982, 951 (953); v. 13. 8. 1993, 8 C 36/91, NVwZ 1994, 906; *Ernst*, in: Ernst/Zinkahn/Bielenberg/Krautzberger, BauGB, § 133 Rn. 52: in diesem Fall ist eine Rücknahme des Vorausleistungsbescheides für das Entstehen eines Erstattungsanspruches nicht notwendig.

250 BVerwG v. 16. 9. 1981, 8 C 1 und 2.81, NJW 1982, 951 (953); v. 13. 8. 1993, 8 C 36/91, NVwZ 1994, 906; OLG Karlsruhe v. 21. 2. 1996, 13 U 156/95, NVwZ-RR

Erschließungsanlage aufgegeben wird, wenn das Grundstück in ein förmlich festgelegtes Sanierungsgebiet einbezogen wird oder wenn sich ergibt, dass die Anlage als vorhandene oder bereits hergestellte Straße nicht beitragsfähig ist (§ 242 Abs. 1 und 9 BauGB)[251]. Gleiches gilt, wenn die Anlage nicht erforderlich ist oder das fragliche Grundstück von ihr nicht erschlossen wird[252].

Sieht das Gesetz die Verrechnung von Vorausleistungen nicht ausdrücklich auch dann vor, wenn der Vorausleistende nicht beitragspflichtig ist[253], so entfällt im Übrigen der Zweck der Vorausleistung, mit der persönlichen Abgabenschuld verrechnet zu werden, auch mit einem Wechsel des potentiellen persönlichen Abgabenschuldners - in der Regel des Grundstückseigentümers[254]. Weil dem Vorausleistungsschuldner unter diesen Umständen keine Kostenverantwortlichkeit mehr zukommt, kann er auch nicht länger für die Vorfinanzierung der Maßnahme in Anspruch genommen werden. Der rechtswidrig gewordene Vorausleistungsbescheid ist daher nach einer angemessenen Bearbeitungszeit[255] zurückzunehmen und die Vorausleistung zu erstatten. Das Rücknahmeermessen der Behörde ist mit den oben aufgezeigten Maßstäben in Fällen dieser Art regelmäßig auf „Null" reduziert[256].

1997, 490; ebenso *Driehaus*, Erschließungs- und Ausbaubeiträge, 8. Aufl. 2007, § 21 Rn. 42 ff.; *Gern*, Sächsisches Kommunalrecht, 2. Aufl. 2000, Rn. 1233; *Ernst*, in: Ernst/Zinkahn/Bielenberg/Krautzberger, BauGB, § 133 Rn. 52; *Löhr*, in: Battis/Krautzberger/Löhr, BauGB, 11. Aufl. 2009, § 133 Rn. 46.

251 *Driehaus*, Erschließungs- und Ausbaubeiträge, 8. Aufl. 2007, § 21 Rn. 42; BVerwG v. 13. 12. 1991, 8 C 8/90, NVwZ 1992, S. 495.

252 *Driehaus*, Erschließungs- und Ausbaubeiträge, 8. Aufl. 2007, § 21 Rn. 43.

253 Vgl. hierzu § 133 Abs. 3 Satz 2 BauGB; § 23 Abs. 1 Satz 2 SächsKAG, § 6 Abs. 7 Satz 2 NKAG, § 8 Abs. 8 Satz 5 brdbg. KAG, § 8 Abs. 9 Satz 2 saarl. KAG, § 25 Abs. 3 Satz 2 bad.-württ. KAG, Art. 5 Abs. 5 Satz 2 bayer. KAG, § 7 Abs. 4 Satz 3 KAG M-V, § 7 Abs. 5 Satz 3 rh.-pf. KAG, § 7 Abs. 8 Satz 2 ThürKAG, § 6 Abs. 7 Satz 2 KAG-LSA.

254 BVerwG v. 16. 9. 1981, 8 C 1 und 2.81, NJW 1982, 951 (953); BayVGH v. 23. 6. 1994, 23 B 90.139, NVwZ-RR 1995, 218 (219 f.); *Löhr*, in: Battis/Krautzberger/Löhr, BauGB, 11. Aufl. 2009, § 133 Rn. 44; *Ernst*, in: Ernst/Zinkahn/Bielenberg/Krautzberger, BauGB, § 133 Rn. 52; a. A. OVG Münster, v. 21. 2. 1991, 2 A 2455/89, NVwZ-RR 1992, 654 (656).

255 A. A. BVerwG v. 16. 9. 1981, 8 C 1 und 2.81, NJW 1982, 951 (953); v. 21. 7. 1982, 8 B 63/82, KStZ 1982, 209 (211); *Ernst*, in: Ernst/Zinkahn/Bielenberg/Krautzberger, BauGB, § 133 Rn. 55; allgemein hierzu BayVGH v. 23. 6. 1994, 23 B 90.139, NVwZ-RR 1995, 218 (219 f.): Maßgeblich für das Entstehen der Rückzahlungspflichten soll entweder der Zeitpunkt sein, in dem die sachlichen Beitragspflichten entstehen, oder der Zeitpunkt, in dem die endgültigen Beitragsbescheide erlassen werden, oder der Zeitpunkt der Fälligkeit der endgültigen Beitragsforderungen.

256 *Röthinger*, KStZ 1991, 225; BayVGH v. 23. 6. 1994, 23 B 90.139, NVwZ-RR 1995, 218 (220); ähnlich BVerwG v. 16. 9. 1981, 8 C 1 u. 2.81, NJW 1982, 951 (953), allerdings für die Fallkonstellation *vertraglich* vereinbarter Vorauszahlungen.

Dem lässt sich insbesondere nicht entgegenhalten, dass die bis dahin als vorrangig anzusehende Vorfinanzierungsfunktion der Vorauszahlung ihr Gewicht erst dann verliert, wenn die Gemeinde in der Lage ist, den Gegenwert der Vorausleistung in Gestalt des endgültigen Beitrags vom neuen Eigentümer geltend zu machen[257]. Denn diese Vorfinanzierungsfunktion kann dem Vorausleistungsschuldner nur solange legitimierend entgegengehalten werden, als ihm der Vorfinanzierungsaufwand noch verantwortlich zugerechnet werden kann. Dies ist jedoch nicht mehr der Fall, nachdem er aus dem Kreis der potentiellen endgültig bevorteilten Personen ausgeschieden ist. Vielmehr gleicht eine einbehaltene Vorausleistung ab diesem Zeitpunkt zeitweilig einer voraussetzungslos erhobenen Steuer und verstößt damit gegen die Begrenzungs- und Schutzfunktion der Finanzverfassung. Wegen der spürbaren Nachteile für den Vorausleistungsschuldner greift eine zeitlich überschießende, sachlich nicht gerechtfertigte, zwangsweise Vereinnahmung der Vorausleistungen darüber hinaus auch unverhältnismäßig in die Rechte des Vorausleistungsschuldners ein[258].

Darüber hinaus kann im Einzelfall eine Reduzierung des Rücknahmeermessens auf „Null" auch dann eintreten, wenn sich nachträglich ergibt, dass der Vorausleistungszweck einer Deckung des Vorfinanzierungsaufwandes (nur) vorübergehend nicht erreichbar ist. Stagnieren etwa die Arbeiten an der Einrichtung für einen absehbar langen Zeitraum und werden die Vorausleistungen deshalb in erheblichem Umfang nicht benötigt, um einen aktuellen Vorfinanzierungsbedarf zu decken, nachdem die Kommune berechtigterweise zunächst von einem zügigen Ablauf ausging und deshalb Vorausleistungen in Höhe der vollen voraussichtlichen Abgabenschuld erhoben hat, so darf die Kommune den überschießenden Betrag nicht über Jahre als zwangsweisen, zinslosen Kredit vereinnahmen, sondern muss ihn zunächst den Vorausleistungsschuldnern zurückgewähren. Diesem Ergebnis stehen die Regelungen zur Erstattung von Vorausleistungen wegen Nichtentstehens der sachlichen Abgabenpflichten nicht als speziellere Bestimmungen entgegen. Denn diese Vorschriften markieren keine zeitliche Erheblichkeitsschwelle für einen fehlenden Vorfinanzierungsbedarf, sondern regeln stattdessen die zeitliche Verknüp-

---

257 A. A. BVerwG v. 16. 9. 1981, 8 C 1 und 2.81, NJW 1982, 951 (953); BayVGH v. 23. 6. 1994, 23 B 90.139, NVwZ-RR 1995, 218 (220).

258 Vgl. zu alledem Ziffer III Nr. 4 Buchst. c Doppelbuchst. bb Dreifachbuchst. bbb, S. 226 f. und Ziffer III Nr. 4 Buchst. c Doppelbuchst. cc Dreifachbuchst. ccc, S. 232 ff.

fung von Vorausleistung und der sie mittelbar rechtfertigenden endgültigen Beitragspflicht[259].

d. *Übertragbarkeit auf §§ 116, 117 schlesw.-holst. LVwG*

Das Ergebnis der Auslegung der entsprechend anwendbaren §§ 130, 131 AO ist auch auf das Verständnis von §§ 116, 117 schlesw.-holst. LVwG übertragbar, da auch diese beiden Regelungen von der freien Aufhebbarkeit nicht begünstigender Verwaltungsakte ausgehen und die den Vorschriften zugrunde liegende Interessenlage identisch mit der entsprechend für §§ 130, 131 AO ermittelten ist.

e. *Aufhebung und Änderung der Vorausleistungsfestsetzung entsprechend § 164 Abs. 2 AO*

In den Bundesländern, in denen Vorausleistungsbescheide Steuerfestsetzungen unter dem Vorbehalt der Nachprüfung gleichstehen, ist dieses Vorfinanzierungsinstrument noch flexibler zu handhaben. Die Vorausleistungsfestsetzung ist für die Behörde jederzeit - auch nach Eintritt der Bestandskraft - änderbar und aufhebbar. Sie kann dabei sowohl von vornherein bestehende, tatsächliche und rechtliche Fehler beseitigen, als auch neue Entwicklungen und bessere Erkenntnisse berücksichtigen. Darüber hinaus kann auch der Vorausleistungsschuldner jederzeit die Aufhebung oder Änderung der Vorausleistungsfestsetzung beantragen (§ 164 Abs. 2 Satz 2 AO). Einem entsprechenden, inhaltlich berechtigten Antrag kann die Kommune insbesondere nicht entgegenhalten, dass die Einwände bereits im Rechtsmittelverfahren hätten geltend gemacht werden können.

Allerdings lässt der Gesetzgeber auch insoweit Raum für die Berücksichtigung von Praktikabilitäts- und Effizienzerwägungen, indem er der Kommune die Möglichkeit einräumt, die Entscheidung bis zur abschließenden Prüfung des Falles hinauszuschieben. Diese Prüfung ist binnen einer angemessenen Frist vorzunehmen (§ 164 Abs. 2 Satz 3 AO). Unter den spezifischen Besonderheiten des Vorausleistungsverfahrens ist diese Vorschrift dahin zu interpretieren, dass die Bescheidung des Änderungsantrags bis zur Festsetzung der endgültigen Abgabe hinausgeschoben werden kann, sofern die endgültige Abgabenveranlagung den Umständen nach innerhalb eines angemessenen Zeitraumes erfolgen wird. Das Ausmaß der Zeitspanne hängt davon ab, wann

259 Vgl. hierzu oben Nr. 2 Buchst. b, S. 261.

mit dem Entstehen der abstrakten Abgabenpflichten gerechnet werden kann und welche Zeitdauer für das Veranlagungsverfahren zu veranschlagen ist. Ob eine in Rede stehende Zeitspanne noch angemessen ist, kann nicht allgemeingültig entschieden werden, sondern beurteilt sich wiederum nach

- der Schwere und Offensichtlichkeit des Rechtsverstoßes,
- der voraussichtlichen Höhe der Überzahlung und von der Sicherheit ihres Eintritts,
- ihren konkreten Auswirkungen auf den Vorausleistungsschuldner,
- der voraussichtlichen Dauer der Überzahlung,
- der Frage, ob der Eintritt der Überzahlung in die Verantwortungssphäre der Kommune fällt und
- dem Aufwand, den eine isolierte Korrektur im Vorausleistungsverfahren erfordern würde[260].

f. Ergebnis

Bei Vorausleistungsbescheiden handelt es sich um Dauerverwaltungsakte, die grundsätzlich an den Fortbestand der Tatbestandsvoraussetzungen gebunden sind. Entfallen nachträglich einzelne Tatbestandsvoraussetzungen, beurteilen sich Änderungen des Vorausleistungsbescheides grundsätzlich - abhängig vom Bundesland - entsprechend § 130 AO, entsprechend § 116 schlesw.-holst. LVwG bzw. entsprechend § 164 Abs. 2 AO. Bei der Ausübung des Rücknahmeermessens nach § 130 AO ist neben der eventuellen Versäumung eines Rechtsmittels und dem Interesse an einer effizienten Gestaltung des Vorausleistungsverfahrens die vorläufige, dienende Natur der Vorausleistungen ebenso in Rechnung zu stellen, wie ihr Beruhen auf einer überschlägigen Prognose. Auch bei der Entscheidung über Änderungsanträge entsprechend § 164 Abs. 2 Satz 2 AO sind Verwaltungseffizienzgesichtspunkte und die spezifischen Besonderheiten des Vorausleistungsverfahrens abzuwägen; unter Umständen kann die Entscheidung über den Antrag bis zur abschließenden Prüfung des Abgabenfalles aufgeschoben werden. Bei allen drei Rechtsgrundlagen für eine Korrektur des Vorausleistungsbescheides ist namentlich die Schwere und Offensichtlichkeit des Rechtsverstoßes, die voraussichtliche Höhe der

260 Siehe Buchst. c, Doppelbuchst. bb, Dreifachbuchst. ccc, S. 268.

Überzahlung und die Sicherheit ihres Eintritts, ihre konkreten Auswirkungen auf den Vorausleistungsschuldner, die voraussichtliche Dauer der Überzahlung, die Frage, ob der Eintritt der Überzahlung in die Verantwortungssphäre der Kommune fällt und der Aufwand, den eine isolierte Korrektur im Vorausleistungsverfahren erfordern würde, zu berücksichtigen. Kann eine endgültige Abgabenpflicht überhaupt nicht mehr entstehen, ist der Vorausleistungsbescheid nach einer angemessenen Bearbeitungszeit zurückzunehmen und sind erbrachte Vorausleistungen unabhängig davon zu erstatten, ob die Gemeinde den Gegenwert der Vorausleistung bereits durch endgültige Abgaben beim richtigen Abgabenschuldner refinanzieren konnte.

V. Vorausleistung und endgültige Abgabe

1. Verhältnis von Vorausleistungsschuld und endgültiger Abgabenforderung

Für die Bestimmung des Verhältnisses von Vorausleistungsschuld und endgültiger Abgabenforderung kann wiederum auf das steuerrechtliche Vorbild zurückgegriffen werden:

a. Das Verhältnis von steuerlicher Vorauszahlungsschuld und endgültiger Jahressteuerschuld

Das Verständnis des Verhältnisses von Vorauszahlungsschuld und Jahressteueranspruch zählt in gleicher Weise wie die Beschreibung der Beziehung zwischen Steuerfestsetzung und Steueranspruch zu den Grundproblemen der Steuerrechtsdogmatik, für die die Einnahme eines materiell-rechtlich oder formell-rechtlich orientierten Blickwinkels von wesentlicher Bedeutung ist. Die Frage der Wirkkraft der Steuerfestsetzung stellt sich auch hier an der Schnittstelle von Vorauszahlungsschuld und Steueranspruch. Als unbestrittene Basis aller rechtlichen Bewertungen ist zunächst Folgendes festzuhalten:

Die Vorauszahlungsschuld ist eine von der Jahressteuerschuld verschiedene, eigenständige Forderung. Neben der das Steuerschuldverhältnis prägenden Jahressteuerschuld hat die Vorauszahlung im Wesentlichen keine eigene, ihr aus sich heraus zukommende rechtliche Funktion; sie hat nur vorläufigen und dienenden Charakter. Rechtsdogmatisch wird diese Verknüpfung von Vorauszahlung und Jahressteuer nach ganz herrschender Auffassung erfasst, indem die Vorauszahlungsschuld als eine auflösend bedingte Schuld angesehen wird[261]. Keine Einigkeit herrscht hingegen zu der Frage, worin der Inhalt dieser Bedingung besteht.

aa. Auflösende Bedingung - Jahressteuerschuld? Nach einer Mindermeinung ist die maßgebliche Bedingung in der Entstehung der Jahressteuerschuld zu suchen[262].

aaa. Allgemeines Hinter dieser These verbirgt sich das streng an der materiellen Steuerschuld ausgerichtete Verständnis des Steuerschuldverhältnisses[263]. Wer einem Steuerbescheid grundsätzlich keine Bedeutung für das Schicksal der gesetzlichen Steuerschuld zumessen will, kann nicht den Jahressteuerbescheid als Bindeglied zwischen Vorauszahlungsschuld und Jahressteuerschuld akzeptieren, sondern muss auf den einzig materiell-rechtlich bedeutsamen Zeitpunkt - die Entstehung der Jahressteuerschuld - zurückgreifen.

Mit dieser Auffassung würden also während des Veranlagungszeitraums der Vorauszahlungsbescheid und die durch ihn bestimmte Vorauszahlungsschuld existieren. Bei Ablauf des Veranlagungszeitraumes erlischt die Vorauszahlungsschuld, während die Jahressteuerschuld entsteht. Bis zum Erlass eines wirksamen Jahressteuerbescheides ist das Steuerschuldverhältnis demnach anschließend durch ein Nebeneinander von Vorauszahlungsbescheid[264] und Jahressteuerschuld gekennzeichnet.

bbb. Einwände Dieses Modell lässt sich nicht mit der zeitlichen Dimension der Überbrückungsfunktion der Vorauszahlungen vereinbaren und ist deshalb abzulehnen.

261 Zum Ganzen: *Drenseck*, in: Schmidt, EStG, 30. Aufl. 2011, § 37 Rn. 1; *Drüen* in: Tipke/Kruse, AO, § 38 Rn. 19; *Koops/Scharfenberg*, DStR 1995, 553; *Diebold*, in: Hermann/Heuer/Raupach, EStG, § 37 Rn. 14, 30; *Wüllenkemper*, DStZ 1998, 463; *Stolterfoht*, in: K/S/M, EStG, § 37 Rn. A 8 ff. m. w. N.; BFH v. 7. 3. 1968, IV R 278/66, BStBl. II 1968, 496 (497); v. 13. 3. 1979, III R 79/77, BFHE 127, 550 (553); v. 6. 2. 1990, VII R 86/88, BStBl. II 1990, 523 (524).

262 *Drenseck*, in: Schmidt, EStG, 30. Aufl. 2011, § 37 Rn. 1; einschränkend BFH v. 7. 3. 1968, IV R 278/66, BStBl. II 1968, 496 (497); v. 6. 2. 1990, VII R 86/88, BStBl. II 1990, 523 (524).

263 Vgl. hierzu Kap. C Ziffer IV Nr. 1 Buchst. a Doppelbuchst. aa, S. 82 ff.

264 Ob ein Vorauszahlungsbescheid unter diesen Umständen noch Geltung beanspruchen kann, ist freilich - wie sogleich gezeigt werden wird - fraglich.

Dies folgt zwar nicht bereits aus dem Einwand, weil § 37 Abs. 3 Satz 3 EStG von einer Abänderbarkeit der Vorauszahlungen auch nach Entstehung der Jahressteuerschuld ausgeht, muss die Vorauszahlungsschuld *neben* dem Steueranspruch auch nach dessen Entstehung mit Ablauf des Veranlagungszeitraumes weiterhin existieren[265].

Diese Bedenken lassen sich - wenngleich mit einigem rechtskonstruktiven Aufwand - noch entkräften. Auch nachträgliche Änderungen der Vorauszahlungsfestsetzung können auf den Zeitraum des Bestehens der Vorauszahlungsschuld vor dem Ende des Veranlagungszeitraumes zurückwirken. Sie können namentlich als nachträgliche bescheidmäßige Abwicklung eines vergangenen Anspruches behandelt werden[266]. Solche retroaktiven Festsetzungen oder Korrekturen behördlicher Entscheidungen über zwischenzeitlich erloschende Ansprüche sind der Rechtsordnung auch sonst nicht fremd[267].

Jedoch hält man den Vertretern eines materiell-rechtlichen Verständnisses zu Recht entgegen, dass ihre Auffassung zu einer Erstattung der Vorauszahlungen nach Ablauf des Veranlagungszeitraumes führt[268]. Denn mit der Vorauszahlungsschuld entfällt zugleich der Rechtsgrund für das Behalten der erbrachten Vorauszahlung. Dies steht im Widerspruch zum Zweck der Vorauszahlungen, mit der Steuerschuld verrechnet zu werden. Dass die Erfüllung dieser Funktion gewährleistet sein muss, leuchtet bereits für sich betrachtet unmittelbar ein. Die Anforderung von Vorschüssen wäre sinnwidrig, müsste man sie generell zurückbezahlen, bevor man den mittlerweile entstandenen Anspruch ermittelt hat. Die Berechtigung einer solchen Funktionsbestimmung zeigt insbesondere für das Einkommensteuerrecht auch der Blick auf § 36 Abs. 2 Nr. 1 EStG, der von einer Verrechnung der Vorauszahlungen mit der festgesetzten Einkommensteuer spricht und damit zugleich zum Ausdruck bringt, dass jedenfalls im gesetzlichen Normalfall eine isolierte Auskehr der Vorauszahlungen vor Entscheidung über die Jahressteuerschuld nicht statthaft ist. Gleiches gilt wegen § 20 Abs. 1 GewStG für das Gewerbesteuerrecht. In die selbe Richtung weisen überdies die Vorschriften des § 37 Abs. 3 Satz 3 EStG und § § 19 Abs. 3 Satz 3 GewStG, die die Möglichkeit der nachträglichen Anpassung der Vorauszahlungen nach Ablauf des Veranlagungszeitrau-

265 So die Bedenken von *Stolterfoht*, in: K/S/M, EStG, § 37 Rn. A 11.

266 A. A. *Kruse*, Festschrift für K. Tipke, S. 286; *Stolterfoht*, in: K/S/M, EStG, Rn. A 11; *Koops/Scharfenberg*, DStR 1995, 554.

267 Vgl. BVerwG v. 5. 9. 1975, IV CB 75/73, NJW 1976, 818 (819); BFH v. 15. 6. 1999, VII R 3/97, BFHE 189, 14 (20 f.).

268 *Stolterfoht*, in: K/S/M, EStG, § 37 Rn. A 11.

mes vorsehen - also dem Vorauszahlungsverfahren über den Zeitpunkt der Entstehung der Jahressteuerschuld hinaus einen Anwendungsraum verschaffen. Auch dort wird deutlich, dass die Berechtigung der Finanzverwaltung zum Behaltendürfen und Erheben der Vorschüsse nicht an die negative Voraussetzung des Fehlens der materiellen Jahressteuerschuld geknüpft ist.

Diesen Schwierigkeiten kann nicht schon durch die Annahme begegnet werden, dass die erbrachten Vorauszahlungen *ipso lege* mit der entstandenen Jahressteuerschuld zu verrechnen sind und deshalb weiter einbehalten werden dürfen[269]. Denn die in der Verrechnung liegende Verwirklichung des Steueranspruches ist vor Festsetzung der Jahressteuerschuld nicht möglich (§ 218 Abs. 1 AO).

Ebensowenig lässt sich einer Erstattungsforderung mit Blick auf die anstehende Veranlagung zur Jahressteuerschuld die *dolo-agit*-Einrede entgegen halten[270]. Denn zum einen ist bis zum Abschluss der Veranlagung ohnehin nicht klar, ob und in welcher Höhe der Steuerschuldner die erstatteten Vorauszahlungen erneut als Steuerschuld an die Finanzverwaltung zu entrichten hätte. Abgesehen hiervon kann sein Erstattungsverlangen auch deshalb schwerlich als treuwidrig bewertet werden, weil es nur die in § 218 Abs. 1 Satz 1 AO zum Ausdruck kommende Entscheidung des Steuergesetzgebers nachvollzieht, jedwede Zahlungen ausschließlich nach entsprechender Veranlagung als Tilgung zu akzeptieren.

Die Argumentation, wonach eine Geltendmachung des Erstattungsanspruches an dem fortgeltenden Vorauszahlungsbescheid scheitert, der seine Wirksamkeit nur durch Aufhebung oder durch den Jahressteuerbescheid verliert[271], ist gleichfalls aus folgenden Gründen nicht überzeugend: Es ist zum Ersten bereits rechtsdogmatisch nicht stimmig, einerseits den gesetzlichen Steueranspruch zum vornehmsten Kriterium für das Steuerschuldverhältnis zu stilisieren, dem Steuerbescheid hingegen bloß den untergeordneten Rang eines materiell-rechtlich unbeachtlichen Hilfsmittels der Geltendmachung zuzuweisen, andererseits aber den Regelungsgehalt eines Vorauszahlungsbescheides bewusst und systematisch gegenüber der materiell-rechtlichen Schuld zu überdehnen und dem Bescheid so sogar die struktu-

269 So die h.M. im Kommunalabgabenrecht: *Schulte/Wiesemann*, in: Driehaus, Kommunalabgabenrecht, § 6 Rn. 241 zu Vorausleistungen auf Benutzungsgebühren; *Driehaus*, in: Driehaus, Kommunalabgabenrecht, § 8 Rn. 145 f.; BVerwG v. 5. 9. 1975, IV CB 75/73, NJW 1976, 818 f.; v. 26. 1. 1996, 8 C 14/94, NVwZ-RR 1996, 465 (467); BayVGH v. 21. 3. 1986, 6 B 83 A.1475, KStZ 1986, 198.

270 *Wüllenkemper*, DStZ 1998, 46; a. A. *Kruse*, Festschrift für K. Tipke, S. 286.

271 So *Drenseck*, in: Schmidt, EStG, 30. Aufl. 2011, § 37 Rn. 1.

rell einkalkulierte Rechtsmacht zuzuweisen, das offensichtliche Fehlen eines materiellen Anspruches zeitweilig mit seiner Regelung zu überspielen. Zum Zweiten ist auch kein systemgerechter Grund für eine so weitgehende Wirkung des Vorauszahlungsbescheides ersichtlich. Der Behörde kann - allgemein gesprochen - schließlich kein schutzwürdiges Interesse daran zukommen, eine ersichtlich nicht mehr existierende Forderung durchzusetzen oder das hierauf Gezahlte zu behalten. Vielmehr ist davon auszugehen, dass der Vorauszahlungsbescheid nach seinem Inhalt, Sinn und Zweck *nur* für die besondere Situation des Bestehens einer Vorauszahlungsschuld erlassen wird[272]. Da diese dem Bescheid zugrunde liegende Situation indes mit dem hier in Rede stehenden Verständnis der Vorausleistungsschuld offensichtlich und zweifelsfrei mit dem Ablauf des Kalenderjahres endet, weil dann die Jahressteuerschuld entsteht, müssen damit zu diesem Zeitpunkt auch zwangsläufig die Wirkungen des Vorauszahlungsbescheides entfallen[273]. Dem steht nicht entgegen, dass die Wirksamkeit eines Verwaltungsaktes grundsätzlich - um Rechtssicherheit zu gewährleisten und Unklarheiten über sein Fortbestehen zu vermeiden[274] - nicht durch eine nachträgliche Änderung der Sach- und Rechtslage beeinträchtigt wird[275]. Denn dieser Grundsatz greift nur ein, solange über die Frage des Erlöschens der festgesetzten Vorauszahlungsforderung Unsicherheit bestehen kann, die wiederum durch behördliche Entscheidung zu klären ist. So liegen die Dinge hier jedoch nicht. Über den Untergang der materiellen Vorauszahlungsschuld zum genannten Stichtag können mit der dargestellten Auffassung keinerlei Zweifel aufkommen. Demnach lässt sich der Regelungsgehalt eines Vorauszahlungsbescheides - folgt man dieser Lehre - ohne weiteres als beschränkt auf den Zeitraum des Bestehens der festgesetzten Vorauszahlungsschuld interpretieren.

bb. Auflösende Bedingung - Jahressteuerbescheid? Überwiegend wird dementsprechend die rechtsvernichtende Bedingung der Vorauszah-

---

272 Vgl. hierzu *Kopp*, BayVBl. 1990, 524.

273 *Kopp*, BayVBl. 1990, 524; *Ramsauer*, in: Kopp/Ramsauer, VwVfG, 11. Aufl. 2010, § 43 Rn. 41 f.

274 *Schenke*, JuS 1991, 552; *Bronnenmeyer*, Der Widerruf rechtmäßiger, begünstigender Verwaltungsakte nach § 49 VwVfG, 1994, S. 59 f.

275 *Meyer*, in: Knack, VwVfG, 8. Aufl. 2004, § 43 Rn. 33; *Sachs*, in: Stelkens/Bonk/Sachs, VwVfG, 7. Aufl. 2008, § 43 Rn. 203; *Schenke*, JuS 1991, 552; *Bronnenmeyer*, Der Widerruf rechtmäßiger, begünstigender Verwaltungsakte nach § 49 VwVfG, 1994, S. 59 f.

lungsschuld in dem verfahrensbezogenen Ereignis der Festsetzung der Jahressteuerschuld gesehen[276].

Für das Verhältnis von Vorauszahlungsschuld zu Jahressteuerschuld bedeutet dies, dass mit Ablauf des Veranlagungszeitraumes die festgesetzte Vorauszahlungsschuld und die Jahressteuerschuld parallel nebeneinander bestehen. Die Vorauszahlungsschuld erlischt erst in dem Moment, in dem sie der festgesetzten - und damit tilgungsfähigen - Jahressteuerschuld anrechenbar gegenüber steht. Von diesem Zeitpunkt an hat sie ihre unmittelbare Bedeutung für das Steuerschuldverhältnis verloren.

Diese Auffassung genießt den Vorzug, nicht mit der Annahme eines rechtsdogmatisch fragwürdigen Auseinanderfallens von „materieller" Vorauszahlungsschuld und durch Bescheid festgesetzter, formeller Vorauszahlungsschuld arbeiten zu müssen. Sie führt zudem bei einer ausgewogenen Bemessung des Vorauszahlungsinteresses auch zu keinen anderen Ergebnissen, als die nachfolgend darstellte[277] These vom Bedarfsvorbehalt. Darüber hinaus lässt sie sich ohne Weiteres mit der ebenfalls hierein spielenden Verknüpfung von Vorauszahlungs*bescheid* und Jahressteuerbescheid[278] vereinbaren. Dagegen sprechen zwar die negativen Auswirkungen auf die faktische Abtretbarkeit und Verpfändbarkeit von Erstattungsansprüchen. Dem lässt sich - will man an einem dogmatisch konsistenten Verständnis von Steueranspruch und Steuerfestsetzung festhalten - jedoch nur durch eine einschränkende Auslegung des unpraktikablen § 46 Abs. 2 und 6 AO abhelfen[279].

cc. Vorauszahlungsanspruch unter Bedarfsvorbehalt? Auch gegenüber dieser Lösung ist es allerdings vorzugswürdig, nach dem Vorbild des Werkvertragsrechtes[280], das Verständnis des Verhältnisses von Vorauszahlungsanspruch und Jahressteuerschuld bzw. Steuerfestsetzung weniger an einem rein rechtstechnischen Ablösungs- und Ausschlussverhältnis[281] auszurichten, sondern es eher hin zu einer inhaltlich flexibleren Betrachtung des

276 BFH v. 13. 3. 1979, III R 79/77, BFHE 127, 550 (553); *Koops/Scharfenberg*, DStR 1995, 553; *Wüllenkemper*, DStZ 1998, 463; *Stolterfoht*, in: K/S/M, EStG, § 37 Rn. A 11 m. w. N.; *Drüen*, in: Tipke/Kruse, AO, § 38 Rn. 19.

277 Siehe Doppelbuchst. cc, S. 278.

278 Vgl. Nr. 2 Buchst. d Doppelbuchst. aa, S. 294 ff.

279 Vgl. hierzu Kap. C Ziffer IV Nr. 1 Buchst. a Doppelbuchst. bb Dreifachbuchst. bbb, S. 86 ff.

280 Vgl. Kap. B Ziffer II Nr. 2 Buchst. b, S. 28 f.

281 Für eine Lösung vom zivilrechtlichen Begriff der „auflösenden Bedingung" plädiert auch *Lindberg*, in: Frotscher, EStG, § 37 Rn. 7.

Vorauszahlungsinteresses zu bewegen. Damit wird dem Umstand Rechnung getragen, dass es sich bei den Vorauszahlungen um einen spezifischen steuerrechtlichen Tatbestand einer vorläufigen Schuld handelt[282], dessen Charakteristika den besonderen Bedürfnissen des Steuerrechtes Rechnung tragen müssen. Diese - im Vergleich zum Verständnis der auflösenden Bedingung offenere - Auffassung verschafft den Vorteil, den Rechtsanwender für die Frage des Erlöschens der Vorauszahlungsschuld nicht generell trennscharf auf konkrete Zeitpunkte festzulegen, sondern im Einzelfall Raum für die Berücksichtigung atypischer Interessenverhältnisse zu lassen. Dies wirkt sich im Ergebnis zwar bei der gebotenen, zurückhaltenden Bemessung des Vorauszahlungsinteresses im Steuerrecht nicht aus, es ist aber von Bedeutung für das sachlich teilweise anders gelagerte Kommunalabgabenrecht[283].

Für das Steuerrecht ist hingegen zu konstatieren, dass der Verwaltung nach dem Erlass der ersten Jahressteuerfestsetzung kein schutzwürdiges Interesse an den Vorauszahlungen mehr zukommt. Dies leuchtet unmittelbar ein, soweit die erbrachten Vorausleistungen die festgesetzte Jahressteuerschuld übersteigen. Schließlich werden die Vorauszahlungen nur nach Maßgabe einer Prognose festgelegt und betreffen lediglich das geschätzte Jahressteuersoll. Ist die Jahressteuerschuld entstanden und aufgrund besserer, nachträglicher Erkenntnisse festgesetzt, gibt es daher keinen Grund mehr, an den weniger zuverlässigen Schätzungen der Vorauszahlungserhebung festzuhalten[284].

Dies gilt indes auch für den vereinzelt als problematisch empfundenen Fall, dass der Jahressteuerbescheid aus formalen Gründen aufgehoben wird[285]. Zwar kann dort durchaus eine - in ihrer Höhe lediglich nicht gültig bestimmte - materielle Jahressteuerschuld bestehen, die in der Sache die Forderung eines „Voraus“ zu rechtfertigen vermag. Entscheidende Bedeutung kommt unter diesen Umständen jedoch der Tatsache zu, dass die Vorauszahlungen zugunsten des Fiskus bereits den Zeitraum der Entstehung der Steuerschuld bis hin zum ersten wirksamen Festsetzungsversuch überbrücken. Die Finanzverwaltung hat es also in der Hand, sich die notwendige Zeit zu nehmen, um den Steuerfall entsprechend den verfahrensrechtlichen Vorgaben zu prüfen. Meint die Behörde, verfahrensfehlerfrei die vorrangig maßgebliche Jahressteuerschuld ermittelt zu haben, so muss sie sich an dieser Einschätzung

282 In diesem Sinne auch *Frotscher*, in: Schwarz, AO, § 164 Rn. 23 f.
283 Vgl. nachfolgend Buchst. d, S. 284.
284 BFH v. 23. 6. 1993, X B 134/91, BFHE 172, 9, (15); GrS BFH v. 3. 7. 1995, Grs 3/93, BFHE 178, 11, (15).
285 A. A. *Stolterfoht*, in: K/S/M, EStG, § 37 Rn. A 150.

festhalten lassen. Etwaige zur Aufhebung des Bescheides führende Verfahrensfehler fallen in ihre Risikosphäre. Dem Vorauszahlungsschuldner können sie nicht zum Nachteil gereichen, eine Fortdauer der kursorisch begründeten Inanspruchnahme würde das Maß des zeitlich Erforderlichen übersteigen.

b. Auflösende Bedingung sachliche Kommunalabgabenpflicht?

An diese steuerrechtliche Bewertung anknüpfend ist für das Kommunalabgabenrecht zunächst der Frage nachzugehen, ob die Vorausleistungsschuld dergestalt als auflösend bedingt anzusehen ist, dass die Bedingung mit dem Entstehen der sachlichen Abgabenpflichten eintritt.

aa. Allgemeines Die kommunalabgabenrechtliche Rechtsprechung und Rechtliteratur befasst sich zwar mit der Bedeutung des Entstehens der endgültigen Abgabenschuld für die materielle Vorausleistungsschuld weniger ausführlich. Indem ihre Vertreter davon ausgehen, dass die materielle Vorausleistungsschuld erlischt, sobald die sachlichen Abgabenpflichten entstanden sind[286], verstehen sie indes wohl unausgesprochen die rechtliche Verknüpfung von Vorausleistungsschuld und sachlicher Abgabenpflicht im Sinne der steuerrechtlichen Lehrmeinung, wonach die Vorauszahlungsschuld durch das Entstehen der Jahressteuerschuld auflösend bedingt ist[287]. Diese Auffassung ist zudem die konsequente Fortentwicklung des von der herrschenden Meinung vertretenen, zum Teil auch ausdrücklich gesetzlich geregelten Grundsatzes, dass Vorausleistungen nur solange erhoben werden können, als die endgültigen sachlichen Abgabenpflichten noch nicht entstanden sind[288].

Nachdem sich die These von der Jahressteuerschuld als auflösender Bedingung jedoch bereits für das Steuerrecht im Ergebnis nicht als tragfähig erwiesen hat[289], erscheint fraglich, ob sie im Kommunalabgabenrecht überzeugen kann. Als Kernpunkt erweist sich dabei die Annahme einer *„ipso facto"*-Anrechnung von Vorauszahlungen, die daher zunächst näher untersucht werden soll:

286 In diesem Sinne: *Schulte/Wiesemann*, in: Driehaus, Kommunalabgabenrecht, § 6 Rn. 241 zu Vorausleistungen auf Benutzungsgebühren; *Driehaus*, in: Driehaus, Kommunalabgabenrecht, § 8 Rn. 145 f. und *ders.*, Erschließungs- und Ausbaubeiträge, 8. Aufl. 2007, § 21 Rn. 35 f.; BVerwG v. 5. 9. 1975, IV B 75/73, NJW 1976, 818 f.; v. 26. 1. 1996, 8 C 14/94, NVwZ-RR 1996, 464 (467).

287 Siehe hierzu Buchst. a Doppelbuchst. aa, S. 274 ff.

288 Vgl. Ziffer III Nr. 2 Buchst. a, S. 205 ff.

289 Vgl. Buchst. a Doppelbuchst. aa Dreifachbuchst. bbb, S. 274 ff.

bb. Insbesondere: Wirkung von Zahlungen auf die Vorausleistungsschuld für die Abgabenschuld Im Kommunalabgabenrecht wird verbreitet angenommen, dass erbrachte Vorausleistungen *ipso facto* Tilgungswirkung für die endgültige sachliche Abgabenschuld haben, ohne dass es hierfür einer Festsetzung der endgültigen Abgabe bedarf[290]. Nach dieser Auffassung ist mit der Begründung der sachlichen Abgabenpflicht auch die Abgabenforderung - schon vor ihrer Geltendmachung durch einen Abgabenbescheid - derartig voll als Anspruch ausgestaltet, dass sie tilgungsfähig ist. Die unmittelbare Herbeiführung der Tilgungswirkung entspricht der Erfüllungswirkung, die der Vorausleistung gesetzlich wesenseigenen und von vornherein zugedacht ist[291]. Die Tilgungswirkung tritt ein, sobald die endgültige sachliche Abgabenpflicht entsteht[292].

Diese Meinung vermag indes letztlich nur für die Rechtslage in Sachsen-Anhalt zu überzeugen. Im Übrigen ist sie deshalb abzulehnen, weil sie die besonderen Tilgungsvoraussetzungen außer Acht läßt, die das Kommunalabgabenrecht - wie auch das Steuerrecht - beinhaltet. Wie oben gezeigt wurde[293], scheitert für das Steuerrecht eine *ipso lege*-Verrechnung von Vorauszahlungen mit der Jahressteuerschuld am Festsetzungsvorbehalt, den § 218 Abs. 1 AO für die Verwirklichung von Steueransprüchen aufstellt. Da § 218 Abs. 1 AO - mit Ausnahme von Sachsen-Anhalt - auch im Kommunalabgabenrecht entsprechend anwendbar ist[294], kann die Tilgungsfähigkeit von Abgabenforderungen hier nicht anders beurteilt werden:

Jede Verwirklichung eines Kommunalabgabenanspruches setzt danach dessen Festsetzung mittels eines Abgabenbescheides voraus[295]. Ohne eine solche Festsetzung können folglich Vorausleistungen ebensowenig wie sonstige, freiwillige Zahlungen mit der endgültigen Abgabenforderung verrechnet werden. Dies gilt insbesondere auch für das Erschließungsbeitragsrecht[296]. Denn aus

290 *Schulte/Wiesemann*, in: Driehaus, Kommunalabgabenrecht, § 6 Rn. 241 zu Vorausleistungen auf Benutzungsgebühren; *Driehaus*, in: Driehaus, Kommunalabgabenrecht, § 8 Rn. 145 f.; *Dietzel*, in: Festschrift für H.-J. Driehaus, 2005, S. 54; *Büchel*, in: Büchel/Patt, SächsKAG, § 23 Rn. 3; *Patt*, in: Büchel/Patt, SächsKAG, § 3 Rn. 97; BVerwG v. 5. 9. 1975, IV CB 75/73, NJW 1976, 818 f.; v. 26. 1. 1996, 8 C 14/94, NVwZ-RR 1996, 465 (467); BayVGH, v. 21. 3. 1986, 6 B 83 A.1475, KStZ 1986, 198.

291 Zum Ganzen: *Driehaus*, Erschließungs- und Ausbaubeiträge, 8. Aufl. 2007, § 21 Rn. 35 f.; BVerwG v. 5. 9. 1975, IV CB 75/73, NJW 1976, 818 (819).

292 BVerwG v. 26. 1. 1996, 8 C 14/94, NVwZ-RR 1996, 464 (466).

293 Vgl. Buchst. a Doppelbuchst. aa Dreifachbuchst. bbb, S. 274 ff.

294 Vgl. Kap. C Ziffer I Nr. 2, S. 54

295 Vgl. Kap. C Ziffer II Nr. 3 Buchst. b, S. 71.

296 A. A. BVerwG v. 5. 9. 1975, IV CB 75/73, NJW 1976, 818.

§ 133 Abs. 3 Satz 1 BauGB lässt sich nur herleiten, dass überhaupt eine Verrechnung der Vorausleistungen mit dem Erschließungsbeitrag stattfinden muss. Besondere bundesgesetzliche Vorgaben für die anzuwendende Verrechnungstechnik, die den landesrechtlich entsprechend § 218 AO statuierten Festsetzungsvorbehalt derogieren könnten, lassen sich § 133 Abs. 3 Satz 1 BauGB hingegen nicht entnehmen[297]. Immerhin handelt es sich auch bei der durch § 218 AO bewirkten verzögerten Verrechnung um eine gängige Methode der Verschränkung von vorläufiger und endgültiger Schuld[298].

cc. Rechtsgrund für das Behalten der Vorausleistung zwischen Entstehung und Festsetzung der Abgabe? Dies bedeutet, dass die Vorausleistungen in dem Zeitraum zwischen Entstehen und Festsetzung der sachlichen Abgabenpflicht nicht schon unmittelbar mit Blick auf die endgültige Abgabenschuld als *causa* einbehalten werden dürfen. Um zu vermeiden, dass vor der endgültigen Abgabenfestsetzung für erbrachte Vorausleistungen sachwidrig eine Erstattungspflicht entsteht, muss daher die materielle Vorausleistungsschuld als Rechtsgrund in diesem Zeitraum neben der sachlichen Abgabenpflicht fortbestehen[299]. Denn ebensowenig wie im Steuerrecht könnte auch im Kommunalabgabenrecht einer Erstattungsforderung mit dem Hinweis auf die *dolo agit*-Einrede oder auf den Vorausleistungsbescheid als formellem Rechtsgrund begegnet werden.

Ein treuwidriges Verhalten könnte in der Rückforderung erbrachter Vorausleistungen - ungeachtet der anstehenden Veranlagung zu einer endgültigen Abgabe - auch im Kommunalabgabenrecht schon deshalb nicht gesehen werden, weil ein solches Erstattungsverlangen nur Ausdruck der gesetzgeberischen Intention ist, Zahlungen nur nach entsprechender Abgabenveranlagung als Tilgung zu akzeptieren.

Dem Vorausleistungsbescheid wiederum kann neben der materiellen Vorausleistungsschuld kein „formelles Eigenleben“ zugeschrieben werden, weil der Verwaltungsakt strukturell nur Ausspruch der bestehenden Schuld sein

297 A. A. BVerwG v. 5. 9. 1975, IV CB 75/3, NJW 1976, 818.

298 Ähnlich ist z. B. die Vorgehensweise bei den Abschlagszahlungen des Werkvertragsrechtes, vgl. Kap. B Ziffer II Nr. 2 Buchst. d, S. 2 f. und bei den Vorauszahlungen des Steuerrechts, vgl. Nr. 1 Buchst. a Doppelbuchst. bb, S. 277.

299 Vgl. zu der entsprechenden Rechtslage im Steuerrecht Nr. 1 Buchst. a Doppelbuchst. aa Dreifachbuchst. bbb, S. 274 ff.

darf[300]. Der Inhalt eines Bescheides darf hingegen nicht bewusst gegenüber der darin festgesetzten Forderung zeitlich überdehnt werden.

Ein anderes gilt nur in Sachsen-Anhalt, wo die, die endgültige Abgabenpflicht unmittelbar tilgenden, Vorausleistungen allein wegen dieser endgültigen Forderung behalten werden dürfen. Dort erlischt daher die Vorausleistungsschuld mit der Begründung der sachlichen Abgabenpflichten.

dd. Ergebnis Im Ergebnis ist die These, wonach die Vorausleistungsschuld durch das Entstehen der endgültigen Abgabenpflicht auflösend bedingt ist, zwar für das Kommunalabgabenrecht Sachsen-Anhalts zutreffend, für das Kommunalabgabenrecht der übrigen Bundesländer, in denen § 218 AO entsprechende Anwendung findet[301], ist sie hingegen abzulehnen.

c. Abgabenfestsetzung als auflösende Bedingung?

Eine weitere Möglichkeit, die Vorausleistungsschuld in eine auflösende Bedingung zu fassen, besteht in der Annahme, dass der Vorausleistungsanspruch mit der Festsetzung der Abgabe erlischt[302]. Anders als im Steuerrecht kann diese These jedoch vor allem für das Kommunalbeitragsrecht zu unzuträglichen Ergebnissen führen, weil dort nicht sichergestellt ist, dass die Beitragsfestsetzung in jedem Fall der Entstehung der sachlichen Beitragspflichten nachfolgt. Während sich im Steuerrecht die Frage, ob die Jahressteuerschuld dem Grunde nach entstanden ist, eindeutig anhand des jährlichen Stichtages 31. Dezember beantworten lässt, können im Beitragsrecht insbesondere wegen der Auswirkungen von Satzungsmängeln erhebliche Unklarheiten darüber bestehen, ob die sachlichen Beitragspflichten bereits rechtlich existent sind, oder nicht. Es kommt daher nicht selten vor, dass die endgültigen Beiträge verfrüht festgesetzt werden. Wollte man auch einer solchen vorzeitigen, der Aufhebung anheim fallenden Beitragsfestsetzung auflösende Wirkung für den Vorausleistungsanspruch zumessen, würde man demnach die Beitragsfestsetzung der Kommunen zusätzlich zu dem ohnehin bestehenden Prozessrisiko in erheblichem Maße dem weiteren Risiko aussetzen, dass in der Folge auch die vereinnahmten Vorausleistungen insgesamt und endgültig zurückgezahlt werden müssen und keine weiteren Vorausleistungen erhoben werden können. Eine solche Erschwernis der Vorausleistungserhebung wird durch Sinn und

300 Vgl. hierzu Nr. 1 Buchst. a Doppelbuchst. aa Dreifachbuchst. bbb, S. 276 f.
301 Vgl. Kap. C Ziffer I Nr. 2, S. 54.
302 Vgl. hierzu für das Steuerrecht Nr. 1 Buchst. a Doppelbuchst. bb, S. 277 f.

Zweck der Vorausleistungen[303] nicht gerechtfertigt[304]. Diese Auffassung kann daher für das Kommunalabgabenrecht nicht überzeugen.

d. Vorausleistungsfestsetzung unter Bedarfsvorbehalt?

Stattdessen erweist es sich für die kommunalabgabenrechtlichen Vorausleistungen als sinnvoll, nicht eine verhältnismäßig starre Verknüpfung von Vorausleistung und endgültiger Abgabe über eine auflösende Bedingung vorzunehmen, sondern - nach dem Vorbild der Abschlagszahlungen des Werkvertragsrechtes[305] - das inhaltlich flexiblere Entfallen des spezifischen Vorausleistungsinteresses zum Erlöschensgrund der Vorausleistungsforderung zu bestimmen[306]. Die Vorausleistungsschuld besteht danach solange, als der mit der Vorausleistung verfolgte Zweck, d. h. hauptsächlich die Entlastung der Kommune vom Vorfinanzierungsaufwand[307], nicht auf andere zumutbare Weise erreicht werden kann.

Die Vorausleistungsschuld muss daher grundsätzlich[308] den Zeitraum überbrücken, in dem die endgültige Abgabe noch im Entstehen begriffen ist. Im Anschluss an die Abgabenentstehung kann der Vorausleistungsanspruch sich jedoch - wie bereits im Steuerrecht[309] - darauf beschränken, nur den Zeitraum bis zur ersten Abgabenfestsetzung abzudecken, ohne Rücksicht darauf, ob diese Abgabenfestsetzung aufgrund eines formellen Fehlers nachträglich aufgehoben wird, oder nicht[310]. Dem Vorfinanzierungsinteresse der Kommune ist ebenfalls hinreichend gedient, wenn mittels der Vorausleistungsschuld der Zeitraum der Entstehung der endgültigen Abgabe bis zum ersten wirksamen Festsetzungsversuch überbrückt werden kann. Formelle Fehler fallen in ihren Risikobereich und rechtfertigen keine weitere Inanspruchnahme des Abgabenpflichtigen auf einer bloßen kursorischen Grundlage.

---

303 Vgl. zur Funktion Ziffer II Nr. 2, S. 202 f.

304 In diesem Sinne auch *Driehaus*, in: Driehaus, Kommunalabgabenrecht, § 8 Rn. 144 und 147 m. w. N.; OVG Schleswig v. 27. 1. 2009, 2 LB 43/08, zitiert nach juris.

305 vgl. Kap. B Ziffer II Nr. 2 Buchst. b, S. 28 f.

306 Vgl. hierzu bereits für das Steuerrecht Buchst. a Doppelbuchst. cc, S. 278 ff.

307 Vgl. Ziffer II Nr. 2, S. 202.

308 Vgl. zu den Ausnahmen Ziffer IV Nr. 2 Buchst. b, S. 261 f.

309 Vgl. Buchst. a Doppelbuchst. cc, S. 278 ff.

310 Weitergehend OVG Schleswig v. 27. 1. 2009, 2 LB 43/08, zitiert nach juris: die Zweckbestimmung der Vorausleistungen erfasst generell auch den Zeitraum bis zum „Entstehen des konkreten Beitragsschuldverhältnisses“, d. h. bis zum Erlass eines endgültigen, *fortbestehenden* Abgabenbescheides.

e. Ergebnis

Dementsprechend erlischt der Vorausleistungsanspruch unter allen Umständen mit einer „erfolgreichen“, d. h. nachträglich nicht aufgehobenen, Festsetzung der endgültigen Abgabe. Im Fall der Aufhebung des Abgabenbescheides ist hingegen für die Beurteilung des Schicksals des Vorausleistungsanspruches danach zu unterscheiden, ob die endgültige Abgabenpflicht zum Zeitpunkt der Abgabenfestsetzung bereits entstanden war, oder nicht. Während im erstgenannten Fall die Vorausleistungsschuld mit der Abgabenfestsetzung endet, besteht sie im zweitgenannten Fall fort.

Dieses Verständnis der Vorausleistungsschuld hat auch Auswirkungen auf die Verschränkung des Vorausleistungsbescheides mit dem endgültigen Abgabenbescheid, die im Folgenden untersucht wird.

2. Verhältnis von Vorausleistungsbescheid und endgültigem Abgabenbescheid

a. Vergleich der Regelungsinhalte

Der Vergleich der Regelungsinhalte von Vorausleistungsbescheid und endgültigem Abgabenbescheid setzt, da beide Kommunalabgabenbescheidtypen ihren steuerrechtlichen Vorbildern entsprechen[311], als ersten Schritt bei der Gegenüberstellung von Vorauszahlungsbescheid und Jahressteuerbescheid an:

Der Jahressteuerbescheid besteht regelmäßig aus der - die gesetzliche Steuerschuld wiedergebenden - Steuerfestsetzung und der Leistungs- oder Anrechnungsverfügung. Demgegenüber beinhaltet der Vorauszahlungsbescheid die Festsetzung des als Vorschuss geschuldeten Anteils am geschätzten Jahressteuersoll, die gleichfalls regelmäßig mit einem Leistungsgebot verbunden ist. Der Vorauszahlungsbescheid benennt dementsprechend nicht den gesetzlichen Steueranspruch, sondern beziffert eine hiervon verschiedene, vorläufige Leistung. Die Jahressteuerschuld spielt dort nur mittelbar als Berechnungsgrundlage in Form einer modifzierten[312] Schätzung eine Rolle.

Demnach lauten zwar die Festsetzungsinhalte beider Bescheide jeweils auf eine Geldforderung, die ein und demselben Steuerschuldverhältnis zuzurechnen sind. Gleichwohl sind die Festsetzungen inhaltlich nicht identisch.

Dem folgt auch die Rechtslage im Kommunalabgabenrecht. Der Kommunalabgabenbescheid setzt sich ebenfalls regelmäßig aus der die gesetzliche Ab-

311 Vgl. oben Kap. C Ziffer II Nr. 1, S. 56 ff.

312 Einige für die Jahressteuer erhebliche Umstände dürfen im Rahmen der Vorauszahlungsbemessung nicht berücksichtigt werden (§ 37 Abs. 3 Satz 4 bis 12 EStG).

gabenschuld wiedergebenden Abgabenfestsetzung[313] und der Leistungs- oder Anrechnungsverfügung zusammen. Demgegenüber beinhaltet der Vorausleistungsbescheid die Festsetzung des Anteils an der prognostizierten endgültigen Abgabenforderung, der als eigenständiger Vorschussanspruch geschuldet wird. Diese Festsetzung ist gleichfalls regelmäßig mit einem Leistungsgebot verbunden. Der Vorausleistungsbescheid benennt dementsprechend nicht den gesetzlichen Kommunalabgabenanspruch, sondern beziffert eine hiervon materiell-rechtlich verschiedene, vorläufige Leistung. Die endgültige Abgabenschuld spielt dort wiederum nur mittelbar als Berechnungsgrundlage eine Rolle. Dem wird zwar unter der entsprechenden Geltung von § 164 Abs. 1 AO entgegengehalten, dass die Festsetzung einer Vorauszahlung rechtlich einer Steuerfestsetzung gleichgestellt ist, für die lediglich die sich aus dem Vorbehalt ergebenden speziellen Wirkungen zu beachten sind[314]. Deshalb sollen die Festsetzung einer Beitragsvorausleistung und die endgültige Beitragsfestsetzung nicht rechtlich unterschiedliche Beitragsforderungen betreffen, sondern der Festsetzung derselben Beitragsschuld dienen[315]. Eine solche Auslegung von § 164 Abs. 1 Satz 2 AO ist jedoch schon deshalb unmöglich, weil die endgültige Abgabenforderung regelmäßig noch nicht einmal entstanden ist[316], wenn die Vorausleistungen festgesetzt werden. Gegenstand der Vorausleistungsfestsetzung kann daher nach keiner Betrachtungsweise der endgültige Abgabenanspruch, sondern muss der materiell-rechtlich selbstständige Vorausleistungsanspruch sein. Demnach lauten zwar die Festsetzungsinhalte beider Bescheide jeweils auf eine Geldforderung, die ein und demselben Abgabenschuldverhältnis zuzurechnen sind. Gleichwohl sind die Festsetzungen inhaltlich nicht identisch.

b. Umdeutbarkeit von Vorausleistungsbescheiden entsprechend § 128 AO

aa. Problemaufriss Ein spezifisches Problem des Kommunalabgabenrechtes stellt die Frage dar, ob Vorausleistungsbescheide in endgültige Abgabenbescheide entsprechend § 128 AO umgedeutet werden können. Dies wird für die Fallgruppe diskutiert, in der ein zunächst zwar rechtmäßiger Vorausleistungsbescheid ergeht, später aber während des Vorverfahrens ge-

313 Vgl. hierzu unter Kap. C Ziffer II Nr. 3 Buchst. b, S. 70 ff.
314 *Mildner*, in: Driehaus, Kommunalabgabenrecht, § 8 Rn. 1370a; OVG Koblenz v. 20. 2. 1997, 12 A 10275/96.OVG, zitiert nach juris.
315 *Mildner*, in: Driehaus, Kommunalabgabenrecht, § 8 Rn. 1370a; OVG Koblenz v. 20. 2. 1997, 12 A 10275/96.OVG, zitiert nach juris.
316 Vgl. hierzu oben Ziffer III Nr. 2 Buchst. a, S. 205 ff.

gen den Vorausleistungsbescheid die sachliche Abgabenpflicht entsteht. Nach dem herkömmlichen Verständnis von den Tatbestandsvoraussetzungen einer Vorausleistung[317] und unter Berücksichtigung des Grundsatzes von der Einheit des Verwaltungsverfahrens[318] wird hierdurch der Vorausleistungsbescheid rechtswidrig[319]. Seiner Aufhebung soll jedoch begegnet werden können, indem er in einen Bescheid über die Heranziehung zu einem endgültigen Beitrag umgedeutet wird[320].

bb. Zielsetzung von § 128 AO Diese Auffassung erscheint schon deshalb zweifelhaft, weil die aufgezeigte Problemlage nicht vom Sinn und Zweck des § 128 AO erfasst wird. Mit der Umdeutung von Verwaltungsakten soll schließlich der fruchtlose Verfahrensaufwand vermieden werden, dass zunächst ein fehlerhafter Verwaltungsakte aufgehoben wird, nur um anschließend in einem neuen Verfahren einen fehlerfreien Verwaltungsakt mit gleicher Zielsetzung zu erlassen[321]. Vorausleistungsbescheide müssen als vorläufige Verwaltungsentscheidungen jedoch bereits ihrer Natur nach durch den endgültigen Abgabenbescheid abgelöst werden. Das zweistufige Verwaltungsverfahren ist damit für diese Bescheide nicht ein Effizienzproblem, sondern der dem Wesen der vorläufigen Entscheidung entsprechende Normalfall.

Als störend wird dementsprechend offensichtlich auch nicht die Notwendigkeit einer nochmaligen Abgabenfestsetzung nach der Vorausleistungserhebung empfunden; andernfalls müsste eine Umdeutung im Übrigen nicht nur dann vorgenommen werden, wenn die Vorausleistungsfestsetzung zunächst rechtmäßig, sondern auch dann, wenn sie von vornherein rechtswidrig war. Als sachlich unangemessen erscheint vielmehr der Umstand, dass sich der Vorausleistungsschuldner einer an sich rechtmäßigen Vorausleistungserhebung durch die Flucht in das Rechtsmittel entziehen kann, wenn er in den Genuss des zufälligen Umstandes kommt, dass die endgültigen Abgabenpflichten noch vor Abschluss des Vorverfahrens entstehen. Dies ist deshalb problematisch, weil die Kommune hierauf in der Regel nicht sofort mit der Festsetzung der endgültigen Abgabe reagieren kann, sondern typischerweise

317 Siehe Kap. Ziffer III Nr. 2 Buchst. a, S. 205 ff.

318 A. A. OVG Weimar v. 1. 8. 2000, 4 VO 711/99: maßgeblich sind allein die Verhältnisse bei Bekanntgabe des Vorausleistungsbescheides.

319 Vgl. *Driehaus*, in: Driehaus, Kommunalabgabenrecht, § 8 Rn. 124a.

320 *Driehaus*, in: Driehaus, Kommunalabgabenrecht, § 8 Rn. 124a; OVG Münster v. 31. 1. 2003, 3 A 835/00.

321 *Rozek*, in: HHSp, AO, § 128 Rn. 4; *Seer*, in: Tipke/Kruse, AO, § 128 Rn. 1.

zunächst zeitaufwändige Ermittlungen, usw. anstellen muss. In der Folge entgeht der Abgabenschuldner nur aufgrund dieses „glücklichen Zufalls" für eine geraume Zeit seiner Vorfinanzierungsverantwortlichkeit. Dieses sachlich unangemessene Ergebnis ist jedoch in erster Linie die Konsequenz dessen, dass die herrschende Meinung die Vorausleistungserhebung zeitlich nur bis zum Entstehen der sachlichen Abgabenpflichten, nicht aber bis zu Festsetzung der endgültigen Abgabe für zulässig hält, obwohl die gesetzlichen Vorschriften in den meisten Bundesländern ein anderes Verständnis zulassen würden[322]. Sieht man gerade auch mit Blick auf die oben geschilderte Fallgestaltung ein Bedürfnis dafür, nicht nur die Abgabenentstehungsphase, sondern auch die Zeitdauer des Festsetzungsverfahrens durch die Veranlagung zu Vorausleistungen überbrücken zu können, so wäre dem daher besser durch eine entsprechende Ausdehnung des Zeitraums der Veranlagbarkeit zu Vorausleistungen Rechnung zu tragen.

cc. Tatbestandsvoraussetzungen

aaa. Fehlerhafter Verwaltungsakt Die Umdeutung eines Verwaltungsaktes setzt zunächst voraus, dass der Verwaltungsakt fehlerhaft ist, also gegen formelles oder materielles Recht verstößt[323]. Unterstellt man mit der herrschenden Meinung[324], dass Vorausleistungen nur angefordert werden dürfen, solange die endgültigen Abgabepflichten noch nicht entstanden sind, so würde der Vorausleistungsbescheid zumindest nachträglich rechtswidrig, sofern die sachliche Abgabenforderung während des Vorverfahrens begründet wird.

bbb. Gleiche Zielrichtung Das weitere Umdeutungserfordernis der Zielgleichheit ist relativ unscharf[325]. Gefordert wird eine im Wesentlichen gleiche materiell-rechtliche Tragweite beider Verwaltungsakte. Hieran fehlt es, wenn zwischen der umzudeutenden und der durch die Umdeutung er-

322 Vgl. oben Ziffer III Nr. 2 Buchst. a, S. 205 ff.

323 *Rozek*, in: HHSp. AO, § 128 Rn. 15.

324 Vgl. Ziffer III Nr. 2 Buchst. a, S. 205 ff.; OVG Koblenz v. 20. 3. 1979, 6 A 67/77, KStZ 1980, 155 (156); OVG Lüneburg v. 12. 5. 1987, 9 B 154/86; vgl. auch *Driehaus*, Erschließungs- und Ausbaubeiträge, 8. Aufl. 2007, S. 509; *ders.*, in: Driehaus, Kommunalabgabenrecht, § 8 Rn. 124.

325 *Seer*, in: Tipke/Kruse, AO, § 128 Rn. 3.

zeugten Regelung gravierende rechtliche Unterschiede bestehen[326]. Der Regelungsgehalt muss allerdings auch nicht identisch sein. Ziele und Wirkungen des umgedeuteten Verwaltungsaktes dürfen jedenfalls nicht weiter reichen, als die des fehlerhaften Verwaltungsaktes[327].

Bereits diese Voraussetzung ist für die Umdeutung von Vorausleistungsbescheiden in endgültige Abgabenbescheide nicht erfüllt[328], weil der endgültige Abgabenbescheid weitreichendere Wirkungen und Ziele hat. Der Vergleich der Auswirkungen beider Bescheidtypen kann dabei nicht bei der vordergründigen Betrachtungsweise stehen bleiben, dass beide Bescheide Geldforderungen auf der Grundlage des selben Abgabenschuldverhältnisses festsetzen. Von ausschlaggebender Bedeutung ist vielmehr, dass der Abgabenbescheid die gesetzlich entstandene Abgabenschuld insgesamt und endgültig konkret benennt, während der Vorausleistungsbescheid demgegenüber nur einen einstweiligen Voraus-Anspruch tenoriert.

ccc. Übereinstimmung von Zuständigkeit, Verfahren und Form

Die weiter erforderliche Übereinstimmung in Zuständigkeit und Entscheidungsform ist zwar offensichtlich gegeben, hinsichtlich der darüber hinaus gebotenen Identität des Verfahrens gilt dies allerdings nur in den Bundesländern, in denen § 164 AO keine entsprechende Anwendung auf das Vorausleistungsverfahren findet[329]. In den übrigen Bundesländern ergeht der Vorausleistungsbescheid hingegen entsprechend § 164 Abs. 1 AO auf der Grundlage abgesenkter Verfahrensstandards für die Sachverhaltsaufklärung und Rechtmäßigkeitsprüfung. Um die verfahrensmäßigen Rechte der Beteiligten bei der endgültigen Abgabenfestsetzung nicht zu verkürzen[330], darf dieses Verfahrensfragment daher nicht als endgültige Grundlage eines Abgabenbescheides herangezogen werden.

ddd. Rechtmäßigkeit des umgedeuteten Verwaltungsaktes Darüber hinaus wäre auch die Rechtmäßigkeit des umgedeuteten Verwaltungs-

326 *Rozek*, in: HHSp, AO, § 128 Rn. 19 m. w. N.

327 *Rozek*, in: HHSp, AO, § 128 Rn. 19; *Leopold*, JURA 2006, 896.

328 So im Ergebnis auch BayVGH v. 4. 10. 1991, 23 B 88.2143, NVwZ-RR 1992, 507 (508); a. A. *Driehaus*, in: Driehaus, Kommunalabgabenrecht, § 8 Rn. 124a; *Ramsauer*, in: Kopp/Ramsauer, VwVfG, 11. Aufl. 2010, § 47 Rn. 15; OVG Münster v. 31. 1. 2003, 3 A 835/00; wohl auch noch BayVGH v. 3. 6. 1983, 23 B 81 A.2063, NVwZ 1984, 184.

329 Vgl. hierzu Ziffer IV Nr. 1 Buchst. a, S. 256.

330 *Rozek*, in: HHSp, AO, § 128 Rn. 26.

aktes regelmäßig nicht - wie dies notwendig ist - gegeben. Der durch die Umdeutung erzeugte Verwaltungsakt muss nicht nur aktuell im Zeitpunkt der Umdeutung, sondern *zusätzlich* auch zum Zeitpunkt des Erlasses des umgedeuteten Verwaltungsaktes rechtmäßig sein[331], weil die Wirkung einer zulässigen Umdeutung *ex tunc* eintritt[332]. Denn andernfalls würde durch die Umdeutung kein rechtswidriges Verwaltungshandeln behoben, sondern für die Vergangenheit ein anderer Rechtsverstoß kreiert, ohne dass die Behörde dieser Folge durch eine Rücknahme des rechtswidrigen Verwaltungsaktes begegnen könnte, da die Umdeutung im Verhältnis hierzu vorrangig ist[333]. Dies ist mit Belangen der Verwaltungseffizienz nicht zu rechtfertigen. Das zeigt gerade die hier in Rede stehende Umdeutung von Vorausleistungsbescheiden deutlich. Denn es wäre ein untragbares Ergebnis, wäre es einer Kommune möglich, zunächst überhöhte Vorausleistungen erheben und auf das Rechtsmittel des Betroffenen hin nach dem Entstehen der endgültigen Abgabepflichten den rechtswidrigen Vorausleistungsbescheid in einen - nun rechtmäßigen - endgültigen Abgabenbescheid umzudeuten, könnte also die Kommune sich so letztlich ohne Konsequenzen und ohne effektive Verteidigungsmöglichkeit des Betroffenen einen rechtswidrigen zinslosen Zwangskredit verschaffen.

Zum Zeitpunkt des Erlasses des Vorausleistungsbescheides, der danach für die Beurteilung auch erheblich ist, hätte ein endgültiger Abgabenbescheid jedoch regelmäßig nicht entsprechend den materiellen Rechtmäßigkeitsvoraussetzungen erlassen werden können. Denn typischerweise war zu diesem Zeitpunkt die endgültige Abgabenpflicht gerade noch nicht entstanden[334]. Auch aus diesem Grund scheidet eine Umdeutung daher für den Regelfall aus.

eee. Keine ungünstigeren Rechtsfolgen Schließlich verstieße eine Umdeutung auch gegen die negative Tatbestandsvoraussetzung, keine für den Betroffenen ungünstigeren Rechtsfolgen herbeizuführen: Die Rechtsfol-

331 *Leopold*, Jura 2006, 896; a. A. wohl *Rozek*, in: HHSp, AO, § 128 Rn. 34: allein Rechtslage zum Zeitpunkt der Umdeutung entscheidend; a. A. ebenfalls *Laubinger*, VerwArch. Bd. 78 (1987), S. 366: allein Zeitpunkt des Verwaltungsakterlasses; vgl. auch *Pahlke*, in: Pahlke/Koenig, AO, 2. Aufl. 2009, § 128 Rn. 5.

332 *Rozek*, in: HHSp, AO, § 128 Rn. 5; *Frotscher*, in: Schwarz, AO, § 128 Rn. 1; *Ramsauer*, in: Kopp/Ramsauer, VwVfG, 11. Aufl. 2010, § 47 Rn. 37, *Sachs*, in: Stelkens/Bonk/Sachs, VwVfG, 7. Aufl. 2008, § 47 Rn. 32; einschränkend *Werth*, in: Kühn/v. Wedelstädt, AO, 19. Aufl. 2008, § 128 Rn. 8.

333 Vgl. *Rozek*, in: HHSp, AO, § 128 Rn. 6 und 11.

334 Vgl. Ziffer III Nr. 2 Buchst. a, S. 205 ff.

gen des umgedeuteten Verwaltungsaktes sind dann ungünstiger, wenn eine Belastung begründet oder verstärkt bzw. eine Begünstigung aufgehoben oder eingeschränkt wird. Hierbei ist nicht nur der Tenor, sondern sind auch die mittelbaren Auswirkungen in den Blick zu nehmen[335]. Gemessen hieran wirkt sich hinsichtlich der Vorausleistungsbescheide für die Betroffenen vorteilhaft aus, dass diese nur eine vorläufige Regelung des Abgabenverhältnisses vornehmen und die endgültige Entscheidung über die zu erbringende Abgabe in keine Richtung präjudizieren. Die Verwaltung behält - auch im Interesse der Vorausleistungsschuldner - in vollem Umfang ihre Entscheidungsflexibilität[336]. Demgegenüber sind endgültige Abgabenbescheide nur noch eingeschränkt änderbar; damit können auch Betroffene nicht mehr ohne Weiteres zu ihrem Nachteil wirkende Fehler beseitigen lassen[337].

dd. Ergebnis Nach alledem ist eine Umdeutung von Vorausleistungsbescheiden in endgültige Abgabenbescheide generell jedenfalls deshalb ausgeschlossen, weil endgültige Abgabenbescheide nicht auf das gleiche Ziel gerichtet sind und auch ungünstigere Rechtsfolgen zeitigen. In der Regel würde der durch die Umdeutung erzeugte Abgabenbescheid darüber hinaus auch nicht *ex tunc* zum Zeitpunkt des Erlasses des Vorausleistungsbescheides rechtmäßig sein. Ist § 164 AO auf das Vorausleistungsverfahren entsprechend anwendbar, folgt die Unzulässigkeit der Umdeutung schließlich zusätzlich aus der fehlenden Identität des Verfahrens.

c. *Umwandlung eines Vorausleistungsbescheides in einen endgültigen Abgabenbescheid*

aa. Keine *ipso-facto*-Umwandlung des Vorausleistungsbescheides Zum Teil wird ferner davon ausgegangen, dass der Vorausleistungsbescheid die Rechtsnatur des endgültigen Abgabenbescheides annimmt und von dem Betroffenen entsprechend mit Rechtsmitteln angegriffen werden kann, sofern sich die Kommune weigert, nach Entstehen der sachlichen Abgabenpflichten einen endgültigen Abgabenbescheid zu erlassen[338].

---

335 Zum Ganzen: *Rozek*, in: HHSp, AO, § 128 Rn. 40; *Leopold*, JURA 2006, 896; *Ramsauer*, in: Kopp/Ramsauer, 11. Aufl. 2010, VwVfG, § 47 Rn. 26.

336 Vgl. Ziffer II Nr. 1, S. 200.

337 OVG Koblenz v. 1. 4. 2003, 6 A 10778/02, NVwZ-RR 2004, 373 f.; *Patt*, in: Büchel/Patt, SächsKAG, § 3 Rn. 79.2.

338 *Driehaus*, in: Driehaus, Kommunalabgabenrecht, § 8 Rn. 146; *Blomenkamp*, in: Driehaus, Kommunalabgabenrecht, § 8 Rn. 1519; OVG Weimar v. 30. 6. 2003,

Diese Auffassung reagiert zwar auf ein evidentes praktisches Bedürfnis. Gleichwohl vermag sie aus folgenden Gründen nicht zu überzeugen: Die Annahme einer *ipso-facto*-Umwandlung eines Vorausleistungsbescheides in einen endgültigen Abgabenbescheid allein durch die Untätigkeit der Kommune entbehrt jeder gesetzlichen Grundlage. Die Regelungsgegenstände beider Bescheide sind zudem, wie soeben gezeigt wurde[339], nicht einmal durch eine Umdeutung entsprechend § 128 AO gegenseitig austauschbar. Sind jedoch schon diese gesetzlich statuierten Voraussetzungen für eine Auswechslung des Regelungsinhaltes nicht erfüllt, so muss dies erst recht auch für eine gesetzlich nicht geregelte Umwandlung eines Bescheides in einen anderen gelten. Darüber hinaus würde eine solche Verfahrensgestaltung auch gegen das Gebot verstoßen, dass auf die summarische Prüfung der vorläufigen Entscheidung stets eine abschließende Prüfung erfolgen muss[340]. Eine solche Prüfung erfolgt bei der Umdeutung entsprechend § 128 AO immerhin im Rahmen der Feststellung der Rechtmäßigkeit des durch die Umdeutung erzeugten Verwaltungsaktes. Nimmt ein Vorausleistungsbescheid hingegen „von selbst" die Natur des endgültigten Abgabenbescheides an, fehlt ein solcher Prüfungsschritt völlig.

bb. Folgen der Verweigerung des endgültigen Abgabenbescheides

Durch die Ablehnung einer Umwandlung des Vorausleistungsbescheides wird der Betroffene im Übrigen auch nicht gegenüber der untätigen Kommune rechtsschutzlos gestellt. Vielmehr hat er einen verfahrensrechtlichen, subjektiven Anspruch auf Erlass eines endgültigen Abgabenbescheides.

aaa. Subjektiver Verfahrensanspruch auf Erlass eines endgültigen Abgabenbescheides Dies entspricht bereits den allgemeinen Grundsätzen vorläufiger Verwaltungsentscheidungen[341], und folgt darüber hinaus vor allem auch aus der verfassungsrechtlichen Einbettung der Vorausleistung[342]. Die Vorausleistung dient nur der *vorläufigen* Befriedigung des Vorfinanzierungsaufwandes; sie greift daher unverhältnismäßig in die Rechte des Betrof-

---

4 EO 206/96; OVG Münster v. 9. 8. 1972, III A 386/71, ZMR 1973, 187 (189); BayVGH v. 2. 6. 1986, 6 CE 86.00148; a. A. OVG Münster v. 21. 12. 2000, 15 A 4579/97.

339 Vgl. Buchst. b, S. 286 ff.

340 Vgl. hierzu Kap. B Ziffer IV, S. 49.

341 Vgl. Kap. B Ziffer IV, S. 49.

342 Vgl. Ziffer III Nr. 4 Buchst. c Doppelbuchst. cc Dreifachbuchst. ddd, S. 234 f.

fenen aus Artikel 14 Abs. 1 GG bzw. Artikel 2 Abs. 1 GG ein, wenn sie durch die Verweigerung eines abschließenden Abgabenbescheides tatsächlich ihren vorläufigen Charakter verliert und zu einem Dauerzustand perpetuiert wird. Die Kommune ist nicht berechtigt, dem Vorausleistungsschuldner die materiellen und verfahrensrechtlichen Sicherungen und Gewährleistungen der Veranlagung zu der endgültigen Abgabe übermäßig lange vorzuenthalten.

Der Betroffene kann diesen Anspruch durch einen - die Festsetzungsverjährung entsprechend § 171 Abs. 3 AO hemmenden - Antrag auf Festsetzung der endgültigen Abgabe gegenüber der Kommune geltend machen. Verweigert diese daraufhin weiter die endgültige Veranlagung, so kann der Betroffene anschließend Untätigkeitsklage gemäß § 75 VwGO erheben. Diese Klage kann trotz der gesetzlich gebundenen Entscheidung sowohl auf den Erlass eines inhaltlich bestimmten Abgabenbescheides[343], wie auch auf die Bescheidung des Antrags gerichtet sein, weil die Behörde die wesentliche Sachverhaltsaufklärung unterlassen hat[344].

Damit ist das Interesse des Vorausleistungsschuldners, eine Abrechnung über die endgültige Berechtigung seiner vorläufig erbrachten Vorausleistung zu erhalten, gewahrt.

bbb. Kein Anspruch auf Erstattung der Vorausleistungen Hingegen wächst dem Betroffene aufgrund des bloßen Ausbleibens einer endgültigen Abrechnung - im Unterschied zum Ausbleiben der sachlichen Beitragspflicht[345] - auch dann kein Anspruch auf Erstattung der Vorausleistungen zu, wenn die Kommune die Abgabenfestsetzung über viele Jahre verweigert.

Für Sachsen-Anhalt folgt dies bereits daraus, dass die Vorausleistungen die sachliche Abgabepflicht mit deren Entstehen *ipso lege* getilgt haben[346].

Im Übrigen fällt ausschlaggebend ins Gewicht, dass dem schutzwürdigen Interesse des Vorausleistungsschuldners, durch die einstweilige Regelung des Abgabenschuldverhältnisses mittels Vorausleistungsbescheid nicht „auf kaltem Wege“ einen endgültigen Zustand zu schaffen, bereits dadurch hinreichend Rechnung getragen ist, dass der Vorausleistungsschuldner den Erlass des endgültigen Abgabenbescheides und damit die abschließende Abrechnung

343 Diese Vorgehensweise entspricht im Übrigen auch der Verfahrensweise im Werkvertragsrecht, wenn der Werkunternehmer die Schlussrechnungslegung verweigert, vgl. Kap. B Ziffer II Nr. 2 Buchst. c Doppelbuchst. bb, S. 29 f.

344 *Schenke*, in: Kopp/Schenke, VwGO, 17. Aufl. 2011, § 113 Rn. 194.

345 Vgl. hierzu Ziffer IV Nr. 2 Buchst. b, S. 261 ff.

346 Vgl. hierzu oben Ziffer V Nr. 1 Buchst. b Doppelbuchst. bb, S. 281.

seiner Vorausleistungen erzwingen kann. Sein Interesse an einer endgültigen Entscheidung erfordert es hingegen nicht, darüber noch hinauszugehen und die erbrachten Vorausleistungen sogar zurückzugewähren.

Gegen eine Erstattung spricht weiter maßgeblich das bestehende öffentliche Interesse an der Beibehaltung der wahrscheinlich rechtmäßigen Vermögenslage. Schließlich wurden die Vorausleistungen zwar nicht auf die, aber doch mittelbar *wegen* der - tatsächlich bestehenden - endgültigen Abgabenpflicht erbracht, sodass mit einiger Wahrscheinlichkeit die aktuelle Vermögenslage bei einer Gesamtbetrachtung des Abgabenschuldverhältnisses gerechtfertigt ist. Nur mit dieser Auffassung kann im Übrigen eine konsistente, gemeinsame Lösung mit den Fällen der Verjährung der Abgabenforderung[347] gefunden werden.

Nach alledem scheidet ein Anspruch auf Erstattung der Vorausleistungen aus Anlass der Verweigerung des endgültigen Abgabenbescheides aus.

d. Zur Ablösungswirkung endgültiger Kommunalabgabenbescheide

An die Untersuchung der Möglichkeiten, dem Vorausleistungsbescheid selbst den Charakter des endgültigen Abgabenbescheides zuzuweisen, schließt sich die Frage an, wie die Ablösungswirkung endgültiger Kommunalabgabenbescheide ausgestaltet ist. Für das steuerrechtliche Vorbild ist hierzu Folgendes festzuhalten:

aa. Zur Ablösungswirkung von Jahressteuerbescheiden

aaa. Rechtstechnik Übereinstimmend wird davon ausgegangen, dass der steuerliche Vorauszahlungsbescheid seine Wirksamkeit mit Erlass des Jahressteuerbescheides verliert[348]. Der Vorauszahlungsbescheid erledigt sich hiermit „auf andere Weise“ im Sinne von § 124 Abs. 2 AO. Die Ablösung des Vorauszahlungsbescheides durch den Jahressteuerbescheid wird demnach dem spezifischen Regelungsgehalt des Vorauszahlungsbescheides zugeschrie-

347 Vgl. hierzu unten Ziffer VI Nr. 3, S. 310 ff.

348 *Drenseck*, in: Schmidt, EStG, 30. Aufl. 2011, § 37 Rn. 1; *Drüen*, in: Tipke/Kruse, AO, § 37 Rn. 45; *Boeker*, in: HHSp, AO, § 37 Rn. 46; *Stolterfoht*, in: K/S/M, EStG, § 37 Rn. A 146; *Diebold*, in: Hermann/Heuer/Raupach, EStG, § 37 Rn. 31; BFH v. 4. 6. 1981, VIII B 31/80, BFHE 133, 267 (270); BFH v. 23. 6. 1993, X B 134/91, BFHE 172, 9 (15 ff.); v. 3. 7. 1995, GrS 3/93, BFHE 178, 11 (14 f.); SächsOVG v. 1. 4. 2003, 5 B 115/01, KStZ 2003, 169 (170).

ben. In der Diskussion spielt dagegen folgende alternative Möglichkeit - obwohl sie grundsätzlich gleichermaßen denkbar ist - keine Rolle:

Die Ablösung des Vorauszahlungsbescheides kann auch - zum Beispiel in Gestalt einer konkludenten Aufhebung - als Teil der Regelungswirkung des Jahressteuerbescheides begriffen werden[349]. Bildhaft gesprochen läge der Grund für die Erledigung des Vorauszahlungsbescheides dann nicht in seiner Unterordnung unter den Jahressteuerbescheid, sondern in dessen Überordnung über den Vorauszahlungsbescheid.

Die Entscheidung für eines der beiden Modelle kann für die Frage relevant sein, ob die Ablösung des Vorauszahlungsbescheides im Falle eines nachträglichen Geltungsverlustes des Jahressteuerbescheides reversibel ist. Wird die Ablösungswirkung im Regelungsgehalt des Jahressteuerbescheides verortet, so bedeutet das, dass mit einer nachträglichen Beseitigung der Wirksamkeit des Jahressteuerbescheides auch die Ablösungswirkung entfällt. Hingegen ist eine auflösende Bedingung des Vorauszahlungsbescheides nicht an die *rechtliche* Existenz eines wirksamen Jahressteuerbescheides, sondern an das *tatsächliche* Ereignis seines Erlasses geknüpft. Dem Eintritt dieser Tatsache tut jedoch auch eine spätere Aufhebung des Jahressteuerbescheides keinen Abbruch.

Die angewendete Rechtstechnik ist jedoch nicht der einzige Gesichtspunkt, der für die Umkehrbarkeit der Ablösungswirkung von Jahressteuerbescheiden ein Rolle spielt. Im Einzelnen ist hierzu Folgendes zu bemerken:

bbb. Umkehrbarkeit der Ablösungswirkung des Jahressteuerbescheids? Die Tragweite des Wirksamkeitsverlustes von Vorauszahlungsbescheiden ist umstritten. Während sich überwiegende Stimmen für eine endgültige und vollständige Ablösung des Vorauszahlungsbescheides sowohl als Leistungsgebot wie auch als Rechtsgrund für das Behaltendürfen der Leistung aussprechen[350], soll dem Vorauszahlungsbescheid nach Auffassung anderer unter Umständen auch nach Erlass des Jahressteuerbescheides noch Rechtserheblichkeit zukommen können. Namentlich soll er von vornherein Rechtsgrund für die erbrachten Vorauszahlungen bleiben oder wieder zur

349 In diesem Sinne auch OVG Schleswig v. 27. 1. 2009, 2 LB 43/08, zitiert nach juris.

350 *Boeker*, in: HHSp, AO, § 37 Rn. 46; *Diebold*, in: Hermann/Heuer/Raupach, EStG, § 37 Rn. 30; BFH v. 23. 6. 1993, X B 134/91, BFHE 172, 9 (15 ff.); v. 3. 7. 1995, GrS 3/93, BFHE 178, 11 (14 f.); SächsOVG v. 1. 4. 2003, 5 B 115/01, KStZ 2003, 169 (170).

maßgeblichen Rechtsgrundlage erstarken können, wenn der Steuerbescheid aufgehoben oder suspendiert wird[351].

Dahinter steht zum Ersten die Frage, ob man Vorauszahlungsbescheid und Jahressteuerbescheid als Abfolge einander ablösender, *gleichgearteter* Steuerbescheide ansehen kann, bei denen der Wegfall des letzten Gliedes der Bescheidkette den Zugriff auf das vorletzte Glied freigibt.

So wäre namentlich die Rechtslage bei Änderungsbescheiden. Der Änderungsbescheid umfasst und integriert den ursprünglichen Bescheid in seinen Regelungsgehalt. Solange der Änderungsbescheid nicht aufgehoben oder suspendiert ist, entfaltet der ursprüngliche Bescheid deshalb in dem Umfang, in dem er in den Änderungsbescheid aufgenommen ist, keine Wirkung. Sobald der Berichtigungsbescheid entfällt, erlangt der ursprüngliche Bescheid jedoch wieder Geltung[352].

Das Verhältnis des Vorauszahlungsbescheids zum Jahressteuerbescheid ist indes nicht mit dem Verhältnis eines Bescheides zum Änderungsbescheid vergleichbar[353]. Bereits die Wesensfremdheit der Vorauszahlung als eigenständigem Voraus-Anspruch und der Jahressteuer als „Hauptsache-Anspruch" schließt es grundsätzlich aus, den Jahressteuerbescheid als Änderung des Vorauszahlungsbescheides zu begreifen. Während der Jahressteuerbescheid die gesetzliche Steuerschuld wiedergibt, setzt der Vorauszahlungsbescheid nur die Höhe des selbstständigen Vorschussanspruches fest. Der Erlass eines wirksamen Jahressteuerbescheides bewirkt demnach nicht nur, dass der Vorauszahlungsbescheid - wie im Fall des § 173 Abs. 1 AO - in seiner Wirkung erweitert oder eingeschränkt wird, sondern dass er vollständig überholt ist[354].

Eine eindeutige Antwort, welche von beiden Ansichten vorzugswürdig ist, ermöglicht auch das Prinzip der Überholung vorläufiger Entscheidungen durch die Hauptsacheentscheidung nicht. Denn dieser Grundsatz beantwortet nicht die dem vorausliegende, rechtstechnische Frage, ob die Ablösungswirkung dem Regelungsgehalt des Vorausleistungsbescheides oder dem des Jahressteuerbescheides zuzuordnen ist. Mit dem Prinzip der Unterordnung von interimistischen Verwaltungsentscheidungen unter die Hauptsacheent-

---

351 *Stolterfoht*, in: K/S/M, EStG, § 37 Rn. A 12; so auch die zwischenzeitlich überholte Rechtsprechung: BFH v. 4. 6. 1981, VIII B 31/80, BFHE 133, 267 (270).

352 Zum Ganzen: GrS BFH v. 25. 10. 1975, Gr.S. 1/72, BFHE 108, 1 (5).

353 H. A.: *Diebold*, in: Hermann/Heuer/Raupach, EStG, § 37 Rn. 31; *v. Groll*, DStR 1994, 159 f.; *Wüllenkemper*, DStZ 1998, 467 Fn. 100 m. w. N.; BFH v. 10. 5. 1991, V R 51/90, BStBl. II 1991, 825 (826); v. 15. 11. 1993, Az.: V B 46/92, BFH/NV 1995, 283 (284); a. A. *Seitrich*, FR 1984, 440.

354 BFH v. 20. 11. 1984, V R 146/83, BFHE 143, 101 (103).

scheidung sind beide Verfahrensweisen vereinbar, sodass hieraus keine weiteren Folgerungen abgeleitet werden können.

Für die Umkehrbarkeit der Ablösungswirkung spielt vielmehr das Schicksal der Vorauszahlungsschuld eine entscheidende Rolle. Der Vorauszahlungsbescheid ist an die Vorauszahlungsschuld untrennbar gebunden, weil das zweifelsfreie Erlöschen der Vorauszahlungsschuld die Wirksamkeit des Vorauszahlungsbescheides nicht unberührt lässt[355]. Für ein Wiederaufleben des Vorauszahlungsbescheides ist deshalb dort kein Raum, wo die ihm zugrunde liegende Forderung eindeutig erloschen ist. Damit kann jedoch - da die Vorauszahlungsschuld aufgrund des fehlenden Vorauszahlungsinteresses mit dem ersten, wirksamen Erlass eines Jahressteuerbescheides endgültig wegfällt[356] - schon aus diesem Grund die Ablösungswirkung des Jahressteuerbescheides nicht rückgängig gemacht werden. Die Frage, welche Ablösungstechnik hierbei wirkt, kann daher für das Steuerrecht dahinstehen.

Im Ergebnis ist folglich festzuhalten, dass die Ablösungswirkung des Jahressteuerbescheides hinsichtlich des Vorauszahlungsbescheides irreversibel ist.

ccc. Grenzen der Ablösungswirkung Die Ablösung des Vorauszahlungsbescheides lässt nach einhelliger Auffassung seine materiellen Rechtswirkungen unberührt, die er in der Vergangenheit ausgelöst hat. Dies betrifft insbesondere verwirkte Säumniszuschläge, Vollstreckungsakte, Aufrechnung und Haftung[357].

bb. Übertragbarkeit auf das Kommunalabgabenrecht Fraglich ist, inwieweit das Kommunalabgabenrecht in diesen Punkten spezifische Besonderheiten gegenüber dem Steuerrecht aufweist:

aaa. Differenzierung zwischen Abgabenfestsetzung und Leistungsgebot? Dies betrifft zum Ersten die Frage, ob hinsichtlich der Ablösungswirkung des endgültigen Abgabenbescheides zwischen der Abgabenfestsetzung und dem Leistungsgebot zu differenzieren ist. Während für das Steuerrecht davon ausgegangen wird, dass der Vorauszahlungsbescheid seine

355 Vgl. hierzu oben Nr. 1 Buchst. a Doppelbuchst. aa Dreifachbuchst. bbb, S. 276 f.
356 Vgl. hierzu oben Nr. 1 Buchst. a Doppelbuchst. cc, S. 278 ff.
357 *Diebold*, in: Hermann/Heuer/Raupach, EStG, § 37 Rn. 30; im Einzelnen *Wüllenkemper*, DStZ 1998, 470 ff. m. w. N.

Wirkung insgesamt mit dem Erlass des Jahressteuerbescheides verliert, wird im Kommunalabgabenrecht gemeinhin zwischen der Ablösungswirkung der Abgabenfestsetzung und des Leistungsgebotes unterschieden[358]: Danach löst der endgültige Abgabenbescheid den Vorausleistungsbescheid hinsichtlich der Abgabenfestsetzung stets ab, der Vorausleistungsbescheid hat sich insoweit erledigt[359]. Gleiches gilt mit Blick auf bereits erbrachte Vorausleistungen, da sich das Leistungsgebot des Vorausleistungsbescheides insoweit bereits erledigt hat[360]. Hinsichtlich eines noch nicht erfüllten Leistungsgebotes des Vorausleistungsbescheides beurteilt sich die Ablösungswirkung hingegen mit dieser Auffassung danach, ob der endgültige Abgabenbescheid selbst eine Zahlungsaufforderung enthält, die sich auf die gesamte Abgabenforderung bezieht - dann tritt die Ablösungswirkung insgesamt und endgültig ein[361] -, oder ob in dem endgültigen Heranziehungsbescheid die rückständige Vorausleistung eingerechnet und nur der überschießende Betrag eigens angefordert wurde - in diesem Fall bleibt ein Vorausleistungsbescheid Rechtsgrundlage für den damit geforderten Teil der Abgabe[362].

Diese These einer möglichen Fortwirkung noch offener Leistungsgebote des Vorausleistungsbescheides stellt eine Besonderheit des Kommunalabgabenrechts dar; steuerrechtlich sind auf die Jahressteuer stets nur tatsächlich entrichtete Vorauszahlungen anzurechnen. Die nach dieser Anrechnung noch bestehende offene Steuerforderung, d. h. die Abschlusszahlung, gründet auch insoweit nur noch auf dem Jahressteuerbescheid, als Vorauszahlungen rückständig sind[363]. Dies ergibt sich für das Einkommensteuerrecht schon aus dem Wortlaut von § 36 Abs. 2 Nr. 1 EStG[364].

---

358 *Driehaus*, in: Driehaus, Kommunalabgabenrecht, § 8 Rn. 1519; *Blomenkamp*, in: Driehaus, Kommunalabgabenrecht, § 8 Rn. 1519; BVerwG v. 19. 12. 1997, 8 B 244/97, DVBl. 1998, 711 f.; OVG Schleswig v. 27. 1. 2009, 2 LB 43/08, zitiert nach juris; VGH Mannheim v. 12. 10. 2010, 2 S 2555/09, zitiert nach beck-online.

359 *Driehaus*, in: Driehaus, Kommunalabgabenrecht, § 8 Rn. 147a; BVerwG v. 19. 12. 1997, 8 B 244/97, DVBl. 1998, 712.

360 *Driehaus*, in: Driehaus, Kommunalabgabenrecht, § 8 Rn. 147a; *Lohmann*, in: Driehaus, Kommunalabgabenrecht, § 8 Rn. 917; BVerwG v. 19. 12. 1997, 8 B 244/97, DVBl. 1998, 712.

361 *Driehaus*, in: Driehaus, Kommunalabgabenrecht, § 8 Rn. 147; OVG Münster, v. 16. 3. 1977, II A 588/74, KStZ 1979, 72.

362 *Driehaus*, in: Driehaus, Kommunalabgabenrecht, § 8 Rn. 147; OVG Lüneburg v. 27. 2. 1989, 9 M 8/89; OVG Münster v. 31. 1. 1992, 2 A 2223/88; v. 14. 9. 1993, 3 A 1693/92, NVwZ-RR 1994, 423 f.

363 *Frotscher*, in: Schwarz, AO, § 164 Rn. 25; *Lindberg*, in: Frotscher, EStG, § 37 Rn. 74.

364 *Frotscher*, in: Schwarz, AO, § 164 Rn. 25.

Doch auch für das Kommunalabgabenrecht, das keine solche ausdrückliche Regelung des Anrechnungsgegenstandes kennt, vermag die Annahme eines Geltungserhalts des Leistungsgebotes eines Vorausleistungsbescheides im Ergebnis nicht zu überzeugen, weil sie die Wirkkraft dieser Zahlungsaufforderung überdehnt. Dieses Leistungsgebot ist als Bestandteil des Erhebungsverfahrens entsprechend § 218 Abs. 1 AO - ausgenommen in Sachsen-Anhalt - nur auf der Grundlage einer Vorausleistungsfestsetzung zulässig. Entfällt jene Vorausleistungsfestsetzung mit dem Erlass der endgültigen Abgabenfestsetzung, so kann dies deshalb auch nicht ohne Wirkung für die hieran angeknüpfte Zahlungsaufforderung bleiben. Zudem kann die öffentliche Hand generell an der Anforderung eines offensichtlich erloschenen Voraus-Anspruches kein schutzwürdiges Interesse mehr haben, auch aus diesem Grund muss sich eine auf die erloschene Schuld bezogene Zahlungsaufforderung gleichfalls erledigen. Demnach kann sich die Kommune für die Erhebung von endgültigen Abgaben nicht mehr auf noch offene Leistungsgebote aus dem Vorausleistungsverfahren stützen, sondern muss dem Abgabenbescheid eine eigene Zahlungsaufforderung beifügen, die sich auf den gesamten offenen Betrag erstreckt.

bbb. Eintritt der Ablösungswirkung mit Erlass oder Bestandskraft des Abgabenbescheids Als weiterer spezifisch kommunalabgabenrechtlicher Streitpunkt ist jüngst die Frage in den Fokus gerückt, ob nur einem bestandskräftigen endgültigen Abgabenbescheid Ablösungswirkung zukommen kann[365], oder ob der Vorausleistungsbescheid - wie auch im Steuerrecht[366] - vielmehr bereits mit Erlass des endgültigen Abgabenbescheides hinfällig wird[367].

365 VG Dresden v. 29. 1. 2008, 2 K 1423/05, und (mit ausführlicher Begründung) v. 14. 10. 2009, 2 L 322/09, jeweils zitiert nach juris; *Büchel*, in: Büchel/Patt, SächsKAG, § 23 Rn. 4; so nun in der Neuauflage auch *Driehaus*, in: Driehaus, Kommunalabgabenrecht, § 8 Rn. 147.

366 *Drenseck*, in: Schmidt, EStG, 30. Aufl. 2011, § 37 Rn. 1; *Drüen*, in: Tipke/Kruse, AO, § 37 Rn. 45; *Boeker*, in: HHSp, AO, § 37 Rn. 46; *Stolterfoht*, in: K/S/M, EStG, § 37 Rn. A 146; *Diebold*, in: Hermann/Heuer/Raupach, EStG, § 37 Rn. 31; BFH v. 4. 6. 1981, BFHE 133, 267 (270); v. 23. 6. 1993, BFHE 172, 9 (15 ff.); v. 3. 7. 1995, GrS 3/93, BFHE 178, 11 (14 f.).

367 So die h. M.: *Blomenkamp*, in: Driehaus, Kommunalabgabenrecht, § 8 Rn. 1519; *Patt*, in: Büchel/Patt, SächsKAG, § 3 Rn. 96; OVG Schleswig v. 27. 1. 2009, 2 LB 43/08, zitiert nach juris; SächsOVG v. 20. 8. 2009, 5 B 265/09, zitiert nach juris; v. 1. 4. 2003, 5 B 115/01, KStZ 2003, 169 (170); OVG Weimar v. 29. 6. 2001, 4 ZEO 917/97; OVG Münster v. 30. 6. 2009, 15 B 524/09, zitiert nach juris; VGH Mannheim v. 12. 10. 2010, 2 S 2555/09, zitiert nach beck-online.

Für eine Ablösungswirkung erst ab Bestandskraft wird angeführt, dass ein Bedarf für die Geltung des Vorausleistungsbescheids noch bis zur Unanfechtbarkeit des endgültigen Abgabenbescheids besteht, weil solange die latente Gefahr gegeben ist, dass der endgültige Abgabenbescheid aufgehoben oder suspendiert wird und deshalb der Vorausleistungsbescheid als Rechtsgrund für das Behalten erbrachter Vorausleistungen benötigt wird[368]. Dieses Argument vermag jedoch letztlich nicht zu überzeugen, da einem Wiederaufleben des Vorfinanzierungsinteresses der Kommune in Fällen dieser Art besser durch die begrenzte Umkehrbarkeit der Ablösungswirkung[369] Rechnung getragen werden kann. Demgegenüber widerspricht die Verschiebung der Ablösungswirkung auf den Zeitpunkt der Bestandskraft des endgültigen Abgabenbescheids aus folgenden Gründen dem besonderen Charakter von Vorausleistungsbescheiden als einstweiligen Verwaltungsentscheidungen und führt überdies letztlich zu nicht hinnehmbaren Ergebnissen:

Weil Vorausleistungen als „Vorschuss" auf die endgültige Abgabenforderung und mit dem Ziel der späteren Verrechnung mit dieser Abgabenforderung ergehen[370], ist für diese untergeordneten, dienenden Hilfsansprüche und die entsprechenden Veranlagungsbescheide spätestens dann kein Raum mehr, wenn die eigentliche, endgültige Abgabenforderung ermittelt und rechtswirksam erfüllungsfähig festgesetzt wurde. Mit dem Wesen eines Vorausleistungsanspruches als nur vorläufigem Behaltensgrund, ermittelt aufgrund unsicherer Prognosen und Schätzungen, ist es hingegen nicht vereinbar, dem Vorausleistungsbescheid weiter Bindungswirkung zuzuerkennen, obwohl die abschließende Prüfung bereits erfolgt ist, die vorrangige, endgültige Abgabenforderung mit Tatbestandswirkung festgestellt wurde und die Verwirklichung der entsprechenden hauptsächlich geschuldeten Leistungen von der Kommune verlangt werden kann[371].

Darüber hinaus würde ein Aufschieben der Ablösungswirkung bis zum Eintritt der Bestandskraft zugleich zwangsläufig zur Folge haben, dass für den Zeitraum zwischen Erlass und Bestandskraft des Abgabenbescheids ein Nebeneinander des festgesetzten Vorausleistungsanspruches einerseits und des festgesetzten endgültigen Abgabenanspruches andererseits entsteht. Die-

368 *Büchel*, in: Büchel/Patt, SächsKAG, § 23 Rn. 4; VG Dresden v. 14. 10. 2009, 2 L 322/09, zitiert nach juris.

369 Hierzu sogleich unter Dreifachbuchst. ccc, S. 301 ff.

370 Vgl. Ziffer II Nr. 1, S. 200.

371 Vgl. Buchst. B Ziffer IV, S. 48 f.; in diesem Sinne auch OVG Münster v. 30. 6. 2009, 15 B 524/09, KStZ 2009, 154.

se Kumulation der Ansprüche ist jedoch rechtskonstruktiv nicht sachgerecht zu bewältigen, weil beide - Vorausleistung und endgültige Abgabe - materiellrechtlich selbstständig und jeweils für sich verwirklichungsfähig sind. Damit aber würde der Kommune bei konsequenter Betrachtung bis zum Eintritt der Bestandskraft des endgültigen Abgabenbescheides das Recht zukommen, die Erfüllung sowohl der endgültigen Abgabenforderung, als auch *zusätzlich* des Vorausleistungsanspruches verlangen zu können, obwohl ihr der Betrag der endgültigen Abgabenschuld der Sache nach nur einmal zusteht. Dass diese Rechtsfolge inakzeptabel ist, leuchtet unmittelbar ein.

Selbst wenn man diese Bedenken hintanstellt, so zeigen sich die Mängel der genannten Rechtsauffassung darüber hinaus auch in den Fallgestaltungen, in denen sich der vormals veranlagte Vorausleistungsanspruch nun gemessen an der endgültigen Abgabenfestsetzung nachträglich als überhöht erweist. Geht man von einem Eintritt der Ablösungswirkung erst mit Bestandskraft des endgültigen Abgabenbescheides aus, wäre die Kommune trotz der offen zu Tage tretenden Überzahlung berechtigt, den Mehrbetrag der Vorausleistungen bis zur - möglicherweise erst nach Jahren eintretenden - Unanfechtbarkeit des endgültigen Abgabenbescheides zu behalten, weil bis zu diesem Zeitpunkt der Vorausleistungsbescheid den vorläufigen Rechtsgrund für die erbrachten Zahlungen darstellen würde. Es liegt auf der Hand, dass dieses Ergebnis nicht hinnehmbar ist, wenn die Behörde selbst nach abschließender Prüfung des endgültigen Anspruchs verbindlich und rechtswirksam feststellt, dass der vorläufig, mit einem wesentlich geringeren Grad an Richtigkeitsgewähr ermittelte Voraus-Anspruch den letztlich allein maßgeblichen Hauptanspruch übersteigt.

Nach alledem ist mit der herrschenden Meinung davon auszugehen, dass der endgültige Abgabenbescheid bereits mit seinem Erlass den Vorausleistungsbescheid ablöst.

ccc. Umkehrbarkeit der Ablösungswirkung Zweifelhaft erscheint allerdings weiter, ob diese Ablösungswirkung - wie im Steuerrecht[372] unumkehrbar ist, oder ob sie unter bestimmten Umständen rückgängig gemacht werden kann. Hierzu hat sich für das Kommunalabgabenrecht noch keine abschließende Meinung gebildet. Während vereinzelt generell der rückwirkende Wegfall der Ablösungswirkung bei Aufhebung des endgültigen Bescheids be-

372 Vgl. Doppelbuchst. aa Dreifachbuchst. bbb, S. 295 ff.

jaht wird[373], wird von anderer Seite eine nur begrenzte Reversibilität der Ablösungswirkung vertreten[374]. Die wohl herrschende Meinung spricht sich jedoch gegen eine Umkehrbarkeit aus[375].

Zur Begründung der Unwiderruflichkeit der Ablösungswirkung des endgültigen Abgabenbescheids wird dabei geltend gemacht, mit dem endgültigen Abgabenbescheid bringe die Behörde zum Ausdruck, dass sie die Vorausleistungssituation für beendet halte und den Vorausleistungsbescheid nicht aufrechterhalten wolle, sondern für das weitere Behaltendürfen des gezahlten Betrags auf den endgültigen Abgabenbescheid umstelle[376]. Damit wird der Erklärungswille der Behörde für den endgültigen Abgabenbescheid zwar zutreffend wiedergegeben, allerdings lassen sich aus der früheren Existenz eines solchen Erklärungsgehalts keine Schlüsse für den Wegfall des endgültigen Abgabenbescheids ziehen, der schließlich zugleich auch die beschriebene Willensäußerung hinfällig werden lässt.

Mit Blick auf den Zweck von Vorausleistungen wird darüber hinaus für eine Endgültigkeit der Ablösungswirkung eingewandt, es bestehe keine Rechtfertigung, Vorausleistungen, die nicht von der Abgabenschuld gedeckt sind, mittels des Vorausleistungsbescheides zu behalten, wenn sich der endgültige Beitragsbescheid als rechtswidrig herausstellt, weil eine Beitragspflicht überhaupt nicht mehr entstehen kann oder zumindest nicht in der festgesetzten Höhe entstanden ist[377]. Nur in dem „Sonderfall“, dass die Abgabenschuld zwar noch nicht entstanden ist, aber noch entstehen kann, sei das Fortbestehen des Vorfinanzierungsinteresses der Kommune anzuerkennen, die Kommune möge aber unter diesen Umständen den Vorausleistungsbescheid nach Fortfall des endgültigen Abgabenbescheides sofort neu erlassen[378]. Dieser Argumentation liegt jedoch eine unzutreffenden Gewichtung der auftretenden Sachverhaltskonstellationen zugrunde, welche die für die Kommunen besonders problematischen Fälle des verfrühten Erlasses eines endgültigen Abgabenbescheides zu Unrecht als „Sonderfall“ marginalisiert. Stattdessen erweisen sich die demgegenüber als Regelfall zur Stützung der These betrachteten Sach-

373 OVG Schleswig v. 27. 1. 2009, 2 LB 43/08, zitiert nach juris.

374 So offensichtlich noch OVG Münster v. 3. 8. 1977, II A 716/76; VG Dresden v. 21. 5. 2003, 14 K 2071/00

375 OVG Weimar v. 29. 6. 2001, 4 ZEO 917/97; OVG Münster v. 30. 6. 2009, 15 B 524/09, KStZ 2009, 154; VGH Mannheim v. 12. 10. 2010, 2 S 2555/09, zitiert nach beck-online, für Vorausleistungen auf Gebühren in Dauernutzungsverhältnissen.

376 OVG Münster v. 30. 6. 2009, 15 B 524/09, KStZ 2009, 154.

377 OVG Münster v. 30. 6. 2009, 15 B 524/09, KStZ 2009, 154.

378 OVG Münster v. 30. 6. 2009, 15 B 524/09, KStZ 2009, 154.

verhalte der (teilweisen) Aufhebung eines endgültigen Abgabenbescheides, weil die endgültige Abgabe überhaupt nicht mehr entstehen kann oder nicht in der behördlich festgesetzten Höhe entstanden ist, bei Lichte betrachtet tatsächlich nicht als kritisch. Denn wird die endgültige Abgabenfestsetzung im Rechtsmittelverfahren nur in ihrer Höhe *reduziert*, verbleibt stets hinsichtlich des verminderten Abgabenbetrags ein wirksamer, endgültiger Abgabenbescheid, der nach allgemeinen Grundsätzen für den Vorausleistungsbescheid insgesamt Ablösungswirkung entfaltet. Erbrachte Vorausleistungen, die die verringerte, endgültige Abgabenfestsetzung übersteigen, sind daher ohne Weiteres zurückzuerstatten, ohne dass es insoweit auf die Frage, welche Folgerungen aus dem (nicht einschlägigen) Fortfall des endgültigen Abgabenbescheids zu ziehen wären, ankäme. Fälle wiederum, in denen sich bei der Überprüfung des endgültigen Abgabenbescheides herausstellt, dass eine endgültige Abgabenpflicht überhaupt nicht mehr entstehen kann, treten schon tatsächlich viel seltener auf, als die als „Sonderfall" bewerteten Sachverhalte, in denen die Kommune irrtümlich nur verfrüht vom Entstehen der sachlichen Abgabepflichten ausgeht. Diese Fälle lassen sich zudem auch bei Umkehrbarkeit der Ablösungswirkung von endgültigen Abgabenbescheiden völlig befriedigend lösen, da hiervon unabhängig allgemein anerkannt ist, dass ein Vorausleistungsbescheid zurückzunehmen und die Vorausleistung zu erstatten ist, wenn feststeht, dass die endgültige Abgabe nicht mehr entstehen kann[379]. Hierfür spielt es keine Rolle, ob die Kommune innerhalb oder außerhalb eines Rechtsbehelfsverfahrens gegen den endgültigen Abgabenbescheid zu dieser Erkenntnis gelangt. Vor diesem Hintergrund ist es sachlich nicht gerechtfertigt, die Kommunen für den eigentlichen Problemfall - die verfrühte Festsetzung der endgültigen Abgabe - ungeachtet des fortbestehenden Vorfinanzierungsbedarfs auf einen unnötig aufwändigen und unpraktikablen Neuerlass des Vorausleistungsbescheids zu verweisen[380].

Bei der Untersuchung der Reversibilität der Ablösungswirkung endgültiger Abgabenbescheide ist vielmehr zunächst auch für das Kommunalabga-

379 BVerwG v. 16. 9. 1981, 8 C 1 und 2.81, NJW 1982, 951 (953); v. 13. 8. 1993, 8 C 36/91, NVwZ 1994, 906; OLG Karlsruhe v. 21. 2. 1996, 13 U 156/95, NVwZ-RR 1997, 490; ebenso *Driehaus*, Erschließungs- und Ausbaubeiträge, 8. Aufl. 2007, § 21 Rn. 42 ff.; *Gern*, Sächsisches Kommunalrecht, 2. Aufl. 2000, Rn. 1233; *Ernst*, in: Ernst/Zinkahn/Bielenberg/Krautzberger, BauGB, § 133 Rn. 52; *Löhr*, in: Battis/Krautzberger/Löhr, BauGB, 11. Aufl. 2009, § 133 Rn. 46; vgl. hierzu auch Ziffer IV Nr. 2 Buchst. c Doppelbuchst. bb Dreifachbuchst. ccc und Buchst. d und e, S. 268 ff.

380 So auch die Bedenken des VG Dresden v. 14. 10. 2009, 2 L 322/09, zitiert nach juris.

benrecht festzuhalten, dass der Vorausleistungsbescheid und der endgültige Abgabenbescheid nicht - wie Änderungsbescheide - als Abfolge einander ablösender, *gleichgearteter* Abgabenbescheide angesehen werden können, bei denen der Wegfall des letzten Gliedes der Bescheidkette den Zugriff auf das vorletzte Glied freigibt[381]. Das Verhältnis des Vorausleistungsbescheids zum endgültigen Heranziehungsbescheid ist nicht mit dem Verhältnis eines Bescheides zum Änderungsbescheid vergleichbar, weil die Andersartigkeit von Vorausleistung als eigenständigem Voraus-Anspruch einerseits und Abgabe als „Hauptsache-Anspruch" andererseits es grundsätzlich ausschließen, den Abgabenbescheid als Änderung des Vorausleistungsbescheides zu begreifen.

Bei der Beantwortung der eingangs genannten Frage ist stattdessen von der Überlegung auszugehen, dass das Schicksal des Vorausleistungsbescheides untrennbar mit dem Schicksal der Vorausleistungsschuld selbst verknüpft ist. Denn ein Verwaltungsakt, mit dem ein Anspruch festgesetzt und erhoben wird, muss zwar seiner grundsätzlichen rechtstechnischen Ausgestaltung nach solange gelten, als der Anspruch besteht, kann aber an der anderen Hand nicht seiner Konzeption nach bewusst darauf abzielen, ein „formelles Eigenleben" zu entwickeln und schon erloschene materielle Ansprüche noch geltend zu machen[382].

Für die Vorausleistungsschuld hatte die Untersuchung ergeben, dass die Festsetzung der endgültigen Abgabe nicht generell als auflösende Bedingung verstanden werden kann, sondern vielmehr der Erlöschensgrund im Entfallen des spezifischen Vorausleistungsinteresses zu sehen ist[383]. Weil der Vorausleistungsanspruch im Normalfall jedenfalls die Entstehungsphase der sachlichen Abgabepflichten überbrücken muss, andererseits aber das Risiko von formellen Fehlern bei der endgültigen Abgabenfestsetzung nicht auf den Vorausleistungsschuldner überbürdet werden soll, kann zudem nicht mit genereller Wirkung festgelegt werden, ob die Aufhebung oder Suspendierung des endgültigen Abgabenbescheides für den Bestand der Vorausleistungsschuld beachtlich oder unbeachtlich ist. Vielmehr ist danach zu differenzieren, ob die sachlichen Abgabepflichten bei Erlass des endgültigen Heranziehungsbescheides bereits bestanden haben - dann ist sein nachträglicher Wegfall ohne Relevanz -, oder ob der endgültige Heranziehungsbescheid verfrüht erging - dann lässt sein Wegfall die Vorausleistungsschuld wieder aufleben[384].

381 Vgl. Doppelbuchst. aa Dreifachbuchst. bbb, S. 296.
382 Vgl. hierzu auch Nr. 1 Buchst. a Doppelbuchst. aa Dreifachbuchst. bbb, S. 276 f.
383 Siehe Nr. 1 Buchst. d, S. 284 f.
384 Siehe Nr. 1 Buchst. e, S. 285.

Für die Verschränkung von Vorausleistungsbescheid und Abgabenbescheid bedeutet das, dass der Grund der Ablösungswirkung rechtstechnisch nicht in der Unterordnung des Vorausleistungsbescheides unter den endgültigen Heranziehungsbescheid bestehen kann, sondern als Teil der Regelungswirkung des sich überordnenden Heranziehungsbescheides verstanden werden muss[385]. Fällt der Abgabenbescheid rückwirkend weg, lebt damit der Vorausleistungsbescheid wieder auf. Dies gilt wegen der untrennbaren Verbindung mit der materiellen Vorausleistungsschuld allerdings nur dann, wenn die zugrunde liegende Vorausleistungsforderung noch besteht. Andernfalls bleibt die Aufhebung des endgültigen Heranziehungsbescheides für den Vorausleistungsbescheid ohne Konsequenzen, weil er mit der durch ihn festgesetzten Vorausleistungsschuld endgültig in Fortfall geraten ist.

Für die praktische Umsetzung folgt hieraus, dass die Ablösungswirkung des endgültigen Heranziehungsbescheides nur dann umkehrbar ist, wenn der Bescheid verfrüht, d. h. vor dem Entstehen der sachlichen Abgabenpflicht, erging[386]. In diesem Fall sind erbrachte Vorausleistungen nach der Aufhebung des Heranziehungsbescheides demnach nicht zu erstatten.

Existierte die endgültige Abgabenforderung hingegen bereits vor dem Wirksamwerden des Abgabenbescheides, so erledigt sich mit seinem Erlass der Vorausleistungsbescheid endgültig. Für das Behaltendürfen eventuell erbrachter Vorausleistungen ist dann - ebenso wie für das anderer Zahlungen - nur noch der durch die Festsetzung verbindlich konkretisierte endgültige Abgabenanspruch maßgeblich. Wird diese Festsetzung aufgehoben, hat das mithin zur Folge, dass bereits erbrachte Vorausleistungen zurückzuzahlen sind.

Welcher der beiden Fälle vorliegt, ist mangels einer verbindlichen Feststellung des Entstehens der sachlichen Abgabenpflicht durch Bescheid gegebenenfalls im Rahmen des Erstattungsverfahrens für die Vorausleistung zu klären.

---

385 OVG Schleswig v. 27. 1. 2009, 2 LB 43/08, zitiert nach juris; vgl. hierzu für das Steuerrecht Doppelbuchst. aa Dreifachbuchst. aaa, S. 294 f.

386 Das OVG Schleswig nimmt zu Unrecht an, dass die Aufhebung eines endgültigen Abgabenbescheides ausnahmslos nur das Fehlen der abstrakten Abgabenschuld als Ursache haben kann und vertritt hiervon ausgehend eine generelle Reversibilität der Ablösungswirkung (OVG Schleswig v. 27. 1. 2009, 2 LB 43/08, zitiert nach juris). Neben Verfahrensfehlern können aber zum Beispiel auch Bekanntgabemängel, die unzureichende Bestimmtheit des Abgabenbescheids oder Fehler bei der Auswahl des Abgabenschuldners die erfolgreiche Anfechtung eines Abgabenbescheids nach sich ziehen, obwohl die sachlichen Abgabepflichten bereits entstanden sind.

ddd. Ergebnis Im Ergebnis erweist sich damit die Differenzierung zwischen der Abgabenfestsetzung und dem Leistungsgebot für die Untersuchung der Ablösungswirkung als unzutreffend, mit dem Erlass eines endgültigen Abgabenbescheides erledigt sich der entsprechende Vorausleistungsbescheid insgesamt. Die Ablösungswirkung des endgültigen Heranziehungsbescheides tritt mit dessen Erlass ein und ist reversibel, wenn der Bescheid vor dem Entstehen der endgültigen Abgabe erging. In den übrigen Fällen erledigt sich der Vorausleistungsbescheid wegen des Wegfalls der Vorausleistungsschuld endgültig.

e. Rechtsschutzinteresse für Rechtsmittel gegen Vorausleistungsbescheide

Diese differenzierte Betrachtung der Ablösungswirkung von endgültigen Abgabenbescheiden hat auch Auswirkungen auf die Bewertung des Rechtsschutzinteresses für Rechtsmittel gegen den Vorausleistungsbescheid. Ein schutzwürdiges Rechtsschutzbedürfnis fehlt insbesondere dann, wenn der Rechtsschutz nutzlos ist, d. h. wenn er dem Kläger offensichtlich keinerlei rechtliche oder tatsächliche Vorteile bringen kann. Dies ist unter Anderem der Fall, wenn sich der Bescheid, gegen den sich das Rechtsmittel wendet, erledigt[387].

Gemessen daran erscheint fraglich, welche Folgen der Erlass eines endgültigen Abgabenbescheides für die Zulässigkeit einer laufenden Anfechtungsklage gegen einen Vorausleistungsbescheid nach sich zieht. Die herrschende Meinung geht hierzu davon aus, dass das Rechtsschutzbedürfnis für eine Anfechtungsklage gegen einen Vorausleistungsbescheid, auf den bereits gezahlt worden ist, mit dem endgültigen Abgabenbescheid entfällt[388]. Diese Schlussfolgerung ist zwar zwangsläufig, wenn man - wie die herrschende Meinung - annimmt, dass der Abgabenbescheid in den geschilderten Fällen eine Vorausleistungsbescheid endgültig und unwiderruflich ablöst[389]. Da diese Prämisse

387 Zum Ganzen: *Rennert*, in: Eyermann, VwGO, 13. Aufl. 2010, vor § 40 Rn. 16; a. A. *Schenke*, in: Kopp/Schenke, VwGO, 17. Aufl. 2011, Vorb § 40 Rn. 45: Unzulässigkeit der Klage ergibt sich bereits aus der Spezialregelung des § 113 Abs. 1 Satz 4 VwGO.

388 BVerwG v. 19. 12. 1997, 8 B 244/97, DVBl. 1998, 711 f.; SächsOVG v. 20. 8. 2009, 5 B 265/09, zitiert nach juris; OVG Weimar v. 29. 6. 2001, 4 ZEO 917/97; VG Köln v. 3. 4. 2007, 14 K 7094/05, zitiert nach juris; VG Osnabrück v. 7. 6. 2005, 1 A 82/03, zitiert nach juris; VGH Mannheim v. 12. 10. 2010, 2 S 2555/09, zitiert nach beck-online, für Vorausleistungen auf Gebühren in Dauernutzungsverhältnissen; a. A. OVG Schleswig v. 27. 1. 2009, 2 LB 43/08, zitiert nach juris; VG Dresden v. 21. 5. 2003, 14 K 2071/00.

389 Vgl. hierzu oben Buchst. d Doppelbuchst. bb Dreifachbuchst. aaa, S. 297 ff.

bei richtiger Betrachtung indes nicht in dieser Allgemeinheit zutrifft, greift auch die Bewertung des Rechtsschutzbedürfnisses notwendig zu kurz.

Vielmehr besteht grundsätzlich noch solange die Möglichkeit, dass eine Aufhebung des Vorausleistungsbescheides dem Kläger rechtliche Vorteile bringt, als der endgültige Abgabenbescheid noch nicht bestandskräftig geworden ist. Denn unter diesen Umständen befindet sich auch seine Ablösungswirkung für den Vorausleistungsbescheid noch in der Schwebe[390]. Namentlich erscheint es denkbar, dass der Abgabenbescheid aufgehoben, eine Erstattung der Vorausleistungen aber abgelehnt wird, weil die endgültige Abgabepflicht noch nicht entstanden war und die Vorausleistungsschuld daher fortbesteht[391]. Dann wirkt sich eine erfolgreiche Anfechtung des Vorausleistungsbescheides zugunsten des Klägers aus.

Anders liegen die Dinge nur, wenn von vornherein ausgeschlossen werden kann, dass der endgültige Heranziehungsbescheid irrtümlich vor dem Enstehen der festgesetzten Abgabe erging, wenn also sichergestellt ist, dass der Vorausleistungsbescheid unwiderruflich in Fortfall geraten ist. Eine derart zweifelsfreie Feststellung des Entstehens der Abgabenforderungen wird jedoch im Kommunalabgabenrecht wegen der häufig zu verzeichnenden Satzungsmängel nur im Ausnahmefall möglich sein. Für komplexe, inzidente Rechtsprüfungen der endgültigen Abgabenforderungen ist im Rahmen der Feststellung des Rechtsschutzbedürfnisses für eine Klage gegen den Vorausleistungsbescheid jedoch kein Raum. Bestehen auch nur geringe Bedenken gegen das rechtzeitige Entstehen der endgültigen Abgabepflichten, ist das Rechtsschutzbedürfnis daher zu bejahen[392].

VI. Zur Wirkung von erbrachten Vorausleistungen für die Abgabenschuld

1. Tilgung der Abgabenschuld

Erbrachte Vorausleistungen können, wie oben[393] gezeigt wurde, nach sachsen-anhaltinischen Landesrecht die sachlichen Abgabenforderungen bereits *ipso lege* mit deren Entstehen tilgen. In den übrigen untersuchten Bundesländern

390 Für das Fortbestehen des Rechtsschutzbedürfnisses auch OVG Schleswig v. 27. 1. 2009, 2 LB 43/08, zitiert nach juris.

391 Vgl. im Einzelnen hierzu oben Buchst. d Doppelbuchst. bb Dreifachbuchst. ccc, S. 305.

392 *Schenke*, in: Kopp/Schenke, VwGO, 17. Aufl. 2011, Vorb § 40 Rn. 38.

393 Vgl. Ziffer V Nr. 1 Buchst. b Doppelbuchst. bb, S. 281 f.

bewirkt hingegen der Festsetzungsvorbehalt des entsprechend geltenden § 218 Abs. 1 AO für die Verwirklichung von Abgabenforderungen, dass Vorausleistungen erst nach dem Ergehen des Abgabenbescheides mit der endgültigen Abgabenschuld verrechnet werden können.

2. Entstehung des Erstattungsanspruches

Werden Vorausleistungen überzahlt, entsteht entsprechend § 37 Abs. 2 Satz 1 und 2 AO ein kommunalabgabenrechtlicher Erstattungsanspruch. Für die Ermittlung seiner Tatbestandsvoraussetzungen kann wiederum überwiegend[394] auf die vergleichbare steuerrechtliche Rechtslage zurückgegriffen werden:

a. Steuerrechtliche Ausgangslage

Das Entstehen des steuerrechtlichen Erstattungsanspruches für überzahlte Vorauszahlungen beurteilt sich anhand der allgemeinen erstattungsrechtlichen Kriterien der Abgabenordnung[395]. Die Frage des Bestehens eines Rechtsgrundes hängt hier allerdings nicht nur davon ab, ob die Steuerfestsetzung als Rechtsquelle anerkannt wird. Entscheidend ist vielmehr zusätzlich, wann die Vorauszahlungsschuld erlischt.

Im Einzelnen ist hierzu Folgendes zu bemerken:

aa. Materiell-rechtliche Theorie/Auflösende Bedingung der Vorauszahlungsschuld durch Jahressteuerschuld Die Vertreter der materiell-rechtlichen Theorie, die zugleich die Vorauszahlungsschuld durch das Entstehen der Jahressteuerschuld auflösend bedingt sehen, gehen davon aus, dass der Tatbestand, an den das Gesetz die Erstattungspflicht knüpft, verwirklicht ist, sobald eine Steuerschuld entstanden ist, die niedriger ist, als die Summe der erbrachten Vorauszahlungen. Der Anspruch auf Erstattung der Vorauszahlungen entsteht danach mit Ablauf des Veranlagungszeitraums, weil zu diesem Zeitpunkt auch die Steuerschuld in der materiell richtigen Höhe entsteht[396] .

394 Eine Ausnahme gilt erneut lediglich für das sachsen-anhaltinische Landesrecht.

395 Vgl. Kap. C Ziffer IV Nr. 1, S. 81 ff.

396 *Drüen*, in: Tipke/Kruse, AO, § 37 Rn. 45; *Drenseck*, in: Schmidt, EStG, 30. Aufl. 2011, § 37 Rn. 1; *Seibel*, in: Hermann/Heuer/Raupach, EStG, § 36 Rn. 76 m. w. N.; *Brenner*, in: K/S/M, EStG, § 36 Rn. G 55 f.; *Hein*, DStR 1990, 303 f.; BVerwG v. 14. 12. 1984, 8 B 112/84, HFR 1985, 483.

Diese Auffassung kann jedoch auch in diesem Zusammenhang nicht überzeugen, weil sie die Wirkungen des Festsetzungsvorbehaltes nach § 218 Abs. 1 AO auf das Gefüge von Vorauszahlungsanspruch und Steueranspruch ausblendet[397].

bb. Formell-rechtliche Theorie/Auflösende Bedingung der Vorauszahlungsschuld durch Jahressteuerfestsetzung Die Vertreter der formellen Rechtslehre und die Verfechter einer Ablösung der Vorauszahlungsschuld durch die Jahressteuerfestsetzung beschäftigen sich hingegen nur vereinzelt ausdrücklich mit der Problematik des Entstehens eines Erstattungsanspruches wegen überzahlter Vorauszahlungen[398]. Allerdings ergibt sich aus den Prämissen ihrer Rechtsauffassungen deutlich, dass ein Erstattungsanspruch erst mit Festsetzung der Jahressteuer entstehen kann, da zuvor die noch nicht abgelöste Vorauszahlungsschuld[399] bzw. der Vorauszahlungsbescheid den Rechtsgrund für das Behalten der Vorauszahlungen bilden, gleichviel, ob sie sich nachträglich als überhöht herausstellen.

Dies bedeutet allerdings, dass Entstehung des Erstattungsanspruches und Auskehr des überzahlten Betrages in der Regel zusammenfallen. Eine wirtschaftlich sinnvolle Möglichkeit der Abtretung oder Verpfändung von Erstattungsansprüchen wegen überzahlter Vorauszahlungen lässt § 46 Abs. 2 AO demnach nur dann zu, wenn der Begriff der „Anspruchsentstehung" im Rahmen von § 46 AO extensiv im Sinne von „Anspruchsbegründung" ausgelegt wird[400].

397 Siehe hierzu bereits Ziffer V Nr. 1 Buchst. a Doppelbuchst. aa Dreifachbuchst. bbb, S. 274 ff.

398 *Schwarz* geht davon aus, dass der Erstattungsanspruch mit Ablauf des Jahres entsteht (*Schwarz*, in: Schwarz, AO, § 38 Rn. 13); *Diebold* erwähnte in diesem Zusammenhang lediglich, dass der nach Anrechnung der Vorauszahlungen ausgewiesene Überschuss zugunsten des Steuerpflichtigen mit der Bekanntgabe des Veranlagungsbescheides *fällig* werde und zu erstatten sei (*Diebold*, in: Hermann/Heuer/Raupach, EStG, § 37 Rn. 86, Stand August 2003). Üblich ist auch der - für den Zeitpunkt des rechtserheblichen Entstehens freilich nicht aussagekräftige - Verweis darauf, dass der Steuerpflichtige mit Entrichtung der Vorauszahlungen einen Erstattungsanspruch unter der aufschiebenden Bedingung erlange, dass geschuldete Jahressteuer geringer ist als die geleisteten Vorauszahlungen (so bspw. *Boeker*, in: HHSp, AO, § 37 Rn. 46 m. w. N.).

399 Dies verkennt *Schwarz*, in: Schwarz, AO, § 38 Rn. 13.

400 Vgl. Kap. C Ziffer IV Nr. 1 Buchst. a Doppelbuchst. bb Dreifachbuchst. bbb, S. 86 ff.; ähnlich BFH v. 6. 2. 1990, VII R 86/88, BStBl. II 1990, 523 (524).

b. Übertragung auf das Kommunalabgabenrecht

Betrachtet man diese steuerrechtliche Bewertung im Lichte der kommunalabgabenrechtlichen Rechtsvorschriften, so ergibt sich Folgendes:

Der Rechtsgrund für überzahlte Vorausleistungen entfällt nur in Sachsen-Anhalt schon mit der Existenz der endgültigen Abgabenschuld[401]. In den weiteren untersuchten Bundesländern bleibt bis zur ersten, wirksamen Abgabenfestsetzung, die dem Entstehen der Abgabenforderung zeitlich nachfolgt, die durch Vorausleistungsbescheid festgesetzte Vorausleistungsforderung der Rechtsgrund für das Behaltendürfen der erbrachten Vorausleistungen. Daher kann der Erstattungsanspruch für überzahlte Vorausleistungen erst mit Erlass des endgültigen Abgabenbescheides entstehen. Denn dieser Verwaltungsakt setzt die Abgabenforderung mit der Folge fest, dass sich die Verrechnung der Vorausleistung mit der Abgabenforderung und der Fortfall von Vorausleistungsschuld und Vorausleistungsbescheid vollziehen kann.

Allerdings bleibt der Erstattungsanspruch bis zur Bestandskraft der Abgabenfestsetzung in der Schwebe. Denn solange gegen diesen Bescheid noch Rechtsmittel möglich sind, ist nicht auszuschließen, dass er nachträglich aufgehoben wird und dass sich zudem herausstellt, dass er vor dem Entstehen der endgültigen Abgabenforderung ergangen war. In diesem Fall würden jedoch nach dem Obengesagten[402] Vorausleistungsschuld und Vorausleistungsbescheid als Rechtsgrund der erbrachten Zahlungen wieder aufleben.

3. Die Verjährung von Abgabenschulden und ihre Folgen für erbrachte Vorausleistungen

Abschließend ist der umstrittenen Frage nachzugehen, welche Folgen die Verjährung der endgültigen Abgabenforderung für erbrachte Vorausleistungen hat. Während von einer Seite eine Pflicht zur Rückzahlung der erbrachten Vorausleistungen bejaht wird[403], wird von anderer Seite - mit unterschiedlichen Begründungen - davon ausgegangen, dass die Kommune die erbrachten Vorausleistungen endgültig einbehalten darf[404]. Ausgangspunkt der Überle-

---

401 So aber wohl generell *Driehaus*, in: Driehaus, Kommunalabgabenrecht, § 8 Rn. 146.

402 Vgl. Ziffer V Nr. 1 Buchst. d, S. 284 f. und Ziffer V Nr. 2 Buchst. d Doppelbuchst. bb Dreifachbuchst. ccc, S. 304 f.

403 *Sauthoff*, in: Driehaus, Kommunalabgabenrecht, § 12 Rn. 24; OVG Münster v. 30. 6. 2009, 15 B 524/09, KStZ 2009, 154 (155).

404 BVerwG v. 5. 9. 1975, IV CB 75/73, NJW 1976, 818 (819); OVG Koblenz v. 20. 2. 1997, 12 A 10275/96.OVG, zitiert nach juris; OVG Weimar v. 30. 6. 2003, 4 EO 206/96; *Mildner*, in: Driehaus, Kommunalabgabenrecht, § 8 Rn. 1370a; *Drie-*

gungen soll wiederum das gleichgelagerte Steuerrecht sein, wo dieses Problem intensiv diskutiert wird:

a. *Zur Wirkung der Festsetzungsverjährung auf steuerliche Vorauszahlungen*

Bei der Beantwortung der Frage, welche Auswirkungen die Verjährung der Steuerschuld auf erbrachte Vorauszahlungen hat, fallen die unterschiedlichen Facetten des Verständnisses von Vorauszahlungen besonders ins Gewicht. Namentlich wird mit mannigfaltigen Begründungen im Ergebnis darüber gestritten, ob die bereits vereinnahmten Vorauszahlungen an den Steuerschuldner zu erstatten sind[405], oder vom Fiskus endgültig vereinnahmt werden dürfen[406]. Zum Teil wird auch die Auffassung vertreten, dass die Festsetzungsverjährung für die Jahressteuerschuld gemäß § 171 Abs. 14 AO wegen des potentiellen Erstattungsanspruches insoweit gehemmt ist, als Vorauszahlungen geleistet worden sind[407].

aa. Allgemeines Eine Lösung dieses Problems muss sich vorrangig an einer wertenden Analyse der berührten Interessen orientieren und kann nicht auf rein rechtskonstruktiven Überlegungen beruhen[408]. Denn im Rahmen der gesetzlichen Bestimmungen hat sich die konstruktive Einbettung der Vorauszahlungen in das System des Steuerrechtes am Maßstab allgemeiner Rechtsgrundsätze und der gesetzlichen Bewertung der betroffenen Belange zu bewähren, nicht umgekehrt. Sinn und Zweck des Institutes der Verjährung dürfen demnach bei der Auslegung der einschlägigen Vorschriften ebensowenig unberücksichtigt bleiben, wie das besondere Wesen von Vorauszahlungen.

---

haus, in: Driehaus, Kommunalabgabenrecht, § 8 Rn. 124b und 146; *Dietzel*, in: Festschrift für H.-J. Driehaus, 2005, S. 54; *Patt*, in: Büchel/Patt, SächsKAG, § 3 Rn. 97.

405 So BFH v. 13. 3. 1979, III R 79/77, BStBl. II 1979, 461 (462 f.); FG Hamburg v. 5. 12. 1986, VI 354/85, EFG 1988, 577; SächsOVG v. 1. 4. 2003, 5 B 115/01, KStZ 2003, 169 (170); *Cöster*, in: Pahlke/Koenig, AO, 2. Aufl. 2009, § 169 Rn. 23; *Rüsken*, in: Klein, AO, 10. Aufl. 2009, § 169 Rn. 47.

406 *Kruse*, in: Tipke/Kruse, AO, § 37 Rn. 45; *Drenseck*, in: Schmidt, EStG, 28. Aufl. 2009, § 37 Rn. 1; *Heuermann*, in: HHSp, AO, § 164 Rn. 41; *Boeker*, in: HHSp, AO, § 37 Rn. 45; *Stuhrmann*, in: Blümich/Ebling, EStG, § 37 Rn. 6; FG Baden-Württemberg v. 23. 2. 1995, Az.: VII R 55/95, EFG 1995, 1039 (1040); unklar *Stolterfoht*, in: K/S/M, EStG, § 37 Rn. A 17 einerseits und A 18 andererseits.

407 *Diebold*, in: Hermann/Heuer/Raupach, EStG, § 37 Rn. 31; *Banniza*, in: HHSp, AO, Vor §§ 169-171 AO Rn. 37; *Wüllenkemper*, DStZ 1998, 473.

408 So völlig zu Recht die - mittlerweile allerdings relativierte - Ansicht von *Stolterfoht*, in: K/S/M, EStG, § 37 Rn. A 16 f., Stand September 1991.

aaa. Funktion der Verjährung Das rechtsgebietsübergreifende Institut der Verjährung dient vor allem dazu, dem Schuldner die Abwehr unbegründeter Ansprüche zu erleichtern. Soweit die Verjährung begründete Ansprüche betrifft, legitimiert sie sich aus dem Bedürfnis nach Rechtsfrieden und Schuldnerschutz. Der Schuldner soll sich nicht zeitlich unbegrenzt auf rechtliche Risiken aus früheren Rechtsgeschäften einstellen müssen und ungeschützt einer Verschlechterung der Beweissituation oder dem Verlust von Regressmöglichkeiten aufgrund des Zeitablaufes ausgesetzt sein. Das Prinzip der Rechtssicherheit und des Rechtsfriedens fordert hingegen, dass tatsächliche Zustände, die längere Zeit unangefochten bestanden haben - auch im öffentlichen Interesse - dem Streit entzogen und als rechtskonform anerkannt werden[409]. Es entspricht demnach nicht der Funktion der Verjährung, Ansprüche zu begründen. Vielmehr soll der *status quo* nach Verstreichen einer gewissen Zeitspanne nicht mehr in Frage gestellt werden können.

bbb. Eigenart von Vorschüssen Die Eigenart der Vorauszahlungen als Vorschuss auf die Steuerforderung wiederum fordert, dass der Gläubiger durch eine kursorische, vorläufige Entscheidung die endgültige Entscheidung zumindest nicht einseitig vorwegnehmen oder ersetzen kann.

ccc. Ergebnis Jede rechtskonstruktive Lösung des Problems der Festsetzungsverjährung muss sich innerhalb der gesetzlichen Bestimmungen daran messen lassen, wie gut sie diesen Belangen des Rechtsfriedens, des Schuldnerschutzes und des Offenhaltens der Hauptsache Rechnung trägt.

bb. Ablaufhemmung der Festsetzungsverjährung gemäß § 171 Abs. 14 AO Ausgangspunkt der Überlegungen ist dabei die Frage, ob die Abgabenordnung mit § 171 Abs. 14 AO eine spezielle Lösung des Problems bereit hält[410]. Diese Vorschrift bestimmt, dass die Festsetzungsfrist für einen Steueranspruch nicht endet, soweit ein damit zusammenhängender Erstattungsanspruch nach § 37 Abs. 2 AO noch nicht verjährt ist. Unterstellt man, dass ohne diese Regelung mit Eintritt der Festsetzungsverjährung der

---

409 Zu alledem: *Heinrichs*, in: Palandt, BGB, 70. Aufl. 2011, Überbl v § 194 Rn. 7 ff. m. w. N.; BVerwG v. 24. 1. 2007, 3 A 2.05, BVerwGE 128, 99 (111); *Kruse*, in: Tipke/Kruse, AO, Vor § 169 Rn. 5.

410 So *Diebold*, in: Hermann/Heuer/Raupach, EStG, § 37 Rn. 31; *Banniza*, in: HHSp, AO, Vor §§ 169 - 171 AO; *Wüllenkemper*, DStZ 1998, 473; a. A. SächsOVG v. 1. 4. 2003, 5 B 115/01, zitiert nach juris.

Jahressteuerschuld ein Erstattungsanspruch hinsichtlich der erbrachten Vorauszahlungen entsteht[411], dann ist der Anwendungsbereich der Norm erfüllt:

aaa. Erstattungsanspruch im Sinne von § 37 Abs. 2 AO Der Anspruch auf Erstattung erbrachter Vorauszahlungen ist zum Ersten als ein Erstattungsanspruch im Sinne von § 37 Abs. 2 AO zu qualifizieren. Es besteht kein Anlass anzunehmen, der Gesetzgeber habe, indem die allgemeine Regelung des § 171 Abs. 14 AO für die Bezeichnung des Erstattungsanspruches auf die Generalklausel des § 37 Abs. 2 AO zurückgreift, sich nicht lediglich die dort enthaltene allgemeine Umschreibung[412] zu Nutze machen, sondern den Geltungsbereich der Norm gegenüber Erstattungsansprüchen abgrenzen wollen, die (zugleich)[413] in Spezialvorschriften geregelt sind[414].

bbb. Erstattungszusammenhang Des Weiteren besteht auch ein Zusammenhang zwischen dem Erstattungsanspruch und der festzusetzenden Steuerschuld im Sinne der Norm[415]. Der vom Gesetzgeber gewählte Begriff des Zusammenhangs ist sehr weit. Hiervon kann schon immer dann gesprochen werden, wenn der Steueranspruch oder seine Festsetzung für die Existenz oder die Höhe des Erstattungsanspruches in irgendeiner Weise von Bedeutung sind.

Insbesondere schränkt die Norm ihren Anwendungsbereich nicht auf die Erstattung von „endgültigen Steuerzahlungen“ im engeren Sinne ein. Diese Vorschrift ist zwar vor allem für die Fälle geschaffen worden, in denen ein von der Behörde nicht erkannter Wirksamkeitsmangel des (Jahressteuer-)Bescheides vorlag. Sie soll verhindern, dass der Steuerpflichtige unter Hinweis auf die Unwirksamkeit des Steuerbescheids eine Erstattung der gezahlten Steuern verlangen kann, ohne dass das Finanzamt dem - wegen des Ablaufs der Verjährungsfrist die Steuerfestsetzung - durch eine nochmalige, wirksame Bekanntgabe der Steuerfestsetzung begegnen kann[416]. Der Wortlaut der Norm

411 Vgl. hierzu unten Doppelbuchst. cc, S. 318 ff.

412 *Boeker*, in: HHSp, AO, § 37 Rn. 21.

413 Bei den Spezialregelungen handelt es sich im Verhältnis zu § 37 Abs. 2 AO um spezialgesetzliche Konkretisierungen (*Boeker*, in: HHSp, § 37 Rn. 19, *Drüen*, in: Tipke/Kruse, § 37 Rn. 11; offen gelassen von BFH v. 13. 2. 1996, III R 55/95, BFH/NV 1996, 454 [456]).

414 A. A. *Stolterfoht*, in: K/S/M, EStG, § 37 Rn. A 18.

415 Zweifelnd *Stolterfoht*, in: K/S/M, EStG, § 37 Rn. A 18.

416 BFH v. 13. 3. 2001, VIII R 37/00, BStBl. II 2001, 430 (431); BT-Drs. 10/1636, S. 44.

geht jedoch, indem er auf den nicht näher bestimmten „zusammenhängenden Erstattungsanspruch" abstellt, über die ursprüngliche Regelungsintention hinaus[417] und lässt damit Raum für eine extensive, am Grundgedanken der Norm orientierte Auslegung.

Unter der obengenannten Prämisse, dass grundsätzlich mit der Festsetzungsverjährung der Jahressteuerschuld ein Anspruch auf Erstattung erbrachter Vorauszahlungen entsteht, hat die Festsetzung der Jahressteuer zweifellos Bedeutung für den Anspruch auf Erstattung der Vorauszahlungen. Denn eine Erstattung von Vorauszahlungen ist ausgeschlossen, soweit eine Steuerfestsetzung und damit eine Verrechnung der Vorauszahlungen mit der Jahressteuerschuld reicht.

Diesem Ergebnis lässt sich auch nicht entgegen halten, ein „zusammenhängender" Erstattungsanspruch im Sinne der Norm könne hier nicht vorliegen, weil der Erstattungsanspruch erst entsteht, wenn die Verjährung bereits eingetreten ist[418]. Die Vorschrift lässt schon ihrem Wortsinn nach nämlich durchaus Raum für eine vorausschauende Berücksichtigung der Erstattungsansprüche, die mit Eintritt der Festsetzungsverjährung entstehen würden, solange nur ein Zusammenhang mit dem fraglichen Steueranspruch gegeben ist. Eine solche formal-rechtskonstruktive Herangehensweise wird auch der gesetzgeberischen Intention erkennbar nicht gerecht. Das zeigt sich schon daran, dass dieser Einwand selbst auf die Fälle der Zahlung auf einen unwirksamen Steuerbescheid - die ausweislich der Gesetzesbegründung ausdrücklich Regelungsziel sind - zutreffen kann. Denn auch für diese Fallgestaltungen wird zum Teil angenommen, dass der Erstattungsanspruch erst mit Ablauf der Festsetzungsverjährung entsteht, weil die Behörde dem Erstattungsanspruch vorher durch die wirksame Festsetzung der Steuer begegnen kann[419].

ccc. Normzweck Dieses Auslegungsergebnis stimmt auch mit Sinn und Zweck der Norm überein. Die Fälle erbrachter Vorauszahlungen sind, unter dem Blickwinkel der in § 171 Abs. 14 AO zum Ausdruck kommenden Wertungen betrachtet, vergleichbar den Fällen der Zahlung ohne wirksamen Bescheid. In der Vorschrift kristallisiert sich die gesetzgeberische Entscheidung,

---

417 BFH v. 13. 3. 2001, VIII R 37/00, BStBl. II 2001, 430 (432); *Ruban*, in: HHSp, AO, § 171 Rn. 131, Stand März 2010.

418 So SächsOVG v. 1. 4. 2003, Az.: 5 B 115/01, zitiert nach juris.

419 BFH v. 25. 10. 1988, VII R 21/87, BFH/NV 1989, 412 (415); offengelassen in BFH v. 30. 4. 1996, VII R 122/94, BFH/NV 1996, 866 (868); in diesem Sinne auch *Kruse*, in: Festschrift für K. Tipke, 1995, S. 286.

den Inhabern eines Rückforderungsanspruches im Gegensatz zu den Inhabern eines Leistungsverweigerungsrechtes bei der Abwägung von Rechtssicherheit und Gesetzmäßigkeit verminderte Schutzwürdigkeit zuzuerkennen[420]. Diese Wertung trifft in beiden Fallgestaltungen zu[421].

Schließlich ist auch kein sachlicher Grund ersichtlich, mit der oben dargestellten, engen Auslegung des Erstattungszusammenhangs diejenigen Steuerschuldner, die Vorauszahlungen entrichtet haben und anschließend einen unwirksamen Jahressteuerbescheid „aussitzen", gegenüber den Steuerschuldnern zu bevorzugen, die nicht zu Vorauszahlungen herangezogen wurden, sondern erstmals auf den unwirksamen Jahressteuerbescheid geleistet haben.

ddd. Interessenanalyse In diese Richtung weist darüber hinaus auch die Bewertung der berührten Interessen:

Hat ein Steuerschuldner Vorauszahlungen erbracht, ist sein Interesse daran, nach Ablauf der Verjährungsfrist nicht nur von weiteren Zahlungen verschont zu bleiben, sondern seine erbrachten Leistungen sogar herausverlangen zu können, nicht schutzwürdig. Im Gegenteil streitet vielmehr bereits der Umstand für einen Aufschub der Festsetzungsverjährung, dass Vorauszahlungen im Wesentlichen nur Überbrückungsfunktion mit Blick auf den Jahressteuerbescheid haben sollen und nach den allgemeinen Prinzipien vorläufiger Entscheidungen die Endentscheidung nicht vorweggenommen oder ersetzt werden darf[422]. Die Möglichkeit der Endentscheidung bleibt dem Vorauszahlungsschuldner wegen des Festsetzungsverbots aus § 169 Abs. 1 Satz 1 AO jedoch nur erhalten, wenn der Ablauf der Festsetzungsfrist hinausgeschoben wird.

In die gleiche Richtung weisen zudem auch maßgeblich folgende Gesichtspunkte: Der Steuerschuldner hat seine Zahlungen zwar nicht auf die, aber letztlich doch *wegen* der Jahressteuerschuld erbracht. Dieser eigentliche Grund für die Vorauszahlungen hat mit einiger Wahrscheinlichkeit auch vorgelegen, die erbrachten Zahlungen haben insoweit bei einer Gesamtbetrachtung des Steuerschuldverhältnisses nicht zu einer rechtswidrigen Vermögenslage geführt. Die grundsätzlich angezeigte, unmittelbare gesetzliche Verrechnung der Vorauszahlungen mit der Steuerschuld wird im Steuerrecht nur durch den Festsetzungsvorbehalt des § 218 Abs. 1 AO verhindert.

420 BFH v. 13. 3. 2001, VIII R 37/00, BStBl. II 2001, 430 (431 f.).
421 Ebenso FG Hamburg v. 5. 12. 1986, VI 354/85, EFG 1988, 577 (578).
422 Vgl. Kap. B Ziffer IV, S. 48.

An dieser Einschätzung der berührten Belange würde auch das - unterstellte - nachträgliche Erlöschen der Jahressteuerschuld durch Festsetzungsverjährung nichts ändern. Denn jenes Erlöschen aufgrund Festsetzungsverjährung ist nicht etwa die Folge einer Neubewertung, wie eine dem Steuerschuldverhältnis entsprechende Vermögenslage auszusehen hat, sondern soll ungeachtet und *unbeschadet* der Rechtmäßigkeit früherer Forderungen der Herstellung des Rechtsfriedens dienen. Anders als ein Steuerschuldner, der keine Zahlungen erbracht hat, kann ein Steuerschuldner nach Entrichtung der Vorauszahlungen bei Ablauf der Festsetzungsverjährung aber nicht schutzwürdig davon ausgehen, dass das Steuerschuldverhältnis zur Herstellung von Rechtsfrieden im Sinne des völligen Fehlens einer Steuerforderung bereinigt wird[423]. Der Verjährungseintritt dient nämlich grundsätzlich der Fortschreibung des *status quo*. Die tatsächlichen Gegebenheiten zeichnen sich indes in Fällen dieser Art gerade dadurch aus, dass über Jahre eine tilgungsähnliche Lage unangetastet bestand. Eine andere Wertentscheidung lässt sich den steuerrechtlichen Verjährungsvorschriften der § 47, §§ 169 bis 171 und §§ 228 bis 232 AO nicht entnehmen.

Dem lässt sich nicht entgegen halten, der Eintritt der Festsetzungsverjährung müsse für den Steuergläubiger - um sinnvoll zu bleiben - nachteilig sein[424]. Es liegt im Gegenteil gerade im Wesen der Verjährung, dass sie den Beteiligten das Rechten darüber abschneidet, für wen ihr Eintritt im konkreten Einzelfall nachteilig ist. Ihr Sinn ist es nicht, Untätigkeit zu „bestrafen", sondern Rechtssicherheit auf der Grundlage der bestehenden Verhältnisse zu erzeugen.

Im Ergebnis steht damit das schutzwürdige Interesse des Steuerschuldners an einer endgültigen Entscheidung in der Steuersache dem Interesse des Steuergläubigers an der Beibehaltung einer mit einiger Wahrscheinlichkeit rechtmäßigen Vermögenslage nach Ablauf der Verjährungsfrist gegenüber. Dieser Interessenwiderstreit lässt sich für alle befriedigend auflösen, indem der Finanzverwaltung die Möglichkeit erhalten bleibt, die entstandene Jahressteuerschuld zu bestimmen und erbrachte Vorauszahlungen hiermit zu verrechnen, ohne Nachzahlungen verlangen zu können. Dieses Ziel kann über die Annahme einer - auf die Höhe des Erstattungsanspruches begrenzten - Ab-

423 In diesem Sinne auch *Stolterfoht*, in: K/S/M, EStG, § 37 Rn. A 17.
424 So SächsOVG v. 1. 4. 2003, 5 B 115/01, zitiert nach juris; ähnlich auch FG Hamburg v. 5. 12. 1986, VI 354/85, EFG 1988, 578.

laufhemmung der Festsetzungsverjährung gemäß § 171 Abs. 14 AO erreicht werden.

eee. Zur Antagonistenstellung von § 171 Abs. 14 AO und § 218 Abs. 1 AO Diese Interessenanalyse macht zudem die grundlegende Funktion der Verjährungsablaufhemmung des § 171 Abs. 14 AO in der Verfahrensstruktur des Steuerverfahrens deutlich, die auch in den hier in Rede stehenden Fällen Geltung beansprucht. § 171 Abs. 14 AO ist immer dann einschlägig, wenn faktisch eine erfüllungsähnliche Vermögensmehrung des Steuergläubigers bewirkt wurde, die nur wegen des Festsetzungsvorbehalts aus § 218 Abs. 1 AO nicht in die Erfüllung der Steuerschuld selbst einmündet. § 171 Abs. 14 AO erweist sich damit als *notwendiges Pendant* zu § 218 Abs. 1 AO. Während letzterer einen Festsetzungsvorbehalt für die Erfüllungswirkung aufstellt, sorgt ersterer dafür, dass eine Festsetzung für alle erbrachten, aber nicht erfüllenden Zahlungen möglich bleibt. Damit wird dem Umstand Rechnung getragen, das eigentlicher Zahlungsgrund letztlich der materielle Steueranspruch ist. Die Steuerfestsetzung hat demgegenüber bloß eine dienende, verfahrenssichernde Bedeutung. Mit Rücksicht auf die nicht unbeträchtliche Fehleranfälligkeit des Festsetzungsverfahrens wird durch § 171 Abs. 14 AO deshalb dafür Sorge getragen, dass Verfahrensfehler nicht das materielle Recht substantiell dominieren und die Perpetuierung der materiell richtigen Vermögenslage unmöglich machen können.

fff. Ergebnis - Anwendbarkeit von § 171 Abs. 14 AO Mit diesen Argumenten spricht daher Überwiegendes dafür, dass § 171 Abs. 14 AO einschlägig und der Ablauf der Festsetzungsverjährung gehemmt ist, soweit das Erlöschen der Steuerschuld Erstattungsansprüche hinsichtlich erbrachter Vorauszahlungen auslösen würde[425]. In dem Umfang, in dem Vorauszahlungen erbracht wurden[426], bliebe folglich die Festsetzung des Jahressteueranspruches und damit auch die Auskehr von überzahlten Vorauszahlungen, die die Jahressteuerschuld übersteigen, möglich.

425 So auch *Diebold*, in: Hermann/Heuer/Raupach, EStG, § 37 Rn. 31; *Banniza*, in: HHSp, AO, Vor §§ 169 - 171 Rn. 37; *Rüsken*, in: Klein, AO, 10. Aufl. 2009, § 171 Rn. 120.

426 *Rüsken*, in: Klein, AO, 10. Aufl. 2009, § 171 Rn. 121; BFH v. 13. 3. 2001, VIII R 37/00, BStBl. II 2001, 430 (432); *Balmes*, in: Kühn/v. Wedelstädt, AO, 19. Aufl. 2008, § 171 Rn. 116; *Banniza*, in: HHSp, AO, § 171 Rn. 244.

Bislang ist allerdings noch zweifelhaft, ob das Eintreten der Festsetzungsverjährung überhaupt derartige Kondiktionsansprüche nach sich zieht. Dieser Frage wird im Folgenden nachgegangen.

cc. Wegfall des Rechtsgrundes für Vorauszahlungen? Die Vorauszahlungen sind nur dann zu erstatten, wenn der rechtliche Grund für ihre Zahlung nachträglich entfallen ist (§ 37 Abs. 2 Satz 2 AO). Demnach ist zu untersuchen, ob die Festsetzungsverjährung der Steuerschuld dazu führt, dass die erbrachte Vorauszahlung bei der Betrachtung der Gesamtheit aller Rechtsquellen keinem wirksamen rechtlichen Sollen mehr entspricht und kein erfüllbarer Anspruch mehr besteht, der das Behaltendürfen der Vorauszahlungen rechtfertigt[427]:

Ihren Rechtsgrund finden die erbrachten Vorauszahlungen zunächst in der durch den Vorauszahlungsbescheid bestimmten Vorauszahlungsschuld. Ob eine durch den Bescheid begründete Vorauszahlungsschuld, die mangels Jahressteuerfestsetzung nicht vorher in Fortfall geraten ist, mit der Verjährung der Jahressteuerschuld erlischt oder ob sie fortbesteht, ist im Gesetz nicht ausdrücklich geregelt. Zum Teil wird die Lösung des Problems in der Konstruktion eines *formellen Rechtsgrundes* für das Behaltendürfen der Vorausleistung gesehen:

aaa. Keine isolierte Fortgeltung des Vorauszahlungsbescheids: Namentlich gehen die Vertreter der materiell-rechtlichen Rechtslehre davon aus, dass Vorauszahlungen trotz eines materiell möglicherweise bestehenden Erstattungsanspruches nicht herausverlangt werden können, solange der Vorauszahlungsbescheid wirksam ist. Seine Wirksamkeit verliert er nach dieser Auffassung aber nur durch Aufhebung oder durch Erlass des Jahressteuerbescheides. Der Eintritt der Festsetzungsverjährung hat hierauf hingegen keinen Einfluss[428]. Der Vorauszahlungsbescheid kann zwar nach Ablauf der Verjährungsfrist nicht mehr vollzogen werden, bleibt aber Rechtsgrund für erbrachte Zahlungen. Soweit diese Zahlungen den eigentlichen materiellen Steueranspruch übersteigen, kommt nur eine Erstattung im Billigkeitswege in Betracht.

427 Vgl. Kap. C Ziffer IV Nr. 1 Buchst. b, S. 88.

428 *Drüen*, in: Tipke/Kruse, AO, § 37 Rn. 45; *Stuhrmann*, in: Blümich/Ebling, EStG, § 37 Rn. 6; *Drenseck*, in: Schmidt, EStG, 30. Aufl. 2011, § 37 Rn. 1; *Heuermann*, in: HHSp, § 164 Rn. 41; so nunmehr wohl auch *Stolterfoht*, in: K/S/M, EStG, § 37 Rn. A 18.

Diese Auffassung vermag jedoch aus den bereits dargestellten Gründen nicht zu überzeugen. Wie oben gezeigt wurde[429], kann die Wirksamkeit einer behördlichen Vorauszahlungsfestsetzung nicht völlig unberührt davon bleiben, dass die tenorierte Forderung - unterstellt - zweifelsfrei erloschen ist. Eine Fortwirkung des Vorauszahlungsbescheides ist vielmehr nur statthaft, solange über die Frage des Erlöschens der festgesetzten Vorauszahlungsforderung Unsicherheit bestehen kann. Dies bedeutet jedoch, dass der Vorauszahlungsbescheid nicht unabhängig vom Schicksal der Vorauszahlungsschuld isoliert als formeller Rechtsgrund taugt. Er kann vielmehr nur dann Fortgeltung beanspruchen, wenn auch die Vorauszahlungsschuld nicht mit der Verjährung der Jahressteuerschuld untergeht. Ob dies der Fall ist, bleibt noch zu untersuchen.

bbb. Keine Anwendung von § 164 Abs. 4 Satz 1 AO Ebenfalls als unfruchtbar erweist sich in diesem Zusammenhang der Versuch, aus § 164 Abs. 1 Satz 2 und Abs. 4 Satz 1 AO herzuleiten, dass sich der Vorauszahlungsbescheid als ein Fall der Steuerfestsetzung unter dem Vorbehalt der Nachprüfung mit Eintritt der Festsetzungsverjährung in einen vorbehaltlosen, endgültigen Steuerbescheid umwandelt, der gemäß § 169 Abs. 1 Satz 1 AO nicht mehr geändert werden kann und endgültig den Rechtsgrund für die einbehaltenen Vorauszahlungen darstellt[430]. Dieses Unternehmen scheitert bereits am unterschiedlichen Regelungsinhalt beider Bescheidtypen[431]. Während Vorauszahlungsbescheide nur das als Vorschuss zu Leistende festlegen, beinhaltet die Jahressteuerfestsetzung die gültige Erkenntnis der zum Stichtag entstandenen Steuerschuld. Beide behördliche Entscheidungen sind qualitativ verschieden und können daher nicht durch das Erlöschen der Änderungsbefugnis ineinander übergehen. Für den Vorauszahlungsbescheid bedeutet das in § 164 Abs. 4 Satz 1 AO angeordnete Entfallen des Vorbehaltes der Nachprüfung mithin nur, dass einer Abänderung der getroffenen Entscheidung - also der Vorschussfestlegung - nicht mehr nach § 164 Abs. 2 Satz 1 AO möglich ist[432].

429 Vgl. Ziffer V Nr. 1 Buchst. a Doppelbuchst. aa Dreifachbuchst. bbb, S. 276 f.

430 So aber *Trzaskalik*, in: HHSp, AO, § 164 Rn. 41, Stand Juli 1997; *Boeker*, in: HHSp, AO, § 37 Rn. 45; FG Baden-Württemberg v. 23. 2. 1995, 3 K 149/91, EFG 1995, 1039 (1040).

431 In diesem Sinne auch SächsOVG v. 1. 4. 2003, 5 B 115/01, KStZ 2003, 169 (170 f.).

432 Ebenso BFH v. 13. 2. 1996, VII R 55/95, BFH/NV 1996, 454 (456).

ccc. Keine Gleichbehandlung mit Steuerfestsetzung auf Null

Vereinzelt wird das gegenteilige Ergebnis des Fehlens eines Rechtsgrundes für die Vorauszahlungen damit begründet, dass das Fehlen einer Steuerfestsetzung mit den Fällen der Steuerfestsetzung auf Null gleichzubehandeln ist[433]. Dieses Argument ist jedoch sachlich gleichfalls nicht tragfähig, da beide Fallgestaltungen nicht vergleichbar sind. Fehlt eine Jahressteuerfestsetzung völlig, so gibt es keine verbindliche Rechtserkenntnis, dass und in welcher Höhe die Jahressteuer bestanden hat. Die Konstruktion des Vorauszahlungsverfahrens lässt in diesen Fällen nur faktisch vermuten, dass die Jahressteuerschuld wahrscheinlich in einer die Vorauszahlungen nicht unterschreitenden Höhe vorgelegen hat[434]. Wird indes die Jahressteuer auf Null festgesetzt, so besagt dies demgegenüber verbindlich, dass eine die Vorauszahlung mittelbar legitimierende Jahressteuerschuld nie bestanden hat. Dass es unter diesen Umständen nicht gerechtfertigt ist, Vorauszahlungen einzubehalten, liegt auf der Hand. Ob Gleiches auch dann gilt, wenn der Jahressteueranspruch vormals existiert hat und mittlerweile verjährt ist, ist damit aber noch nicht gesagt.

Nach alledem konzentriert sich die Frage nach dem Rechtsgrund der Vorauszahlungen auf das Kernproblem, ob der Vorauszahlungsanspruch, der dem erhobenen Vorschuss zugrunde liegt, vom Fortbestehen der Jahressteuerschuld abhängig ist. Insoweit ist wiederum eine wertende Betrachtung notwendig, ob den Vorauszahlungen auch nach der Festsetzungsverjährung der Jahressteuerschuld noch einen Funktion zukommen kann und welche Interessen der Beteiligten berührt sind:

ddd. Wegfall des Sicherungszwecks Der Fortfall der Vorauszahlungsschuld könnte sich zum Ersten daraus ergeben, dass mit dem Erlöschen der Jahressteuerschuld auch das Sicherungsinteresse des Steuergläubigers hinfällig wird. Reine Sicherungsansprüche sind häufig akzessorisch zur Hauptschuld und gehen mit dieser unter[435]. Vorauszahlungen dienen jedoch nicht nur der Forderungssicherung, sondern auch der vorgezogenen Herbeiführung eines erfüllungsähnlichen Zustandes[436]. Aus einem Wegfall des Sicherungsin-

433 SächsOVG v. 1. 4. 2003, 5 B 115/01, zitiert nach juris.
434 Siehe Dreifachbuchst. fff, S. 322 f.
435 Vgl. im Zivilrecht § 767 Abs. 1 BGB für die Bürgschaft und § 1252 BGB für das Pfandrecht.
436 Siehe Ziffer II Nr. 1, S. 200.

teresses allein lässt sich folglich nicht herleiten, dass die Vorauszahlungsschuld funktionslos geworden ist.

eee. Unerreichbarkeit des Verrechnungszweckes Zum Teil wird die Funktionslosigkeit der Vorauszahlungen jedoch damit begründet, dass die bezweckte Verrechnung mit der endgültigen Jahressteuerschuld nicht mehr erfolgen kann[437]. Diese Verrechnung setzt nämlich die Festsetzung des Jahressteueranspruches voraus, welche nach Ablauf der Festsetzungsverjährung gemäß § 169 Abs. 1 Satz 1 AO nicht mehr vorgenommen werden kann.

Hieran ist richtig, dass Vorauszahlungen nicht die Erfüllung der Jahressteuerschuld vorwegnehmen, sondern geleistet werden, um später mit der Jahressteuer verrechnet zu werden[438]. Ihre mittelbare Rechtfertigung finden Vorauszahlungen aber gleichwohl nicht in dem bloßen verfahrenstechnischen Akt der Verrechnung als solchem, sondern in der dahinter stehenden Jahressteuerschuld. Es ist lediglich den besonderen steuerrechtlichen Tilgungsvoraussetzungen geschuldet, dass die Jahressteuerschuld als eigentliche *causa* der Vorauszahlung nicht durch eine unmittelbare Tilgung, sondern nur in modifizierter Form - in Gestalt des finalen Verrechnungszweckes - zum Ausdruck kommen kann[439]. Die funktionale Absolutsetzung des Verrechnungsaktes greift damit ebenfalls zu kurz. Aus diesem Grund scheidet im Übrigen auch eine Zweckverfehlungskondiktion entsprechend den zivilrechtlichen Grundsätzen des § 812 Abs. 1 Satz 1 Halbsatz 2 BGB aus[440].

fff. Wegfall der Jahressteuer als mittelbarer Zweck Von ausschlaggebender Bedeutung ist damit die Frage, ob die Vorauszahlungsschuld in dem Sinne akzessorisch zu Jahressteuerschuld ist, dass erstere nur solange existieren kann, wie letztere nicht erloschen ist[441]. Hierfür sprechen die allgemeinen Prinzipien vorläufiger Entscheidungen, die eine finale Unterordnung der einstweiligen unter die endgültige hoheitliche Maßnahme vorsehen und es grundsätzlich nicht zulassen, dass die vorläufige Entscheidung an die Stelle der Hauptsacheentscheidung tritt[442].

437 So FG Hamburg v. 5. 12. 1986, VI 354/85, EFG 1988, 578; in diesem Sinne auch BFH v. 13. 3. 1979, III R 79/77, BStBl. II 1979, 461.
438 Vgl. hierzu oben Ziffer II Nr. 1, S. 200.
439 Vgl. hierzu oben Ziffer V Nr. 1 Buchst. b Doppelbuchst. bb, S. 281 f.
440 A. A. *Wüllenkemper*, DStZ 1998, 463.
441 So SächsOVG v. 1. 4. 2003, 5 B 115/01, KStZ 2003, 169 (170).
442 Vgl. Kap. B Ziffer IV, S. 48.

Alternativ hierzu lässt das oben dargestellte Funktionsverständnis aber auch Raum für die Annahme, dass Vorauszahlungen ihrem Sinn und Zweck nach nur voraussetzen, dass die Jahressteuerforderung überhaupt einmal bestand, gleichviel, ob sie aktuell erloschen und die Verrechnungsmöglichkeit ausgeschlossen ist.

Wie sich die Verschränkung von Vorauszahlungsschuld und Steuerschuld im Einzelnen rechtskonstruktiv gestaltet, kann wiederum nicht beurteilt werden, ohne die berührten sachlichen Belange in den Blick zu nehmen. In die Interessensbewertung spielt dabei in erster Linie die Frage hinein, ob mit der hier vertretenen Auffassung über die Verjährungshemmung nach § 171 Abs. 14 AO eine Festsetzung der Jahressteuerschuld und eine Verrechnung der Vorauszahlungen möglich bleibt[443].

Bejaht man diese Frage, so ist mittels § 171 Abs. 14 AO sowohl dem Interesse des Steuerschuldners an einer endgültigen Abrechnung seiner Vorauszahlung als auch dem Interesse des Steuergläubigers an der Beibehaltung des berechtigten *status quo* genügt[444]. Damit greifen die oben genannten, allgemeinen systematischen Erwägungen durch, sodass davon auszugehen ist, dass die Vorauszahlungsschuld akzessorisch mit dem Erlöschen der Jahressteuerschuld untergeht.

Nimmt man demgegenüber an, dass die Festsetzungsverjährung für die Steuerschuld ungeachtet einer potentiellen Erstattung der Vorauszahlungen abläuft, steht einer nachträglichen Steuerfestsetzung und damit im Ergebnis auch einer Vorauszahlungsverrechnung der einer einschränkenden Interpretation nicht zugängliche § 169 Abs. 1 AO entgegen. Unter dieser Prämisse ist es folglich nicht möglich, allen aufgezeigten[445] Belangen Rechnung zu tragen. Damit stellt sich die Frage, welchen Interessen Vorrang einzuräumen ist.

Gewichtet man die Bedeutung der jeweils berührten Rechtspositionen, so spricht alles dafür, dem Rechtssicherheitsinteresse das Interesse an der Verhinderung der Vorwegnahme der Hauptsacheentscheidung unterzuordnen. Die „Hauptsacheentscheidung“ würde sich in diesen Fällen ohnehin typischerweise darauf beschränken, die entstandene Jahressteuerschuld und die erbrachten Vorauszahlungen deklaratorisch zu benennen. Eine Veränderung der Vermögenslage ist hingegen regelmäßig nicht zu erwarten. Nachforderungen zulasten des Steuerzahlers sind durch die Festsetzungsverjährung von

443 Vgl. hierzu oben Buchst. a Doppelbuchst. bb, S. 312 ff.
444 Vgl. zur Interessensanalyse oben Doppelbuchst. bb Dreifachbuchst. ddd, S. 315 ff.
445 Vgl. oben Doppelbuchst. bb Dreifachbuchst. ddd, S. 315 ff.

vornherein ausgeschlossen, Erstattungsansprüche zu seinen Gunsten dürften hingegen in den fraglichen Fällen kaum bestehen. Berücksichtigt man, dass sich die Vorauszahlungsfestsetzungen an der erwarteten Steuerschuld orientieren und dass schon das Vorauszahlungsverfahren dem Steuerschuldner mehr Möglichkeiten bietet, absehbar überhöhte Vorauszahlungen nach Kräften zu vermeiden, als es dem Steuergläubiger Handhabe gibt, voraussichtlich unzureichende Vorauszahlungen der Entwicklung anzupassen[446], spricht für den Regelfall vieles dafür, dass Vorauszahlungsfestsetzungen die Jahressteuerschuld jedenfalls nicht wesentlich überschreiten. Überdies hat es der Steuerschuldner selbst in der Hand, seinem Interesse an einer endgültigen Entscheidung innerhalb der Verjährungsfrist Nachdruck zu verleihen[447]. Es ist davon auszugehen, dass er von dieser Möglichkeit gerade dann Gebrauch machen wird, wenn er sich eine Steuererstattung verspricht. In Anbetracht dieser Verfahrensausgestaltung ist also die Annahme nicht fernliegend, dass unter den Fällen eingetretener Festsetzungsverjährung die Fälle, in denen die erbrachten Vorauszahlungen die Jahressteuerschuld übersteigen, voraussichtlich in der Minderzahl sind. Selbst wenn eine Hauptsacheentscheidung endgültig unterbleibt, ist das Verfahren also nicht darauf angelegt, über den Kopf des Steuerschuldners hinweg der Finanzverwaltung die Möglichkeit zu eröffnen, aufgrund vorläufiger Entscheidungen überhöhte Zahlungen zu vereinnahmen. Vor diesem Hintergrund ist das Abrechnungsinteresse des Steuerschuldners mithin in erster Linie „formaler“ Natur, weil es regelmäßig nur um Gewissheit über die Entwicklung des Steuerschuldverhältnisses, nicht um einen Vermögensausgleich gehen kann.

Verglichen hiermit würde eine Erstattung der erbrachten Vorauszahlungen nicht nur über das schutzwürdige Abrechnungsinteresse des Steuerschuldners eklatant hinausgehen, sondern zugleich auch die gewichtigen Interessen der Allgemeinheit an der - Gleichmäßigkeit und Gesetzmäßigkeit der Besteuerung berührenden - Durchsetzung begründeter Steueransprüche und an der Gewährleistung eines den tatsächlichen Zustand perpetuierenden Rechtsfriedens verletzen. Das Überwiegen dieser öffentlichen Interessen ist evident.

446 Der Steuerpflichtige wird eine Herabsetzung von Vorauszahlungen bei Vorliegen der Voraussetzungen im eigenen Interesse beantragen; umgekehrt trifft ihn keine Pflicht, eine Anpassung der Vorauszahlungen anzuregen oder auf für ihn nachteilige Veränderungen bei Prognosen und Schätzungen hinzuweisen, wenn die Festsetzung der Vorauszahlungen für ihn günstig ist (*Stolterfoht*, in: K/S/M, EStG, § 37 Rn. D 137).

447 Er kann seine Rechte insbesondere durch einen Antrag auf Steuerfestsetzung wahren, dem gemäß § 171 Abs. 3 AO ablaufhemmende Wirkung zukommt.

Nach alledem ist unter der Prämisse, dass § 171 Abs. 14 AO nicht für einschlägig gehalten wird, davon auszugehen, dass Vorauszahlungen sich zwar mittelbar dadurch rechtfertigen, dass die Steuerschuld überhaupt einmal existieren kann bzw. existiert hat, dass sie aber nicht akzessorisch mit dem Fortbestand dieser Steuerschuld verknüpft sind. Dies bedeutet im Ergebnis, dass die Vorauszahlungen sogar insoweit einbehalten werden dürfen, als sie die eigentliche Jahressteuer übersteigen, eine Erstattung der überzahlten Vorauszahlungen kommt mit diesem Lösungsmodell allenfalls im Billigkeitswege in Betracht[448].

ggg. Ergebnis - Wegfall des Rechtsgrundes für Vorauszahlungen Ob der Umstand, dass die Jahressteuerschuld mit Eintritt der Festsetzungsverjährung erlischt, die Vorauszahlungsschuld in Fortfall geraten lässt und die Erstattungspflicht erbrachter Vorauszahlungen begründet, beurteilt sich demnach maßgeblich danach, ob die Interessen der öffentlichen Hand schon durch die Anwendbarkeit von § 171 Abs. 14 AO gewahrt sind.

dd. Ergebnis - Wirkung der Festsetzungsverjährung Die Untersuchung hat damit gezeigt, dass aus dem Ablauf der Festsetzungsverjährung für die Jahressteuerschuld kein Anspruch auf Erstattung erbrachter Vorauszahlungen hergeleitet werden kann. Dies folgt daraus, dass § 171 Abs. 14 AO den Ablauf der Festsetzungsverjährung hemmt, soweit Vorauszahlungen erbracht wurden. In diesem Umfang bleibt damit die Festsetzung der Jahressteuer und die Verrechnung der Vorauszahlungen möglich; insbesondere sind gegenüber dem Veranlagungssoll überzahlte Vorauszahlungen an den Steuerschuldner zu erstatten.

Lehnt man diese Auffassung ab, so ergibt sich das Fehlen eines Erstattungsanspruches jedenfalls daraus, dass unter diesen Umständen die Vorauszahlungsschuld bei interessengerechtem Verständnis die Festsetzungsverjährung der Jahressteuerschuld überdauern muss. Da sie demnach weiterhin und unabänderlich den Rechtsgrund für die erbrachten Vorauszahlungen bildet, kommt mit diesem Lösungsmodell grundsätzlich auch keine Erstattung überzahlter Vorauszahlungen in Betracht. Eine Anpassung der Vermögenslage an die Jahressteuerschuld kann allenfalls im Billigkeitswege erfolgen.

448 *Drüen*, in: Tipke/Kruse, AO, § 37 Rn. 45; *Drenseck*, in: Schmidt, EStG, 30. Aufl. 2011, § 37 Rn. 1; *Heuermann*, in: HHSp, AO, § 164 Rn. 41; *Boeker*, in: HHSp, AO, § 37 Rn. 45.

b. Übertragbarkeit auf das Kommunalabgabenrecht

Diese steuerrechtliche Bewertung ist in weiten Teilen auf das Kommunalabgabenrecht übertragbar. Allein in Sachsen-Anhalt ist der Verjährungsproblematik bereits deshalb der Boden entzogen, weil dort die erbrachten Vorausleistungen die sachlichen Abgabenpflichten unmittelbar bei ihrem Entstehen *ipso lege* tilgen, sodass die danach erloschenen Abgabenforderungen schon nicht mehr verjähren können[449]. Für die übrigen Bundesländer scheidet eine derartige Lösung indes wegen des Festsetzungsvorbehalts entsprechend § 218 AO für die Verwirklichung von Steuerforderungen aus[450]. Dort greifen daher im Ausgangspunkt der Prüfung die oben dargestellten[451] grundsätzlichen Überlegungen zur wertenden Interessenanalyse ebenfalls uneingeschränkt Raum.

Hieran schließt sich wiederum die Frage an, ob das Kommunalabgabenrecht - wie nach richtiger Auffassung das Steuerrecht - mit dem entsprechend anwendbaren § 171 Abs. 14 AO eine spezielle Lösung des Problems bereit hält. Dies ist von vornherein für die Bundesländer zu verneinen, deren Kommunalabgabengesetz die Anwendung von § 171 Abs. 14 AO ausschließt[452]. In den übrigen Bundesländern bestimmt diese Vorschrift jedoch entsprechend, dass die Festsetzungsfrist für einen Abgabenanspruch nicht endet, soweit ein damit zusammenhängender Erstattungsanspruch nach § 37 Abs. 2 AO noch nicht verjährt ist. Unterstellt man, dass ohne diese Regelung mit Eintritt der Festsetzungsverjährung der Abgabenschuld ein Erstattungsanspruch hinsichtlich der erbrachten Vorauszahlungen entsteht, dann ist der Anwendungsbereich der Norm auch ihrem kommunalabgabenrechtlichen Geltungsgehalt nach aus den genannten[453], übertragbaren Gründen erfüllt. Allein diese entsprechende Auslegung von § 171 Abs. 14 AO trägt der Interessenlage umfassend Rechnung. Das schutzwürdige Interesse des Abgabenschuldners an einer endgültigen Entscheidung in der Abgabensache steht dem Interesse des Abgabengläubigers an der Beibehaltung einer mit einiger Wahrscheinlichkeit rechtmäßigen Vermögenslage nach Ablauf der Verjährungsfrist gegenüber.

---

449 BVerwG v. 5. 9. 1975, IV CB 75/73, NJW 1976, 818 (819); a. A. OVG Münster v. 30. 6. 2009, 15 B 524/09, KStZ 2009, 154 (155): Erstattung der gezahlten Vorausleistungen ungeachtet vormaliger Tilgung.

450 Vgl. hierzu im Einzelnen Ziffer V Nr. 1 Buchst. b Doppelbuchst. bb, S. 281 ff.

451 Vgl. Buchst. a Doppelbuchst. bb Dreifachbuchst. ddd, S. 315 ff.

452 Dies betrifft Brandenburg (§ 12 Abs. 1 Nr. 4 Buchst. b brdbg. KAG), Hessen (§ 4 Abs. 1 Nr. 4 Buchst. b hess. KAG), und das Saarland (§ 12 Abs. 1 Nr. 4 Buchst. b saarl. KAG).

453 Vgl. Buchst. a Doppelbuchst. bb, S. 312 ff.

Dieser Interessenwiderstreit lässt sich für alle befriedigend auflösen, indem der Kommune die Möglichkeit erhalten bleibt, die entstandene endgültige Abgabenforderung zu bestimmen und erbrachte Vorausleistungen hiermit zu verrechnen, ohne Nachzahlungen verlangen zu können[454]. Dieses Ziel kann in dogmatisch befriedigender Weise erreicht werden, in dem man annimmt, dass die Festsetzungsverjährung in ihrem Ablauf entsprechend § 171 Abs. 14 AO gehemmt ist, soweit das Erlöschen der Abgabenschuld Erstattungsansprüche hinsichtlich erbrachter Vorausleistungen auslösen würde. In dem Umfang, in dem Vorausleistungen erbracht wurden, bliebe folglich die Festsetzung des endgültigen Abgabenanspruches und damit auch die Auskehr von überzahlten Vorausleistungen, die die Abgabenschuld übersteigen, möglich[455].

Ob das Eintreten der Festsetzungsverjährung überhaupt derartige Kondiktionsansprüche nach sich zieht, beurteilt sich ebenfalls nach den eingangs entwickelten steuerrechtlichen Grundsätzen[456]. Ihren Rechtsgrund finden die erbrachten Vorausleistungen danach zunächst in der durch den Vorausleistungsbescheid bestimmten Vorausleistungsschuld. Ob diese durch den Bescheid begründete Vorausleistungsschuld, wenn sie mangels endgültiger Abgabenfestsetzung nicht vorher in Fortfall geraten ist, mit der Verjährung der Abgabenforderung erlischt oder ob sie fortbesteht, ist in den Kommunalabgabengesetzen nicht ausdrücklich geregelt. Für die Beantwortung dieser Frage wurde von einer Ansicht auch im Kommunalabgabenrecht auf die Überlegung zurückgegriffen, das Fehlen eines Erstattungsanspruches daraus herzuleiten, dass der Vorausleistungsbescheid mangels Ablösung durch einen endgültigen Abgabenbescheid isoliert als formeller Rechtsgrund der erbrachten Vorausleistung fortgilt[457]. Diese Auffassung greift jedoch zu kurz, soweit sie unberücksichtigt lässt, dass die Wirksamkeit einer behördlichen Vorausleistungsfestsetzung nicht unberührt davon bleiben kann, dass die tenorierte Forderung - unterstellt - zweifelsfrei erloschen ist. Der Vorausleistungsbescheid taugt nicht unabhängig vom Schicksal der Vorausleistungsschuld isoliert als formeller Rechtsgrund, sondern kann nur dann Fortgeltung beanspruchen,

454 In diesem Sinne auch BVerwG v. 5. 9. 1975, IV CB 75/73, NJW 1976, 818 (819) und wohl auch OVG Weimar v. 30. 6. 2003, 4 EO 206/96; a. A. OVG Münster v. 30. 6. 2009, 15 B 524/09, KStZ 2009, 154 (155).

455 So für das Steuerrecht auch *Diebold*, in: Hermann/Heuer/Raupach, EStG, § 37 Rn. 31; *Banniza*, in: HHSp, AO, Vor §§ 169 - 171 Rn. 37; *Rüsken*, in: Klein, AO, 10. Aufl. 2009, § 171 Rn. 120.

456 Siehe Buchst. a Doppelbuchst. cc, S. 318 ff.

457 OVG Weimar v. 30. 6. 2003, 4 EO 206/96; zustimmend *Driehaus*, in: Driehaus, Kommunalabgabenrecht, § 8 Rn. 124b.

wenn auch die Vorausleistungsschuld nicht mit der Verjährung der endgültigen Abgabenpflicht untergeht[458]. Unter welchen Umständen dies der Fall ist, wird sogleich thematisiert werden.

Von anderer Seite wurde demgegenüber der Versuch unternommen, aus den zum Teil[459] entsprechend anwendbaren § 164 Abs. 1 Satz 2 und Abs. 4 Satz 1 AO herzuleiten, dass sich der Vorausleistungsbescheid als ein Fall der Abgabenfestsetzung unter dem Vorbehalt der Nachprüfung mit Eintritt der Festsetzungsverjährung in einen vorbehaltlosen, endgültigen Abgabenbescheid umwandelt, der endgültig den Rechtsgrund für die einbehaltenen Vorauszahlungen darstellt[460]. Diese These scheitert - wie für das Steuerrecht gezeigt wurde[461] - jedoch bereits am unterschiedlichen Regelungsinhalt beider Bescheidtypen[462]. Gleiches gilt für die im Ergebnis ähnliche Auffassung, nach der sich der Vorausleistungsbescheid mit Ablauf der Festsetzungsverjährung allgemein in einen endgültigen Abgabenbescheid umwandeln soll[463]. Hiergegen spricht weiter, dass nicht einmal eine Umdeutung eines Vorausleistungsbescheides in einen endgültigen Abgabenbescheid entsprechend § 128 AO statthaft wäre. Dies schließt erst recht die Annahme einer gesetzlich ungeregelten Umwandlungsfähigkeit der Bescheide aus[464].

Kann das Entstehen eines Erstattungsanspruches demnach auch im Kommunalabgabenrecht nicht isoliert über die Annahme eines formellen Rechtsgrundes verneint werden, erlangt wiederum die Frage ausschlaggebende Bedeutung, ob die Vorausleistungsschuld als materieller Rechtsgrund in dem Sinne akzessorisch zu endgültigen Abgabenpflicht ist, dass die Vorausleistungsschuld nur solange existieren kann, wie die endgültige Abgabenpflicht nicht erloschen ist[465]. Wie sich die Verschränkung von Vorausleistungsschuld

458 Vgl. hierzu bereits Ziffer V Nr. 1 Buchst. b Doppelbuchst. cc, S. 282 f.

459 Vgl. Kap. C Ziffer I Nr. 2, S. 55.

460 So OVG Koblenz v. 20. 2. 1997, 10275/96.OVG, zitiert nach juris; VG Dresden v. 14. 10. 2009, 2 L 322/09, zitiert nach juris; *Mildner*, in: Driehaus, Kommunalabgabenrecht, § 8 Rn. 1370a; *Büchel*, in: Büchel/Patt, SächsKAG, § 23 Rn. 4.

461 Siehe Buchst. a Doppelbuchst. cc Dreifachbuchst. bbb, S. 319.

462 In diesem Sinne auch SächsOVG v. 1. 4. 2003, 5 B 115/01, KStZ 2003, 169 (171).

463 OVG Weimar v. 30. 6. 2003, 4 EO 206/96; einschränkend *Driehaus*, in: Driehaus, Kommunalabgabenrecht, § 8 Rn. 146.

464 Vgl. Ziffer V Nr. 2 Buchst. c Doppelbuchst. aa, S. 291 f.

465 So SächsOVG v. 1. 4. 2003, 5 B 115/01, KStZ 2003, 169 (170), für das Steuerrecht; ähnlich OVG Münster v. 30. 6. 2009, 15 B 524/09, KStZ 2009, 154 (155), für das Beitragsrecht: Rechtsgrund für das endgültige Behalten einer Vorausleistung kann nur der endgültige Beitragsbescheid sein, nicht der Vorausleistungsbescheid oder die abstrakte Beitragsschuld. Kann die endgültige Beitragsfestsetzung wegen des Ablaufs der Festsetzungsverjährung nicht mehr erfolgen, sind gezahlte Vorausleistungen daher

und Abgabenschuld im Einzelnen rechtskonstruktiv gestaltet, kann dabei ebenfalls nicht beurteilt werden, ohne die berührten sachlichen Belange in den Blick zu nehmen. Hier spielt in erster Linie die Frage hinein, ob eine Festsetzung der Abgabenschuld und eine Verrechnung der Vorausleistungen über die Verjährungshemmung entsprechend § 171 Abs. 14 AO möglich bleibt[466]. Bejaht man diese Frage, so ist mittels § 171 Abs. 14 AO sowohl dem Interesse des Abgabenschuldners an einer endgültigen Abrechnung seiner Vorausleistung als auch dem Interesse der Kommune an der Beibehaltung des berechtigten *status quo* genügt[467]. Damit ist mit den allgemeinen Akzessorietätsgrundsätzen vorläufiger Regelungen davon auszugehen, dass die Vorausleistungsschuld mit dem Erlöschen der Abgabenschuld untergeht.

Ist eine Anwendung von § 171 Abs. 14 AO hingegen landesrechtlich völlig ausgeschlossen[468], oder geht man davon aus, dass § 171 Abs. 14 AO entsprechend für die hier in Rede stehenden Fallgestaltungen nicht einschlägig ist, steht einer nachträglichen Abgabenfestsetzung und damit im Ergebnis auch einer Vorausleistungsverrechnung der einer einschränkenden Interpretation nicht zugängliche, entsprechend geltende § 169 Abs. 1 AO entgegen. Unter dieser Prämisse ist es folglich nicht möglich, allen aufgezeigten Belangen Rechnung zu tragen. Damit stellt sich die Frage, welchen Interessen Vorrang einzuräumen ist.

Gewichtet man die Bedeutung der jeweils berührten Rechtspositionen, so spricht wiederum Überwiegendes dafür, dem Rechtssicherheitsinteresse das Interesse an der Verhinderung der Vorwegnahme der Hauptsacheentscheidung unterzuordnen. Die Wahrscheinlichkeit, dass sich die „Hauptsacheentscheidung“ ohnehin darauf beschränken würde, die entstandene Abgabenschuld und die erbrachten Vorausleistungen deklaratorisch zu benennen, ist zwar nicht ganz so hoch wie im Steuerrecht. Wenngleich Nachforderungen zulasten des Abgabenpflichtigen durch die Festsetzungsverjährung ebenfalls von vornherein ausgeschlossen sind, kann hingegen nicht mit gleicher Wahrscheinlichkeit verneint werden, dass bei einer Festsetzung Erstattungsansprüche zu seinen Gunsten festgestellt würden. Da es der kommunalabgabenrechtliche Vorausleistungsschuldner nicht in gleichem Maße wie der steuerrechtliche

zu erstatten.

466 Vgl. hierzu oben Buchst. a Doppelbuchst. cc Dreifachbuchst. fff, S. 321 ff.

467 Vgl. zur Interessenanalyse oben Buchst. a Doppelbuchst. bb Dreifachbuchst. ddd, S. 315 ff.

468 So nach § 12 Abs. 1 Nr. 4 Buchst. b brdbg. KAG; § 4 Abs. 1 Nr. 4 Buchst. b hess. KAG und § 12 Abs. 1 Nr. 4 Buchst. b saarl. KAG.

Vorauszahlungsschuldner in der Hand hat, überhöhte Vorschusszahlungen zu verhindern, ist es eher der Prognosesicherheit der Kommune überlassen, ob die Vorausleistungsfestsetzungen die endgültige Abgabenforderung letzlich deutlich überschreiten, oder nicht. Doch gilt auch für das Kommunalabgabenrecht, dass es der Abgabenschuldner selbst in der Hand hat, sein Interesse an einer endgültigen Entscheidung innerhalb der Verjährungsfrist durchzusetzen[469]. Weil vor diesem Hintergrund dem Abgabenschuldner ein Versäumnis in eigener Sache vorzuwerfen ist, wenn er nicht innerhalb der Festsetzungsverjährungsfrist um einen endgültigen Abgabenbescheid nachsucht, kann das Abrechnungsinteresse des Abgabenschuldners nach Ablauf der Festsetzungsverjährung auch für das Kommunalabgabenrecht als eher „formaler" Natur betrachtet werden[470].

Verglichen hiermit würde eine Erstattung der erbrachten Vorausleistungen nicht nur über das schutzwürdige Abrechnungsinteresse des Abgabenschuldners weit hinausgehen, sondern zugleich auch die gewichtigen Interessen der Allgemeinheit an der - Gleichmäßigkeit und Gesetzmäßigkeit der Abgabenveranlagung berührenden - Durchsetzung begründeter Abgabenansprüche und an der Gewährleistung eines den tatsächlichen Zustand perpetuierenden Rechtsfriedens verletzen. Diese öffentlichen Interessen überwiegen auch im Kommunalabgabenrecht.

Nach alledem ist unter der Prämisse, dass § 171 Abs. 14 AO nicht anwendbar ist oder nicht für einschlägig gehalten wird, davon auszugehen, dass Vorausleistungen sich zwar mittelbar dadurch rechtfertigen, dass die Abgabenpflicht überhaupt einmal existieren kann bzw. existiert hat, dass sie aber nicht akzessorisch mit dem Fortbestand dieser Abgabenpflicht verknüpft sind. Dies bedeutet im Ergebnis, dass die Vorausleistungen sogar insoweit einbehalten werden dürfen, als sie eigentliche Abgabenforderung übersteigen, eine Erstattung der überzahlten Vorausleistungen kommt mit diesem Lösungsmodell allenfalls im Billigkeitswege in Betracht[471].

---

469 Er kann seine Rechte insbesondere durch einen Antrag auf Abgabenfestsetzung wahren, dem entsprechend § 171 Abs. 3 AO ablaufhemmende Wirkung zukommt.

470 Vgl. Buchst. a Doppelbuchst. cc Dreifachbuchst. fff, S. 321 ff.

471 Vgl. Buchst. a Doppelbuchst. cc Dreifachbuchst. fff, S. 324; *Drüen*, in: Tipke/Kruse, AO, § 37 Rn. 45; *Drenseck*, in: Schmidt, EStG, 30. Aufl. 2011, § 37 Rn. 1; *Heuermann*, in: HHSp, AO, § 164 Rn. 41; *Boeker*, in: HHSp, AO, § 37 Rn. 45.

c. *Ergebnis*

Die Untersuchung hat damit gezeigt, dass aus dem Ablauf der Festsetzungsverjährung für die endgültige Abgabenpflicht kein Anspruch auf Erstattung erbrachter Vorausleistungen hergeleitet werden kann. Dies folgt aus dem Umstand, dass § 171 Abs. 14 AO, sofern anwendbar, entsprechend den Ablauf der Festsetzungsverjährung hemmt, soweit Vorausleistungen erbracht wurden. In diesem Umfang bleibt damit die Festsetzung der endgültigen Abgabenschuld und die Verrechnung der Vorausleistungen möglich; insbesondere sind gegenüber dem Veranlagungssoll überzahlte Vorausleistungen zu erstatten.

Lehnt man diese Auffassung ab oder hat § 171 Abs. 14 AO von vornherein landesrechtlich keine Geltung, so ergibt sich das Fehlen eines Erstattungsanspruches jedenfalls daraus, dass unter diesen Umständen die Vorausleistungsschuld bei interessengerechtem Verständnis die Festsetzungsverjährung der Abgabenschuld überdauern muss. Da die Vorausleistungsschuld demnach weiterhin und unabänderlich den Rechtsgrund für die erbrachten Vorausleistungen bildet, kommt mit diesem Lösungsmodell grundsätzlich auch keine Erstattung überzahlter Vorausleistungen in Betracht. Eine Anpassung der Vermögenslage an die Abgabenschuld kann allenfalls im Billigkeitswege erfolgen.

VII. Ergebnis

Zusammenfassend ergeben sich für die kommunalabgabenrechtliche Vorausleistung folgende Grundsätze:

- Für die kommunalabgabenrechtliche Vorausleistung ist allgemein kennzeichnend, dass sie aufgrund einer Anspruchsprognose vor Entstehung der endgültigen Abgabe und zur Verrechnung mit der endgültigen Abgabe erbracht wird. Es handelt sich um einen materiell-rechtlich eigenständigen, der endgültigen Abgabe wesensähnlichen, sekundären Hilfsanspruch.

- Die Erhebung von Vorausleistungen setzt eine spezifische einfachgesetzliche, aber keine besondere satzungsrechtliche Grundlage voraus.

- Ob die Berechtigung zur Erhebung von Vorausleistungen zeitlich schon durch das Entstehen, oder erst durch die Festsetzungsmöglichkeit oder sogar erst durch die Festsetzung der endgültigen Abgabe begrenzt wird, ist durch Auslegung des jeweiligen Landesrechts zu ermitteln.

- Mit Rücksicht auf den allgemeinen Grundsatz der Subsidiarität vorläufiger Entscheidungen ist eine Vorausleistungserhebung nur zulässig, wenn der Kommune ein schutzwürdiges Vorfinanzierungsinteresse zukommt.

- Es ist weder verfassungsrechtlich, noch einfachgesetzlich begründet, Vorausleistungen generell von dem Bestehen eines spezifischen Voraus-Vorteils abhängig zu machen.

- Vorausleistungen, die an den Beginn der Herstellung der Einrichtung oder an das Bestehen eines Dauerbenutzungsverhältnisses anknüpfen, sind verfassungsrechtlich (auch) am Erhebungszweck der Deckung des Vorfinanzierungsaufwandes zu messen. Der Vorausleistungsschuldner darf in diesen Fällen nicht zu einem Zeitpunkt oder in einem Maße „auf Vorrat“ in Anspruch genommen werden, zu dem der ihm abverlangte „Vorschuss“ auch unter Berücksichtigung des öffentlichen Interesses an einer effizienten Ausgestaltung des Vorausleistungsverfahrens nicht erforderlich ist, um den Vorfinanzierungsbedarf der Kommune zu decken. Sowohl die Begrenzungs- und Schutzfunktion der Finanzverfassung als auch Verhältnismäßigkeitsgesichtspunkte stehen gemessen hieran einer einmaligen Erhebung von Vorausleistungen in Höhe der gesamten prognostizierten Abgabenschuld nicht entgegen, wenn mit einer zügigen Durchführung der Maßnahme und einem zeitnahen bestimmungsgemäßen Verbrauch der Vorausleistungen gerechnet werden kann. In allen anderen Fällen folgt aus diesen Prinzipien, dass Vorausleistungen nur sukzessive nach Maßgabe des aktuellen Kapitalbedarfs erhoben werden können.

- Eine Vorausleistungserhebung verstößt gegen das Übermaßverbot und gegen den anhand der Grundsätze vorläufiger Entscheidungen und dem Prinzip der Normenwahrheit ausgelegten gesetzlichen Rahmen, wenn sie - weil nicht in absehbarer Zeit damit gerechnet werden kann, dass dem Vorausleistungsschuldner die endgültige hoheitliche „Gegenleistung“ zugute kommt - ihren vorläufigen Charakter einbüßt und zu einem Dauerzustand perpetuiert wird. Kommt dem Vorausleistungsschuldner zwar der endgültige Sondervorteil bereits zugute, ist aber gleichwohl die sachliche Beitragsschuld noch nicht entstanden, dann ist die Kommune verpflichtet, alles dafür zu tun, dass die sachlichen Beitragspflichten entstehen. Die absolute gesetzliche Höchstgrenze für die Vereinnahmung von Vorausleistungen trotz Ausbleibens der endgültigen Beitragspflichten liegt etwa beim Doppelten der Frist aus § 133 Abs. 3 Satz 3 BauGB oder entsprechender landesrechtlicher Regelungen; nach Ablauf dieser Frist hat die Kommune erbrachte Vorausleistungen zu erstatten. Sind die sachlichen Beitragspflichten hingegen entstanden und unterlässt es die Kommune nur, diese durch endgültigen Bescheid festzusetzen, dann erwächst dem Vorausleistungsschuldner hieraus kein Anspruch auf Rückzahlung seiner Vorausleistungen, sondern nur auf Erlass eines endgültigen Beitragsbescheides.

- Das Prinzip der Begrenzung der Vorausleistung durch die prognostizierte endgültige Abgabe gebietet es den Kommunen nicht, für die Zwecke der Vorausleistungserhebung das Verfahren der Abgabenentstehung soweit als möglich voranzutreiben und einzelne Faktoren für die künftige Abgabenhöhe so genau als möglich zu ermitteln. Ausreichend ist es vielmehr, dass gute Gründe dafür sprechen, dass die Vorausleistung die endgültige Abgabe nicht überschreiten wird. Ermittlungsmaßnahmen, Vorab-Maßnahmen oder Rechtsprüfungen, die in hohem Maße Verwaltungskraft binden, ohne einen signifikanten Gewinn für die Prognosesicherheit zu bringen, müssen nicht durchgeführt werden.

- Diese Absenkung des behördlichen Prüfungsmaßstabs ist materiellrechtlich in dem ausdrücklich oder stillschweigend vorgesehenen Tatbestandsmerkmal der Prognose des künftigen Anspruchs verankert. In denjenigen Bundesländern, die § 164 AO für entsprechend anwendbar erklären, wird zudem darüber hinaus der behördliche Prüfungsmaßstab entsprechend § 164 Abs. 1 Satz 2 AO auch für alle anderen Tatbestandsvoraussetzungen verfahrensrechtlich abgesenkt.

- Soweit die Verringerung der behördlichen Prüfungstiefe materiellrechtlich geregelt ist, bindet sie unmittelbar auch das Gericht. Im Übrigen folgt auch aus dem Charakter der Vorausleistungserhebung als behördlicher Eil-Entscheidung, dass das Gericht keine umfassende Kontrolle vornehmen muss, sondern sich mit einem Prüfungsumfang begnügen darf, der sich an dem eines gerichtlichen Verfahrens des vorläufigen Rechtsschutzes orientiert.

- Bei Vorausleistungsbescheiden handelt es sich um Dauerverwaltungsakte, die grundsätzlich an den Fortbestand der Tatbestandsvoraussetzungen gebunden sind. Entfallen nachträglich einzelne Tatbestandsvoraussetzungen, beurteilen sich Änderungen des Vorausleistungsbescheides grundsätzlich - abhängig vom Landesrecht - entsprechend § 130 AO, entsprechend § 116 schlesw.-holst. LVwG bzw. entsprechend § 164 Abs. 2 AO.

- Bei der Ausübung des Rücknahmeermessens nach § 130 AO ist gegebenenfalls neben der Versäumung eines Rechtsmittels und dem Interesse an einer effizienten Gestaltung des Vorausleistungsverfahrens die vorläufige, dienende Natur der Vorausleistungen ebenso in Rechnung zu stellen, wie ihr Beruhen auf einer überschlägigen Prognose.

- Auch bei der Entscheidung über Änderungsanträge entsprechend § 164 Abs. 2 AO sind Verwaltungseffizienzgesichtspunkte und die spezifischen Besonderheiten des Vorausleistungsverfahrens in Rechnung zu stellen; unter Umständen kann die Entscheidung über den Antrag bis zur abschließenden Prüfung des Abgabenfalles aufgeschoben werden.

- Bei allen drei Rechtsgrundlagen für eine Korrektur des Vorausleistungsbescheides (§§ 130, 164 Abs. 2 AO in entsprechender Anwendung oder § 116 schlesw.-holst. LVwG) ist namentlich die Schwere und Offensichtlichkeit des Rechtsverstoßes, die voraussichtliche Höhe der Überzahlung und die Sicherheit ihres Eintritts, ihre konkreten Auswirkungen auf den Vorausleistungsschuldner, die voraussichtliche Dauer der Überzahlung, die Frage, ob der Eintritt der Überzahlung in die Verantwortungssphäre der Kommune fällt und der Aufwand, den eine isolierte Korrektur im Vorausleistungsverfahren erfordern würde, zu berücksichtigen.

- Kann eine endgültige Abgabenpflicht überhaupt nicht mehr entstehen, ist der Vorausleistungsbescheid nach einer angemessenen Bearbeitungszeit zurückzunehmen und sind erbrachte Vorausleistungen unabhängig davon zu erstatten, ob die Gemeinde den Gegenwert der Vorausleistung bereits durch endgültige Abgaben beim richtigen Abgabenschuldner refinanzieren konnte.

- Vorausleistungen können nur nach sachsen-anhaltinischer Rechtslage schon mit Entstehen der sachlichen Abgabenpflichten Tilgungswirkung entfalten; in den anderen Bundesländern, deren Kommunalabgabengesetze die Abgabenordnung für entsprechend anwendbar erklären, scheidet dies hingegen wegen des entsprechend § 218 Abs. 1 AO angeordneten Festsetzungsvorbehalts für die Verwirklichung von Kommunalabgabenforderungen aus.

- Die Verschränkung von Vorausleistungsschuld und endgültiger Abgabenschuld kann nicht über die starre Annahme einer auflösenden Bedingung, sondern muss über den Vorbehalt eines Vorausleistungsinteresses erfolgen. Danach erlischt die Vorausleistungsschuld mit der Festsetzung der endgültigen Abgabe, es sei denn, dass diese Festsetzung verfrüht vor Entstehen der endgültigen Abgabenforderung erfolgt.

- Gegenstand der Vorausleistungsfestsetzung ist nicht der endgültige Abgabenanspruch, sondern der hiervon verschiedene, materiell-rechtlich eigenständige „Vorschuss"-Anspruch.

- Die Umdeutung eines Vorausleistungsbescheides in einen endgültigen Abgabenbescheid ist nicht entsprechend § 128 AO zulässig; die Fallkonstellation des Entstehens der endgültigen Abgabepflicht während des Laufs des Widerspruchsverfahrens gegen Vorausleistungsbescheid ist stattdessen sachlich angemessen dadurch zu bewältigen, dass der Zeitraum der Veranlagbarkeit zu Vorausleistungen bis zur Festsetzung oder Festsetzungsmöglichkeit der endgültigen Abgabe ausgedehnt wird.

- Verweigert die Kommune den Erlass eines endgültigen Abgabenbescheides, kann der Betroffene seinen verfahrensrechtlichen Anspruch auf Abgabenfestsetzung durch eine auf Verpflichtung oder Bescheidung gerichtete Untätigkeitsklage geltend machen; hingegen wandelt sich weder der Vorausleistungsbescheid *ipso facto* in einen endgültigen Abgabenbescheid, noch ist die geleistete Vorausleistung allein aus diesem Grund zu erstatten.

- Die Kommune kann sich nach Erlöschen der Vorausleistungsschuld nicht mehr auf noch offene Leistungsgebote des Vorausleistungsbescheides stützen; der endgültige Abgabenbescheid muss die Leistung des noch offenen Betrags vielmehr insgesamt fordern.

- Der endgültige Abgabenbescheid löst mit Erlass einen Vorausleistungsbescheid insgesamt ab; die Ablösungswirkung ist allerdings reversibel, wenn die Abgabenfestsetzung verfrüht vor Entstehen der endgültigen Abgabenschuld erging.

- Solange danach die Ablösungswirkung der endgültigen Abgabenfestsetzung potentiell umkehrbar ist, besteht das Rechtsschutzinteresse für Rechtsmittel gegen Vorausleistungsbescheide fort.

- Der Erstattungsanspruch hinsichtlich überzahlter Vorausleistungen entsteht nach sachsen-anhaltinischem Kommunalabgabenrecht mit dem Entstehen der sachlichen Abgabenpflichten; in den anderen Bundesländern, deren Kommunalabgabengesetze auf die Abgabenordnung verweisen, hingegen erst - und potentiell reversibel - mit der endgültigen Festsetzung der Abgabe.

- Aus dem Ablauf der Festsetzungsverjährung für die endgültige Abgabenpflicht kann kein Anspruch auf Erstattung erbrachter Vorausleistungen hergeleitet werden. § 171 Abs. 14 AO hemmt - sofern er landesrechtlich entsprechend anwendbar ist - den Ablauf der Festsetzungsverjährung, soweit Vorausleistungen erbracht wurden. In diesem Umfang bleibt damit die Festsetzung der endgültigen Abgabenschuld und die Verrechnung der Vorausleistungen möglich; insbesondere sind gegenüber dem Veranlagungssoll überzahlte Vorausleistungen zu erstatten. Sofern § 171 Abs. 14 AO nicht anwendbar ist, überdauert die Vorausleistungsschuld bei interessengerechtem Verständnis die Festsetzungsverjährung der Abgabenschuld und schließt damit ebenfalls einen Erstattungsanspruch aus. Eine Erstattung überzahlter Vorausleistungen kommt unter diesen Umständen allerdings grundsätzlich nicht in Betracht.

F. Vorläufige Festsetzung von Kommunalabgaben

Den Erlass vorläufiger Kommunalabgabenbescheide gestatten - im Gegensatz zu der Festsetzung von Kommunalabgaben unter dem Vorbehalt der Nachprüfung, die nur in wenigen Bundesländern statthaft ist - alle Kommunalabgabengesetze, die auf die Verfahrensregelungen der Abgabenordnung zurückgreifen[1]. Gleichwohl sind auch solche vorläufigen Bescheide im Kommunalabgabenrecht, anders als im Steuerrecht, kaum praktisch relevant geworden. Nur vereinzelt wurde in der Rechtsprechung und der kommunalabgabenrechtlichen Literatur[2] auf die Möglichkeiten, die diese Bescheidform bietet, eingegangen. Mit dieser Untersuchung soll daher den potentiellen Anwendungsgebieten und den Anwendungsvoraussetzungen von vorläufigen Abgabenfestsetzungen nachgegangen werden, bevor Einzelfragen des Verfahrens, des Rechtsschutzes und der Abgrenzung von vorbehaltlichen Abgabenfestsetzungen diskutiert werden.

I. Grundlagen der vorläufigen Abgabenfestsetzung

1. Funktion

Die Funktionsbestimmung der vorläufigen Abgabenfestsetzung folgt dem steuerrechtlichen Vorbild:

Das Steuerverfahrensrecht kennt die vorläufige Steuerfestsetzung bzw. die - praktisch kaum relevante[3] - Aussetzung der Steuerfestsetzung gemäß § 165

1 Vgl. Kap. 4.1.2, S. 194; § 11 Abs. 1 Nr. 4 Buchst. b NKAG; § 12 Abs. 1 Nr. 4 Buchst. b brdbg. KAG, § 4 Abs. 1 Nr. 4 Buchst. b hess. KAG; § 12 Abs. 1 Nr. 4 Buchst. b saarl. KAG; § 3 Abs. 1 Nr. 4 Buchst. c bad.-württ. KAG;§ 12 Abs. 1 KAG M-V; § 3 Abs. 1 Nr. 4 rheinl.-pf. KAG; § 3 Abs. 1 Nr. 4 Buchst. c SächsKAG; § 15 Abs. 1 Nr. 4 Buchst. b Doppelbuchst. aa ThürKAG; Artikel 13 Abs. 1 Nr. 4 Buchst. b Doppelbuchst. aa bayer. KAG; § 12 Abs. 1 Nr. 4 Buchst. b nordrh.-westf. KAG; § 13 Abs. 1 Nr. 4 Buchst. b KAG-LSA.

2 Vgl. etwa OVG Münster v. 7. 9. 1977, II A 5/76, OVGE 33, 117 (118 f.); OVG Frankfurt v. 2. 8. 2002, 2 A 682/01, LKV 2003, 92 (95); *Prahl*, KStZ 1996, 109 f.; *Röthinger*, KStZ 1991, 226; *Hartleb*, KStZ 2008, 25.

3 *Tipke*, in: Tipke/Kruse, AO, § 165 Rn. 1, Stand Juli 2001.

AO (im Folgenden allgemein: vorläufige Steuerfestsetzung) als weitere bedeutende interimistische Entscheidung neben der Steuerfestsetzung unter dem Vorbehalt der Nachprüfung. Im Gegensatz zur Vorbehaltsfestsetzung handelt es sich hierbei um eine nur *punktuell vorläufige* Entscheidung, die nach Abschluss der Ermittlungen ergeht[4]. Sie dient ihrer Grundkonzeption nach dazu, der Finanzbehörde die Steuerfestsetzung bereits zu ermöglichen, obwohl die Sachverhaltsermittlung schwierig und zeitaufwändig ist und deshalb noch tatsächliche Unklarheiten in einzelnen Punkten bestehen (§ 165 Abs. 1 Satz 1 AO). Um die betroffenen Steuerpflichtigen nicht ungerechtfertigt zu bevorzugen, sollen derartige begrenzte Ungewissheiten nicht dazu führen, dass die Steuerfestsetzung insgesamt unterbleibt[5]. Darüber hinaus sollen in den in § 165 Abs. 1 Satz 2 AO genannten, enumerativ abschließenden Fällen - bei Unsicherheiten über das Eingreifen eines Doppelbesteuerungsabkommens, bei höchstrichterlicher Klärung der Vereinbarkeit von Steuergesetzen mit höherrangigem Recht sowie bei Anhängigkeit (bedeutsamer) einfachgesetzlicher Rechtsfragen am Bundesfinanzhof[6] - auch rechtliche Ungewissheiten durch diese vorläufige Entscheidung aufgefangen werden.

Die Vorschrift soll es der Finanzbehörde demnach ermöglichen, nicht mehr länger mit der Festsetzung zuzuwarten, wenn nur noch punktuelle Unklarheiten verbleiben[7]. Soweit es vorläufige Entscheidungen anbelangt, die mit Rücksicht auf die höchstrichterliche Überprüfung von Steuergesetzen ergehen, dient die Vorschrift darüber hinaus vor allem dazu, Massenrechtsbehelfe zu vermeiden. Die Steuerpflichtigen sollen in diesen Fällen nicht gezwungen sein, durch Rechtsbehelfe den Eintritt der Bestandskraft zu verhindern, um Nutznießer einer Neuregelung bzw. der höchstrichterlichen Entscheidung werden zu können[8].

Der entsprechend anwendbare § 165 AO erlaubt auch im Kommunalabgabenrecht generell die Überbrückung von punktuellen tatsächlichen und sowie die Überbrückung von einigen abschließend benannten rechtlichen Ungewissheiten, die nach Abschluss der Ermittlungen noch verbleiben. Die Kommunen sollen die Abgabenfestsetzung nicht aufschieben müssen, wenn nur noch

---

4 *Heuermann*, in: HHSp, AO, § 165 Rn. 3; *Rüsken*, in: Klein, AO, 10. Aufl. 2009, § 165 Rn. 1.

5 *Seer*, in: Tipke/Kruse, AO, § 165 Rn. 1.

6 *Heuermann*, in: HHSp, AO, § 165 Rn. 1.

7 *Heuermann*, in: HHSp, AO, § 165 Rn. 3; *Cöster*, in: Pahlke/Koenig, AO, 2. Aufl. 2009, § 165 Rn. 2.

8 *Heuermann*, in: HHSp, AO, § 165 Rn. 1, Stand April 2009.

derartige besondere Punkte unklar sind. Auch sollen die betroffenen Abgabenschuldner nicht gegenüber anderen, deren Fall zufällig klar liegt, günstiger stehen, indem ihre Abgabenfestsetzung bis zu vollständigen Klärung des Sachverhalts aufgeschoben wird. Darüber hinaus wird mit der Vorschrift auch im Kommunalabgabenrecht die Vermeidung von Massenrechtsbehelfen angestrebt.

2. Tatbestandsvoraussetzungen

Für die Tatbestandsvoraussetzungen der vorläufigen Abgabenfestsetzung stellen alle Kommunalabgabengesetze auf die *entsprechende* Anwendbarkeit des § 165 Abs. 1 AO ab. Da diese steuerrechtliche Norm demnach nicht vollständig, sondern nur modifiziert in das Kommunalabgabenrecht inkorporiert wurde, muss durch Auslegung ermittelt werden, inwieweit die Besonderheiten des Kommunalabgabenrechts ein Normverständnis gebieten, das vom steuerrechtlichen Regelungsgehalt abweicht. Zur steuerrechtlichen Ausgangslage ist hierbei Folgendes zu bemerken:

a. Steuerrechtliche Tatbestandsvoraussetzungen

aa. § 165 Abs. 1 Satz 1 AO Eine vorläufige Steuerfestsetzung kommt gemäß § 165 Abs. 1 Satz 1 AO in Betracht, wenn bei der Finanzbehörde zum Zeitpunkt der Steuerfestsetzung trotz angemessener Aufklärungsbemühungen Unsicherheiten in *tatsächlicher* Hinsicht verbleiben, die zur Zeit nicht oder nur mit unverhältnismäßigen Schwierigkeiten beseitigt werden können[9]. Hierbei muss es sich im vorübergehende Aufklärungshindernisse handeln[10]. Dies kann etwa der Fall sein, wenn über vorgreifliche zivilrechtliche oder öffentlich-rechtliche Fragen andere Behörden oder Gerichte zu entscheiden haben[11]. Das Finanzamt wird zwar in der Regel auch solche steuerrechtlichen Vorfragen selbst zu klären haben. Es darf aber nach § 165 AO verfahren, wenn eine Beantwortung von Vorfragen von anderer Seite in verbindlicher

9 *Heuermann*, in: HHSp, AO, § 165 Rn. 7; *Seer*, in: Tipke/Kruse, AO, § 165 Rn. 7; *Cöster*, in: Pahlke/Koenig, 2. Aufl. 2009, § 165 Rn. 12; *Rüsken*, in: Klein, AO, 10. Aufl. 2009, § 165 Rn. 16.

10 *Seer*, in: Tipke/Kruse, AO, § 165 Rn. 8; *Rüsken*, in: Klein, AO, 10. Aufl. 2009, § 165 Rn. 6.

11 *Seer*, in: Tipke/Kruse, AO, § 165 Rn. 9; *v. Wedelstädt*, Kühn/v. Wedelstädt, AO, 19. Aufl. 2008, § 165 Rn. 6; *Rüsken*, in: Klein, AO, 10. Aufl. 2009, § 165 Rn. 16; *Cöster*, in: Pahlke/Koenig, 2. Aufl. 2009, § 165 Rn. 13.

oder zuverlässiger Weise zu erwarten ist[12]. Umstritten ist, ob unter die Regelung des § 165 Abs. 1 Satz 1 AO auch Steuerfälle zu fassen sind, in denen das einschlägige materielle Recht gerade eine prognostische Entscheidung auf unsicherer Grundlage vorsieht[13]. Nicht hierunter fallen jedenfalls rechtliche Zweifel. Die vorläufige Steuerfestsetzung nach § 165 Abs. 1 *Satz 1* AO darf nicht dazu eingesetzt werden, um die Klärung von Auslegungsfragen für die Steuergesetze durch die Rechtsprechung abzuwarten[14].

bb. § 165 Abs. 1 Satz 2 AO Neben Ungewissheiten hinsichtlich des Sachverhalts sind ungeklärte Rechtsfragen hingegen nur insoweit von Bedeutung, als sie die in § 165 Abs. 1 Satz 2 AO aufgeführten Zweifel über das anzuwendende Recht oder die Auslegung der Steuergesetze nach sich ziehen. Dies betrifft zum Ersten die Ungewissheit über das (rückwirkende) Inkrafttreten von Doppelbesteuerungsabkommen (§ 165 Abs. 1 Satz 2 Nr. 1 AO). Zum Zweiten kann eine Steuerfestsetzung vorläufig ergehen, wenn das Bundesverfassungsgericht ein einschlägiges Steuergesetz für unvereinbar mit dem Grundgesetz erklärt hat und der Gesetzgeber zu einer Neuregelung verpflichtet ist(§ 165 Abs. 1 Satz 2 Nr. 2 AO). Dabei ist zu beachten, dass die Vorschrift nur den Fall der Feststellung der Unvereinbarkeit mit dem Grundgesetz, hingegen nicht den Fall erfasst, dass ein Gesetz wegen Verfassungsverstoßes für nichtig erklärt wird[15].

Von größerer Bedeutung für diese Untersuchung sind indes die dritte und vierte Alternative, für die als einzige ein nennenswerter entsprechender Anwendungsbereich im Kommunalabgabenrecht zu erwarten ist: Die dritte Tatbestandsalternative betrifft Steuerfälle, bei denen die Vereinbarkeit eines Steuergesetzes mit höherrangigem Recht Gegenstand eines Verfahrens beim Gerichtshof der Europäischen Gemeinschaften, beim Bundesverfassungsgericht oder beim obersten Bundesgericht ist. Die Rechtswidrigkeit von Steuergesetzen ist dabei nur dann Verfahrensgegenstand im Sinne der Norm, wenn das jeweilige Gericht hierüber eine verbindliche Entscheidung treffen kann.

12 *Seer*, in: Tipke/Kruse, AO, § 165 Rn. 9.

13 Dafür *Seer*, in: Tipke/Kruse, AO, § 165 Rn. 8; *v. Wedelstädt*, in: Kühn/v. Wedelstädt, AO, 19. Aufl. 2008, § 165 Rn. 6; *Cöster*, in: Pahlke/Koenig, AO, 2. Aufl. 2009, § 165 Rn. 12; dagegen *Heuermann*, in: HHSp, AO, § 165 Rn. 9; *Rüsken*, in: Klein, AO, 10. Aufl. 2009, § 165 Rn. 16.

14 *Heuermann*, in: HHSp, AO, § 165 Rn. 12; *Rüsken*, in: Klein, AO, 10. Aufl. 2009, § 165 Rn. 17; *Seer*, in: Tipke/Kruse, AO, § 165 Rn. 10 m. w. N. zur Rspr.; *App*, DStR 1994, 127.

15 *Heuermann*, in: HHSp, AO, § 165 Rn. 16; *Tipke*, in: Tipke/Kruse, AO, § 165 Rn. 10.

Demnach reicht es für formelle Steuergesetze nicht aus, dass in Verfahren, die beim Bundesfinanzhof anhängig sind, verfassungsrechtliche Zweifel thematisiert werden[16], weil das Verwerfungsmonopol insoweit beim Bundesverfassungsgericht liegt. Erst recht ist es nicht hinreichend, dass eine Verfassungsfrage bei einem Finanzgericht anhängig ist, oder dass Literaturstimmen mit guten Gründen von der Verfassungswidrigkeit einer Vorschrift ausgehen[17]. Allerdings soll für Verfahren vor dem Bundesfinanzhof eine Inzidentkontrolle von Rechtsverordnungen genügen, da andernfalls die Norm insoweit leerläuft[18].

Die vierte Tatbestandsalternative erfasst Steuerfälle, für die die Auslegung eines Steuergesetzes Gegenstand eines Verfahrens beim Bundesfinanzhof ist. Hiervon ist auszugehen, wenn im Verfahren vor dem Bundesfinanzhof eine Auslegungsfrage entscheidungserheblich ist, die voraussichtlich geklärt werden wird[19].

Das Ziel dieser Regelungen aus Alternative 3 und 4 besteht, wie eingangs bereits dargelegt wurde, in der Vermeidung von Massenrechtsbehelfsverfahren. Ihr Hintergrund ist, dass die Steuerpflichtigen sich auf für sie günstige höchstrichterlichen Entscheidungen nicht mehr berufen können, wenn ihre Steuerbescheide schon in Bestandskraft erwachsen sind. Deshalb legen sie ohne eine vorläufige Abgabenfestsetzung häufig Rechtsmittel ein, um ihren Steuerfall für den Fall eines für sie vorteilhaften Ausgangs des Präzedenzverfahrens offen zu halten[20].

cc. Tatbestandliche Bewertung von Anspruchsverdachtslagen Die Behörde darf bei ihrer Festsetzungsentscheidung hinsichtlich derjenigen Sachverhaltsaspekte, die noch unklar sind, vorläufig von einer Verwirklichung des Steuertatbestandes ausgehen, wenn ein entsprechender Verdacht besteht[21]. Sie muss insbesondere nicht stets zugunsten des Steuerschuldners bis zur Erlangung anderweitiger Gewissheit von dem Fehlen der Besteuerungsgrund-

16 *Heuermann*, in: HHSp, AO, § 165 Rn. 19.
17 *Seer*, in: Tipke/Kruse, AO, § 165 Rn. 16.
18 *Heuermann*, in: HHSp, AO, § 165 Rn. 19.
19 *Heuermann*, in: HHSp, AO, § 165 Rn. 19 d.
20 *Heuermann*, in: HHSp, AO, § 165 Rn. 17 und 19c; *Tipke*, in: Tipke/Kruse, AO, § 165 Rn. 11, Stand Juli 2001; *Rüsken*, in: Klein, AO, 10. Aufl. 2009, § 165 Rn. 23.
21 In diesem Sinne *Heuermann*, in: HHSp, AO, § 165 Rn. 21; *Cöster*, in: Pahlke/Koenig, AO, 2. Aufl. 2009, § 165 Rn. 17; *v. Wedelstädt*, in: Kühn/v. Wedelstädt, AO, 19. Aufl. 2008, § 165 Rn. 15: Entscheidung über die Einbeziehung oder Ausklammerung ungewisser Besteuerungsgrundlagen anhand der überwiegenden Wahrscheinlichkeit.

lagen ausgehen[22]. Dies entspricht dem Charakter der vorläufigen Steuerfestsetzung als interimistischer Entscheidung, für deren Erlass regelmäßig das Bestehen eines Anspruchsverdachts ausreicht[23]. Dass nach dem Willen des Gesetzgebers auch ungewisse tatsächliche Voraussetzungen die Veranlagung zu einer Steuer rechtfertigen können, zeigt zudem bereits § 164 AO. Ist danach für die erste Steuerfestsetzung nur eine völlig kursorische Prüfung notwendig, die insgesamt nicht mehr als einen Anspruchsverdacht zu begründen vermag, so muss bei Anwendung von § 165 AO erst recht eine zumindest in Teilen abschließende Prüfung, die es nur noch partiell bei einem Anspruchsverdacht belässt, den gesetzgeberischen Vorstellungen genügen.

Verfassungsrechtlich bedenklich wäre dies nur dann, wenn - was hier nicht zutrifft[24] - nicht gesichert wäre, dass diese einstweilige Festsetzung auf der Grundlage eines Anspruchsverdachtes nur vorübergehend Raum greift, später aber durch eine endgültige Festsetzung abgelöst wird[25].

Welches Maß an Wahrscheinlichkeit im Einzelfall erforderlich ist, damit die Behörde vorläufig von einer Verwirklichung des Steuertatbestandes ausgehen kann, richtet sich nach den zu erwartenden Folgen der Festsetzung[26]. Regelmäßig wird es zwar ausreichen, dass die Erfüllung des Steuertatbestandes wahrscheinlicher ist als ihre Nichterfüllung. Je gewichtiger jedoch die Nachteile sind, die die vorläufige Steuerfestsetzung für den Steuerschuldner - unter Umständen unumkehrbar - nach sich zieht, umso größer muss die Wahrscheinlichkeit sein, dass sich die Steuerfestsetzung auch nach einer abschließenden Prüfung als zutreffend erweisen wird. Erreichen die Auswirkungen der vorläufigen Steuerfestsetzung etwa eine erhebliche, irreparable Qualität, so ist sogar die Überzeugung der Behörde vom Vorliegen des Steuertatbestandes zu fordern. Eine *vorläufige* Steuerfestsetzung ist in einem solchen Ausnahmefall demnach nur unter der Maßgabe statthaft, dass der ungewisse Steuertatbestand als nicht erfüllt angesehen wird[27].

Geht es hingegen um eine vorläufige Steuerfestsetzung wegen Unsicherheiten über das anwendbare Recht, wird stets nur der Rückgriff auf die derzeit

---

22 So aber *Seer*, in: Tipke/Kruse, AO, § 165 Rn. 25, unter Hinweis darauf, dass aus (nicht näher konkretisierten) verfassungsrechtlichen Gründen an ungewisse tatsächliche Voraussetzungen noch keine Steuer geknüpft werden darf.

23 Vgl. Kap. B Ziffer IV, S. 48.

24 Vgl. hierzu unten Nr. 5 Buchst. b Doppelbuchst. aa Dreifachbuchst. aaa, S. 364.

25 Vgl. Kap. D Ziffer VI, S. 133 ff.

26 Vgl. Kap. D Ziffer II Nr. 1 Buchst. b Doppelbuchst. bb, S. 104 f.

27 Vgl. Kap. D Ziffer II Nr. 1 Buchst. b Doppelbuchst. bb, S. 104 f.

geltende Gesetzeslage in Betracht kommen[28]. Bei ihrer Ermessensentscheidung müssen die Finanzbehörden die Erfolgsaussichten des präjudiziellen Verfahrens in Rechnung stellen[29]. Daneben kommt es vor allem auf den Zweck an, die Finanzbehörden vor einer Rechtsmittelflut zu schützen[30].

b. Übertragbarkeit auf das Kommunalabgabenrecht

aa. Entsprechende Anwendung von § 165 Abs. 1 Satz 1 AO Die Tatbestandsvoraussetzungen des § 165 Abs. 1 Satz 1 AO lassen sich ohne Weiteres in das Kommunalabgabenrecht übertragen: Danach kann eine Kommunalabgabe vorläufig festgesetzt werden, wenn trotz angemessener Aufklärungsbemühungen Unsicherheiten in *tatsächlicher* Hinsicht verbleiben, die zur Zeit nicht oder nur mit unverhältnismäßigen Schwierigkeiten beseitigt werden können. Erfasst werden allerdings nur vorübergehende, keine endgültigen Aufklärungshindernisse.

aaa. Klärung präjudizieller Fragen Hierdurch ist es insbesondere möglich, die vorgreifliche Entscheidung anderer Behörden oder Gerichte zu zivilrechtlichen oder sonstigen öffentlich-rechtlichen Fragen abzuwarten, wenn von dieser Seite die Beantwortung der Vorfrage in verbindlicher und zuverlässiger Weise zu erwarten ist. So können insbesondere auch Unsicherheiten über die Höhe von, der Abgabenveranlagung zugrunde liegenden, Werklohnansprüchen aufgefangen werden, wie sie etwa aus streitigen Minderungsrechten oder Nachträgen resultieren können. Hingegen kann die entsprechende Anwendbarkeit von § 165 Abs. 1 Satz 1 AO in diesem Zusammmenhang nicht dazu führen, den Entstehungszeitpunkt der sachlichen Beitragspflichten im Erschließungs- und Ausbaubeitragsrecht *generell* auf einen Zeitpunkt vorzuverlagern, zu dem der umlagefähige Aufwand für die Kommune noch nicht feststellbar ist, weil noch nicht alle Unternehmerrechnungen erstellt worden sind[31]. Denn § 165 Abs. 1 Satz 1 AO dient seinem Zweck nach nur dazu,

28 *Heuermann*, in: HHSp, AO, § 165 Rn. 21; *Seer*, in: Tipke/Kruse, AO, § 165 Rn. 26.
29 *Seer*, in: Tipke/Kruse, AO, § 165 Rn. 16, 25.
30 *Seer*, in: Tipke/Kruse, AO, § 165 Rn. 16, 25.
31 So zu Recht die h. M.: *Driehaus*, in: Driehaus, Kommunalabgabenrecht, § 8 Rn. 490d; *Sauthoff*, in: Driehaus, Kommunalabgabenrecht, § 12 Rn. 21b; BayVGH v. 18. 1. 1988, 6 B 85 A.521; VGH Kassel v. 10. 9. 1980, V OE 73/77; SächsOVG v. 2. 2. 2005, 5 B 510/03, KStZ 2005, 192 (194); OVG Greifswald v. 2. 11. 2005, 1 L 105/05, zitiert nach juris, für die fehlende Feststellbarkeit der Höhe von anrechenbaren Fördermitteln; a. A. OVG Münster, v. 7. 9. 1977, II A 5/76, OVGE 33, 117 (118 f.); OVG Frankfurt v. 2. 8. 2002, 2 A 682/01, LKV 2003, 92 (93); OVG Schleswig v.

den Kommunen einen pragmatischen Umgang mit solchen tatsächlichen Ungewissheiten zu ermöglichen, die in besonderen Einzelfällen auftreten. Diese Verfahrensnorm stellt hingegen keine taugliche Grundlage dar, um allgemein die Entstehungsvoraussetzungen von Abgaben abzusenken und sich hieraus regelhaft ergebende Unklarheiten zu bewältigen.

bbb. Keine Behebung von Auslegungszweifeln Ebensowenig kann § 165 Abs. 1 Satz 1 AO entsprechend dazu benutzt werden, die Klärung von entscheidungserheblichen Auslegungsfragen des Kommunalabgabenrechts durch die Rechtsprechung abzuwarten. Denn mit den ungewissen „Voraussetzungen für die Entstehung einer Steuer“ im Sinne von § 165 Abs. 1 Satz 1 AO sind die Tatsachen gemeint, die den gesetzlichen Tatbestand oder einzelne Merkmale dieses Tatbestandes erfüllen[32]. Die abgabenrechtliche Würdigung dieser Tatsachen hingegen ist selbst keine Tatsache und damit keine Voraussetzung im Sinne von § 165 Abs. 1 Satz 1 AO[33]. Das ergibt sich im Übrigen auch aus einem Gegenschluss zu § 165 Abs. 1 Satz 2 Nr. 3 und 4 AO, denn diese Regelung wäre überflüssig, könnten Auslegungszweifel hinsichtlich des Kommunalgabenrechts bereits auf der Grundlage von § 165 Abs. 1 Satz 1 AO entsprechend zum Anlass einer vorläufigen Abgabenfestsetzung gemacht werden[34].

ccc. Wirksamkeitszweifel hinsichtlich Abgabensatzungen? Fraglich ist, wie sich diese Grundsätze auswirken, wenn die Wirksamkeit der Satzung, die der Abgabenveranlagung zugrunde liegt, ungewiss ist. Die Abgabensatzung spielt jedenfalls im kommunalen Beitragsrecht bei der Veranlagung eine doppelte Rolle:

Einerseits zählt ihre Existenz zu den gesetzlich geregelten Tatbestandsvoraussetzungen[35], weil Abgaben nach den kommunalabgabenrechtlichen Bestimmungen nur auf der Grundlage einer Satzung erhoben werden dürfen.

---

13. 2. 2008, 2 LB 42/07, zitiert nach juris; *Patt*, in: Büchel/Patt, SächsKAG, § 3 Rn. 100.1.

32 BFH v. 25. 4. 1985, IV R 64/83, BStBl. II 1985, 648 (649).

33 BFH v. 25. 4. 1985, IV R 64/83, BStBl. II 1985, 648 (649); OVG Greifswald v. 15. 12. 2009, 1 L 323/06, zitiert nach juris.

34 So auch *Prahl*, KStZ 1996, 110.

35 In diesem Sinne auch BVerwG v. 25. 11. 1981, 8 C 14.81, BVerwGE 64, 218 (223); *Driehaus*, Erschließungs- und Ausbaubeiträge, 8. Aufl. 2007, § 11 Rn. 4 f.

Dies spricht für eine entsprechende Subsumtion unter § 165 Abs. 1 Satz 1 AO.

Dem steht jedoch maßgeblich entgegen, dass die Satzung andererseits selbst erst den Abgabentatbestand vervollständigt[36]. Für Zweifel an der Vereinbarkeit des Abgabengesetzes mit höherrangigem Recht trifft § 165 Abs. 1 Satz 2 Nr. 3 AO zudem eine spezielle Regelung, die die vorläufige Festsetzbarkeit der Abgabe an zusätzliche Voraussetzungen, wie insbesondere an ein anhängiges Musterverfahren, knüpft. Diese Sonderregelung würde umgangen, und in der Konsequenz im Kommunalabgabenrecht auch weitestgehend leerlaufen[37], könnten Wirksamkeitsbedenken gegenüber der Abgabensatzung bereits aufgrund von § 165 Abs. 1 Satz 1 AO ohne Weiteres zu vorläufigen Veranlagungen berechtigen.

Dies gilt unabhängig davon, ob die Bedenken gegenüber der Satzung ihrerseits aus rechtlichen Zweifeln herrühren, oder auf tatsächlichen Unklarheiten beruhen. In diesem Zusammenhang ist es insbesondere nicht sachgerecht, solche tatsächlichen Ungewissheiten, die sich bei der Berechnung des Gebühren- oder Beitragssatzes auswirken, dem entsprechenden Geltungsbereich von § 165 Abs. 1 Satz 1 AO zuzurechnen[38]. Dem lässt sich zwar entgegenhalten, dass damit die Frage, ob § 165 Abs. 1 Satz 1 AO auf aktuell nicht ausräumbare Sachverhaltsunklarheiten bei einer solchen Aufwandsberechnung entsprechend anwendbar ist, von dem zufälligen Umstand abhängt, ob gerade für diesen Beitrag oder für diese Gebühr ein Abgabensatz in der Satzung festzulegen ist, oder nicht[39]. Diese Begründung vermag jedoch letztlich nicht zu überzeugen, denn beide Fallgestaltungen unterscheiden sich wesentlich dadurch, dass das Entstehen eines entsprechenden Aufwands nur dann *selbst* Voraussetzung für die Entstehung der jeweiligen Abgabe im Sinne von § 165 Abs. 1 Satz 1 AO ist, wenn *kein* Abgabensatz festzulegen ist. Andernfalls stellt stattdessen der Abgabensatz die unmittelbare Tatbestandsvoraussetzung dar; das für § 165 Abs. 1 Satz 1 AO erhebliche Tatbestandsmerkmal ist damit von der Frage, wie sich der umlagefähige Aufwand bemisst, in gewissem Maße entkoppelt.

Diese Erwägungen, die eine entsprechende Anwendbarkeit von § 165 Abs. 1 Satz 1 AO ausschließen, betreffen allerdings nur solche Abgabensatzungen, unmittelbare Rechtsgrundlage des Abgabenbescheids sind. Ein Anderes gilt

36 *Driehaus*, Erschließungs- und Ausbaubeiträge, 8. Aufl. 2007, § 11 Rn. 4.
37 Vgl. hierzu auch nachfolgend Doppelbuchst. bb Dreifachbuchst. bbb, S. 348 ff.
38 A. A. *Prahl*, KStZ 1996, S. 110.
39 In diesem Sinne wohl *Prahl*, KStZ 1996, 110.

hingegen für Abgabensatzungen, deren Existenz sonst Vorbedingung für die Abgabenveranlagung ist. Hierzu zählen zum Beispiel Herstellungsbeitragssatzungen, deren Bestehen in Bayern für die Erhebung von Verbesserungsbeiträgen erforderlich ist[40]. Ergeben sich im Rahmen der Festsetzung von Verbesserungsbeiträgen Bedenken hinsichtlich der Wirksamkeit einer solchen Satzung, so handelt es sich nach dem Obengesagten nur um die Frage der tatsächlichen Erfüllung eines Tatbestandsmerkmals, und nicht um Zweifel hinsichtlich der Vereinbarkeit der Ermächtigungsgrundlage mit höherrangigem Recht im Sinne von § 165 Abs. 1 Satz 2 Nr. 3 AO, weil die konkret in Rede stehende Veranlagung zu Verbesserungsbeiträgen nicht unmittelbar auf der Herstellungsbeitragssatzung als Rechtsgrundlage beruht.

ddd. Kein Abwarten der Verwirklichung von Prognosen Schließlich darf § 165 Abs. 1 Satz 1 AO im Kommunalabgabenrecht ebenfalls nicht dazu eingesetzt werden, die Erstellung von Prognosen, die das materielle Recht fordert, zu unterlaufen, indem für die endgültige Entscheidung deren Eintritt abgewartet wird. Denn wird auf diese Weise versucht, den einer Prognose inhärenten Unsicherheitsfaktor zu eliminieren, stünde die Kommunalabgabe letztlich nicht schon bereits zum eigentlichen Zeitpunkt ihrer Entstehung auf der Grundlage der gesetzlich vorgeschriebenen Prognose dem Grunde und der Höhe nach fest, sondern sie ergäbe sich erst nachträglich, wenn aus der *ex-post*-Perspektive das Zutreffen oder Fehlgehen der Prognose festgestellt wird. Damit würde jedoch der Grundsatz der Tatbestandsmäßigkeit der Abgabenforderung und das Prinzip der Einmaligkeit der Entstehung der Beitragspflichten[41] weitgehend ausgehöhlt - können doch derartige Prognosefälle nicht nur vereinzelt auftreten, sondern prägen weite Teile des Kommunalabgabenrechts. So stellt bereits der das Beitragsrecht dominierende Vorteilsbegriff unter Anderem darauf ab, dass die Benutzungsmöglichkeit der Anlage oder Einrichtung nicht nur vorübergehender Natur ist[42]; der Vorteil bemisst sich nach dem Umfang der wahrscheinlich zu erwartenden Inanspruchnahme der Anlage oder Einrichtung[43]. Schon dieses grundlegende Tatbestandsmerkmal fordert damit eine Vorausschau der künftigen Nutzungsmöglichkeiten. Auch die für weite Teile der Kommunalabgaben relevanten

40 Vgl. *Friedl/Wiethe-Körprich*, in: Driehaus, Kommunalabgabenrecht, § 8 Rn. 757.
41 Vgl. hierzu Kap. C Ziffer I Nr. 1, S. 53 f.
42 *Driehaus*, in: Driehaus, Kommunalabgabenrecht, § 8 Rn. 274.
43 *Driehaus*, in: Driehaus, Kommunalabgabenrecht, § 8 Rn. 276 m. w. N.

Kriterien der (einrichtungsbezogenen) Erforderlichkeit der Maßnahme[44] und des Kostendeckungsprinzips[45] weisen prognostische Wesenszüge auf.

Eine entsprechende Anwendung von § 165 Abs. 1 AO auf Prognosefälle scheidet folglich aus, weil andernfalls nach dem Obengesagten die Grundsätze der Entstehung und Bemessung von Kommunalabgaben mit weitreichenden Folgen unterlaufen werden könnten.

bb. Entsprechende Anwendung von § 165 Abs. 1 Satz 2 AO Im Gegensatz zu den Tatbestandsvoraussetzungen des § 165 Abs. 1 Satz 1 AO sind die des § 165 Abs. 1 Satz 2 AO nur mit deutlichen Einschränkungen auf das Kommunalabgabenrecht übertragbar.

aaa. Kein praxisrelevanter entsprechender Anwendungsbereich für § 165 Abs. 1 Satz 2 Nr. 1 und 2 AO Von den vier Alternativen ungeklärter Rechtsfragen, die zu vorläufigen Steuerfestsetzungen berechtigen - Ungewissheit über das Inkrafttreten von Doppelbesteuerungsabkommen, Neuregelung eines mit dem Grundgesetz unvereinbaren Gesetzes, höchstrichterliche Klärung der Vereinbarkeit eines Gesetzes mit höherrangigem Recht und Auslegung eines Steuergesetzes im Verfahren vor dem Bundesfinanzhof - scheidet eine Anwendung der ersten von vornherein für das Kommunalabgabenrecht aus.

Auch für die zweite Alternative ergibt sich faktisch kaum ein Regelungsbereich. Diese Bestimmung zeichnet sich dadurch aus, dass sie ausschließlich diejenigen Fälle erfasst, in denen eine der Abgabenerhebung zugrunde liegende, verfassungswidrige Norm nicht für nichtig[46], sondern nur für mit dem Grundgesetz unvereinbar erklärt wurde. Damit ist indes eine entsprechende Übertragung auf die - häufig auftretende - Verwerfung von Abgabensatzungen ausgeschlossen, da bei Normen ohne Gesetzesrang Verstöße gegen höherrangiges Recht stets die Nichtigkeitsfolge oder jedenfalls deren Unwirksamkeit[47] nach sich ziehen. Eine vorläufige Fortgeltung rechtswidriger Satzungen ist hingegen nicht zulässig.

Folglich verbleibt als entsprechender Anwendungsbereich dieser zweiten Alternative allein die Feststellung der Unvereinbarkeit eines Kommunalab-

44 Vgl. *Lichtenfeld*, in: Driehaus, Kommunalabgabenrecht, § 6 Rn. 740a zur Feststellung von nicht gebührenfähigen, „echten Überkapazitäten“.

45 Vgl. *Schulte/Wiesemann*, in: Driehaus, Kommunalabgabenrecht, § 6 Rn. 25.

46 *v. Wedelstädt*, in: Kühn/v. Wedelstädt, AO, 19. Aufl. 2008, § 165 Rn. 11.

47 Vgl. § 47 Abs. 5 Satz 4 VwGO.

gabengesetzes mit dem Grundgesetz oder einer Landesverfassung durch das Bundesverfassungsgericht oder ein Landesverfassungsgericht, wofür nur in geringem Maße ein praktischer Bedarf zu erwarten ist.

bbb. § 165 Abs. 1 Satz 2 Nr. 3 AO Anders liegen die Dinge indes für die dritte Alternative - dort ist dem ersten Anschein nach eine Übertragung auf die oft zu verzeichnenden Fälle der gerichtlichen Überprüfung von Abgabensatzungen denkbar. § 165 Abs. 1 Satz 2 Nr. 3 AO schreibt unmittelbar vor, dass eine vorläufige Steuerfestsetzung erfolgen kann, wenn die Vereinbarkeit eines Steuergesetzes mit höherrangigem Recht Gegenstand eines Verfahrens bei dem Gerichtshof der Europäischen Gemeinschaften, dem Bundesverfassungsgericht oder einem obersten Bundesgericht ist. Sie dient dazu, die in diesen Fällen zu erwartenden Massenrechtsbehelfe von Steuerpflichtigen zu vermeiden, welche mit Rücksicht auf die mögliche Verwerfung der Steuernorm ihren Steuerfall mit Blick auf § 79 Abs. 2 Satz 1 BVerfGG für Änderungen offen halten wollen. Derartige „Musterprozesse" können auch im Kommunalabgabenrecht geführt werden. Dies betrifft dort zwar kaum formelle Gesetze, sondern vor allem kommunale Satzungen. Gleichwohl haben die Abgabenschuldner aber ein gleichgelagertes Interesse daran, ihre Abgabenfälle durch die Einlegung eines Widerspruches offen zu halten. Denn werden Verwaltungsakte, die aufgrund einer streitbefangenen Satzung ergangen sind, bestandskräftig, sind sie nicht zwangsläufig rückabzuwickeln, wenn diese Satzung später für nichtig erklärt wird. Vielmehr müssen nur nicht bestandskräftige Verwaltungsakte zwingend von der Verwaltung zurückgenommen werden[48]. Darüber hinaus wird die Vollstreckung eines noch nicht vollzogenen Verwaltungsaktes unzulässig[49]. Um von einer vorteilhaften präjudiziellen Entscheidung im Musterprozess gegen eine Satzung sicher profitieren zu können, müsste ein Abgabenschuldner daher ohne eine vorläufige Abgabenfestsetzung ein Rechtsmittelverfahren anstrengen, um seinen Abgabenbescheid nicht in Bestandskraft erwachsen zu lassen. Der Regelungszweck des § 165 Abs. 1 Satz 2 Nr. 3 AO trifft mithin auch auf anhängige „Muster-

48 *Schenke*, in: Kopp/Schenke, VwGO, 17. Aufl. 2011, § 47 Rn. 145; *Schmidt*, in: Eyermann, VwGO, 13. Aufl. 2010, § 47 Rn. 104; a. A. *Ziekow*, in: Sodan/Ziekow, VwGO, 3. Aufl. 2010, § 47 Rn. 380: nur Rücknahmeermessen.

49 *Schenke*, in: Kopp/Schenke, VwGO, 17. Aufl. 2011, § 47 Rn. 145; *Schmidt*, in: Eyermann, VwGO, 13. Aufl. 2010, § 47 Rn. 104; *Ziekow*, in: Sodan/Ziekow, VwGO, 3. Aufl. 2010, § 47 Rn. 380.

prozesse“ zu, in denen um die Wirksamkeit von Abgabensatzungen gestritten wird.

Gegenstand eines solchen „Musterverfahrens“ muss die identische Abgabennorm sein. Allerdings muss die streitbefangene Abgabensatzung nicht notwendig von der fraglichen Kommune stammen. Vielmehr ist den entsprechenden Anforderungen von § 165 Abs. 1 Satz 2 Nr. 3 AO Genüge getan, wenn die vorläufig entscheidende Kommune - was wegen der Verbreitung von Mustersatzungen häufig vorkommt - eine Satzung mit identischen Regelungen erlassen hat, wie die im präjudiziellen Rechtsstreit überprüfte Satzung. Entsprechend den allgemeinen steuerrechtlichen Grundsätzen[50] reicht es in diesem Zusammenhang für untergesetzliche Normen zudem aus, dass eine Inzidentkontrolle stattfindet.

Die Vereinbarkeit einer Abgabennorm ist nur dann Gegenstand eines Verfahrens im Sinne des entsprechend geltenden § 165 Abs. 1 Satz 2 Nr. 3 AO, wenn des betreffende Gericht hierüber eine verbindliche Entscheidung treffen kann. Dies ist zwar nicht für Abgabensatzungen relevant, die von jedem Gericht für nichtig erklärt werden können. Es kann aber etwaige Verfahren betreffen, in denen die Verfassungswidrigkeit einfachgesetzlicher Regelungen - also die, eines Kommunalabgabengesetzes - geltend gemacht wird.

Zu beachten ist weiter, dass das Regelungsobjekt von § 165 Abs. 1 Satz 2 Nr. 3 AO nicht sinnvoll auf Abgabensatzungen ausgeweitet werden kann, wenn nicht zugleich auch die aufgelisteten Gerichte, bei denen der „Musterprozess“ anhängig sein muss, entsprechend ergänzt werden. Denn die Nichtigkeit von Abgabensatzungen wird überwiegend von den Landesgerichten thematisiert. Das Bundesverwaltungsgericht hingegen befasst sich hiermit grundsätzlich nur, soweit das bundesrechtliche Erschließungsbeitragsrecht oder sonstiges Bundesrecht in Rede steht, im Übrigen aber wegen der fehlenden Revisibilität des landesrechtlichen Kommunalabgabenrechts nicht. Auch entsprechende Verfahren vor dem Bundesverfassungsgericht oder dem Gerichtshof der Europäischen Gemeinschaften stellen die Ausnahme dar. Damit § 165 Abs. 1 Satz 2 Nr. 3 AO im Kommunalabgabenrecht überhaupt einen beachtenswerten Anwendungsbereich hat, müssen folglich die Landesgerichte im Rahmen der entsprechenden Auslegung dieser Vorschrift in den Katalog aufgenommen werden.

Das kann sich allerdings nur auf die oberen Landesgerichte und die Landesverfassungsgerichte beziehen. Diese entsprechen in ihrer Rechtsvereinheit-

50 Vgl. Buchst. a Doppelbuchst. bb, S. 341.

lichungsfunktion und ihrer Rolle als Hüter der Verfassung für das jeweilige Land den in § 165 Abs. 1 Satz 2 Nr. 3 AO ausdrücklich genannten obersten Bundesgerichten und dem Bundesverfassungsgericht für das bundesrechtliche Steuerrecht. Zudem sind die Oberverwaltungsgerichte gemäß § 47 Abs. 1 Nr. 2 VwGO, soweit das jeweilige Landesrecht dies bestimmt, für die prinzipale Normenkontrolle von kommunalen Abgabensatzungen zuständig[51].

Demgegenüber würde es zu weit führen, auch die erstinstanzlichen Gerichte - namentlich die Verwaltungsgerichte - in den Kreis der Gerichte einzubeziehen, hinsichtlich der eine anhängige Satzungsprüfung die Kommunen zur vorläufigen Abgabenfestsetzung berechtigt. Zwar sind auch diese erstinstanzlichen Gerichte befugt, inzident überprüfte Abgabensatzungen als nichtig zu verwerfen. Doch können sie keine landeseinheitliche und endgültige Klärung einer strittigen Rechtsfrage gewährleisten. Ob die dort in einem präjudiziellen Verfahren vertretene Rechtsauffassung sich später auch in dem vorläufig entschiedenen Abgabenfall durchsetzen würde, bleibt daher unklar. Die Kommune würde demnach durch solche erstinstanzliche „Musterverfahren" keinen maßgeblichen Gewinn an Entscheidungssicherheit erzielen. Auch wird ein bloßes erstinstanzliches Urteil ohne eine Bestätigung der Wirksamkeit der Abgabensatzung durch das jeweilige Oberverwaltungsgericht kaum Rechtsmittel gegen Abgabenbescheide vermeiden helfen. Nach alledem können die entsprechenden Zwecke des § 165 Abs. 1 Satz 2 Nr. 3 AO durch eine Einbeziehung von Verfahren vor erstinstanzlichen Gerichten nur mit Einschränkungen erreicht werden, gleichzeitig würde aber der Anwendungsbereich der vorläufigen Abgabenfestsetzung enorm ausgeweitet. Dies ist im Hinblick darauf, dass der Verzicht auf eine abschließende Entscheidung immerhin das schutzwürdige Rechtsicherheitsinteresse der Betroffenen erheblich einschränkt, nicht gerechtfertigt.

ccc. § 165 Abs. 1 Satz 2 Nr. 4 AO Im Kommunalabgabenrecht ist desgleichen ein entsprechender Anwendungsbereich für die vierte Alternative des § 165 Abs. 1 Satz 2 AO zu erwarten[52], die seit kurzem[53] die Möglichkeit

51 So auch *Prahl*, KStZ 1996, 110.

52 Dies gilt allerdings nicht für Niedersachsen, wo nur die Alternativen 1 bis 3 des § 165 Abs. 1 Satz 2 AO für entsprechend anwendbar erklärt werden (§ 11 Abs. 1 Nr. 4 Buchst. b NKAG.

53 Diese Vorschrift wurde mit dem „Gesetz zur Modernisierung und Entbürokratisierung des Steuerverfahrens (Steuerbürokratieabbaugesetz)" v. 20. 12. 2008, BGBl. I, S. 2850 ff. in die Abgabenordnung aufgenommen.

der vorläufigen Steuerfestsetzung auf die Fälle der Klärung allgemein entscheidungserheblicher steuerrechtlicher Fragen durch den Bundesfinanzhof erweitert. Mit dieser Vorschrift hat der Steuergesetzgeber dem praktischen Bedürfnis Rechnung getragen, Massen-Rechtsbehelfen nicht nur im Rahmen der Überprüfung von Steuergesetzen auf ihre Vereinbarkeit mit höherrangigem Recht, sondern auch bei Auslegungszweifeln über das einfachgesetzliche Steuerrecht zu begegnen[54]. Eine Beschränkung des Einsatzes der Vorschrift auf wirkliche „Massen-Fälle" soll im Verwaltungsvollzug erreicht werden, indem die Entscheidung über die Anwendung der Norm - auch ohne dahingehende ausdrückliche gesetzliche Regelung - mittels Verwaltungsvorschrift den obersten Finanzbehörden des Bundes oder der Länder vorbehalten bleiben soll[55].

Tatbestandlich setzt diese Alternative ihrem steuerrechtlichen Wortlaut nach voraus, dass die Auslegung eines Steuergesetzes Gegenstand eines Verfahrens vor dem Bundesfinanzhof ist. Da für das Kommunalabgabenrecht - wie soeben gezeigt - die oberen Landesgerichte ihrer Funktion nach den Bundesgerichten im Steuerrecht entsprechen, muss der Normanwendungsbereich im Kommunalabgabenrecht auch die oberen Landesgerichte der Verwaltungsgerichtsbarkeit umfassen. Danach ist eine vorläufige Abgabenfestsetzung möglich, wenn die Auslegung des Kommunalabgabengesetzes Gegenstand eines Verfahrens vor dem zuständigen Oberverwaltungsgericht ist. Ob sich diese verhältnismäßig weiten Anwendungsvoraussetzungen in der Praxis bewähren können, erscheint allerdings aus folgenden Gründen zweifelhaft:

Zum ersten ist die Einschätzung, ob eine bestimmte Rechtsfrage in einem oberverwaltungsgerichtlichen Verfahren tatsächlich entscheidungserheblich sein wird, häufig nicht leicht zu treffen[56]. Äußert sich das Obergericht im „Musterverfahren" aber letztlich doch nicht abschließend zu dem interessierenden rechtlichen Streitpunkt, entsteht den Beteiligten durch den vorläufigen Abgabenbescheid regelmäßig ein erheblicher Zeitverlust für die Klärung des eigenen Abgabenfalles, während dessen der Abgabenschuldner typischerweise zudem die von ihm nicht anerkannte Abgabenforderung bereits vorläufig entrichten musste. Das lässt die vorläufige Befriedungswirkung dieser Entscheidungsform zweifelhaft erscheinen[57].

54 BT-Drs. 16/10188, S. 30.
55 BT-Drs. 16/10188, S. 30.
56 So auch die Bedenken von *Heuermann*, in: HHSp, AO, § 165 Rn. 19d; *Rüsken*, in: Klein, AO, 10. Aufl. 2009, § 165 Rn. 28a.
57 *Heuermann*, in: HHSp, AO, § 165 Rn. 19d; *Rüsken*, in: Klein, AO, 10. Aufl. 2009,

Da im Kommunalabgabenrecht überdies eine übergeordnete, steuernde Behörde fehlt, die die Anwendung von § 165 Abs. 1 Satz 2 Nr. 4 AO sachgerecht auf Verfahren mit anerkannter Breitenwirkung beschränkt, steht darüber hinaus zu befürchten, dass die Kommunen von dieser Möglichkeit der vorläufigen Abgabenfestsetzung in sehr heterogenen, auch zweifelhaften Fällen Gebrauch machen werden. Das ist - vor allem in Gesamtschau mit den aufgezeigten Einschränkungen der Befriedungswirkung - deshalb problematisch, weil die Anwendung dieser Entscheidungsalternative hierdurch einen hohen Verfahrensaufwand bei den Widerspruchsbehörden und Verwaltungsgerichten nach sich zu ziehen droht, ohne überhaupt auf der anderen Seite die Entlastungswirkung von Massenrechtsbehelfen im erwünschten Maße zu erreichen. Denn wird ein solcher vorläufiger Abgabenbescheid wegen Meinungsverschiedenheiten darüber angefochten, ob das von der Kommune herangezogene „Musterverfahren" tatsächlich vorgreiflich ist und die Abgabe deshalb vorläufig festgesetzt werden darf[58], sind die Widerspruchsbehörden und Verwaltungsgerichte gezwungen, nicht nur die Rechtmäßigkeit der streitgegenständlichen Abgabenfestsetzung selbst zu prüfen. Vielmehr müssen sie im Rahmen der Kontrolle der Vorläufigkeit der Festsetzung zusätzlich inzident auch die Rechtslage im jeweiligen Musterverfahren auf die Entscheidungserheblichkeit der in Rede stehenden Rechtsfrage untersuchen, was sich regelmäßig nur durch eine umfassende Prüfung auch des dortigen Verfahrensstoffes (!) feststellen lässt.

Ähnlichen Unwägbarkeiten begegnet zudem die sich anschließende Frage, wann im Kommunalabgabenrecht eine Ungewissheit im Sinne des § 165 Abs. 1 Satz 2 Nr. 4 AO beseitigt ist und entsprechend § 165 Abs. 2 Satz 2 AO eine endgültige Abgabenfestsetzung erfolgen muss. § 165 Abs. 2 Satz 3 AO bestimmt hierzu für das Steuerrecht explizit, dass die Ungewissheit endet, sobald feststeht, dass die Grundsätze der Entscheidung des Bundesfinanzhofs über den entschiedenen Einzelfall hinaus allgemein anzuwenden sind. Damit zielt die Vorschrift auf die steuerbehördliche Praxis ab, Entscheidungen des Bundesfinanzhofs nur dann für generell beachtlich zu erklären, wenn diese im Bundessteuerblatt II ohne einen begleitenden Nichtanwendungserlass veröffentlicht werden[59]. Eine vergleichbare eindeutige Vorgabe, wann die - die Behörden nicht unmittelbar bindenden - obergerichtlichen Rechtsauffas-

§ 165 Rn. 28a.

58 Vgl. zu den Rechtsschutzmöglichkeiten gegen vorläufige Abgabenbescheide Ziffer III Nr. 1, S. 370 f.

59 *Heuermann*, in: HHSp, AO, § 165 Rn. 40a; BT-Drs. 16/10188, S. 31.

sungen zu kommunalabgabenrechtlichen Fragestellungen von den Kommunen allgemein zu berücksichtigen sind, fehlt im Kommunalabgabenrecht jedoch völlig. Zwar werden die Kommunen ihre Abgabenpraxis meist ohnehin an der einschlägigen Rechtsprechung ausrichten, im Einzelfall kann jedoch auch durchaus unklar sein, ob die jeweilige obergerichtliche Entscheidung nur eine atypische Sachverhaltskonstellation widerspiegelte, oder Anspruch auf Verallgemeinerung erheben kann. Vor diesem Hintergrund muss der entsprechende, kommunalabgabenrechtliche Regelungsgehalt des § 165 Abs. 2 Satz 3 AO so interpretiert werden, dass die Ungewissheit hier dann endet, wenn sich aus der erwarteten obergerichtlichen Entscheidung ergibt, dass die betreffende Rechtsfrage mit allgemeingültigen Erwägungen eindeutig beantwortet wurde.

cc. Tatbestandliche Bewertung von Anspruchsverdachtslagen

Hingegen ist die steuerrechtliche Problematik der Bewertung von Anspruchsverdachtslagen[60] wiederum in das Kommunalabgabenrecht übertragbar.

aaa. Allgemeines Auch hier darf die vorläufige Festsetzung von Abgaben im Allgemeinen auf Sachverhaltsaspekte gestützt werden, die noch unklar sind, solange ein entsprechender Anspruchsverdacht besteht. Dies kann zwar - anders als im Steuerrecht - für diejenigen Bundesländer, in denen § 164 AO keine entsprechende Anwendung findet[61], nicht im Wege eines Schlusses *a maiore ad minus* daraus hergeleitet werden, dass für die vergleichbare Abgabenfestsetzung unter Nachprüfungsvorbehalt sogar eine insgesamt kursorische Prüfung ausreichend ist, sofern sie einen Anspruchsverdacht begründet. Es folgt aber auch[62] im Kommunalabgabenrecht aus den allgemeinen Grundsätzen von Interimsentscheidungen, für die regelmäßig das Bestehen eines Anspruchsverdachtes ausreicht[63]. Nur mit diesem Normverständnis können zudem Wertungswidersprüche zu § 80 Abs. 4 Satz 3 VwGO vermieden werden. Nach dieser Vorschrift soll die Erlassbehörde die Vollziehung eines Bescheides über öffentliche Abgaben (erst) dann aussetzen, wenn *ernstliche* Zweifel an der Rechtmäßigkeit des angegriffenen Verwaltungsaktes bestehen. Bloße einfache Zweifel am Bestehen des Anspruches lassen demnach das hoheitliche

60 Vgl. Buchst. a Doppelbuchst. cc, S. 341 f.
61 Vgl. hierzu Kap. C Ziffer I Nr. 2, S. 55.
62 Vgl. zu der steuerrechtlichen Argumentation Buchst. a Doppelbuchst. cc, S. 341 f.
63 Vgl. Kap. B Ziffer IV, S. 48.

Finanzierungsinteresse zunächst nicht entfallen. Entsprechendes muss auch für den Umgang mit Unklarheiten hinsichtlich des Abgabenanspruches im Rahmen von § 165 Abs. 1 AO gelten.

Dies ist verfassungsrechtlich unbedenklich, da sichergestellt ist, dass die Verdachtslage nur einstweilen als Grundlage einer Festsetzung herangezogen wird und die verbleibenden Unsicherheiten später ausgeräumt werden.

bbb. Bemessung des Verdachtsgrades für den Anspruch Welcher Grad an Wahrscheinlichkeit im Einzelfall erreicht sein muss, um vorläufig von einem Bestehen des Abgabenanspruches ausgehen zu können, lässt sich nicht ohne Rücksicht auf die Folgen beurteilen, die die vorläufige Abgabenfestsetzung nach sich zieht. Während es allgemein als ausreichend zu erachten ist, dass das Bestehen des Abgabenanspruches wahrscheinlicher ist, als das Nichtbestehen, ist bei drohenden schweren, irreparablen Nachteilen sogar die Gewissheit zu fordern, dass der Abgabentatbestand erfüllt wurde[64]. Eine vorläufige Abgabenfestsetzung kann unter diesen Umständen - in Ausnahme zum obengenannten Regelfall - nur in der Form vorgenommen werden, dass der mit Unsicherheiten behaftete Abgabentatbestand nicht als erfüllt angesehen wird. Dies ergibt sich im Übrigen wiederum auch aus einem Vergleich mit dem von gleichen Wertungen getragenen § 80 Abs. 4 Satz 3 VwGO. Danach soll die Erlassbehörde die Vollziehung eines Abgabenbescheides aussetzen, wenn die Vollziehung für den Abgabenpflichtigen eine unbillige, nicht durch überwiegende öffentliche Interessen gebotene Härte zur Folge hätte. Ist unter diesen Umständen jedoch sogar der endgültige, abschließend geprüfte Abgabenbescheid zu suspendieren, so kann erst recht keine entsprechende einstweilige behördliche Regelung auf der Grundlage einer fragmentarischen Fallprüfung ergehen.

ccc. Bewertung von Zweifeln an der Wirksamkeit der Rechtsgrundlage Soweit die vorläufige Abgabenfestsetzung erfolgt, weil die Wirksamkeit des Abgabenrechts in einem Musterverfahren Zweifel gezogen wird, kommt - mangels Verwerfungskompetenz der Verwaltung - zwar nur die Anwendung der aktuell geltenden Rechtslage in Betracht. Bei der Feststellung, inwieweit ein Anspruchsverdacht besteht, und bei der sich hieran anschließenden Ausübung des Ermessens, ob die Abgabe vorläufig festgesetzt oder

64 Vgl. Kap. D Ziffer II Nr. 1 Buchst. b Doppelbuchst. bb, S. 104 f.

ob die Festsetzung ausgesetzt werden soll, muss die Kommune jedoch die Erfolgsaussichten des Musterverfahrens berücksichtigen. Das gerichtliche Verwerfungsmonopol für Normen bleibt hiervon unberührt, weil es vorläufige Regelungen des Abgabenfalls durch die Verwaltung nicht ausschließt[65].

3. Anwendungsbereich

a. Spezifische Anwendungsfälle

Legt man diese Funktionsbestimmung und das oben aufgezeigte Verständnis der entsprechenden Tatbestandsvoraussetzungen des § 165 Abs. 1 AO für das Kommunalabgabenrecht zugrunde, kommt ein Einsatz der vorläufigen Abgabenfestsetzung zum Beispiel in folgenden Fallgestaltungen in Betracht:

aa. Ungewisse Sachverhalte entsprechend § 165 Abs. 1 Satz 1 AO

Ungewissheiten in tatsächlicher Hinsicht, die zunächst mit verhältnismäßigem Aufwand nicht ausgeräumt werden können, erscheinen zum Beispiel für die Erhebung von Erschließungsbeiträgen denkbar, soweit es um die Abgrenzung von Erschließungsbeitragspflicht und Ausbaubeitragspflicht gemäß § 242 Abs. 1 oder Abs. 9 BauGB geht[66]. Die danach zu treffende Feststellung, ob es sich bei einer Erschließungsanlage um eine vorhandene Erschließungsanlage im Sinne von § 242 Abs. 1 BauGB bzw. in den neuen Bundesländern um eine bereits hergestellte Erschließungsanlage im Sinne von § 242 Abs. 9 BauGB handelt, ist häufig mit einem hohen Rechercheaufwand für das Auffinden alter Bauprogramme[67] oder für die Ermittlung der vormals üblichen Ausbaustandards in der Kommune[68] verbunden. Je nachdem, welche Schwierigkeiten dies im Einzelfall bereitet und welchen Zeitraum die Recherche voraussichtlich in Anspruch nehmen wird, kann das - auch das Gleichbehandlungsgebot berührende - öffentliche Interesse an einer zeitnahen Abgabenfestsetzung den Ermittlungsaufwand in diesen Fällen vorübergehend als unangemessen erscheinen lassen, sodass die Kommune zu einer vorläufigen Abgabenfestsetzung berechtigt ist.

Im Übrigen können derartige tatsächliche Unsicherheiten vor allem mit Blick auf präjudizielle Entscheidungen Dritter auftreten. Dies kann zum Bei-

65 Vgl. BVerfG v. 21. 2. 1961, 1 BvR 314/60, BVerfGE 12, 180 (186).
66 Vgl. hierzu bereits Kap. D Ziffer I Nr. 1 Buchst. b Doppelbuchst. cc, S. 100.
67 Vgl. *Driehaus*, in: Driehaus, Kommunalabgabenrecht, § 8 Rn. 211 ff. und 218d.
68 Vgl. *Driehaus*, in: Driehaus, Kommunalabgabenrecht, § 8 Rn. 218e ff.

spiel die Frage der Bebaubarkeit eines veranlagten Grundstückes oder die Wirksamkeit eines für die Ausnutzbarkeit der veranlagten Grundstücke erheblichen Bebauungsplanes betreffen.

Hervorzuheben sind in diesem Zusammenhang weiter die Fälle, in denen von dritter Seite eine verbindliche Klärung der Eigentumsverhältnisse an einem der Veranlagung unterliegenden Grundstück als Vorfrage der Bestimmung des Abgabenschuldners zu erwarten ist. Die Aufklärung der Eigentumsverhältnisse kann nicht nur sehr zeitraubend und rechtlich schwierig sein. Die Kommune steht hier darüber hinaus mit der herkömmlichen Veranlagungstechnik vor dem zeitlichen Problem, innerhalb der vierjährigen Festsetzungsverjährungsfrist den „richtigen" Abgabenschuldner verlässlich ermitteln und gegenüber ihm die Abgabe festsetzen zu müssen, um den Eintritt der Festsetzungsverjährung zu vermeiden. Entscheidet sie sich hierbei jedoch rückblickend betrachtet für den „falschen" Eigentümer, fällt sie mit ihrer Abgabenforderung völlig aus. Gegenüber dem eigentlichen Abgabenschuldner ist die Abgabenforderung mangels Festsetzung verjährt, gegenüber dem Adressaten des Festsetzungsbescheids besteht hingegen kein Anspruch. Die vorläufige Abgabenfestsetzung bietet für diese Sachverhalte eine besonders effiziente Möglichkeit, die bestehenden Zweifel sicher aufzufangen, indem gegenüber *allen* infrage kommenden Eigentümern entweder eine vorläufige Abgabenfestsetzung - wenn es sich wahrscheinlich um den richtigen Abgabenschuldner handelt - und im Übrigen eine vorläufige Aussetzung der Abgabenfestsetzung - wenn es sich wahrscheinlich nicht um den richtigen Abgabenschuldner handelt - ergehen kann[69]. Diese Kombination von vorläufigen Festsetzungs- und Aussetzungsbescheiden hat den Vorteil, dass entsprechend § 171 Abs. 8 AO[70] auch dann keine Festsetzungsverjährung hinsichtlich des „richtigen" Abgabenschuldners eintritt, wenn sich nachträglich herausstellt, dass die vorläufige Abgabenfestsetzung an einen Nicht-Eigentümer gerichtet war.

Hingegen kann § 165 AO in einer weiteren, in der Rechtsliteratur thematisierten Fallgestaltung nicht entsprechend angewendet werden, in der von

69 Für das Steuerrecht *Cöster*, in: Pahlke/Koenig, AO, 2. Aufl. 2009, § 165 Rn. 17.

70 Vgl. § 11 Abs. 1 Nr. 4 Buchst. b NKAG; § 12 Abs. 1 Nr. 4 Buchst. b brdbg. KAG; § 4 Abs. 1 Nr. 4 Buchst. b hess. KAG; § 12 Abs. 1 Nr. 4 Buchst. b saarl. KAG; § 3 Abs. 1 Nr. 4 Buchst. b bad.-württ. KAG; § 12 Abs. 1 KAG M-V; § 3 Abs. 1 Nr. 4 rheinl.-pf. KAG; § 3 Abs. 1 Nr. 4 Buchst. c SächsKAG; § 15 Abs. 1 Nr. 4 Buchst. b Doppelbuchst. dd ThürKAG; Artikel 13 Abs. 1 Nr. 4 Buchst. b Doppelbuchst. dd bayr. KAG; § 12 Abs. 1 Nr. 4 Buchst. b nordrh.-westf. KAG; § 13 Abs. 1 Nr. 4 Buchst. b KAG-LSA.

einem Voreigentümer erbrachte Vorausleistungen - ohne eine entsprechende gesetzliche Regelung - mittels des Erlasses eines vorläufigen Abgabenbescheides aufschiebend bedingt auf die endgültige Abgabenschuld des neuen Eigentümers angerechnet werden sollen, wenn ihre Erstattung an den Voreigentümer nicht möglich ist, weil zum Beispiel seine Anschrift nicht feststellbar ist[71]. Diese Problematik ist zum Ersten ohnehin inzwischen weitestgehend überholt, weil fast alle Kommunalabgabengesetze und das Erschließungsbeitragsrecht[72] mittlerweile die Verrechnung der Vorausleistung mit der endgültigen Beitragspflicht unabhängig davon vorsehen, ob zwischenzeitlich ein Eigentumswechsel stattgefunden hat. Auch in den verbleibenden Bundesländern Hessen und Nordrhein-Westfalen kommt diese vorgeschlagene Vorgehensweise über einen vorläufige Abgabenbescheid jedoch schon deshalb nicht in Betracht, weil entsprechend § 165 Abs. 1 AO nur eine vorläufige Abgaben*festsetzung*, nicht eine - dem Erhebungsverfahren zuzurechnende[73] - vorläufige Verrechnungsentscheidung zulässig ist. Im Übrigen liegt in Fällen dieser Art auch keine tatsächliche Ungewissheit vor, die den Abgabenschuldner betrifft und deshalb ihm gegenüber zu einer vorläufigen Abgabenfestsetzung berechtigen würde. Die Ungewissheit besteht vielmehr mit Blick auf den vormaligen Vorausleistungsschuldner und ist deshalb innerhalb des Abgabenschuldverhältnisses zwischen Vorausleistungsschuldner und Kommune zu bewältigen.

bb. Musterverfahren entsprechend § 165 Abs. 1 Satz 2 Nr. 3 und 4 AO Darüber hinaus eröffnet sich den Kommunen zum Ersten ein breiter Anwendungsbereich für vorläufige Abgabenfestsetzungen, wenn bei dem jeweiligen Oberverwaltungsgericht hinsichtlich der eigenen oder einer identischen Abgabensatzung ein Normenkontrollverfahren gemäß § 47 VwGO anhängig ist, oder die Wirksamkeit der Abgabensatzung dort in einem Verfahren inzident geprüft wird (§ 165 Abs. 1 Satz 2 Nr. 3 AO). Da von der Wirksamkeit einer kommunalen Abgabensatzung regelmäßig die rechtliche Beurteilung einer Vielzahl von Abgabenfällen abhängt und da überdies viele Kommunen innerhalb eines Landes auf identische Satzungsmuster zu-

71 *Röthinger*, KStZ 1991, 226.

72 Vgl. § 133 Abs. 3 Satz 2 BauGB; § 23 Abs. 1 Satz 2 SächsKAG, § 6 Abs. 7 Satz 2 NKAG, § 8 Abs. 8 Satz 5 brdbg. KAG, § 8 Abs. 9 Satz 2 saarl. KAG, § 25 Abs. 3 Satz 2 bad.-württ. KAG, § 7 Abs. 4 Satz 3 KAG M-V, § 7 Abs. 5 Satz 3 rheinl.-pf. KAG, § 7 Abs. 8 Satz 2 ThürKAG und § 6 Abs. 7 Satz 2 KAG-LSA.

73 Vgl. Kap. C Ziffer III Nr. 2, S. 80.

rückgreifen, haben Entscheidungen der Oberverwaltungsgerichte zu einzelnen Satzungsbestimmungen häufig Folgen für unzählige Abgabenbescheide. Sofern die hiervon betroffenen Abgabenschuldner das Bestehen einer Abgabepflicht allein wegen der behaupteten Nichtigkeit der Satzung bestreiten, bietet die vorläufige Abgabenfestsetzung daher eine Möglichkeit, die zu erwartende Vielzahl von Rechtsbehelfen mit Blick auf das beim Oberverwaltungsgericht anhängige Musterverfahren zu vermeiden.

Zum Zweiten können vorläufige Abgabenfestsetzungen von den Kommunen auch dann in Betracht gezogen werden, wenn bei dem jeweiligen Oberverwaltungsgericht ein Rechtsstreit anhängig ist, in dem sonst die Entscheidung einer Auslegungsfrage des Kommunalabgabengesetzes zu erwarten ist. Der von dieser Normalternative eröffnete, potentielle Anwendungsbereich der vorläufigen Abgabenfestsetzung ist der Sache nach überaus vielgestaltig. Allerdings erscheint zweifelhaft, ob sich der Tatbestand, schöpft man seine Reichweite aus, in der behördlichen Handhabung bewähren kann. Zu befürchten ist vielmehr, dass bei einem undifferenzierten Einsatz die praktischen Unsicherheiten der Prognose entscheidungserheblicher Rechtsfragen sowie die Schwierigkeiten festzustellen, wann eine obergerichtliche Entscheidung die bestehende Ungewissheit beseitigt, zu erheblichen negativen Folgen für die vorläufige Befriedungswirkung und für die Verringerung des Verfahrensaufwands bei Widerspruchsbehörden und Verwaltungsgerichten führen werden. Damit diese gesetzgeberischen Ziele auch mit dem Tatbestand des § 165 Abs. 1 Satz 2 Nr. 4 AO erreicht werden können, sollten sich die Kommunen daher bei dessen Anwendung auf Fälle beschränken, in denen der Mustercharakter des Bezugsverfahrens klar und eindeutig zu Tage tritt.

b. Abgrenzung der Anwendungsbereiche der Abgabenfestsetzung unter dem Vorbehalt der Nachprüfung entsprechend § 164 AO und der vorläufigen Abgabenfestsetzung entsprechend § 165 AO

Der so bestimmte, entsprechende Anwendungsbereich von § 165 AO weist in den Bundesländern, in denen daneben auch § 164 AO entsprechend gilt[74], zahlreiche Überschneidungen mit den Einsatzmöglichkeiten der Abgabenfestsetzung unter Nachprüfungsvorbehalt auf. Bei der Abgrenzung der Anwendungsgebiete beider einstweiliger Bescheidtypen muss sich der Blick zunächst

74 Vgl. Kap. C Ziffer I Nr. 2, S. 55.

wiederum auf das Verhältnis ihrer steuerrechtlichen Vorbilder richten. Danach ist Folgendes festzuhalten:

Der Intention nach unterscheidet sich die vorläufige Steuerfestsetzung nach § 165 AO deutlich von der vorbehaltlichen Steuerfestsetzung nach § 164 AO. Während § 164 AO es in das freie Ermessen der Finanzbehörde stellt, wie tiefgehend diese tatsächlich und rechtlich prüfen will, fordert § 165 AO im Grundsatz eine vollständige Fallaufklärung und macht lediglich eine Ausnahme für begrenzte, nicht mit zumutbarem Aufwand ermittelbare Umstände. § 165 AO betrifft damit Umstände, die aus objektiven Gründen derzeit von der Finanzbehörde nicht aufgeklärt werden können, während § 164 AO die Steuerfälle erfasst, die zwar aufklärbar wären, bei denen es die Behörde aber aus verfahrensökonomischen Gründen zunächst bei der bestehenden Ungewissheit belässt[75]. Darüber hinaus schränkt § 165 AO auch die behördlichen Änderungsmöglichkeiten im Vergleich zur umfassenden Abänderungsbefugnis nach § 164 Abs. 2 Satz 1 AO deutlich ein. Der Vorläufigkeitsvermerk legitimiert nur punktuelle Änderungen, keine Gesamtrevision des Steuerfalls[76].

Die Steuerfestsetzung unter dem Vorbehalt der Nachprüfung bietet demnach der Finanzbehörde weitaus mehr Flexibilität sowohl im Vorfeld als auch im Nachgang ihrer Entscheidung. Die vorläufige Steuerfestsetzung erweist sich demgegenüber insoweit als vorteilhaft, als die Abänderungsmöglichkeit nicht durch den ungehemmten[77] Ablauf der Festsetzungsfrist begrenzt ist[78]. Zudem ist die vorbehaltliche Steuerfestsetzung auch nicht in gleicher Weise geeignet, die Betroffenen von der massenhaften Einlegung von Rechtsbehelfen abzuhalten[79]. Während dem Steuerschuldner nämlich bei der vorläufigen Steuerfestsetzung durch die zwingende Angabe zum Grund der Vorläufigkeit ausdrücklich mitgeteilt wird, dass die Finanzbehörde die insoweit bestehenden Unsicherheiten in Rechnung gestellt hat und nach Beseitigung der Ungewissheiten von Amts wegen etwaige erforderliche Änderungen vornehmen

---

75 Zum Ganzen: *Heuermann*, in: HHSp, AO, § 165 Rn. 3; *Seer*, in: Tipke/Kruse, AO, § 165 Rn. 2; *App*, DStR 1994, 128 f.; *Rüsken*, in: Klein, AO, 10. Aufl. 2009, § 165 Rn. 1 und 5.

76 *Seer*, in: Tipke/Kruse, AO, § 165 Rn. 2; *App*, DStR 1994, 127; *Rüsken*, in: Klein, AO, 10. Aufl. 2009, § 165 Rn. 1; *Heuermann*, in: HHSp, AO, § 165 Rn. 3.

77 Der Steuerschuldner selbst kann allerdings auch bei der vorbehaltlichen Steuerfestsetzung eine Verlängerung der Abänderungsmöglichkeit erreichen, indem er einen Antrag auf Aufhebung oder Änderung der Steuerfestsetzung stellt (§ 171 Abs. 3 AO).

78 So auch *Heuermann*, in: HHSp, AO, § 165 Rn. 3 und 43, der die Bedeutung der vorläufigen Steuerfestsetzung vor allem auf der verjährungsrechtlichen Ebene sieht.

79 Diese Funktion der vorläufigen Steuerfestsetzung betont auch *Seer*, in: Tipke/Kruse, AO, § 165 Rn. 2, in Abgrenzung zur Vorbehaltsfestsetzung.

wird, hat der Steuerschuldner bei einer vorbehaltlichen Steuerfestsetzung regelmäßig keinerlei Anhaltspunkte, welche Fragen die Behörde als noch klärungsbedürftig ansieht und wie sie aktuell bestehende verfassungsrechtliche, europarechtliche oder einfachgesetzliche Probleme bewertet. Will er sichergehen, dass etwaige derartige Bedenken bei der Steuerfestsetzung berücksichtigt werden, bleibt ihm somit nur die Einlegung eines Rechtsbehelfs.

Die Wahl der vorläufigen Steuerfestsetzung anstelle einer Steuerfestsetzung unter dem Vorbehalt der Nachprüfung ist vor diesem Hintergrund bei verbleibenden tatsächlichen Unklarheiten oder bei einschlägigen rechtlichen Unsicherheiten nur sinnvoll, wenn die Abänderungsmöglichkeit nicht durch den Ablauf der Festsetzungsverjährungsfrist begrenzt sein soll, oder wenn vor allem der Einlegung von Rechtsbehelfen begegnet werden soll. Die Vorteile beider einstweiligen Festsetzungsarten lassen sich jedoch auch kombinieren, indem die vorbehaltliche mit der vorläufigen Steuerfestsetzung verbunden wird (§ 165 Abs. 3 AO).

Dieses Untersuchungsergebnis ist weitgehend auch auf das Kommunalabgabenrecht übertragbar, weil die Vorteile und Nachteile der einstweiligen Entscheidungsformen hier ähnlich sind.

Mit der Abgabenfestsetzung unter dem Vorbehalt der Nachprüfung erreicht die Kommune folglich gleichfalls weitaus mehr Spielraum bei Erlass und Änderung ihrer Entscheidung.

Die vorläufige Abgabenfestsetzung erweist sich demgegenüber insoweit als vorteilhaft, als die Abänderungsmöglichkeit wegen der Ablaufhemmung der Festsetzungsfrist entsprechend § 171 Abs. 8 AO nicht auf die allgemeine Festsetzungsverjährungsfrist begrenzt ist. Allerdings kann dieses Ergebnis entsprechend § 171 Abs. 3 AO auch für die vorbehaltliche Abgabenfestsetzung erreicht werden, indem der Abgabenschuldner einen Antrag auf Aufhebung oder Änderung der Abgabenfestsetzung stellt[80]. Dabei ist jedoch zu beachten, dass der Ablauf der Festsetzungsverjährungsfrist nur gehemmt wird, soweit der Antrag reicht[81]. Dies bedeutet praktisch, dass ein Abgabenschuldner in den genannten Fallgestaltungen die Abänderung eines Vorbehaltsbescheides zu seinem Nachteil nach Ablauf der Festsetzungsverjährung regelmäßig dadurch verhindern kann, dass er seinen Antrag auf eine Herabsetzung der Abgabe beschränkt.

80 Vgl. zum Anwendungsbereich der vorbehaltlichen Abgabenfestsetzung Kap. D Ziffer I Nr. 3, S. 101 f.

81 Vgl. *Baum*, in: Koch/Scholtz, AO, 5. Aufl. 1996, § 171 Rn. 12; *Rüsken*, in: Klein, AO, 10. Aufl. 2009, § 171 Rn. 16 ff.

Darüber hinaus vermag es die vorbehaltliche Abgabenfestsetzung grundsätzlich auch nicht in gleicher Weise, die Betroffenen von der Einlegung von Rechtsmitteln abzuhalten, weil die Abgabenschuldner dort regelmäßig keinerlei Anhaltspunkte haben, welche Fragen die Behörde als noch klärungsbedürftig ansieht und wie etwaige aktuelle Musterverfahren bei der Entscheidung bewertet worden ist. Auch dem könnte jedoch im Kommunalabgabenrecht, das anders als die Massenverwaltung des Steuerrechtes noch eher ein Eingehen auf den Einzelfall gestattet, durch eine detaillierte Begründung des vorbehaltlichen Abgabenbescheides abgeholfen werden.

Auch im Kommunalabgabenrecht ist danach die - zumal an relative enge Tatbestandsvoraussetzungen geknüpfte - Entscheidung für eine vorläufige Abgabenfestsetzung anstelle einer Abgabenfestsetzung unter dem Vorbehalt der Nachprüfung - soweit sie überhaupt statthaft ist - nur sachgerecht, wenn die Abänderungsmöglichkeit nicht durch den Ablauf der Festsetzungsverjährungsfrist begrenzt sein soll, oder wenn vor allem Rechtsmittel vermieden werden sollen.

Da insbesondere das Bedürfnis der Verwaltung, vorgreifliche Entscheidungen Dritter abwarten zu können, zum Teil weiter gehen dürfte, als § 165 Abs. 1 AO dies entsprechend zulässt[82], kann die Intention der Kommune dahin gehen, sich die Flexibilität der vorbehaltlichen Abgabenfestsetzung zu Nutze zu machen, deren Nachteile aber möglichst zu vermeiden. Dieses Ziel kann im Kommunalabgabenrecht dann erreicht werden, wenn sich die Kommune und die Betroffenen darüber einig sind, dass der Ausgang des Musterverfahrens abgewartet werden soll. Werden die Abgabenschuldner von der Gemeinde entsprechend informiert, haben sie sonst keine grundlegenden Bedenken gegen den Abgabenbescheid und ist sichergestellt, dass die vorbehaltliche Abgabenfestsetzung nach Maßgabe des Ausgangs des Musterverfahrens angepasst wird, wird es auch in ihrem eigenen Interesse liegen, keine unnötigen Prozessrisiken einzugehen und von der Einlegung eines Rechtsbehelfs schon gegen den vorbehaltlichen Abgabenbescheid abzusehen. Dass gegebenenfalls eine nachträgliche Änderung der Vorbehaltsfestsetzung unter Berücksichtigung des Ausgangs des Musterverfahrens stattfindet, können die Kommune in Kooperation mit den Abgabenschuldnern gewährleisten, indem letztere einen Antrag auf Aufhebung oder Änderung der Steuerfestsetzung entsprechend § 164 Abs. 2 Satz 2 AO bzw. einen Antrag auf Aufhebung

82 Insbesondere kann die Verwaltung ein Interesse daran haben, auch mit Blick auf erstinstanzliche Musterverfahren einstweilige Regelungen treffen zu können.

des Nachprüfungsvorbehalts stellen und damit die Festsetzungsverjährungsfrist entsprechend § 171 Abs. 3 AO suspendieren. Die Entscheidung über diesen Antrag kann die Kommune entsprechend § 164 Abs. 2 Satz 2 AO bis zur Entscheidung des Musterverfahrens aufschieben. Die Tatsache, dass hierdurch wegen der Antragsabhängigkeit der Verjährungshemmung praktisch nur die Herabsetzung überhöhter Vorbehaltsfestsetzungen nach Ablauf der Festsetzungsverjährung erreichbar sein wird, nicht aber eine Erhöhung des Festsetzungsbetrags, spricht nicht gegen diese Vorgehensweise. Denn die Kommune steht in diesem Punkt nicht schlechter, als wenn sie - was die Alternative wäre - sofort eine vorbehaltlose Abgabenfestsetzung erlassen hätte. Sie kann diesem Umstand im Übrigen auch Rechnung tragen, indem sie, soweit die tatbestandlichen Anforderungen an den Anspruchsverdacht[83] es zulassen, im Rahmen der Vorbehaltsfestsetzung im Zweifel zugunsten der öffentlichen Hand und nicht zugunsten des Abgabenschuldners entscheiden.

4. Verfahren

Das steuerrechtliche vorläufige Festsetzungsverfahren lässt aus Effektivitätsgründen auch außerhalb der konkreten, punktuellen Unsicherheit Raum für eine kursorische Prüfung. Namentlich braucht die Finanzbehörde hierzu nachrangige Fragen nicht abschließend zu prüfen, sondern kann die Vorläufigkeit auf alle Besteuerungsfolgen ausdehnen, die noch in einem Zusammenhang mit der Ungewissheit stehen[84]. Entsprechendes gilt auch für das Kommunalabgabenrecht. Die Kommune braucht gleichfalls Fragen, die nachrangig zu der bestehenden Ungewissheit sind, nicht vollständig zu klären, sondern kann die Vorläufigkeit auf alle Gesichtspunkte erstrecken, die noch mit der Ungewissheit verknüpft sind. So muss sie etwa Detailfragen über Flächenabschreibungen nach § 19 Abs. 1 SächsKAG nicht nachgehen, solange schon die Bebaubarkeit eines Grundstückes zweifelhaft ist.

Dem rechtlichen Schein nach sehr weitreichende Konsequenzen hat dieser Grundsatz, wenn die Wirksamkeit der Abgabensatzung entsprechend § 165 Abs. 1 Satz 2 Nr. 3 AO ungewiss ist. Denn ist die Rechtsgrundlage einer Abgabe selbst schon unsicher, sind *alle* hieran anknüpfenden tatsächlichen und rechtlichen Fragen nachrangig und dürfen daher offen gelassen werden. Die

83 Vgl. Kap. D Ziffer II Nr. 3 und 4, S. 108 ff.

84 *V. Wedelstädt*, in: Kühn/v. Wedelstädt, AO, 19. Aufl. 2008, § 165 Rn. 15; *Seer*, in: Tipke/Kruse, AO, § 165 Rn. 34; *Rüsken*, in: Klein, AO, 10. Aufl. 2009, § 165 Rn. 31; BFH v. 27. 11. 1996, X R 20/95, BStBl. II 1997, 791 (793).

vorläufige Abgabenfestsetzung ähnelt dann in der Intensität des Prüfungsverfahrens und der gänzlich fehlenden Stabilisierungswirkung der Entscheidung der Abgabenfestsetzung unter dem Vorbehalt der Nachprüfung. Faktisch ist jedoch nicht zu erwarten, dass von dieser rechtlichen Möglichkeit tatsächlich so weitreichender Gebrauch gemacht wird. Denn wie oben[85] bereits aufgezeigt wurde, bietet im Kommunalabgabenrecht eine Stufung des Verwaltungsverfahrens in eine erste oberflächliche und eine zweite gründliche Prüfung den Kommunen nur in wenigen Fällen Effizienzvorteile. Muss sich die Kommune überhaupt mit einem Tatbestandsmerkmal beschäftigen, ist es für sie in der Regel praktikabler, die Prüfung sogleich abschließend durchzuführen, statt sich dem Problem mehrmals zu widmen. Eine zumindest kursorische Betrachtung aller Tatbestandsvoraussetzungen ist jedoch auch für nachrangige Fragen im Rahmen von § 165 Abs. 1 Satz 2 Nr. 3 AO zu fordern[86].

5. Rechtsfolgen

a. Verfahrensrechtliche Handlungsalternativen

Liegen die obengenannten Tatbestandsvoraussetzungen vor, räumt § 165 Abs. 1 AO entsprechend der Kommune zwei Handlungsalternativen ein. Sie kann einerseits die Abgabe vorläufig festsetzen, oder sie kann die Festsetzung gegen oder ohne Sicherheitsleistung vorläufig aussetzen (§ 165 Abs. 1 Satz 1 und 4 AO). Die vorläufige Aussetzung der Abgabenfestsetzung kommt dabei wiederum nur in den Fällen in Betracht, in denen keine überwiegende Wahrscheinlichkeit besteht, dass überhaupt eine Abgabe entstanden ist. Bestehen hingegen nur erhebliche Zweifel hinsichtlich der Abgabenhöhe, so ist dem im Rahmen der vorläufigen Festsetzung Rechnung zu tragen.

Anders als im Steuerrecht kann der vorläufigen Aussetzung im Kommunalabgabenrecht eher ein praktisches Gewicht zukommen, da es dort häufiger vorkommt, dass tatsächliche oder rechtliche Zweifelsfragen - wie insbesondere die Wirksamkeit der Abgabensatzung - auf die Verwirklichung des Abgabentatbestandes insgesamt durchschlagen.

b. Partielle Durchbrechung der Bestandskraft

Die Vorläufigkeit darf - wie im Steuerrecht, so auch im Kommunalabgabenrecht - nur punktuell, nur soweit die Ungewissheit reicht (§ 165 Abs. 1 Satz 1

85 Vgl. Kap. D Ziffer I Nr. 1 Buchst. a Doppelbuchst. bb und cc, S. 95 ff.
86 Vgl. dazu auch Nr. 2 Buchst. b Doppelbuchst. cc, S. 353 ff.

AO), ausgesprochen werden[87]. Umfang und Grund der Vorläufigkeit sind entsprechend § 165 Abs. 1 Satz 3 AO im Bescheid anzugeben. Damit werden entsprechend den übertragbaren steuerrechtlichen Grundsätzen zugleich die Grenzen für spätere Änderungen des Bescheids gezogen[88]. Innerhalb des Rahmens, den der Vorläufigkeitsvermerk vorgibt, erwächst der Abgabenbescheid materiell nicht in Bestandskraft[89]. Die Kommune ist mithin bei vorläufigen Abgabenfestsetzungen in Teilen - soweit die Vorläufigkeit reicht - nicht an die allgemeinen Korrekturvoraussetzungen gebunden; der Abgabenpflichtige genießt insoweit keinen Vertrauensschutz.

aa. Änderungsbefugnisse und Pflichten

aaa. Allgemeine Rechtslage Die besonderen Änderungsbefugnisse und -pflichten der Kommunen ergeben sich dabei - mit Ausnahme des thüringischen und bayerischen Kommunalabgabenrechts[90] - wiederum aus der entsprechenden Anwendung von § 165 Abs. 2 AO. Soweit die Vorläufigkeitserklärung reicht, darf die Kommune schon während des Fortbestands der Ungewissheit Änderungen vornehmen. Ihr soll es auf diese Weise ermöglicht werden, bereits vor Beseitigung der Ungewissheit den Bescheid an bessere Erkenntnisse anzupassen oder eine endgültige Regelung zu treffen, wenn mit der Beseitigung der Ungewissheit nicht mehr zu rechnen ist[91]. Ist die Ungewissheit hingegen entfallen, ist die Behörde verpflichtet, eine endgültige Entscheidung zu treffen (§ 165 Abs. 2 Satz 2 AO)[92]. In diesem Zusammenhang muss die Behörde nach den allgemeinen Grundsätzen vorläufiger Entscheidungen[93] alle die Teile der Sach- oder Rechtsprüfung, die sie zunächst aufgeschoben hat, nachholen. Dies betrifft namentlich auch nachrangige rechtliche oder tatsächliche Fragen, die die Behörde zunächst offen lassen konnte[94].

87 *Hartleb*, KStZ 2008, 26.

88 *Heuermann*, in: HHSp, AO, § 165 Rn. 25; *Hartleb*, KStZ 2008, 26 ff. mit ausführlicher Darstellung der Folgen unzureichender Angaben zu Umfang und Grund der Vorläufigkeit.

89 *Seer*, in: Tipke/Kruse, AO, § 165 Rn. 39; *v. Wedelstädt*, in: Kühn/v. Wedelstädt, AO, 19. Aufl. 2008, § 165 Rn. 25.

90 Vgl. Artikel 13 Abs. 1 Nr. 4 Buchst. b Doppelbuchst. aa bayer. KAG, § 15 Abs. 1 Nr. 4 Buchst. b Doppelbuchst. aa ThürKAG.

91 BFH v. 25. 4. 1985, IV R 64/83, BStBl. II 1985, 649.

92 *Heuermann*, in: HHSp, AO, § 165 Rn. 38.

93 Vgl. Kap. B Ziffer IV, S. 49.

94 In diesem Sinne auch für das Steuerrecht *v. Wedelstädt*, in: Kühn/v. Wedelstädt, AO, 19. Aufl. 2008, § 165 Rn. 15; BFH v. 11. 12. 1991, III R 59/89, BFH/NV 1992, 464;

Anders als im Steuerrecht[95] ist die Kommune hierbei allerdings nicht den entsprechenden Einschränkungen des § 176 AO unterworfen. Soweit die Kommunalabgabengesetze diesen Vertrauensschutztatbestand überhaupt für entsprechend anwendbar erklären[96], ist diese Vorschrift jedenfalls eng auszulegen[97]. Die Gründe, die danach maßgeblich gegen eine entsprechende Anwendbarkeit von § 176 AO auf Änderungen oder Aufhebungen von Vorbehaltsfestsetzungen entsprechend § 164 Abs. 2 AO streiten[98], gebieten es in gleicher Weise, die Geltung von § 176 AO auch für Änderungen und Aufhebungen von vorläufigen Abgabenbescheiden auszuschließen.

Ergeben sich nach Beseitigung der Ungewissheit keine Änderungen in der Beurteilung der Festsetzung, muss der Bescheid in den Fällen entsprechend § 165 Abs. 1 Satz 2 AO nur auf Antrag des Abgabenpflichtigen für endgültig erklärt werden (§ 165 Abs. 2 Satz 4 AO).

bbb. Rechtslage in den Freistaaten Bayern und Thüringen Da nach dem Kommunalabgabenrecht Bayerns und Thüringens die Vorgaben des § 165 Abs. 2 AO nicht entsprechend anwendbar sind, müssen sich dort die Änderungsmöglichkeiten eines vorläufigen Abgabenbescheides entsprechend § 165 Abs. 1 AO nach den subsidiär geltenden, allgemeinen Vorschriften und Grundsätzen vorläufiger Verwaltungsakte richten:

Demnach beurteilt sich die erste Frage, ob der vorläufige Verwaltungsakt in seinem vorläufigen Teil an eine geänderte Sachverhalts- oder Rechtsbeurteilung angepasst werden darf, *bevor* die in Rede stehende Ungewissheit ausgeräumt wurde, entsprechend den allgemeinen Änderungsbestimmungen der §§ 130, 131 AO[99]. Bei der Auslegung dieser Vorschriften und insbesondere bei der Ermessensausübung ist allerdings den Besonderheiten vorläufiger Entscheidungen Rechnung zu tragen[100]. Das Rücknahme- oder Widerrufsermessen der Kommune kann aufgrund dieser Besonderheiten bis auf „Null“

---

v. 22. 12. 1987, IV B 174/86, BStBl. II 1988, 234 (237).

95 *Heuermann*, in: HHSp, AO, § 165 Rn. 35 und 39; *Cöster*, in: Pahlke/Koenig, AO, 2. Aufl. 2009, § 165 Rn. 46.

96 Dies gilt lediglich für die Kommunalabgabengesetze Baden-Württembergs (§ 3 Abs. 1 Nr. 4 Buchst. c bad.-württ. KAG)), Mecklenburg-Vorpommerns (§ 12 Abs. 1 KAG M-V), Rheinland-Pfalz´ (§ 3 Abs. 1 Nr. 4 rheinl.-pf. KAG) und des Freistaates Sachsen (§ 3 Abs. 1 Nr. 4 Buchst. c SächsKAG).

97 Vgl. hierzu bereits Kap. D Ziffer III Nr. 2 Buchst. b, S. 116 ff.

98 Vgl. ausführlich Kap. Kap. D Ziffer III Nr. 2 Buchst. b Doppelbuchst. aa, S. 116 ff.

99 Artikel 13 Abs. 1 Nr. 3 Buchst. b bayer. KAG und § 15 Abs. 1 Nr. 3 Buchst. b ThürKAG.

100 Vgl. hierzu bereits Kap. E Ziffer IV Nr. 2 Buchst. c Doppelbuchst. bb, S. 265 ff.

reduziert sein. Im Einzelnen hängt es davon ab, wie schwer und offensichtlich der Rechtsverstoß ist, wie hoch die voraussichtliche Überzahlung und wie sicher ihr Eintritt ist, welche konkreten Auswirkungen sie auf den Abgabenschuldner hat, wie lange sie voraussichtlich andauern wird, ob der Eintritt der Überzahlung in die Verantwortungssphäre der Kommune fällt, welchen Aufwand eine Korrektur erfordern würde und ob der Abgabenschuldner eine Anpassung bereits im Rechtsmittelverfahren hätte erreichen können[101].

Zum Zweiten ergibt sich auch ohne die ausdrückliche Regelung des § 165 Abs. 2 Satz 2 AO aus den allgemeinen Prinzipien vorläufiger Verwaltungsakte, dass es mit dem nicht abschließend geprüften, vorläufigen Verwaltungsakt nicht sein Bewenden haben kann, sondern dass hinsichtlich des vorläufigen Teils noch eine endgültige Sach- und Rechtsprüfung durchzuführen ist und die sich hieraus ergebenden Änderungen vorzunehmen sind[102].

Die Rechtslage in den Freistaaten Thüringen und Bayern unterscheidet sich damit nicht wesentlich von der Rechtslage in den anderen untersuchten Bundesländern.

bb. Äquivalenz von Ermittlungsqualität und Festsetzungsart Für vorläufige Abgabenbescheide gilt nach alledem grundsätzlich ebenfalls, dass Ermittlungsqualität und Festsetzungsart korrespondieren[103]. Auch eine vorläufige Abgabenfestsetzung darf nur erfolgen, solange und soweit die Aufklärung des Abgabenfalles im oben beschriebenen Sinne defizitär ist. Umgekehrt ist es nicht statthaft, die vorläufige Entscheidung bereits zu einem Zeitpunkt durch eine endgültige zu ersetzen, zu dem die inkriminierten Ungewissheiten noch fortbestehen[104].

Dies zeigt schon der Vergleich des Wortlauts von § 164 Abs. 3 Satz 1 AO und § 165 Abs. 2 Satz 2 AO. Anders als für Vorbehaltsfestsetzungen sieht das Gesetz für vorläufige Abgabenbescheide ausdrücklich nicht vor, dass der Vorläufigkeitsvermerk „jederzeit“ beseitigt werden kann, sondern knüpft diese Rechtsfolge vielmehr an die abschließende Fallprüfung. Sobald die vorübergehende Ungewissheit beseitigt ist, darf und muss der Abschluss der Prüfung nachgeholt und eine endgültige Entscheidung getroffen werden.

---

101 Vgl. Kap. E Ziffer IV Nr. 2 Buchst. c Doppelbuchst. bb Dreifachbuchst. bbb, S. 266 ff.
102 Vgl. Kap. B Ziffer III Nr. 5, S. 46 f.
103 Vgl. Kap. D Ziffer V Nr. 2 Buchst. b, S. 132 f.
104 Vgl. hierzu oben Kap. D Ziffer V Nr. 2 Buchst. b, S. 132 f.; a. A. für das Steuerrecht *v. Wedelstädt*, in: Kühn/v. Wedelstädt, AO, 19. Aufl. 2008, § 165 Rn. 30: jederzeit.

Bei dem vorläufigen Bescheid darf es in diesem Fall entsprechend § 165 Abs. 2 Satz 4 AO zwar dann verbleiben, wenn sich nach abschließender Prüfung in der Sache keine Änderungen ergeben und der Abgabenschuldner keinen entsprechenden Antrag stellt. Die abschließende Überprüfung der vorläufig getroffenen Entscheidung als solche steht indes nicht zur Disposition der Verfahrensbeteiligten.

Nur so kann im Übrigen eine Umgehung der strengen, entsprechenden Vorgaben der §§ 85 und 88 AO für den Erlass eines endgültigen Abgabenbescheides über den Umweg eines vorläufigen Abgabenbescheides vermieden werden.

cc. Verfahrenstechnik Rechtstechnisch wird die Umwandlung eines vorläufigen in einen endgültigen Bescheid bewirkt, indem der vorläufige Bescheid aufgehoben, geändert, oder für endgültig erklärt wird (§ 165 Abs. 2 Satz 2 AO). Die Endgültig-Erklärung entsprechend § 165 Abs. 2 Satz 2 AO ist dabei ebenfalls als Erlass eines Abgabenbescheides anzusehen, weil die zunächst vorläufige hierdurch in eine endgültige Regelung umgewandelt wird[105].

dd. Grenzen der Durchbrechung der Bestandskraft Die erleichterten Korrekturmöglichkeiten gelten allerdings nur innerhalb des Rahmens, den der Vorläufigkeitsvermerk zieht. Außerhalb seiner Reichweite finden auf den Abgabenbescheid hingegen die allgemeinen Regelungen zur Aufhebung und Änderung Anwendung[106].

c. Festsetzungsverjährung

Die Wahl dieser Entscheidungsform hat zudem, wie oben bereits erwähnt wurde[107], Auswirkungen auf den Ablauf der Festsetzungsverjährung. Das Gesetz behandelt die bestehende Ungewissheit als vorläufiges Entscheidungshindernis und sieht deshalb eine Ablaufhemmung bis zum Verstreichen von einem bzw. von zwei Jahren nach Beseitigung der Unklarheiten vor (§ 171 Abs. 8 AO)[108].

---

105 Vgl. zum Steuerrecht *Heuermann*, in: HHSp, AO, § 165 Rn. 6.
106 *Heuermann*, in: HHSp, AO, § 165 Rn. 34.
107 Vgl. Nr. 3 Buchst. b, S. 359.
108 Vgl. *Heuermann*, in: HHSp, AO, § 165 Rn. 41.

II. Rechtsnatur der vorläufigen Abgabenfestsetzung

1. Zwischenstufe zwischen Vorbehaltsfestsetzung und endgültigem Abgabenbescheid

Die Rechtsnatur der vorläufigen Abgabenfestsetzung erschließt sich mit Blick auf das steuerrechtliche Vorbild durch die Abgrenzung der vorläufigen Steuerfestsetzung vom endgültigen Steuerbescheid einerseits und vom Steuerbescheid unter dem Vorbehalt der Nachprüfung andererseits.

Hervorzuheben ist insoweit, dass § 165 AO das Prinzip der einheitlichen Entscheidung über den Abgabenanspruch nicht durchbricht. Die Vorschrift trägt den Ungewissheiten über Sachverhaltsausschnitte oder einzelne Rechtsfragen nicht etwa durch Beschränkung auf eine Teilentscheidung über den Abgabenanspruch Rechnung, sondern stattdessen durch die Zerstörung des Vertrauensschutzes[109]. Zwar wird die Abgabenschuld dem Betrag nach *insgesamt* vorläufig festgesetzt, über die Angabe zu Grund und Umfang der Vorläufigkeit wird jedoch - wie im Steuerrecht - eine inhaltliche Begrenzung der Vorläufigkeit auf einzelne Punkte erreicht[110]. Im Übrigen kann der Bescheid hingegen in materielle Bestandskraft erwachsen.

In diesen Unterschieden in der Beständigkeit der Verwaltungsakte spiegeln sich die unterschiedlichen Anforderungen an die Fallprüfung wieder: Während die Untersuchung des Abgabenfalles für die Vorbehaltsfestsetzung sowohl in rechtlicher wie auch in tatsächlicher Hinsicht *in Gänze* summarisch bleiben darf, erweist sich zwar auch die vorläufige Abgabenfestsetzung nur als Fragment; sie basiert jedoch immerhin auf einer *soweit als möglich abschließenden* Prüfung des Abgabensachverhalts. Lediglich solche tatsächlichen Umstände, die derzeit nicht mit zumutbarem Aufwand aufklärbar sind, sowie hieran anschließende Folgefragen dürfen offen gelassen werden. Rechtliche Fragen dürfen überhaupt nicht ausgespart werden, soweit es nicht die obengenannten Zweifelsfälle über das anwendbare Recht oder Folgeprobleme von punktuellen Ungewissheiten betrifft. Eine endgültige Abgabenfestsetzung schließlich darf demgegenüber erst ergehen, sobald in tatsächlicher und in rechtlicher Hinsicht eine umfassend abschließende Fallprüfung erfolgt ist.

Die vorläufige Abgabenfestsetzung lässt sich danach als eine Zwischenstufe zwischen der Abgabenfestsetzung unter dem Vorbehalt der Nachprüfung und der endgültigen Abgabenfestsetzung auf dem Weg von der kursorischen zur

109 Vgl. *Heuermann*, in: HHSp, AO, § 165 Rn. 32.
110 Vgl. *v. Wedelstädt*, in: Kühn/v. Wedelstädt, AO, 19. Aufl. 2008, § 165 Rn. 25.

abschließenden Anspruchsfeststellung, als eine Mischform beider Bescheidtypen beschreiben. Sie erhebt zwar wegen der verbleibenden punktuellen Ungewissheit - wie die vorbehaltliche Abgabenfestsetzung - nicht den Anspruch, dass die tenorierte Abgabenschuld ihrem Betrag nach der gesetzlichen Steuerschuld entspricht. Inhaltliche Teilkomplexe der Gesamtforderung werden jedoch - soweit keine Ungewissheiten bestehen - schon abschließend und rechtsbeständig abgehandelt. Der vorläufige Verwaltungsakt ist damit eine einstweilige Regelung der Abgabenschuld mit partieller Stabilisierungsfunktion für das Abgabenschuldverhältnis.

2. Vorläufigkeitsbestimmung - Nebenbestimmung oder Verwaltungsakt sui generis?

Fraglich ist, welche Folgerungen aus diesem Wesensgehalt für die verfahrensrechtliche Einordnung der Vorläufigkeitsbestimmung zu ziehen sind. Aus steuerrechtlicher Perspektive kommt insoweit, wie auch für den Vorbehalt der Nachprüfung nach § 164 Abs. 1 Satz 1 AO[111], sowohl die Einordnung als Nebenbestimmung gemäß § 120 AO wie die Annahme eines Verwaltungsaktes *sui generis* in Betracht. Von der herrschenden Meinung wird die Vorläufigkeitsbestimmung wiederum als unselbstständige Nebenbestimmung angesehen[112]. Dem kann jedoch aus den bereits für Vorbehaltsbescheide aufgezeigten Gründen[113], die in gleicher Weise für vorläufige Steuerbescheide gelten, nicht beigepflichtet werden. Von ausschlaggebender Bedeutung ist auch hier, ob es sich bei vorläufigen Steuerbescheiden und endgültigen Steuerbescheiden um im Wesentlichen inhaltsgleiche Regelungen handelt, die sich nur in einer Modalität unterscheiden, oder ob die jeweiligen Regelungsinhalte völlig verschieden sind. Ein Vergleich der oben aufgezeigten Regelungsinhalte belegt erneut die bereits für Vorbehaltsfestsetzungen konstatierten grundlegenden Unterschiede zwischen dem Entscheidungsgehalt beider Verwaltungsakttypen. Auch der vorläufige Verwaltungsakt enthält nicht die dem endgültigen Steuerbescheid eigene Aussage, dass die dort festgesetzte Steuerschuld der gesetzlich geschuldeten Steuer entspricht. Die Wahrscheinlichkeit, dass dem so ist, mag zwar wegen der partiell abschließenden Prüfung des Steuerfalles bei

111 Vgl. hierzu unter Kap. D Ziffer IV Nr. 1 Buchst. b, S. 124 ff.

112 *Heuermann*, in: HHSp, AO, § 165 Rn. 22; *Seer*, in: Tipke/Kruse, AO, § 165 Rn. 29; *Rüsken*, in: Klein, AO, 10. Aufl. 2009, § 165 Rn. 55a; *Cöster*, in: Pahlke/Koenig, AO, 2. Aufl. 2009, § 165 Rn. 29; BFH v. 10. 8. 1994, II R 103/93, BStBl. II 94, 951 (952); a. A. *Martens*, DÖV 1987, 998 f.; *Schick*, StuW 1992, 216.

113 Siehe Kap. Kap. D Ziffer IV Nr. 1 Buchst. b, S. 124 ff.

vorläufigen Steuerbescheiden tendenziell höher sein, als bei Vorbehaltsfestsetzungen. Gleichwohl handelt es sich auch bei der vorläufigen Steuerfestsetzung immer noch nur um eine einstweilige Regelung des Steuerfalles, die bis zur Ausräumung der verbleibenden Ungewissheiten als Grundlage der Steuererhebung dient. Diese grundlegend verschiedenen Regelungsinhalte können nicht über eine Nebenbestimmung aufgefangen werden, sondern bedingen die Einordnung als Verwaltungsakte *sui generis*.

Diese Überlegungen zwingen auch für das Kommunalabgabenrecht dazu, dem vorläufigen Abgabenbescheid den Charakter eines Verwaltungsaktes *sui generis* zuzuweisen.

III. Der Rechtsschutz gegen vorläufige Abgabenbescheide

1. Allgemeine Rechtsschutzmöglichkeiten

Die allgemeinen Rechtsschutzmöglichkeiten gegen vorläufige Abgabenbescheide folgen dem steuerrechtlichen Vorbild:

Die vorläufige Steuerfestsetzung eröffnet - wie auch die Vorbehaltsfestsetzung - dem Steuerpflichtigen als außerordentlichen Rechtsbehelf die Möglichkeit, einen endgültigen Bescheid zu beantragen, wenn er der Auffassung ist, dass die die Vorläufigkeit tragende Ungewissheit nicht länger fortbesteht[114].

Gegen die vorläufige Steuerfestsetzung sind darüber hinaus auch die allgemeinen Rechtsschutzmöglichkeiten, Einspruch und Klage, gegeben. Angriffspunkt kann dabei sein, dass der Bescheid nicht vorläufig hätte ergehen dürfen, weil die Voraussetzungen des § 165 Abs. 1 AO nicht gegeben sind, oder dass der vorläufige Bescheid inhaltlich hinsichtlich seiner Feststellungen und Festsetzungen unzutreffend ist[115]. Zu beachten ist dabei allerdings im Vergleich mit der Vorbehaltsfestsetzung, dass sich der Steuerschuldner hier solche Einwände, die nicht den Teil der Steuerfestsetzung betreffen, der für vorläufig erklärt wurde, nicht für die Anfechtung des endgültigen Bescheides aufsparen kann. Denn weil die Vorläufigkeitserklärung - anders als nach § 164 Abs. 3 Satz 2 AO die Festlegung eines Vorbehalts der Nachprüfung - nur punktuell wirkt, erwächst der Bescheid im Übrigen in materielle Bestandskraft[116].

114 *Tipke*, in: Tipke/Kruse, AO, § 165 Rn. 34, Stand Juli 2001.

115 *Seer*, in: Tipke/Kruse, AO, § 165 Rn. 49; *Rüsken*, in: Klein, AO, 10. Aufl. 2009, § 165 Rn. 55a.

116 *Cöster*, in: Pahlke/Koenig, AO, 2. Aufl. 2009, § 165 Rn. 74.

Änderungen auf der Grundlage von § 165 Abs. 2 AO können deshalb nach § 351 Abs. 1 AO nur insoweit angegriffen werden, als sich die Änderung erstreckt. Im Übrigen gelten hingegen die allgemeinen prozessualen Regelungen für Änderungsbescheide[117]. Auch der Bescheid, mit dem die vorläufige Steuerfestsetzung für endgültig erklärt wird, ist ein Steuerbescheid und kann mit Einspruch und Klage angegriffen werden.

Erstrebt der Steuerschuldner eine endgültige anstelle einer vorläufigen Entscheidung, kann er sich wiederum nicht nur gegen den Vorläufigkeitsvermerk wenden, sondern muss den Steuerbescheid insgesamt angreifen[118].

Diese steuerrechtlichen Vorgaben gelten auch für die vorläufige Festsetzung von Kommunalabgaben mit der Maßgabe entsprechend, dass dem Betroffenen dort als ordentliche Rechtsbehelfe Widerspruch und Anfechtungsklage zu Gebote stehen.

2. Zur gerichtlichen Kontrolldichte

Auch hinsichtlich vorläufiger Kommunalabgabenbescheide ist, soweit der Vorläufigkeitsvermerk reicht, die Prüfungsdichte des Gerichts eingeschränkt. Das Verwaltungsgericht ist namentlich nicht zur Beseitigung von Ungewissheiten gehalten, die einem endgültigen Bescheid entgegenstehen und die auch die Kommune bislang nicht beseitigen konnte[119].

a. Schutzfunktionen der VwGO

Überwiegend wird diese Beschränkung der gerichtlichen Kontrolle bereits durch die allgemeinen Schutzfunktionen der Verwaltungsgerichtsordnung erreicht. So fehlt namentlich das Rechtsschutzbedürfnis für eine Klage, soweit der vorläufige Bescheid auf § 165 Abs. 1 Satz 2 Nr. 2 und 3 AO basiert und es dem Kläger genau um die anhängige, präjudizielle Rechtsfrage geht. Dem Kläger entstehen durch das Abwarten des Ausgangs des Musterverfahrens keine unzumutbaren Nachteile[120].

---

117 Zum Ganzen: *Heuermann*, in: HHSp, AO, § 165 Rn. 44 f.

118 BFH v. 25. 10. 1989, X R 109/87, BStBl. II 1990, 278; *Seer*, in: Tipke/Kruse, AO, § 165 Rn. 49; a. A. *Heuermann*, in: HHSp, AO, § 165 Rn. 45; vgl. zu der ähnlichen Problematik bei Vorbehaltsfestsetzungen Kap. D Ziffer VII Nr. 2 Buchst. a, S. 188.

119 Vgl. für das Steuerrecht *Seer*, in: Tipke/Kruse, AO, § 165 Rn. 51.

120 Für das Steuerrecht: *Rüsken*, in: Klein, AO, 10. Aufl. 2009, § 165 Rn. 55; *Cöster*, in: Pahlke/Koenig, AO, 2. Aufl. 2009, § 165 Rn. 63; BFH v. 10. 11. 1993, X B 83/93, BStBl. II 1994, 119 (120 f.); v. 9. 8. 1994, X B 26/94, BStBl. II 1994, 803 (805); einschränkend *Seer*, in: Tipke/Kruse, AO, § 165 Rn. 18 m. w. N. zur Respr.; *ders.*,

Soweit sich die Vorläufigkeit der Abgabenfestsetzung aus einer vorgreiflichen Entscheidung eines anderen Gerichts oder einer Behörde rechtfertigt, kann das Gericht eine eigene abschließende Prüfung zur Unzeit zudem auch dadurch vermeiden, dass es das Verfahren nach § 94 Satz 1 VwGO aussetzt.

b. Vorläufige Festsetzung als „Eil"-Entscheidung

Doch auch soweit diese allgemeinen, zum Schutz der Funktionsfähigkeit der Gerichtsbarkeit vor übermäßiger Inanspruchnahme entwickelten, Prinzipien nicht eingreifen, erweist sich die Annahme einer Einschränkung der gerichtlichen Amtsaufklärungspflicht mit Rücksicht auf die besondere Rechtsnatur der vorläufigen Abgabenfestsetzung als zutreffend[121]:

Dem steht nicht entgegen, dass in der Verwaltungsgerichtsordnung für vorläufige Abgabenbescheide keine Einschränkungen vom Untersuchungsgrundsatz des § 86 VwGO vorgesehen sind. Nach dieser Vorschrift sind bis zur Grenze der Zumutbarkeit alle vernünftigerweise zu Gebote stehenden Möglichkeiten auszuschöpfen, um den entscheidungserheblichen Sachverhalt aufzuklären[122]. Dies könnte zwar dafür sprechen, dass das Gericht verpflichtet ist, die Fragen, die die Verwaltung in tatsächlicher Hinsicht als offen betrachtet hat, selbst zu zu ermitteln bzw. bei Unklarheiten, die nicht mit zumutbarem Aufwand ausräumbar sind, eine abschließende Beweislastentscheidung zu treffen. Schließlich obliegt es in erster Linie dem Gesetzgeber, das Maß an notwendiger Amtsermittlung und Rechtsprüfung gegen den Schutz der Justiz vor Überlastung und gegen das Interesse an einer effektiven Gestaltung von Gerichtsverfahren abzuwägen und den Rechtsschutz entsprechend auszugestalten.

Unbeschadet dessen führt aber auch hier der Umstand, dass es sich bei Entscheidungen nach § 165 AO, soweit der Vorläufigkeitsvermerk reicht, um einstweilige „Eil"-Regelungen[123] der Verwaltung handelt, zu einer anderen Beurteilung. Denn zum einen beansprucht das gesetzlich mit § 165 AO sanktionierte öffentliche „Eil"-Interesse, durch bloße punktuelle Unklarheiten eine Abgabenfestsetzung nicht zu verzögern, auch im Gerichtsverfahren Beachtung. Diese Option, eine vorläufige Regelung zu treffen und dabei vorüberge-

---

DStR 1993, 311.

121 Vgl. bereits grundlegend für die gerichtliche Überprüfung der Steuerfestsetzung unter dem Vorbehalt der Nachprüfung Kap. D Ziffer VII Nr. 1 Buchst. b, S. 161 ff.

122 Vgl. Kap. D Ziffer VII Nr. 2 Buchst. b Doppelbuchst. aa, S. 189.

123 Vgl. oben Ziffer II Nr. 1, S. 368 f.

hend unmögliche oder unverhältnismäßig aufwändige Tatsachenermittlungen bis zur endgültigen Entscheidung aufzuschieben, würde letztlich leerlaufen, der mit § 165 AO bezweckte Zeitgewinn würde nicht eintreten, wenn der Betroffene durch die Klageerhebung anstelle der abschließenden Fallprüfung durch die Behörde eine abschließende Untersuchung des Gerichtes erzwingen könnte.

In die gleiche Richtung weisen auch die Folgerungen, die aus dem Gewaltenteilungsgrundsatz für das Verhältnis von Exekutive und Judikative zu ziehen sind. Eilentscheidungen der Verwaltung müssen vom Gericht als solche respektiert werden und dürfen nicht den Kontrollmaßstäben unterworfen werden, die für endgültige Entscheidungen gelten. Denn andernfalls würde das Gericht mit der inzidenten Forderung, bereits mit einer behördlichen Eilregelung allen Anforderungen an eine endgültige Regelung zu genügen, den Erlass von Eilregelungen durch die Verwaltung völlig unmöglich machen. Damit aber würde die Judikative in den durch die Verfassung geschützten Bereich exekutiver Eigenverantwortung übergreifen, der im Rahmen der Gesetze auch den Erlass von Eilentscheidungen nach Maßgabe eigener behördlicher Einschätzungsprärogative umfasst. An die Überprüfung einer solchen behördlichen Eilentscheidung dürfen daher jedenfalls keine strengeren Maßstäbe angelegt werden, als an den Erlass einer eigenen gerichtlichen Eilentscheidung[124].

c. *Prüfungsmaßstab*

Streitentscheidend ist folglich auch insoweit die Frage, ob das Gericht selbst in Ansehung des öffentlichen Interesses an einer zeitnahen Abgabenfestsetzung einerseits sowie der Schwere und der Reparabilität der Folgen einer sich als rechtswidrig erweisenden Abgabenfestsetzung andererseits, unter Beachtung der Wahrscheinlichkeit der Berechtigung der Abgabenforderung und der sich aus § 165 AO ergebenden gesetzlichen Interessenbewertung eine entsprechende Eilentscheidung hätte erlassen können.

Das Kommunalabgabenrecht hat mit § 165 Abs. 1 AO dem öffentlichen Interesse an einer zügigen Abgabenfestsetzung Vorrang gegenüber dem Individualinteresse eingeräumt, erst dann zu einer Abgabe veranlagt zu werden, wenn der Fall vollständig aufgeklärt ist. Das Gericht muss bei der Überprüfung eines vorläufigen Abgabenbescheides also grundsätzlich nicht die Über-

124 Vgl. im Einzelnen Kap. D Ziffer VII Nr. 1 Buchst. b Doppelbuchst. cc Dreifachbuchst. bbb, S. 171 ff.

zeugung gewinnen, dass der Abgabentatbestand auch in dem für vorläufig erklärten Punkt erfüllt ist.

Wie wahrscheinlich das Bestehen des festgesetzten Abgabenanspruches sein muss, hängt davon ab, welche Bedeutung die Folgen einer insoweit rechtswidrigen Veranlagung hätten. In der Regel sind deren Auswirkungen nicht von herausgehobenem Gewicht. Auf die vorläufige Prüfung des Abgabenfalles folgt nach Beseitigung der Ungewissheit stets eine abschließende Prüfung, die von Amts wegen eine Änderung oder Aufhebung des Abgabenbescheides nach sich zieht, wenn sich dabei Korrekturbedarf ergibt. Daher handelt es sich auch bei der vorläufigen Abgabenfestsetzung nur um eine für einen absehbar endlichen Zeitraum geltende, einstweilige Regelung als Vorstufe der endgültigen Abgabenfestsetzung[125]. Wird aufgrund der vorläufigen Prüfung eine Abgabe zu Unrecht festgesetzt, zieht dies folglich - mit Ausnahme des Zinsausfalls - keine dauernden, sondern nur vorübergehende finanzielle Einbußen des Betroffenen nach sich. Es bedeutet für den Abgabenschuldner daher keinen unzumutbaren Nachteil, wenn er im Umfang der Vorläufigkeit auf die Möglichkeit verwiesen ist, erst den endgültigen Abgabenbescheid einer vollständigen gerichtlichen Kontrolle zu unterziehen. Effektiver gerichtlicher Rechtsschutz wird dadurch nicht verhindert, sondern nur zeitlich aufgeschoben.

Demnach ist es für eine gerichtliche Bestätigung vorläufiger Abgabenbescheide hinreichend, dass das Vorliegen des Anspruchstatbestandes in dem für vorläufig erklärten Punkt[126] aufgrund der bekannten und mit zumutbarem Aufwand ermittelbaren Tatsachen den Maßstäben genügt, die § 80 Abs. 5 VwGO an die Gewährung gerichtlichen Rechtsschutzes gegen Abgabenbescheide anlegen würde[127]. Die Heranziehung dieser Kriterien ist deshalb gerechtfertigt, weil die gesetzliche Wertung des § 80 Abs. 2 Satz 1 Nr. 1 VwGO mit der des entsprechenden § 165 Abs. 1 AO vergleichbar ist. Danach ist auch insoweit entscheidend, ob eine summarische Prüfung der Sach- und Rechtslage ernstliche Zweifel an der Rechtmäßigkeit des vorläufigen Teils,

---

125 Vgl. hierzu für die vorbehaltliche Steuerfestsetzung Kap. D Ziffer VII Nr. 1 Buchst. b Doppelbuchst. cc Dreifachbuchst. bbb, S. 173 f.

126 Soweit der vorläufige Bescheid bereits eine abschließende, rechtsbeständige Fallprüfung enthält, die nur noch nach Maßgabe der allgemeine Änderungsvorschriften korrigierbar ist, muss das Gericht entsprechend den allgemeinen Grundsätzen der Amtsaufklärung umfassend prüfen.

127 Vgl. hierzu bereits für kommunalabgabenrechtliche Vorbehaltsbescheide Kap. D Ziffer VII Nr. 2 Buchst. b Doppelbuchst. bb Dreifachbuchst. aaa, S. 192 f.

des angegriffenen Verwaltungsaktes ergibt[128]. Soweit die Vorläufigkeit reicht, muss das Gericht nur offensichtlichen Mängeln oder solchen Einwänden, die der Betroffene selbst geltend macht, nachgehen. Dabei kann es insbesondere von der Wirksamkeit der tragendenden Abgabensatzung ausgehen, solange sich Nichtigkeitsgründe nicht förmlich aufdrängen. Von aufwändigen Tatsachenfeststellungen oder von der Klärung schwieriger Rechtsfragen kann es absehen[129].

Ein anderes kann allerdings auch hier gelten, soweit die umstrittene Abgabenfestsetzung im Einzelfall vorübergehende, aber in ihrem Gewicht gravierende, oder erhebliche irreparable Nachteile nach sich zu ziehen droht. Derartig weitreichende oder unumkehrbare Folgen hat der Abgabenpflichtige nur dann hinzunehmen, wenn bereits zu diesem Zeitpunkt eine hohe Wahrscheinlichkeit für das Bestehen der Abgabenschuld spricht. Soweit die vorläufige Abgabenfestsetzung im Extremfall sogar existenzbedrohende Wirkung hat, muss das Gericht sogar die Überzeugung vom Vorliegen des Tatbestandes in dem für vorläufig erklärten Punkt gewinnen[130].

IV. Ergebnis

In der Gesamtschau lässt sich für die vorläufige Festsetzung von Kommunalabgaben Folgendes festhalten:

- § 165 Abs. 1 Satz 1 AO gestattet entsprechend im Kommunalabgabenrecht die Überbrückung punktueller tatsächlicher Ungewissheiten; auf dieser Grundlage kann die Klärung präjudizieller Fragen abgewartet werden, nicht aber die Behebung von Auslegungszweifeln, von Prognoseunsicherheiten oder von Wirksamkeitszweifeln hinsichtlich der Abgabensatzung - letzteres auch dann nicht, wenn diese Wirksamkeitszweifel auf tatsächlichen Unklarheiten beruhen.

- Darüber hinaus erlaubt § 165 Abs. 1 Satz 2 Nr. 3 und 4 AO entsprechend die vorläufige Abgabenfestsetzung, wenn bei den oberen Lan-

128 St. Rspr. zum vorläufigen Rechtsschutz gegen Abgabenbescheide, zum Ganzen: OVG Münster v. 17. 3. 1994, 15 B 3022/93, NVwZ-RR 1994, 617; VGH Mannheim v. 27. 1. 1984, 14 S 2429/83, DVBl. 1984, 345 (346); OVG Hamburg v. 23. 4. 1991, Bs II 16/91, DVBl. 1991, 1325; so auch *Puttler*, in: Sodan/Ziekow, VwGO, 3. Aufl. 2010, § 80 Rn. 143; *Schenke*, in: Kopp/Schenke, VwGO, 17. Aufl. 2011, § 80 Rn. 157.

129 Zum Ganzen: OVG Münster v. 17. 3. 1994, 15 B 3022/93, NVwZ-RR 1994, 617.

130 Vgl. zu dem gleichgelagerten Problem bei der vorbehaltlichen Steuerfestsetzung Kap. D Ziffer VII Nr. 1 Buchst. b Doppelbuchst. cc Dreifachbuchst. bbb, S. 171 ff.

desgerichten, den Landesverfassungsgerichten, bei dem Bundesverfassungsgericht oder einem obersten Bundesgericht Musterverfahren über die Vereinbarkeit einschlägiger Regelungen kommunaler Abgabensatzungen oder des einfachgesetzlichen Kommunalabgabenrechts mit höherrangigem Recht anhängig sind, oder wenn vor einem Oberverwaltungsgericht die Auslegung kommunalabgabenrechtlicher Bestimmungen Gegenstand eines Verfahrens ist.

- Die vorläufige Festsetzung von Abgaben kann dabei im Allgemeinen auch auf Sachverhaltsaspekte gestützt werden, die noch unklar sind, solange ein entsprechender Anspruchsverdacht besteht. Grundsätzlich ist es ausreichend, dass das Bestehen des Abgabenanspruches wahrscheinlicher ist, als das Nichtbestehen; allerdings ist bei drohenden schweren, irreparablen Nachteilen sogar die Gewissheit zu fordern, dass der Abgabentatbestand erfüllt wurde. Kann bereits dem Grunde nach kein hinreichender Anspruchsverdacht festgestellt werden, kann die Kommune die Abgabenfestsetzung vorläufig aussetzen.

- Der vorläufigen Abgabenfestsetzung kann dabei neben der - weitaus flexibler einsetzbaren - vorbehaltlichen Abgabenfestsetzung nur Bedeutung zukommen, soweit es der Kommune gerade auf die Hemmung der Festsetzungsverjährung entsprechend § 171 Abs. 8 AO oder die Vermeidung von Massenrechtsbehelfen ankommt, und im Vorfeld des Bescheiderlasses hierüber keine besondere Verständigung mit dem Abgabenschuldner möglich ist.

- Fragen, die nachrangig zu der bestehenden Ungewissheit sind, brauchen nicht abschließend geprüft zu werden; die Vorläufigkeit der Festsetzung kann auf alle Gesichtspunkte ausgedehnt werden, die noch im Zusammenhang mit der Ungewissheit stehen.

- Soweit die Vorläufigkeitsbestimmung reicht, erwächst der Abgabenbescheid nicht in Bestandskraft. Die Änderungsbefugnisse der Kommunen beurteilen sich entsprechend der Maßgaben aus § 165 Abs. 2 AO, in Bayern und Thüringen entsprechend §§ 130, 131 AO und nach den allgemeinen Prinzipien vorläufiger Verwaltungsakte. Danach ist es bereits vor der Beseitigung der Ungewissheit möglich, den Bescheid zu korrigieren. Nach Beseitigung der Ungewissheit muss die Behörde eine endgültige Entscheidung treffen. § 176 AO ist nicht entsprechend anwendbar.

- Bei der vorläufigen Abgabenfestsetzung handelt es sich um eine Zwischenstufe zwischen einer endgültigen und einer vorbehaltlichen Abgabenfestsetzung; sie stellt eine einstweilige Regelung der Abgabenschuld mit partieller Stabilisierungsfunktion für das Abgabenschuldverhältnis dar. Wegen ihres verschiedenen Regelungsinhalts ist die vorläufige Abgabenfestsetzung im Verhältnis zum Abgabenbescheid als Verwaltungsakt *sui generis* anzusehen.

- Die gerichtliche Kontrolldichte gegenüber vorläufigen Kommunalabgabenbescheiden ist, soweit der Vorläufigkeitsvermerk reicht, eingeschränkt. Dies folgt überwiegend bereits aus den besonderen Schutzvorschriften der Verwaltungsgerichtsordnung, ergibt sich im Übrigen aber auch aus der besonderen Rechtsnatur der vorläufigen Abgabenfestsetzung als behördliche Eil-Entscheidung. Der gerichtliche Prüfungsmaßstab beurteilt sich hinsichtlich des für vorläufig erklärten Punktes des Abgabenbescheides nach den Maßstäben für die Gewährung vorläufigen Rechtsschutzes gemäß § 80 Abs. 5 VwGO.

G. Abschließende Gesamtwürdigung in Thesen

1. Interimistische Ansprüche und Entscheidungen haben eine Hilfsfunktion; sie dienen regelmäßig dazu, die Sicherung oder die effektive bzw. eine effiziente Durchsetzung des Hauptanspruches zu gewährleisten.

2. Dieses Ziel wird im Regelfall dadurch erreicht, dass die materiell-rechtlichen und/oder die Verfahrensstandards für die Entscheidungen abgesenkt werden (summarische Prüfung).

3. Die interimistischen Entscheidungen sind zwar in begrenztem Maße materiell-rechtlich akzessorisch; ihr Ergehen setzt regelmäßig einen Anspruchsverdacht voraus. Weitgehend bleibt zudem auch schon vor der abschließenden Prüfung eine Anpassung interimistischer Entscheidungen an bessere Sach- und Rechtserkenntnisse möglich. Weil sie auf einer unzulänglichen Grundlage getroffen werden, haben sie jedoch keine rechtliche Präjudizwirkung für die Hauptsacheentscheidung. Die tatsächliche Schaffung vollendeter Tatsachen oder die Vorwegnahme der Hauptsache ist regelmäßig nur in besonders dringenden Ausnahmefällen statthaft.

4. Soweit sich die interimistischen Entscheidungen oder Ansprüche nicht auf die bloße Sicherung des Hauptanspruches beschränken, sondern bereits vorab einen Zustand herbeiführen sollen, „als ob" der Hauptanspruch erfüllt würde, wird dies erreicht, indem zunächst nur ein vorläufiger Rechtsgrund für die fraglichen Leistungen geschaffen wird. Ob die Leistungen endgültig behalten werden dürfen, bestimmt sich hingegen allein nach der endgültigen Anspruchs- bzw. Entscheidungslage. Die notwendige Verknüpfung zwischen dem interimistischen und dem endgültigen Rechtsgrund wird dabei gewährleistet, indem die endgültige Tilgungswirkung unter Verrechnungsvorbehalt gestellt wird, oder indem ein Vorbehalt abschließender Prüfung postuliert wird.

5. Dass auf die summarische eine abschließende Prüfung folgt, ist aufgrund der einschlägigen Normen entweder unmittelbar zwingend oder für den Betroffenen jedenfalls erzwingbar.

6. Entspricht die endgültige Entscheidung nicht der Interimsregelung, zieht dies unabhängig von Vertrauensschutzerwägungen Schadensersatzansprüche oder Ansprüche auf Beseitigung des rechtswidrigen Zustandes nach sich.

7. Rechtstechnisch ist sowohl die Ausgestaltung als *sekundärer* materiellrechtlicher Voraus-Anspruch als auch die Schaffung einer vorläufigen Verfahrensentscheidung üblich. Auch die Art und Weise der Verschränkung von interimistischen und endgültigen Entscheidungen ist variabel.

8. Steuerbescheide und Kommunalabgabenbescheide stellen als anspruchsfeststellende Bescheide autorisierte, konstitutive Konkretisierungen der abstrakt-generellen gesetzlichen Schuld dar. Sie beinhalten, solange sie wirksam sind und soweit es nicht um ihre Überprüfung oder Kassation geht, die allein maßgebliche Erkenntnis dessen, was im geregelten Einzelfall gesetzlich geschuldet ist. Die Annahme der Identität des abstrakten, gesetzlichen Anspruches mit der konkreten Feststellung beruht auf der Autorität, die die Rechtsordnung diesem Rechtsanwendungsakt verleiht und gilt, solange und soweit die Rechtsordnung ihm Autorität beilegt.

9. Der formelle Behaltensgrund für Zahlungen gründet nicht in der Festsetzung der Steuer oder Kommunalabgabe, sondern in dem jeweiligen Leistungsgebot bzw. der Anrechnungsverfügung. Mit dieser Maßgabe beurteilt sich das Entstehen von Erstattungsansprüchen nach der formell-rechtlichen Theorie. Hieraus resultierenden nachteiligen Auswirkungen auf die Abtretbarkeit und Verpfändbarkeit von Erstattungsansprüchen ist durch eine erweiternde Auslegung des zu eng gefassten § 46 Abs. 2 und 6 AO zu begegnen.

10. Die vorbehaltliche Kommunalabgabenfestsetzung bietet den Gemeinden nicht generell, sondern nur in spezifischen Einzelfällen Vorteile in Form einer rationelleren Verfahrensgestaltung, einer temporären Verringerung des Prozessrisikos und der Vermeidung von Massenrechtsbehelfen.

11. Für die Bestimmung der tatbestandlichen Voraussetzungen können die steuerrechtlichen Maßstäbe der überschlägigen Plausibilitätskontrolle nur in Ausnahmefällen herangezogen werden; im Übrigen gilt nach den allgemeinen Grundsätzen interimistischer Entscheidungen, dass die Vorbehaltsfestsetzung von Kommunalabgaben materiell-rechtlich akzessorisch zu der endgültigen Abgabenfestsetzung ist und deshalb in sachlicher und rechtlicher Hinsicht einen Anspruchsverdacht voraussetzt, der sich auf sämtliche Tatbestandsvoraussetzungen erstrecken muss.

12. Die Gewissheit, dass die vorbehaltlich veranlagte Abgabenforderung tatsächlich besteht, muss umso größer sein, je gravierender die dem Abgabenschuldner drohenden, grundrechtsrelevanten Nachteile sind; dies gilt auch für die steuerrechtliche Vorbehaltsfestsetzung.

13. Nachträgliche Korrekturen der vorbehaltlichen Abgabenfestsetzung sind nicht an die Voraussetzungen der §§ 172, 173 AO oder der §§ 130, 131 AO gebunden; sie können allerdings nicht eingesetzt werden, um gesetzlich geforderte, stichtagsabhängige Prognosen und fiktionsähnliche Schätzungen zu umgehen, die die Basis des einmaligen und unveränderlichen Entstehens von Abgabenansprüchen sind.

14. § 176 AO ist nicht entsprechend auf die Änderung von kommunalabgabenrechtlichen Vorbehaltsfestsetzungen anwendbar, weil aufgrund der besonderen Sachgesetzlichkeiten des Kommunalabgabenrechts eine teleologische Reduktion seines Geltungsbereiches auf subjektiv konkret schutzwürdige Abgabenschuldner erforderlich ist.

15. Bei Vorbehaltsbescheiden handelt es sich um „Eilentscheidungen“ des Steuerrechts und des Kommunalabgabenrechts. Während die endgültige Abgabenfestsetzung den Ausspruch der gültig erkannten, konkreten Abgabenforderung enthält, besagt die Vorbehaltsfestsetzung, dass nach derzeitiger Erkenntnis mit einer gewissen Wahrscheinlichkeit eine Abgabenforderung in der festgesetzten Höhe besteht und dass der festgesetzte Betrag einstweilen bis zum Vorliegen besserer Sach- und Rechtserkenntnisse als Grundlage der Abgabenerhebung dienen soll.

16. Die Steuer- oder Kommunalabgabenfestsetzung unter dem Vorbehalt der Nachprüfung stellt mit diesem Inhalt einen Verwaltungsakt *sui generis* dar.

17. Ermittlungsqualität und Festsetzungsart müssen äquivalent sein; die Steuerbehörde oder die Kommune sind nur bei vollständiger Sach- und Rechtsprüfung berechtigt - dann aber auch verpflichtet -, die Vorbehaltlichkeit der Festsetzung zu beenden.

18. § 164 AO beinhaltet nach verfassungskonformer Auslegung die Verpflichtung der Steuerbehörde oder der Kommune zu einer obligatorischen abschließenden Prüfung des Steuer- oder Kommunalabgabenfalles; es steht nicht im behördlichen Ermessen, ob der erkannte Prüfungsbedarf später befriedigt wird, oder nicht.

19. Dem Abgabenschuldner steht gegenüber Vorbehaltsbescheiden als außerordentlicher Rechtsbehelf der voraussetzungslose Aufhebungs- und Abänderungsantrag entsprechend § 164 Abs. 2 Satz 2 AO und der Antrag auf Umwandlung eines vorbehaltlichen in einen vorbehaltlosen Abgabenbescheid zu Gebote.

20. Da § 164 AO auf das Einspruchsverfahren bzw. auf das Widerspruchsverfahren jedenfalls analog anwendbar ist, ist auch die Einspruchs- oder Widerspruchsbehörde berechtigt, nach eigenem Ermessen den Fall abschließend zu prüfen oder nach summarischer Prüfung nur vorbehaltlich einer Nachprüfung zu entscheiden.

21. Sofern es sich mit der hier vertretenen Ansicht bei der vorbehaltlichen Abgabenfestsetzung um eine im strengen Sinne vorläufige, behördliche Eilentscheidung handelt, ist die gerichtliche Kontrolldichte mit Rücksicht auf das Prinzip der Gewaltenteilung und die in § 164 AO niedergelegte gesetzgeberische Interessenabwägung eingeschränkt. Nicht nur bei vorläufigen materiellen Ansprüchen, sondern auch bei einer solchen verfahrensrechtlich konzipierten vorläufigen Entscheidungen muss die Judikative gesetzlich begründete, administrative Eilentscheidungen als solche respektieren und darf sie grundsätzlich nicht konterkarieren, indem sie sie den Anforderungen an endgültige Entscheidungen unterwirft. Die konkret gebotene gerichtliche Kontrollintensität ist im jeweiligen Einzelfall unter Abwägung der berührten Belange anhand der

Maßstäbe zu ermitteln, die für den vorläufigen Rechtsschutz in Abgabenverfahren gelten.

22. Sofern es sich hingegen bei der vorbehaltlichen Abgabenfestsetzung um einen potentiell endgültigen Abgabenbescheid handelt, sind die gerichtlichen Prüfungsmaßstäbe - unabhängig vom Eilentscheidungs-Charakter der behördlichen Regelung - mit denen für endgültige Abgabenbescheide identisch, um dem verfassungsrechtlichen Gebot effektiven Rechtsschutzes zu genügen.

23. Für die kommunalabgabenrechtliche Vorausleistung ist allgemein kennzeichnend, dass sie aufgrund einer Anspruchsprognose vor Entstehung der endgültigen Abgabe und zur Verrechnung mit der endgültigen Abgabe erbracht wird. Es handelt sich um einen materiell-rechtlich eigenständigen, der endgültigen Abgabe wesensähnlichen, sekundären Hilfsanspruch.

24. Die Erhebung von Vorausleistungen setzt eine spezifische einfachgesetzliche, aber keine besondere satzungsrechtliche Grundlage voraus.

25. Ob die Berechtigung zur Erhebung von Vorausleistungen zeitlich schon durch das Entstehen, oder erst durch die Festsetzungsmöglichkeit oder sogar erst durch die Festsetzung der endgültigen Abgabe begrenzt wird, ist durch Auslegung des jeweiligen Landesrechts zu ermitteln.

26. Mit Rücksicht auf den allgemeinen Grundsatz der Subsidiarität vorläufiger Entscheidungen ist eine Vorausleistungserhebung nur zulässig, wenn der Kommune ein schutzwürdiges Vorfinanzierungsinteresse zukommt.

27. Es ist weder verfassungsrechtlich, noch einfachgesetzlich begründet, Vorausleistungen generell von dem Bestehen eines spezifischen Voraus-Vorteils abhängig zu machen.

28. Vorausleistungen, die an den Beginn der Herstellung der Einrichtung oder an das Bestehen eines Dauerbenutzungsverhältnisses anknüpfen, sind verfassungsrechtlich (auch) am Erhebungszweck der Deckung des Vorfinanzierungsaufwandes zu messen. Der Vorausleistungsschuldner darf in diesen Fällen nicht zu einem Zeitpunkt oder in einem Maße „auf Vorrat“ in Anspruch genommen werden, zu dem der ihm abverlangte

„Vorschuss" auch unter Berücksichtigung des öffentlichen Interesses an einer effizienten Ausgestaltung des Vorausleistungsverfahrens nicht erforderlich ist, um den Vorfinanzierungsbedarf der Kommune zu decken. Sowohl die Begrenzungs- und Schutzfunktion der Finanzverfassung als auch Verhältnismäßigkeitsgesichtspunkte stehen gemessen hieran einer einmaligen Erhebung von Vorausleistungen in Höhe der gesamten prognostizierten Abgabenschuld nicht entgegen, wenn mit einer zügigen Durchführung der Maßnahme und einem zeitnahen bestimmungsgemäßen Verbrauch der Vorausleistungen gerechnet werden kann. In allen anderen Fällen folgt aus diesen Prinzipien, dass Vorausleistungen nur sukzessive nach Maßgabe des aktuellen Kapitalbedarfs erhoben werden können.

29. Eine Vorausleistungserhebung verstößt gegen das Übermaßverbot, sowie gegen den anhand der Grundsätze vorläufiger Entscheidungen und dem Prinzip der Normenwahrheit ausgelegten gesetzlichen Rahmen, wenn sie - weil nicht in absehbarer Zeit damit gerechnet werden kann, dass dem Vorausleistungsschuldner die endgültige hoheitliche „Gegenleistung" zugute kommt - ihren vorläufigen Charakter einbüßt und zu einem Dauerzustand perpetuiert wird. Kommt dem Vorausleistungsschuldner zwar der endgültige Sondervorteil bereits zugute, ist aber gleichwohl die sachliche Beitragsschuld noch nicht entstanden, dann ist die Kommune verpflichtet, alles dafür zu tun, dass die sachlichen Beitragspflichten entstehen. Die absolute gesetzliche Höchstgrenze für die Vereinnahmung von Vorausleistungen trotz Ausbleibens der endgültigen Beitragspflichten liegt etwa beim Doppelten der Frist aus § 133 Abs. 3 Satz 3 BauGB oder entsprechender landesrechtlicher Regelungen; nach Ablauf dieser Frist hat die Kommune erbrachte Vorausleistungen zu erstatten. Sind die sachlichen Beitragspflichten hingegen entstanden und unterlässt es die Kommune nur, diese durch endgültigen Bescheid festzusetzen, dann erwächst dem Vorausleistungsschuldner hieraus kein Anspruch auf Rückzahlung seiner Vorausleistungen, sondern nur auf Erlass eines endgültigen Beitragsbescheides.

30. Das Prinzip der Begrenzung der Vorausleistung durch die prognostizierte endgültige Abgabe gebietet es den Kommunen nicht, für die Zwecke der Vorausleistungserhebung das Verfahren der Abgabenentstehung soweit als möglich voranzutreiben und einzelne Faktoren für die künftige

Abgabenhöhe so genau als möglich zu ermitteln. Ausreichend ist es vielmehr, dass gute Gründe dafür sprechen, dass die Vorausleistung die endgültige Abgabe nicht überschreiten wird. Ermittlungsmaßnahmen, Vorab-Maßnahmen oder Rechtsprüfungen, die in hohem Maße Verwaltungskraft binden, ohne einen signifikanten Gewinn für die Prognosesicherheit zu bringen, müssen nicht durchgeführt werden.

31. Diese Absenkung des behördlichen Prüfungsmaßstabs ist materiellrechtlich in dem ausdrücklich oder stillschweigend vorgesehenen Tatbestandsmerkmal der Prognose des künftigen Anspruchs verankert. In denjenigen Bundesländern, die § 164 AO für entsprechend anwendbar erklären, wird zudem darüber hinaus der behördliche Prüfungsmaßstab entsprechend § 164 Abs. 1 Satz 2 AO auch für alle anderen Tatbestandsvoraussetzungen verfahrensrechtlich abgesenkt. § 164 Abs. 1 Satz 2 AO ist dabei als Rechtsgrundverweisung zu interpretieren.

32. Soweit die Verringerung der behördlichen Prüfungstiefe materiellrechtlich geregelt ist, begrenzt sie unmittelbar auch die Kontrolldichte des Gerichts. Im Übrigen folgt auch aus dem Charakter der Vorausleistungserhebung als behördliche Eil-Entscheidung, dass das Gericht keine umfassende Kontrolle vornehmen muss, sondern sich mit einem Prüfungsumfang begnügen darf, der sich an dem eines gerichtlichen Verfahrens des vorläufigen Rechtsschutzes orientiert.

33. Bei Vorausleistungsbescheiden handelt es sich um Dauerverwaltungsakte, die grundsätzlich an den Fortbestand der Tatbestandsvoraussetzungen gebunden sind. Entfallen nachträglich einzelne Tatbestandsvoraussetzungen, beurteilen sich Änderungen des Vorausleistungsbescheides grundsätzlich - abhängig vom Bundesland - entsprechend § 130 AO, entsprechend § 116 schlesw.-holst. LVwG bzw. entsprechend § 164 Abs. 2 AO.

34. Bei der Ausübung des Rücknahmeermessens nach § 130 AO ist gegebenenfalls neben der Versäumung eines Rechtsmittels und dem Interesse an einer effizienten Gestaltung des Vorausleistungsverfahrens die vorläufige, dienende Natur der Vorausleistungen ebenso in Rechnung zu stellen, wie ihr Beruhen auf einer überschlägigen Prognose.

35. Auch bei der Entscheidung über Änderungsanträge entsprechend § 164 Abs. 2 AO sind Verwaltungseffizienzgesichtspunkte und die spezifischen Besonderheiten des Vorausleistungsverfahrens in Rechnung zu stellen; unter Umständen kann die Entscheidung über den Antrag bis zur abschließenden Prüfung des Abgabenfalles aufgeschoben werden.

36. Bei allen drei Rechtsgrundlagen für eine Korrektur des Vorausleistungsbescheides (§§ 130, 164 Abs. 2 AO in entsprechender Anwendung oder § 116 schlesw.-holst. LVwG) ist namentlich die Schwere und Offensichtlichkeit des Rechtsverstoßes, die voraussichtliche Höhe der Überzahlung und die Sicherheit ihres Eintritts, ihre konkreten Auswirkungen auf den Vorausleistungsschuldner, die voraussichtliche Dauer der Überzahlung, die Frage, ob der Eintritt der Überzahlung in die Verantwortungssphäre der Kommune fällt und der Aufwand, den eine isolierte Korrektur im Vorausleistungsverfahren erfordern würde, zu berücksichtigen.

37. Kann eine endgültige Abgabenpflicht überhaupt nicht mehr entstehen, ist der Vorausleistungsbescheid nach einer angemessenen Bearbeitungszeit zurückzunehmen und sind erbrachte Vorausleistungen unabhängig davon zu erstatten, ob die Gemeinde den Gegenwert der Vorausleistung bereits durch endgültige Abgaben beim richtigen Abgabenschuldner refinanzieren konnte.

38. Vorausleistungen können nur nach sachsen-anhaltinischer Rechtslage schon mit Entstehen der sachlichen Abgabenpflichten Tilgungswirkung entfalten; in den anderen Bundesländern, deren Kommunalabgabengesetze die Abgabenordnung für entsprechend anwendbar erklären, scheidet dies hingegen wegen des entsprechend § 218 Abs. 1 AO angeordneten Festsetzungsvorbehalts für die Verwirklichung von Kommunalabgabenforderungen aus.

39. Die Verschränkung von Vorausleistungsschuld und endgültiger Abgabenschuld kann nicht über die starre Annahme einer auflösenden Bedingung, sondern muss über den Vorbehalt eines Vorausleistungsinteresses erfolgen. Danach erlischt die Vorausleistungsschuld mit der Festsetzung der endgültigen Abgabe, es sei denn, dass diese Festsetzung verfrüht vor Entstehen der endgültigen Abgabenforderung erfolgt.

40. Gegenstand der Vorausleistungsfestsetzung ist nicht der endgültige Abgabenanspruch, sondern der hiervon verschiedene, materiell-rechtlich eigenständige „Vorschuss"-Anspruch.

41. Die Umdeutung eines Vorausleistungsbescheides in einen endgültigen Abgabenbescheid ist nicht entsprechend § 128 AO zulässig; die Fallkonstellation des Entstehens der endgültigen Abgabepflicht während des Laufs des Widerspruchsverfahrens gegen Vorausleistungsbescheid ist stattdessen sachlich angemessen dadurch zu bewältigen, dass der Zeitraum der Veranlagbarkeit zu Vorausleistungen bis zur Festsetzung oder Festsetzungsmöglichkeit der endgültigen Abgabe ausgedehnt wird.

42. Verweigert die Kommune den Erlass eines endgültigen Abgabenbescheides, kann der Betroffene seinen verfahrensrechtlichen Anspruch auf Abgabenfestsetzung durch eine auf Verpflichtung oder Bescheidung gerichtete Untätigkeitsklage geltend machen; hingegen wandelt sich weder der Vorausleistungsbescheid *ipso facto* in einen endgültigen Abgabenbescheid, noch ist die geleistete Vorausleistung allein aus diesem Grund zu erstatten.

43. Die Kommune kann sich nach Erlöschen der Vorausleistungsschuld nicht mehr auf noch offene Leistungsgebote des Vorausleistungsbescheides stützen; der endgültige Abgabenbescheid muss die Leistung des noch offenen Betrags vielmehr insgesamt fordern.

44. Der endgültige Abgabenbescheid löst mit Erlass den Vorausleistungsbescheid insgesamt ab; die Ablösungswirkung ist allerdings reversibel, wenn die Abgabenfestsetzung verfrüht vor Entstehen der endgültigen Abgabenschuld erging.

45. Solange danach die Ablösungswirkung der endgültigen Abgabenfestsetzung potentiell umkehrbar ist, besteht das Rechtsschutzinteresse für Rechtsmittel gegen Vorausleistungsbescheide fort.

46. Der Erstattungsanspruch hinsichtlich überzahlter Vorausleistungen entsteht nach sachsen-anhaltinischem Kommunalabgabenrecht mit dem Entstehen der sachlichen Abgabenpflichten; in den anderen Bundesländern hingegen erst - und potentiell reversibel - mit der endgültigen Festsetzung der Abgabe.

47. Aus dem Ablauf der Festsetzungsverjährung für die endgültige Abgabenpflicht kann kein Anspruch auf Erstattung erbrachter Vorausleistungen hergeleitet werden. § 171 Abs. 14 AO hemmt - sofern er landesrechtlich entsprechend anwendbar ist - den Ablauf der Festsetzungsverjährung, soweit Vorausleistungen erbracht wurden. In diesem Umfang bleibt damit die Festsetzung der endgültigen Abgabenschuld und die Verrechnung der Vorausleistungen möglich; insbesondere sind gegenüber dem Veranlagungssoll überzahlte Vorausleistungen zu erstatten.

48. Bei § 171 Abs. 14 AO handelt es sich um das Pendant zu § 218 Abs. 1 AO. § 171 Abs. 14 AO ist immer dann einschlägig, wenn faktisch eine erfüllungsähnliche Vermögensmehrung des Abgabengläubigers bewirkt wurde, die wegen des Festsetzungsvorbehalts aus § 218 Abs. 1 AO nicht in die Erfüllung der Abgabenschuld selbst einmündet. Während also § 218 Abs. 1 AO einen Festsetzungsvorbehalt für die Verwirklichung von Abgabenforderungen statuiert, stellt § 171 Abs. 14 AO sicher, dass diese Festsetzung für alle erbrachten Zahlungen möglich bleibt und dass damit Verfahrensfehler nicht das materielle Recht dominieren können.

49. Sofern § 171 Abs. 14 AO nicht anwendbar ist, überdauert die Vorausleistungsschuld bei interessengerechtem Verständnis die Festsetzungsverjährung der Abgabenschuld und schließt damit ebenfalls einen Erstattungsanspruch aus. Eine Erstattung überzahlter Vorausleistungen kommt dann grundsätzlich nicht in Betracht.

50. § 165 Abs. 1 Satz 1 AO gestattet entsprechend im Kommunalabgabenrecht die Überbrückung punktueller tatsächlicher Ungewissheiten; auf dieser Grundlage kann die Klärung präjudizieller Fragen abgewartet werden, nicht aber die Behebung von Auslegungszweifeln, von Prognoseunsicherheiten oder von Wirksamkeitszweifeln hinsichtlich der Abgabensatzung - letzteres auch dann nicht, wenn diese auf tatsächlichen Unklarheiten beruhen.

51. Darüber hinaus erlaubt § 165 Abs. 1 Satz 2 Nr. 3 und 4 AO entsprechend die vorläufige Abgabenfestsetzung, wenn bei den oberen Landesgerichten, den Landesverfassungsgerichten, bei dem Bundesverfassungsgericht oder einem obersten Bundesgericht Musterverfahren über

die Vereinbarkeit einschlägiger Regelungen kommunaler Abgabensatzungen oder des einfachgesetzlichen Kommunalabgabenrechts mit höherrangigem Recht anhängig sind, oder wenn vor einem Oberverwaltungsgericht die Auslegung kommunalabgabenrechtlicher Bestimmungen Gegenstand eines Verfahrens ist.

52. Die vorläufige Festsetzung von Abgaben kann dabei im Allgemeinen auch auf Sachverhaltsaspekte gestützt werden, die noch unklar sind, solange ein entsprechender Anspruchsverdacht besteht. Grundsätzlich ist es ausreichend, dass das Bestehen des Abgabenanspruches wahrscheinlicher ist, als das Nichtbestehen; allerdings ist bei drohenden schweren, irreparablen Nachteilen sogar die Gewissheit zu fordern, dass der Abgabentatbestand erfüllt wurde. Kann bereits dem Grunde nach kein hinreichender Anspruchsverdacht festgestellt werden, kann die Kommune die Abgabenfestsetzung vorläufig aussetzen.

53. Der vorläufigen Abgabenfestsetzung kann im Kommunalabgabenrecht neben der - weitaus flexibler einsetzbaren - vorbehaltlichen Abgabenfestsetzung nur Bedeutung zukommen, soweit es der Kommune gerade auf die Hemmung der Festsetzungsverjährung entsprechend § 171 Abs. 8 AO oder die Vermeidung von Massenrechtsbehelfen ankommt, und im Vorfeld des Bescheiderlasses keine besondere Verständigung mit dem Abgabenschuldner möglich ist.

54. Fragen, die nachrangig zu der bestehenden Ungewissheit sind, brauchen nicht abschließend geprüft zu werden; die Vorläufigkeit der Festsetzung kann auf alle Gesichtspunkte ausgedehnt werden, die noch im Zusammenhang mit der Ungewissheit stehen.

55. Soweit die Vorläufigkeitsbestimmung reicht, erwächst der Abgabenbescheid nicht in Bestandskraft. Die Änderungsbefugnisse der Kommunen beurteilen sich entsprechend der Maßgaben aus § 165 Abs. 2 AO, in den Freistaaten Bayern und Thüringen entsprechend §§ 130, 131 AO und nach den allgemeinen Prinzipien vorläufiger Verwaltungsakte. Danach ist es bereits vor der Beseitigung der Ungewissheit möglich, den Bescheid zu korrigieren. Nach Beseitigung der Ungewissheit muss die Behörde eine endgültige Entscheidung treffen. § 176 AO ist nicht entsprechend anwendbar.

56. Bei der vorläufigen Abgabenfestsetzung handelt es sich um eine Zwischenstufe zwischen einer endgültigen und einer vorbehaltlichen Abgabenfestsetzung; sie stellt eine einstweilige Regelung der Abgabenschuld mit partieller Stabilisierungsfunktion für das Abgabenschuldverhältnis dar. Wegen ihres verschiedenen Regelungsinhalts ist die vorläufige Abgabenfestsetzung im Verhältnis zum Abgabenbescheid als Verwaltungsakt *sui generis* anzusehen.

57. Die gerichtliche Kontrolldichte ist gegenüber vorläufigen Kommunalabgabenbescheiden, soweit der Vorläufigkeitsvermerk reicht, eingeschränkt. Dies folgt überwiegend bereits aus den besonderen Schutzvorschriften der Verwaltungsgerichtsordnung, ergibt sich im Übrigen aber aus der besonderen Rechtsnatur der vorläufigen Abgabenfestsetzung als behördliche Eil-Entscheidung. Der gerichtliche Prüfungsmaßstab beurteilt sich hinsichtlich des für vorläufig erklärten Punktes des Abgabenbescheides nach den Maßstäben für die Gewährung vorläufigen Rechtsschutzes gemäß § 80 Abs. 5 VwGO.

Literaturverzeichnis

Achterberg, Norbert/Püttner, Günter/Würtenberger, Thomas: Besonderes Verwaltungsrecht, Ein Lehr- und Handbuch, Bd. II, 2. Auflage, Heidelberg, 2000.

App, Michael: Zum Umfang der Vorläufigkeit einer Steuerfestsetzung gemäß § 165 AO, Deutsches Steuerrecht 1994, S. 127-129.

Appel, Ivo/ Melchinger, Hans Jörg: Rechtsanwendung und feststellender Verwaltungsakt, zur Konkretisierung der Merkmale Regelung und Außenwirkung beim Verwaltungsakt, Verwaltungsarchiv Bd. 84 (1993), S. 349-416.

Axer, Peter: Verwaltungsakt unter Berichtigungsvorbehalt, zugleich ein Beitrag zum „vorläufigen Verwaltungsakt" und zum „Rücknahmevorbehalt" bei Verwaltungsakten, Die Öffentliche Verwaltung 2003, S. 271-278.

Battis, Ulrich/Krautzberger, Michael/Löhr, Rolf-Peter: Baugesetzbuch - BauGB, 11. Auflage, München, 2009.

Baumbach, Adolf/Lauterbach, Wolfgang/Albers, Jan/Hartmann, Peter: Zivilprozessordnung mit FamFG, GVG und anderen Nebengesetzen, 69. Auflage, München, 2011.

Beaucamp, Guy: Zur Notwendigkeit vorläufiger Verwaltungsakte, Juristische Arbeitsblätter 2010, S. 247-250.

Bethge, Herbert: Grundrechtsverwirklichung und Grundrechtssicherung durch Organisation und Verfahren. Neue Juristische Wochenschrift 1982, S. 1-7.

Blümich, Walter/Ebling, Klaus: Einkommensteuergesetz, Körperschaftssteuergesetz, Gewerbesteuergesetz, München, Loseblatt (Stand Mai 2011).

Brodersen, Carsten: Anmerkung zu BFH Urt. v. 12. 6. 1986 - VII R 103/83 -, Juristische Schulung 1987, S. 501.

Brohm, Winfried: Die staatliche Verwaltung als eigenständige Gewalt und die Grenzen der Verwaltungsgerichtsbarkeit, Deutsches Verwaltungsblatt 1986, S. 321-331.

Bronnenmeyer, Helmut: Der Widerruf rechtmäßiger, begünstigender Verwaltungsakte nach § 49 VwVfG, Berlin, 1994.

Brosche, Hartmut: Vorausleistungen auf Erschließungsbeiträge: Zur Frage ihrer Erstattung bei bestandskräftigem Heranziehungsbescheid, Kommunale Steuer-Zeitschrift 1978, S. 81-86.

Büchel, Andreas-Christian/Patt, Hans-Georg: Sächsisches Kommunalabgabengesetz, Kommentar, Wiesbaden, Loseblatt (Stand Januar 2011).

Denninger, Erhard: Staatliche Hilfe zur Grundrechtsausübung durch Verfahren, Organisation und Finanzierung, in: Isensee/Kirchhof, Handbuch des Staatsrechtes der Bundesrepublik Deutschland, Bd. V, 2. Auflage, Heidelberg, 2000.

Dietzel, Ernst: Die Verjährung des Beitrags nach § 8 KAG NRW, in: Birk/Kunig/Sailer, Zwischen Abgabenrecht und Verfassungsrecht, Hans-Joachim Driehaus zum 65. Geburtstag, Berlin, 2005.

Döring, Rainer: Der bestandskräftige Kommunalabgabenbescheid - Abgabengerechtigkeit und Rechtssicherheit -, in: Birk/Kunig/Sailer, Zwischen Abgabenrecht und Verfassungsrecht, Hans-Joachim Driehaus zum 65. Geburtstag, Berlin, 2005.

Dreier, Horst: Grundgesetz, Kommentar, 2. Auflage, Tübingen, 2004.

Drenseck, Walter: Das Erstattungsrecht der Abgabenordnung 1977, Köln, 1979.

Driehaus, Hans-Joachim: Erschließungs- und Ausbaubeiträge, 8. Auflage, München, 2007.

ders.: Kommunalabgabenrecht, Kommentar, Herne, Loseblatt (Stand März 2011).

Druschel, Christoph: Die Verwaltungsaktbefugnis, Berlin, 1999.

Eckhoff, Rolf: Rechtsanwendungsgleichheit im Steuerrecht: die Verantwortung des Gesetzgebers für einen gleichmäßigen Vollzug des Einkommensteuerrechts, Köln, 1999.

Erfmeyer, Klaus: Der Entreicherungseinwand bei vorläufigen Verwaltungsakten - Vertrauensschutz bei Bescheiden unter dem Vorbehalt späterer Nachprüfung unter ergänzender Berücksichtigung des § 49a VwVfG, Die Öffentliche Verwaltung 1998, S. 459-465.

Erichsen, Hans U./Ehlers, Dirk: Allgemeines Verwaltungsrecht, 12. Auflage, Berlin, 2002.

Ernst, Werner/Zinkahn, Willi/Bielenberg, Walter/Krautzberger, Michael: Baugesetzbuch, Kommentar, München, Loseblatt (Stand Januar 2009).

Eschenbach, Jürgen: Der vorläufige Verwaltungsakt - praxistaugliche Neuschöpfung oder Fortbildung praeter legem? Deutsches Verwaltungsblatt 2002, S. 1247-1258.

Eyermann, Erich: Verwaltungsgerichtsordnung, Kommentar, 13. Auflage, München, 2010.

Di Fabio, Udo: Vorläufiger Verwaltungsakt bei ungewissem Sachverhalt - Gefahrerforschung als Anwendungsfall vorläufiger Regelungen -, Die Öffentliche Verwaltung 1991, S. 629-437.

Fichtelmann, Helmar: Berichtigung von Steuerverwaltungsakten nach rechtskräftiger Entscheidung durch ein Finanzgericht, Deutsches Steuerrecht 1975, S. 390-399.

Finkelnburg, Klaus/ Dombert, Mathias/ Külpmann, Christoph: Vorläufiger Rechtsschutz im Verwaltungsstreitverfahren, 5. Auflage, München, 2008.

Frotscher, Gerrit: EStG, Kommentar zum Einkommensteuergesetz, 6. Auflage, Freiburg, 1998, Loseblatt (Stand Januar 2010).

Ganten, Hans/Jagenburg, Walter/Motzke, Gerd: Beck 'scher VOB und Vergaberechtskommentar, Vergabe- und Vertragsordnung für Bauleistungen Teil B, 2. Auflage, München, 2008.

dies.: Beck 'scher VOB Kommentar. Verdingungsordnung für Bauleistungen Teil B, Allgemeine Vertragsbedingungen für die Ausführung von Bauleistungen, 1. Auflage, München, 1997.

Gern, Alfons: Die Vorauszahlung von Benutzungsgebühren, Verwaltungsblätter für Baden Württemberg 1982, S. 253-255.

ders.: Sächsisches Kommunalrecht, 2. Auflage, München, 2000.

Günkel, Manfred: Vertrauensschutz bei Steuerbescheiden unter dem Vorbehalt der Nachprüfung, Finanz-Rundschau 1987, S. 522-524.

Gorski, Hans-Günther: Zum Umfang der Überprüfung von Vorbehaltsbescheiden, Deutsches Steuerrecht 1979, S. 683-685.

Gräber, Fritz: Auswirkungen der Bekanntgabe eines Jahressteuerbescheides, Deutsches Steuerrecht 1968, S. 491-497.

ders.: Finanzgerichtsordnung mit Nebengesetzen, 7. Auflage, München, 2010.

v. Groll, Rüdiger: § 68 n. F. - Eine Falle für den Rechtssuchenden (Teil II), Deutsches Steuerrecht 1994, S. 158-162.

Gröpl, Christoph: Das Gesetz zur Änderung verwaltungsverfahrensrechtlicher Vorschriften vom 2. 5. 1996 - Abschied vom Grundsatz des

Verbots der rückwirkenden Aufhebung rechtskräftiger Verwaltungsakte, Verwaltungsarchiv Bd. 88 (1997), S. 23-51.

Haas, Franz Josef: Aspekte zur Tragweite der Steuerfestsetzung unter dem Vorbehalt der Nachprüfung, in: Klein/Vogel, Der Bundesfinanzhof und seine Rechtsprechung, Grundfragen, Grundlagen, Festschrift für Hugo von Wallis zum 75. Geburtstag am 12. April 1985, Bonn, 1985.

Hartleb, Torsten: Vorsicht „Vorläufig"! - Rechtmäßigkeit und Rechtsfolgen vorläufiger Beitragsbescheide von Gemeinden, Kommunale Steuer-Zeitschrift 2008, S. 25-29.

Hein, Werner: Überlegungen zur Entstehung des steuerrechtlichen Erstattungsanspruches, Deutsches Steuerrecht 1990, S. 301-306.

Henneke, Hans-Günther: 30 Jahre LVwG, 20 Jahre VwVfG - Stabilität und Flexibilität des Verwaltungshandelns. Die Öffentliche Verwaltung 1997, S. 768-781.

Herrmann, Carl/Heuer, Gerhard/Raupach, Arndt: Einkommensteuer- und Körperschaftssteuergesetz, Kommentar, Köln, Loseblatt (Stand August 2011).

Hoffmann-Riem, Wolfgang: Tendenzen in der Verwaltungsrechtsentwicklung, Die Öffentliche Verwaltung, 1997, S. 433-442.

Hofmann-Becking, Michael: Der feststellende Verwaltungsakt, Die Öffentliche Verwaltung 1972, S. 196-203.

Hübschmann, Walter/Hepp, Ernst/Spitaler, Armin: Abgabenordnung, Finanzgerichtsordnung, Kommentar, Köln, Loseblatt (Stand Juli 2011).

Ingenstau, Heinz/Korbion, Herrmann: VOB Teile A und B, Kommentar, 17. Auflage, Köln, 2010.

Isensee, Josef: Das Billigkeitskorrektiv des Steuergesetzes, Rechtfertigung und Reichweite des Steuererlasses im Rechtssystem des Grundgesetzes, in: Jakobs/Knobbe-Keuk/Picker/Wilhelm, Festschrift für W. Flume zum 70. Geburtstag, Bd. 2, Köln, 1978.

Jauernig, Othmar: Bürgerlichen Gesetzbuch, Kommentar, 13. Auflage, München, 2009.

Jessen, Uwe: Nur summarische gerichtliche Prüfung von Vorbehaltsbescheiden? Finanz-Rundschau 1980, S. 508-509.

Jobs, Thorsten: Verfassungsmäßigkeit von Gebühren bei der Rückmeldung Studierender, Landes- und Kommunalverwaltung 2003, S. 350-355.

Kammann, Evert: Die vorbehaltlose Steuerfestsetzung im Verhältnis zur Steuerfestsetzung unter Vorbehalt der Nachprüfung, Gesetzliche Konzeption und Rechtwirklichkeit des Steuerfestsetzungssystems der AO 1977, Steuer und Wirtschaft 1982, S. 149-168.

Kaufmann, Arthur: Rechtsphilosophie, 2. Auflage, München, 1997.

Kelsen, Hans: Allgemeine Theorie der Normen, Wien, 1979.

Kemper, Klaus: Der vorläufige Verwaltungsakt, Deutsches Verwaltungsblatt 1989, S. 981-988.

Kirchhof, Ferdinand: Die Verleihungsgebühr als dritter Gebührentyp - Zugleich ein Beitrag zu ihrer Eignung als Umweltabgabe, Deutsches Verwaltungsblatt 1987, S. 554-561.

Kirchhof, Hans-Peter/Lwowski, Hans-Jürgen/Stürner, Rolf: Münchner Kommentar zur Insolvenzordnung, München, 2007.

Kirchhof, Paul: Der bestandskräftige Steuerbescheid im Steuerverfahren und im Steuerstrafverfahren, Neue Juristische Wochenschrift 1985, S. 2977-2985.

ders.: Staatliche Einnahmen, in: Isensee/Kirchhof, Handbuch des Staatsrechts der Bundesrepublik Deutschland, Bd. IV, Heidelberg, 1990.

ders.: Nichtsteuerliche Abgaben, in: Isensee/Kirchhof, Handbuch des Staatsrechts der Bundesrepublik Deutschland, Bd. V, 3. Auflage, Heidelberg, 2007.

ders./Söhn, Hartmut/Mellinghof, Rudolf: Einkommensteuergesetz, Kommentar, Heidelberg, Loseblatt (Stand Juni 2011).

Klein, Franz: Abgabenordnung - einschließlich Steuerstrafrecht, Kommentar, 10. Auflage, München, 2009.

Knack, Hans J.: Verwaltungsverfahrensgesetz (VwVfG), Kommentar, 8. Auflage, Köln, Berlin, Bonn, München, 2004.

Koch, Karl/Scholtz, Rolf-Detlev: Abgabenordnung, AO, 5. Auflage, Köln, Berlin, Bonn, München, 1996.

König, Hans-Günther: Der vorläufige Verwaltungsakt, Bayerische Verwaltungsblätter 1989, S. 33-38.

Koenig, Ulrich: Der allgemeine Erstattungsanspruch der Abgabenordnung 1977, Deutsches Steuerrecht 1991, S. 633-638.

Kollmann, Andreas: Zur Bindungswirkung von Verwaltungsakten, Die Öffentliche Verwaltung, 1990, S. 189-196 und S. 681-687.

Koops, Ulrich/ Scharfenberg, Jens: Das Schicksal geleisteter Einkommensteuer-Vorauszahlungen im Falle der Verjährung der Jahressteuerschuld, Deutsches Steuerrecht 1995, S. 552-556.

Kopp, Ferdinand Johannes: Vorläufiges Verwaltungsverfahren und vorläufiger Verwaltungsakt, Frankfurt a. M., 1992.

Kopp, Ferdinand O.: Nochmals: Widerruf oder Rücknahme rechtswidrig gewordener Verwaltungsakte? Bayerische Verwaltungsblätter 1990, S. 524-526.

ders./Ramsauer, Ulrich: Verwaltungsverfahrensgesetz, 11. Auflage, München, 2010.

ders./Schenke, Wolf-Rüdiger: Verwaltungsgerichtsordnung, Kommentar, 17. Auflage, München, 2011.

Koussoulis, Stelios: Beiträge zur modernen Rechtskraftlehre, Köln, Berlin, Bonn, München, 1986.

Kracht, Harald: Feststellender Verwaltungsakt und konkretisierende Verfügung, Verwaltungsakte zur präventiven Regelung, Konkretisierung und Durchsetzung gesetzlicher Rechte und Pflichten, Berlin, 2002.

Krüger, Wolfgang/Westermann, Harm Peter: Münchner Kommentar zum Bürgerlichen Gesetzbuch, 4. Auflage, München, 2004.

Kruse, Heinrich Wilhelm: Zwei Steuerrechtsprobleme bis zum Jahr 2000, Finanz-Rundschau, 1995, S. 525-560.

ders.: Zum Entstehen und Erlöschen des Steueranspruches, in: Lang, Die Steuerrechtsordnung in der Diskussion: Festschrift für Klaus Tipke zum 70. Geburtstag, Köln, 1995.

Kühn, Rolf/Kutter, Heinz/Hofmann, Ruth: Abgabenordnung, Finanzgerichtsordnung, Nebengesetze, 15. Auflage, Stuttgart, 1987.

Kühn, Rolf/v. Wedelstädt, Alexander: Abgabenordnung und Finanzgerichtsordnung, Kommentar, 19. Auflage, Stuttgart, 2008.

Kunze, Richard/Bronner, Otto/Katz, Alfred: Gemeindeordnung für Baden Württemberg, Kommentar, Stuttgart, Loseblatt (Stand März 2011).

Larenz, Karl/Canaris, Claus-Wilhelm, Methodenlehre der Rechtswissenschaft, 3. Auflage, Berlin, Heidelberg, 1995.

Laubinder, Hans Werner: Die Umdeutung von Verwaltungsakten, Verwaltungsarchiv Bd. 78 (1987), S. 345-367.

Leisner, Anna: Vorbehaltsfestsetzungen und Vertrauensschutz, Deutsche Steuer-Zeitung 1999, S. 358-365.

Leopold, Anders: Die Umdeutung fehlerhafter Verwaltungsakte, Juristische Ausbildung 2006, S. 895-898.

Lorenz, Dieter: Der grundrechtliche Anspruch auf effektiven Rechtsschutz, Archiv des öffentlichen Rechts, Bd. 105 (1980), S. 623-649.

Lüke, Gerhard: Die wiederholte Unterlassungsklage, in : Lüke/Jauernig, Festschrift für Gerhard Schindermair zum 70. Geburtstag, München, 1976.

ders./Wax, Peter, Münchner Kommentar zur Zivilprozessordnung: mit Gerichtsverfassungsgesetz und Nebengesetzen, 2. Auflage, München, 2001.

v. Mangoldt, Herrmann/Klein, Friedrich/Starck, Christian: Kommentar zum Grundgesetz, 6. Auflage, München, 2010.

Martens, Joachim: Vorläufige Entscheidungen im Steuerrecht, Steuer und Wirtschaft 1988, S. 100-110.

ders.: Vorläufige Regelungen durch Verwaltungsakt, Die Öffentliche Verwaltung 1987, S. 992-1000.

Maunz, Theodor/Dürig, Günther, Grundgesetz, Kommentar, München, Loseblatt (Stand Januar 2011).

Mennacher, Peter: Der Vorbehalt der Nachprüfung nach § 164 AO - eine Fußangel für den Steuerbürger? Deutsches Steuerrecht 1980, S. 99-102.

v. Mutius, Albert: Rückforderung überzahlter Beamtenbezüge - zu Voraussetzungen und Umfang des öffentlich rechtlichen Erstattungsanspruches, Verwaltungsarchiv, Bd. 71 (1980), S. 413-428.

ders.: Zum Vorteilsmaßstab für die Bemessung von Kanalanschlussbeiträgen nach dem Kommunalabgabenrecht der Länder, Verwaltungsarchiv, Bd. 67 (1976), S. 195-203.

Nacke, Aloys/Peichert, Peter: Ist eine Leistung vor Fälligkeit eine Leistung ohne rechtlichen Grund im Sinne des § 37 Abs. 2 AO? Deutsche Steuer-Zeitung 1996, S. 207-209.

Ondracek, Dieter: Zum Gleichmaß der Besteuerung, in: Kley/Sünner/Willemsen, Festschrift für Wolfgang Ritter zum 70. Geburtstag, Steuerrecht, Steuer und Rechtspolitik, Wirtschaftsrecht und Unternehmensverfassung, Umweltrecht, Köln, 1997.

Ossenbühl, Fritz: Die Rücknahme von Wohngeldbescheiden und die Rückforderung gezahlter Wohngelder, Die Öffentliche Verwaltung, 1967, S. 246-256.

ders.: Handlungsformen der Verwaltung, Juristische Schulung 1979, S. 681-687.

Osterloh, Lerke: Gesetzesbindung und Typisierungsspielräume bei der Anwendung der Steuergesetze, Baden-Baden, 1992.

dies.: Anmerkung zu BFH Urt. v. 7. 2. 1990 - I R 1.45/87 - BStBI 1990 II 1032, Juristische Schulung 1991, S. 783-784.

Otto, Andreas: Zur Frage der Verjährung von Abschlagsforderungen des Architekten und Werkunternehmers, baurecht 2000, S. 350-356.

Pahlke, Armin/Koenig, Ulrich: Abgabenordnung, §§ 1 bis 368, Kommentar, 2. Auflage, München, 2009.

Palandt, Otto: Bürgerliches Gesetzbuch, 70. Auflage, München, 2011.

Papier, Hans-Jürgen: Art. 19 Abs. 4 GG im Kontext der rechtsstaatlichen Ordnung des Grundgesetzes, in: Isensee/Kirchhof, Handbuch des Staatsrechtes der Bundesrepublik Deutschland, Bd. VI, 2. Auflage, Heidelberg, 2001.

Patzig, Werner: Steuern - Gebühren - Beiträge - und „Sonderabgaben“, Die Öffentliche Verwaltung 1981, S. 729-747.

Peine, Franz-Joseph: Der vorläufige Verwaltungsakt, Die Öffentliche Verwaltung 1986, S. 849-859.

ders.: Sonderformen des Verwaltungsakts, Juristische Arbeitsblätter 2004, S. 417-423.

Pietzker, Jost: Das Verwaltungsverfahren zwischen Verwaltungseffizienz und Rechtsschutzauftrag, 2. Mitbericht, Veröffentlichungen der Vereinigung der Deutschen Staatsrechtslehrer, Bd. 41 (1983), S. 193-231.

Prahl, Albert: Zur vorläufigen Festsetzung von Kommunalgebühren am Beispiel des Abwasserbereichs bei Wechsel der Zinsbasis, Kommunale Steuer-Zeitschrift 1996, S. 109-111.

Quecke, Albert/Schmid, Hansdieter/Menke, Ulrich/Rehak, Heinrich/Wahl, Andreas/Vinke, Harald/Blazek, Peter/Schaffarzik, Bert: Gemeindeordnung für den Freistaat Sachsen, Ergänzbarer Kommentar mit weiterführenden Vorschriften, Berlin, Loseblatt (Stand Juni 2011).

Rauscher, Thomas/Wax, Peter/Wenzel, Joachim: Münchner Kommentar zur Zivilprozessordnung mit Gerichtsverfassungsgesetz und Nebengesetzen, Bd. 2, 3. Auflage, München, 2007.

Rebmann, Kurt/Säcker, Franz Jürgen/Rixecker, Roland: Münchner Kommentar zum Bürgerlichen Gesetzbuch, Bd. 2, 5. Auflage, München, 2008.

Redeker, Konrad/v. Oertzen, Hans-Joachim: Verwaltungsgerichtsordnung, Kommentar, 15. Auflage, Stuttgart, 2010.

Rößler, Gerhard: Anmerkung zu BFH Urt. v. 7. 2. 1990 - I R 145/87 -, Deutsche Steuerzeitung 1991, S. 246.

ders.: Ist § 176 AO auf Vorbehaltsbescheide anwendbar? Kritische Auseinandersetzung mit den Ausführungen von Leisner in DStZ 1999, 358, Deutsche Steuerzeitung 1999, S. 603-604.

Rodewoldt, Dirk: Anmerkung zu BVerwG Urt. v. 18. 3. 1988 - 8 C 92.87 -, Verwaltungsblätter für Baden Württemberg 1988, S. 429-431.

Rossen, Helge: Vollzug und Verhandlung, Die Modernisierung des Verwaltungsvollzuges, Tübingen, 1999.

Röthinger, Bernhard: Die Rückerstattung von Vorauszahlungen auf Herstellungsbeiträge bei Eigentumswechsel im Bereich des Kommunalabgabenrechts, Kommunale Steuer-Zeitschrift 1991, S. 225-226.

Sachs, Michael: Grundgesetz, Kommentar, 5. Auflage, München, 2009.

Schellhammer, Kurt: Zivilprozess, Gesetz - Praxis - Fälle, 12. Auflage, Heidelberg, 2007.

Schellhorn, Walter, in: Gemeinschaftskommentar zum Sozialgesetzbuch - Allgemeiner Teil (GK SGB I), 3. Auflage, Neuwied, 1996.

Schenke, Wolf-Rüdiger: Die verwaltungsbehördliche Aufhebung nachträglich rechtswidrig gewordener Verwaltungsakte, Deutsches Verwaltungsblatt 1989, S. 433-441.

ders./ Baumeister, Peter: Der rechtswidrig gewordene Verwaltungsakt - BVerwGE 84, 111, Juristische Schulung 1991, S. 547-553.

Schick, Walter: Die Steuererklärung, Steuer und Wirtschaft 1988, S. 301-334.

Schilken, Eberhard: Grundfragen zum Schadensersatzanspruch nach § 945 ZPO in der Rechtsprechung des Bundesgerichtshofes, in: Canaris/Heldrich/Hopt/Roxin/Schmidt/Widmaier, 50 Jahre Bundesgerichtshof, Festgabe aus der Wissenschaft, Bd. 3, München, 2000.

Schiller, Gernot: Neues zum Gebührenverfassungsrecht - Das Urteil des BVerfG zur baden-württembergischen Rückmeldegebühr, NVwZ 2003, S. 1337-1341.

Schimmelpfennig, Hans-Christoph: Vorläufige Verwaltungsakte, München, 1989.

Schlosser, Peter: Einstweiliger Rechtsschutz und materielles Zivilrecht - ein Gegensatz? in: Gerhardt/Diederichsen/Rimmelspacher/Costede, Festschrift für Wolfram Henckel, Berlin, 1995.

Schmidt, Ludwig: Einkommensteuergesetz, 30. Auflage, München, 2011.

Schmidt-Aßmann, Eberhard: Der Rechtsstaat, in: Isensee/Kirchhof, Handbuch des Staatsrechtes der Bundesrepublik Deutschland, Bd. II, 3. Auflage, Heidelberg, 2004.

ders.: Verwaltungsverantwortung und Verwaltungsgerichtsbarkeit, Veröffentlichungen der Vereinigung der Deutschen Staatsrechtslehrer, Bd. 34 (1976), S. 221-274.

Schmidt-de Caluwe, Reimund: Der Verwaltungsakt in der Lehre Otto Mayers, Staatstheoretische Grundlagen, dogmatische Ausgestaltung und deren verfassungsbedingte Vergänglichkeit, Tübingen, 1999.

Schoch, Friedrich/Schmidt-Aßmann, Eberhard/Pietzner, Rainer: Verwaltungsgerichtsordnung, Kommentar, Loseblatt (Stand Mai 2010).

Scholz, Rupert: Verwaltungsverantwortung und Verwaltungsgerichtsbarkeit, Veröffentlichungen der Vereinigung der Deutschen Staatsrechtslehrer, Bd. 34 (1976), S. 145-220.

Schreiber, Steffen/Neudel, Wolfgang: Zur Frage der gerichtlichen Durchsetzbarkeit von fälligen Abschlagsforderungen nach Beendigung des Vertragsverhältnisses, baurecht 2002, S. 1007-1012.

Schröder, Ulrich Jan: Der vorläufige Verwaltungsakt, Juristische Ausbildung 2010, S. 255-264.

Schrödter, Hans: Baugesetzbuch, Kommentar, 7. Auflage, München, 2006.

Schwarz, Bernhard: Kommentar zur Abgabenordnung, Freiburg, Online-Version (Stand Oktober 2011).

Seer, Roman: Das Spannungsverhältnis zwischen der Bestandskraft des Steuerbescheides und der Verfassungswidrigkeit einer Steuergesetzesnorm, Deutsches Steuerrecht 1993, S. 307-313.

ders.: Möglichkeiten und Grenzen eines „maßvollen" Gesetzesvollzugs durch die Finanzverwaltung, Finanz-Rundschau 1997, S. 553-562.

Seibert, Max-Jürgen: Die Bindungswirkung von Verwaltungsakten, Baden-Baden, 1989.

Seitrich, Peter: Verfahrensrechtliche Konsequenzen der Jahresveranlagung für einen Rechtsstreit über Vorauszahlungen, Finanz-Rundschau 1984, S. 439-443.

Sellner, Dieter: Aktuelle Probleme des Erschließungsbeitragsrechts, Zur neueren Rechtsprechung des Bundesverwaltungsgerichts und zu Reformbestrebungen im Entwurf eines Baugesetzbuchs, Neue Juristische Wochenschrift 1986, S. 1073-1079.

Söhn, Hartmut: Zahlungen auf noch nicht festgesetzte Steuerschulden und Zahlungen auf einen unwirksamen, einen nichtigen oder einen aufgehobenen Steuerbescheid, in: Drenseck/Seer, Festschrift für Heinrich Wilhelm Kruse zum 70. Geburtstag, Köln, 2001.

ders.: Steuerrechtliche Folgenbeseitigung durch Erstattung, Zugleich ein Beitrag zum Steuerschuldverhältnis, München, 1973.

Singer, Reinhard: Vorausleistungen auf künftige Schuldverhältnisse, Juristische Rundschau 1983, S. 356-362.

Sodan, Helge: Das Prinzip der Widerspruchsfreiheit der Rechtsordnung, Juristenzeitung 1999, S. 864-873.

ders./Ziekow, Jan: Verwaltungsgerichtsordnung, 3. Auflage, Baden-Baden, 2010.

Sommermann, Karl-Peter: Der vorläufige Rechtsschutz zwischen europäischer Anpassung und staatlicher Verschlankung, Zur Zukunft des Grundsatzes der aufschiebenden Wirkung, in: Grupp/Ronellenfitsch, Planung - Recht - Rechtsschutz, Festschrift für Willi Blümel zum 70. Geburtstag am 6. Januar 1999, Berlin, 1999.

Stein, Friedrich/Jonas, Martin: Kommentar zur Zivilprozessordnung, Bd. 9, 22. Auflage, Tübingen, 2002.

dies., Kommentar zur Zivilprozessordnung, Bd. 4, 22. Auflage, Tübingen, 2008.

Stelkens, Paul/Bonk, Heinz Joachim/Sachs, Michael: Verwaltungsverfahrensgesetz, Kommentar, 6. Auflage, München, 2001.

dies.: Verwaltungsverfahrensgesetz, Kommentar, 7. Auflage, München, 2008.

Strack, Herbert: Zum Erschließungsbeitragsrecht im Bundesbaugesetz, Kommunale Steuer-Zeitschrift 1985, S. 61-71.

Streck, Michael: Der Steuerhinterzieher als Mandant, Vortrag auf dem Deutschen Steuerberatertag 1984 in Stuttgart, Betriebs-Berater 1984, S. 2205-2210.

Suerbaum, Joachim: Widerruf und Erstattung bei Geld- und Sachleistungsverwaltungsakten nach der Novellierung des Verwaltungsverfahrensrechtes, Verwaltungsarchiv Bd. 90 (1999), S. 361-390.

Thedieck, Karl: Erhebung von Vorausleistungen nach dem Baugesetzbuch, Kommunale Steuer-Zeitschrift 1991, S. 61-66.

Thiel, Jochen: Probleme der Steuerfestsetzung unter Vorbehalt der Nachprüfung, Steuer und Wirtschaft 1977, S. 237-242.

Thomas, Heinz/Putzo, Hans, Zivilprozessordnung, FamFG Verfahren in Familiensachen, GVG, Einführungsgesetze, EU-Zivilverfahrensrecht, Kommentar, 32. Auflage, München, 2011.

Tiedemann, Paul: Der vorläufige Verwaltungsakt in der Leistungsverwaltung, Die Öffentliche Verwaltung 1981, S. 786-791.

Tipke, Klaus: Ungleichmäßigkeit der Besteuerung, Betriebsberater 1986, S. 601-604.

ders./Kruse, Heinrich Wilhelm: Abgabenordnung, Finanzgerichtsordnung, Kommentar zur AO und FGO, Loseblatt (Stand Juli 2011).

ders./Lang, Joachim: Steuerrecht, 20. Auflage, Köln, 2010.

Trzaskalik, Christoph: Über die Vorbehaltsfestsetzung und die Steueranmeldung, Steuer und Wirtschaft 1993, S. 371-379.

Uechtritz, Michael: Korrektur fehlerhafter Erschließungsbeitragsbescheide, Verwaltungsblätter für Baden Württemberg 1989, S. 81-85.

Vogel, Klaus: Berichtigung von Steuerbescheiden nach Erlass eines rechtskräftigen steuergerichtlichen Urteils, Deutsches Steuerrecht 1966, S. 387-390.

ders.: Grundzüge des Finanzrechts des Grundgesetzes, in: Isensee/Kirchhof, Handbuch des Staatsrechts der Bundesrepublik Deutschland, Bd. IV, 2. Auflage, Heidelberg, 1999.

ders.: Vorteil und Verantwortlichkeit - Der doppelgliedrige Gebührenbegriff des Grundgesetzes, in: Faller/Kirchhof/Träger, Verantwortlichkeit und Freiheit: die Verfassung als wertbestimmte Ordnung, Festschrift für Willi Geiger zum 80. Geburtstag, Tübingen, 1989.

Wahl, Rainer: Verwaltungsverfahren zwischen Verwaltungseffizienz und Rechtsschutzauftrag, 1. Bericht, Veröffentlichungen der Vereinigung der Deutschen Staatsrechtslehrer, Bd. 41 (1983), S. 151-192.

Wilke, Dieter: Gebührenrecht und Grundgesetz, Ein Beitrag zum allgemeinen Abgabenrecht, München, 1973.

Wüllenkemper, Dirk: Auswirkungen der Bekanntgabe eines Jahressteuerbescheides auf einen Rechtsstreit um einen Vorauszahlungsbescheid, Deutsche Steuer-Zeitung 1998, S. 458-474.

Zippelius, Reinhold: Juristische Methodenlehre, 10. Auflage, München, 2006.

Zöller, Richard: Zivilprozessordnung mit FamFG (§§ 1-185, 200-270, 433-383) und Gerichtsverfassungsgesetz, den Einführungsgesetzen, mit Internationalem Zivilprozessrecht, EG-Verordnungen, Kostenanmerkungen, Kommentar, 28. Auflage, Köln, 2010.

Dresdner Schriften zum Öffentlichen Recht

Herausgegeben von Jochen Rozek

Band 1 Matthias Röhl: Die Regulierung der Zusammenschaltung. Voraussetzungen und Rechtsfolgen der Zusammenschaltungsanordnung nach §§ 35, 36, 37 Telekommunikationsgesetz durch die Regulierungsbehörde für Telekommunikation und Post. 2002.

Band 2 Georg Mester: Die Volksinitiative in Sachsen. Ein Beitrag zur verfassungsgeschichtlichen und verfassungsrechtlichen Entwicklung des legislativen Einleitungsverfahrens seit der Verfassung von 1831. 2003.

Band 3 Ansgar Hense (Hrsg.): Denkmalrecht unter Denkmalschutz? Aktuelle rechtspolitische, verfassungs- und verwaltungsrechtliche Probleme von Denkmalschutz und Denkmalpflege. 2003.

Band 4 Jördis Bürger: Carl Friedrich Wilhelm von Gerber als sächsischer Kultusminister. Eine rechts- und verfassungsgeschichtliche Untersuchung zu seinem rechtlichen und politischen Wirken im Spannungsfeld von Staat und Kirche im ausgehenden 19. Jahrhundert. 2007.

Band 5 Diana Zschoch: Die präventiv-polizeiliche Rasterfahndung. Im Spannungsverhältnis zwischen der Staatsaufgabe Sicherheit und dem informationellen Selbstbestimmungsrecht der betroffenen Nichtverantwortlichen. 2007.

Band 6 Christian Zentner: Die Bedeutung der Beihilfevorschriften des EG-Vertrages für die Vermögensprivatisierung. Unter besonderer Berücksichtigung der Privatisierung von Unternehmen. 2008.

Band 7 Kerstin Heinig: Das Selbstauflösungsrecht des Sächsischen Landtages. Eine verfassungsrechtliche, verfassungshistorische und verfassungsvergleichende Untersuchung mit rechtspolitischen Folgerungen für den Sächsischen Landtag und den Deutschen Bundestag. 2008.

Band 8 Daniel Kresser: Die Bedeutung der Form für Begriff und Rechtsfolgen des Verwaltungsakts. 2009.

Band 9 Falk Seckel: Zur Geschichte des Gewässerschutzrechts in Sachsen. 2010.

Band 10 Andreas Stricker: Die Bedeutung der Europäischen Menschenrechtskonvention und der gemeinsamen Verfassungsüberlieferungen für den Grundrechtsschutz der Europäischen Union. 2010.

Band 11 Raphael Leukart: Das Bürgerbegehren und der Bürgerentscheid in der Sächsischen Gemeindeordnung (§§ 24, 25 SächsGemO). 2012.

Band 12 Barbara Helmert: Vorläufigkeit und Vorfinanzierung bei kommunalabgabenrechtlichen Vorzugslasten. 2012.

www.peterlang.de